LAW & BUSINESS

法商圖書

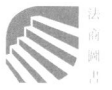

新能源项目纠纷
法律适用与案例解析

LEGAL APPLICATION AND CASE ANALYSIS OF NEW ENERGY PROJECT DISPUTES

张晓玲　张　雷　主编

法律出版社
LAW PRESS · CHINA
北京

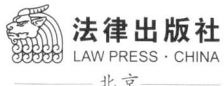

图书在版编目(CIP)数据

新能源项目纠纷法律适用与案例解析/张晓玲，张雷主编． ——北京：法律出版社，2024

ISBN 978 - 7 - 5197 - 7137 - 9

Ⅰ．①新… Ⅱ．①张…②张… Ⅲ．①新能源-经济纠纷-案例-中国 Ⅳ．①D922.675

中国版本图书馆 CIP 数据核字（2022）第 179747 号

新能源项目纠纷法律适用与案例解析　　　　　张晓玲　张　雷 主编　　　责任编辑　慕雪丹　章　雯
XINNENGYUAN XIANGMU JIUFEN FALÜ　　　　　　　　　　　　　　　　　　　　　　装帧设计　汪奇峰　鲍龙卉
SHIYONG YU ANLI JIEXI

出版发行	法律出版社	开本	787 毫米×1092 毫米　1/16
编辑统筹	法商出版分社	印张	40.25　　　字数　780 千
责任校对	赵明霞	版本	2024 年 9 月第 1 版
责任印制	胡晓雅	印次	2024 年 9 月第 1 次印刷
经　　销	新华书店	印刷	三河市兴达印务有限公司

地址:北京市丰台区莲花池西里 7 号(100073)

网址:www.lawpress.com.cn　　　　　　　　　销售电话:010 - 83938349

投稿邮箱:info@ lawpress.com.cn　　　　　　客服电话:010 - 83938350

举报盗版邮箱:jbwq@ lawpress.com.cn　　　　咨询电话:010 - 63939796

版权所有·侵权必究

书号:ISBN 978 - 7 - 5197 - 7137 - 9　　　　　　定价:168.00 元

凡购买本社图书,如有印装错误,我社负责退换。电话:010 - 83938349

编辑委员会

主　编：张晓玲　　张　雷
成　员：贾帼硐　　张国栋　　程　龙　　刘　慰
　　　　王梓薇　　韩金朝　　郭幸杉　　方唯杰
　　　　李普华　　韩松江　　张誉莹　　徐　娜
　　　　李望铄　　朱瑾如　　安建桥　　谭凤琦
　　　　顾钧越

简　目

第一编 光伏项目	第一章	光伏项目《民法典》总则法律纠纷	3
	第二章	光伏项目物权法律纠纷	35
	第三章	光伏项目合同法律纠纷	55
	第四章	光伏项目侵权法律纠纷	277
	第五章	光伏项目产品质量法律纠纷	281
	第六章	光伏项目行政法律纠纷	286
	第七章	光伏项目公司法律纠纷	313
	第八章	光伏项目诉讼程序性法律纠纷	325
第二编 风电项目	第一章	风电项目《民法典》总则法律纠纷	355
	第二章	风电项目物权法律纠纷	366
	第三章	风电项目合同法律纠纷	374
	第四章	风电项目侵权法律纠纷	529
	第五章	风电项目知识产权法律纠纷	542
	第六章	风电项目经济法律纠纷	546
	第七章	风电项目行政行为法律纠纷	553
	第八章	风电项目公司法律纠纷	567
	第九章	风电项目诉讼程序性法律纠纷	571

详 目

第一编 光 伏 项 目

第一章 光伏项目《民法典》总则法律纠纷 ... 3
一、公平原则 ... 3
二、法人 ... 6
  1. 法定代表人 ... 6
  2. 法人合并、分立的权利义务承担 ... 8
三、民事权利 ... 9
四、民事法律行为 ... 10
  1. 可撤销的民事法律行为 ... 10
  2. 无效的民事法律行为 ... 12
  3. 违反强制性规定民事法律行为 ... 22
  4. 附条件和附期限的民事法律行为 ... 28
五、不可抗力 ... 30
六、诉讼时效 ... 32

第二章 光伏项目物权法律纠纷 ... 35
一、物权保护 ... 35
二、所有权 ... 38
三、用益物权 ... 41
四、担保物权 ... 48
  1. 抵押权 ... 48
  2. 质押权 ... 50

第三章 光伏项目合同法律纠纷 ... 55
一、合同相对性原则 ... 55

二、合同条款的解释 60
三、合同订立 63
　　1. 要约撤销条件 63
　　2. 要约邀请 64
　　3. 格式条款 65
　　4. 缔约过失责任 67
　　5. 合同的成立 69
四、合同效力 70
五、合同的履行 73
　　1. 合同履行的原则 73
　　2. 合同约定不明时的履行 80
　　3. 合同主要条款的确定 85
　　4. 顺序履行抗辩权 86
　　5. 不安抗辩权 87
　　6. 情势变更 90
六、合同的变更和转让 92
　　1. 协议变更合同 92
　　2. 债的转移和加入 95
　　3. 债务抵销 99
　　4. 债权债务的概括移转 101
七、合同的权利义务终止 102
　　1. 合同的约定解除 102
　　2. 合同的法定解除 104
　　3. 结算、清理条款的独立性 119
　　4. 数项债务的清偿抵充顺序 120
　　5. 费用、利息和主债务的清偿抵充顺序 122
　　6. 合同解除权的规则 123
八、违约责任 124
　　1. 违约责任的种类 124
　　2. 损害赔偿范围 132
　　3. 定金及定金罚则 135
　　4. 违约金的约定 139
　　5. 双方违约 148

6. 不可抗力　151
九、买卖合同　153
　　1. 买受人检验标的物的异议通知　153
　　2. 买受人迟延付款违约责任　160
　　3. 买受人支付价款　162
　　4. 风险承担规则　163
十、租赁合同　165
　　1. 买卖不破租赁　165
　　2. 租赁合同的效力　167
十一、承揽合同　169
　　1. 承揽合同的定义及类型　169
　　2. 支付报酬　175
　　3. 质量瑕疵与违约责任　176
十二、建设工程合同　178
　　1. 建设工程合同的定义及类型　178
　　2. 工程招标投标　183
　　3. 建设工程合同无效的处理　190
　　4. 竣工验收　197
　　5. 建设工程合同无效的认定　201
　　6. 竣工日期的认定　211
　　7. 未经竣工验收发包人擅自使用案涉工程的法律后果　215
　　8. 合同有效时的工程价款结算　217
　　9. 工程款利息结算标准　222
　　10. 固定总价合同项下的造价鉴定　225
　　11. 实际施工人的诉权及诉讼地位　226
　　12. 建设工程价款优先受偿权　238
　　13. 工程量变更　246
　　14. 工程质量　249
　　15. 发包人原因致工程停、缓建的法律责任　254
　　16. 施工人原因致合同违约的法律责任　256
　　17. 合同无效时的结算依据认定　257
　　18. 工程垫资及利息　260
　　19. 质量保证金返还期限的认定　262

20. 建筑工程发包与承包 　　　　　　　　　　　263
  21. 工程进度款 　　　　　　　　　　　　　　265
 十三、技术服务合同 　　　　　　　　　　　　　267
 十四、中介合同 　　　　　　　　　　　　　　　268
 十五、股权转让合同 　　　　　　　　　　　　　271
 十六、借贷合同 　　　　　　　　　　　　　　　275

第四章　光伏项目侵权法律纠纷　　　　　　　　　277
 一、过错责任原则 　　　　　　　　　　　　　　277
 二、特殊侵权 　　　　　　　　　　　　　　　　279
  高度危险活动 　　　　　　　　　　　　　　　279

第五章　光伏项目产品质量法律纠纷　　　　　　281
 一、责任主体的确定 　　　　　　　　　　　　　281
 二、《消费者权益保护法》的调整对象 　　　　　283

第六章　光伏项目行政法律纠纷　　　　　　　　286
 一、行政征收 　　　　　　　　　　　　　　　　286
  1. 土地征收 　　　　　　　　　　　　　　　　286
  2. 征收引起的诉讼 　　　　　　　　　　　　　287
 二、行政许可 　　　　　　　　　　　　　　　　290
  1. 建设工程规划许可 　　　　　　　　　　　　290
  2. 建设用地使用许可 　　　　　　　　　　　　298
 三、行政处罚 　　　　　　　　　　　　　　　　302
 四、行政赔偿 　　　　　　　　　　　　　　　　303
 五、行政复议 　　　　　　　　　　　　　　　　309
 六、行政强制 　　　　　　　　　　　　　　　　311

第七章　光伏项目公司法律纠纷　　　　　　　　313
 一、公司高管人员的资格和义务 　　　　　　　　313
 二、股东出资义务和期限利益 　　　　　　　　　314
 三、一人公司的债务承担 　　　　　　　　　　　316
 四、股权转让 　　　　　　　　　　　　　　　　317

五、清算组责任	323

第八章　光伏项目诉讼程序性法律纠纷　　325
- 一、诚信原则　　325
- 二、管辖　　326
  - 1. 专属管辖　　326
  - 2. 约定管辖　　330
- 三、证据　　331
  - 1. 证明责任　　331
  - 2. 司法鉴定　　338
- 四、起诉和受理　　339
- 五、诉讼主体　　340
- 六、行政诉讼受案范围　　343
- 七、行政协议诉讼　　351

第二编　风 电 项 目

第一章　风电项目《民法典》总则法律纠纷　　355
- 一、法人　　355
  - 1. 法定代表人　　355
  - 2. 法人合并、分立的权利义务承担　　356
- 二、民事法律行为　　357
  - 1. 意思表示的解释　　357
  - 2. 民事法律行为有效的条件　　359
- 三、代理　　361
  - 职务代理　　361
- 四、不可抗力　　363

第二章　风电项目物权法律纠纷　　366
- 一、所有权　　366
- 二、用益物权　　367
  - 1. 被征收、征用时用益物权人的补偿请求权　　367
  - 2. 土地承包经营权　　368
- 三、担保物权　　372

优先受偿权　372

第三章　风电项目合同法律纠纷　374
一、合同订立　374
　　1. 合同成立时间　374
　　2. 预约合同　376
　　3. 格式条款　377
二、合同效力　381
三、合同的履行　382
　　1. 合同履行的原则　382
　　2. 合同约定不明时的履行　391
　　3. 顺序履行抗辩权　393
　　4. 不安抗辩权　398
　　5. 情势变更　400
四、合同的保全　403
　　撤销权　403
五、合同的变更和转让　407
　　1. 协议变更合同　407
　　2. 债权转让　409
　　3. 债权债务的概括移转　411
六、合同的权利义务终止　413
　　1. 合同的约定解除　413
　　2. 合同的法定解除　416
　　3. 合同解除权的规则　420
　　4. 合同解除的法律后果　422
七、违约责任　424
　　1. 违约责任的种类　424
　　2. 瑕疵履行的补救措施　427
　　3. 违约责任的约定　429
八、买卖合同　448
　　1. 买卖合同条款　448
　　2. 买受人支付价款　452
　　3. 买受人支付价款、时间及方式　459

九、保证合同　461
  1. 连带责任保证　461
  2. 保证期间届满的法律效果　463
  3. 保证的范围　464

十、租赁合同　465
  1. 租赁合同的内容　465
  2. 租赁合同的形式　467

十一、融资租赁合同　468
  租赁期届满租赁物的归属　468

十二、承揽合同　470
  承揽合同的定义及类型　470

十三、建设工程合同　471
  1. 建设工程施工合同主要内容　471
  2. 工程招标投标　473
  3. 总包与分包　475
  4. 建设工程合同无效的处理　485
  5. 竣工验收　494
  6. 发包人违约　502
  7. 中标合同实质性变更的认定及效力　505
  8. 合同无效后的损失赔偿的认定　506
  9. 竣工日期的认定　507
  10. 未竣工验收发包人擅自使用的责任　508
  11. 质保金返还期限的认定　510
  12. 合同有效时工程价款结算　512
  13. 工程价款利息的计算标准　514
  14. 固定总价合同项下的造价鉴定　516
  15. 实际施工人的诉权及诉讼地位　518

十四、中介合同　521

十五、合伙合同　522
  1. 个人合伙关系的解除　522
  2. 合同的利润分配和亏损分担　523

十六、保险合同　525
  保险理赔　525

第四章 风电项目侵权法律纠纷 529
  一、过错责任原则 529
  二、特殊侵权 532
    1. 劳务用工侵权 532
    2. 高度危险作业侵权 534
    3. 道路施工侵权 536
    4. 环境污染侵权 537

第五章 风电项目知识产权法律纠纷 542
  一、专利权的保护 542
  二、商标权的保护 543
    1. 商标侵权赔偿数额的确定 543
    2. 本单位工作人员发明创造的专利权归属 544

第六章 风电项目经济法律纠纷 546
  一、劳动关系的认定 546
  二、社会保险 550
  三、汇票的提示付款 551

第七章 风电项目行政行为法律纠纷 553
  一、行政许可 553
    1. 特种设备生产许可 553
    2. 建设工程规划许可 554
    3. 建设用地使用许可 555
  二、行政确权 557
    1. 林地权属 557
    2. 集体土地确权 560
  三、行政征收 561
    1. 补偿标准纠纷 561
    2. 补偿主体确定 563
    3. 土地征收引发的诉讼 565

第八章 风电项目公司法律纠纷　　567
一、分公司与子公司　　567
二、利润分配　　568
三、债务承担　　569

第九章 风电项目诉讼程序性法律纠纷　　571
一、管辖　　571
　　1. 法定管辖　　571
　　2. 专属管辖　　575
　　3. 协议管辖　　579
　　4. 刑民交叉案件的处理　　581
二、证据　　582
　　1. 证明责任　　582
　　2. 司法鉴定　　589
三、诉讼参加人　　590
　　1. 诉讼代理人　　590
　　2. 第三人撤销之诉的当事人　　592
四、诉讼时效　　594
五、管辖权异议　　596
六、诉讼中止　　600
七、执行异议　　601
八、仲裁　　603
　　1. 仲裁条款　　603
　　2. 撤销仲裁裁决　　608
九、行政诉讼受案范围　　614

案例索引

案例1	某太阳能公司与某电子公司合同纠纷案	3
案例2	某光伏科技公司与王某、豆某与李某、穆某、某服饰公司、某商贸公司、某制衣公司、某农业科技公司借款合同纠纷案	6
案例3	某县甲村委会与某光伏科技公司及张某、胡某买卖合同纠纷案	8
案例4	黄某、某光伏公司建设工程施工合同纠纷案	9
案例5	韩某、刘某买卖合同纠纷案	10
案例6	某光伏发电公司、某新能源科技公司合同纠纷案	12
案例7	某光伏公司与某能源发展公司建设工程合同纠纷案	14
案例8	某光伏公司与某能源发展公司建设工程合同纠纷案	16
案例9	某科技有限公司与某新能源开发公司合同纠纷案	17
案例10	某光伏公司、某科技公司建设工程施工合同纠纷再审审查与审判监督案	19
案例11	某送变电公司、某发电有限公司建设工程施工合同纠纷案	22
案例12	某劳务分包公司、某光伏公司确认合同无效纠纷案	24
案例13	周某、某光伏公司建设工程施工合同纠纷案	26
案例14	某光伏科技公司、某建设公司建设工程分包合同纠纷案	27
案例15	某光伏科技公司、某设计院技术服务合同纠纷案	28
案例16	某科技公司、某新能源公司服务合同纠纷案	30
案例17	某集团公司、某科技公司建设工程施工合同纠纷案	32
案例18	某电力公司、某建设公司物权保护纠纷案	35
案例19	某科技公司、某光伏发电公司财产损害赔偿纠纷案	37
案例20	宋某、贾某相邻采光、日照纠纷案	38
案例21	邓某、某物业管理公司物业服务合同纠纷案	39
案例22	某村民委员会、张某财产损害赔偿纠纷案	41
案例23	某村民委员会与某实业公司、某电力公司农村土地承包合同纠纷案	43
案例24	某光伏公司、某村民委员会确认合同无效纠纷案	45
案例25	某科技发展公司与某村民委员会农村土地承包合同纠纷案	47

案例 26	某公司与某光伏发电公司担保物权确认纠纷案	48
案例 27	某公司与某光伏发电公司担保物权确认纠纷案	50
案例 28	某信托公司、某资本管理公司合同纠纷案	52
案例 29	某投资管理公司、某光伏科技公司合同纠纷案	54
案例 30	刘某、江某等与某建设公司、某光伏公司挂靠经营合同纠纷案	55
案例 31	李某、某光伏发电公司财产损害纠纷案	57
案例 32	某光伏公司、李某建设工程合同纠纷案	58
案例 33	于某、某建筑公司建设工程施工合同纠纷案	59
案例 34	张某与某光伏公司、胡某民间借贷纠纷案	60
案例 35	某管理公司、某电力公司等委托合同纠纷案	61
案例 36	某科技公司、某光伏公司加工合同纠纷案	63
案例 37	熊某、某科技公司买卖合同纠纷案	64
案例 38	某科技公司、赵某建设工程施工合同纠纷案	65
案例 39	某律师事务所与某光伏公司缔约过失责任案	67
案例 40	某科技公司、某村民委员会土地租赁合同纠纷案	68
案例 41	刘某、某科技公司加工合同纠纷案	69
案例 42	刘某、某村民委员会确认合同无效纠纷案	70
案例 43	某能源公司、某科技公司建设工程施工合同纠纷案	72
案例 44	某发电公司、某电气公司物权保护纠纷案	73
案例 45	某设计院与某光伏公司技术服务合同纠纷案	75
案例 46	某发电公司与某光伏公司建设工程施工合同纠纷案	77
案例 47	某光伏公司与某设计咨询公司建设工程施工合同纠纷案	78
案例 48	某新能源开发公司、某光伏材料贸易公司买卖合同纠纷案	79
案例 49	朱某、某科技公司买卖合同纠纷案	80
案例 50	某新能源公司与某环保公司买卖合同纠纷案	82
案例 51	杨某、某能源公司买卖合同纠纷案	83
案例 52	某新能源公司与某光伏公司、吴某买卖合同纠纷案	85
案例 53	某光伏公司与某电力公司建设工程合同纠纷案	86
案例 54	某竹木厂、应某、葛某等合同、不当得利纠纷案	87
案例 55	某光伏公司、某电气公司建设工程施工合同纠纷案	88
案例 56	某光伏公司、某公司买卖合同纠纷案	90
案例 57	某公司与某科技公司加工合同纠纷案	91
案例 58	某光伏农业公司、某机电建设公司建设工程施工合同纠纷案	92

案例 59	某电力工程公司、某能源集团公司建设工程施工合同纠纷案	93
案例 60	冯某与某能源公司承揽合同纠纷案	94
案例 61	某重工公司、某科技公司合同纠纷案	95
案例 62	张某、某光伏电力公司、某机电设备安装公司等与某建设公司、某新能源公司建设工程施工合同纠纷案	96
案例 63	某开发区管委会、某甲实业公司合同纠纷案	97
案例 64	某高科技公司与某电力公司买卖合同纠纷案	99
案例 65	某钽业公司与某科技公司承揽合同纠纷案	101
案例 66	某科技公司与某新能源公司买卖合同纠纷案	102
案例 67	某冶金公司、某变压器公司买卖合同纠纷案	103
案例 68	张某、某新能源公司建设工程合同纠纷案	104
案例 69	某新能源公司、徐某合同纠纷案	106
案例 70	某光伏公司与张某合同纠纷案	107
案例 71	某新能源公司、陶某建设工程施工合同纠纷案	109
案例 72	某配件公司、某能源公司买卖合同纠纷案	110
案例 73	马某、苏某与某科技公司承揽合同纠纷案	112
案例 74	某材料公司、某环保科技公司加工合同纠纷案	114
案例 75	某节能管理公司与徐某合同纠纷案	116
案例 76	孙某、某公司承揽合同纠纷案	118
案例 77	某新能源公司与某电气公司、某股份公司等建设工程施工合同纠纷案	119
案例 78	某科技公司、某建设公司建设工程施工合同纠纷案	120
案例 79	某电源公司与某光伏公司买卖合同纠纷案	122
案例 80	某光伏能源公司、某金属门窗公司租赁合同纠纷案	123
案例 81	戚某与某新能源公司买卖合同纠纷案	124
案例 82	某新能源公司、某科技公司买卖合同纠纷案	125
案例 83	牛某、某设备销售处买卖合同纠纷案	127
案例 84	某新能源公司与某环保公司买卖合同纠纷案	128
案例 85	某新能源科技公司、高某买卖合同纠纷案	129
案例 86	某互感器公司、某科技公司定作合同纠纷案	131
案例 87	许某、某新能源公司合同纠纷案	132
案例 88	某新能源公司、某光伏科技公司买卖合同纠纷案	134
案例 89	某太阳能公司、某设备公司买卖合同纠纷案	135
案例 90	某建设公司与某光伏发电公司建设工程施工合同纠纷案	136

案例 91	某太阳能公司、甲村民委员会土地租赁合同纠纷案	138
案例 92	某科技公司、某动力公司建设工程施工合同纠纷案	139
案例 93	某光伏公司、某开发公司租赁合同纠纷案	141
案例 94	柴某、某新能源公司买卖合同纠纷案	142
案例 95	黄某、某电气公司承揽合同纠纷案	143
案例 96	某设备公司与某科技公司合同纠纷案	145
案例 97	某科技公司、某能源公司加工合同纠纷案	146
案例 98	某光伏发电公司、某钢构公司承揽合同纠纷案	148
案例 99	某矿建公司与某能源公司建设工程施工合同纠纷案	149
案例 100	某机械公司、某照明公司房屋租赁合同纠纷案	151
案例 101	某光伏公司与某科技公司买卖合同纠纷案	153
案例 102	某能源开发公司与某工程公司、某自动化公司建设工程施工合同纠纷案	154
案例 103	某电子公司、某科技公司买卖合同纠纷案	155
案例 104	某新能源科技公司与某科技公司买卖合同纠纷案	157
案例 105	某太阳能电源技术公司与某能源科技公司买卖合同纠纷案	158
案例 106	付某、某光伏公司买卖合同纠纷案	160
案例 107	某能源公司与陶某买卖合同纠纷案	162
案例 108	某新能源开发公司、某新能源公司买卖合同纠纷案	163
案例 109	李某、某物业服务公司、某光伏公司、某管委会等合同纠纷案	165
案例 110	某新能源汽车公司、某投资公司合同纠纷案	167
案例 111	王某、某电力公司买卖合同纠纷案	169
案例 112	某清洁能源公司与某建设安装公司承揽合同纠纷案	170
案例 113	程某、黄某承揽合同纠纷案	172
案例 114	刘某、某建筑集团公司合同纠纷案	174
案例 115	马某、某光伏发电公司合同纠纷案	175
案例 116	满某、某光伏公司承揽合同纠纷案	176
案例 117	某光伏科技公司与某科技公司建设工程施工合同纠纷案	178
案例 118	某电力工程公司、某电力科技公司建设工程纠纷案	179
案例 119	某新能源科技公司、某科技开发公司建设工程施工合同纠纷案	181
案例 120	某电力工程公司与某光伏电力公司、许某建设工程施工合同纠纷案	183
案例 121	某电力开发公司、某安装工程公司买卖合同纠纷案	185
案例 122	某科技公司与某新能源开发公司服务合同纠纷案	186
案例 123	某建设公司、某建设公司青海分公司与某新能源公司建设工程合同纠纷案	187

案例 124	某太阳能科技公司与某设备安装公司招标投标买卖合同纠纷案	189
案例 125	某光伏科技公司与某电力工程公司建设工程施工合同纠纷案	190
案例 126	某能源公司与某工程公司建设工程合同纠纷案	192
案例 127	陈某与某投资发展公司、某新能源公司、某电力科技公司等建设工程合同纠纷案	193
案例 128	某新能源公司、某科技公司建设工程施工合同纠纷案	195
案例 129	某科技公司与某机械公司建设工程施工合同纠纷案	197
案例 130	某新能源公司、某电力公司承揽合同纠纷案	198
案例 131	某清洁能源公司、某自动化公司建设工程施工合同纠纷案	199
案例 132	马某、某光伏发电公司合同纠纷案	201
案例 133	某开发公司与某电气公司建设工程施工合同纠纷案	202
案例 134	某光伏电力公司与某公司建设工程施工合同纠纷案	204
案例 135	某科技公司、某光伏公司建设工程施工合同纠纷案	205
案例 136	某科技公司、某公司建设工程施工合同纠纷案	206
案例 137	某电力工程公司、某建设公司建设工程施工合同纠纷案	208
案例 138	杨某、某电力开发公司合同纠纷案	209
案例 139	某科技公司、某公司建设工程施工合同纠纷案	211
案例 140	某电力工程公司、某电力建设公司建设工程施工合同纠纷案	212
案例 141	某发电公司与某输变电公司、某新能源公司等建设工程施工合同纠纷案	214
案例 142	某光伏发电公司与某光伏电力公司建设工程合同纠纷案	215
案例 143	某光伏公司与某电力集团公司建设工程施工合同纠纷案	217
案例 144	某光伏科技公司与某新能源科技公司等建设工程施工合同纠纷案	218
案例 145	某清洁能源开发公司、某自动化公司建设工程施工合同纠纷案	220
案例 146	某能源公司与某建设安装公司承揽合同纠纷案	222
案例 147	穆某、某电力科技公司建设工程施工合同纠纷案	223
案例 148	某光伏电力公司与姚某、某建设工程公司建设工程施工合同纠纷案	225
案例 149	王某与陆某、某建设集团公司建设工程施工合同纠纷案	226
案例 150	某建设工程公司、某发电公司执行审查案	228
案例 151	某光伏发电公司与季某、某工程公司建设工程施工合同纠纷案	230
案例 152	某建设公司、某水利公司建设工程合同纠纷案	232
案例 153	某装饰公司与某安装公司、叶某建设工程合同纠纷案	233
案例 154	某光伏电力公司与姚某、某建设工程公司建设工程施工合同纠纷案	236
案例 155	某科技公司、某电力科技公司建设工程施工合同纠纷案	237

案例 156	某动力公司与某发电公司、某新材料公司建设工程施工合同纠纷案	238
案例 157	某银行与某电气公司金融借款合同纠纷执行案	239
案例 158	某光伏公司与某设备安装公司、某投资公司建设工程施工合同纠纷案	240
案例 159	某光伏公司、某机电公司建设工程施工合同纠纷案	241
案例 160	某光伏农业公司、某机建公司建设工程施工合同纠纷案	243
案例 161	某能源公司、某光伏电力公司建设工程施工合同纠纷案	244
案例 162	某产业公司与某建设工程公司建设工程施工合同纠纷案	246
案例 163	舒某、某劳务公司建设工程施工合同纠纷案	247
案例 164	某电源公司、某新能源公司建设工程合同纠纷案	249
案例 165	黄某、某建设公司建设工程合同纠纷案	251
案例 166	某科技公司与某建筑公司建设工程施工合同纠纷案	253
案例 167	某电力开发公司、某设计公司建设工程合同纠纷案	254
案例 168	某科技发展公司、某建筑工程公司建设工程施工合同纠纷案	256
案例 169	某光伏公司、某建设工程公司建设工程施工合同纠纷案	257
案例 170	陈某与某投资公司、某新能源公司等建设工程合同纠纷案	259
案例 171	某光伏公司与某电力公司、某发电公司建设工程合同纠纷案	260
案例 172	某光伏公司与某科技公司承揽合同纠纷案	262
案例 173	某光伏科技公司、某科技公司建设工程施工合同纠纷案	263
案例 174	某清洁能源公司、某自动化公司建设工程施工合同纠纷案	265
案例 175	某光伏公司与某电力公司服务合同纠纷案	267
案例 176	某新能源公司、某信息咨询服务部与某电力公司中介合同纠纷案	268
案例 177	某科技公司与某咨询公司、某新能源公司居间合同纠纷案	270
案例 178	某集团公司与侯某某等股权转让纠纷案	271
案例 179	某新能源公司、某能源投资公司合同纠纷案	273
案例 180	某融资租赁股份公司与某新能源公司、张某企业借贷纠纷案	275
案例 181	某电气工程公司、某城投资产公司财产损害赔偿纠纷案	277
案例 182	陈某与某电力建设公司、某农业发展公司生命权、健康权、身体权纠纷案	279
案例 183	某变压器公司、某光伏发电公司产品责任纠纷案	281
案例 184	某变压器公司、某光伏发电公司产品责任纠纷案	282
案例 185	某新能源公司、某光伏科技公司买卖合同纠纷案	283
案例 186	和某、高某、某区政府等不履行法定职责案	286
案例 187	某新能源公司、某镇人民政府物权保护纠纷案	287
案例 188	山某、某镇人民政府行政诉讼案	289

案例189	某物流公司、某市综合管理行政执法局城乡建设行政管理行政诉讼案	290
案例190	某新能源公司、某开发区管委会、某科技公司行政诉讼案	292
案例191	某宾馆、某县城管局城乡规划管理行政纠纷案	294
案例192	某新能源发电公司、某村委会与周某侵权责任纠纷案	295
案例193	某太阳能销售公司、某电子公司买卖合同纠纷案	297
案例194	某科技公司、某开发区管委会、某电子公司与其他行政纠纷案	298
案例195	某光伏公司与某市国土局行政撤销纠纷案	300
案例196	某太阳能公司与某县人民政府资源行政管理：土地行政管理行政纠纷案	302
案例197	某新能源公司、某县政府错误执行行政赔偿案	303
案例198	某新能源科技公司、某县政府错误执行赔偿案	305
案例199	何某某、某土地监察局城乡建设行政管理：房屋拆迁管理（拆迁）纠纷案	307
案例200	周某、某县政府行政纠纷案	309
案例201	某新能源公司、某县政府城乡建设行政管理：房屋拆迁管理（拆迁）行政纠纷案	311
案例202	某投资公司与某经济开发区管委会、某光伏公司金融借款合同纠纷案	313
案例203	曹某、裕某建设工程施工合同纠纷案	314
案例204	某规划设计公司与某新能源公司、某投资公司技术咨询合同纠纷案	316
案例205	某规划设计公司与某新能源公司、某投资公司技术咨询合同纠纷案	317
案例206	某光伏发电公司、某投资公司等与某新能源公司、某太阳能设备公司股权转让纠纷案	319
案例207	某光伏发电公司、某电力投资集团合同纠纷案	320
案例208	某自动化公司、石某股权转让纠纷案	321
案例209	某光伏技术公司与某机电工程公司建设工程施工合同纠纷案	323
案例210	某能源公司建设工程合同纠纷案	325
案例211	某新能源公司、某建设公司建设工程施工合同纠纷案	326
案例212	某新能源投资公司与某设计院公司建设工程施工合同纠纷管辖权异议案	328
案例213	某能源公司、某光伏科技公司建设工程施工合同纠纷案	330
案例214	某技术公司、某光伏发电公司服务合同纠纷案	331
案例215	某新能源科技公司、某光伏科技公司买卖合同纠纷案	333
案例216	某火电公司、某新能源科技公司建设工程施工合同纠纷案	335
案例217	某矿业公司与某能源公司采矿权纠纷案	336
案例218	某光伏发电公司、某太阳能公司建设工程施工合同纠纷案	338
案例219	某太阳能公司、某工程技术公司建设工程施工合同纠纷案	339

案例 220	某投资公司、某开发区管理委员会合同纠纷案	340
案例 221	某研究中心公司、某电力工程公司合同纠纷案	342
案例 222	某科技公司与某开发区管委会其他行政行为案	343
案例 223	李某某、赵某某与某光伏电力公司、某农林牧公司、某村委会及某能源开发公司土地租赁合同纠纷案	346
案例 224	王某、康某等与某县国土资源局、某县人民政府其他行政行为案	347
案例 225	某新能源公司、某县人民政府资源行政管理土地行政管理(土地)案	349
案例 226	某设备安装公司与某县政府合同纠纷案	351
案例 227	某研究公司、某能源技术公司买卖合同纠纷案	355
案例 228	某齿轮箱公司、某风能公司买卖合同纠纷案	356
案例 229	某风力发电公司、某风电技术公司建设工程施工合同纠纷案	357
案例 230	某风力发电公司、某风电技术公司买卖合同纠纷案	359
案例 231	某风电公司、某工程公司买卖合同纠纷案	361
案例 232	某混凝土公司与某工程公司买卖合同纠纷案	362
案例 233	某实业公司与某节能科技公司服务合同纠纷案	363
案例 234	官某甲、官某乙与某村民小组、某风力发电公司林业承包合同纠纷案	366
案例 235	郑某、某电力公司物权保护纠纷案	367
案例 236	吴某甲、吴某乙农村土地承包合同纠纷案	368
案例 237	辛某与某风力发电公司土地承包经营权纠纷案	371
案例 238	某银行、某风能公司、某新能源公司应收账款质权纠纷案	372
案例 239	某设备公司、某投资公司定作合同纠纷案	374
案例 240	某风电公司、某钢结构公司承揽合同纠纷案	376
案例 241	某钢结构公司与某机械制造公司加工合同纠纷案	377
案例 242	某风电公司、某保险公司保险纠纷案	379
案例 243	某电力工程设计公司、某技术开发公司建设工程施工合同纠纷案	381
案例 244	某能源投资公司与某电力公司技术服务合同纠纷案	382
案例 245	某风电公司、某电机公司承揽合同纠纷案	383
案例 246	某汽轮机公司、某建筑安装公司、某能源科技公司买卖合同纠纷案	385
案例 247	某科技公司与某设备公司买卖合同纠纷案	386
案例 248	乔某、某电力工程公司建设工程分包合同纠纷案	387
案例 249	某电力建设公司、某电力工程公司建设工程施工合同纠纷案	388
案例 250	某建设公司、某新能源公司建设工程施工合同纠纷案	389
案例 251	某环境公司与党某合同纠纷案	390

案例252	某建筑公司与某新能源公司建设工程施工合同纠纷案	391
案例253	某公司与某电建公司买卖合同纠纷案	393
案例254	某建筑公司、某汽轮机公司买卖合同纠纷案	395
案例255	乔某、某电力公司分包合同纠纷案	396
案例256	某咨询公司、某电力工程公司技术咨询合同纠纷案	397
案例257	某集团公司与宁夏某风能公司、沈阳某风能公司服务合同纠纷案	398
案例258	某电力工程公司与某新能源公司建设工程合同纠纷案	400
案例259	某风电科技公司与某风力发电公司买卖合同纠纷案	401
案例260	某电气公司与某风能公司债权人撤销权纠纷案	403
案例261	某资产管理公司与某清洁能源公司债权人代位权纠纷案	405
案例262	某电力安装公司与某风电公司确认合同效力纠纷案	407
案例263	某锅炉厂、某风电装备技术公司定作合同纠纷案	408
案例264	某劳务公司与某工程公司债权转让合同纠纷案	409
案例265	某风力发电公司、某电站设备公司买卖合同纠纷案	411
案例266	某租赁公司与某风电公司融资租赁合同纠纷案	413
案例267	某国土资源局、某电力工程公司建设工程施工合同纠纷案	414
案例268	某变压器公司与某新能源公司买卖合同纠纷案	416
案例269	某能源设备公司诉某风电设备公司买卖合同纠纷案	417
案例270	某风电科技公司与某设计院公司建设工程施工合同纠纷案	419
案例271	某工程公司、某新能源公司建设工程合同纠纷案	420
案例272	某新能源公司与某发展公司合同纠纷案	422
案例273	某复合材料公司、某新材料公司合同纠纷案	424
案例274	某机械公司与某设备安装公司合同纠纷案	426
案例275	某清洁能源公司与某风能公司买卖合同纠纷案	427
案例276	某风电设备公司、某风电股份公司买卖合同纠纷案	429
案例277	某制造公司与某风电科技公司买卖合同纠纷案	431
案例278	某风电科技公司与某风力发电公司买卖合同纠纷案	432
案例279	某风电公司与某风电设备公司买卖合同纠纷案	434
案例280	某风力发电公司与某公司建设工程施工合同纠纷案	435
案例281	某海洋工程公司、某吊装工程公司租赁合同纠纷案	436
案例282	某建设公司与某工程公司、某风电公司建设工程施工合同纠纷案	438
案例283	某科技公司、某能源公司买卖合同纠纷案	439
案例284	某建筑工程公司、某发电公司建设工程合同纠纷案	440

案例 285	某风电公司与某安装公司建设工程施工合同纠纷案	441
案例 286	某新能源发展公司与某工程公司建设工程施工合同纠纷案	443
案例 287	某新能源公司、某风能公司买卖合同纠纷案	444
案例 288	某房地产估价公司与某企业管理咨询公司技术咨询合同纠纷案	445
案例 289	某新能源公司与某水电开发公司租赁合同纠纷案	447
案例 290	某风电设备公司、某风电股份公司买卖合同纠纷案	448
案例 291	某机械制造公司、某电气公司加工合同纠纷案	449
案例 292	单某、潘某买卖合同纠纷案	451
案例 293	某风力发电公司与某科技公司分期付款买卖合同纠纷案	452
案例 294	某风电公司与某科技公司买卖合同纠纷案	454
案例 295	某工业公司与某建设公司买卖合同纠纷案	456
案例 296	某电力建设公司与某建材公司买卖合同纠纷案	457
案例 297	某新能源公司、某电气公司请求确认债务人行为纠纷案	458
案例 298	某新能源公司、某装备公司买卖合同纠纷案	459
案例 299	某工程公司、某集团公司保证合同纠纷案	461
案例 300	某汽轮机公司与某建筑安装公司、某能源技术服务公司买卖合同纠纷案	463
案例 301	某汽轮机公司与某建筑安装公司、某能源技术服务公司买卖合同纠纷案	464
案例 302	某水电开发公司与某新能源公司租赁合同纠纷案	465
案例 303	某安装公司与某机械公司、某电力建设公司等租赁合同纠纷案	467
案例 304	某金融租赁公司诉某风电公司融资租赁合同纠纷案	468
案例 305	某制造公司与谢某买卖合同纠纷案	470
案例 306	某重工公司与山东某新能源公司、刘某建设工程施工合同纠纷案	471
案例 307	某风力发电公司、某工程公司建设工程施工合同纠纷案	473
案例 308	某风电公司、某电力公司建设工程施工合同纠纷案	475
案例 309	某电气化公司、某重工公司建设工程施工合同纠纷案	476
案例 310	某电气设备安装公司、某工程公司建设工程施工合同纠纷案	479
案例 311	某建设公司、某建设公司青海分公司与某装饰公司、某工程公司施工合同纠纷案	480
案例 312	某电力公司等与褚某建设工程施工合同纠纷案	482
案例 313	某能源公司与陈某、某建设公司承揽合同纠纷案	483
案例 314	乔某、某电力公司建设工程分包合同纠纷案	485
案例 315	张某、某建筑工程公司建设工程施工合同纠纷案	486
案例 316	杨某与王某、某建设工程公司等建设工程施工合同纠纷案	487

案例 317	某建设公司、某新能源投资公司建设工程施工合同纠纷案	489
案例 318	某建筑公司、刘某建设工程施工合同纠纷案	491
案例 319	郑某与某新能源公司、某建筑公司建设工程施工合同纠纷案	493
案例 320	某工程公司、某建设公司建设工程施工合同纠纷案	494
案例 321	某风力发电公司与某公司建设工程施工合同纠纷案	495
案例 322	某物资公司、某电气股份公司债权人代位权纠纷案	497
案例 323	某建设公司、某风电公司建设工程施工合同纠纷案	498
案例 324	某重工公司、某新能源公司、刘某建设工程合同纠纷案	499
案例 325	某风力发电公司、某风电技术公司买卖合同纠纷案	500
案例 326	某风力发电公司与某公司建设工程施工合同纠纷案	502
案例 327	某风力发电公司、某建筑公司建设工程施工合同纠纷案	503
案例 328	某新能源公司与某机车公司等招标投标买卖合同纠纷案	505
案例 329	某电力安装公司、某新能源公司建设工程施工合同纠纷案	506
案例 330	某公司与某风电公司建设工程合同纠纷案	507
案例 331	某风力发电公司、某风电公司建设工程施工合同纠纷案	508
案例 332	某设计公司与某建设公司建设工程分包合同纠纷案	510
案例 333	某房地产开发公司与某建筑动力安装公司承揽合同纠纷案	512
案例 334	某安装建设公司、某风电公司建设工程施工合同纠纷案	513
案例 335	某风电公司、某建筑基础公司建设工程施工合同纠纷案	514
案例 336	某房地产开发公司与某建筑动力安装公司建设工程施工合同纠纷案	516
案例 337	某风电公司与某工程公司建设工程施工合同纠纷案	517
案例 338	某电力工程公司、刘某建设工程施工合同纠纷案	518
案例 339	某能源公司与陈某、某建设公司承揽合同纠纷案	519
案例 340	叶某与某建设公司居间合同纠纷案	521
案例 341	詹某与朱某合伙协议纠纷案	522
案例 342	张某军、张某玉与王某、某建筑工程公司合伙协议纠纷案	523
案例 343	某风电公司、某保险公司保险合同纠纷案	525
案例 344	某保险公司与某能源公司保险合同纠纷案	527
案例 345	某风电公司与某能源建设公司、某路桥工程公司、某工程公司、某电力工程公司、某电力建设公司赔偿纠纷案	529
案例 346	某工程公司、某电力建设公司财产损害赔偿纠纷案	530
案例 347	某建筑工程劳务公司与某建筑工程公司合同纠纷案	532
案例 348	某风电有限公司诉斯某触电人身损害责任纠纷案	534

案例349	某风电公司、刘某高度危险活动损害责任纠纷案	535
案例350	某新能源公司与王某财产损害赔偿纠纷案	536
案例351	某光伏公司、某风电公司与何某环境污染责任纠纷案	537
案例352	蒋某与某风力发电公司环境污染责任纠纷案	538
案例353	倪某与某风力发电公司噪声污染侵权纠纷案	539
案例354	某电气公司、某照明公司侵害外观设计专利权纠纷案	542
案例355	某电子电器公司、麦某侵害发明专利权纠纷案	543
案例356	某工业设备公司、某设备公司专利权权属纠纷案	544
案例357	某电力工程公司与张某劳务合同纠纷案	546
案例358	李某与某能源建设集团劳动争议案	547
案例359	贺某与某公司确认劳动关系纠纷案	549
案例360	某建设公司与某热力公司建设工程施工合同纠纷案	550
案例361	某公司与青岛某风能公司、沈阳某风能公司票据追索权纠纷案	551
案例362	某能源设备公司诉某风电设备公司买卖合同纠纷案	553
案例363	某电气公司、某市综合行政执法局城乡建设行政管理:房屋拆迁管理纠纷案	554
案例364	某自然资源局与某风力发电公司行政纠纷案	555
案例365	某垦殖场资源行政管理纠纷案	557
案例366	某县甲村、某县乙村林业行政管理纠纷案	558
案例367	某村民小组与某市政府、某县政府等行政纠纷案	560
案例368	黄某、某市人民政府行政纠纷案	561
案例369	陈某、某能源集团合同纠纷案	563
案例370	武某、某风电公司财产损害赔偿纠纷案	565
案例371	孙某、某公司不当得利纠纷案	567
案例372	某风电公司、某投资公司公司盈余分配纠纷案	568
案例373	曾某与某电力建设公司、某新能源公司、某新能源股份公司建设工程施工合同纠纷案	569
案例374	某风能公司与某装备公司债权转让合同纠纷案	571
案例375	某风电科技公司、某机器设备公司合同纠纷案	572
案例376	某物流公司与某风电科技公司运输合同纠纷案	574
案例377	某风电公司、某电气公司建设工程施工合同纠纷案	575
案例378	某科技公司、某防雷科技公司建设工程合同纠纷案	576
案例379	丁某与王某、某电力工程公司建设工程施工合同纠纷案	577

案例380	某风电科技公司与某风电设备公司等承揽合同纠纷案	579
案例381	某水电工程公司、某公司买卖合同纠纷案	580
案例382	某银行、某实业公司金融借款合同纠纷案	581
案例383	甲电气公司与乙电气公司买卖合同纠纷案	582
案例384	某风电设备公司与某叶片制品公司、原审第三人某发电公司买卖合同纠纷案	584
案例385	某工程公司与某风电技术公司买卖合同纠纷案	585
案例386	某风电技术公司与某风力发电公司买卖合同纠纷案	587
案例387	某资源局、某电力工程公司建设工程施工合同纠纷案	588
案例388	某建设工程有限公司、某能源建设集团建设工程合同纠纷案	589
案例389	周某等与某商贸公司等股权转让纠纷案	590
案例390	某风电公司、某新能源科技投资开发公司第三人撤销之诉案	592
案例391	某风电公司与某风能公司合同纠纷案	594
案例392	某风电公司与某超导公司等侵害商业秘密纠纷案	596
案例393	某风电科技公司、某机器设备公司合同纠纷案	597
案例394	某保险公司与某吊具生产公司保险人代位求偿权纠纷案	599
案例395	某风电设备股份公司、某风电股份公司买卖合同纠纷案	600
案例396	马某与某建筑工程公司、梁某执行复议纠纷执行案	601
案例397	某风电公司与某超导公司等侵害商业秘密纠纷案	603
案例398	某资产管理公司浙江分公司、某风力发电公司债权人代位权纠纷案	604
案例399	某风电公司、某新能源公司合同纠纷案	605
案例400	某超导公司与某风电公司、某电气公司侵害计算机软件著作权纠纷案	607
案例401	某风电技术公司与某科技公司申请撤销仲裁裁决案	608
案例402	某风能公司与某风电设备公司申请撤销仲裁裁决案	610
案例403	某风电设备公司与某风能公司申请撤销仲裁裁决案	611
案例404	某风电公司与某复合材料公司申请撤销仲裁裁决案	613
案例405	崔某某与某县国土资源局、某市国土资源局要求确认未履行法定职责违法案	614

第一编

光伏项目

PART 01

第一章　光伏项目《民法典》总则法律纠纷

一、公平原则

> **案例 1**
>
> **某太阳能公司与某电子公司合同纠纷案**
>
> **Q:** 不具有售电资质的分布式光伏发电企业,售电给安装其光伏设备的企业,但双方并未约定电价。双方签订的合同是否有效？如果合同有效,合同中的电价如何确定？适用燃煤发电机组标杆上网电价还是当地供电企业售电电价？
>
> **A:** 根据分布式光伏项目模式的种类,为了保障当事人的利益,应当依据公平原则采用燃煤发电机组标杆上网电价(售电给供电局的电价)。
>
> **裁判案例:**(2019)皖11民终2183号

【裁判观点】[①]

一审法院认为,某太阳能公司与某电子公司签订的《分布式光伏发电项目合作合同》系双方自愿签订,未违反法律强制性规定,合法有效。合同约定某电子公司当月所用某太阳能公司发电电量的5%,作为使用屋顶的租金。故某电子公司实际应当给付电费的电量为235159.40度×95%＝223401.43度。某电子公司使用的某太阳能公司所发的其他电量应当给付电费。因双方未约定每度电的价格,根据《国家发展改革委关于发挥价格杠杆作用促进光伏产业健康发展的通知》的规定,对分布式光伏发电实行按照全电量补贴的政策,电价补贴标准为0.42元/度;自用有余上网的电量,由电网企业按照当地燃煤机组标杆上网电价收购。《安徽省物价局关于合理调整电价结构有关事项的通知》规定,燃煤发电机组标杆上网电价为0.3844元/度。某太阳能公司系发电企业,不具有电力销售的资质,且根据某太阳能公司在2018年起诉的案件庭审陈述,

---

[①] 本书"裁判观点"中引用的相关规定均为裁判时生效的规定。——编者注

其提供给供电局的电价为 0.3844 元/度，按照公平原则，某电子公司的电价也应按照 0.3844 元/度执行。

国家发展改革委《分布式发电管理暂行办法》第十二条规定，鼓励企业、专业化能源服务公司和包括个人在内的各类电力用户投资建设并经营分布式发电项目，豁免分布式发电项目发电业务许可。该规定豁免的是对分布式发电项目的发电业务许可，并不能由此得出经营分布式发电项目的企业可以参照供电企业收费标准收取电费。

《电力法》第七条规定，电力建设企业、电力生产企业、电网经营企业依法实行自主经营、自负盈亏，并接受电力管理部门的监督。第二十五条规定，供电企业在批准的供电营业区内向用户供电。供电营业区的划分，应当考虑电网的结构和供电合理性等因素。一个供电营业区内只设立一个供电营业机构。供电营业区的设立、变更，由供电企业提出申请，电力管理部门依据职责和管理权限，会同同级有关部门审查批准后，发给《电力业务许可证》。供电营业区设立、变更的具体办法，由国务院电力管理部门制定。可见，涉电力企业分为生产企业和供电企业等，供电企业供电应当得到主管部门的批准。供电企业面向终端用户的销售电价一般包含以下方面：(1)购电成本，即电网企业从发电企业或其他电网购入电能所支付的费用及税金；(2)输配电损耗，即电网企业购电后，在输配电过程中发生的正常损耗；(3)输配电价，即按《输配电价管理暂行办法》指定的输配电价；(4)政府性基金，即随售电量征收的基金及附加。可见，供电企业收取的电价中，除电力成本外，还包含其他价格因素。某太阳能公司上诉主张，应参照当地供电企业售电电价作为某电子公司用其发电量的电价并参照供电企业标准收取滞纳金，没有事实和法律依据，法院不予支持。对发电企业网下售电的价格认定，不是司法调整范围。一审判决从公平角度，参照某太阳能公司上网电价，确定双方权利义务并无不当。

【实务指引】

本案涉及两个问题：(1)合同是否有效？(2)如何确定售电价格？根据 2021 年国家发展改革委与国家能源局印发的《售电公司管理办法》第九条第一款第一项的规定，售电企业应当在其营业执照中写明有关售电的事项。假设本案发生在 2021 年，双方当事人订立的合同属于一方当事人超越其经营权限订立的合同。即便如此，本案中各方当事人均未作出虚假的意思表示，同时也没有任何的法律、行政法规否定未取得售电资质企业对外订立合同的效力。因此，案涉合同应当被认定为有效，双方当事人应当履行。在分析合同效力时，如果其中一方或双方当事人是企业，即便当事人超出其经营范围订立合同也不一定会导致合同无效，除非有规范明确规定当事人经营范围订立的合同无效。在这里需要注意分析相关规范中有关合同效力的内容。仅在某一规范中明确规定违反该规定的合同无效时才能将该规范认定为"效力性强制性规定"，而不是预先判断某一规范是效力性强制性规定后再认为违反该规定的合同无效。

关于售电价格如何确定的问题,本案中双方当事人未约定售电价格。此种情形便构成了合同漏洞。一般来说,我们可以直接根据《民法典》第五百一十一条的规定填补该漏洞。但是本案中需要考虑分布式发电项目的特点加以分析。分布式光伏项目备案时可以选择两种模式,即"自发自用、余电上网"和"全额上网"。"自发自用、余电上网"模式是指分布式光伏发电系统所发电力主要由用户自己使用,多余电量馈入电网。在此种模式下用户的收益主要来自以下方面:(1)国家补贴及地方补贴。这部分收入以全部的发电量计算补贴收益,具体而言,包括国家提供的光伏发电补贴以及地方政府部门提供的电价补贴。(2)自用节省的电费。在此种模式下用户将总发电量的一部分自用,该部分按照各地电网的销售电价计算收益。从形式上来看属于节省电费。(3)余电出售收益。这一部分电量以规定的上网电价进行结算。"全额上网"模式是指用户将分布式光伏发电的全部电量出售给电网,电网按照当地光伏发电标杆上网电价收购。本案中,当事人选择的光伏发电模式为"自发自用、余量上网"。但是当事人之间另行达成了出售电量的合意并且未能约定这部分电量的费用。这部分电量由于当事人已经享受了国家和地方的补贴,所以不能以补贴标准计算费用。同样地,当事人自用的电也已经获得了节省电费的收益,也不能以节省电费的标准计算费用。在此需要进一步分析当事人出售电量的行为,当事人出售的电量属于自用电量之外的余量。一般来说,这部分电量应当出售给电网,并按照当地标杆价格收费。标杆电价是国家在经营期电价的基础上对新建发电项目实行按区域或省平均成本统一定价的电价政策。这意味着某一区域或省的标杆电价所反映的是该地区对于发电项目对外售电的价格标准。本案中当事人并未约定售电价格,因此采取以平均成本定价的标杆电价对当事人而言更为公平。这也是本案中法院以公平原则作出裁判的原因。需要注意的是,标杆电价并不是市场价。标杆电价是电价市场化改革的产物,并不意味着其就是市场价格。

【法律依据】

《民法典》第五百零五条 当事人超越经营范围订立的合同的效力,应当依照本法第一编第六章第三节和本编的有关规定确定,不得仅以超越经营范围确认合同无效。

《民法典》第五百一十一条 当事人就有关合同内容约定不明确,依据前条规定仍不能确定的,适用下列规定:

(一)质量要求不明确的,按照强制性国家标准履行;没有强制性国家标准的,按照推荐性国家标准履行;没有推荐性国家标准的,按照行业标准履行;没有国家标准、行业标准的,按照通常标准或者符合合同目的的特定标准履行。

(二)价款或者报酬不明确的,按照订立合同时履行地的市场价格履行;依法应当执行政府定价或者政府指导价的,依照规定履行。

(三)履行地点不明确,给付货币的,在接受货币一方所在地履行;交付不动产的,在不动产所在地履行;其他标的,在履行义务一方所在地履行。

(四)履行期限不明确的,债务人可以随时履行,债权人也可以随时请求履行,但是应当给对方必要的准备时间。

(五)履行方式不明确的,按照有利于实现合同目的的方式履行。

(六)履行费用的负担不明确的,由履行义务一方负担;因债权人原因增加的履行费用,由债权人负担。

《售电公司管理办法》第九条第一款第一项 售电公司办理注册时,应按固定格式签署信用承诺书,并通过电力交易平台向电力交易机构提交以下资料:工商注册信息、法定代表人信息、统一社会信用代码、资产和从业人员信息、开户信息、营业执照、资产证明、经营场所和技术支持系统证明等材料。

(一)营业执照经营范围必须明确具备电力销售、售电或电力供应等业务事项。

二、法人

1. 法定代表人

案例 2

某光伏科技公司与王某、豆某与李某、穆某、某服饰公司、某商贸公司、某制衣公司、某农业科技公司借款合同纠纷案

Q: 法定代表人超越职权与第三人签订的担保协议是否有效?
A: 法定代表人超越职权对外订立的协议,职权范围的限制不得对抗善意第三人。
裁判案例: (2016)最高法民申607号

【裁判观点】

关于二审判决认定某光伏科技公司承担担保责任是否有误的问题。案涉《借款协议》签订时,李某为某光伏科技公司的法定代表人,其在《借款协议》担保方落款处签署"某光伏科技公司法人李某",系代表公司对外担保的职务行为。二审判决根据《中华人民共和国民法通则》第四十三条、《最高人民法院关于贯彻执行〈中华人民共和国民法通则〉若干问题的意见(试行)》第五十八条的规定,认定某光伏科技公司应对李某的行为承担法律责任,适用法律并无不当。某光伏科技公司尽管主张李某代表公司对外提供担保属于超越职权,且作为出借人的豆某、王某对此是明知的,但并无相应的事实依据、亦未提供相应的证据支持。至于《中华人民共和国公司法》第十六条关于"公司向其他企业投资或者为他人提供担保,依照公司章程的规定,由董事会或者股东会、股东大会决议。公司为公司股东或者实际控制人提供担保的,必须经股东会或者股东大会决议"的规定,并未明确规定公司违反上述规定对外担保即导致担保合同无效,上述规定应属于管理性强制性规定,公司股东会或股东大会是否据此形成决议作为内部决策程序并未当然约束第三人。某光伏科技公司依据上述规定,主张李某代表公司对外担保违反上述规定,所签协议对其没有约束力,理由不能成立。

【实务指引】

关于法定代表人从事民事活动的最新规定是《民法典》第六十一条。本条规定共计三款,需要结合起来分析与解读。根据《民法典》第六十一条第一款的规定,法定代表人的职权来源是法律或者法人章程。结合第二款的规定可知,法定代表人以法人名义从事的民事活动,仅在符合法律或者法人章程的规定时,其法律后果才能够由法人承受,否则便属于越权代理。需要注意的是,法定代表人的越权代理行为仅在对方是善意第三人时,该行为的法律后果才能够归属法人。从反面来说,除非法人能够证明第三人非善意才能够主张其法定代表人超越代理权限的行为无效。此时便涉及举证责任的问题。本案中,某光伏公司虽然主张出借人明知其法定代表人超出代表人职权权限订立合同,但并未提出有力的证据,最终承担了举证不能的不利后果。

需要注意的是,本案中最高人民法院认为,法人章程中并未规定超越职权的民事行为无效,因此不能直接依据章程中与实施民事行为相关的程序要求认定超越职权的民事行为无效。综上,在分析法定代表人越权行为的效力时需要综合分析法律规定的构成要件以及案件的实际情况。

【法律依据】

《民法典》第六十一条 依照法律或者法人章程的规定,代表法人从事民事活动的负责人,为法人的法定代表人。

法定代表人以法人名义从事的民事活动,其法律后果由法人承受。

法人章程或者法人权力机构对法定代表人代表权的限制,不得对抗善意相对人。

2. 法人合并、分立的权利义务承担

> **案例 3**
>
> **某县甲村委会与某光伏科技公司及张某、胡某买卖合同纠纷案**
>
> **Q：**村民委员会与光伏企业订立买卖合同,后原村民委员会因行政划分与其他村子合并被撤销。新村民委员会应否承担合同项下的权利义务？
>
> **A：**村民委员会作为特别法人,受到《民法典》中法人合并相关规定的调整。
>
> **裁判案例：**(2019)湘05民终1385号

【裁判观点】

在原某县甲村与原某县乙村合并期间,原某县甲村村支部书记张某与村委会主任胡某以原某县甲村的名义从事的民事活动,其法律后果应由原某县甲村承受。原某县甲村与原某县乙村合并后,原某县甲村的权利义务由合并后的某县甲村享有和承担。案涉合同系双方当事人的真实意思表示,合同内容不违反法律、行政法规的强制性规定,系有效合同。某县甲村上诉提出,其与某光伏科技公司之间不存在合同关系,案涉合同为无效合同,要求撤销原判,改判驳回某光伏科技公司的诉讼请求,理由不能成立,本院不予支持。

【实务指引】

依据现行《民法典》,村民委员会被规定为特别法人的一种。因此,有关法人的一般性规定也应当适用于村民委员会。两个村庄在行政区划上合并之后组成的新村民委员会可以理解为两个特别法人的合并。新成立的村民委员会可依据《民法典》第六十七条的规定继受原村民委员会对外签订的合同。

【法律依据】

《民法典》第六十七条 法人合并的,其权利和义务由合并后的法人享有和承担。

法人分立的,其权利和义务由分立后的法人享有连带债权,承担连带债务,但是债权人和债务人另有约定的除外。

《民法典》第一百零一条 居民委员会、村民委员会具有基层群众性自治组织法人资格,可以从事为履行职能所需要的民事活动。

未设立村集体经济组织的,村民委员会可以依法代行村集体经济组织的职能。

三、民事权利

案例4

黄某、某光伏公司建设工程施工合同纠纷案

Q: 某光伏公司(发包人)与某建设公司(承包人)签订了《安装施工合同》,双方在合同落款处加盖公司印章。黄某以某建设工程公司经办人身份在落款处签章。黄某之后也实际参与了部分工程的施工。工程完工后,某建设公司迟迟未与某光伏公司办理结算,黄某是否有权向某建设公司主张工程价款?黄某主张工程价款的范围是否受到《安装施工合同》中发承包双方关于质保金条款的限制?

A: 本案中黄某不仅是承包人的经办人,还是部分工程的实际施工人。在发承包双方不办理结算的情况下,实际施工人有权直接起诉发包人,要求其支付合同价款。《安装施工合同》中发承包双方约定的质保金条款仅对合同当事人发生效力,由于黄某不是该合同的主体,不受该条款限制。

裁判案例: (2020)云26民终1517号

【裁判观点】

合同甲乙双方在《云南丘北县40MW光伏扶贫发电项目安装施工合同》落款处盖公司印章及法定代表人签章,黄某以某建设公司经办人的身份在落款处签章,该合同主体为某建设公司与某光伏公司,合同内容对该两公司具有约束力,但对黄某没有约束力。云南丘北县40MW光伏扶贫发电项目安装工程总工程价款为10800000.00元,黄某作为云南丘北县40MW光伏扶贫发电项目安装工程的实际施工人,其所承建的工程仅为总工程的一部分,故该工程的合同双方当事人未进行结算并不影响黄某作为实际施工人主张权利。该两个公司于2019年1月24日签章认可剩余应当支付的工程款,且某建设公司与某光伏公司在合同中约定的工程质保金对黄某没有约束力,故某建设公司应当全额支付剩余工程款给黄某。

【实务指引】

本案中存在以下法律问题:(1)实际施工人与发承包人之间的工程价款纠纷。(2)未经债权人同意转让债务的法律后果。

关于实际施工人与发承包人之间的工程价款纠纷,本案中黄某以实际施工人的身份承揽部分工程,并且黄某同时是承包人的经办人。从黄某和承包人的关系来看,两者之间可能存在分包关系,或者挂靠关系。如果承包人经过发包人允许,将工程分包给实际施工人,那么分包关系与建设工程关系均有效,此时黄某有权向承包人主张价款。如果承包人未经允许转让其债务给发包人,该债务转让不发生效力,依然应当由承包人支付工程价款。如果存在挂靠关系,那么建设工程合同无效。黄某与承包人分别作为挂靠人与被挂靠人应当对合同的无效承担责任。此时,实际施工人依然能够向承包人主张合同价款。

【法律依据】

《民法典》第一百一十九条　依法成立的合同,对当事人具有法律约束力。

最高人民法院《关于审理建设工程施工合同纠纷案件适用法律问题的解释(一)》第四十三条　实际施工人以转包人、违法分包人为被告起诉的,人民法院应当依法受理。

实际施工人以发包人为被告主张权利的,人民法院应当追加转包人或者违法分包人为本案第三人,在查明发包人欠付转包人或者违法分包人建设工程价款的数额后,判决发包人在欠付建设工程价款范围内对实际施工人承担责任。

四、民事法律行为

1. 可撤销的民事法律行为

案例 5

韩某、刘某买卖合同纠纷案

Q: 分布式光伏电站设备的买受人因受出卖人在广告宣传中描述的含有具体收益数据的表述影响而订立买卖合同,但在实际使用中发现实际收益远远低于出卖人的描述,可否主张撤销合同?

A: 出卖人在广告宣传中作出的表述符合要约条件的,应当认定属于要约。双方因此达成合同之后,出卖人未能履行约定的,买受人有权撤销该合同。

裁判案例:(2021)冀04民终362号

【裁判观点】

某光伏公司的广告宣传页载明的"安装方式三的收益数额14000元/年,国家电网收购电价0.38元/度,国家补贴0.37元/度,共计0.75元/度"内容具体明确,对促成刘某与某光伏公司签订合同起到关键作用,应视为某光伏公司对刘某的要约,构成双方合同的一部分,对某光伏公司具有约束力。合同实际履行中,刘某安装的某光伏公司光伏发电设备所获收益并未达到14000元/年,该宣传与事实不符,使刘某对安装该光伏发电设备的可期待收益产生重大误解,根据《合同法》第五十四条、第五十五条的有关规定,刘某可在设备投入使用之日起一年内行使撤销权,刘某请求设备投入使用之日起一年内遭受的损失,法院应予支持。

【实务指引】

《民法典》第四百七十三条修改了原《合同法》第十五条对要约邀请的规定,强调了要约邀请的"表示"属性。从《民法典》第四百七十三条的规定来看,要约邀请的"表示"属性意味着其对当事人并不具有约束力。要约则不同,要约最重要的特征是"内容具体确定"与"表明经受要约人承诺,要约人即受该意思表示约束"。某光伏公司与刘某签订的《分布式光伏发电合同协议书》中将广告宣传页中的"模式三"作为光伏发电设备安装方式,这就使广告页中的宣传内容成为合同的履行内容,广告页中的内容因此成为要约。光伏企业在对外宣传时需要注意要约与要约邀请的区别,明确区分宣传内容与合同内容。如果光伏企业在广告中表示自己愿意接受广告内容的约束或者将广告宣传内容直接作为合同内容,广告内容便因为具有要约的性质而在订立合同时成为合同内容。当事人自然受到相应的约束。光伏企业在宣传时如果忽略此类风险将增加自己日后违约的概率。

本案中,光伏企业还存在欺诈行为。该企业将广告内容一方面用作宣传,另一方面用作合同条款。在双方订立合同之后又主张广告内容属于要约邀请而非要约。此种行为属于告知对方虚假情况的欺诈行为。对方当事人自然可以主张撤销合同。

【法律依据】

《民法典》第四百七十二条　要约是希望与他人订立合同的意思表示,该意思表示应当符合下列条件:

(一)内容具体确定;

(二)表明经受要约人承诺,要约人即受该意思表示约束。

《民法典》第四百七十三条　要约邀请是希望他人向自己发出要约的表示。拍卖公告、招标公告、招股说明书、债券募集办法、基金招募说明书、商业广告和宣传、寄送的价目表等为要约邀请。

商业广告和宣传的内容符合要约条件的,构成要约。

2. 无效的民事法律行为

> **案例 6**
>
> **某光伏发电公司、某新能源科技公司合同纠纷案**
>
> **Q**：某光伏发电公司取得某光伏发电项目的项目备案批文后，委托案外人协调其与某新能源科技公司之间的合作事项。2017年3月，某新能源科技公司（甲方）与案外人（乙方）签订《战略合作开发协议》，约定"乙方为甲方提供合法有效的房屋屋顶租赁合同并租赁给甲方使用，并负责核实房屋土地规划建设许可证等手续，负责完成当地政府办理备案和当地供电公司的介入手续"等。2017年9月，某光伏发电公司与某新能源公司签订《合作意向书》，约定某光伏发电公司须向某新能源公司提供真实有效的屋顶使用权，协助办理备案等。某新能源公司将在9月底允许某光伏发电公司进场施工。上述协议是否构成"买卖路条"？
>
> **A**：不会。当前有关光伏项目备案文件的规范中，并未明确将先取得光伏项目备案批文后订立合同的行为认定为无效。所以这类合同依然属于有效合同。
>
> **裁判案例**：(2020)赣01民终1146号

【裁判观点】

某新能源公司上诉主张合作意向书属于买卖光伏项目备案文件协议，损害了社会公共利益，且违反了国家能源局相关涉及光伏电站项目市场开发秩序的文件规定，应认定为无效。对此，法院认为，《合同法》第五十二条规定："有下列情形之一的，合同无效：（一）一方以欺诈、胁迫的手段订立合同，损害国家利益；（二）恶意串通，损害国家、集体或者第三人利益；（三）以合法形式掩盖非法目的；（四）损害社会公共利益；（五）违反法律、行政法规的强制性规定。"本案中，某新能源公司主张合同无效的理由涉及是否违反法律、行政法规的强制性规定和损害社会公共利益。从是否违反法律法规的强制性规定方面看，《分布式光伏发电项目管理暂行办法》属行政规章，国家能源局《关于进一步加强光伏电站建设与运行管理工作的通知》与《关于规范光伏电站投资开发秩序的通知》属于规范性文件，并不是法律和行政法规，且这里导致合同无效的强制性规定主要是指效力性强制性规定，而上述行政规章及规范性文件主要是针对光伏发电项目备案管理方面的管理性强制性规定，因此，即使某新能源公司与某光伏发电公司签订的合作意向书违反上述管理性强制性规定，也并未当然导致合同无效。

【实务指引】

如何理解《合同法》第五十二条是本案的主要争议之一。已经失效的最高人民法院《关于适用〈中华人民共和国合同法〉若干问题的解释（二）》（法释〔2009〕5号）第十四条规定："合同法第五十二条第（五）项规定的'强制性规定'，是指效力性强制性规定。"本案中《合同法》第五十二条第五项对于本案的裁判有重要影响。本案中二审法院的裁判思路如下：（1）《分布式光伏发电项目管理暂行办法》，国家能源局《关于进一步加强光伏电站建设与运行管理工作的通知》、原国家能源局《关于规范光伏电站投资开发秩序的通知》均不属于法律和行政法规；（2）上述规范中关于备案管理方面的内容属于管理性强制性规定；（3）因此当事人之间签订的合作意向书即便违反上述管理性强制性规定，也并未当然导致合同无效。在此对法院的裁判思路展开分析如下。本案中涉及的规范中仅有国家能源局《关于规范光伏电站投资开发秩序的通知》和《分布式光伏发电项目管理暂行办法》中包含管理备案文件的内容，具体如下：（1）国家能源局《关于规范光伏电站投资开发秩序的通知》第四条规定："……对于不以自己为主投资开发为目的、而是以倒卖项目备案文件或非法转让牟取不当利益为目的的企业，各级能源主管部门应规定其在一定期限内不能作为投资主体开发光伏电站项目。在光伏电站前期工作中企业间正常的技术服务和商业合作应依法合规进行。出于正当理由进行项目合作开发和转让项目资产，不能将政府备案文件及相关权益有偿转让……"（2）《分布式光伏发电项目管理暂行办法》第十四条规定："在年度指导规模指标范围内的分布式光伏发电项目，自备案之日起两年内未建成投产的，在年度指导规模中取消，并同时取消享受国家资金补贴的资格。"在此笔者猜测法院在裁判时更细节的思路大致如下：因为上述文件不属于法律、行政法规属于确定的事实，所以本案中关于合同效力的问题在此可以直接援引《合同法》第五十二条第五项的规定判定本案中当事人订立的合同并未违反法律、行政法规（因为并不存在会对该合同的效力产生影响的行政法规），所以该合同属于有效合同。

至此，本案中有关合同效力的问题似乎已经解决，但是在此笔者拟假设一种情况，以此对所谓效力性强制性规定与管理性强制性规定的认定作进一步的分析。假设本案中当事人在抗辩时援引的规范都属于行政法规，本案中关于合同效力的认定是否会有不同？本案中二审法院认为：上述行政规章及规范性文件主要是针对光伏发电项目备案管理方面的管理性强制性规定，因此，即便某新能源公司与某光伏发电公司签订的合作意向书违反上述管理性强制性规定，也并未当然导致合同无效。如果回顾本案中当事人援引的规范并结合民法理论，该案的结论或许会发生变化。国家能源局《关于规范光伏电站投资开发秩序的通知》第四条规定："……出于正当理由进行项目合作开发和转让项目资产，不能将政府备案文件及相关权益有偿转让……"换言之，无论是否出于正当理由，政府备案文件及相关权益均不能有偿转让。如果该规定的效力层级为行政法规，那么该规范有可能影响合同的效力。假设在此将双方当事人订立合同行为的效力与交付材料行为的效力相区分,两者互不影响。此时,当事人之间达成的交付材料的约定便会因此规定而无效,那么双方当事人之间订立合同的行为则陷入履行不能的情况,但是不能认定其无效。如果订立合同行为的效力与交付材料行为的效力相联系或不将一个交易区分为两个行为,那么当材料行为的效力无效时,订立合同行为的效力也应当被认定为无效。结合"效力性强制性规定"与"管理性强制性规定"的源流,在假设本案中当事人援引的规范属于行政法规的情形时法院裁判的思路应当为:某一个规范因为影响合同效力而应当认为其属于效力性强制性规范。本案中双方当事人订立的合同因为该规范的内容而应当被认定为无效。其他学术性的分析在此不再展开。①

【法律依据】

《民法典》第一百四十四条 无民事行为能力人实施的民事法律行为无效。

《民法典》第一百四十六条 行为人与相对人以虚假的意思表示实施的民事法律行为无效。

以虚假的意思表示隐藏的民事法律行为的效力,依照有关法律规定处理。

《民法典》第一百五十三条 违反法律、行政法规的强制性规定的民事法律行为无效。但是,该强制性规定不导致该民事法律行为无效的除外。

违背公序良俗的民事法律行为无效。

《民法典》第一百五十四条 行为人与相对人恶意串通,损害他人合法权益的民事法律行为无效。

《民法典》第一百五十五条 无效的或者被撤销的民事法律行为自始没有法律约束力。

《民法典》第一百五十七条 民事法律行为无效、被撤销或者确定不发生效力后,行为人因该行为取得的财产,应当予以返还;不能返还或者没有必要返还的,应当折价补偿。有过错的一方应当赔偿对方由此所受到的损失;各方都有过错的,应当各自承担相应的责任。法律另有规定的,依照其规定。

案例 7

某光伏公司与某能源发展公司建设工程合同纠纷案

Q: EPC 总承包合同无效后,合同约定的履约保证金应当如何处理?

A: 履约保证金应当返还。但需注意双方履约金条款内容。

裁判案例: (2015) 民一终字第 144 号

---

① 参见朱庆育:《〈合同法〉第 52 条第 5 项评注》,载《法学家》2016 年第 3 期。

【裁判观点】

因涉案合同无效,某能源公司基于合同获得的某光伏公司1000万元履约保证金应予返还。虽然双方在《光伏发电项目总承包合同》第17.2条中约定:"发包人可根据2.6.2款终止合同。在与承包方协商不成终止合同之后,发包人可自行或委托其他承包人或者与其他承包人一起来完成本工程,并没收工程履约保证金。"但其适用的前提条件是合同有效且满足合同第2.6.2款的要求。本案合同无效,某能源公司要求按照有效合同的约定不予返还履约保证金的上诉理由不能成立,法院不予支持。

【实务指引】

在讨论建设工程合同的效力对履约保证金返还的影响时,需要区分因合同无效而引起的履约保证金返还和因合同被解除而引起的履约保证金返还。本案中,依据《招标投标法》第三条的规定,该工程应当招标。但是发包人在一审和二审期间均没有提供招标文件等证明材料,同时承包人对此也不认可,案涉合同因此被认定为无效。此时便可以直接援引合同无效后财产返还的相关规定处理。

在本案二审过程中,发包人援引发承包双方签订的《光伏发电项目总承包合同》中关于发包人终止协议后有权没收承包人提供的履约保证金的相关内容作为抗辩理由的行为属于混淆了合同无效与合同解除的法律后果。根据《民法典》第五百六十六条第二款的规定,合同因违约解除的,解除权人可以请求违约方承担违约责任,但是当事人另有约定的除外。实践中双方当事人可以将履约保证金返还的事项作为违约责任内容加以规定。例如,《建设项目工程总承包合同(示范文本)》(GF-2020-0216)16.2.3"因发包人违约解除合同后的付款"规定,"承包人按照本款约定解除合同的,发包人应在解除合同后28天内支付下列款项,并退还履约担保"。在此,退还履约保证金就属于发包人违约导致承包人解除合同后发包人应当承担的违约责任。本案发包方也将类似的合同条款作为不返还履约保证金的理由,但却因为混淆了该条款的适用条件而未能抗辩成功。

【法律依据】

《民法典》第一百五十七条 民事法律行为无效、被撤销或者确定不发生效力后,行为人因该行为取得的财产,应当予以返还;不能返还或者没有必要返还的,应当折价补偿。有过错的一方应当赔偿对方由此所受到的损失;各方都有过错的,应当各自承担相应的责任。法律另有规定的,依照其规定。

> ### 案例 8
>
> **某光伏公司与某能源发展公司建设工程合同纠纷案**
>
> **Q**：EPC 总承包合同无效后，能否请求违约损害赔偿？如何弥补损失？
>
> **A**：EPC 总承包合同无效不能请求违约损害赔偿。合同无效仍然可以追究缔约过失、侵权损害责任。
>
> **裁判案例**：(2015) 民一终字第 144 号

【裁判观点】

法院认为，违约赔偿的诉讼请求应当建立在合同有效的基础上，因涉案合同无效，某能源发展公司主张违约赔偿缺乏法律依据。

【实务指引】

"法律设立违约责任制度，一旦债务人不履行合同约定的债务，则该债务在性质上转化为一种强制履行的责任，从而使合同所设立的债权得以实现。"[①] 违约责任与其他民事责任不同的是，它是违反合同义务的责任，因此它是以合同义务的存在为前提或基础的。[②] 如果合同被认定为无效，该合同自始不发生当事人所预期的法律效果，合同中原本约定的内容对当事人不发生任何约束力。此时，违约责任便会因为合同中的权利义务不发生法律效果而没有存在的依据。基于上述分析可知：合同无效时当事人不能主张违约责任是基于违约责任的法律性质得出的结论。

合同被认定为无效后，便产生了返还财产、折价补偿或者赔偿损失等责任。一方当事人在缔约过程中违反诚实信用原则导致合同无效的，另一方当事人可以追究其缔约过失责任。

【法律依据】

《民法典》第一百五十七条 民事法律行为无效、被撤销或者确定不发生效力后……有过错的一方应当赔偿对方由此所受到的损失；各方都有过错的，应当各自承担相应的责任。法律另有规定的，依照其规定。

《民法典》第五百八十五条 当事人可以约定一方违约时应当根据违约情况向对方支付一定数

[①] 刘家安、周维德、郑佳宁：《债法：一般原理与合同》，高等教育出版社 2012 年版，第 342 页。
[②] 刘家安、周维德、郑佳宁：《债法：一般原理与合同》，高等教育出版社 2012 年版，第 343 页。

额的违约金,也可以约定因违约产生的损失赔偿额的计算方法。

约定的违约金低于造成的损失的,人民法院或者仲裁机构可以根据当事人的请求予以增加;约定的违约金过分高于造成的损失的,人民法院或者仲裁机构可以根据当事人的请求予以适当减少。

当事人就迟延履行约定违约金的,违约方支付违约金后,还应当履行债务。

案例9

某科技有限公司与某新能源开发公司合同纠纷案

Q:某科技有限公司(乙方)与某新能源开发公司(甲方)签订《委托开发合同》,约定甲方授权乙方就某分布式光伏发电项目办理项目招标,发改备案等事项。同时约定,乙方在合同签订后应协助甲方获得某分布式发电项目中标资格,并签订能源管理协议。某新能源开发有限公司中标后,与某科技有限公司发生纠纷。某新能源开发公司以某科技有限公司不具有招投标代理人资格为由主张双方订立的《委托开发合同》无效,该主张是否能够得到支持?

A:不予支持,合同有效。法律仅对招标代理人具有资质要求,对投标代理人并无要求,合同并不违反法律、行政法规的强制性规定,未违背公序良俗,合同合法有效。

裁判案例:(2018)粤01民终18451号

【裁判观点】

关于涉案合同的效力。某新能源开发公司(甲方)作为投标人,与某科技有限公司(乙方)签订《委托开发合同》,该合同约定某科技有限公司的责任和服务范围是协助某新能源开发公司获取中标资格,某新能源开发公司在投标文件上签章确认并获得中标,现某新能源开发公司上诉主张某科技有限公司超出经营范围,《委托开发合同》及其补充合同无效,理由不成立。某新能源开发公司称某科技公司在招投标过程中存在违法行为,并没有提交证据证实,故涉案《委托开发合同》及其补充合同未违反法律、行政法规的强制性规定,合法有效。

【实务指引】

本案中,某新能源开发公司主张合同无效的理由是某科技有限公司存在超越经营范围订立合同,因此合同无效。已经失效的最高人民法院《关于适用〈中华人民共和国合同法〉若干问题的解释(一)》第十条规定,"当事人超越经营范围订立合同,人民法院不因此认定合同无效。但违反国家限制经营、特许经营以及法律、行政法规禁止进行经营规定的除外"。所以本案审理过程中某新能源开发公司提出的主张并无法律依据。现行《民法典》第五百零五条也表达了相同的观点,该条规定"当事人超越经营范围订立的合同的效力,应当依照本法第一编第六章第三节和本编的有关规定确定,不得仅以超越经营范围确认合同无效"。依据法律规定,对于本案我们可以直截了当地得出结论。但是本案中还有值得进一步思考的内容。假设本案中某新能源开发公司要求法院判令解除甲乙双方订立的合同,理由是某科技有限公司与第三人之间的舞弊行为导致其与第三人之间订立的合同无效,这也使某新能源开发公司通过某科技有限公司获得竞标机会的目的落空。如果某新能源开发公司此时援引原《合同法》第九十四条(现《民法典》第五百六十三条)的规定,以合同目的无法实现为理由要求解除甲乙双方的合同,这一主张能否获得支持?此时我们需要注意的是,某新能源开发公司的主张包括两重法律关系:第一,某新能源开发公司与某科技有限公司之间因《委托开发合同》产生的法律关系;第二,某新能源开发公司与第三方之间因招投标形成的合同关系。根据《民法典》第四百六十五条第二款的规定,依法成立的合同,仅对当事人具有法律约束力,但是法律另有规定的除外。当法律并无其他规定时,本案中的两个法律关系的效力不应当相互影响,因此某新能源开发公司在本案中的抗辩不能获得支持。

但是我们的分析并不止步于此。关于某新能源开发公司提出的"合同目的未能实现"的主张,我们需要结合意思表示的解释规则判断双方订立合同的目的究竟为何。一审法院查明事实,2016年,某科技有限公司(乙方)与某新能源开发公司(甲方)签订了《委托开发合同》,约定:某新能源开发公司正式授权委托某科技有限公司就某汽车公司8000kwp分布式光伏屋顶并网发电项目办理项目招标、发改委备案、项目并网等事宜。某科技有限公司责任及服务范围:本合同签订后,协助某新能源开发公司获取与某汽车公司屋顶8000kwp分布式光伏项目中标资格,并签订合同能源管理协议。从某科技有限公司的责任来看,某新能源开发公司订立该合同的目的包括两部分内容:一方面是获得中标资质,另一方面是与第三人订立合同。从本案中法院认定的事实来看,某科技有限公司已经全面履行了其合同义务,而某新能源开发公司也获得了中标资质并与第三人订立了合同。此时,某新能源开发公司主张"合同目的未能实现"不能获得法律支持。在这里,如果我们进一步分析就可以发现,某新能源开发公司与某科技有限公司订立合同是为了最终与第三人订立合同。订立合同的动机能否认定为订立合同的目的?一般来说,行为人与他人订立合同时可能是由多种动机驱使的。如果将当事人订立合同时的动机都认为是合同目的,可能会使"合同目的不能实现"的判断标准变得模糊。"在当事人明确地将其签订合同的动机告知了对方当事人,并且作为成交的基础,或者说作为合同的条件;或者虽然当事人在签订合同时没有明确告知,合同中也没有将该动机条款化,但有充分且确凿的证据证明该动机就是该合同(交易)成立的基础,也可以甚至应当将此类动机视为合同目的。"[1]本案中某新能源开发公司订立合同的动机已在合同中条款化,某科技有限公司此时也不能以某新能源开发公司与第三人订立合同属于动机为由否认该事项属于合同目的的性质。

【法律依据】

《招标投标法》第五条　招标投标活动应当遵循公开、公平、公正和诚实信用的原则。

《招标投标法》第十三条第二款　招标代理机构应当具备下列条件:

(一)有从事招标代理业务的营业场所和相应资金;

(二)有能够编制招标文件和组织评标的相应专业力量。

《民法典》第四百六十五条　依法成立的合同,受法律保护。

依法成立的合同,仅对当事人具有法律约束力,但是法律另有规定的除外。

案例10

某光伏公司、某科技公司建设工程施工合同纠纷再审审查与审判监督案

Q:某光伏公司与某科技公司就某光伏工程建设订立《工程总承包合同》,并在履行合同义务的过程中订立《补充协议》。之后,双方当事人因为合同履行发生争议并诉至法院。法院认定《工程总承包合同》无效,此时《补充协议》是否有效?

A:《补充协议》的效力需要根据其内容具体判断。

裁判案例:(2020)最高法民申4661号

【裁判观点】

原审判决认定《工程总承包合同》《补充协议》均违反法律、行政法规的强制性规定,判定上述合同为无效合同,进而作出相应判决,适用法律并无不当。某光伏公司认为《补充协议》较《工程总承包合同》增加了合同当事人和合同内容,不应认定为全部无效,缺乏事实和法律依据,其相关主张不能成立。

【实务指引】

在此我们先将补充协议所补充的对象定义为"原合同",以原合同与补充协议这一对

---

[1] 崔建远:《合同一般法定解除条件探微》,载《法律科学(西北政法大学学报)》2011年第6期。

概念展开讨论。经过笔者检索,最高人民法院作出的与原合同无效后补充协议效力相关的判决主要有以下几个:(2012)民提字第 205 号、(2020)最高法民申 4661 号、(2017)最高法民终 175 号、(2021)最高法民申 6250 号。从这四份判决中我们可以发现,最高人民法院对这一问题的态度因补充协议的性质不同而有所不同。下文中我们将分别展开讨论。

(1)补充协议被认定为无效

(2020)最高法民申 4661 号裁定与(2017)最高法民终 175 号判决涉及相同的情形和问题。两份判决中,当事人均在订立原合同后又签订了补充协议。并且两个案件中当事人之间订立的原合同均因为违反《招标投标法》的规定而被认定为无效。但是在两个案件中法院的认定思路却有一些不同。(2020)最高法民申 4661 号裁定中,最高人民法院认为补充协议对原协议内容作出了实质性变更并且符合应当进行招标的要求,但当事人未能招标。该补充协议应当以违反《招标投标法》为由认定无效。在此我们需要分析何为"实质性变更"。《招标投标法实施条例》第五十七条第一款规定,"招标人和中标人应当依照招标投标法和本条例的规定签订书面合同,合同的标的、价款、质量、履行期限等主要条款应当与招标文件和中标人的投标文件的内容一致。招标人和中标人不得再行订立背离合同实质性内容的其他协议"。另外,《建设工程施工合同司法解释(一)》(法释〔2020〕25 号)第二条规定:"招标人和中标人另行签订的建设工程施工合同约定的工程范围、建设工期、工程质量、工程价款等实质性内容,与中标合同不一致,一方当事人请求按照中标合同确定权利义务的,人民法院应予支持。"结合上下文来看,当事人订立的补充协议对原合同"合同的标的、价款、质量、履行期限等"作出调整的,该补充协议便属于"背离合同实质性内容的其他协议"。

在(2017)最高法民终 175 号判决中,最高人民法院采取了另一种认定思路。该案中,认为"一审法院根据《建设工程施工合同司法解释》第二十一条规定,认为《补充协议》属于另行订立的与经过备案合同实质性内容不一致的无效合同并无不当"。根据原最高人民法院《关于审理建设工程施工合同纠纷案件适用法律问题的解释》(法释〔2004〕14 号)第二十一条的规定,"当事人就同一建设工程另行订立的建设工程施工合同与经过备案的中标合同实质性内容不一致的,应当以备案的中标合同作为结算工程价款的根据"。这实际上是关于"黑白合同"的规定。备案合同是"白合同",另行订立的合同是"黑合同"。由于"黑合同"违反了《招标投标法》第四十六条的规定,所以应当认定为无效。

综合上述分析,我们可以得出如下结论:双方当事人在订立建设工程合同后又以补充协议的方式对建设工程合同实质性内容作出调整的,补充协议应当被认定为无效。

(2)补充协议因包含结算内容而被认定为有效

(2012)民提字第 205 号裁定与(2021)最高法民申 6250 号判决中,最高人民法院均认为当事人订立的补充协议因为其包含工程款结算的内容而应当被定为结算协议。由于这类结算协议并未违反法律规定，应当被认定为有效合同。在此需要分析的问题是，能否类推适用《民法典》第五百六十七条的规定，将结算协议认为是某种"结算条款"，使其在合同无效时效力不受影响？笔者对此持否定态度。《民法典》第五百六十七条规定，合同的权利义务关系终止，不影响合同中结算和清理条款的效力。为了方便讨论我们依然援用原合同与补充协议的概念。从《民法典》第五百六十七条的词句来看，其所探讨的是原合同中结算条款与原合同之间效力的关系。从具有结算协议性质的补充协议与原协议之间的关系来看，此时补充协议属于双方当事人对原协议中与结算相关事项达成的新合意。所以，原协议中的结算条款与具有结算协议性质的补充协议虽然都针对结算事项而设立，但实际上具有不同的性质。所以，《民法典》第五百六十七条的规定在此没有类推适用的空间。并且，从《民法典》第一百四十三条的规定出发，我们也可以得出补充协议有效的结论。

（3）余论

通过上述分析，与补充协议效力相关的问题已经大致得出了结论。但是还有一些问题仍有商讨的价值。在（2020）最高法民申4661号裁定书中，再审申请人申请再审的理由中提到，"《总承包合同》因未履行招标程序而无效，但《补充协议》除确认《总承包合同》项下款项金额和付款进度等内容外，还涉及前期费用、土地出让金等大量既非《总承包合同》约定、也非《建设工程施工合同》内容的款项及支付条件，原审判决认定《补充合同》全部无效为事实认定和法律适用错误"。但是最高人民法院还是以《补充协议》未经过招标为由认定该协议属于全部无效。笔者认为，最高人民法院在此处的裁判思路值得商榷。鉴于原最高人民法院《关于审理建设工程施工合同纠纷案件适用法律问题的解释》第一条已被最高人民法院《关于审理建设工程施工合同纠纷案件适用法律问题的解释（一）》（法释〔2020〕25号）第一条吸收与替代，在此以新的建设工程合同司法解释作为讨论对象。最高人民法院认为，应从《民法典》《建筑法》《招标投标法》等法律的立法目的角度，将导致建设工程施工合同无效的强制性规定限定为以下两类：保障建设工程质量和施工安全的规范；维护建筑市场公平竞争秩序的规范。"建设工程必须进行招标而未招标或者中标无效的"这一情形，结合《招标投标法》的立法目的理解，应当属于维护建筑市场公平竞争秩序的规范。从这一角度出发，如果双方当事人订立的补充协议违反了《招标投标法》的要求，势必会影响其他市场主体的利益，自然应当认定为无效。但是合同中与市场竞争秩序、施工质量和施工安全无关的内容以协议中存在违反上述两类强制性规定为由被认定为无效，笔者认为这样的认定思路并无道理。从维护社会利益和公平的角度来看，认定补充协议中违反强制性规定的内容无效即可，其他内容应当属于当事人之间意思自治的范畴。如果这类约定并不存在违反强制性规定的情况，法院断然认定补充协议中所有约定均无效则存在侵犯当事人意思自治的嫌疑。

【法律依据】

《招标投标法》第三条第一款第一项　在中华人民共和国境内进行下列工程建设项目包括项目的勘查、设计、施工、监理以及与工程建设有关的重要设备、材料等的采购,必须进行招标:

(一)大型基础设施、公用事业等关系社会公共利益、公共安全的项目。

《招标投标法》第四条　任何单位和个人不得将依法必须进行招标的项目化整为零或者以其他任何方式规避招标。

《民法典》第一百四十三条　具备下列条件的民事法律行为有效:

(一)行为人具有相应的民事行为能力;

(二)意思表示真实;

(三)不违反法律、行政法规的强制性规定,不违背公序良俗。

《民法典》第一百五十三条　违反法律、行政法规的强制性规定的民事法律行为无效。但是,该强制性规定不导致该民事法律行为无效的除外。

违背公序良俗的民事法律行为无效。

最高人民法院《关于审理建设工程施工合同纠纷案件适用法律问题的解释(一)》第一条　建设工程施工合同具有下列情形之一的,应当依据民法典第一百五十三条第一款的规定,认定无效:

(一)承包人未取得建筑业企业资质或者超越资质等级的;

(二)没有资质的实际施工人借用有资质的建筑施工企业名义的;

(三)建设工程必须进行招标而未招标或者中标无效的。

承包人因转包、违法分包建设工程与他人签订的建设工程施工合同,应当依据民法典第一百五十三条第一款及第七百九十一条第二款、第三款的规定,认定无效。

3. 违反强制性规定民事法律行为

案例 11

某送变电公司、某发电有限公司建设工程施工合同纠纷案

Q: 光伏电站建设施工合同中双方当事人约定的质量保证金高于3%,是否会导致质量保证金条款无效?

A: 不会。《建设工程质量保证金管理办法》第七条规定,发包人应按照合同约定方式预留保证金,保证金总预留比例不得高于工程价款结算总额的3%……但《建设工程质量保证金管理办法》的性质为部门规章,不属于法律、法规。因此,其不属于《民法典》第一百五十三条所述"违反法律、行政法规的强制性规定"的情形。

裁判案例:(2021)云25民终675号

【裁判观点】

关于5%的质量保证金约定是否有效的问题。根据原《合同法》第五十二条第五项的规定,违反法律、行政法规的强制性规定的,合同无效。住房和城乡建设部、财政部印发的《建设工程质量保证金管理办法》属于部门规章,不能作为否定合同效力的依据,故涉案合同对质量保证金为5%的约定有效,双方当事人应当按照合同约定履行。

【实务指引】

从笔者对《民法典》第一百五十三条的规定、《建设工程质量保证金管理办法》的效力级别以及对该规范第七条的体系解释结论三个方面的分析来看,双方当事人达成的超过3%的质量保证金的约定应当是合法有效的。首先,《民法典》第一百五十三条第一款规定,"违反法律、行政法规的强制性规定的民事法律行为无效。但是,该强制性规定不导致该民事法律行为无效的除外"。《建设工程质量保证金管理办法》从效力级别来看并不属于法律或行政法规,从效力级别的角度我们可以直接得出不能以该规范认定合同无效的结论。其次,即便《建设工程质量保证金管理办法》属于行政法规,该规范第七条对于质量保证金3%的比例限制也不能影响当事人之间合同的效力。《建设工程质量保证金管理办法》第七条规定,"发包人应按照合同约定方式预留保证金,保证金总预留比例不得高于工程价款结算总额的3%"……虽然这一条中有"不得高于"的内容,但是该规范第七条的规定中并没有直接否定当事人之间合同效力的内容。并且《建设工程质量保证金管理办法》的其他条款中也没有对当事人之间若达成违反该规范第七条规定的合同应当被认定为无效或作其他处理的内容。因此,该规范第七条的规定并不能影响合同的效力。另外,从《建设工程质量保证金管理办法》第一条的规定来看,"规范建设工程质量保证金管理,落实工程在缺陷责任内的维修责任"是该管理办法的制定目的。如果发承包双方就质量保证金的比例作出了超出3%的约定,一方面意味着双方当事人愿意承担超出3%比例的质量保证金带来的风险,另一方面并未违反《建设工程质量保证金管理办法》的制定目的。或许发承包双方之间约定的超出3%的质量保证金并不符合"规范建设工程质量保证金管理"的要求,但是对于"落实工程在缺陷责任期内的维修责任"这一目的的达成没有任何减损,因此也没有否定当事人之间约定效力的理由。基于上述分析,即便该规范的效力级别达到行政法规的高度,该规范第七条的规定也不能认定为"强制性规定"。

上述分析实际上涉及如何理解效力性强制性规定的问题。根据最高人民法院《关于当前形势下审理民商事合同纠纷案件若干问题的指导意见》第十五条规定,"违反效力性强制规定的,人民法院应当认定合同无效"之表述所展现的法律思维是:合同之所以无效,是因为违反了效力性强制性规定。但是从"效力性强制性规定"的起源来看,有关合同效力与强制性规定之间关系的正确认定思路如下:(1)唯有导致合同无效的强制规范才能够认为是效力性强制性规定。(2)适用原《合同法》第五十二条第五项(现《民法典》第一百五十三条)需要回答的问题是,违反何种强制规范以及基于何种理由使合同无效?而不是在寻得导致合同无效的强制规范后,如何给出概念上的称谓?效力性与管理性强制性规定之分类本应是后一问题的回答,系法律解释的结果,自然无法成为法律适用时的推理前提。[①] 所以,并不能以某一个规范中是否带有"不得"的字眼来判断其能否影响合同的效力,还需要结合其他规范综合考量。例如,《招标投标法》第四十六条第一款规定,"……招标人和中标人不得再行订立背离合同实质性内容的其他协议"。虽然《招标投标法》之后仅在第五十九条规定对实施此行为的当事人责令改正并可以处以罚款,但是并无否认此类合同效力的规定。在此我们是否可以认为招标人和中标人之间订立的背离合同实质性内容的其他协议有效?自然是不能的。招标人与中标人之间的此种行为严重地破坏了招投标活动的公平公正,并且对于其他竞标者来说是不公平的。如果放任此类行为将极大地影响建设工程领域的市场活动。因此应当否定此类合同的效力。在上述例子中,某一规范能够达成的效果并不是仅从其内容来判断的,还要通过体系解释等解释方法才能够探明该规范对于民事主体的影响效果。检索与《建设工程质量保证金管理办法》第七条规定相关的案件,笔者发现部分案件中法院依然以违反《民法典》第一百五十三条为由否认当事人之间的约定,这不可不称为一种误解。

【法律依据】

《民法典》第一百五十三条　违反法律、行政法规的强制性规定的民事法律行为无效。但是,该强制性规定不导致该民事法律行为无效的除外。

违背公序良俗的民事法律行为无效。

《建设工程质量保证金管理办法》第七条　发包人应按照合同约定方式预留保证金,保证金总预留比例不得高于工程价款结算总额的3%。合同约定由承包人以银行保函替代预留保证金的,保函金额不得高于工程价款结算总额的3%。

案例 12

某劳务分包公司、某光伏公司确认合同无效纠纷案

Q: 在《硅石开采承包协议》履行过程中,某劳务分工公司(承包人)以某光伏公司(发包人)未取得安全生产许可证为由主张《硅石开采承包协议》无效,其主张是否成立?

A: 不成立。安全生产许可系属行政管理性规定,不属于效力性强制性规定。

裁判案例: (2019)云31民终522号

---

① 朱庆育:《〈合同法〉第52条第5项评注》,载《法学家》2016年第3期。

【裁判观点】

双方当事人在签订合同时对涉案矿山未取得安全生产许可证的事实是明知的,且某光伏公司并没有放弃矿山开采的安全生产管理,另外,矿山安全生产许可属于行政管理性的规定,并不属于最高人民法院《关于适用〈中华人民共和国合同法〉若干问题的解释(二)》第十四条规定的效力性强制性规定,所以,上诉人某劳务分包公司提出的上述主张不符合法律规定,法院不予支持。

【实务指引】

《安全生产法》第一条规定了该法的立法目的,即"加强安全生产工作,防止和减少安全事故,保障人民群众生命和财产安全,促进经济社会持续健康发展"。为了实现"安全生产"的目标,根据《安全生产法》第二十条与《安全生产许可证条例》第二条的规定,矿山企业在取得安全生产许可证之后才能够开展生产活动。未取得安全生产许可证的企业擅自施工的,根据《安全生产许可证条例》第十九条的规定,承担责令停止生产,没收违法所得等行政处罚。从立法目的与具体制度来看,安全生产许可证仅影响企业的生产活动。未办理安全生产许可证并不意味着当事人之间订立的合同存在效力上的瑕疵。安全生产许可证影响的是当事人订立合同之后能否顺利履行的问题,而当事人之间订立的合同则为双方设立了合同权利义务。因此,安全生产许可证是否办理并不影响当事人之间订立合同,并且法律与行政法规并未否定未办理安全许可证便订立的合同的效力。

【法律依据】

《民法典》第一百五十三条 违反法律、行政法规的强制性规定的民事法律行为无效。但是,该强制性规定不导致该民事法律行为无效的除外。

违背公序良俗的民事法律行为无效。

《安全生产法》第二十条 生产经营单位应当具备本法和有关法律、行政法规和国家标准或者行业标准规定的安全生产条件;不具备安全生产条件的,不得从事生产经营活动。

《安全生产许可证条例》第二条 国家对矿山企业、建筑施工企业和危险化学品、烟花爆竹、民用爆炸物品生产企业(以下统称企业)实行安全生产许可制度。企业未取得安全生产许可证的,不得从事生产活动。

案例 13

周某、某光伏公司建设工程施工合同纠纷案

Q: 双方当事人签订光伏项目 EPC 合同,约定光伏项目建设完成后电费价格为国家电网及物价局统一的价格。但发包人另行与承包人签订补充协议,约定了电价。后因合同履行产生争议,试问电价应当如何确定?

A: 应当由国家电网及物价局统一的价格进行支付。发包人明知承包人无权决定电价,且根据法律、行政法规规定,电价由政府管理,该补充协议因违反行政法规导致无效。

裁判案例:(2020)鲁 15 民终 1267 号

【裁判观点】

一审法院认为:周某与某光伏公司签订的两份《山东 3KW 光伏并网发电项目 EPC 总承包合同》中第七条均明确约定,"安装完毕后由国家电网验收合格后并网,电费价格由国家电网及物价局统一的价格进行支付。国家电网给安装客户签订分布式光伏发电项目低压发用电合同"。周某在该两份合同中均签字捺手印,并与国家电网签订了发用电合同,且在周某提供的两份分布式电源客户电费结算清单中,供电单位处注明的是鱼山供电所,由此可见周某应当知道电费价格是由国家电网确定并支付。周某与某光伏公司业务经理王某华签订的附加合同,系周某个人书写,王某华在该附加合同中签字,但并未加盖某光伏公司印章。周某在明知被告方无权约定电价的情况下,仍在合同中约定电价问题,违反法律规定,该约定应属无效约定。周某据此主张被告方承担违约金 1 万元的诉求,没有法律依据,法院对此不予支持。

【实务指引】

本案中,双方当事人约定建设分布式光伏发电项目,并且约定"安装完毕后由国家电网验收合格后并网"。可以确定本案中双方当事人约定的光伏商业模式为"全额上网模式",光伏设备的全部发电量均售给国家电网。2019 年 4 月 28 日,国家发展和改革委员会印发《关于完善光伏发电上网电价机制有关问题的通知》。该通知提出,将集中式光伏电站标杆上网电价改为指导价。2019 年 Ⅰ~Ⅲ 类资源区纳入财政补贴年度规模管理的新增集中式光伏发电项目指导价,分别确定为每千瓦时 0.40 元(含税,下同)、0.45 元、0.55 元。新增集中式光伏电站上网电价原则上通过市场竞争方式确定,但不得超过所在资源区的指导价。因此,全额上网模式下上网价格由国家确定指导价。

【法律依据】

《民法典》第一百五十三条第一款　违反法律、行政法规的强制性规定的民事法律行为无效。但是，该强制性规定不导致该民事法律行为无效的除外。

案例 14

某光伏科技公司、某建设公司建设工程分包合同纠纷案

Q: 光伏电站工程建设工程合同纠纷中，分包人（某建设公司）以其不具有电力工程相关资质为由要求认定其与总承包人之间的《劳务分包合同》无效，并要求发包人（某光伏科技公司）对工程价款承担连带责任。某建设公司的主张是否成立？

A: 若分包人为了使发包人承担连带责任而故意主张《劳务分包合同》无效，因此不应当支持。

裁判案例：（2019）浙05民终572号

【裁判观点】

某光伏公司上诉主张某建设公司具有涉案工程的施工资质，劳务分包合同、劳务分包合同补充协议书合法有效。法院认为，某建设公司具有建筑工程施工总承包三级、市政公用工程施工总承包三级、机电工程施工总承包三级、施工劳务不分等级等资质，《劳务分包合同》《劳务分包合同补充协议书》约定的某建设公司的施工项目为红线范围内的土建和安装工程，根据《劳务分包合同》第二条约定的承包内容，某建设公司主要负责基础设施的施工，而与电站相关的专业设备则由总承包公司负责，故某建设公司所具有的资质已经符合涉案工程的施工要求。《劳务分包合同》《劳务分包合同补充协议书》系某建设公司、总承包公司的真实意思表示，且不违反法律、行政法规的强制性规定，应认定合法有效，双方均应按照合同的约定全面履行。

【实务指引】

本案中几方当事人之间的争议焦点相对明确，并无复杂的法律关系。但值得注意的是，当事人某建设公司在一审中的主张。该公司在一审中自认其没有劳务分包资质，其与当事人订立的劳务分包合同应当属于违法分包。法院因此认定其与一方当事人签订的劳务分包协议无效，但由于工程验收合格，其作为"承包人"依然可以主张参照合同约定结算。但二审中法院查明某建设公司实际上具有劳务分包资质。该公司的行为颇有以合同无效为由恶意抗辩的嫌疑，只不过在本案中其主张似乎并无实际意义。但是恶意抗辩的

问题依然值得进一步分析。

实践中,以合同无效为由恶意抗辩的行为在民商事诉讼中广泛存在。当诉讼中出现可能对己方不利的情况时,当事人便主动承认其行为违法,要求法院确认合同无效,以此逃避承担违约责任或其他对其不利的合同责任。从合同无效的法律效果来看,任何人均可以主张合同无效。从这一角度而言,法院似乎应当支持当事人的主张并确认合同无效。但是这样的处理方式并不一定符合确认合同无效的目的。合同无效制度设立的重要目的在于制裁不法行为人,维护国家的法制秩序和公共道德。如果违法行为人主动请求确认合同无效,则不仅意味着无效后的责任对违法行为人没有形成某种硬化的约束,甚至将使其获得某种不正当的利益,这就根本违背了无效制度设立的宗旨。[①] 为了应对此类违反诚实信用原则的行为,现行法律规定中也出现了对应限制规则。例如,最高人民法院《关于审理建设工程施工合同纠纷案件适用法律问题的解释(一)》(法释〔2020〕25号)第三条第二款、第四条、第五条分别针对"能够办理审批手续而未办理,并以未办理审批手续为由申请合同无效"、"超越资质订立合同,竣工前获得资质但请求合同无效"和"具有劳务作业资质与总承包人、分包人订立劳务分包合同后又请求确认无效"的行为均不予支持。

针对此类现象,律师在办理案件时需要结合案情、立法目的与法理,从诚实信用原则的立法目的出发,结合案情展开说理,以说服法官否认在特定案件中当事人提出的合同无效的主张。

【法律依据】

最高人民法院《关于审理建设工程施工合同纠纷案件适用法律问题的解释(一)》第五条 具有劳务作业法定资质的承包人与总承包人、分包人签订的劳务分包合同,当事人请求确认无效的,人民法院依法不予支持。

4. 附条件和附期限的民事法律行为

案例 15

某光伏科技公司、某设计院技术服务合同纠纷案

Q: 某光伏科技公司与某设计院签订技术服务合同,约定由某设计院出具可行性报告,某光伏科技公司支付合同价款,并附加了出具增值税发票作为支付价款的条件。现某光伏科技公司以某设计院不出具增值税发票为由拒绝支付价款,是否予以支持?

---

① 参见王利明:《论无效合同的判断标准》,载《法律适用》2021年第7期。

A：不予支持。增值税发票的开具需要提供企业的纳税人识别号等基本信息，光伏企业不提供相应信息，故意促成条件不成就，视为条件已成就，应当付款。

裁判案例：(2018)云民终954号

【裁判观点】

对于开具等额增值税专用发票的问题，根据合同约定，被告某光伏科技公司支付每笔工作经费附有条件，即需先由原告某设计院向其开具等额增值税专用发票。但根据增值税发票相关管理要求，开具增值税专用发票需要提供企业的纳税人识别号等基本信息。本案中，被告某光伏科技公司未向原告某电力设计院提供前述基本信息，致使原告某设计院客观上无法开具等额增值税专用发票。因此，应是被告某光伏科技公司因不愿支付工作经费而阻止约定条件的成就。根据原《合同法》第四十五条第二款的规定，附条件的民事法律行为，当事人为自己的利益不正当地阻止条件成就的，视为条件已成就。

【实务指引】

本案中，法院援引原《合同法》第四十五条有关附生效条件的合同的规定，认为本案中双方当事人约定的条件已成就。笔者认为可以进一步探讨。由于原《合同法》第四十五条已经被《民法典》第一百五十八条与第一百五十九条取代，以下结合《民法典》的具体规定展开分析。

《民法典》第一百五十八条规定，民事法律行为可以附条件，但是根据其性质不得附条件的除外。附生效条件的民事法律行为，自条件成就时生效。附解除条件的民事法律行为，自条件成就时失效。根据该条规定的内容，《民法典》中所指的"附条件"专指影响法律行为效力的条件，民法理论将此类条件称为"附款"。当事人实施法律行为，建立在对法律效果实现时形势的判断基础之上。当事人对于特定法律效果的需求，往往以某些事实的发生或不发生为前提，但由于未来的不确定性，事实发生与否难以预知。通过法律行为的附款控制法律行为的生效或失效时间，可冲销未来不确定性所带来的市场风险。[①] 即便附款具有此种法律意义，但是依然要在此强调"附条件"专指影响法律行为效力的条件。本案中，被告未能向原告提供开票信息，导致原告无法向被告开具发票。被告援引合同约定，以原告未能提供等额增值税发票为由拒不向原告支付相应的合同价款。但是原被告双方就开具发票与支付价款的约定仅属于双方当事人对合同履行顺序作出的特别约

---

① 朱庆育：《民法总论》(第2版)，北京大学出版社2016年版。

定,与合同的效力无关。

如果将双方当事人之间就开票与附款的约定视为原《合同法》第四十五条的条件,并且依据该条规定作出视为条件已成就的判断,说明此时案涉合同才发生效力。这样的判断明显与实际不符。所以笔者认为,本案忽略了附条件的法律行为中的条件是当事人之间设定的与法律行为生效与否相关的条件这一事实,可进一步探讨。

【法律依据】

《民法典》第一百五十九条　附条件的民事法律行为,当事人为自己的利益不正当地阻止条件成就的,视为条件已经成就;不正当地促成条件成就的,视为条件不成就。

五、不可抗力

案例 16

某科技公司、某新能源公司服务合同纠纷案

Q: 某科技公司(乙方)与某新能源公司(甲方)签订《光伏发电项目服务合同》,约定乙方确保项目以获批的建设容量获得开工许可,和省(或市)电力公司签署购电协议,享受国家光伏标杆上网电价和相应的其他政策补贴。甲方向乙方支付的咨询顾问服务费以找项目实际享受补贴的内容计算。之后国家出台政策性文件降低了"自发自用,余电上网"模式中的补贴标准。某新能源公司便停止案涉项目施工。某新能源公司能否以政策变动为由拒绝向某科技公司支付咨询服务费用?

A: 否。国家政策对于补贴标准的下调,应属被告建设涉案项目时应考虑的市场风险,不是其停建项目的法定理由。当事人为自己的利益不正当地阻止条件成就的,视为条件已成就,因此应当认定付款条件已经成就。

裁判案例:(2021)豫 05 民终 1577 号

【裁判观点】

三部委联合发布通知的目的是促进光伏行业健康可持续发展,提高发展质量,而非禁止光伏发电,从该通知可以看出,国家有权机关不仅可随时调整光伏发电补贴标准,也有权随时调整之前已经并网发电的补贴标准,国家政策的调整,应属被告某新能源公司建设涉案项目时应考虑的市场风险,不是其停建项目的法定理由。根据相关法律规定,当事人为自己的利益不正当地阻止条件成就的,视为条件已成就,故本案支付第一次服务费总额的30%条件应视为已成就,被告某新能源公司应支付原告某科技公司第一次服务费10.8万元。

【实务指引】

本案中,有两个问题值得探讨。第一个问题是如何理解《民法典》第一百五十九条的规定;第二个问题是如何看待被告人以政策变化为由拒绝施工的抗辩。下文将分别展开分析。

关于如何理解《民法典》第一百五十九条的规定这一问题,我们首先要注意这一条款具体的适用情形及其功能。这一条实际上是对《民法典》第一百五十八条的拓展。第一百五十八条规定,民事法律行为可以附条件,但是根据其性质不得附条件的除外。附生效条件的民事法律行为,自条件成就时生效。附解除条件的民事法律行为,自条件成就时失效。从第一百五十八条的规定来看,第一百五十九条中所称的"附条件的民事法律行为"特指当事人就民事法律行为的生效与否约定了条件的民事法律行为。本案中,当事人在合同中对付款条件的约定属于针对合同履行约定的条件,与合同的效力无关。法院在审理过程中援引《民法典》第一百五十九条的规定并称"付款条件已经成就"属于误解了第一百五十九条的适用条件。

关于如何看待被告人以政策变化为由拒绝入场施工的抗辩这一问题。本案中被告以政策变化为由拒绝进场施工,似乎是误解了三部委联合发布通知的内容,因为该通知仅涉及调整补贴标准的事项,与光伏产业的运行无关。最终被告因为违反合同约定而承担了不利后果。本案中被告似乎想以政策调整构成不可抗力为由免除其不履行合同的责任,或者是想要主张情势变更以变更或解除合同。这里便涉及情势变更、不可抗力以及商业风险的区分问题,下文将详细论述。

(1)不可抗力与情势变更之间的联系与区别

《民法典》第一百八十条第二款规定,"不可抗力是不能预见、不能避免且不能克服的客观情况"。情势变更则规定在第五百三十三条,该条第一款规定,"合同成立后,合同的基础条件发生了当事人在订立合同时无法预见的、不属于商业风险的重大变化,继续履行合同对于当事人一方明显不公平的,受不利影响的当事人可以与对方重新协商;在合理期限内协商不成的,当事人可以请求人民法院或者仲裁机构变更或者解除合同"。结合上述法条的规定可以得知,不可抗力与情势变更均具有"不可预见"的特征。并且不可抗力与情势变更对合同履行有较大的影响。例如,情势变更发生后,继续履行合同将导致显失公平的结果。从不可抗力与情势变更的作用来看,两者均具有保护当事人遭遇在其订立合同时不能预见、不能承受的客观风险的作用。当然,两者也存在一些差异。从法律规定来看,不可抗力强调不可预见、不可避免、不能克服三个要件,而情势变更则只包括不能预见和继续履行将对一方当事人明显不公平两个要件。不可抗力的认定标准明显严于情势变更,并且与情势变更在适用范围上存在重叠部分。因此,不可抗力可以作为情势变更的事由,但情势变更不一定属于不可抗力。这便是两者的区别与联系。

(2)商业风险与情势变更的区别

商业风险是由于商业活动本身存在的不确定因素而给交易主体带来的风险或可能的损失。相较于情势变更,商业风险具有一定的可预见性。实践中关于光伏的补贴政策除了中央有相关的政策指引外,各地也有不同的政策且不时发生变动。这使补贴政策的变化在一定程度上已经转化成光伏行业固有的风险。除具有可预见性以外,商业风险的存在并不会导致合同基础发生异常变化。将商业风险包装为情势变更或不可抗力是违约方的常见抗辩理由,如何辨别商业风险与情势变更还需要结合行业的具体特征以及相应的证据作出判断。

【法律依据】

《民法典》第一百五十九条　附条件的民事法律行为,当事人为自己的利益不正当地阻止条件成就的,视为条件已经成就;不正当地促成条件成就的,视为条件不成就。

六、诉讼时效

案例 17

某集团公司、某科技公司建设工程施工合同纠纷案

Q:光伏工程承包人向发包人公司已经离职但具有权利外观的表见代理人主张债权,诉讼时效是否中断?

A:诉讼时效中断。为保护善意债权人的合理信赖,向表见代理人主张债权视为向债务人主张债权,诉讼时效中断。

裁判案例:(2020)赣民终 514 号

【裁判观点】

关于某集团公司的起诉是否已过诉讼时效的问题。某科技公司认为某集团公司起诉要求支付工程款已过诉讼时效。法院认为,某集团公司于 2014 年 12 月 26 日、2015 年 12 月 10 日就工程款结算问题作出的催款函由杨某签收,符合《民法总则》第一百九十五条第一项的规定,权利人向义务人提出履行请求的,诉讼时效期间重新计算。虽然杨某已从某科技公司离职,但其仍然签收了催款函,并未告知某集团公司其已与某科技公司解除劳动合同关系的事实。因此某集团公司对于不知晓杨某无权代表某科技公司的事实并无过错,基于对杨某应为某科技公司合法代表的合理信赖,向杨某发出催款函应视为向某科技公司主张权利。

【实务指引】

本案同时涉及诉讼时效与表见代理两方面法律制度,值得进一步拓展分析。

民法中设立表见代理制度的目的,是保护相信了仅拥有代理权外观的无权代理人的善意相对人,法律使这类无权代理人实施的法律行为发生与有权代理相同的法律效果。学理上认为,表见代理有以下构成要件:(1)存在代理人没有代理权、超越代理权或者代理权终止后实施的代理行为。需要注意的是,此处所称无权代理,不考虑该无权代理人之前是否拥有代理权,也不考虑其是否拥有其他代理权。(2)须在代理行为外观上存在能够使相对人相信其具有代理权的外观或理由。这样的外观或理由须使相对人对行为人拥有代理权产生合理信赖。正是因为此种合理信赖的存在,才有保护善意相对人的必要。(3)相对人与无权代理人实施了民事法律行为。(4)相对人善意且不存在过失。本案中,原被告双方订立合同时,杨某作为被告方的代表签署合同,并在双方订立《补充协议》时作为收件人。除订立合同之外,杨某还多次签收与案涉工程有关的文件。法院以上述事实最终认定杨某属于表见代理人,并因此认定其签收催款函的行为造成了诉讼时效中断的效果。虽然法院在判决中并未细致说明,但是其中的推理过程依然值得我们在此进一步研究。

法院的判决中以杨某在签收催款函之前的行为作为认定其属于表见代理人的理由。笔者认为,法院的这一论断似略显生硬,需要逐步补全论理过程。本案中需要解决的首要问题是如何论证杨某的表见代理人身份。虽然从上文中杨某的行为来看,其确实具有了使相对人信赖的代理权限表象。但是签收催款函能否认为是与相对人实施了某种法律行为依然值得商榷。假设本案中原告与杨某订立了合同,并且杨某在订立合同时实际上已经离职。此种情况下自然可以通过表见代理制度将合同的权利义务由被代理人承担。发出催款函的行为并无双方当事人的合意,毕竟签收并不代表承诺付款。如果相对人与表见代理人之间根本就不存在民事法律行为,那么在本案中援引表见代理制度便可能存在法律适用有误的情况。为了解决这一困境,我们在此还需要分析原告发出催款函行为的性质。学理上所谓民事法律行为,是指以意思表示为要素,旨在发生意思表示所追求的效果的法律事实。所以在民事法律行为中,当事人的意思表示十分重要,当事人实施民事法律行为就是为了实现意思表示所包含的内容。发出催款函的行为与民事法律行为相类似,当事人均有对外表达内心意思的目的。具言之,发出催款函是原告向被告表达了催促被告履行合同义务的意思。但是这一行为所达成的效果并不是原告单方能够决定的,被告在签收此函件后依然可以拒不支付。不同于民事法律行为的效果是当事人意思表示所追求的效果,法律直接规定了发出催款函的法律效果。《民法典》第一百九十五条赋予了此种行为中断诉讼时效的效果。这类虽然包含当事人表达的意思,但是效果却是由法律规定的法律事实,在学理上被称为"准法律行为"。

在明确了发出催款函的行为属于准法律行为之后,本案的论理逻辑便更加明晰:杨某因为其行为而使原告相信其拥有代理权,原告因此向其寄送了催款函并得到了签收的反馈。从法律规定来看,签收该文件便意味着诉讼时效中断。即便本案中当事人之间并未实施民事法律行为,但是结合表见代理的规则与"举轻以明重"的推理逻辑来看,具有任意性的民事法律行为都能够产生由被代理人承受的效果,那么法律直接规定的效果自然也应当能够由被代理人承受。

【法律依据】

《民法典》第一百七十二条　行为人没有代理权、超越代理权或者代理权终止后,仍然实施代理行为,相对人有理由相信行为人有代理权的,代理行为有效。

《民法典》第一百九十五条　有下列情形之一的,诉讼时效中断,从中断、有关程序终结时起,诉讼时效期间重新计算:

(一)权利人向义务人提出履行请求;

(二)义务人同意履行义务;

(三)权利人提起诉讼或者申请仲裁;

(四)与提起诉讼或者申请仲裁具有同等效力的其他情形。

第二章 光伏项目物权法律纠纷

一、物权保护

案例 18

某电力公司、某建设公司物权保护纠纷案

Q: 土地承包人张某某合法承包的土地被某电力公司、某建设公司用于光伏电站建设。该光伏电站已经建设完毕,且并网发电。土地承包人可否依据物权,请求光伏电站所有权人停止侵害,恢复原状?

A: 不宜采取恢复原状的物权保护方式。因该光伏电站已经完成并网发电,若对涉案部分土地上的光伏设备进行拆除,不但浪费资源,而且会损害公共利益。因此更适宜采取损害赔偿的方式维护承包人的权益。

裁判案例:(2020)豫04民终1115号

【裁判观点】

关于土地承包人张某某请求依法判令某建设公司、某电力公司限期拆除在张某某等承包荒坡上(其中狼洞沟55.026亩、后沟草帽岭76.138亩)安装的光伏发电设备,并予以恢复原状的诉讼请求。虽然某建设公司、某电力公司施工建设光伏发电项目时,未经张某某等同意,侵犯了张某某等的林地占有、使用、收益的权利,但该项目履行了相关审批、审查手续,注入大量资金,现已投入生产、使用,并且并入国家电网,如果恢复原状,将会损害公共利益,因此不宜恢复原状,原《物权法》第三十六条、第三十七条规定,"造成不动产或者动产毁损的,权利人可以请求修理、重作、更换或者恢复原状""侵害物权,造成权利人损害的,权利人可以请求损害赔偿,也可以请求承担其他民事责任"。结合在庭审中对张某某等释明后,其同意赔偿相应的经济损失,因此,责令某建设公司、某电力公司承担相应的赔偿责任更为适宜。

【实务指引】

《民法典》第二百三十三条至第二百三十八条被置于"物权的保护"一章下。从学理上来看,上述规定均属于"物上请求权"的内容。所谓物上请求权,是指物权人在其物被侵害或者有被侵害的危险时,请求恢复物权圆满状态或者防止侵害的权利。虽然物权具有绝对性,权利人以外的任何主体均应当尊重物权的存在。但是当物权被侵害或者有被侵害的危险时,权利人也仅能请求侵害人停止侵害,维护物权的圆满。如果法律允许权利人肆意通过自己的力量直接与侵害人对抗,则可能产生以下问题:权利人采取的手段可能并不为法律所容忍。如果放纵此类行为,可能影响整体的社会安定。尤其是在权利有被侵害的危险时,如果权利人对侵害人作出了误判而法律又允许其自行维护权利,这将增加其他人被"误伤"的风险。物权具有的确定权利归属的作用可能未能实现,反而因为保护物权而侵害更多权利,这并不合理。虽然关于物上请求权的规定已经较为明确,但是与侵权责任相关的法律规定使问题变得复杂。《民法典》第一千一百六十七条规定,侵权行为危及他人人身、财产安全的,被侵权人有权请求侵权人承担停止侵害、排除妨碍、消除危险等侵权责任。由此可见,停止侵害、排除妨碍、消除危险是侵权责任的典型形式。这样的规定便与物上请求权的规定产生了适用上的冲突——究竟以哪一种规定处理此类纠纷?有学者认为,在与物权相关的请求权中,规定的请求修理、重作、更换、恢复原状以及损害赔偿的请求权均以义务人的行为构成侵权行为为前提,这些请求权都具有债权请求权的性质,而非物上请求权。因此,《民法典》第二百三十八条的规定并不足以作为分析物权损害后是否发生损害赔偿责任的规范依据。[①]

回到本案中。由于本案中当事人承包的土地已经因为光伏设施建设遭受了损失,本案当事人有权根据《民法典》第二百三十七条、第二百三十八条的规定要求主张恢复原状或者拆除相关设备。但是拆除设备同时会给光伏设施的所有人造成巨大损失。法院最终是从公平的角度出发判令被告以支付赔偿的方式维护了原告的利益。

【法律依据】

《民法典》第二百三十七条 造成不动产或者动产毁损的,权利人可以依法请求修理、重作、更换或者恢复原状。

《民法典》第二百三十八条 侵害物权,造成权利人损害的,权利人可以依法请求损害赔偿,也可以依法请求承担其他民事责任。

[①] 刘家安:《物权法论》(第2版),中国政法大学出版社2015年版,第51页。

案例 19

某科技公司、某光伏发电公司财产损害赔偿纠纷案

Q：光伏设备买卖合同履行完毕后，出卖人（某科技公司）因与买受人（某光伏发电公司）与其在其他业务中存在未结清账款为由，将本买卖合同项下的逆变器加密限制买受人使用。并以此为由要求买受人支付货款。出卖人该行为是否合法？

A：不合法。该合同项下逆变器已经完成交付，买受人已经取得所有权。出卖人因合同外其他事由限制买受人使用逆变器严重侵犯了买受人的所有权，出卖人应当承担排除妨害、恢复原状的责任，同时还要承担相应的侵权责任。

裁判案例：(2020) 浙 06 民终 11 号

【裁判观点】

从已查明的事实来看，讼争的 26 台逆变器设备系某科技公司已出售给某光伏发电公司的相关设备，且双方之间就该 26 台逆变器设备的买卖合同均已按约履行完毕，相关设备的所有权已转移至某光伏发电公司方所有。某科技公司以某光伏发电公司未按照合同约定支付某科技公司其他销售合同项下的到期应付货款为由，擅自将已属某光伏发电公司所有的 26 台逆变器加密停机，造成某光伏发电公司的损失，显然侵犯了某光伏发电公司的物权。双方之间如存在其他买卖合同纠纷，当事人可另行主张相关权利，某科技公司不应以此为由对抗某光伏发电公司享有的物权。一审法院据此认定某科技公司存在侵权行为并无不当。对于某科技公司主张的某光伏发电公司存在过错的理由，法院认为，无论双方之间是否存在其他买卖合同纠纷，在未经某光伏发电公司同意的情况下，某科技公司均无权将已属某光伏发电公司所有的 26 台逆变器加密停机。

【实务指引】

《民法典》第五百九十五条规定，买卖合同是出卖人转移标的物的所有权于买受人，买受人支付价款的合同。根据本条的规定，标的物所有权的转移是买卖合同的法律特征之一。本案中，双方当事人之间交易的标的物属于动产，不涉及权利登记的问题。根据《民法典》第二百二十四条的规定，"动产物权的设立和转让，自交付时发生效力"。因此，本案中出卖人在交付设备之后将其停机显然是侵犯买受人对设备所有权的行为。

为了避免此类纠纷发生，实务中双方可采取保留所有权买卖的方式降低争议发生的风险。《民法典》第六百四十一条第一款规定，当事人可以在买卖合同中约定买受人未履行支付价款或者其他义务的，标的物的所有权属于出卖人。将保留所有权的条款与付款

条件结合起来并配合其他条款,这样的设置将进一步保障出卖人的权利。

【法律依据】

《民法典》第二百三十七条　造成不动产或者动产毁损的,权利人可以依法请求修理、重作、更换或者恢复原状。

《民法典》第二百三十八条　侵害物权,造成权利人损害的,权利人可以依法请求损害赔偿,也可以依法请求承担其他民事责任。

《民法典》第一千一百六十五条　行为人因过错侵害他人民事权益造成损害的,应当承担侵权责任。

依照法律规定推定行为人有过错,其不能证明自己没有过错的,应当承担侵权责任。

二、所有权

案例20

宋某、贾某相邻采光、日照纠纷案

Q:贾某、宋某乙安装分布式光伏电站,并通过将发电量并网的方式获取利益。但该光伏电站遮挡宋某甲房屋的光照,影响其生活利益。宋某甲可否以相邻权受侵害为由主张对该光伏电站进行拆除。

A:可以。不动产的相邻权利人应当按照有利生产、方便生活、团结互助、公平合理的原则处理邻里关系。利用分布式光伏电站发电获取经济利益属于经营营利,不属于生活必需行为。若其经营行为影响他人相邻权利,则被侵害人有权要求停止侵害,排除妨碍,赔偿损失。

裁判案例:(2020)鲁08民终5792号

【裁判观点】

本案中,农村的院落也是居住人的重要生活场所,居住人往往利用院落种植、凉晒、存放,目前宋金民的院落在冬天基本无日照,将会严重影响其生活质量。因二上诉人(宋某乙、贾某)安装太阳能光伏板设备,已对宋某甲的日照采光产生了较大影响,而二上诉人安装太阳能光伏板设备并非生产生活必需品,而是用于经营营利,但其营利却是建立在牺牲邻居生活利益的基础上,有违公平合理原则。因此,原审法院判决二上诉人拆除其安装的太阳能光伏板设备,并赔偿宋某甲因此支付的鉴定费4500元并无不当。

【实务指引】

根据《民法典》第二百八十八条的规定,不动产的相邻权利人应当按照有利生产、方便生活、团结互助、公平合理的原则,正确处理相邻关系。从法律的规定来看,所谓"相邻关系",其作用是调和相邻不动产所有人或其他权利人之间在利用方面的关系,具体体现为法律设定的一系列权利义务关系。虽然相邻关系经常被称为"相邻权",但是从相邻关系所包含的内容来看,其依然是不动产权利范畴内的扩展或限缩,并不是一个独立的权利。《民法典》除了第二百八十八条对相邻关系的概括性规定外,第二百九十条至第二百九十六条分别列举了几种相邻关系的基本类型,包括用水及排水关系、建筑相邻关系、邻地的利用(如通行等必须利用邻地的情况)、管线铺设、固体污染物等侵入的防止、通风等权利的保障、邻地损害的避免。从上述案件来看,光伏设备的安装极易影响权利人采光、通风的利益。

【法律依据】

《民法典》第二百八十八条 不动产的相邻权利人应当按照有利生产、方便生活、团结互助、公平合理的原则,正确处理相邻关系。

《民法典》第二百九十三条 建造建筑物,不得违反国家有关工程建设标准,不得妨碍相邻建筑物的通风、采光和日照。

案例 21

邓某、某物业管理公司物业服务合同纠纷案

Q: 小区业主邓某擅自在公共屋顶建设的光伏发电项目是否具有合法性?

A: 不具有合法性。根据国家能源局的相关规定,项目应当提交楼顶权属证明或与所有人签订建筑物、场地及设施的使用或租用协议。

该屋顶为公共部分,对屋顶的利用应当经专有部分占建筑物总面积过半数的业主且占总人数过半数的业主同意。

裁判案例:(2018)粤 06 民终 10339 号

【裁判观点】

本案系因某物业管理公司未打开某座的电表房门配合涉案光伏发电项目并网验收工作而引发的纠纷。经审查,涉案光伏发电项目工程地点位于某区某座 1704 天面。根据《物权法》第七十六条"下列事项由业主共同决定:……(七)有关共有和共同管理权利的其他重大事项……决定前款其他事项,应当经专有部分占建筑物总面积过半数的业主且占总人数过半数的业主同意"的规定,邓某于某区某座1704天面安装光伏发电项目应当经专有部分占建筑物总面积过半数的业主且占总人数过半数的业主同意。虽然邓某于一审期间提交了一份盖有某业主委员会印章的关于邓某家庭安装分布式光伏发电项目同意书,但该项目同意书并无落款日期,且即使业主委员会确实于当时出具了该项目同意书同意邓某于某天面增加安装11.13KW容量分布式光伏发电项目,但并无证据证明系经过专有部分占建筑物总面积过半数的业主且占总人数过半数的业主同意,邓某依法应承担举证不能的法律后果。据此,邓某于天面安装光伏发电项目的基础条件并不成就,其需要在业主同意并符合其他条件的情况下才能安装光伏发电项目,故其在本案中要求某物业管理公司打开某座的电表房门配合涉案光伏发电项目并网验收工作,以及要求某物业管理公司及其分公司赔偿损失、消除影响、赔礼道歉,缺乏事实和法律依据,法院不予支持。

【实务指引】

本案涉及建筑物区分所有权的问题。《民法典》第二百七十一条规定,业主对建筑物内的住宅、经营性用房等专有部分享有所有权,对专有部分以外的共有部分享有共有和共同管理的权利。但是《民法典》中并未明确规定何为专有部分,何为共有部分。2020年修正后的最高人民法院《关于审理建筑物区分所有权纠纷案件适用法律若干问题的解释》第二条、第三条为上述问题作出了解答。根据该解释第三条的规定,建筑物的屋顶等基本结构部分应当被认定为共有部分。对于共有部分的处置,根据《民法典》第二百七十八条的规定,有关共有和共同管理权利的其他重大事项应当由业主共同决定,并应当由专有部分面积占比三分之二以上的业主参与表决。本案中,由于缺乏相应的证据证明案涉工程经过业主表决,故该工程中对于屋顶的处置应当认定为对业主共有部分权利的损害。业主自然有权依据《民法典》第二百三十六条的规定请求排除妨害或消除危险。

【法律依据】

《民法典》第二百七十八条 下列事项由业主共同决定:

(一)制定和修改业主大会议事规则;

(二)制定和修改管理规约;

(三)选举业主委员会或者更换业主委员会成员;

(四)选聘和解聘物业服务企业或者其他管理人;

(五)使用建筑物及其附属设施的维修资金;

(六)筹集建筑物及其附属设施的维修资金;

(七)改建、重建建筑物及其附属设施;

（八）改变共有部分的用途或者利用共有部分从事经营活动；

（九）有关共有和共同管理权利的其他重大事项。

业主共同决定事项,应当由专有部分面积占比三分之二以上的业主且人数占比三分之二以上的业主参与表决。决定前款第六项至第八项规定的事项,应当经参与表决专有部分面积四分之三以上的业主且参与表决人数四分之三以上的业主同意。决定前款其他事项,应当经参与表决专有部分面积过半数的业主且参与表决人数过半数的业主同意。

最高人民法院《关于审理建筑物区分所有权纠纷案件适用法律若干问题的解释》(2020年修正)

第三条 除法律、行政法规规定的共有部分外,建筑区划内的以下部分,也应当认定为民法典第二编第六章所称的共有部分：

（一）建筑物的基础、承重结构、外墙、屋顶等基本结构部分,通道、楼梯、大堂等公共通行部分,消防、公共照明等附属设施、设备,避难层、设备层或者设备间等结构部分；

（二）其他不属于业主专有部分,也不属于市政公用部分或者其他权利人所有的场所及设施等。

建筑区划内的土地,依法由业主共同享有建设用地使用权,但属于业主专有的整栋建筑物的规划占地或者城镇公共道路、绿地占地除外。

三、用益物权

案例22

某村民委员会、张某财产损害赔偿纠纷案

Q：某村民委员会为建设光伏发电项目,通过召开村民会议以集体表决的方式单方解除张某案涉林地的土地承包经营权,该行为是否有效？若张某也在场,是否能视作约定解除？

A：通过召开村民会议来单方解除合同的行为无效。法律规定承包期内发包方不得收回承包地。《农村土地承包法》为特别法优先适用于《民法典》中关于合同解除的规定。

裁判案例：(2020)冀01民终741号

【裁判观点】

上诉人某村民委员会与被上诉人张某签订的《承包经营合同书》,系双方的真实意思表示,且不违反法律、行政法规的强制性规定,原审法院据此认定该集体林承包经营合同有效妥当。根据《农村土地承包法》第二条、第二十条、第二十二条、第二十三条、第二十七条的规定,涉案集体林地属本法所称的农村土地,土地承包发包方应当与承包方签订书面承包合同,承包方自合同生效时取得土地承包经营权;承包期内,发包方不得收回承包地。由此可见,土地承包合同是土地承包经营权的重要凭证,出于对土地承包经营权的保护,发包方不得在约定的承包期内收回承包地。案涉《井陉县集体林承包经营合同书》的承包标的以及条款项目均符合《农村土地承包法》的相关规定,原审法院适用该法相关条款,认定上诉人无权以会议表决方式单方解除与被上诉人的集体林承包合同并收回案涉集体林地承包经营权,于法有据。同时,《合同法》第一百二十三条亦规定:"其他法律对合同另有规定的,依照其规定。"故上诉人主张原审法院适用法律错误,应适用《合同法》及相关司法解释、认定村民委员会解除案涉集体林承包合同的行为合法有效,理据不足,不予支持。

【实务指引】

本案中双方当事人因土地承包经营合同的履行发生纠纷。双方争议的焦点在于村民委员会能否单方解除土地承包经营合同。对于这一问题我们可以从物权的权利性质以及合同法的相关规定出发展开分析。

基于物权法定主义,土地承包经营权是《民法典》中明确规定的一种用益物权。所谓用益物权,指的是在他人之物上享有占有、使用和受益等权能的物权。[1] 物权在法律上最重要的意义便是确定物的归属。物的归属确定之后才能使人有明确的预期。农村土地承包经营权在法律上被明确归为用益物权后,承包经营权人对特定土地的权利更加明晰,权利人可以期待在整个承包经营期内对土地进行稳定的利用,发包人和其他人原则上均不得任意收回或调整土地。于是,这种稳定的权利关系就会使承包经营权人放心地对土地进行投入(如改良土壤、兴修水利等),从而可改变在权利归属不明确的情形下过度开发土地等短期利用行为。[2] 这也是《农村土地承包法》与《民法典》中对任意解除土地承包经营合同行为加以限制的理由。

《民法典》第三百三十条第一款规定,土地承包经营权自土地承包经营权合同生效时设立。由此可见土地承包经营权合同的重要性。本案中村民委员会以当事人未能完成绿化任务为由,通过村民委员会会议表决的形式单方宣布合同解除。村民委员会此举并无法律依据。《民法典》第一百三十六条第二款规定,行为人非依法律规定或者未经对方同意,不得擅自变更或者解除民事法律行为。另外,《农村土地承包法》第十五条第一项规定,发包方承担维护承包方的土地承包经营权,不得非法变更、解除承包合同。结合两个条文的规定,如果村民委员会与当事人在订立合同时未作出特别约定,村民委员会无权单

---

[1] 刘家安:《物权法论》(第2版),中国政法大学出版社2015年版,第134页。
[2] 刘家安:《物权法论》(第2版),中国政法大学出版社2015年版,第8页。

方面解除合同。如果村民委员会想拥有单方解除合同的权利,可以依据《民法典》第五百六十二条的规定,在合同中约定解除合同的事由。约定事由发生时,村民委员会自然获得解除合同的权利。需要注意的是,《民法典》对约定解除权的规定与附条件解除合同的规定之间的区别。《民法典》第五百六十二条不仅规定了约定解除权,还规定了当事人合意解除合同。两者共同构成了合同约定解除的完整内容。双方当事人经过合意解除合同自然符合合同自由原则,而约定解除权也属于双方当事人基于合同自由原则设立解除合同事由的结果。但是《民法典》第五百六十二条规定的所谓"解除合同的事由"与第一百五十八条对附条件解除合同规定的"附条件"之间依然存在差异。附解除条件的合同中,合同自解除条件成就时即失去效力,无须当事人发出解除合同的意思表示。约定解除权则属于形成权,需要对方受领解除合同的意思表示。在解除合同的事由发生之前,该合同依然有效,只有解除权人向合同对方发出解除合同的意思表示之后合同才解除。

民事主体在订立合同时,需要注意合同中对解除权的约定。在没有约定解除权存在的情况下单方面主张解除合同大概率会因为违反合同约定而承担违约责任。

【法律依据】

《农村土地承包法》第二十七条第一款　承包期内,发包方不得收回承包地。

《民法典》第一百三十六条　民事法律行为自成立时生效,但是法律另有规定或者当事人另有约定的除外。

行为人非依法律规定或者未经对方同意,不得擅自变更或者解除民事法律行为。

《民法典》第三百三十七条　承包期内发包人不得收回承包地。法律另有规定的,依照其规定。

案例 23

某村民委员会与某实业公司、某电力公司农村土地承包合同纠纷案

Q: 某实业公司承包鱼塘后,将鱼塘水面上空的使用权出租给某电力公司用于建设光伏设备进行光伏发电。某实业公司的行为是否属于非法流转土地?

A: 不属于。将鱼塘上方使用权进行出租,并未改变鱼塘原有用途,未改变土地性质,且该行为不会损害村民委员会的利益。

裁判案例: (2017)粤 13 民终 4218 号

【裁判观点】

关于某实业公司是否存在非法流转承包土地以及是否有实质破坏土地情形的问题。

某实业公司于 2016 年 11 月 1 日与某村民委员会签订《某村鳗鱼场发包合同》承包涉案鱼塘,承包期间为兼营附加业务,某实业公司将鱼塘水面上空的使用权出租给某太阳能电力公司安装太阳能板进行光伏发电。该行为并不构成非法流转承包土地,理由如下:第一,某实业公司虽然将案涉鱼塘的水面上空出租给第三人安装太阳能板进行光伏发电,但是某实业公司仍然在承包的案涉鱼塘进行水产养殖。这一行为一方面是并未改变鱼塘原有的用途即继续养鱼,另一方面是有效利用承包土地上空的空间部分即光伏发电。第二,某实业公司将鱼塘水面上空的使用权另行出租给某太阳能电力公司,该兼营附加业务的行为虽获取租金收益,但是并未损害某村民委员会的利益。第三,相关配电设施工程占地面积小且在批准的设施用地范围内,该部分用地亦可补办建设用地手续,补办用地手续属于政事管理实务,不在本案审理范围。第四,按照合同约定,在承租期届满后某实业公司负有恢复承包地原状的后合同义务,而且已经交付了相应的保证金。虽然有在鱼塘中打桩安装光伏板的事实,但不等于造成了农用地永久性破坏而无法恢复的情形。据此,某村民委员会主张某实业公司存在非法流转案涉承包土地以及实质破坏承包土地缺乏事实依据,应当予以驳回……综上,案涉"渔光互补"光伏发电项目有效利用资源,保护环境生态,是清洁能源、绿色产业,既符合国家政策,也不违反民法的绿色原则。原审法院认定事实清楚,适用法律正确,法院予以维持。因上诉人某村民委员会的上诉缺乏事实与法律依据,法院不予支持。

【实务指引】

根据《农村土地承包法》第一条的规定,"维护农村承包经营当事人的合法权益,促进农业、农村经济发展和农村社会和谐稳定"是农村土地承包制度设立的目的之一。另外,根据第八条的规定,集体土地所有者的合法权益与承包方的土地经营权,任何组织和个人不得侵犯。这体现了国家维护双方利益的态度。由于土地所有者的权益与土地经营权均属于物权,自然受到《民法典》中物权相关规定的调整。从《民法典》中"物权的保护"一章出发,我们可以认为集体土地所有者与承包方均享有保护其物权不受侵害的权利,并且在权利受到侵害后,有权依据《民法典》中的规定维护权利。由于《农村土地承包法》与《民法典》中物权的相关规定有重合之处,所以可以从物权的基本理论出发理解《农村土地承包法》中的规定。从物权理论的角度来说,《民法典》中"物权的保护"一章所规定的条款均是为了确保物权的权利人能够维持其权利的圆满状态。对于集体土地所有者而言,维持土地的用途,确保土地能够按照其性质被使用是其权益的重要内容。因此,判断集体土地所有者的权益是否受到损害也要从"维持权利圆满状态"的角度出发展开分析。本案中,虽然鱼塘中设立了光伏设备,但是鱼塘依然能够正常使用。其作为农用地的属性并未受到影响。并且,正是由于鱼塘依然能够正常生产经营,也证明了光伏设施的建设并未对农用地造成影响,因此承包经营权人才未被认定为侵害物权。

在分析某一项制度以及理解某一法条的内涵时,可以从其所属的法律部门或者该法条涉及的权利性质出发加以分析,全面地理解相关制度与规范。

【法律依据】

《农村土地承包法》第十八条　承包方承担下列义务:
(一)维持土地的农业用途,未经批准不得用于非农建设;
(二)依法保护和合理利用土地,不得给土地造成永久性损害;
(三)法律、行政法规规定的其他义务。

案例 24

某光伏公司、某村民委员会确认合同无效纠纷案

Q: 某县农场与某村民委员会签订《土地承包合同》后,某村民委员会将相同范围的土地再次发包给某光伏公司用于光伏电站建设。某县农场能否以自己已经实际占用案涉土地为由,主张其拥有土地使用权?

A: 可以。两个以上承包人均主张取得土地经营权的,以实际占有的一方为准。

裁判案例: (2019)鲁16民终1964号

【裁判观点】

某村民委员会与某光伏公司签订的《土地租赁合同》,虽名为租赁,但就其合同内容来看与承包并无实质区别。最高人民法院《关于审理涉及农村土地承包纠纷案件适用法律问题的解释》(法释〔2005〕6号,已失效)第二十条规定:"发包方就同一土地签订两个以上承包合同,承包方均主张取得土地承包经营权的,按照下列情形,分别处理:……(二)均未依法登记的,生效在先合同的承包方取得土地承包经营权……"某村民委员会在未与某县农场终止履行《土地承包合同》的情况下,即将涉案的725亩土地再次出租给被告某光伏公司,其行为属于重复发包,违反法律规定。

【实务指引】

最高人民法院《关于审理涉及农村土地承包纠纷案件适用法律问题的解释》(2020年修正)第十九条的规定需要结合民法的基本理论以及土地承包经营权的基本法律规定加以解读。

《物权法》第二条第三款规定,"本法所称物权,是指权利人依法对特定的物享有的直接支配和排他的权利,包括所有权、用益物权和担保物权"。《民法典》并未直接定义何为物权,而是在第二百零五条规定:"本编调整因物的归属和利用产生的民事关系。"从上述法条来看,确定物的归属以及调整物的利用是物权的基本功能和特征,由此衍生出物权的几个效力。首先是排他效力,即在同一个物上不能同时成立两个或两个以上内容不相容的物权。例如,同一个物上不能同时存在两个所有权,同样也不能同时存在两个承包经营权。除非数个权利之间在内容上能够并存,如所有权与担保物权。其次是优先效力。优先效力是为了调和数个权利之间可能发生的冲突,主要包括物权之间的优先效力以及物权对于债权的优先效力,在此仅讨论物权之间的优先效力。物权之间的优先效力也是由物权的排他效力衍生出来的。如果当事人在同一个标的物上设立了两个内容互不相容的物权,那么第二个物权设定行为无效。例如,在同一块土地上设立两个承包经营权,后设立的承包经营权无效。一般而言,设立时间在先的物权优先于其后设立的物权。这是因为一项物权的发生一般伴随权利变动的外在表现,或称公示效力,如动产交付和不动产登记。设立在先的物权由于公示效力能够为外界所知并对其产生信赖,之后欲在同一标的物上设立物权的行为人也能够了解。因此,从物权具有的确定物的归属的功效来看,应当认定先设立的物权优先。具体而言:(1)在所有权与担保物权、用益物权之间,所有权优先于其余两种权利。(2)数个担保物权并存于一个标的物上时,原则上设立时间在先的优先。(3)用益物权与担保物权并存时,成立在先的优先。

基于上述理论分析,我们回过头来检视最高人民法院《关于审理涉及农村土地承包纠纷案件适用法律问题的解释》第十九条的内容。《民法典》第三百三十三条规定,"土地承包经营权自土地承包经营权合同生效时设立。登记机构应当向土地承包经营权人发放土地承包经营权证、林权证等证书,并登记造册,确认土地承包经营权"。从该条的规定中可以发现关于土地承包经营权的几个要点:(1)土地承包经营权自合同生效时设立。这意味着登记只具有公示效力而不影响权利的成立。(2)土地承包经营合同对于确认土地承包经营权成立与否、何时成立有重要意义。即便土地承包经营权的设立仅需考虑合同生效与否,也依然要尊重登记带来的对外公示的效力。因此,经过登记的土地承包经营权优先于未登记的经营权。因为承包经营权的设立仅与合同生效与否有关,因此合同生效在先的承包经营权自然设立在先。如果上述规则均无法解决权利冲突,我们便需要回到土地承包经营权的本质特征加以分析。土地承包经营权是法定的用益物权。根据《民法典》第三百二十三条的规定,用益物权人对他人所有的不动产或者动产,依法享有占有、使用和收益的权利。所以"占有、使用和收益"他人所有的不动产或动产是用益物权的重要功能。同时,使用与收益也需要依靠占有而存在。因此,合法占有承包地的人,应当承认其用益物权存在。

【法律依据】

最高人民法院《关于审理涉及农村土地承包纠纷案件适用法律问题的解释》(2020年修正)第十九条 发包方就同一土地签订两个以上承包合同,承包方均主张取得土地经营权的,按照下列情形,分别处理:

(一)已经依法登记的承包方,取得土地经营权;

(二)均未依法登记的,生效在先合同的承包方取得土地经营权;

(三)依前两项规定无法确定的,已经根据承包合同合法占有使用承包地的人取得土地经营权,但争议发生后一方强行先占承包地的行为和事实,不得作为确定土地经营权的依据。

案例25

某科技发展公司与某村民委员会农村土地承包合同纠纷案

Q: 某科技发展公司与某村民委员会签订协议,将基本农田流转用于建设光伏项目,该合同是否有效?

A: 合同无效。基本农田不得改变用途,合同违反行政法规效力性强制性规定而无效。

裁判案例: (2017)鲁0983民初3121号

【裁判观点】

法院认为,根据法律规定,国家实行基本农田保护制度,基本农田保护区经依法划定后,任何单位和个人不得改变或者占用。涉及农用地转用或者征收土地的,必须经国务院批准。禁止任何单位和个人在基本农田保护区内建窑、建房、挖矿、采石、采矿、取土、堆放固体、废弃物或者进行其他破坏基本农田的活动。《关于支持光伏扶贫和规范光伏发电产业用电的意见》也明确强调光伏发电规划不得占用农用地,禁止以任何方式占用永久基本农田。严禁在国家相关法律法规和规划明确禁止的区域发展光伏发电项目。本案中某科技发展公司、某村民委员会双方均认可案涉土地属基本农田,因此,某科技发展公司以此来主张合同无效,于法有据,法院予以支持。某村民委员会主张案涉合同并未改变土地性质,但未提供证据证实,亦未能作出合理解释,因此对其主张法院不予采信。依照《合同法》的规定,合同无效,因该合同取得的财产,应当予以返还,不能返还或者没有必要返还的,应当折价补偿。有过错的一方应当赔偿对方因此受到的损失,双方都有过错的,应当各自承担相应的责任。本案中,某村民委员会明知涉案土地属基本农田,仍将其流转给某科技发展公司筹建光伏发电项目,存在过错,某科技发展公司作为光伏发电建设单位,应熟知国家关于相关产业的法律法规及政策规定,在合同签订时未能尽到审慎义务,亦存在过错。因此,某科技发展公司已付租金应予返还,对于某科技发展公司要求的已付租金利息损失,法院酌情认定某科技发展公司、某村民委员会各承担50%的责任。

【实务指引】

本案中如何判断土地性质是否被改变的问题参见案例23的实务指引。本案被告在举证时未能提供足够的证据证明其未改变土地性质是其败诉的关键原因。在签订土地承包经营合同与实际建设光伏设备时,承包方与施工方须注意避免在建设中对土地造成损坏或者改变土地性质。在订立承包合同以及施工设计时需要考虑施工对土地的影响,避免因为设计、施工方式等造成承包土地的损坏,并因此承担法律责任。

【法律依据】

《土地管理法》第三条　十分珍惜、合理利用土地和切实保护耕地是我国的基本国策。各级人民政府应当采取措施,全面规划,严格管理,保护、开发土地资源,制止非法占用土地的行为。

《基本农田保护条例》第十五条　基本农田保护区经依法划定后,任何单位和个人不得改变或者占用。国家能源、交通、水利、军事设施等重点建设项目选址确实无法避开基本农田保护区,需要占用基本农田,涉及农用地转用或者征收土地的,必须经国务院批准。

《关于支持光伏扶贫和规范光伏发电产业用电的意见》第一条第一款　各地应当依据国家光伏产业发展规划和本地区实际,加快编制本地区光伏发电规划,合理布局光伏发电建设项目。光伏发电规划应符合土地利用总体规划等相关规划,可以利用未利用地的,不得占用农用地;可以利用劣地的,不得占用好地。禁止以任何方式占用永久基本农田,严禁在国家相关法律法规和规划明确禁止的区域发展光伏发电项目。

四、担保物权

1. 抵押权

案例26

某公司与某光伏发电公司担保物权确认纠纷案

Q: 光伏企业可否将名下光伏项目内的光伏设备和生产设备抵押给债权人,用于担保债权实现?

A: 可以。依照《民法典》的规定,生产设备属于可以抵押的财产范围。

裁判案例:(2019)京02民初573号

【裁判观点】

本案中,双方当事人已在中国人民银行征信中心对被告提供的抵押物,即某光伏发电项目的工程设备及生产设备办理了抵押登记,因被告不履行到期债务,在如前文所述的抵押担保范围内,原告要求确认对已在中国人民银行征信中心办理抵押登记的设备享有抵押权,符合合同约定及法律规定,法院予以支持。

【实务指引】

基于物权客体特定的原则,原本在非特定的物上不能设立物权,但是浮动抵押则建立在不特定的客体上。根据《民法典》第三百九十六条的规定,企业、个体工商户、农业生产经营者可以将现有的以及将有的生产设备、原材料、半成品、产品抵押,债务人不履行到期债务或者发生当事人约定的实现抵押权的情形,债权人有权就抵押财产确定时的动产优先受偿。本条中所称"现有的以及将有的"便是浮动抵押的抵押物不特定的表现。浮动抵押权具有以下特征:(1)主体必须是企业、个体工商户、农业生产经营者。非经营者不能在自己的财产上设立浮动抵押权。(2)该抵押权的客体是抵押人现有的以及将有的财产。需要注意的是,即便浮动的财产上已经设立了抵押权,也不应当限制抵押人通过获取对应的价款将抵押财产转让。其原因包括两个:①浮动抵押权设立的目的是方便经营者融资,如果限制浮动财产的交易,则经营者自身的经营活动也将受到极大影响,浮动抵押权的设立也丧失意义。②抵押人通过正常的交易已经获得了抵押财产合理的对价,这意味着当事人的财产并未因为交易行为减少,其履行能力也未能受到影响。因此,《民法典》第四百零四条规定,以动产抵押的,不得对抗正常经营活动中已经支付合理价款并取得抵押财产的买受人。

【法律依据】

《民法典》第三百九十六条 企业、个体工商户、农业生产经营者可以将现有的以及将有的生产设备、原材料、半成品、产品抵押,债务人不履行到期债务或者发生当事人约定的实现抵押权的情形,债权人有权就抵押财产确定时的动产优先受偿。

《民法典》第四百零三条 以动产抵押的,抵押权自抵押合同生效时设立;未经登记,不得对抗善意第三人。

2. 质押权

案例 27

某公司与某光伏发电公司担保物权确认纠纷案

Q：光伏企业可否将享有的电费收费权出质，以担保债权人债权的实现？

A：可以。电费收费权属于应收账款，依据《民法典》第四百四十条第六项的规定属于权利质权的客体，可以出质。以应收账款出质的，质权自办理出质登记时设立。

裁判案例：(2019) 京 02 民初 573 号

【裁判观点】

本案中，双方当事人已在中国人民银行征信中心对上述被告享有的电费收费权办理了出质登记，故原告对该电费收费权享有的质权自登记时设立。

【实务指引】

《民法典》第四百四十条第六项与第四百四十五条分别规定了应收账款可以被出质以及出质的具体要求和相应限制。所谓应收账款，是指权利人因提供一定的商品、服务或者劳务而获得的要求义务人付款的权利，不包括因票据或者其他有价证券而产生的付款请求权。[①] 权利人若要在其拥有的应收账款权利上设立质权需要符合以下要求：(1) 订立书面合同。《民法典》第四百四十六条规定，"权利质权除适用本节规定外，适用本章第一节的有关规定"，即权利质权适用动产质权的相关规定。第四百二十七条第一款规定，设立质权，当事人应当采用书面形式订立质押合同。从权利质权的性质来看，其依然属于意定物权。这意味着质权的设立需要当事人之间达成合意，并且质权是否发生一方面要看双方当事人实施的法律行为的效力，另一方面要看是否完成公示要求。(2) 办理出质登记。原《物权法》第二百二十八条将信贷征信机构规定为应收账款出质的登记机构，而《民法典》则未作出类似规定。即便如此也并不意味着原有的登记机关不再负责此事项。关于应收账款质权的设立，当前还需要注意中国人民银行于 2021 年 12 月 28 日发布的《动产和权利担保统一登记办法》，该办法于 2022 年 2 月 1 日生效，取代 2020 年 1 月 1 日生效的《应收账款质押登记办法》。《动产和权利担保统一登记办法》第三条进一步定义了应收账款及其范围。该办法所称应收账款，是指"应收账款债权人因提供一定的货物、

[①] 参见最高人民法院民法典贯彻实施工作领导小组主编：《中华人民共和国民法典物权编理解与适用》（下），人民法院出版社 2020 年版，第 1270 页。

服务或设施而获得的要求应收账款债务人付款的权利以及依法享有的其他付款请求权,包括现有的以及将有的金钱债权,但不包括因票据或其他有价证券而产生的付款请求权,以及法律、行政法规禁止转让的付款请求权"。这也与最高人民法院对应收账款的定义相一致。应收账款的范围具体为:(1)销售、出租产生的债权,包括销售货物,供应水、电、气、暖,知识产权的许可使用,出租动产或不动产等;(2)提供医疗、教育、旅游等服务或劳务产生的债权;(3)能源、交通运输、水利、环境保护、市政工程等基础设施和公用事业项目收益权;(4)提供贷款或其他信用活动产生的债权;(5)其他以合同为基础的具有金钱给付内容的债权。具体负责登记动产和权利担保的机构为中国人民银行征信中心。该办法的出台将使相关规章与现行法律相协调。

应收账款债权人作为出质人要将权利质押给质权人后将影响其债务人的权利。若债务人想要偿还债务,原本其应当向债权人(出质人)履行,但此时债权却因为被出质而转移至质权人处。从法律效果来看为应收账款设立质权的法律效果类似债权转让,"这使得法律适用规则应当参照债权转让的规则,明确对债务人的通知义务"[1]。如果出质人未能将权利出质的信息告知其债务人,债务人依然可以向出质人履行债务,并且此举并不需要向质权人承担责任。若当事人按照法律规定订立质权合同并办理登记后,出质人不履行其与质权人之间的债务的,质权人有权行使权利。但是权利质权与动产质权存在一些差异,权利质权可能并不能直接通过拍卖、变卖等方式实现。因此,应收账款上质权的履行表现为直接向出质人的债务人以自己的名义收取。

【法律依据】

《民法典》第四百四十条 债务人或者第三人有权处分的下列权利可以出质:

(一)汇票、本票、支票;

(二)债券、存款单;

(三)仓单、提单;

(四)可以转让的基金份额、股权;

(五)可以转让的注册商标专用权、专利权、著作权等知识产权中的财产权;

(六)现有的以及将有的应收账款;

(七)法律、行政法规规定可以出质的其他财产权利。

《民法典》第四百四十五条 以应收账款出质的,质权自办理出质登记时设立。

应收账款出质后,不得转让,但是出质人与质权人协商同意的除外。出质人转让应收账款所得的价款,应当向质权人提前清偿债务或者提存。

---

[1] 最高人民法院民法典贯彻实施工作领导小组主编:《中华人民共和国民法典物权编理解与适用》(下),人民法院出版社2020年版,第1275页。

> **案例 28**
>
> **某信托公司、某资本管理公司合同纠纷案**
>
> **Q:** 光伏企业银行账户已被冻结,正在进行强制执行,其电费收益权质权人能否主张对该账户享有质权,排除强制执行?
>
> **A:** 由于金钱属特殊动产,为一般种类物,若双方质押合同中并未约定以该账户内的资金设立质权,也未将该账户特定化并交付,就不能排除强制执行。
>
> **裁判案例:**(2020)赣执异 4 号

【裁判观点】

关于本案能否排除执行的问题。根据原《物权法》第二百二十八条第一款的规定,应收账款质权自信贷征信机构办理出质登记时设立。本案中,某资本管理公司与某光伏发电公司在 2016 年 1 月 12 日签订了《电费收益权质押合同》(含补充协议),并于同年 1 月 21 日在中国人民银行征信中心办理了应收账款质押登记(含变更登记),该应收账款质押权已经设立。但是,由于上述《电费收益权质押合同》约定及质押登记的质权标的系被执行人某光伏发电公司名下某镇 20MWp 光伏电站电费收益权,该标的与本案执行冻结、扣划的被执行人某光伏发电公司在中国农业银行虞城支行 16×××50 账户中的存款 21137452.51 元并不具有同一性。某资本管理公司在本案异议审查期间虽已提交证据证明某电力公司曾经向该账户支付某镇光伏电站购电费,但是由于金钱属于特殊动产,系一般种类物,本案质押双方当事人既未在《电费收益权质押合同》(含补充协议)中约定以此银行账户内存款设立质押,亦未将该普通存款账户内金钱予以特定化并移交质权人某资本管理公司占有,且该购电费对价指向的系某镇 20+50MWp 光伏并网电站所发电量,亦即某资本管理公司将该银行账户视为购电费收入"特户"并作为权利人对该账户内的存款主张质权证据不足。被执行人某光伏发电公司未履行本案生效法律文书确定的义务,法院有权冻结、划拨其名下该账户内的银行存款。另外,质权作为担保物权就其性质而言是优先受偿权,案外人某资本管理公司对某光伏发电公司名下某镇 20MWp 光伏电站电费收益权折价或者拍卖、变卖的价款主张优先受偿权时,人民法院在执行过程中只需要保障其在受偿顺位上的优先地位,但该权利并不能排除该账户内存款的执行。况且,某资本管理公司尚未开始对该质押合同约定的应收账款(到期债权)向某光伏发电公司行使质权,法院亦并未对上述质押合同标的,即电费收益权采取执行措施。

【实务指引】

关于金钱上如何设定质权的分析参见下文。需要注意的是,法院有权对设立担保物权的财产采取查封、扣押、冻结等保全措施。最高人民法院《关于适用〈中华人民共和国民事诉讼法〉的解释》第一百五十四条规定,人民法院在财产保全中采取查封、扣押、冻结财产措施时,应当妥善保管被查封、扣押、冻结的财产。不宜由人民法院保管的,人民法院可以指定被保全人负责保管;不宜由被保全人保管的,可以委托他人或者申请保全人保管。查封、扣押、冻结担保物权人占有的担保财产,一般由担保物权人保管;由人民法院保管的,质权、留置权不因采取保全措施而消灭。

【法律依据】

最高人民法院《关于适用〈中华人民共和国民事诉讼法〉的解释》第五百零六条 被执行人为公民或者其他组织,在执行程序开始后,被执行人的其他已经取得执行依据的债权人发现被执行人的财产不能清偿所有债权的,可以向人民法院申请参与分配。

对人民法院查封、扣押、冻结的财产有优先权、担保物权的债权人,可以直接申请参与分配,主张优先受偿权。

最高人民法院《关于适用〈中华人民共和国民事诉讼法〉的解释》第五百一十一条 在执行中,作为被执行人的企业法人符合企业破产法第二条第一款规定情形的,执行法院经申请执行人之一或者被执行人同意,应当裁定中止对该被执行人的执行,将执行案件相关材料移送被执行人住所地人民法院。

最高人民法院《关于适用〈中华人民共和国民事诉讼法〉的解释》第五百一十四条 当事人不同意移送破产或者被执行人住所地人民法院不受理破产案件的,执行法院就执行变价所得财产,在扣除执行费用及清偿优先受偿的债权后,对于普通债权,按照财产保全和执行中查封、扣押、冻结财产的先后顺序清偿。

《民法典》第四百四十五条 以应收账款出质的,质权自办理出质登记时设立。

应收账款出质后,不得转让,但是出质人与质权人协商同意的除外。出质人转让应收账款所得的价款,应当向质权人提前清偿债务或者提存。

最高人民法院《关于人民法院执行工作若干问题的规定(试行)》第三十一条 人民法院对被执行人所有的其他人享有抵押权、质押权或留置权的财产,可以采取查封、扣押措施。财产拍卖、变卖后所得价款,应当在抵押权人、质押权人或留置权人优先受偿后,其余额部分用于清偿申请执行人的债权。

案例 29

某投资管理公司、某光伏科技公司合同纠纷案

Q：应收账款质权的设立是否必须签订书面的质权合同？双方当事人都对缺乏书面合同的质权认可，那么该质权是否已经设立？

A：应收账款出质需同时具备签订书面质押合同和办理出质登记两项条件，缺乏书面合同这一形式要件，质权即使登记也并不设立。

裁判案例：(2020)最高法民申 4920 号

【裁判观点】

原《物权法》第二百二十八条第一款规定，以应收账款出质的，当事人应当订立书面合同。质权自信贷征信机构办理出质登记时设立。上述规定表明以应收账款出质需同时具备签订书面质押合同和办理出质登记两项条件。本案中某投资管理公司虽然于 2018 年 1 月 30 日办理应收账款质押的初始登记，但办理登记时双方尚未签订书面质押合同。某投资管理公司虽主张其是依据双方当事人口头约定办理应收账款质押的初始登记，但其并未提交证据证明双方当事人办理质权初始登记时已达成以应收账款出质的口头约定，并且口头约定的形式也不符合原《物权法》关于应收账款质押应签订书面质押合同的形式要件。某投资管理公司关于其对案涉应收账款的质权自 2018 年 1 月 30 日办理初始登记时已设立的主张，没有事实和法律依据，二审法院不予认定，并无不当。

应收账款质权为担保物权，根据物权法定原则的要求，担保物权的设立需符合原《物权法》规定的条件，而不能仅凭当事人的意思表示设立。某投资管理公司以某光伏科技公司认可为由主张其对案涉应收账款享有质权的申请再审理由，缺乏法律依据，法院不予采信。

【实务指引】

参见上文有关应收账款质权的分析。

【法律依据】

《民法典》第一百一十六条　物权的种类和内容，由法律规定。

《民法典》第四百二十七条第一款　设立质权，当事人应当采用书面形式订立质押合同。

第三章　光伏项目合同法律纠纷

一、合同相对性原则

案例30

刘某、江某等与某建设公司、某光伏公司挂靠经营合同纠纷案

Q：承包人就实际工程完成情况与发包人确认工程价款并达成付款协议。该协议对实际施工人是否具有约束力？

A：有约束力。实际施工人以承包人名义签订施工合同。承包人作为合同相对人有权与发包人达成付款协议。该协议有效，因此实际施工人应当受该协议约束。

裁判案例：(2018)苏06民终4351号

【裁判观点】

刘某挂靠某建设公司承揽案涉工程，其实际完成了案涉工程的施工，有权主张相应的工程款。就挂靠关系而言，其对外的法律关系是在某建设公司与某光伏发电公司之间产生。某建设公司与某光伏发电公司之间作出的相应的法律行为当然约束上诉人刘某等人。现在某建设公司与某光伏发电公司在2015年10月26日达成案涉工程的"一揽子"协议，该协议当然对上诉人产生法律效力。

【实务指引】

被挂靠人与发包人之间就发生争议的工程达成的约定能否对实际施工人产生效力的问题，实践中法院对这一问题有着不同的观点。例如，在(2018)最高法民申5400号判决中，最高人民法院认为："李某于2014年提起本案一审诉讼，诉讼过程中，双方对李某已完工程的工程价款、停工损失的问题存在争议，经李某申请，一审法院对上述争议问题启动司法鉴定。在一审法院进行司法鉴定期间，先锋公司与博源公司自行结算，两公司称结算值包含李某施工工程量，且博源公司入账后已向李某拨付款项，但未提交充分的证据证明其主张,该结算在性质上属于处置他人权益,二审考虑李某未参加上述结算、两公司在诉讼外自行结算等因素,认定该结算对李某没有约束力,并无不当。"对于这一问题,我们需要从实际施工人与被挂靠人以及实际施工人与发包人之间的关系入手加以分析。

《建筑工程施工发包与承包违法行为认定查处管理办法》第九条规定,"本办法所称挂靠,是指单位或个人以其他有资质的施工单位的名义承揽工程的行为。前款所称承揽工程,包括参与投标、订立合同、办理有关施工手续、从事施工等活动"。通过这一规定我们可以发现,在挂靠关系中实际存在两方面法律关系。首先,实际施工人与被挂靠人之间可能会达成借用资质的相关约定。其次,实际施工人与发包人之间的法律关系,这一法律关系较为复杂。从表象来看,相关合同的当事人为被挂靠人与发包人。但同时,实际施工人与发包人之间存在事实的合同关系。这一情形使被挂靠人与发包人之间的合同利益和实际施工人与发包人之间的利益产生了关联。根据最高人民法院《关于审理建设工程施工合同纠纷案件适用法律问题的解释(一)》第一条的规定,没有资质的实际施工人借用有资质的建筑施工企业名义的建设工程施工合同无效。《民法典》第七百九十三条规定,建设工程施工合同无效,但是建设工程经验收合格的,可以参照合同关于工程价款的约定折价补偿承包人。这一条款的用语是"可以",意味着发承包双方可以另行约定结算方式。如果我们将本条的规定生硬地套用在挂靠关系中,则可能出现不合理的情形。假设实际施工人尚未提起诉讼,被挂靠人与发包人以《民法典》第七百九十三条为理由,自行结算并达成协议,如果发承包双方在结算时未能考虑实际施工人的利益,那么这一结算协议很有可能损害实际施工人的利益。另外,实际施工人相较于被挂靠人而言更了解工程的情况,缺少其参与的结算也可能存在计量不准确的情况。并且,被挂靠人与发包人之间达成的结算协议是否会对实际施工人产生影响这一问题也不应当与实际施工人是否起诉有关。如果我们径行认定被挂靠人与发包人之间达成的结算协议当然地约束实际施工人,则在一定程度上是置实际施工人的利益于不顾。因此,笔者更认同最高人民法院的观点,认为此类结算协议并不能约束实际施工人。

【法律依据】

《民法典》第四百六十五条 依法成立的合同,受法律保护。

依法成立的合同,仅对当事人具有法律约束力,但是法律另有规定的除外。

> **案例 31**
>
> **李某、某光伏发电公司财产损害纠纷案**
>
> **Q：**集体土地承包人李某所承包的土地因光伏项目被占用，因此承包人李某与村集体达成补偿协议，每亩 1500 元。后承包人李某依据某光伏发电公司与镇政府所达成每亩赔偿 2000 元的会议纪要为依据请求变更补偿款。该主张是否可以得到支持？
>
> **A：**不能。依据合同相对性，承包人与村集体签订土地承包合同，该合同是其获得补偿款的依据。因此其就补偿款仅能与村集体协商。光伏企业、镇政府、村集体之间的协议与其无关。
>
> **裁判案例：**（2019）皖 04 民终 1436 号

【裁判观点】

李某要求某镇政府支付扣留的每亩补偿款 400 元及要求某村村民小组按照 1600 元每亩补齐扣留的补偿款，其依据是某区政府会议纪要明确要求补偿标准原则上为 2000 元每亩，以及某新能源光伏发电公司实际按照 2000 元每亩支付给某镇政府所占水面补偿款，因而认为某镇政府及某村村民小组扣留补偿款侵犯了其承包权益。然而，李某所享有的权利基础是其对涉案 679.17 亩水面的承包经营权，其合同相对方是某村村民小组。某光伏发电公司是在镇政府、村民委员会以及村民小组协调完成水面清理后才占有使用涉案水面，故某新能源光伏发电公司未侵犯李某权益。某镇政府也没有直接与李某发生法律关系，其所发挥的作用是组织、领导和协调，推动光伏发电项目落地，造福当地群众，也没有直接侵犯李某的承包经营权。某村村民小组经过与李某反复协商，于 2017 年 4 月 15 日签订了《某村组与李某、李某群甲乙双方协议》，认可补偿款按照 1500 元每亩计算，归李某所有；李某另给付某村村民小组 14 万元"赔偿"；"双方永不发生纠纷"。该协议是双方真实意思反映，没有无效或可撤销的情形，双方均应遵守。

【实务指引】

本案中针对补偿问题实际存在两个法律关系。首先，某新能源光伏发电公司与某镇政府之间就补偿问题达成了协议。其次，李某与某村村民小组之间就补偿达成了协议。虽然某镇与某村村民小组之间在行政区划上存在隶属关系，但是行政上的关系不能影响两个民事关系中分别涉及的四方主体，补偿关系仅在特定的当事人之间发生效力。

【法律依据】

《民法典》第四百六十五条 依法成立的合同,受法律保护。

依法成立的合同,仅对当事人具有法律约束力,但是法律另有规定的除外。

案例 32

某光伏公司、李某建设工程合同纠纷案

Q:光伏电站施工过程中承包人违法分包,实际施工人完成工程建设后,发包人可否就消缺、工程增量等问题向实际施工人主张抗辩?

A:不能。因承包人违法分包,因此承包人与实际施工人之间不存在有效合同。依据合同相对性原则,发包人只能向承包人主张。

裁判案例:(2020)云29民终296号

【裁判观点】

某光伏公司作为发包人提起上诉,其主张的消缺以及工程增量问题,只应向某电力公司主张。

【实务指引】

本案中需要分别考虑发包人与承包人以及承包人与违法分包人之间的合同关系。《民法典》第七百九十一条第三款规定,禁止分包单位将其承包的工程再分包。因此承包人与为违法分包人之间的分包合同应当认定为无效。当前仅有承包人与发包人之间的合同。《民法典》第八百零六条规定,承包人将建设工程转包、违法分包的,发包人可以解除合同。由于发包人并未行使解除权,该合同应当认定为有效。因此,基于合同的相对性,发包人仅能向承包人主张责任。

【法律依据】

《民法典》第四百六十五条 依法成立的合同,受法律保护。

依法成立的合同,仅对当事人具有法律约束力,但是法律另有规定的除外。

> **案例 33**
>
> **于某、某建筑公司建设工程施工合同纠纷案**
>
> Q：某建筑公司以承包人身份起诉发包人某光伏农业科技公司，要求发包人支付工程款。法院对该案作出判决后，该案一审中的第三人于某提起上诉，主张其与某建筑公司之间存在挂靠关系，自己才是实际承包人，要求法院撤销一审判决。该主张能否获得支持？
>
> A：本案为挂靠施工，存在两种法律关系：建设工程法律关系和挂靠法律关系。根据合同相对性，第三人可以另案起诉，对于已经判决的建设工程法律关系不得要求改判。
>
> **裁判案例：**(2019)辽05民终1916号

【裁判观点】

法院认为，案涉工程系承包人某建筑公司与发包人某光伏农业科技公司签订的《工程承包协议》，施工结束后，经结算审核数额为3475378.63元，现某建筑安装公司依据双方合同向金晖公司主张尚欠工程款符合法律规定。上诉人于某上诉主张其为案涉工程的实际承包人之一，某建筑公司仅为被挂靠公司，如果判决某光伏农业科技公司向某建筑安装公司支付工程款，将侵犯其利益。假设其所述挂靠关系属实，但在挂靠施工情形中，存在两个不同性质、不同内容的法律关系，一为建设工程法律关系，二为挂靠法律关系，根据合同相对性原则，各方的权利义务关系应当根据相关合同分别处理，上诉人于某提出的改判驳回某建筑公司原审诉讼请求的上诉请求，本院不予支持。

【实务指引】

本案中当事人在二审中突然主张存在挂靠关系。从其行为推断其主观目的，该当事人有主张合同无效以获取对自己更有利的判决的嫌疑，应当否定其抗辩。

实践中，以合同无效为由恶意抗辩的行为在民商事诉讼中广泛存在。当诉讼中出现可能对己方不利的情况时，当事人便主动承认其行为违法，要求法院确认合同无效，以此逃避承担违约责任或其他对其不利的合同责任。从合同无效的法律效果来看，任何人均可以主张合同无效。从这一角度而言，法院似乎应当支持当事人的主张并确认合同无效。但是这样的处理方式并不一定符合确认合同无效的目的。合同无效设立的重要目的在于制裁不法行为人，维护国家的法制秩序和公共道德。如果违法行为人主动请求确认合同无效，则不仅意味着无效后的责任对违法行为人没有形成某种硬化的约束，甚至将使其获得某种不正当的利益,这就从根本上违背了无效制度设立的宗旨。为了应对此类违反诚实信用原则的行为,现行法律规定中也出现了对应限制规则。例如,最高人民法院《关于审理建设工程施工合同纠纷案件适用法律问题的解释(一)》(法释〔2020〕25号)中,第三条、第四条、第五条分别针对"能够办理审批手续而未办理,并以未办理审批手续为由申请合同无效""超越资质订立合同,竣工前获得资质但请求合同无效"和"具有劳务作业资质与总承包人、分包人订立劳务分包合同后又请求确认无效"的行为均不予支持。

【法律依据】

《民法典》第四百六十五条　依法成立的合同,受法律保护。

依法成立的合同,仅对当事人具有法律约束力,但是法律另有规定的除外。

二、合同条款的解释

案例34

张某与某光伏公司、胡某民间借贷纠纷案

Q: 某光伏公司法定代表人胡某与股东陈某以个人名义共同向张某借款,同时表示借款用于某光伏公司运营使用的,债务到期后,债权人能否向光伏公司主张权利？若该笔借款并没有用于某光伏公司的经营,是否仍然能主张权利？

A: 债权人有权请求某光伏公司偿还债务,由于债权人对该笔债务用于某光伏公司运营产生了合理确信,就应该认定光伏公司也是债务人。同时借款的实际使用,债权人无法得知也不能控制,不影响债权人主张权利。

裁判案例: (2020)鄂0322民初2337号

【裁判观点】

法院认为,依法成立的合同,对当事人具有法律约束力,当事人应当按照约定履行自己的义务。胡某、陈某共同向张某出具借条,而张某也依约履行了给付借款的义务,借款到期后,胡某、陈某在"此借款经协商顺延壹年"处又分别签字,足以认定二人为本案借款人,现借款到期,张某有权要求二人承担还款责任。另外,虽然案涉借条系以胡某、陈某个人名义出具,但二人为某光伏公司时任法定代表人、大股东,借条也明确载明"用于公司光伏电站资金周转",足以让张某产生借款用于某光伏公司生产经营的心理确信,况且张某将借款交付后,对资金走向没有控制权,无论该借款是否实际进入某光伏公司账户,不影

响其要求某光伏公司在借款到期后承担还款责任的权利主张。借款后,陈某、胡某、杨某将股权转让给某县扶贫发展公司,属于某光伏公司内部经营管理行为,与张某无关,转让合同内容对张某不具有约束力及对抗效力。综上,张某有权要求胡某、陈某、某光伏公司共同承担还款责任。

【实务指引】

本案中,胡某、陈某以个人名义借款,但是合同中明确约定款项用于二人担任法定代表人的企业。从这一约定来看属于法定代表人以法人名义从事的民事行为。因而可以直接援引《民法典》第六十一条的规定加以分析。需要注意的是,本案中需要结合合同约定,依据文义解释、目的解释等解释方法确定当事人订立合同的目的。

【法律依据】

《民法典》第六十一条　依照法律或者法人章程的规定,代表法人从事民事活动的负责人,为法人的法定代表人。

法定代表人以法人名义从事的民事活动,其法律后果由法人承受。

法人章程或者法人权力机构对法定代表人代表权的限制,不得对抗善意相对人。

案例 35

某管理公司、某电力公司等委托合同纠纷案

Q: 某电力公司委托某管理公司代理完成光伏发电项目的核准手续,并约定代理费用的给付以"实际批复"为准。后光伏发电项目由核准制改为备案制。某管理公司虽然未能完成选址规划、用地预审、环评审批、节能审查意见等审批手续,但已经完成备案手续,现向某电力公司主张支付代理费用,该主张是否应当支持?

A: 不予支持,"实际批复"应当结合合同全部内容确定含义,应解释为完成项目核准。项目核准需要取得规划选址、用地预审、环评审批、节能审查意见;项目备案仅需要进行合规性审查,结合双方约定的代理费用,不能仅认为完成备案手续即完成了合同义务,其仍需负责办理规划选址、用地预审、环评审批、节能审查等审批事项。

裁判案例:(2018)鲁01民终6360号

【裁判观点】

本案双方当事人争议的焦点是代理费用的支付问题。项目委托代理协议约定了代理

费用的计付以实际批复为准,代理公司与光伏公司均认可"实际批复"属于笔误。虽然涉案项目在双方当事人签订委托代理协议时已经由核准制改为备案制,但是项目委托代理协议在关于付款时间、付款方式、违约责任等内容的约定中,均使用了"项目核准"的字样,说明双方确系建立在双方对涉案项目仍属核准制项目的认识基础上而签订协议。实行核准制的项目,在报送项目申请报告时,需取得规划选址、用地预审、环评审批、节能审查意见等,在核准后再行办理土地使用、资源利用等相关手续;实行备案制的项目,仅需进行合规性审查,无须办理规划选址、用地预审、环评审批、节能审查意见等审批手续,办理难度及相关工作量明显低于实行核准制的项目审批。本案查明的事实是某电力公司出于某管理公司在当地有资源优势的考虑,将项目核准事宜委托给某管理公司,且约定了较高的代理费用,结合双方在委托代理协议中均明确使用了"项目核准"字样,因此,原审法院关于双方签订涉案协议的目的至少应包含由代理公司负责办理规划选址、用地预审、环评审批、节能审查等审批事项,而非仅系取得备案通知书的认定符合实际情况,据此,对于代理公司以备案通知书上载明的建设规模 50MWp 为依据,计算主张代理费用 100 万元及逾期利息的诉讼请求,原审法院判决不予支持正确。

【实务指引】

本案中双方当事人对于代理费用支付条件的约定需要结合当事人订立合同的目的、当事人使用的词句等因素综合判断。本案中,光伏公司与代理公司签订项目委托代理协议一份,约定"光伏公司授权代理公司代理黄石 30mw、黄冈 30mw 地面电站前期核准等相关事宜,负责该项目的前期核准及相关商务费用相关工作"。从其约定来看,完成前期核准是当事人之间订立合同的主要目的。对于双方当事人在合同中将"以实际批复为准"作为付款条件的约定,双方均认可属于笔误。因此,付款条件应当重新认定为完成核准。从"完成核准"的要求来看,实际包括规划选址、用地预审、环评审批、节能审查意见等项目。因此可以认定,只有受托人完成这些项目才能够视为付款条件成就。另外,即便相关政策将核准制改为备案制,认为此种变化能够直接减轻受托人的义务将对委托人造成不公平的结果,因此应当以当事人之间原有的约定作为付款条件。

学理上对于合同的解释有整体解释、目的解释、习惯解释、依据诚信原则解释等方法。本案中法院采取了目的解释的方法,从当事人作出意思表示所追求的目的进行解释,确定了双方当事人订立合同的目的是完成核准,并且从"完成核准"的角度确定了合同目的的具体内容。目的解释的方法强调了当事人的目的在解释意思表示时的重要性。另外,法院还通过整体解释的方法,综合合同的全部条款以及沟通信息,从整体上探寻当事人真实的意思表示。法院在本案中的认定方法值得学习借鉴。

【法律依据】

《民法典》第一百四十二条第一款　有相对人的意思表示的解释，应当按照所使用的词句，结合相关条款、行为的性质和目的、习惯以及诚信原则，确定意思表示的含义。

《民法典》第四百六十六条第一款　当事人对合同条款的理解有争议的，应当依据本法第一百四十二条第一款的规定，确定争议条款的含义。

《光伏电站项目管理暂行办法》第十四条　省级能源主管部门依据国务院投资项目管理规定对光伏电站项目实行备案管理。备案项目应符合国家太阳能发电发展规划和国务院能源主管部门下达的本地区年度指导性规模指标和年度实施方案，已落实接入电网条件。

三、合同订立

1. 要约撤销条件

案例36

某科技公司、某光伏公司加工合同纠纷案

Q： 某科技公司（承揽人）与某光伏公司（定作人）签订《光伏组件加工合同》，约定某光伏公司按照某科技公司的要求加工光伏组件。合同履行期间，某光伏公司向某科技公司发出《应收账款处理方案》，要求变更《光伏组件加工合同》中约定的付款方式，但是某科技公司对此未作回应。现某光伏公司向法院提取诉讼，要求某科技公司按照《光伏组件加工合同》的约定支付价款，该请求能否获得支持？

A： 可以。承揽人发出的变更条款的意思表示是要约，但定作人对此并未作出承诺。因此，依据《民法典》的规定，在定作人作出承诺前，承揽人可以撤销。承揽人提起诉讼的行为应当视为其撤销要约的意思表示。

裁判案例：（2018）赣09民终583号

【裁判观点】

《应收账款处理方案》系某光伏公司为解决其应收账款而于2017年3月29日向某科技公司提出的处理方案，此行为属于某光伏公司向某科技公司发出的要约，但某科技公司收到该方案后未及时回复，也没有证据证实其就要约向某光伏公司作出过承诺。某光伏公司于2017年6月6日向一审法院起诉某科技公司，要求某科技公司支付已将硅片加工成电池片的费用，而不是原方案中提出退还硅片或将硅片折价给某光伏公司的内容。某光伏公司的诉请表示其撤销了原方案所表达的要约内容，其撤销行为符合法律规定，且没有《合同法》第十九条规定的要约不得撤销的两种情形,一审判决认定某光伏公司撤销了原方案要约并无不当,法院予以确认。

【实务指引】

根据《民法典》第四百七十七条的规定,要约能够被撤销的前提是撤销要约的意思表示在受要约人作出承诺之前到达受要约人。由于撤销要约和要约都属于意思表示,那么两者都应当遵循《民法典》第一百三十七条有关意思表示生效的规定。需要注意的是,要约撤销的前提是必须要在受要约人作出承诺之前,而非承诺达到要约人,已经发生法律效力时。根据《民法典》第四百八十条的规定,承诺应当以通知的方式作出;但是,根据交易习惯或者要约表明可能通过行为作出承诺的除外。如果受要约人以通知的方式作出承诺且该承诺尚未到达要约人,而要约人也并不知道受要约人作出承诺的,此时不能认为要约撤销有效,应当认定要约有效。如果受要约人的承诺最终未能到达要约人,此时承诺未能生效,合同也因此不成立。但是要约依然是有效的。

【法律依据】

《民法典》第四百七十七条　撤销要约的意思表示以对话方式作出的,该意思表示的内容应当在受要约人作出承诺之前为受要约人所知道;撤销要约的意思表示以非对话方式作出的,应当在受要约人作出承诺之前到达受要约人。

2. 要约邀请

案例37

熊某、某科技公司买卖合同纠纷案

Q：熊某与某科技公司就分布式光伏电站建设达成合同。现熊某主张某科技公司宣传单上约定的补贴额没有落实,属于违约。该主张能否获得支持?

A：不予支持,宣传单按照其内容应当确定为要约邀请而非要约,其仅具有广告推销性质,不成为合同内容。

裁判案例：(2020)鄂13民终333号

【裁判观点】

上诉人主张被上诉人存在虚假、夸大宣传系合同违约,应承担违约责任问题。《合同法》第十四条和第十五条规定了要约和要约邀请的具体构成要件,其中,要约的内容必须具体确定且表明一旦经受要约人承诺,要约人即受该意思表示约束,而要约邀请是希望他人向自己发出要约的意思表示。某科技公司提供宣传单带有广告推销的性质,主要内容为光伏发电的实施方案和部分案例介绍,系系统性推广而非有明确指向的合作内容,其形式上应为要约邀请而非上诉人主张的要约。上诉人接受要约邀请后与被上诉人签订的《太阳能分布式电站销售合同》,具体约定了双方的权利义务,双方应依约定履行,现上诉人认为宣传单内容应作为合同条款的上诉理由不能成立,上诉人据此主张被上诉人存在虚假宣传违约的上诉理由法院不予支持。

【实务指引】

参见本书第一编第一章案例5的实务指引。

【法律依据】

《民法典》第四百七十二条　要约是希望与他人订立合同的意思表示。

《民法典》第四百七十三条　要约邀请是希望他人向自己发出要约的表示。拍卖公告、招标公告、招股说明书、债券募集办法、基金招募说明书、商业广告和宣传、寄送的价目表等为要约邀请。

3. 格式条款

案例38

某科技公司、赵某建设工程施工合同纠纷案

Q:某科技公司与赵某签订《分布式光伏电站合作协议》,约定合同自赵某将投资款打入某科技公司指定账户后生效。但是赵某将投资款项支付给某科技公司的销售人员。此时该合同是否生效?该生效条款是否符合格式条款无效的情形?

A:合同不生效。该生效条款有效。该合同生效条款内容明确,其仅就付款转账方式进行了约定,并未加重买受人的义务,也为免除或减轻厂家自身责任。难以归入《民法典》第四百九十七条的调整范围。因此该条款有效,合同自始未生效。

裁判案例:(2020)鲁06民终414号

【裁判观点】

本案中涉案合同约定的付款条款虽是格式条款,合同相对人仍应详细阅知,并如约履行,如未经审查即在合同书上签字,应视为对自己权利义务的放任。合同在约定转账方式付款的同时,明确了某科技公司用于收取款项的指定户名、开户行、账号等完整的账户信息,赵某完全可以通过以上信息完成转账行为。合同关于采用转账方式付款的约定不属于《合同法》第三十九条、第四十条规定的免除或者限制己方责任、加重对方责任或排除对方主要权利的情形,且不违反法律、行政法规的强制性规定,该条款应为有效,赵某未按合同约定的方式付款则应依约承担相应的法律后果。合同中约定若赵某未按合同约定的方式付款,而付给其他第三方,合同不生效,某科技公司不承担订金损失和法律责任,该约定应视为有效。在明确约定了付款账户后,合同中指的"第三方"显然是相对于指定账户而言。

【实务指引】

《民法典》第四百九十六条规定,格式条款是当事人为了重复使用而预先拟定,并在订立合同时未与对方协商的条款。格式条款是为了便利交易而存在的。我国《合同法》采用格式条款而不是格式合同的概念,意味着一个合同可以将所有条款分为两类,即格式条款与非格式条款。① 根据《民法典》第四百九十六条的规定,格式条款提供人需要遵守以下义务:(1)以公平原则确定当事人之间的权利和义务。(2)以合理方式提示对方注意免除或者减轻其责任等与对方有重大利害关系的条款。(3)按照对方的要求,对该条款予以说明。第二项与第三项义务相比第一项义务而言更加具体,实践中也是双方当事人争议的焦点。关于提示义务,格式条款提供人应当主动履行。只有在对方知晓了格式条款的存在时才能够作出选择。但是,说明义务则不同,仅在对方提出要求时格式条款提供人才应当履行。两项义务是相辅相成的,只有格式条款提供者主动提示格式条款后,对方当事人才能够注意到格式条款的内容,并可能对其产生疑问。未能履行上述义务的后果则是"对方可以主张该条款不成为合同的内容"。需要注意的是,如果格式条款提供方未履行提示或说明的义务,但是合同相对方注意到此类条款并理解条款含义的,则无权主张该条款未订入合同。此时便涉及如何举证证明己方主张的问题。需要明确的是,格式条款并非当然属于无效条款。根据《民法典》第四百九十七条的规定,仅在有符合该条规定的情形时格式条款才无效。

本案中,虽然付款方式作为格式条款存在,但是当事人在订立合同的过程中如果通读合同条款自然会注意到此内容。当事人以该条款为格式条款为由提出与格式条款相关的抗辩的,并不具有合理性。即便格式条款提供方未能履行提示和说明的义务,由于此类约定并不存在应当被认定为无效的情形,也应当认定为有效。

---

① 王利明:《对〈合同法〉格式条款规定的评析》,载《政法论坛》1999年第6期。

【法律依据】

《民法典》第四百九十七条　有下列情形之一的,该格式条款无效:

(一)具有本法第一编第六章第三节和本法第五百零六条规定的无效情形;

(二)提供格式条款一方不合理地免除或者减轻其责任、加重对方责任、限制对方主要权利;

(三)提供格式条款一方排除对方主要权利。

4.缔约过失责任

案例39

某律师事务所与某光伏公司缔约过失责任案

Q:某光伏公司与某律师事务所就法律咨询业务展开磋商,并已就委托事项、合同报价等内容达成合意。某光伏公司业向某律师事务所出具委托书后,某律师事务所已实际履行了部分合同义务。双方约定正式的委托合同在双方当事人盖章后生效。但是双方未能正式签订书面合同,此时能否认定双方之间达成的合意是否具有合同效力?

A:取决于光伏企业对律所实际履行内容是否接受。光伏企业接受的,合同成立。若光伏企业拒绝受领,则合同未成立。此时律所可要求光伏企业承担缔约过失责任。

裁判案例:(2019)京03民终14428号

【裁判观点】

从上述事实可以看出,双方对于合同当事人、合同标的、报酬等主要内容已经达成一致,要约、承诺均已生效,且某律师事务所已实际履行部分合同内容,因此合同已成立。但因双方约定协议经双方盖章后生效,而双方未正式签订书面合同,故合同尚未生效。

本案中,某光伏公司在与某律师事务所协商后已在自身起草的合同中对某律师事务所的报价进行了确认,其未就报价问题提出任何异议,并在已确认报价的基础上为某律师事务所出具委托书,委托其开展工作。在某律师事务所已实际开展部分工作之后,某光伏公司方又提出报价与诉讼方案不匹配,该行为难言诚信,故不能构成其拒绝签订合同的合理抗辩。因此,某光伏公司对于合同未能签订存有过错,应承担相应责任,赔偿某律师事务所因此所受的经济损失。

【实务指引】

缔约过失责任规定在《民法典》第五百条,该条规定:"当事人在订立合同过程中有下列情形之一,造成对方损失的,应当承担赔偿责任:(一)假借订立合同,恶意进行磋商;

(二)故意隐瞒与订立合同有关的重要事实或者提供虚假情况;(三)有其他违背诚信原则的行为。"缔约过失责任是当事人违反先合同义务而依法承担的民事责任,其保护的是当事人在缔约过程中的信赖关系。本条中所称的"订立合同"是指缔约各方自开始磋商至合同成立、生效的全过程。

本案中,委托人一方在合同成立并且接受受托人服务之后,又针对报价问题提出异议。此举显然对受托人一方的利益有所损害,明显属于违反诚实信用原则的行为。法院也因此判令委托人承担赔偿责任。

【法律依据】

《民法典》第四百九十条　当事人采用合同书形式订立合同的,自当事人均签名、盖章或者按指印时合同成立。在签名、盖章或者按指印之前,当事人一方已经履行主要义务,对方接受时,该合同成立。

法律、行政法规规定或者当事人约定合同应当采用书面形式订立,当事人未采用书面形式但是一方已经履行主要义务,对方接受时,该合同成立。

案例 40

某科技公司、某村民委员会土地租赁合同纠纷案

Q: 某科技公司与某区政府签订《合同协议》,约定由某区政府协调辖区内农户提供土地开展光伏项目建设。某科技公司出于对某区政府的信任选定土地,但在缴纳租赁保证金后发现土地性质不能开展光伏项目建设。某科技公司能否要求某区政府及其辖区的农户承担缔约过失责任?

A: 不予支持,政府仅提供协助义务,某科技公司自己应当尽到土地性质能否进行项目建设的注意义务,而不应要求政府以及农户必须了解光伏项目所需要的土地性质。

裁判案例:(2019)鲁04民终3334号

【裁判观点】

某科技公司与某区政府签订的投资合作协议约定,某区政府为某科技公司协调提供满足项目建设要求的农业用地。某科技公司根据项目的需要选中甲村、乙村的土地后,对土地进行丈量,并商定向甲村、乙村缴纳土地租赁保证金(该土地租赁保证金业已发放给两村相关农户,农户为此闲置土地),某科技公司保证一定与二被告的相关农户签订相关土地租赁合同,其缴纳保证金的行为,造成甲村、乙村对土地租赁的信赖。甲村、乙村农户为此闲置土地是为了履行土地租赁合同的前期清理工作,用闲置土地的方式将土地交付

给某科技公司。因土地性质问题,某科技公司与农户未签订租赁合同,过错责任在于选定土地的某科技公司。某科技公司虽没有实际使用土地,但甲村、乙村农户已发生实际损失,某科技公司无权要求甲村、乙村返还的保证金。根据投资合作协议约定,区政府仅为某科技公司使用土地提供协助,区政府不是土地租赁合同的主体,本案某科技公司起诉土地租赁合同,区政府没有故意与过失,区政府不承担土地租赁合同的相关责任。

【实务指引】

区政府与某科技公司订立的合同中,区政府承担的义务仅为协调。某科技公司因为土地租赁合同履行的问题而起诉区政府属于未能区分实际存在的不同的民事法律关系。区政府已经根据双方达成的合同履行了其合同义务,因此某科技公司以土地租赁合同履行中存在问题为由向区政府主张缔约过失责任并无依据。

【法律依据】

《民法典》第五百条　当事人在订立合同过程中有下列情形之一,造成对方损失的,应当承担赔偿责任:
(一)假借订立合同,恶意进行磋商;
(二)故意隐瞒与订立合同有关的重要事实或者提供虚假情况;
(三)有其他违背诚信原则的行为。

5. 合同的成立

案例41

刘某、某科技公司加工合同纠纷案

Q:刘某与某科技公司签订《承建协议》,委托某科技公司完成分布式电站的建设项目。电站竣工验收后,刘某主张《承建协议》上的签字并不是自己所签。此时电站已经竣工验收,刘某也提交申请并网发电,取得了发电收益,并支付了建设费用。此时,某科技公司与刘某之间是否成立合同关系?

A:光伏企业履行主要义务且业主已经接受,合同已经成立。

裁判案例:(2020)鲁14民终126号

【裁判观点】

某科技公司已按照协议内容实际履行其相应义务,刘某交纳首付款1000元、获取并网发电收益以及支付建设费用19800元等行为,亦是对某科技公司行为的接受,原《合同法》第三十六条规定:"法律、行政法规规定或者当事人约定采用书面形式订立合同,当事人未采用书面形式但一方已经履行主要义务,对方接受的,该合同成立。"第三十七条规定:"采用合同书形式订立合同,在签字或者盖章之前,当事人一方已经履行主要义务,对方接受的,该合同成立。"故依据上述法律规定,本案中《电站承建协议》依法成立并有效。

【实务指引】

本案的案情相对比较简单。业主方主张合同中的签字并非自己所为。但其却接受了对方当事人合同的履行。根据《民法典》第四百九十条的规定,当事人履行了合同的主要义务并且对方接受的,即便合同未按照法律规定采取书面形式,或者原本应当在当事人签名、盖章或者按指印时成立的合同而当事人未能签名、盖章或按指印的,合同均成立。那么本案中双方当事人不仅依据法律规定订立了书面合同,并且合同中存在当事人的签名。即便该签名是虚假的,根据"举重以明轻"的逻辑推理,也应当认定合同成立。需要注意的是,合同形式,应当视为证明合同成立的依据,而不能把其当作合同成立或生效的要件,也就是说,对合同的书面形式应采证据主义,不宜采生效主义。在实践中,对于应当采用书面形式而采用口头形式或者其他形式而订立的合同,应当着重考察当事人的意思是否取得一致,取得一致的,应认定为成立;反之,应当认定为未成立。[①]

【法律依据】

《民法典》第四百九十条第一款　当事人采用合同书形式订立合同的,自当事人均签名、盖章或者按指印时合同成立。在签名、盖章或者按指印之前,当事人一方已经履行主要义务,对方接受时,该合同成立。

四、合同效力

案例42

刘某、某村民委员会确认合同无效纠纷案

Q: 某村民委员会未经本村村民会议讨论,擅自将本村土地发包给非本村居民刘某用于建设光伏项目。该土地承包协议是否有效?

A: 承包合同违反强制性规定而无效。

裁判案例: (2018)豫民申9332号

[①] 最高人民法院经济审判庭编著:《合同法释解与适用》(上册),新华出版社1999年版,第163页。

【裁判观点】

本院经审查认为:《农村土地承包法》(2009年修正)第四十八条第一款规定,发包方将农村土地发包给本集体经济组织以外的单位或者个人承包,应当事先经本集体经济组织成员的村民会议2/3以上成员或者2/3以上村民代表的同意,并报乡(镇)人民政府批准。本案中,刘某不是某村村民,其承包某村2000亩荒山事宜,数目巨大,涉及某村全体村民的重大利益,应当经过村民会议讨论决定,但刘某与某村委会于2013年1月5日签订的荒山承包合同,没有证据证明经过该村村民会议2/3以上村民同意,亦没有证据证明报乡(镇)人民政府批准,且涉案的承包合同约定的承包价格50年内每年每亩平均约为0.4元,明显偏低,损害了某村村民的集体利益,二审法院责令刘某提交其对承包的山林进行投入的证据,刘某并未提交,原审法院对某村全体村民的权益及刘某权益进行综合衡量,确认该合同无效并无不当。

【实务指引】

《农村土地承包法》第八条规定,国家保护集体土地所有者的合法权益,保护承包方的土地承包经营权,任何组织和个人不得侵犯。从公有制的角度来看,集体土体属于集体所有,直接涉及集体利益。根据《农村土地承包法》第二十条的规定,"依法召开本集体经济组织成员的村民会议,讨论通过承包方案"是土地承包的必经程序。本案中,村民委员会未经村民会议表决便将土地交由刘某承包,属于违反法定要求的发包行为。导致合同被认定为无效的原因则是刘某以明显不合理的低价承包山林,直接影响了集体的利益。这也是法院认定合同无效的重要原因。

【法律依据】

《农村土地承包法》第四十八条　不宜采取家庭承包方式的荒山、荒沟、荒丘、荒滩等农村土地,通过招标、拍卖、公开协商等方式承包的,适用本章规定。

《农村土地承包法》第五十二条第一款　发包方将农村土地发包给本集体经济组织以外的单位或者个人承包,应当事先经本集体经济组织成员的村民会议三分之二以上成员或者三分之二以上村民代表的同意,并报乡(镇)人民政府批准。

《村民委员会组织法》第二十四条第一款　涉及村民利益的下列事项,经村民会议讨论决定方可办理:……(四)承包经营方案……(六)宅基地的使用方案……(九)村民会议认为应当由村民会议讨论决定的涉及村民利益的其他事项。

> **案例43**
>
> **某能源公司、某科技公司建设工程施工合同纠纷案**
>
> **Q**：光伏发电项目施工企业没有承装（修、试）电力设施资质，其签订的光伏项目合同是否有效？
>
> **A**：无效。无资质的施工单位订立的合同会因为违反法律、法规规定而被认定为无效。
>
> **裁判案例**：(2019) 粤01民终8290号

【裁判观点】

某科技公司上诉认为，根据《承装（修、试）电力设施许可证管理办法》(2009年修订) 第四条、《分布式光伏发电项目暂行管理办法》第十七条规定，光伏发电项目企业需要相关资质。对此本院认为，《合同法》第五十二条第五项规定："违反法律、行政法规的强制性规定，合同无效。"上述《承装（修、试）电力设施许可证管理办法》《分布式光伏发电项目暂行管理办法》并非属于法律和行政法规的范畴。综上，某科技公司主张案涉《EPC服务合同》无效欠缺事实和法律依据，故本院对其意见不予采纳。因此，某科技公司以合同无效为由认为其无须支付违约金和补偿金的主张不成立，本院不予支持。

【实务指引】

《电力供应与使用条例》第三十七条规定："承装、承修、承试供电设施和受电设施的单位，必须经电力管理部门审核合格，取得电力管理部门颁发的《承装（修）电力设施许可证》。"《承装（修）电力设施许可证》属于电力施工企业的重要资质之一。因此，本案中法院的认定思路可能存在问题。本案的法院认为，虽然《承装（修、试）电力设施许可证管理办法》第四条规定"任何单位或者个人未取得许可证，不得从事承装、承修、承试电力设施活动"，但是该规范的效力不属于法律或行政法规，因此不能作为认定合同无效的依据。但是《电力供应与使用条例》禁止无资质施工的行为。该管理办法制定的目的仅是管理许可证的颁发，其内容属于对《电力供应与使用条例》的细化规定，不能仅以该管理办法的效力等级否定其制定依据中的规定。因此，本案中法院的判决可能存在错误。

【法律依据】

《电力供应与使用条例》第三十七条 承装、承修、承试供电设施和受电设施的单位，必须经电力管理部门审核合格,取得电力管理部门颁发的《承装(修)电力设施许可证》。

《承装(修、试)电力设施许可证管理办法》第四条第一款　在中华人民共和国境内从事承装、承修、承试电力设施活动的,应当按照本办法的规定取得许可证。除国家能源局另有规定外,任何单位或者个人未取得许可证,不得从事承装、承修、承试电力设施活动。

最高人民法院《关于审理建设工程施工合同纠纷案件适用法律问题的解释(一)》第一条　建设工程施工合同具有下列情形之一的,应当依据民法典第一百五十三条第一款的规定,认定无效:

(一)承包人未取得建筑业企业资质或者超越资质等级的;

(二)没有资质的实际施工人借用有资质的建筑施工企业名义的;

(三)建设工程必须进行招标而未招标或者中标无效的。

承包人因转包、违法分包建设工程与他人签订的建设工程施工合同,应当依据民法典第一百五十三条第一款及第七百九十一条第二款、第三款的规定,认定无效。

五、合同的履行

1. 合同履行的原则

案例44

某发电公司、某电气公司物权保护纠纷案

Q: 某电气公司作为光伏逆变器生产商,将一批设备销售给某科技公司。某科技公司将这一批设备转卖给李某。李某又将设备出售给某发电公司。某发电公司在使用这批设备后,发现有设备因为初始密码使用期限到期不能发电。经调查,某电气公司将密码告知某科技公司后,某科技公司并未及时将设备密码告知某发电公司,最终导致某发电公司设备停机。某发电公司因设备停机造成的损失应当由谁承担?

A: 应当由电气设备生产商某电气公司承担。

裁判案例: (2020)冀11民终1413号

【裁判观点】

某电气公司作为案涉逆变器的生产者和销售者,应及时告知购买者有效密码,以使设备的价值得以正常实现,但其未及时将密码告知购买者的行为,导致了某发电公司的一台逆变器自2018年7月6日至8日无法使用,其应对某发电公司在此期间的损失承担赔偿责任。某电气公司主张其将案涉逆变器出售给某科技公司时已告知密码,某科技公司的法定代表人宋某称设备交付时并未收到密码,由于某电气公司未提供证据加以证明,故本院对某电气公司的该项主张不予采信。某电气公司于2018年7月9日将有效密码告知宋某,而宋某于2018年10月17日才将密码告知某发电公司,因此宋某持有密码而拒不告知某发电公司的行为直接导致了某发电公司的逆变器自2018年7月9日至10月16日持续停止运行,其应对某发电公司在此期间的损失承担赔偿责任。宋某称"我们没有理由把密码给不认识的人,就算给也应该给李某,李某和我有设备款没有结清,所以没有给李某密码"。宋某任法定代表人的某科技公司曾因买卖合同纠纷向法院起诉要求李某、某发电公司给付货款、安装费及利息,一审法院作出(2019)冀1126民初359号民事判决驳回某科技公司的诉讼请求,某科技公司不服向本院提起上诉,本院作出(2019)冀11民终2078号民事判决驳回上诉,维持原判,故宋某在本案所称的李某未结清设备款所以没有给李某密码的理由不能成立,本院不予采信。

【实务指引】

学理上将合同义务分为给付义务和附随义务。给付义务又分为主给付义务和从给付义务。崔建远主编的《合同法》(第6版)一书,将这类义务进一步细分为以下几类:(1)主给付义务与从给付义务;(2)原给付义务与次给付义务;(3)附随义务;(4)不真正义务;(5)先合同义务。给付义务中,主给付义务作为"合同关系所固有、必备,并用以决定合同类型的基本义务",是区分合同的重要依据。从给付义务是指主给付义务之外的其他给付义务,具有辅助主给付义务的作用。本案中当事人之间的纠纷均因买卖合同的履行引起。买卖合同中的主给付义务包括两方面内容:出卖人负有交付买卖物以及转移其所有权的义务,买受人负有支付价款的义务。交付设备密码是确保设备交付后正常运转的必要条件,属于辅助交付买卖物义务的义务,应认为属于从给付义务。当事人未能交付设备密码属于未能全面履行合同义务的行为,违反了《民法典》第五百零九条。同样地,该行为也属于未能履行从给付义务的违约行为,买受人可以直接诉请出卖人履行该义务。

【法律依据】

《民法典》第五百零九条 当事人应当按照约定全面履行自己的义务。

当事人应当遵循诚信原则,根据合同的性质、目的和交易习惯履行通知、协助、保密等义务。

当事人在履行合同过程中,应当避免浪费资源、污染环境和破坏生态。

《民法典》第五百九十九条 出卖人应当按照约定或者交易习惯向买受人交付提取标的物单证以外的有关单证和资料。

> **案例 45**
>
> **某设计院与某光伏公司技术服务合同纠纷案**
>
> **Q**：《光伏发电项目可行性报告编制合同》履行过程中，某光伏公司将某设计院提供的可行性报告用于光伏项目的前期备案中。某光伏公司之后能否以某设计院提供的可行性报告不是最终版本，某设计院尚未完全履行合同义务为由拒不支付合同价款。
>
> **A**：不能。某光伏公司将某设计院提供的可行性报告用于光伏工程备案，应当视为某设计院已经履行合同义务，某光伏公司应当履行支付价款的义务。
>
> **裁判案例**：(2018) 云 25 民初 140 号

【裁判观点】

法院认为，本案《光伏发电项目可行性报告编制合同》系双方当事人的真实意思表示，内容未违反法律或行政法规的强制性规定，属合法有效合同，双方当事人均应恪守履行。该合同签订后，原告某设计院完成并向被告某光伏公司提交了《工程可行性研究报告》的电子版和纸质版。被告某光伏公司主张原告某设计院提交的《工程可行性研究报告》是初稿，提交的纸质版份数不符合合同约定，原告某设计院未按约定向其开具等额增值税专用发票，因此其支付工作经费的条件尚未成就。对于《工程可行性研究报告》是否是初稿问题，从电子邮件的流转过程看，被告某光伏公司接收的《工程可行性研究报告》是经修改后的报告。被告某光伏公司接收该《工程可行性研究报告》后，并未向原告某设计院提出过修改意见；且在向易门县发改局项目备案时提交使用了该《工程可行性研究报告》。因此应视为其已认可该《工程可行性研究报告》系最终的成果报告。

【实务指引】

本案需要通过合同的性质以及双方的约定判断双方当事人具体的合同义务，并以此确定当事人是否存在违约行为。本案中双方当事人签订《编制合同》，约定由某设计院为某光伏公司编制工程可行性研究报告。合同约定某设计院须按时提交工程可行性研究报告的初稿，并要求某设计院提交成果报告时需提交纸质版 18 份、电子版 1 份。某光伏公司在合同签订后支付一半价款，另一半价款在设计院提交报告后 10 日内支付。双方约定以设计院开具等额增值税发票作为付款条件。本案中双方当事人订立的《编制合同》从性质上来看属于承揽合同。《民法典》第七百七十条规定，承揽合同是承揽人按照定作人的要求完成工作，交付工作成果，定作人支付报酬的合同。具体而言，某设计院作为承揽人，按照定作人某光伏公司的要求编制工程可行性研究报告并交付相关文件是其承担的最主要的合同义务。因此,当承揽人按照要求编制工程可行性研究报告并交付给定作人后,承揽人的合同义务应当视为已经履行完毕。虽然本案中某设计院未能提供足够数量的纸质版报告,但是从合同履行的角度来看,某设计院已经将电子版的报告发送给某光伏公司,并且某光伏公司在收到电子版报告后并未提出其他修改意见。我们可以认为被控公司认可了该报告,其订立合同的目的已经实现。因此,某光伏公司以某设计院未能提供约定数量的纸质版报告为由认为某设计院违约的主张并不合理。另外,虽然双方当事人约定以提交发票作为付款的前提条件,但是不能因为某设计院未能提供发票而拒绝支付合同价款。首先,本案中某设计院未能开具发票的原因是某光伏公司未能提供相关信息,因此某设计院未能开具发票的行为并不存在过错。其次,即便本案中某设计院在得知开票信息后仍不开票,但是从提供发票这一行为的法律性质来看,其属于附随义务,即该义务仅是为了保护当事人之间的利益而存在的,并非当事人订立合同的目的。具言之,一方当事人要求对方当事人开具发票是为了处理财务相关的事项,并不是双方订立合同的目的。从合同的主要义务来看,一方交付报告,另一方支付价款是合同的关键义务。既然现在某设计院已经交付了报告,某光伏企业应当履行其支付合同价款的义务。至于某设计院未能提供发票的行为其可以向法院主张某设计院未能全面履行合同义务,构成违约。但是某光伏公司不能在合同目的已经实现后再拒绝付款。

实践中需要注意的是,当事人在订立合同时经常会混用委托合同与承揽合同的名称,或者以其他方式命名合同。这就使我们在确认合同性质时可能面临一些问题,并且有可能影响法官的判断。因此我们需要从委托合同与承揽合同的本质出发把握双方当事人所订立合同的真实性质。《民法典》第九百一十九条规定,委托合同是委托人和受托人约定,由受托人处理委托人事务的合同。需要注意的是,此处所称的"处理委托人事务"是指能够产生民事权利义务关系的任何事务,如订立合同、代理诉讼等。"处理事务"是委托合同与承揽合同最主要的区别。承揽合同的主要特征是"按照定作人的要求完成工作,交付工作成果"。完成工作成果并交付与对外订立合同的行为在性质上存在差异,这也是我们在判断合同性质时需要把握的要点。

【法律依据】

《民法典》第五条 民事主体从事民事活动,应当遵循自愿原则,按照自己的意思设立、变更、终止民事法律关系。

《民法典》第五百零九条 当事人应当按照约定全面履行自己的义务。

当事人应当遵循诚信原则,根据合同的性质、目的和交易习惯履行通知、协助、保密等义务。

当事人在履行合同过程中,应当避免浪费资源、污染环境和破坏生态。

> ### 案例 46
>
> **某发电公司与某光伏公司建设工程施工合同纠纷案**
>
> **Q**：光伏 EPC 合同所涉项目在竣工验收、并网发电后，EPC 合同当事人与案外人签订补充协议约定变更 EPC 合同主体，合同主体是否变更？
>
> **A**：未变更，光伏工程已经竣工验收并成功并网发电，补充协议的签订不能否认发包方与承包方之间所建立的建设工程施工合同关系。
>
> **裁判案例**：(2017) 青民终 188 号

【裁判观点】

某新能源投资公司和某光伏公司是《EPC 商务合同》的签订主体和履行主体，是合同的相对方，双方之间存在建设工程施工合同法律关系。案涉五方协议书签订时，案涉工程已竣工验收、并网发电，即光伏承包人乙的总包义务已履行完毕，五方协议书的签订不能否定光伏发包人甲与光伏承包人乙就案涉工程所建立的建设工程施工合同关系。丙光伏公司虽签订五方协议书，但并非案涉建设工程施工合同的一方合同主体，其向光伏承包人乙主张因履行建设工程施工合同发生的违约赔偿损失，确已突破了合同的相对性，其不是本案的适格主体。一审法院认定丙光伏公司原告主体不适格，并据此裁定驳回起诉并无不当，法院予以维持。

【实务指引】

《民法典》第五百五十七条第一款第一项规定，债务已经履行的，债权债务终止。本案中案涉工程已经通过竣工验收、并网发电，应当认为双方当事人订立的《EPC 商务合同》已经履行完毕。合同履行完毕后，原合同中的权利和义务都终止，双方当事人再次订立补充协议意图变更原合同的内容属于对已经终止的权利义务的变更，应当认定不发生效力。

另外，《民法典》第五百四十三条中的合同变更并不包括合同主体的变更，仅指合同内容的变更。换言之，合同内容发生变化是合同变更不可或缺的条件。本案中双方当事人协议变更合同主体的行为并无法律上的支持，并且与《民法典》第五百四十三条的立法目的相违背。

【法律依据】

《民法典》第五百四十三条 当事人协商一致，可以变更合同。

《民法典》第五百五十七条 有下列情形之一的，债权债务终止：

（一）债务已经履行；

（二）债务相互抵销；

（三）债务人依法将标的物提存；

（四）债权人免除债务；

（五）债权债务同归于一人；

（六）法律规定或者当事人约定终止的其他情形。

合同解除的，该合同的权利义务关系终止。

案例 47

某光伏公司与某设计咨询公司建设工程施工合同纠纷案

Q： 某光伏公司作为发包人在光伏工程质保期内未对工程质量提出异议，但在质保期结束后又以工程存在质量问题为由拒绝支付工程款。某光伏公司的主张能否获得支持？

A： 否。发包人应当于质保期内就工程质量问题提出异议，质保期外发包人请求权已经消灭。

裁判案例：（2020）青 25 民初 3 号

【裁判观点】

涉案工程已于 2017 年 6 月 22 日已竣工验收使用，在合同约定的工程质量保修期内，某光伏公司对某设计咨询公司承建的工程质量均未提起任何异议，2018 年 8 月 16 日，本院审理时，某光伏公司对其涉案工程质量也未提起反诉。现某光伏公司提出对涉案工程质量进行鉴定的申请，本院不予支持。某光伏公司主张某设计咨询公司支付涉案工程存在质量问题产生的维修费、电力损失费、罚款缺乏相应证据予以证明，故对某光伏公司的诉讼请求，法院不予支持。

【实务指引】

本案中，双方当事人订立了 EPC 合同，根据《建设项目工程总承包合同（示范文本）》（GF－2020－0216）第 11.1 条"工程保修的原则"的规定："在工程移交发包人后，因承包人原因产生的质量缺陷,承包人应承担质量缺陷责任和保修义务。缺陷责任期届满,承包人仍应按合同约定的工程各部位保修年限承担保修义务。"因此,工程移交给发包人后,如果出现了因承包人原因产生的质量缺陷,由承包人承担质量缺陷责任和保修义务。并且,承包人承担保修义务的期限为合同约定的保修年限。因此,超出保修期限后发包人要求承包人履行保修义务的,承包人有权拒绝。

【法律依据】

《民法典》第五百零九条　当事人应当按照约定全面履行自己的义务。

当事人应当遵循诚信原则,根据合同的性质、目的和交易习惯履行通知、协助、保密等义务。

当事人在履行合同过程中,应当避免浪费资源、污染环境和破坏生态。

案例48

某新能源开发公司、某光伏材料贸易公司买卖合同纠纷案

Q:光伏组件买卖合同中,买受人可否以出卖人未提供增值税发票为由,拒绝履行支付合同价款的义务?

A:不能。对于出卖人是否提供增值税发票,系属合同附随义务。该附随义务与交付货款的义务并非对等关系。在出卖人已经履行了主要合同义务的条件下,买受人不得以此为由拒绝支付合同价款。

裁判案例:(2020)豫06民终87号

【裁判观点】

某光伏材料贸易公司依照双方签订的多晶组件购销合同,于2018年12月28日向某新能源开发公司供应了3000块多晶组件,某新能源开发公司应给付货款1980000元,某新能源开发公司逾期未付款,已构成违约,应当承担违约责任,某光伏材料贸易公司未履行提供增值税专用发票等合同附随义务,不应成为某新能源开发公司不支付货款的理由,一审判决某新能源开发公司承担违约金450000元,远低于合同约定的逾期每日向卖方支付合同总货款1%的违约金,并无不当。

【实务指引】

《民法典》第五百零九条第二款规定,当事人应当遵循诚信原则,根据合同的性质、目的和交易习惯履行通知、协助、保密等义务。学理上将其称为基于诚信原则所产生的附随义务。附随义务是债务人在主给付义务与从给付义务之外所承担的行为义务。本案中出卖人交付标的物,买受人支付合同价款是买卖合同中应有的主给付义务。出卖人承担的向买受人提供必要的说明或帮助,协助买受人接收标的物等义务因为其作用为辅助主给付义务的履行而属于从给付义务。本案中关于发票的提供问题则属于主给付义务与从给付义务之外的行为义务,即附随义务。

需要注意的是,附随义务仅由诚实信用原则而产生,这是其与从给付义务最大的区别。从给付义务属于给付义务的一种。给付义务与给付行为之间存在关联关系。给付以满足债权为宗旨,给付的内容应当与特定债权的目的相关联。在部分债务关系中,只要债务人以恰当的方式做出了给付行为,则无论债权人方面主观的目的是否得以实现,债务人都因清偿消灭了债务。例如,本案中,出卖人向买受人交付标的物后,其已经履行了标的物买卖相关的债务。此时,买受人也应当向其履行合同中约定的为了实现标的物所有权转移而设立的付款义务。至于发票则是为了处理当事人财务、税务方面的事项,本身不是当事人达成买卖合同的意图。当事人将其视为履行付款义务的前提属于误解了该义务的作用。

需要注意的是,附随义务从功能上来说,具有维护当事人人身或财产上利益的保护功能,并且由于附随义务不属于给付义务,无法要求债务人单独履行,更无法单独诉请当事人履行。所以本案中当事人将未履行给付发票的约定视为未履行合同义务属于误解了该义务的功能。当事人不履行附随义务的,可以依据《民法典》第五百零九条第一款的规定视为债务不履行的范畴。具体而言,其属于债务的不完全履行,可以适用违约责任的相关规定。

【法律依据】

《民法典》第五百零九条 当事人应当按照约定全面履行自己的义务。

当事人应当遵循诚信原则,根据合同的性质、目的和交易习惯履行通知、协助、保密等义务。

当事人在履行合同过程中,应当避免浪费资源、污染环境和破坏生态。

2. 合同约定不明时的履行

案例49

朱某、某科技公司买卖合同纠纷案

Q: 某科技公司与朱某签订的分布式光电安装合同中未对光伏设备的数量和单价作出约定,光伏公司单方面填写数量和单价,该合同是否成立?若成立,如何确定光伏设备的数量和单价?

A：合同虽未约定数量和单价，但在合同的履行过程中该瑕疵得到了弥补，合同已经成立。光伏设备的数量应当以实际履行数量为准，价格以合同履行地的市场价格确定。

裁判案例：(2019)浙11民终1539号

【裁判观点】

本案合同签订时，由于客观原因对数量和单价未作约定，某科技公司单方填写的数量和单价，不能认为双方当事人形成合意，属未作约定，但在合同履行过程中该瑕疵已得到弥补，合同依法成立并生效。针对太阳能光伏板的数量没有确定，依照原《合同法》第六十一条的规定，应按照合同有关条款或者交易习惯即实际履行合同的数量确定。故案涉合同的数量应以实际履行的数量为准，即91块太阳能光伏板（规格型号：隆基－乐叶）。针对案涉合同单价在签订时未确定，依照原《合同法》第六十二条第二项的规定，价款或者报酬不明确的，按照订立合同时履行地的市场价格履行；依法应当执行政府定价或者政府指导价的，按照规定履行。本案中，河星村村民中以贷款方式支付价款的，其确定单价为7.8元/瓦；村委会以供货方垫资方式支付价款的，其定价为7.5元/瓦。朱某在履行合同过程中，从采用贷款方式支付变更为现金支付。支付方式变更后，未对单价形成合意。综合上述因素，原审法院确定的7.5元/瓦符合当时当地市场价格，法院予以确认。

【实务指引】

《民法典》第一百四十条规定，行为人可以明示或者默示作出意思表示。另外，第四百九十条第一款规定，当事人采用合同书形式订立合同的，自当事人均签名、盖章或者按指印时合同成立。在签名、盖章或者按指印之前，当事人一方已经履行主要义务，对方接受时，该合同成立。本案中双方当事人虽然未能约定材料的价格和数量，但是一方当事人交付91块太阳能光伏板时，对方当事人接收了这些货物，应当视为出卖方以默示的方式作出了交付91块太阳能光伏板的意思表示，而对方以接收货物的行为表示认可。应当认为双方当事人达成了新的合意，形成了新的合同。

【法律依据】

《民法典》第四百七十条第一款 合同的内容由当事人约定，一般包括下列条款：

(一)当事人的姓名或者名称和住所；

(二)标的；

(三)数量;

(四)质量;

(五)价款或者报酬;

(六)履行期限、地点和方式;

(七)违约责任;

(八)解决争议的方法。

《民法典》第五百一十条 合同生效后,当事人就质量、价款或者报酬、履行地点等内容没有约定或者约定不明确的,可以协议补充;不能达成补充协议的,按照合同相关条款或者交易习惯确定。

《民法典》第五百一十一条 当事人就有关合同内容约定不明确,依据前条规定仍不能确定的,适用下列规定:……(二)价款或者报酬不明确的,按照订立合同时履行地的市场价格履行;依法应当执行政府定价或者政府指导价的,依照规定履行……

案例50

某新能源公司与某环保公司买卖合同纠纷案

Q: 某新能源公司与某环保公司签订《采购合同》,约定由某环保公司供应光伏设备支架。某新能源公司主张某环保公司不符合国家标准GB5237.1-2008,因而存在质量问题,要求某环保公司赔偿损失。在作为标的物的支架合格证上载明的标准为GB5237.1-2004且合同并未约定标的物标准的情况下,如何确定标的物的适用标准?

A: 合同未约定标准,则产品质量应采用国家标准。具体适用何种标准,应当根据合同签订所采用的国家标准GB5237.1-2008。

裁判案例: (2019)沪02民终10321号

【裁判观点】

《采购合同》约定产品质量需符合相关国家标准。本院认为,某新能源公司出售给某环保公司的铝合金檩条不符合合同约定的国家质量标准。案外人某金属制品公司向某环保公司提供的合格证上载明,导轨壁厚1.20毫米,执行标准为GB 5237.1-2004国家标准。在双方发生交易时,GB 5237.1-2004国家标准已被GB 5237.1-2008国家标准所取代,因此,《采购合同》约定的国家标准应当指GB 5237.1-2008国家标准。GB 5237.1-2008国家标准第4.4.1.1.2条规定型材最小公称壁厚应不小于1.20毫米。某新能源公司主张,根据该标准第4.4.1.1.3条的规定,在1.20毫米的基础上允许有0.21毫米的偏差。这种理解仅为某新能源公司单方面的推导,并无明确的标准条文为依据。并且,根据一审现场测量的结果,即使计算某新能源公司提出的0.21毫米的偏差值,涉案铝合金檩条也没有全部达到 0.99 毫米壁厚。因此本院认为,某新能源公司没有提供符合合同约定的,达到国家标准产品质量的铝合金檩条。至于某新能源公司主张,涉案项目已经通过竣工验收,应当据此推定产品质量合格。本院认为,根据某环保公司提供的《竣工验收报告》及《能源管理协议》,涉案工程确已竣工验收合格。涉案铝合金檩条壁厚未达国家标准虽不妨碍其目前使用状态,但可能影响其使用寿命。为确保安全,一审判决要求某环保公司自行更换,对此本院予以认可。

【实务指引】

本案中双方当事人在订立合同时约定了产品质量应当满足相关国家标准。当事人在履行合同时约定的质量标准被新标准代替,相当于双方当事人就质量标准的约定由于质量标准的变化而产生了合同漏洞,属于质量要求约定不明。此时可以直接援引《民法典》第五百一十一条的规定,适用现行的新标准。

【法律依据】

《民法典》第五百一十一条第一项　当事人就有关合同内容约定不明确,依据前条规定仍不能确定的,适用下列规定:

(一)质量要求不明确的,按照强制性国家标准履行;没有强制性国家标准的,按照推荐性国家标准履行;没有推荐性国家标准的,按照行业标准履行;没有国家标准、行业标准的,按照通常标准或者符合合同目的的特定标准履行。

案例 51

杨某、某能源公司买卖合同纠纷案

Q: 杨某与某能源公司签订《分布式光伏系统买卖合同》,约定模式为"自发自用,余电上网"。某能源公司安装设备后,杨某以设备未能实现"自发自用"为由主张已安装的设备存在瑕疵,拒绝支付设备价款。杨某的主张能否得到支持?

A: "自发自用、余电上网"是否作为买卖合同中对设备性质的约定要综合合同的全部内容予以判断,在合同条款中有"下网""向供电公司交付电费"等约定内容的,不应将约定条款理解为"完全不会停电"。

裁判案例:(2018)冀 06 民终 6666 号

【裁判观点】

杨某主张某能源公司提供的设备未达标。对此,《分布式光伏发电项目低压发用电合同》第四十一条发用电时间项下明确约定:"……乙方(杨某)发电设施已验收合格,且本合同和有关协议均已签订后,甲方(供电公司)应即依本合同同意乙方并网。"且杨某在仲裁过程中认可收到过国家余电上网补贴。据此,应当认定某能源公司已经依约履行了相关义务。

此外,根据《分布式光伏发电项目低压发用电合同》第六条电能计量项下"1.计量点设置及计量方式该项目采用自发自用余电上网方式消纳发电量,以关口计量装置的抄录示数为依据分别计算上、下网电量。(1)计量点1:计量装置装设在表箱处,记录数据作为乙方(杨某)上网、下网用电量的计量依据。(2)计量点2:计量装置装设在表箱处,记录数据作为乙方发电电量的计量依据"及该合同中对下网及上网电量的抄表、杨某的用网电费和上网电费、向杨某所供电能质量、在供电系统正常情况下应向杨某连续供电(同时约定了除外情形,其中包括杨某逾期未交电费,经供电公司催交仍未交付的情形)等约定内容,能够证明杨某关于"安装了光伏发电设备使用的是自己的电,永远不会有停电的现象"的主张不能成立。

【实务指引】

本案涉及合同解释和举证责任两方面的问题。杨某败诉的主要原因是其提供的证据并未证明其主张。从合同解释的角度来看,分布式光伏"自发自用、余量上网"模式一方面是对商业模式的约定,另一方面是对设备安装模式的约定。从安装模式的约定来看,对方当事人已经按照合同约定履行了其承担的义务。从商业模式的角度来看,该商业模式中杨某作为用户,光伏设备中除了供自用额度之外的余量才销售给电网。杨某认为自己现在用的电与光伏设备无关,但是其未能提供相应的证据,这是其败诉的主要原因。并且,因为其未能提供相应的证据,其以光伏设备未能提供电量为由拒绝支付价款的主张也无法得到支持。

【法律依据】

《民法典》第五百一十条　合同生效后,当事人就质量、价款或者报酬、履行地点等内容没有约定或者约定不明确的,可以协议补充;不能达成补充协议的,按照合同相关条款或者交易习惯确定。

3. 合同主要条款的确定

案例 52

某新能源公司与某光伏公司、吴某买卖合同纠纷案

Q： 某光伏公司（卖方）与某新能源公司（买方）签订《光伏系统购销合同》。买方认可卖方交付的标的物符合国家质量标准，但认为标的物的发电量与合同约定不符，并以此主张卖方违约，决绝支付价款。该主张能否获得支持？

A： 不可以。光伏系统的发电量不仅受光伏产品质量的影响，还受到安装技术、季节变化、维护保养等多种因素的影响。仅以发电量不足为由不足以证明出卖人违约。

裁判案例：（2020）苏 05 民终 4732 号

【裁判观点】

某新能源公司与某光伏公司之间签订的《光伏系统购销合同》系双方真实意思表示，不违反法律规定，应属合法有效。某新能源公司称其拒绝支付第五份合同项下剩余货款的主要原因是某光伏公司提供的产品没有达到合同约定的发电量，次要原因是某光伏公司没有足额提供辅材 U 形钢材。某新能源公司认可某光伏公司的供货符合国家质量标准，没有质量问题，仅是认为没有达到合同约定的发电量。对此，某新能源公司提供了电力公司出具的用户发电量统计表等证据证明，但光伏系统的发电量除与产品质量有关，与安装技术、维护保养、季节变化等情况也密切相关，故仅凭该证据不足以证明某光伏公司的产品不符合合同约定，某新能源公司在一审法院的释明下未申请鉴定，相应的不利法律后果应由其自行承担。

【实务指引】

本案涉及如何理解违约责任。《民法典》第五百七十七条规定，当事人一方不履行合同义务或者履行合同义务不符合约定的，应当承担继续履行、采取补救措施或者赔偿损失等违约责任。从该条的规定来看，违约责任制度的基本内容是违反合同义务。本案中双方当事人订立多份《光伏系统购销合同》，卖方已经按照合同约定向买方交付了设备，并且买方认可了卖方提供的设备及材料的质量。从合同履行的角度来看，卖方已经妥善履行了合同义务，并不存在违反合同义务的情况。不存在违反合同义务的情形时，违约责任也就没有成立的条件。

本案还涉及举证责任的问题。《民事诉讼法》第六十七条第一款规定："当事人对自己提出的主张，有责任提供证据。"本案中买方未能举证证明卖方履行合同的行为与光伏设备未能达到合同约定的发电量相关联,最终承担了举证不能的责任。另外,买方未能针对发电量达不到合同约定的情况约定违约责任,这也是买方最终败诉的原因之一。买卖双方订立合同时需要认真严肃对待双方承担的合同义务以及合同的违约责任,注意可能存在的法律风险。

【法律依据】

《民法典》第五百一十一条第一项　当事人就有关合同内容约定不明确,依据前条规定仍不能确定的,适用下列规定:

(一)质量要求不明确的,按照强制性国家标准履行;没有强制性国家标准的,按照推荐性国家标准履行;没有推荐性国家标准的,按照行业标准履行;没有国家标准、行业标准的,按照通常标准或者符合合同目的的特定标准履行。

4. 顺序履行抗辩权

> **案例53**
>
> **某光伏公司与某电力公司建设工程合同纠纷案**
>
> **Q:** 某光伏公司(发包人)能否以某电力公司(承包人)未履行开具税务发票的义务为由,拒绝履行向承包人支付价款的义务?
>
> **A:** 否。开具税务发票与支付工程款并非对等义务,发包人不得以此为由拒绝履行支付工程价款的义务。
>
> **裁判案例:** (2021)渝02民终985号

【裁判观点】

关于开具税票的问题,虽然被上诉人某电力公司负有此项义务,但开具税务发票与支付工程款并非对等义务,故上诉人某光伏公司以某电力公司未及时开具税务发票而拒绝支付工程款的抗辩理由不能成立。另外,关于上诉人某光伏公司提及的被上诉人某电力公司未提供竣工资料的问题,因双方当事人签订的合同中并未明确约定提供竣工资料是支付工程款的前提条件,故即便某电力公司未能提供完整的竣工资料,也只是其承担相应责任的事由,而不是某光伏公司迟迟不予支付工程款的理由。

【实务指引】

参见本书第一编第三章案例48的实务指引。

【法律依据】

《民法典》第五百二十六条 当事人互负债务,有先后履行顺序,应当先履行债务一方未履行的,后履行一方有权拒绝其履行请求。先履行一方履行债务不符合约定的,后履行一方有权拒绝其相应的履行请求。

5. 不安抗辩权

案例54

某竹木厂、应某、葛某等合同、不当得利纠纷案

Q: 某竹木厂(甲方)与葛某、王某投资设立的某新能源公司(乙方)签订《设备购销合同》,约定乙方向甲方销售太阳能单晶电池组件。某竹木厂支付部分货款后,葛某、王某将某新能源公司注销,相关债权债务由原股东葛某与王某承担。某竹木厂以某新能源公司注销后无人负责设备维护为由主张行使不安抗辩权,拒绝支付剩余货款。该主张能否获得支持?

A: 不能。某新能源公司注销后,其债权债务已由原股东葛某、王某承担。此种情形并不当然意味着葛某与王某无法履行原合同中某新能源公司的义务。如果某竹木厂要主张不安抗辩权,应当举证证明葛某与王某不具备履行能力。否则便无法主张不安抗辩权。

裁判案例:(2020)浙05民终1487号

【裁判观点】

某竹木厂、应某以葛某、王某擅自将某新能源公司主体登记注销,不可能继续履行维修保养义务为由,行使不安抗辩权(中止履行欠款支付义务)。对此该院认为,《合同法》第六十八条规定,"应当先履行债务的当事人,有确切证据证明对方有下列情形之一的,可以中止履行:(一)经营状况严重恶化;(二)转移财产、抽逃资金,以逃避债务;(三)丧失商业信誉;(四)有丧失或者可能丧失履行债务能力的其他情形。当事人没有确切证据中止履行的,应当承担违约责任。"该案中,某竹木厂、应某未举证证明某新能源公司及葛某、王某存在债务不履行从而作为被执行人进入强制执行状态,或其他情形可能构成预期违约,葛某、王某将某新能源公司注销登记后,某新能源公司相应维修保养义务由葛某、王某承继,某竹木厂仍可要求葛某、王某履行维修保养义务,因此其不安抗辩权不成立。

【实务指引】

所谓不安抗辩权,是指在双方当事人均对对方当事人负有义务并且约定了履行的先

后顺序时,先履行的一方当事人发现后履行一方当事人的履行能力出现变化可能导致先履行一方当事人的债权无法实现时,先履行一方当事人获得的用以对抗后履行一方当事人提出的履行请求的抗辩权。行使该权利的当事人可以中止合同履行,待后履行一方当事人提供相应担保后再继续履行。

合同当事人行使不安抗辩权需要符合一定的条件。首先,双方当事人应当处于同一个双务合同中,并且具有对价关系的互负债务。其次,双方当事人对合同义务的履行约定了先后顺序,并且先履行一方的义务已届履行期。履行期届满时,先履行义务的一方就必须按照合同约定履行义务。如果先履行的一方此时发现后履行义务的一方有难以履行的风险,先履行的一方才有中止履行的必要。最后,先履行义务的一方当事人若想行使不安抗辩权,必须有证据证明对方当事人有不能履行对待给付义务的现实危险。需要注意的是,此处的现实危险须发生在合同成立后,并且双方当事人在订立合同时对此危险并不了解。如果这一风险发生在双方订立合同之前并且当事人均知晓,则属于自担风险。如果当事人隐瞒这一风险,可能构成以欺诈手段订立合同的行为,对方当事人可以援引《民法典》第一百四十八条的规定请求撤销合同。

【法律依据】

《民法典》第五百二十七条　应当先履行债务的当事人,有确切证据证明对方有下列情形之一的,可以中止履行:

(一)经营状况严重恶化;
(二)转移财产、抽逃资金,以逃避债务;
(三)丧失商业信誉;
(四)有丧失或者可能丧失履行债务能力的其他情形。

当事人没有确切证据中止履行的,应当承担违约责任。

案例55

某光伏公司、某电气公司建设工程施工合同纠纷案

Q: 发包人某光伏公司逾期支付工程价款,承包人某电气公司可否以此为由主张不安抗辩权,拒绝在工程竣工后质保期间内履行消缺义务?

A: 不可以。不安抗辩权中双方当事人对履行义务约定了履行顺序,但在《建设工程合同》中,承包人履行消缺义务与发包人支付工程价款不存在履行顺序的先后。消缺义务的产生是因工程竣工后质保期内工程出现质量问题,工程竣工与消缺为两项独立的义务。

裁判案例: (2020)辽13民终1247号

【裁判观点】

反诉被告某电气公司抗辩称,根据不安履行抗辩权的相关规定双方有互负的履行义务,先履行一方如果不履行合同义务,后履行一方可以要求终止履行。反诉被告某电气公司认为作为承包人能履行质保义务,前提是承包人取得了相应的工程款,双方结算完毕不存在违约的前提下,质保期开始,承包人负责维修,如果在承包人完成工程后,发包人拒绝或恶意拖延支付工程款,作为承包人可以中止履行相应的质保期内的维修义务。对于反诉被告某电气公司的抗辩理由,一审法院认为,根据双方签订的合同,对于双方义务的履行顺序,反诉被告某电气公司应按合同要求完成工程的施工,工程竣工后由反诉原告支付工程进度款。工程竣工后在质保期内工程出现质量问题,反诉被告某电气公司负有消缺的义务。消缺义务的产生因工程竣工后质保期内工程出现质量问题,双方约定质保期自工程竣工验收合格之日起计算,消缺义务与给付工程款不存在先后履行的顺序,工程竣工与支付工程进度款存在先后履行的顺序,工程竣工在先,支付工程款在后,如果工程未竣工时反诉原告发生《合同法》第六十九条项下的不安抗辩权的情形,反诉被告某电气公司当然可以表示不履行工程竣工的义务,但在工程竣工后,工程竣工与消缺为两项独立的义务,不能理解为工程竣工包含消缺义务,消缺义务的产生因工程竣工后发生的质量问题,不与90%工程进度款的支付存在先后顺序,故反诉被告某电气公司不安抗辩权的抗辩理由,不予采纳。

【实务指引】

不安抗辩权的成立需要互负债务的当事人之间约定先后履行顺序,并且先履行义务一方的义务已届履行期。从这一要求来看,不安抗辩权与当事人之间就权利义务的约定紧密相关。本案中双方当事人约定承包方完成施工后,发包人交付工程款,不安抗辩权的产生也限定在这一对义务中。双方当事人就消缺义务和质量保证义务的约定与支付工程款并不属于对待给付义务,因此并无探讨不安抗辩权的空间。

【法律依据】

《民法典》第五百二十七条 应当先履行债务的当事人,有确切证据证明对方有下列情形之一的,可以中止履行:

(一)经营状况严重恶化;

(二)转移财产、抽逃资金,以逃避债务;

(三)丧失商业信誉;

(四)有丧失或者可能丧失履行债务能力的其他情形。

当事人没有确切证据中止履行的,应当承担违约责任。

《民法典》第五百二十八条　当事人依据前条规定中止履行的,应当及时通知对方。对方提供适当担保的,应当恢复履行。中止履行后,对方在合理期限内未恢复履行能力且未提供适当担保的,视为以自己的行为表明不履行主要债务,中止履行的一方可以解除合同并可以请求对方承担违约责任。

6. 情势变更

案例 56

某光伏公司、某公司买卖合同纠纷案

Q: 光伏组件买卖合同履行过程中,因国家光伏政策变化,导致涉案光伏组件价格产生巨大变动。合同当事人可否以情势变更为由主张解除合同?

A: 不可以。构成情势变更的基础条件是发生了当事人在订立合同时无法预见的、不属于商业风险的重大变化。国家对光伏产业的补贴政策是不受合同双方当事人控制的因素。国家补贴是买卖合同签订时就应当预见的风险。因此因政策变化导致光伏组件价格变动属于正常商业风险范畴,不构成情势变更。

裁判案例: (2019) 苏 05 民终 11323 号

【裁判观点】

某公司(买方)上诉称本案应适用最高人民法院《关于适用〈中华人民共和国合同法〉若干问题的解释(二)》第二十六条规定,法院认为,该条规定,合同成立以后客观情况发生了当事人在订立合同时无法预见的、非不可抗力造成的不属于商业风险的重大变化,继续履行合同对于一方当事人明显不公平或者不能实现合同目的,当事人请求人民法院变更或者解除合同的,人民法院应当根据公平原则,并结合案件的实际情况确定是否变更或者解除。因此,情势变更是由于不可归责于当事人双方的原因,作为合同基础的客观情况发生了当事人不可预见的根本性变化,导致合同履行显失公平。国家对光伏行业的补贴不是本案某光伏公司和某公司(买方)签订合同的根本目的,最终能否取得国家电补贴以及补贴的标准等,是不可预见、不受合同双方控制的因素,系企业决策所应当承受的政策性经营风险。因此,2018 年 5 月国家发布光伏产业新政后,双玻组件市场价格下滑属于正常的商业风险。某公司(买方)以产品价格发生巨大变化、继续履行会对其造成巨大损失为由主张适用情势变更,并无充足的理由,法院不予支持。

【实务指引】

参见本书第一编第一章中"附条件和附期限的民事法律行为"中有关情势变更的

分析。

【法律依据】

《民法典》第五百三十三条　合同成立后,合同的基础条件发生了当事人在订立合同时无法预见的、不属于商业风险的重大变化,继续履行合同对于当事人一方明显不公平的,受不利影响的当事人可以与对方重新协商;在合理期限内协商不成的,当事人可以请求人民法院或者仲裁机构变更或者解除合同。

人民法院或者仲裁机构应当结合案件的实际情况,根据公平原则变更或者解除合同。

案例 57

某公司与某科技公司加工合同纠纷案

Q: 某公司与某科技公司签订《合作供货协议》,约定某科技公司向某公司提供砂浆,合同存续期为十年。合同履行过程中,某科技公司以光伏行业发生变化(欧盟政策变化、美国征收反倾销税等)为由主张情势变更。该主张能否获得支持?

A: 国内外政策变动、光伏产业的供求关系、价格涨跌变动属于一般商业风险,并不属于情势变更的情形,在订立长达 10 年的合同之时就应该预见此种固有风险,故不适用情势变更原则。

裁判案例: (2020)赣民初 8 号

【裁判观点】

情势变更原则适用的情形必须是当事人在订立合同时无法预见、非不可抗力、不属于商业风险的重大变化。所谓商业风险,属于从事商业活动所固有的风险,作为合同基础的客观情况的变化未达到异常的程度,包括一般的市场供求变化、价格波动等;情势变更属于作为合同成立的基础环境发生了异常的变动,所造成的风险属于意外的风险。本案中,双方于 2011 年 2 月签订了一份长达 10 年的《合作供货协议》,某公司按照协议的约定,投入了巨大的成本为某科技公司专门建立砂浆回收处理生产线,提供废砂浆的回收利用和混配新鲜砂浆的交付服务,全面履行了合同约定的义务。光伏产业的供求关系、价格涨跌变动并不属于构成情势变更的情形,这些变动属于某科技公司在订立合同之初应该预见的固有风险,不应成为某科技公司免除协议项下义务的理由。因此,某科技公司关于本案应适用情势变更原则驳回某公司诉讼请求的抗辩理由不能成立。

【实务指引】

参见本书第一编第一章案例16的实务指引。

【法律依据】

《民法典》第五百三十三条第一款　合同成立后,合同的基础条件发生了当事人在订立合同时无法预见的、不属于商业风险的重大变化,继续履行合同对于当事人一方明显不公平的,受不利影响的当事人可以与对方重新协商;在合理期限内协商不成的,当事人可以请求人民法院或者仲裁机构变更或者解除合同。

六、合同的变更和转让

1. 协议变更合同

案例58

某光伏农业公司、某机电建设公司建设工程施工合同纠纷案

Q:承包人(某机电建设公司)与发包人(某光伏农业公司)约定以承包人提供发票作为发包人付款的前提条件。在承包人尚未提供发票的情况下,双方重新约定了付款期限,是否属于对原本付款条件的变更?

A:重新约定了支付期限并未再附加付款条件的行为,可视作对提供发票为付款前提这一约定的变更。

裁判案例:(2019)最高法民终250号

【裁判观点】

涉案工程进度款二(2100万元)的付款条件是否成就。案涉《某分布式光伏发电项目工程总承包合同》约定,项目"进度款"支付的前提条件为发包方收到承包方提供的相同金额发票;承包方任何一次不及时提供合法发票的行为,都将导致发包方有权拒绝付款而不承担相应责任,并约定全部工程竣工验收合格后的一年内,支付合同总价的15%(即2100万元),即进度款二。但根据此后双方于2017年10月12日达成《工程款洽谈会会议纪要》及2017年10月18日签订《分布式光伏发电项目工程总承包合同之补充协议一》,在某机电公司未出具发票的情况下,确认某光伏农业公司已逾期支付进度款1.05亿元人民币3个月,并重新约定了支付的期限,并未再附加付款条件,可知双方在合同履行过程中改变了此前关于以提供发票为付款前提的约定。截至原审判决作出前(2018年9月13

日)涉案项目电站工程已竣工验收合格并交付使用一年多,故原审判决某光伏农业公司按合同约定一并支付进度款并无不当。

【实务指引】

参见本书第一编第三章案例48的实务指引。

【法律依据】

《民法典》第五百四十三条　当事人协商一致,可以变更合同。

案例59

某电力工程公司、某能源集团公司建设工程施工合同纠纷案

Q:某电力工程公司(发包人)、某能源集团公司(承包人、违法分包人)与李某(实际施工人)之间签订《补充协议》,约定了工程量、工程价款数额认定、工程外垫付款项、误工窝工损失及补偿费用等事项。该《补充协议》的效力如何?

A:《补充协议》为结算协议,并不为从合同,而是独立存在的合同,不因施工合同无效而无效。

裁判案例:(2020)豫13民终313号

【裁判观点】

补充合同是对原合同的补充或者变更,是当事人对于合同中的内容没有约定或者约定不明确而达成的协议,补充合同是主合同的从属合同,依附于主合同而成立,主合同无效补充合同无效,没有主合同就不会产生补充合同,如果补充合同对主合同的内容进行实质性修改的,则补充合同应当视为是对原合同的变更。本案中,某电力工程公司、某能源集团公司与李某之间并未因涉案工程签订任何合同,李某以某100兆瓦光伏电站一标段施工队负责人的名义与某电力工程公司、某能源集团公司签订的《补充协议》,并非以主合同为前提签订的从合同,所以,该《补充协议》本身并非依附于主合同而存在的从合同,而是独立存在的协议。而且,该《补充协议》系三方对应支付的与工程价款相关的各种相关因素进行全部考量后而签订的,属三方结算协议,结算协议独立于其他任何协议而独立存在,不因施工合同的无效而必然无效。从《补充协议》的内容来看,是某电力工程公司和某能源集团公司与李某对一标段施工队的工程量、工程价款及一标段施工队对涉案工程实际施工的前期费用(包含入场道路开辟修整、人工等)、材料二次搬运、窝工误工损失、丙方合同外工作、垫付款、补偿金、税费等的认定,明确了款项支付方式和支付时间节点。本院认为,多数工程结算协议内容并非单纯结算工程价款,而是对窝工、误工、已支付的费用、违约责任、损失赔偿等与工程款相关的费用所达成的最终一揽子解决协议,根据《合同法》第六十一条的规定,合同生效后,当事人就质量、价款或者报酬、履行地点等内容没有约定或者约定不明确的,可以协议补充;不能达成补充协议的,按照合同有关条款或者交易习惯确定。《最高人民法院建设工程施工合同司法解释(二)》第十二条规定,当事人在诉讼前已经对建设工程价款结算达成协议,诉讼中一方当事人申请对工程造价进行鉴定的,人民法院不予准许。本案的《补充协议》,是协议三方将构成工程价款的各种因素予以考量并签订以结算为目的最终协议,该《补充协议》不依附于任何合同而独立存在,因此,对该协议的性质,应认定为有效协议。

【实务指引】

参见本书第一编第一章案例10的实务指引。

【法律依据】

最高人民法院《关于审理建设工程施工合同纠纷案件适用法律问题的解释(一)》第一条第二款
承包人因转包、违法分包建设工程与他人签订的建设工程施工合同,应当依据民法典第一百五十三条第一款及第七百九十一条第二款、第三款的规定,认定无效。

案例60

冯某与某能源公司承揽合同纠纷案

Q:某能源科技公司在冯某屋顶建设分布式光伏发电系统,并在建设过程中擅自变更了逆变器的型号、光伏板的数量等设备情况。当前该光伏电站已经通过竣工验收并且并网发电。冯某此时要求某能源科技公司承担违约责任,该主张是否应予支持?

A:不予支持,由于光伏电站是在业主屋顶进行,业主应当对于设备变更知情,且光伏电站已经验收并并网发电,按实际设备计算费用即可。

裁判案例:(2020)陕01民终2564号

【裁判观点】

双方当事人经协商签订《光伏发电系统采购供应合同书》,该合同虽对双方施工内容及工程款等情况予以约定,但实际施工中某能源科技公司对安装逆变器的型号、光伏板的数量进行了变更,因施工是在冯某家房顶进行,冯某应当知晓变更情形,且该光伏发电系统现已通过电力部门的验收并并网发电,故工程价款应当以实际安装的光伏瓦数及已实际使用的逆变器进行计算。

【实务指引】

本案中除了涉及当事人以默示形式变更原合同约定的问题之外,还涉及举证责任的问题。本案中的光伏项目直接设立在一方当事人自家的房顶上。如果施工方调整了光伏板的数量及逆变器的型号,当事人主张其不了解该情况的说法并不合理。因此,法院认为当事人没有合理证据证明其对光伏施工表达异议,应当认为其以接收设备的行为与对方当事人达成了新的合意。

【法律依据】

《民法典》第五百四十三条　当事人协商一致,可以变更合同。

《民法典》第一百四十条第一款　行为人可以明示或者默示作出意思表示。

2. 债的转移和加入

> **案例 61**
>
> **某重工公司、某科技公司合同纠纷案**
>
> **Q:** 某科技公司、某机械股份公司签订合作协议,约定某科技公司租用某机械股份公司屋面建设分布式光伏电站,并约定发电后以约定价格为某机械股份公司生产提供用电。某机械股份公司依照合同约定向某科技公司支付节能服务费。后某机械股份公司将厂房租赁给某机械公司(第三人)。之后第三人某机械公司将厂房、设备无偿提供给某重工公司。此时,某科技公司能否要求某重工公司支付节能服务费?
>
> **A:** 可以。某重工公司基于事实行为与某科技公司形成供用电法律关系。因此,某科技公司可以要求某重工公司支付节能服务费。
>
> **裁判案例:** (2020)鲁13民终4445号

【裁判观点】

某重工公司承继使用某科技公司供给某机械股份公司的电力,虽然某科技公司与某重工公司双方虽没有达成书面合意,但根据第三人某机械公司与某机械股份公司签订的《资产租赁合同》的约定,电费由承租者承担,即应由某重工公司承担,某重工公司作为电费的最终承担责任者与某科技公司之间双方以消极的事实行为形成供用电的法律关系，某科技公司作为电力的供应者有权向电力的实际使用者某重工公司主张使用电费。某机械股份公司基于《合同能源管理协议》的约定有向某科技有限公司支付节能服务费的义务，某重工公司因与某科技公司存在事实上的供用电法律关系有支付电费的义务，某重工公司支付电费的义务包含在某机械股份公司支付节能服务费的义务之中（节能服务费与电费的区别将下面另述），就支付电费的义务部分，某重工公司与某机械股份公司形成了不真正的连带责任，某科技公司直接单独向某重工公司主张权利，符合法律规定。某重工公司以非《合同能源管理协议》的合同相对人、与某科技公司没有形成合意作为不承担电费支付义务的抗辩，与法相悖，本院难以采纳。

【实务指引】

参见案例62的实务指引。

【法律依据】

《民法典》第五百五十二条　第三人与债务人约定加入债务并通知债权人，或者第三人向债权人表示愿意加入债务，债权人未在合理期限内明确拒绝的，债权人可以请求第三人在其愿意承担的债务范围内和债务人承担连带债务。

案例62

张某、某光伏电力公司、某机电设备安装公司等与某建设公司、某新能源公司建设工程施工合同纠纷案

Q：发包人与第三人达成合意将其在《施工合同》中的权利义务转移给第三人，其支付工程款的义务是否移转？

A：是否移转取决于是否经承包人同意。在承包人不知情或未表示同意的情况下，发包人仍负有支付工程价款的义务。

裁判案例：(2019)宁05民终507号

【裁判观点】

2015年3月6日，涉案工程已基本完工，某光伏电力公司、某建设公司、某机电安装公司等签订了《合同变更协议》，某建设公司欲将工程的全部权利义务转移给某机电安装公司，但各方均未将变更行为告知张某。某建设公司欠付张某工程款，其欲将支付工程款的

义务转移给某机电安装公司,应当征得张某的同意而未告知张某,故对张某来讲该债务转移不发生效力。

【实务指引】

《民法典》第五百五十一条规定了债务的转让。债务人可以与第三人签订债务承担协议将其承担的债务转移出去,但是此举需要经过债权人的同意。其原因在于债务履行的核心问题是债务人的履行能力。如果债务人可以随意转让债务,可能会出现债务人恶意将债务转让给无履行能力的第三人的情形。此时,债权人的债权便无法得到保障。因此,法律规定债务转让必须经过债权人的同意。债权人可以明示的方式表示同意。如果债权人没有明确表示同意,但是将第三人作为债务人并请求其履行债务的,视为债权人同意债务的转让。

实践中可能会出现债务人通知债权人后,债权人迟迟不作答复的情况。此时债务人可以向债权人设置合理期限并要求其在此期限内答复;或者在通知债权人时明确表示如果超出一定的期限未答复,视为同意。采取上述方法时,债务人需要保留其与债权人沟通的证据,以便后续发生纠纷时举证。

【法律依据】

《民法典》第五百五十一条 债务人将债务的全部或者部分转移给第三人的,应当经债权人同意。

债务人或者第三人可以催告债权人在合理期限内予以同意,债权人未作表示的,视为不同意。

案例63

某开发区管委会、某甲实业公司合同纠纷案

Q:2011年12月20日,某甲实业公司与某开发区管委会签订《合同书》,约定某开发区管委会收购某甲实业公司的土地和地表建筑及所有配套设施等资产,共计5600万元。同时约定在2011年12月25日前某开发区管委会支付2000万元,2012年3月底前,某甲实业公司向某开发区管委会提交土地使用证等资料,待确认某甲实业公司完成搬迁后某开发区管委会支付剩余3600万元。

2012年5月,某开发区管委会与某乙实业公司签订《合同书》,约定某开发区管委会将其收购的某甲实业公司的资产转让给某乙实业公司。2012年6月,某开发区管委会(甲方)、某乙实业公司(乙方)与某甲实业公司(丙方)签订《补充合同书》,约定甲、

丙负责将被收购土地和地表附着物过户给乙方,税费由甲方承担。过户后甲方协助乙方办理银行贷款。乙方获得贷款后 10 个工作日内向丙方支付 1000 万元。《补充合同书》履行过程中,某乙实业公司以某开发区管委会未能协助其完成贷款为由拒绝向某甲实业公司支付 1000 万元。某开发区管委会能否以付款义务约定由某乙实业公司承担而主张债务转移?

A:如果协议中没有明确约定原债务人脱离债务关系,则为债务加入关系。

裁判案例:(2018)最高法民申 1720 号

【裁判观点】

本院经审查认为,本案的争议焦点在于案涉《补充合同书》的性质属于债务转移还是债务加入。债务转移产生原债务人脱离债的关系的法律后果,将实质性影响债权人的利益,需要债权人明示同意。本案中,《补充合同书》仅约定某乙实业公司从银行获得贷款后十个工作日内将 1000 万元支付给某甲实业公司,并没有某开发区管委会因此而脱离案涉债务关系的表述,故二审判决认定《补充合同书》性质上属于债务加入而非债务移转,有相应的事实和法律依据,某开发区管委会据此仍应向某甲实业公司履行案涉付款义务。

【实务指引】

债务转移法律关系和债务加入法律关系在学理上分别被称为免责的债务承担和并存的债务承担。免责的债务承担是指《民法典》第五百五十一条所规定的债务承担。在此情形下,债务人将因为债务承担而免去债务,债务承担人(第三人)作为债务人。并存的债务承担则是债务人与承担人一起承担债务。下文将分别分析两种债务承担方式。

免责的债务承担中,债权人、债务人和承担人可以就债务承担达成三方合意,也可以采取以下方式缔结债务承担合同:(1)债权人与第三人订立债务承担合同。《民法典》中并未规定此种债务承担合同的类型。但是从其效果来看,即便债务人未能参与其中,也对其产生了免除债务的效果。对于债务人而言,此种合同是使其纯粹获得利益的合同,应当认定有效。(2)债务人与第三人订立债务承担合同。此种方式由法律明确规定。一旦债权人同意债务人将债务转移给承担人,债务人与承担人之间订立的合同便从该合同成立之日发生效力。免责的债务承担发生后,如果债务人与承担人之间约定承担人可以向债务人求偿的,则依据双方的约定处理。在这一问题上需要从双方当事人的意思表示出发加以处理。

并存的债务承担规定在《民法典》第五百五十二条中,承担债务的主体由原债务人变为原债务人与承担人。当事人依然可以通过订立债务承担合同完成债务承担,合同订立的方式也与免责的债务承担相同。不同的是,并存的债务承担中债权人并不一定要参加,如债务人与承担人达成债务承担合同时,并不需要通知债权人。在并存的债务承担中,债务人与承担人对债权人承担连带责任,债权人债权的实现并未受到影响。

【法律依据】

《民法典》第五百五十一条 债务人将债务的全部或者部分转移给第三人的,应当经债权人同意。

债务人或者第三人可以催告债权人在合理期限内予以同意,债权人未作表示的,视为不同意。

《民法典》第五百五十二条 第三人与债务人约定加入债务并通知债权人,或者第三人向债权人表示愿意加入债务,债权人未在合理期限内明确拒绝的,债权人可以请求第三人在其愿意承担的债务范围内和债务人承担连带债务。

3. 债务抵销

案例 64

某高科技公司与某电力公司买卖合同纠纷案

Q:某高科技公司(母公司)、某高科技(南昌)公司(子公司)与某电力公司之间存在买卖合同关系。某高科技公司出售硅片给某电力公司;某电力公司加工后将制成的太阳能电板出售给某高科技(南昌)公司。现母公司与子公司均进入破产程序,三方之间的货款均未能结清,当前某电力公司能否主张其负担的两笔货款抵销?

A:不能进行抵销,母公司与子公司均为独立法人,两份合同具有独立性,虽然货款相同但无法进行抵销。

裁判案例:(2018)赣05民初93号

【裁判观点】

人格混同应同时具备三个条件:人员混同、业务混同和财务混同。某高科技公司与某高科技(南昌)公司均系独立的法人,虽两公司在股东及主要人员、经营范围方面,存在一定程度的重合,但某电力公司并未提供证据证明两公司存在财务混同的情形。故对某电力公司提出的某高科技公司与某高科技(南昌)公司存在人格混同的抗辩意见,本院不予采纳。虽某电力公司对某高科技(南昌)公司享有的债权与某高科技公司对某电力公司享有的债权数额等同,但某电力公司与某高科技(南昌)公司签订的合同与某高科技公司与某电力公司签订的合同为各自独立的买卖合同,三方仅有货款冲抵抹账意向但未达成正式协议。故某电力公司提出的涉案货款应与某高科技(南昌)公司债权相抵的抗辩意见,本院不予支持。

【实务指引】

《民法典》针对债务的抵销分别在第五百六十八条与第五百六十九条规定了法定抵销与约定抵销。第五百六十八条规定:"当事人互负债务,该债务的标的物种类、品质相同的,任何一方可以将自己的债务与对方的到期债务抵销;但是,根据债务性质、按照当事人约定或者依照法律规定不得抵销的除外。当事人主张抵销的,应当通知对方。通知自到达对方时生效。抵销不得附条件或者附期限。"第五百六十九条规定:"当事人互负债务,标的物种类、品质不相同的,经协商一致,也可以抵销。"法定抵销中,主张抵销一方应当通知对方,通知自到达对方时生效;约定抵销中,当事人达成抵销协议时发生抵销的法律效力,不存在通知的问题。实际上,约定抵销与法定抵销的性质不同。严格来说,约定抵销并不属于抵销,而属于当事人之间订立的"合同",性质上属于双方法律行为。法定抵销则属于单方法律行为,无须双方达成合意。当事人主张抵销属于行使形成权。

本案中,某电力公司主张二被告存在主体混同的情况,并以此主张债务抵销。但是某电力公司并未提出充足的证据证明二被告之间存在主体混同情形,使法院认定存在两个不同的法律关系。由于此时不存在"互负债务"的情况,因此某电力公司无法依据《民法典》第五百六十八条的规定单方通知抵销债务,也无法依据第五百六十九条的规定提出抵销债务的主张。如果某电力公司想要实现债务抵销的效果,可以与二被告另行就债务抵销问题达成三方协议。当事人的此种行为并未受到法律的明确禁止,由于民事活动遵守意思自治原则,此时如果要发生债务抵销的效果,则三方当事人必须达成合意。某电力公司也并未与二被告另行达成协议,由此种种使某电力公司的主张未能获得法院支持。

【法律依据】

《民法典》第五百六十九条　当事人互负债务,标的物种类、品质不相同的,经协商一致,也可以抵销。

4. 债权债务的概括移转

> **案例 65**
>
> **某钽业公司与某科技公司承揽合同纠纷案**
>
> **Q**：某科技公司与某钽业公司签订《来料加工合同》，约定某钽业公司按照某科技公司的要求完成材料加工。之后某钽业公司成立全资子公司某材料公司，由某材料公司继续履行某钽业公司债权债务。此时合同的当事人是否发生变化？
>
> **A**：合同当事人仍然为原公司。子公司属于独立法律主体，单方移转权利义务视作"将其主要工作交由第三人完成"，合同当事人不发生变更，且原公司应就第三人完成的工作对定作人负责。
>
> **裁判案例**：（2020）宁 02 民终 23 号

【裁判观点】

承揽人将其承揽的主要工作交由第三人完成的，应当就该第三人完成的工作成果向定作人负责。本案中，某钽业公司与某科技公司签订《来料加工合同》后，将所承揽的加工电镀黄丝工作交由其下属的某分公司及第三人某材料公司完成，本案现有证据不能证实某钽业公司将其在《来料加工合同》中的相关权利义务同时转让于某钽业公司某分公司或第三人某材料公司，《来料加工合同》的相对方仍是某钽业公司与某科技公司，某钽业公司应对其承揽工作的成果向某科技公司负责。

【实务指引】

根据《民法典》第五百五十六条的规定，合同权利义务一并转让的，分别适用债权转让和债务转移的规定。具言之，债权人转让合同权利的，需要通知债务人；债务人转让债务并退出债务关系的，应当经债权人同意。以这一条的规定为参照，可以分析建设工程领域关于违法分包、转包的问题。例如，《民法典》第七百七十二条第二款规定："承揽人将其承揽的主要工作交由第三人完成的，应当就第三人完成的工作成果向定作人负责；未经定作人同意的，定作人也可以解除合同。"承揽人将主要工作交由第三人完成的，属于将其承担的义务转移给其他人。此时，承揽人应当依据债务转移的相关规定通知定作人。然而，承揽合同中定作人的身份对于合同订立十分重要，这一点体现在《民法典》第七百七十二条第一款中。该款规定"承揽人应当以自己的设备、技术和劳力，完成主要工作"，因此，在承揽人未通知定作人时，不仅不发生债务转移的效果，定作人也因此获得了解除合同的权利。同样地，依据债务转移的相关规定，承揽人将其承担的合同义务转移给第三人后可能产生两种效果:第一,承揽人与定作人之间表面上仍然存在合同关系,但是在合同义务全部转移的情况下,其实际上已经退出了合同关系。第二,承揽人与第三人共同向定作人履行合同。如果发生第一种情况,相当于承揽合同中定作人对承揽人身份的要求无法实现。如果发生第二种情况,由于承揽合同与债务履行性质不同,增加的第三人并不一定具有完成定作要求的能力,所以定作人的权利依然有可能受到威胁。因此承揽人应当与第三人向定作人承担连带责任。

【法律依据】

《民法典》第五百五十六条　合同的权利和义务一并转让的,适用债权转让、债务转移的有关规定。

《民法典》第七百七十二条第二款　承揽人将其承揽的主要工作交由第三人完成的,应当就该第三人完成的工作成果向定作人负责;未经定作人同意的,定作人也可以解除合同。

七、合同的权利义务终止

1. 合同的约定解除

案例66

某科技公司与某新能源公司买卖合同纠纷案

Q: 某新能源公司(买方)为光伏工程建设与某科技公司(卖方)签订买卖合同。某新能源公司支付完预付款,某科技公司开具增值税发票后,该光伏项目因故停工。后某科技公司在某新能源公司要求下向某新能源公司开具了红字发票。此后某新能源公司未要求某科技公司交货,某科技公司也未要求交货。某科技公司是否应当返还某新能源公司预付款?

A: 应当。根据《发票管理办法实施细则》(2014年修正)第二十七条第一款的规定,"开具发票后,如发生销货退回需开红字发票的,必须收回原发票并注明'作废'字样或取得对方有效证明"。出卖人作为法人应当知晓开具红字发票的法律效力,且光伏工程停工后,双方当事人也均未做出继续履行合同义务的行为,应当认定双方当事人以默示的行为达成了合同解除的合意。在合同解除的情况下,出卖人应当返还预付款。

裁判案例: (2020)苏01民终8493号

【裁判观点】

本案中,某新能源公司与某科技公司签订的采购合同及附件是双方真实意思表示,不违反法律规定,应受法律保护。在双方签订采购合同及附件后,某新能源公司向某科技公司支付了预付款,某科技公司向某新能源公司开具了相应的增值税专用发票。某新能源公司后未按双方附件1《采购单》的约定通知某科技公司交货。此后,因案涉项目停工,某新能源公司向某科技公司申请开具红字发票,某科技公司亦根据某新能源公司的要求开具了红字发票。开具红字增值税专用发票后,某科技公司未再开具发票,某新能源公司亦一直未再通知某科技公司交货。《中华人民共和国发票管理办法实施细则》(2014年修正)第二十七条规定"开具发票后,如发生销货退回需开红字发票的,必须收回原发票并注明'作废'字样或取得对方有效证明。"根据此规定及双方履行的情况来看,某新能源公司向某科技公司支付了预付款后未要求某科技公司发货。某科技公司在收到预付款并开具增值税专用发票后,某新能源公司表明案涉项目已停工,应某新能源公司的要求某科技公司开具了红字发票,上述行为表明双方已协商一致解除了案涉合同,某科技公司应在其开具红字发票后返还某新能源公司的预付款。故对某新能源公司要求某科技公司返还预付款的诉讼请求,应予支持;对其主张的利息损失,应自某科技公司开具红字发票后予以计算,超出部分应不予支持。

【实务指引】

参见本书第一编第三章案例48的实务指引。

【法律依据】

《民法典》第五百六十二条 当事人协商一致,可以解除合同。

当事人可以约定一方解除合同的事由。解除合同的事由发生时,解除权人可以解除合同。

案例 67

某冶金公司、某变压器公司买卖合同纠纷案

Q: 买卖合同履行过程中,出卖人逾期交付标的物,买受人依照买卖合同约定有权解除合同。但买受人未主张该权利,且对出卖人的逾期交付予以受领。买受人受领标的物后,能否再以出卖人逾期交付为由主张解除合同?

A: 不能。买受人对出卖人的逾期交付予以受领应视为自愿放弃了该部分的合同解除权。买受人受领后,无权再以此主张解除合同。

裁判案例: (2020)桂02民终4086号

【裁判观点】

本院认为,当事人应当按照约定全面履行合同义务。本案中,首先,《美式箱变购销合同》约定2017年6月8日前交货4台,余下11台于2017年6月30日之前全部交付,但根据本案查明的事实,被上诉人(某变压器公司,卖方)于2017年6月7日交付4台,于2017年9月8日交付8台,故被上诉人(某变压器公司,卖方)交付8台美式箱变设备已构成逾期,上诉人(某冶金建设公司,买方)本有权根据合同第四条的约定解除合同,不再接收剩余的11台设备,但某冶金公司自愿接收已逾期交付的8台设备,视为自愿放弃了该部分的合同解除权,但目前被上诉人尚未交付的3台设备,上诉人有权主张解除合同关系,不再履行受领该3台设备并支付货款的义务,本院对上诉人(某冶金建设公司,买方)的该上诉意见予以支持。

【实务指引】

参见案例49实务指引中有关以默示方式订立合同的内容。

【法律依据】

《民法典》第五百六十二条 当事人协商一致,可以解除合同。

当事人可以约定一方解除合同的事由。解除合同的事由发生时,解除权人可以解除合同。

《民法典》第五百七十七条 当事人一方不履行合同义务或者履行合同义务不符合约定的,应当承担继续履行、采取补救措施或者赔偿损失等违约责任。

2. 合同的法定解除

案例68

张某、某新能源公司建设工程合同纠纷案

Q:户用光伏电站施工合同中施工方明确表明提供"一站式服务",后因政策原因导致户用光伏电站无法并网,致使不能实现合同目的,发包人能否主张因不可抗力解除合同?

A:能。因政策变动导致合同目的不能实现的,发包人可以不可抗力为由,主张合同解除。

裁判案例:(2021)皖03民终276号

【裁判观点】

本案中,张某与某新能源公司签订的《户用光伏电站销售安装合同书》系当事人真实意思表示,内容不违反法律、行政法规的强制性规定,合法有效。根据该合同第五条规定,安装光伏电站的项目形式为全额上网,即合同目的为实现全额上网。案涉工程完工后,因政策变更导致张某户光伏电站所在区域无法实现全额上网,案涉合同目的因政府行为不能实现,故张某主张解除合同符合《合同法》第九十四条第一项规定的情形,法院予以支持。

【实务指引】

国家及地方有关部门时常对光伏行业的政策规定作出调整,这使光伏行业内的政策变动在一定程度上成为当事人应当预见的商业风险。本案虽然也涉及政策变动给当事人之间合同履行造成的影响,但是此处的政策变化较为特殊。本案裁判文书中记载:"2019年某经济开发管委会为顺利进行征迁工作,函告长淮卫供电公司停止办理长淮卫镇中环线以西区域范围内小型光伏发电并网业务。"这一变动是本案当事人在订立合同时无法预见的,并且也是不能克服的。因此,这一变动属于《民法典》第一百八十条规定的不可抗力。本案中张某与某新能源公司订立合同的目的是完成光伏电站的建设及并网,而且光伏电站完成并网是已建成光伏电站发挥其作用和创造价值的条件。当前并网的目标无法实现,已建成的电站对于当事人张某而言也就失去了经济价值。因此,张某有权援引《民法典》第五百六十三条的规定,以发生不可抗力使合同目的无法实现为由主张解除合同。

【法律依据】

《民法典》第一百八十条 因不可抗力不能履行民事义务的,不承担民事责任。法律另有规定的,依照其规定。

不可抗力是不能预见、不能避免且不能克服的客观情况。

《民法典》第五百六十三条 有下列情形之一的,当事人可以解除合同:

(一)因不可抗力致使不能实现合同目的;

(二)在履行期限届满前,当事人一方明确表示或者以自己的行为表明不履行主要债务;

(三)当事人一方迟延履行主要债务,经催告后在合理期限内仍未履行;

(四)当事人一方迟延履行债务或者有其他违约行为致使不能实现合同目的;

(五)法律规定的其他情形。

以持续履行的债务为内容的不定期合同,当事人可以随时解除合同,但是应当在合理期限之前通知对方。

> **案例 69**
>
> **某新能源公司、徐某合同纠纷案**
>
> **Q：**《光伏电站开发合同》中，甲乙双方约定，由甲方协助乙方办理贷款，贷款办理成功后，乙方以此支付甲方工程价款，甲方为乙方安装分布式光伏电站。但甲方在乙方贷款尚未获批的情况下先行为乙方完成了分布式光伏电站的安装。电站安装完成后乙方贷款却未获批准。此时，甲方能否向乙方主张工程价款？
>
> **A：**不可以。依照双方合同约定，甲方应当在乙方贷款获批准后再行安装。但甲方超越合同约定，事先完成安装工作并以此要求乙方支付合同价款。该行为明显超出乙方签订合同时的合理预期，加重了乙方负担。且因贷款未获批准，客观上导致合同目的不能实现，应当对合同予以解除。在合同解除的情况下，甲方无权向乙方主张工程价款。
>
> **裁判案例：**（2020）豫 04 民终 3421 号

【裁判观点】

该合同中约定"甲方（某新能源公司）协助乙方（徐某）向银行申请 10 年 86000 元的贷款，贷款成功后乙方向甲方支付全部款项，后甲方负责设计施工方案，并安排备货"。在贷款完成后，徐某向某新能源公司支付全部款项，某新能源公司才安排备货，但某新能源公司在徐某仅支付 1000 元款项的前提下，就为徐某安装了光伏发电站，并要求徐某一次性支付剩余工程款 95000 元，明显有违徐某签订案涉合同的预期，并加重了徐某的负担，违反了合同约定及公平原则。某新能源公司在一审时明确表示已无法再为徐某申请办理光伏贷款，即某新能源公司已无法继续履行合同约定的义务，对于徐某而言，其签订案涉合同的目的已经不能实现，故一审法院判定解除案涉合同正确。因案涉合同已被解除，故某新能源公司不能再按照该合同约定要求徐某支付剩余工程款 95000 元。

【实务指引】

买卖或施工合同一方当事人的主义务是支付款项，若双方当事人在合同中明确约定了合同款项的来源，并约定款项到位后对方当事人才备货施工，则是就合同主要义务约定了履行的先后顺序。《民法典》第五百六十三条第一款第二项规定，当事人一方明确表示或者以自己的行为表明不履行主要债务的，另一方可以行使法定解除权。在合同解除后，对方当事人当然不能再根据合同要求支付工程款。

但是，还应注意《民法典》中规定了不当得利条款，对方当事人有可能依据相关条款主张不当得利的返还,在此应区分得利一方对取得的利益是否知情,如若得利一方不知道且不应当知道该利益,而且取得利益已不存在的,就不承担返还利益的义务;如若得利一方知道或者应当知道取得的利益,则应当返还既得利益。本案中徐某不需要按照合同支付剩余工程款,但其也没有光伏发电站的使用权或所有权,某新能源公司无权主张工程款支付,但有权拆除收回光伏发电站。

【法律依据】

《民法典》第五百六十三条　有下列情形之一的,当事人可以解除合同:

(一)因不可抗力致使不能实现合同目的;

(二)在履行期限届满前,当事人一方明确表示或者以自己的行为表明不履行主要债务;

(三)当事人一方迟延履行主要债务,经催告后在合理期限内仍未履行;

(四)当事人一方迟延履行债务或者有其他违约行为致使不能实现合同目的;

(五)法律规定的其他情形。

以持续履行的债务为内容的不定期合同,当事人可以随时解除合同,但是应当在合理期限之前通知对方。

《民法典》第九百八十六条　得利人不知道且不应当知道取得的利益没有法律根据,取得的利益已经不存在的,不承担返还该利益的义务。

《民法典》第九百八十七条　得利人知道或者应当知道取得的利益没有法律根据的,受损失的人可以请求得利人返还其取得的利益并依法赔偿损失。

案例 70

某光伏公司与张某合同纠纷案

Q: 某光伏公司就分布式光伏电站的发电量、收益分析等内容在宣传资料中做出详细描述。张某据此与某光伏公司签订《分布式光伏电站经销合同》,成为其经销商。之后张某发现该产品并不能达到预期的年发电量以及预期收益,致使张某无法售出任何产品,无法实现其订立经销合同的。张某现在能否解除合同?

A: 可以。载有光伏设备性能、盈利能力详细描述且对当事人订立合同产生影响的广告、宣传手册应当视为合同的组成部分。生产者对此宣传的真实、可靠性应当承担责任。宣传不实致使代理人合同目的不能实现的,代理人有权解除合同。

裁判案例: (2020)苏 08 民终 821 号

【裁判观点】

本案中,某光伏公司的宣传材料对电价(自用0.55元/度,余电0.391元/度)、国家补贴(0.37元/度)、年发电量(12000度)、年收益(按投资34000元,电一半自用一半卖钱,年收益为10086元)等内容规定具体确定,且对代理经销商签订合同的意愿产生了重大影响,应当视为要约,双方订立合同后,应当视为合同内容,即使正式合同没有明确载明,也不影响其视为合同条款的效力。某光伏公司在二审庭审中也认可其对于年收益率以及佣金等承诺一直都没有改变,只是因为旧的宣传册以网上下载的日照时间,计算发电量,造成了工商局以虚假宣传为由对上诉人进行处罚,所以之后对发电量的相关内容进行了整改。说明某光伏公司对宣传手册中曾经有过关于电价、国家补贴、年发电量、年收益等内容的明确承诺。某光伏公司辩称其从未向张亚过提供过宣传手册,且张某一审中提交的宣传手册是最初在涟水使用的,对此主张,某光伏公司未能提交证据证明,且张某一审中提交的宣传手册中关于年发电量的宣传也是针对全淮安市的,从地理位置上应当涵盖淮阴区老张集和洪泽区范围,故对某光伏公司的该抗辩本院不予支持。现某光伏公司的产品年发电量达不到12000度,年收益率明显不能达到其宣传资料中确定的标准,现合同的主要目的难以实现,张某要求解除《某光伏电力年度经销合同》具有法律依据,本院予以支持。

【实务指引】

本案涉及要约与要约邀请的区分问题。《民法典》第四百七十三条修改了原《合同法》第十五条对要约邀请的规定,强调了要约邀请的"表示"属性。从《民法典》第四百七十三条的规定来看,要约邀请的"表示"属性意味着其对当事人并不具有约束力。要约则不同,要约最重要的特征是"内容具体确定"与"表明经受要约人承诺,要约人即受该意思表示约束"。本案中,某光伏公司提供的宣传材料的内容主要是对产品特征的描述,这就使宣传材料的内容和订立合同以及合同履行紧密相关,应当认为宣传材料中的内容属于要约而非要约邀请。某光伏公司的设备未能实现约定的发电量,应当认为属于违约行为,并且使当事人订立合同的目的不能实现。

【法律依据】

《民法典》第四百七十三条　要约邀请是希望他人向自己发出要约的表示。拍卖公告、招标公告、招股说明书、债券募集办法、基金招募说明书、商业广告和宣传、寄送的价目表等为要约邀请。

商业广告和宣传的内容符合要约条件的,构成要约。

《民法典》第五百六十三条　有下列情形之一的,当事人可以解除合同:

(一)因不可抗力致使不能实现合同目的;

（二）在履行期限届满前,当事人一方明确表示或者以自己的行为表明不履行主要债务;

（三）当事人一方迟延履行主要债务,经催告后在合理期限内仍未履行;

（四）当事人一方迟延履行债务或者有其他违约行为致使不能实现合同目的;

（五）法律规定的其他情形。

以持续履行的债务为内容的不定期合同,当事人可以随时解除合同,但是应当在合理期限之前通知对方。

案例71

某新能源公司、陶某建设工程施工合同纠纷案

Q： 业主与光伏企业签订《居民分布式光伏电站开发合同》,合同中明确约定"增加业主方收入"的合同目的,现国家对光伏发电补贴政策予以调整,项目已无法获得国家补贴,业主方以情势变更为由主张解除合同的,是否予以支持?

A： 可以解除合同。除了自发自用外,获取国家补贴以"增加收入"是明确的合同目的,政策变更属于情势变更事由,故可以解除合同。

裁判案例：(2020)闽08民终770号

【裁判观点】

合同成立以后客观情况发生了当事人在订立合同时无法预见的、非不可抗力造成的不属于商业风险的重大变化,继续履行合同对于一方当事人明显不公平或者不能实现合同目的,当事人可以请求解除合同。陶某与某新能源公司签订的《居民分布式光伏电站开发合同》意思表示真实,内容不违反法律、行政法规的强制性规定,成立并具有法律效力。合同签订后,因国家政策调整导致继续履行合同无法实现"增加乙方收入"的合同目的,陶某据此要求解除合同,依法予以准许。

【实务指引】

本案的裁判观点其实混合了《民法典》第五百三十三条和第五百六十三条的内容。《民法典》第五百三十三条第一款规定的是情势变更,即发生"订立合同时无法预见的、不属于商业风险的重大变化"的情形下,合同继续履行对其中一方当事人明显不公平的,该当事人有权主张变更或者解除合同;而《民法典》第五百六十三条第一款第一项规定,发生不可抗力致使合同目的不能实现的,一方当事人有权单方解除合同。上述两法条适用的情形有明显区别。政策调整究竟属于情势变更还是属于不可抗力,要根据政策调整的具体内容以及其对合同的真实影响判断,由此再认定继续履行合同会对其中一方明显不公平还是事件的发生已经导致合同目的不能实现。

本案的裁判观点认为"国家对光伏发电补贴政策予以调整,项目无法获得国家补贴"属于情势变更,但又认为继续履行合同明显不公平或者不能实现合同目的,这是没有对法条内容进行细致区分,应更加明晰解除合同的法律依据是情势变更还是不可抗力,继续履行是会明显不公平还是不能实现合同目的。必须注意的是,合同目的认定是《民法典》第五百六十三条适用的重要前提。

【法律依据】

《民法典》第五百三十三条第一款　合同成立后,合同的基础条件发生了当事人在订立合同时无法预见的、不属于商业风险的重大变化,继续履行合同对于当事人一方明显不公平的,受不利影响的当事人可以与对方重新协商;在合理期限内协商不成的,当事人可以请求人民法院或者仲裁机构变更或者解除合同。

《民法典》第五百六十三条　有下列情形之一的,当事人可以解除合同:

(一)因不可抗力致使不能实现合同目的;

(二)在履行期限届满前,当事人一方明确表示或者以自己的行为表明不履行主要债务;

(三)当事人一方迟延履行主要债务,经催告后在合理期限内仍未履行;

(四)当事人一方迟延履行债务或者有其他违约行为致使不能实现合同目的;

(五)法律规定的其他情形。

以持续履行的债务为内容的不定期合同,当事人可以随时解除合同,但是应当在合理期限之前通知对方。

案例72

某配件公司、某能源公司买卖合同纠纷案

Q:业主方主张分布式光伏系统发电量未达到合同约定标准,构成根本性违约,要求解除合同,是否予以支持?

A:不予支持。首先,发电量样本过小,无法判断光伏系统整个生命周期内的年均发电量;其次,发电量未达到约定标准并不会导致合同目的无法实现,不构成根本性违约,不得解除合同。

裁判案例:(2020)浙02民终1035号

【裁判观点】

涉案双方于2017年11月13日签订《屋顶分布式光伏发电系统安装合同》，合同约定光伏容量400kW·h，费用280万元，该合同未约定合同解除条款。某配件公司(业主)现以实际发电量小于约定年均发电量不低于44.2万kW·h的标准、合同目的不能实现为由主张解除合同。首先，涉案光伏发电工程业已完工，并已经并网发电，某能源公司主要合同义务已经履行完毕；其次，合同约定年均发电量不低于44.2万kW·h的是基于光伏系统400kW·h的光伏容量，但实际安装量已经变更减少为380.7kW·h，费用亦变更减少为了266.49万元；最后，该光伏发电系统发电时间至一审时仅有一年，与25年的年均发电量相比，样本偏小。同时，即使实际发电量与约定发电量有所差异，也并不构成合同目的不能实现的根本性违约。

【实务指引】

本案涉及如何理解《民法典》第五百六十三条的问题。《民法典》第五百六十三条规定了法定的合同解除权。当事人之间订立的合同生效后如果未能履行或者未能履行完毕时，如果出现了法律规定的解除合同的事由，则当事人可以直接援引法律规定解除合同。与合同的约定解除相比，合同的法定解除条件由法律直接规定，当法定的事由发生时当事人无须征求对方当事人意见。本案中，《屋顶分布式光伏发电系统安装合同》具有承揽合同的性质。定作人以承揽人未能实现合同约定的年均发电量为由主张合同目的未能实现，并要求解除合同，其法律依据为《民法典》第五百六十三条第一款第四项，即"当事人一方延迟履行债务或者有其他违约行为致使不能实现合同目的"。此时需要进一步分析本案中当事人订立合同的目的究竟为何。

当事人订立的合同中约定"本工程光伏系统容量为400kW·h;25年运行期内，年均发电量不低于44.2万kW·h"，这样的约定可以视为定作人提出的要求。《民法典》第七百七十条第一款规定，"承揽合同是承揽人按照定作人的要求完成工作，交付工作成果，定作人支付报酬的合同"。从这一条的内容中我们可以发现，定作人订立承揽合同是为了让承揽人按照自己的要求完成工作。实现定作人的要求可以认为是定作人订立承揽合同的目的。从这一角度来看，本案中承揽人未能完成定作人的要求也属于未能完全实现合同目的的情形。至此，定作人提出的"合同目的未能实现"的主张依然具有一定的法律依据。但是本案中一个关键的因素影响了案件最终的走向。本案中，双方当事人在合同中约定合同为固定总价280万元，但是最终结算时实际总价为266.49万元，实际安装量也与合同的约定不符。定作人与承揽人最终达成了与合同约定不同的结算内容，相当于双方当事人达成了新的合意。定作人实际上已经接受了承揽人完成的工程，双方关于发电量的争议实际已经解决。从这一角度来看，定作人以承揽人违约导致合同目的未能实现的主张并不能得到支持。《民法典》第五百六十三条的适用是以合同目的完全不能实现为实质标准的,司法实践中既应救济合同债权人的履行利益,也应保护合同必须严守的契约精神。

【法律依据】

《民法典》第五百六十三条　有下列情形之一的,当事人可以解除合同:

(一)因不可抗力致使不能实现合同目的;

(二)在履行期限届满前,当事人一方明确表示或者以自己的行为表明不履行主要债务;

(三)当事人一方迟延履行主要债务,经催告后在合理期限内仍未履行;

(四)当事人一方迟延履行债务或者有其他违约行为致使不能实现合同目的;

(五)法律规定的其他情形。

以持续履行的债务为内容的不定期合同,当事人可以随时解除合同,但是应当在合理期限之前通知对方。

案例73

马某、苏某与某科技公司承揽合同纠纷案

Q: 光伏企业与业主签订《电站承建协议》,约定由光伏企业协助业主办理贷款用于光伏电站的建设,现光伏企业未履行协助办理贷款的义务,业主要求解除合同,是否予以支持?

A: 不予支持。解除合同要求满足法定的解除事由,而协助办理贷款并非电站建设的前提条件,也不会当然导致合同目的无法实现的后果,故不得解除。

裁判案例:(2020)鲁14民终87号

【裁判观点】

虽然根据现有证据不能认定某科技公司就协助贷款事项完成了合同义务,但是该义务并非解除合同的法定理由。马某、苏某在原审反诉中的诉求是解除协议并赔偿损失,《中华人民共和国合同法》第九十四条规定:有下列情形之一的,当事人可以解除合同:(一)因不可抗力致使不能实现合同目的的;(二)在履行期限届满之前,当事人一方明确表示或者以自己的行为表明不履行主要债务;(三)当事人一方迟延履行主要债务,经催告后在合理期限内仍未履行;(四)当事人一方迟延履行或者有其他违约行为致使不能实现合同目的;(五)法律规定的其他情形。本案中,马某、苏某主张解除权,但是未能举证证明被上诉人存在《合同法》第九十四条第二项至第四项规定的违约情形。根据涉案双方签订的《电站承建协议》第五条第四项规定,"电站建成五日内,甲方(马某、苏某)必须到银行办理完成贷款手续。如甲方逾期未办理完成银行贷款手续,甲方承诺自愿承担电站建设所投入的资金,并将该笔费用于逾期办理贷款之日起三日内支付给乙方(某科技公司)。如甲方逾期未支付的,每逾期一日,应另行向乙方支付应付款总额的千分之五作为违约金"。根据上述约定可见,某科技公司协助办理贷款并非电站建设的前提条件,合同并未约定某科技公司未协助办理贷款的情况下,马某、苏某有权解除合同,也未约定某科技公司未协助办理贷款的情况下不得进行电站建设,其中"电站建成五日内,甲方必须到银行办理完成贷款手续"也直接证明电站建设并非以完成贷款为前提。因此马某、苏某主张解除合同于法无据。因电站已经建设完成,某科技公司依据合同主张工程款于法有据。至于马某、苏某主张的某科技公司就涉案贷款存在违约行为的问题,因马某、苏某在本案中未提出明确主张,对此在本案中不予处理。

【实务指引】

本案中双方当事人仅约定光伏企业协助业主办理贷款用于光伏电站的建设,并未约定贷款作为业主支付工程款的唯一经费来源,而是明确约定电站建成后,业主应当支付电站建设的全部费用。所以在该合同中业主的主要目的是光伏电站的建设,而光伏企业协助业主办理贷款并非业主在该合同中的主要目的,贷款未办理成功不属于《民法典》第五百六十三规定的法定解除情形,而且双方在合同中也没有约定解除合同的条款,所以业主解除合同的主张也不符合约定解除的条件。《民法典》第五百六十三条的适用是以合同目的完全不能实现为实质标准的,司法实践中,既应救济合同债权人的履行利益,也应保护合同必须严守的契约精神。

实践中应注意,并非当事人的所有目的都会被认定为合同目的,并非所有违约都会构成根本违约,应根据合同性质和约定的主要条款,以及当事人的具体行为及后果严重性来判断能否适用《民法典》第五百六十三条之规定。

【法律依据】

《民法典》第五百六十三条 有下列情形之一的,当事人可以解除合同:

(一)因不可抗力致使不能实现合同目的;

(二)在履行期限届满前,当事人一方明确表示或者以自己的行为表明不履行主要债务;

(三)当事人一方迟延履行主要债务,经催告后在合理期限内仍未履行;

(四)当事人一方迟延履行债务或者有其他违约行为致使不能实现合同目的;

(五)法律规定的其他情形。

以持续履行的债务为内容的不定期合同,当事人可以随时解除合同,但是应当在合理期限之前通知对方。

案例 74

某材料公司、某环保科技公司加工合同纠纷案

Q: 某材料公司与某环保科技公司签订《加工协议》,约定某环保科技公司为某材料公司生产素混凝土配重块。合同履行过程中双方发生纠纷。某材料公司以某环保可以延迟交付标的物导致其无法按时完成光伏电站建设,最终未能享受到光伏发电优惠政策为由主张合同订立目的不能实现。该主张能否获得支持?

A: 不能。双方的合同目的应当在合同中进行约定,或者按照交易习惯进行判断。"享受光伏发电政策优惠"不是合同目的,光伏发电政策改变导致建造光伏发电站盈利减少或亏损是应当承担的商业风险,所以以此为由请求解除加工协议不能得到支持。

裁判案例:(2018)浙 04 民终 2703 号

【裁判观点】

法院认为,某材料公司与某环保科技公司订立加工协议,由某环保科技公司为某材料公司生产素混凝土配重块,在履约过程中双方产生纠纷。某材料公司于 2017 年 10 月 9 日向一审法院起诉要求解除加工协议,而后某环保科技公司于 2018 年 4 月 16 日向一审法院起诉要求某材料公司继续履行加工协议。两案为关联案件,争议焦点集中于加工协议是否需要解除上,宜一起进行评判。首先,加工协议内容详尽,对合同标的、价款、支付方式、交货方式等均进行了明确约定。依据加工协议,某环保科技公司为某材料公司生产素混凝土配重块,某材料公司订立加工协议主要是为了取得定作物,某环保科技公司其后确实进行了生产。即使某环保科技公司存在迟延履行行为,但是除合同有明确约定外,迟延履行并不必然导致合同解除。某材料公司称某环保科技公司迟延交付定作物,导致电站建设无法按期进行,致使某材料公司无法享受光伏发电优惠政策,致使合同目的无法实现,才要求解除合同。但是并无证据反映双方曾约定某环保科技公司履约行为必须保证某材料公司能够享受发电优惠政策。其次,依据加工协议,某环保科技公司理应交付检测报告,现某材料公司称某环保科技公司未交付检测报告,某环保科技公司称已交付。检测报告是否交付,确实应由某环保科技公司举证证明,但是检测报告的交付并非本案主合同义务,本身并不构成合同解除条件,某材料公司据此要求解除加工协议,法院不予支持。最后,某材料公司称混凝土配重块有质量问题、某环保科技公司擅自转包生产,均缺乏证据。因此,某材料公司主张解除加工协议,依据不足,一审对此不予支持并无不当,加工协议应继续履行。在此需要说明的是,某环保科技公司可能存在的迟延交货、未依约交付检测报告的情况,虽不足以导致合同解除,但是若双方对上述行为是否违约及产生何种责任仍有争议,可以另行处理。

【实务指引】

本案中某材料公司主张某环保科技公司延迟交付定作物是导致其未能享受光伏发电优惠政策的原因,并且主张其合同目的未能实现。从其主张来看,某材料公司是为了获取定作物以确保工程按时开工并以此获得光伏优惠政策而与某环保科技公司订立合同的。所以某材料公司在诉讼中主张的合同目的实际上是其订立合同的动机。在此需要讨论的问题是如何区分订立合同的动机与合同目的。一般来说,行为人与他人订立合同可能是由多种动机驱使的。如果将当事人订立合同时的任何动机都认为是合同目的,可能会使"合同目的不能实现"的判断标准变得模糊。"在当事人明确地将其签订合同的动机告知了对方当事人,并且作为成交的基础,或者说作为合同的条件;或者虽然当事人在签订合同时没有明确告知,合同中也没有将该动机条款化,但有充分且确凿的证据证明该动机就是该合同(交易)成立的基础,也可以甚至应当将此类动机视为合同目的。"[1]

本案中某材料公司实际上在订立合同时有方法能够维护自己的权益。第一种方法是"动机条款化"。例如,某材料公司可以在订立合同时将"某环保科技公司未能按照合同约定交付定作物导致某材料公司的建设延误"作为合同解除条件。第二种方法是将"按时交付定作物"设为合同解除条件,那么基于双方约定的解除权,某材料公司自然有权主张合同解除。两种方法均在一定程度上将某材料公司订立合同的动机条款化,并且均基于条款化后的动机设立了合同的解除权。如此,甲公司便可直接援引合同约定要求解除合同。适用《民法典》第五百六十三条是仅针对合同目的完全不能实现的情形赋予合同债权人救济合同履行利益的权利,仅在对方当事人有根本违约行为下才能适用,不能忽视对必须严守契约精神的保护。

【法律依据】

《民法典》第五百六十三条 有下列情形之一的,当事人可以解除合同:

(一)因不可抗力致使不能实现合同目的;

(二)在履行期限届满前,当事人一方明确表示或者以自己的行为表明不履行主要债务;

(三)当事人一方迟延履行主要债务,经催告后在合理期限内仍未履行;

---

[1] 崔建远:《合同一般法定解除条件探微》,载《法律科学(西北政法大学学报)》2011年第6期。

(四)当事人一方迟延履行债务或者有其他违约行为致使不能实现合同目的;

(五)法律规定的其他情形。

以持续履行的债务为内容的不定期合同,当事人可以随时解除合同,但是应当在合理期限之前通知对方。

案例 75

某节能管理公司与徐某合同纠纷案

Q:政府对分布式光伏发电补贴政策作出调整,《光伏设备设计安装合同》当事人以情势变更为由主张解除合同,法院是否应予支持?

A:不予支持。当事人在订立合同时就应预见分布式光伏政策调整的可能性,补贴政策调整属于正常商业风险。

裁判案例:(2019)苏06民终1324号

【裁判观点】

法院认为,情势变更是指合同有效成立后,客观情况发生了当事人在订立合同时无法预见的、非不可抗力造成的不属于商业风险的重大变化,继续履行合同对于一方当事人明显不公平或者不能实现合同目的,因此允许当事人变更合同内容或者解除合同的法律制度。《合同法》及相关司法解释虽未明确规定国家政策调整为情势变更之事由,但如果国家政策调整属于当事人在订立合同时无法预见的情形,由于国家政策的调整导致当事人合同目的无法实现或者继续履行合同对一方当事人明显不公平,该政策的调整即应认定为情势变更。情势变更因当事人缔约时不可预见而与正常的商业风险有本质的区别,这也是审理本案的关键所在。

某节能管理公司上诉主张,根据发改能源〔2018〕823号通知第一条第一项、第二项,国家对2018年5月31日以后并网的分布式光伏电站已没有任何形式的补贴,此后用户便不愿意安装分布式光伏电站,导致其公司无法支付之前用户的安装补贴。对此,法院认为,某节能管理公司上诉主张的政策调整确实存在,但不属于其与徐某缔约时无法预见的情形,因而不能认定缔约后情势发生变更。首先,依发改能源〔2018〕823号通知第一条第一项、第二项之文义,并无取消光伏发电电价补贴之表述,反观该通知第二条明确规定,要加快光伏发电补贴退坡、降低补贴强度。显然该通知中国家对光伏电价补贴政策并未取消,只是对补贴价格有所调低。在某节能管理公司不能提供其他证据的情况下,仅依该通知之内容即认为国家对2018年5月31日以后并网的分布式光伏发电已没有补贴,系对通知内容的错误解读。其次,根据发改价格〔2013〕1638号通知第四条第一项规定,享受国家电价补贴的光伏发电项目,应符合可再生能源规划。国家正是通过调减光伏发电补贴标准等来调控光伏发电规模的。由于政策公布于前,某节能管理公司对此应当明了,故而一旦国家调低光伏发电电价补贴,可能导致潜在用户安装分布式光伏电站意愿减弱,进而影响其经营发展,属于某节能管理公司能够预见的商业风险。最后,某节能管理公司与徐某签订的光伏工程附加协议中载明的补贴内容超出了前述两通知中国家补贴的范围。该协议除约定了某节能管理公司不得以任何理由侵占徐某电站所获得的售电收入以及国家2020年的电度补贴外,还约定了某节能管理公司对徐某所购(建)光伏项目成本90%的补贴政策支持。某节能管理公司并未举证证明此项补贴与国家政策有关,其自行加大补贴力度应认定为某节能管理公司自愿承担的商业风险。至于该协议第三条约定:徐某所建电站的碳交易所得以及在环境方面获得的补贴将永久归某节能管理公司所有等内容,作为其补贴徐某所建电站成本的对价之组成部分,更无国家政策依据。某节能管理公司在诉讼中亦称碳排放交易不是补贴、环境补贴是将来可能获得的补贴,此系其自主的交易行为,在缔约后如不能获得相应利益,亦系其应当预见的商业风险。

综上,某节能管理公司主张根据发改能源〔2018〕823号通知第一条第一项、第二项,国家已自2018年5月31日起取消分布式光伏发电电价补贴,对其主张未提供进一步佐证。某节能管理公司据此要求认定国家对分布式光伏发电补正政策调整属于情势变更的上诉理由不能成立,其上诉请求应予驳回。一审认定事实清楚,适用法律正确,应予维持。

所谓情势变更原则,是指合同有效成立后,因不可归责于双方当事人的事由发生重大变化而使合同的基础动摇或者丧失,若继续维持合同会显失公平,允许变更合同内容或解除合同的原则。就本案而言,双方当事人都认可知道国家对于光伏发电政策在每年的6月30日及12月31日都会有调整,即订立合同时,双方当事人已经预见到国家政策随时会有变化,表明了当事人考虑到了这种因素并愿意承担该变更的风险,故本案不应适用情势变更原则。

【实务指引】

本案的争议焦点在于情势变更与商业风险的辨析。二者的本质区别主要有两个方面:一是能否预见;二是能否致使作为合同基础的客观情况发生异常变化。商业风险是商业活动中的固有风险,一般商业主体对此风险是明知或应知而且愿意承受的,情势变更的不可预见性是指当事人在订立合同时未能预见,也无法预见,并且没有将变更后的情势作为订立合同的基础。

本案中涉及的光伏补贴政策变动,应认定为情势变更还是商业风险,要根据前述要件并结合具体案情判断。本案合同双方当事人对光伏补贴变动规律是提前预知的,而且某节能管理公司还预知到项目的碳交易所得以及会在环境方面获得补贴,可知某节能管理公司在订立合同时对光伏补贴变动是预知的,而且将该变动可能性作为了合同订立的基础,因此该变动不符合情势变更的要件。

【法律依据】

《民法典》第五百三十三条第一款　合同成立后,合同的基础条件发生了当事人在订立合同时无法预见的、不属于商业风险的重大变化,继续履行合同对于当事人一方明显不公平的,受不利影响的当事人可以与对方重新协商;在合理期限内协商不成的,当事人可以请求人民法院或者仲裁机构变更或者解除合同。

案例76

孙某、某公司承揽合同纠纷案

Q:当事人明知光伏电站设备被查封,仍然签订《迁移安装合同》,后法院对光伏电站设备续封,当事人主张情势变更解除合同的,是否应予支持?

A:不予支持。情势变更指的是当事人在签订合同时无法预见的重大变化,当事人明知设备被查封,不能以其认为查封快要到期为由主张情势变更,法院续封属于应当预见的情形。

裁判案例:(2019)皖07民终133号

【裁判观点】

法院认为,孙某上诉主张其解除案涉承揽合同的情形符合情势变更原则。最高人民法院《关于适用〈中华人民共和国合同法〉若干问题的解释(二)》第二十六条规定:"合同成立以后客观情况发生了当事人在订立合同时无法预见的、非不可抗力造成的不属于商业风险的重大变化,继续履行合同对于一方当事人明显不公平或者不能实现合同目的,当事人请求人民法院变更或者解除合同的,人民法院应当根据公平原则,并结合案件的实际情况确定是否变更或者解除。"依此规定,孙某解除合同适用情势变更原则的前提条件是,当事人双方订立承揽合同后的客观情况发生了孙某在订立合同时无法预见的、非不可抗力造成的不属于商业风险的重大变化。孙某在与某公司订立合同时,已知乙光伏公司提供的光伏电站设备被法院查封,其应当预见存在被继续查封的可能,故光伏电站设备被法院续封的事由,不属于孙某无法预见的非商业风险。原《合同法》第一百二十一条规定:"当事人一方因第三人的原因造成违约的,应当向对方承担违约责任。当事人一方和第三人之间的纠纷,依照法律规定或者按照约定解决。"因此,由于第三人的原因造成孙某不能履行合同和解除合同的,不适用情势变更原则。

【实务指引】

《民法典》第一百八十条与第五百三十三条分别规定了不可抗力与情势变更。需要注意的是,从法律规定上看,不可抗力与情势变更均要求"不能预见"。因此,如果当事人想援引不可抗力或情势变更请求解除合同,必须要证明自己之前对不可抗力或情势变更未能预见。本案中,当事人未能获得法院支持的原因是其在订立合同时已经了解到光伏设备的查封状态。此时已经不满足法律规定的"不能预见"的要求。

实践中,建议当事人在订立合同之前对合同的相关内容、履行条件等问题详尽调查。"未能尽到合理的注意义务"的情况发生时将使合同当事人在纠纷中处于不利地位。

【法律依据】

《民法典》第五百三十三条第一款　合同成立后,合同的基础条件发生了当事人在订立合同时无法预见的、不属于商业风险的重大变化,继续履行合同对于当事人一方明显不公平的,受不利影响的当事人可以与对方重新协商;在合理期限内协商不成的,当事人可以请求人民法院或者仲裁机构变更或者解除合同。

3. 结算、清理条款的独立性

案例 77

某新能源公司与某电气公司、某股份公司等建设工程施工合同纠纷案

Q: 光伏工程建设施工合同被认定无效后,当事人能否依据合同中约定的违约条款向对方当事人主张违约责任?

A: 不能。《民法典》第一百五十五条规定:无效的或者被撤销的民事法律行为自始没有法律约束力。基于此,双方合同中关于迟延付款需要承担违约金责任的约定,也因该合同无效而无约束力。《民法典》第五百六十七条规定的合同的权利义务关系终止,不影响合同中结算和清理条款的效力,只能适用于有效合同。

裁判案例: (2020)青01民终1578号

【裁判观点】

法院认为,违约责任作为一种补救合同履行瑕疵的方式,以合同有效为前提,因案涉

《地面电站施工安装合同》属无效合同,根据《合同法》第五十六条关于无效合同自始没有法律约束力的规定,双方约定的违约条款亦属无效。

【实务指引】

合同无效,则该合同就不具有履行性。合同当事人不得依据该合同要求实际履行,也不承担不履行合同的法律责任。若允许履行无法律效力的合同,则代表着允许当事人实施不法行为。无效合同自始无效意味着合同本身具有违法性,法律对它进行了否定评价,其不能得到国家法律的认可。合同无效具有溯及力意味着该合同自订立时就没有法律效力。违约条款是合同的组成部分。因此,如果合同无效,包括违约条款在内的全部条款都无效(约定争议解决方式等法律有特殊规定的条款除外)。本案中,《地面电站施工安装合同》属无效合同,合同的违约条款也当然无效,不能作为当事人主张请求权的法律基础。

《民法典》第五百六十七条中规定合同终止后结算和清理条款具有独立性,合同终止指向的必然是有效合同,无效合同自始无效,所以既不存在无效合同的起始,也不存在无效合同的终止,只有在有效合同中才有合同的权利义务关系终止的发生。本案是无效合同,亦不能适用该法条规定。

【法律依据】

《民法典》第一百五十五条　无效的或者被撤销的民事法律行为自始没有法律约束力。

《民法典》第五百六十七条　合同的权利义务关系终止,不影响合同中结算和清理条款的效力。

4. 数项债务的清偿抵充顺序

案例78

某科技公司、某建设公司建设工程施工合同纠纷案

Q: 发包人(某科技公司,上诉人)与承包人(某建设公司,被上诉人)之间签订多份《建设工程施工合同》,且合同项下工程均已实际交付。承包人就后签订的合同主张发包人支付工程价款,发包人主张其已支付该合同工程价款,其欠付的工程价款为前合同项下的。发包人该抗辩理由是否成立?

A: 不成立。当承包人与发包人之间存在多份施工合同,即二者之间存在多个债权关系时,发包人支付工程价款时若未明确表明其履行的是哪一份具体合同,应当优先认定履行的是完工在先的合同。

裁判案例:(2020)冀08民终3146号

【裁判观点】

法院确认,某科技公司认为案涉围场的两个工程仅欠工程款 670000.00 元,其余 6000000.00 元工程款已支付。综合全案证据,能够认定某科技公司与某建设公司并未就双方合作的十二个工程项目约定分别付款,某科技公司向某建设公司支付的款项系连续支付,每笔付款亦未注明工程名称,某科技公司在二审提交的 6000000.00 元付款凭证,不能证明系对案涉围场两个工程项目的付款,且某科技公司的上诉主张与其在一审中辩称的围场工程款已全部支付完毕的意见不一致,对其上诉理由,法院不予支持。因本案围场两个项目工程为双方最后履行的两个项目,依据交易习惯,一般情况下,应当先支付履行在先合同的工程款,故一审法院认定某科技公司欠付的 2153081.55 元工程款为案涉围场项目工程款,符合日常生活经验法则,法院予以确认。

【实务指引】

本案涉及债务人对同一债权人负担多项相同种类债务的清偿顺序。《民法典》第五百一十条规定,在合同没有约定,也没有签订补充协议的情况下,可以按照交易习惯确认债务的清偿顺序。本案裁判观点依据的就是该法条的规定,根据围场项目施工在后,认定欠付的是该项目的工程款。其实关于该类债务清偿顺序,《民法典》第五百六十条第二款已作出了明确规定,即"负担相同的,按照债务到期的先后顺序履行",债务人不能清偿全部债务的,债务人可以指定债务的清偿顺序,如果债务人没有指定清偿顺序且债务的负担性质相同,则应先清偿先到期的债务,据此也可得出在本案中已支付的工程款没有注明工程名称时,应当认定向履行在先项目的支付,由此得出欠付的是履行在后项目的工程款,即围场项目的工程款。

【法律依据】

《民法典》第五百一十条　合同生效后,当事人就质量、价款或者报酬、履行地点等内容没有约定或者约定不明确的,可以协议补充;不能达成补充协议的,按照合同相关条款或者交易习惯确定。

《民法典》第五百六十条　债务人对同一债权人负担的数项债务种类相同,债务人的给付不足以清偿全部债务的,除当事人另有约定外,由债务人在清偿时指定其履行的债务。

债务人未作指定的,应当优先履行已经到期的债务;数项债务均到期的,优先履行对债权人缺乏担保或者担保最少的债务;均无担保或者担保相等的,优先履行债务人负担较重的债务;负担相同的,按照债务到期的先后顺序履行;到期时间相同的,按照债务比例履行。

5. 费用、利息和主债务的清偿抵充顺序

> **案例 79**
>
> **某电源公司与某光伏公司买卖合同纠纷案**
>
> **Q**：《光伏组件买卖合同》履行中，买受人已经迟延履行付款义务，在违约金、迟延履行利息确定的情况下，买受人支付的价款不足以支付上述各款项之和。应如何确认抵充顺序？
>
> **A**：应当依照实现债权的有关费用、利息、主债务的顺序进行抵充。
>
> **裁判案例**：（2018）苏02民终4447号

【裁判观点】

本案中，某电源公司实际认可某光伏公司就货款本金之外多支付了804.5万元。就该804.5万元的性质，双方产生争议。某光伏公司认为支付的是货款本金，某电源公司认为支付的是货款利息。在生效判决已确定某光伏公司应向某电源公司支付货款本金及相应利息的情况下，某光伏公司在判决生效后另行支付了款项，因该款项不足以偿还全部债务，且双方亦无约定，应认定付款优先抵冲利息而非本金。退一步来讲，即使某光伏公司在付款时系针对欠款本金，但双方后又签订和解协议重新确定了本金金额，也说明双方对于此前支付的货款性质进行了调整，即明确已支付款项中有一部分并非本金，不能在本金中予以扣除。某电源公司虽在执行和解协议中明确放弃利息、违约金、诉讼费，但在双方已确定某光伏公司结欠本金金额为6867.5万元的情况下，所谓的放弃应指向未收取的利息、违约金，而不应涉及已收取部分。

【实务指引】

本案涉及债务人给付不足以清偿全部债务时对其已给付款项是利息还是本金的认定。《民法典》第五百六十一条明确规定在给付不足以清偿全部债务的，除当事人另有约定外，应当按照实现债权的有关费用、利息、主债务的顺序清偿。该条规定其实是认为实现债权的有关费用为债权人的一次性暂时支出，应当最先抵充；利息是债权人的预期收益，也应当优于主债务保护，而主债务是产生利息的本金，应放在最后冲抵，否则优先冲抵本金将有损债权人利息预期收益的计取，明显有失公平。

本案中已有生效判决确认某光伏公司欠付某电源公司本金及利息，因某光伏公司在判决生效后支付的款项不足以偿还本金及利息全部债务，且在双方没有约定偿还顺序的情况下，应认定某光伏公司支付的804.5万元优先抵充利息而非本金。

【法律依据】

《民法典》第五百六十一条　债务人在履行主债务外还应当支付利息和实现债权的有关费用,其给付不足以清偿全部债务的,除当事人另有约定外,应当按照下列顺序履行:

（一）实现债权的有关费用;

（二）利息;

（三）主债务。

6. 合同解除权的规则

案例80

某光伏能源公司、某金属门窗公司租赁合同纠纷案

Q: 某光伏公司为建设分布式光伏电站与某金属门窗公司签订屋面租赁合同。后某光伏公司向某金属门窗公司发出《解除合同通知函》,某金属门窗公司收到该函件后未作出回复,合同是否解除?

A: 依据最高人民法院《关于适用〈中华人民共和国合同法〉若干问题的解释（二）》第二十四条的规定,双方未就合同解除约定异议期间的,异议期为3个月。因此出租人收到合同解除通知后3个月内未提起异议的,合同应当解除。但《民法典》生效后,上述司法解释已经废止,目前对该异议期《民法典》第五百六十五条未规定明确期限。

裁判案例:（2020）冀04民终41号

【裁判观点】

虽然一审法院认定某光伏公司提交的相关证据不符合合同约定的解除条件,但当某光伏公司以"因国家政策变化等原因,导致项目未能顺利实施,合同目的无法实现"为由向某金属门窗公司发出解除合同告知函时,某金属门窗公司对此并没有回复亦没有在法律规定的自收到解除通知之日起三个月异议期间对该解除通知提起诉讼,该解除通知对某金属门窗公司发生效力,故本案不存在某光伏公司故意违约的情形。

【实务指引】

本案涉及的是单方行使合同解除权的法律效果。根据最高人民法院《关于适用〈中华人民共和国合同法〉若干问题的解释（二）》第二十四条的规定,一方当事人依照《合同法》第九十三条第二款、第九十四条的规定主张解除合同的,应当通知对方。合同自通知到达对方时解除,异议期为3个月,对方当事人对解除合同有异议的应当在异议期内提出。本案中某光伏公司以"因国家政策变化等原因,导致项目未能顺利实施,合同目的无法实现"为由向某金属门窗公司发出解除合同告知函,依据的是《合同法》第九十四条规定的单方解除权,根据当时相关司法解释的规定,某金属门窗公司收到合同解除通知后3个月内未提出异议,合同应当解除。但是该司法解释已废止,《民法典》并未规定异议期,新的相关司法解释也未实施,所以在当前《民法典》时代,双方对合同解除有争议时,任何一方都有权请求人民法院或者仲裁机构确认解除行为的效力。

【法律依据】

《民法典》第五百六十五条　当事人一方依法主张解除合同的,应当通知对方。合同自通知到达对方时解除;通知载明债务人在一定期限内不履行债务则合同自动解除,债务人在该期限内未履行债务的,合同自通知载明的期限届满时解除。对方对解除合同有异议的,任何一方当事人均可以请求人民法院或者仲裁机构确认解除行为的效力。

当事人一方未通知对方,直接以提起诉讼或者申请仲裁的方式依法主张解除合同,人民法院或者仲裁机构确认该主张的,合同自起诉状副本或者仲裁申请书副本送达对方时解除。

八、违约责任

1. 违约责任的种类

案例81

戚某与某新能源公司买卖合同纠纷案

Q: 光伏企业与业主签订分布式光伏发电站合同,业主以宣传单中写明的补贴数额与实际情况不符为由,主张光伏企业在合同签订和履行过程中存在欺骗和隐瞒行为,要求赔偿损失,是否予以支持?

A: 不予支持。光伏项目补贴系有国家政策予以明确且属于公示信息,业主可以自行查询获得,光伏企业所列为往年的补贴数据,与现今不符不构成欺骗、隐瞒。

裁判案例:(2020)沪01民终2052号

【裁判观点】

本案的争议焦点为某新能源公司在与戚某就《居民分布式光伏发电站项目合同》的签订和履行中是否存在欺诈和隐瞒、原审酌情判令某新能源公司支付戚某损失是否有依据。戚某在二审中自认关于补贴的问题个人可以通过上网查到国家发展和改革委员会或者政府部门的公示,该自认说明相应补贴系有国家政策予以明确且属于公示信息,戚某完全可以查询得知详情,故不能认定某新能源公司有欺诈和隐瞒行为。戚某签订合同是在2019年,每年的补贴政策都有变化,其以某新能源公司2018年的宣传单主张某新能源公司对其进行了隐瞒和欺诈,显属依据不足。戚某与某新能源公司签订的《居民分布式光伏发电站项目合同》中并未明确国家补贴和上海补贴的具体数额,且签订合同后戚某也未实施并网等后续行为,故其称无法获得国家补贴和上海补贴的原因在于某新能源公司,并无证据证明,不予采信。关于原审酌情判定的12000元损失问题,戚某在原审中未提出该主张,且二审中其也不认可原审的该项判决,故原审法院在无当事人主张的情况下判定该损失没有依据,应予纠正。

【实务指引】

戚某主张某新能源公司在签订和履行《居民分布式光伏发电站项目合同》时存在欺诈和隐瞒行为,并就此要求赔偿损失,其实质是要求某新能源公司承担缔约过失责任。依据《民法典》第五百条的规定,如果某新能源公司在订立合同过程中有故意隐瞒与订立合同有关的重要事实或者提供虚假信息,或者有违背诚信原则的行为,则应承担赔偿责任。

本案中某新能源公司在订立合同时提供的是往年的国家补贴数额,并没有谎称该补贴会一直不变化,而且该补贴标准是公开的行政信息,也没有隐瞒的客观可能。戚某对于政策补贴金额每年会变动的情况是明知或应当明知的,对每年的补贴政策也完全可以自行查询,所以本案中并没有其被欺瞒的情形。相反,戚某作为完全独立民事行为能力人,在进行商事活动时,应尽到正常人应有的合理注意义务。

【法律依据】

《民法典》第五百条　当事人在订立合同过程中有下列情形之一,造成对方损失的,应当承担赔偿责任:

(一)假借订立合同,恶意进行磋商;

(二)故意隐瞒与订立合同有关的重要事实或者提供虚假情况;

(三)有其他违背诚信原则的行为。

案例82

某新能源公司、某科技公司买卖合同纠纷案

Q: 某新能源公司(购货方,甲方)与某科技公司(供货方,乙方)签订买卖合同与施工合同,约定由甲方向乙方出卖光伏设备并负责安装,现乙方以光伏组件(支架)倾角度数不符合要求为由,主张存在质量问题,拒绝付款的,是否予以支持?

> **A**：本案为买卖合同纠纷。支架选型错误及加工质量（长短不一）为施工问题与产品质量问题的混合，并不属于纯粹的产品质量问题，而且双方已就施工合同纠纷提起诉讼和反诉，在本案中买方以质量问题拒绝付款，法院不予支持。
>
> **裁判案例：**(2020)浙01民终1372号

【裁判观点】

某新能源公司上诉认为某科技公司供货产品质量不合格，其有权暂缓付款且无须支付利息、违约金，对此法院认为，根据鉴定机构出具的鉴定意见，"光伏组件支架倾角度不符合要求的原因除施工质量问题外，还存在支架选型错误及加工质量（长短不一）等质量问题"，上述鉴定意见无法直接证明某科技公司提供的产品自身存在质量问题，且双方因案涉光伏发电项目施工合同纠纷在江苏省徐州市泉山区人民法院引发诉讼，该案中某新能源公司以案涉工程质量问题为由提起反诉，故某新能源公司的该上诉请求没有事实依据，法院不予支持。

【实务指引】

本案中需要区分的法律焦点是两案的诉讼请求是否相同。两公司之间既签订了买卖合同又签订了施工合同，对于光伏组件（支架）倾角度数不符合要求的问题，某新能源公司在本案中主张系某科技公司供应的产品质量问题，但其在其他前诉的案件中主张是施工工程质量问题，并提起反诉。虽然前案中某新能源公司的诉讼请求是因某科技公司施工质量不合格不予支付工程款，后案中某新能源公司的诉讼请求是因某科技公司出卖的产品质量不符合要求不予支付货款及利息，但其实两案的诉讼标的都是光伏组件（支架）的货款及安装费，两案的诉讼请求都是不予支付货款及安装费，是完全重复的。

依据最高人民法院《关于适用〈中华人民共和国民事诉讼法〉的解释》第二百四十七条第二款的规定，当事人重复起诉并已经受理的，裁定驳回起诉，某新能源公司在本案（后案）中的诉讼请求应当被依法驳回。

【法律依据】

最高人民法院《关于适用〈中华人民共和国民事诉讼法〉的解释》第二百四十七条 当事人就已经提起诉讼的事项在诉讼过程中或者裁判生效后再次起诉，同时符合下列条件的，构成重复起诉：

（一）后诉与前诉的当事人相同；

（二）后诉与前诉的诉讼标的相同；

（三）后诉与前诉的诉讼请求相同，或者后诉的诉讼请求实质上否定前诉裁判结果。

当事人重复起诉的，裁定不予受理；已经受理的，裁定驳回起诉，但法律、司法解释另有规定的除外。

案例 83

牛某、某设备销售处买卖合同纠纷案

Q：某设备销售处安装的光伏发电系统，其发电量未能达到合同约定的标准。光伏设备业主牛某能否要求某设备销售处承担违约责任？如何确定补偿的形式？

A：可以要求承担违约责任。根据实际发电量占约定额的比例计算应付账款。

裁判案例：(2020) 辽 03 民终 108 号

【裁判观点】

现牛某提供的抄单显示日平均发电量不足 50 度，本院按照该抄单核算从 2018 年 8 月至 2019 年 8 月总发电量为 15705 度，按照平均日发电量 50 度年发电量应为 18250 度。故现实际发电量为约定发电量的 86%，某设备销售处确实存在提供商品质量不符合约定的情况。根据《中华人民共和国合同法》第一百一十一条"质量不符合约定的，应当按照当事人的约定承担违约责任。对违约责任没有约定或者约定不明确，依照本法第六十一条的规定仍不能确定的，受损害方根据标的的性质以及损失的大小，可以合理选择要求对方承担修理、更换、重作、退货、减少价款或者报酬等违约责任。"对于某设备销售处履行合同中存在的瑕疵行为，牛某有权减少价款，案涉合同约定价款为 90000 元，牛某可按照该产品实际达到的约定标准比例支付货款。即 90000 元 × 86% = 77400 元。牛某已经给付了 15000 元，其尚需支付 62400 元。一审法院对此认定错误，本院予以纠正。

【实务指引】

某设备销售处提供的光伏发电系统发电量未能达到合同约定标准，属于违约行为。依据《民法典》第五百八十二条的规定，在合同主体双方对违约责任有约定时按照约定处理，没有约定则按照《民法典》第五百一十条规定的合同漏洞填补规则进行处理，按照上述方式仍然不能处理的，则受损害方可以根据标的的性质以及损失的大小，合理选择请求对方承担修理、重作、更换、退货、减少价款或者报酬等违约责任。本案中，牛某就某设备销售处履约瑕疵提出减少价款支付，符合法律规定，价款减少的标准按照实际发电量与约定发电量之间的差额比例确定有事实依据，且符合常理，故牛某的诉讼请求应当被支持。

【法律依据】

《民法典》第五百八十二条　履行不符合约定的,应当按照当事人的约定承担违约责任。对违约责任没有约定或者约定不明确,依据本法第五百一十条的规定仍不能确定的,受损害方根据标的的性质以及损失的大小,可以合理选择请求对方承担修理、重作、更换、退货、减少价款或者报酬等违约责任。

案例 84

某新能源公司与某环保公司买卖合同纠纷案

Q: 光伏设备支架买卖合同中,供货方某新能源公司提供的支架不符合国家标准,但是案涉光伏设备已通过竣工验收。某新能源公司能否以此主张其提供的产品质量合格,不承担违约责任?

A: 不能。虽不符合国家标准的支架现今未对设备运行产生影响,但其会影响设备使用寿命,存在安全隐患,供货方应当承担违约责任予以更换。

裁判案例: (2019)沪02民终10321号

【裁判观点】

某环保公司没有提供符合合同约定的,达到国家标准产品质量的铝合金檩条。至于某环保公司主张,涉案项目已经通过竣工验收,应当据此推定产品质量合格。法院认为,根据某新能源公司提供的竣工验收报告及《能源管理协议》,涉案工程确已竣工验收合格。涉案铝合金檩条壁厚未达国家标准虽不妨碍其目前使用状态,但可能影响其使用寿命。为确保安全,一审判决要求某新能源公司自行更换,对此法院予以认可。

【实务指引】

本案的焦点在于是否应当根据工程竣工验收结果推定产品质量合格。最高人民法院发布的公报案例(江苏南通二建集团有限公司与吴江恒森房地产开发有限公司建设工程施工合同纠纷案)中,江苏省高级人民法院二审认为,"屋面广泛性渗漏属客观存在并已经法院确认的事实,竣工验收合格证明及其他任何书面证明均不能对该客观事实有效对抗"。总结江苏省高级人民法院的判决可以得到以下认定思路:(1)工程是否存在质量问题属于事实问题。当事人提出相应的证据经过法院确认后如果能够证明确实存在质量问题,那么该事实需要足够的证据才能够对抗。(2)工程竣工验收报告等竣工验收合格证明并不能用于对抗工程质量存在问题的事实。在这样的认定思路下,当事人关于质量问题的主张若要获得支持,则需要其提供足够的证据。一般来说,工程竣工验收合格意味着用于整个工程的设备、材料、施工质量都符合国家标准和设计要求。但是如果有相反证据能够证明工程上的某个设备、材料或施工质量不合格,应当以证据能够证明的案件事实为根据对工程质量进行判断。

本案中,竣工验收报告及《能源管理协议》只能从形式上证明案涉工程已经竣工验收合格,但是某新能源公司有相反证据能够证明某环保公司没有提供符合合同约定的达到国家标准产品质量的铝合金檩条,人民法院则应当依据最高人民法院《关于民事诉讼证据的若干规定》第八十五条规定的证据判断标准对相反证据的证明力予以认定,从而确认某环保公司违约,应当承担违约责任。本案中某新能源公司主张请求某环保公司更换不合格的铝合金檩条,有事实和法律依据,应当予以支持。

【法律依据】

《民法典》第五百八十二条　履行不符合约定的,应当按照当事人的约定承担违约责任。对违约责任没有约定或者约定不明确,依据本法第五百一十条的规定仍不能确定的,受损害方根据标的的性质以及损失的大小,可以合理选择请求对方承担修理、重作、更换、退货、减少价款或者报酬等违约责任。

最高人民法院《关于民事诉讼证据的若干规定》第八十五条　人民法院应当以证据能够证明的案件事实为根据依法作出裁判。

审判人员应当依照法定程序,全面、客观地审核证据,依据法律的规定,遵循法官职业道德,运用逻辑推理和日常生活经验,对证据有无证明力和证明力大小独立进行判断,并公开判断的理由和结果。

案例85

某新能源科技公司、高某买卖合同纠纷案

Q: 某新能源科技公司与业主约定光伏设备安装完毕后,由业主办理贷款以此支付设备安装费用,现业主拒绝办理贷款,光伏企业能否请求法院要求继续履行? 此行为是否为强迫业主与银行办理贷款的行为?

A: 可以请求法院继续履行。金钱债务不存在履行不能的情况,约定办理贷款也仅是支付的一种手段,可以以金钱替代履行。

裁判案例:(2019)浙01民终6646号

【裁判观点】

本案的争议焦点系某新能源科技公司是否有权要求高某继续履行案涉合同,支付货款并承担违约金。双方当事人所签订的《光伏电站销售合同》系双方当事人的真实意思表示,不违反法律、法规的强制性规定,双方均应按约履行。现根据审理查明,案涉《光伏电站销售合同》中所约定的设备,某新能源科技公司已经安装完毕,案涉设备也已经并网发电,高某亦已经取得相关发电收益,故某新能源科技公司的销售及安装义务已经完成,且不存在违约行为,而高某则应依约支付相应的货款。高某在诉讼过程中虽然认为案涉设备无法达到其购买案涉设备的目的,但未具体说明原因,应承担举证不能的不利后果。同时,案涉《光伏电站销售合同》中将案涉货款的结算方式约定为银行按揭贷款支付,其原因是案涉项目的特殊银行政策,其目的是减轻购买者的负担,但并非可以据此认定案涉货款仅能通过银行按揭贷款的方式进行支付。高某在前期配合办理案涉设备并网开通手续,且无证据证明高某存在不良征信记录等客观原因导致其无法办理银行按揭贷款手续的情形,案涉设备已经并网发电而高某也据此受益,现高某无理拒绝申请银行贷款,有违诚信,应承担相应的违约责任。案涉债务系金钱债务,在此种情况下,某新能源科技公司作为守约方有权选择要求高某继续履行合同,其主张以现金支付作为替代履行的方式,并不违反法律、法规的规定,也不存在强迫高某与银行缔约或者强制交易的情形。

【实务指引】

本案涉及的是光伏电站买卖合同纠纷。在买卖合同中,买方的主要合同义务是支付货款,本案中某新能源科技公司完成了光伏电站的销售及安装义务,而且光伏电站已经并网发电,某新能源科技公司不存在违约行为,高某履行支付货款的条件已经成就。因为合同中约定高某以银行所贷款项支付货款,但高某却拒绝办理贷款也拒绝以其他形式支付货款,所以某新能源科技公司根据合同约定要求高某继续履行合同,办理贷款并支付货款及违约金,是有事实和法律依据的,不应认定为强迫交易行为。货币具有不记名属性,银行贷款只是货款的来源之一,并不是本案涉及的买卖合同的主要目的,高某如果拒绝办理银行贷款以其他货币来源支付货款,也应认定为其对合同的继续履行行为。因为高某的违约行为,致使违约金产生,某新能源科技公司依法有权在请求高某继续履行合同的同时,请求其支付违约金。

【法律依据】

《民法典》第一百七十九条　承担民事责任的方式主要有:

(一)停止侵害;

(二)排除妨碍;

(三)消除危险;

(四)返还财产;

（五）恢复原状；

（六）修理、重作、更换；

（七）继续履行；

（八）赔偿损失；

（九）支付违约金；

（十）消除影响、恢复名誉；

（十一）赔礼道歉。

法律规定惩罚性赔偿的，依照其规定。

本条规定的承担民事责任的方式，可以单独适用，也可以合并适用。

案例 86

某互感器公司、某科技公司定作合同纠纷案

Q：光伏设备定作合同中，供货方某互感器公司根据需求方某科技公司委托的设计院提供的参数定制设备，若该设备最终不能与电站匹配且双方合同中已经约定"供货产品不能通过验收，可以解除合同，请求支付违约金"的，承揽人是否需要承担违约责任？

A：无须承担责任，根据公平原则，承揽人根据设计院提供的数据定制设备，其并无过错，若直接认定承揽人违约，显失公平。

裁判案例：（2019）辽 12 民终 441 号

【裁判观点】

本案中某科技公司主张双方签订的《购销合同》第十四条约定了"或由于其他原因出卖人提供的合同范围的供货产品不能通过验收，或达不到生产要求，甲方有权拒绝并可解除合同，乙方需向甲方支付货款总额 10% 的违约金，甲方同意更换的，乙方在征得甲方同意的时间内未能调换的，按逾期交货违约责任处理"，从而认为某互感器公司提供的电流互感器与电站不匹配应由某互感器公司承担责任。对某科技公司的该主张，根据《合同法》第五条"当事人应当遵循公平原则确定各方的权利和义务"之规定，合同双方应当公平确定权利和义务，无论出现何种原因只要某互感器公司提供的产品不能通过验收或达不到生产要求均由某互感器公司承担责任，明显对某互感器公司不公平，而且也不是某互感器公司的真实意思表示，某互感器公司认为，只有产品出现质量问题不能通过验收或达不到生产要求时其才负责更换。本案中，双方均认可某互感器公司提供的产品没有质量问题，只是由于产品的技术参数有问题而导致生产的产品与电站不匹配无法使用。因某互感器公司是根据某科技公司委托的设计院对技术参数确认后的图纸进行的生产制造，对于技术参数的问题由某互感器公司承担责任显失公平,也不符合实际,应当由某科技公司自行承担责任,至于某科技公司与其委托的设计院之间的权利义务问题与某互感器公司无关。因此原审判决认为由某互感器公司承担违约责任不公平,也没有法律依据。

【实务指引】

民事行为应当遵守公平原则。当事人存在违约行为的,应当承担违约责任。一方当事人出现的损失,并非对方当事人的违约行为引起,或者对方当事人并不存在违约行为的,在合同中约定该情形下由对方当事人承担损失赔偿的条款,明显有悖公平原则,因违反法律规定而无效,不能作为受损失人的请求权基础。本案中,造成电流互感器与电站不匹配而无法使用的原因是某科技公司提供的电流互感器的技术参数错误,该技术参数是某科技公司委托的设计院提供给某科技公司,某科技公司又提供给某互感器公司的,某互感器公司生产的产品本身并无质量问题,该技术参数的错误又并非某互感器公司的违约行为,原审判决机械地根据合同约定内容判令某互感器公司承担"电流互感器与电站不匹配"的违约责任,违背了《民法典》中规定的公平原则,应该对原判决予以撤销,改判某互感器公司无须承担违约责任。

【法律依据】

《民法典》第六条　民事主体从事民事活动,应当遵循公平原则,合理确定各方的权利和义务。

2. 损害赔偿范围

案例87

许某、某新能源公司合同纠纷案

Q: 某新能源公司安装的分布式光伏发电设备年发电量未达到约定标准。因此业主许某以设备使用寿命20年为期限主张20年的可得利益损失,该主张是否能够获得支持?

A: 只支持已经实际发生的损失。由于光伏设备发电量并不稳定且未来的设备运行情况难以判断,故将来的损失可在实际发生后再另行主张。

裁判案例:(2020)鲁16民终40号

【裁判观点】

《合同法》第一百一十三条第一款规定:当事人一方不履行合同义务或者履行合同义务不符合约定,给对方造成损失的,损失赔偿额应当相当于因违约所造成的损失,包括合同履行后可以获得的利益,但不得超过违反合同一方订立合同时预见到或者应当预见到的因违反合同可能造成的损失。本案中某新能源公司承诺该光伏系统10万千瓦每年发电量不低于14680度,即许某安装的11万千瓦每年发电量应不低于16148度。2017年7月至2018年7月许某的设备实际发电量为14250.41度,实际少发电1897.59度,计款1612.95元(1897.59度×0.85元/度)。该损失已经实际发生,应由某新能源公司承担。因光伏发电受光照、气温和日常维护等多种因素的影响,每年的实际发电量并不相同,许某在上诉状中也认可2018年7月25日至2019年7月24日,少发电量为690.3度。由此可见,光伏设备发电量并不稳定,双方在签订合同时无法预见未来20年的设备运行情况。故一审判决许某可在实际损失发生后另行主张损失并无不当。

【实务指引】

本案的焦点是可得利益损失数额的确定。可得利益是一种未来利益,是合同履行后才得以实现的,可得利益应当具有一定的确定性,包括发生概率及数额都应具有一定的确定性。常见的确定可得利益的方法有差额法、约定法、类比法、估算法、综合衡量法等。可得利益受可预见性规则的限制,应是违约方在订立合同时能够预见或应当预见的损害类型,但可得利益的类型及数额应由守约方承担举证责任。可得利益损失数额还需结合减损规则、损益相抵、过失相抵规则等综合确定。

本案中因为受多种客观条件影响,光伏设备每年的发电量并不稳定,对于未来20年的发电量无法预见,许某是否有可得利益的损失以及数额多少的确定都不符合可预见规则,也不具有一定的确定性,因此其主张未来20年发电量差额的损失赔偿没有被法院支持。

【法律依据】

《民法典》第五百八十四条 当事人一方不履行合同义务或者履行合同义务不符合约定,造成对方损失的,损失赔偿额应当相当于因违约所造成的损失,包括合同履行后可以获得的利益;但是,不得超过违约一方订立合同时预见到或者应当预见到的因违约可能造成的损失。

> **案例 88**
>
> **某新能源公司、某光伏科技公司买卖合同纠纷案**
>
> **Q**：光伏公司之间签订光伏设备买卖合同，买受人能否以光伏设备存在质量瑕疵并且品牌与约定不符为由，主张出卖人构成欺诈，要求"假一赔三"？
>
> **A**：买受人出于经营需要购买光伏设备，不是消费者，不能根据《消费者权益保护法》要求"假一赔三"。
>
> **裁判案例**：(2018)豫03民终2897号

【裁判观点】

《消费者权益保护法》系保护为生活消费需购买、使用商品或者接受服务的消费者的权益。本案中某新能源公司和葛某个人系不同的法律主体，其作为新能源企业与某光伏科技公司签订《太阳能电池板购销合同书》，购买太阳能电池板，不适用《消费者权益保护法》的规定。本案中某新能源公司所举证据不能充分证明某光伏科技公司提供的产品系假货，不符合国家标准，也未举出相关部门认定涉案产品属于假货的鉴定报告，故其要求乙组件公司退货退款并包赔某新能源公司损失46500元理由不足，本院不予支持。如某新能源公司认为产品不符合合同要求，存在质量问题，给某新能源公司造成损失，可依据购销合同另行向某光伏科技公司主张违约责任。

【实务指引】

本案的焦点是法律适用的问题。《消费者权益保护法》是特别法，保护的主体是为生活消费需要购买、使用商品或者接受服务的消费者，保护的对象是消费者的生活消费权益。某新能源公司出于经营需要与某光伏科技公司签订《太阳能电池板购销合同书》，购买太阳能电池板，不是《消费者权益保护法》规定的生活消费，所以某新能源公司不应被认定为消费者，不受该法保护，其依据该法主张"假一赔三"不应被支持。但《消费者权益保护法》也明确规定，不受该法保护的，仍然可以适用其他法律。如果有证据能够证明某光伏科技公司提供的产品不符合合同约定，有违约行为，某新能源公司有权依据《民法典》的相关规定另案提起诉讼，向某光伏科技公司主张违约责任。当事人还应注意要区分合同和诉讼参与的主体，自然人和法人是不同的法律主体，各自有完全独立的权利义务。

【法律依据】

《消费者权益保护法》第二条　消费者为生活消费需要购买、使用商品或者接受服务,其权益受本法保护;本法未作规定的,受其他有关法律、法规保护。

《民法典》第五百八十四条　当事人一方不履行合同义务或者履行合同义务不符合约定,造成对方损失的,损失赔偿额应当相当于因违约所造成的损失,包括合同履行后可以获得的利益;但是,不得超过违约一方订立合同时预见到或者应当预见到的因违约可能造成的损失。

3. 定金及定金罚则

案例89

某太阳能公司、某设备公司买卖合同纠纷案

Q:《光伏组件买卖合同》中双方当事人约定了定金条款,且已实际交付。现买受人迟延履行付款义务,出卖人主张实现定金罚则。但买受人主张双方约定的定金为成约定金,而非违约定金,其不具有担保债权的效力。该主张能否成立?

A:不能。依照我国现行法律规定,若当事人对于定金的性质没有明确规定,则认定其为违约定金。因此买受人主张不成立。

裁判案例:(2019)鄂28民终208号

【裁判观点】

某太阳能公司已经按照合同约定供货,但某设备公司未如约支付进度款,以致双方合同无法继续履行,某太阳能公司发出解除合同通知书。某设备公司迟延履行义务的行为造成双方合同目的无法实现,构成违约,故本案可以适用定金罚则。某设备公司抗辩称,合同没有约定定金对债权的担保,应理解为成约定金,依据我国现行法律规定,若对定金性质有特别约定,从其约定,若无特别约定或约定不明,则一律按违约定金处理。故本案定金应为违约定金。

【实务指引】

在订立合同时,合同当事人基于需要,经常会对定金条款附加一定的说明或限制,所以定金的性质和效力并不相同。从学理上看,定金类型主要有五种:成约定金、证约定金、违约定金、立约定金、解约定金。我国法律未对定金类型作出划分,根据对《民法典》第五百八十六条、第五百八十七条定金条款规定的解读,我国现行法律下的定金以认定违约定金为原则,当合同当事人未明确约定定金性质时,则认定为违约定金,适用定金罚则。定金合同实质上是金钱担保合同,乙方当事人向另一方交付金钱作为履行债务的担保,定金合同也是实践合同,以定金交付为成立要件。

本案中某太阳能公司已经按照合同约定供货,但某设备公司迟延履行付款义务的行为造成双方合同目的无法实现,双方在《光伏组件买卖合同》中约定了定金条款,在没有明确定金性质的情形下,依法认定为违约定金,适用定金罚则,应当双倍返还定金。

【法律依据】

《民法典》第五百八十六条　当事人可以约定一方向对方给付定金作为债权的担保。定金合同自实际交付定金时成立。

定金的数额由当事人约定;但是,不得超过主合同标的额的百分之二十,超过部分不产生定金的效力。实际交付的定金数额多于或者少于约定数额的,视为变更约定的定金数额。

《民法典》第五百八十七条　债务人履行债务的,定金应当抵作价款或者收回。给付定金的一方不履行债务或者履行债务不符合约定,致使不能实现合同目的的,无权请求返还定金;收受定金的一方不履行债务或者履行债务不符合约定,致使不能实现合同目的的,应当双倍返还定金。

案例90

某建设公司与某光伏发电公司建设工程施工合同纠纷案

Q: 如何判断光伏项目发包方与承包方在施工合同中约定的价金条款是履约保证金还是定金?

A: 合同条款中载明是履约保证金的,不能认定为定金,不适用定金罚则。

裁判案例: (2015)青民一初字第63号

【裁判观点】

《工程建设施工意向合同》约定,乙方(某建设公司,承包人)向甲方(某光伏发电公司,发包人)缴纳履约保证金600万元,乙方在完成总工程量500万元后,甲方如数退还履约保证金600万元。如甲方按期不退还,按保证金的3倍进行赔偿。乙方完成甲方电站728平方千米光伏发电及沙化治理、枸杞林综合一体化道路及厂区绿化或一期工程完工后,二期工程无法开工,甲方退还乙方的全额保证金。甲方以项目股权及土地作为支付乙方工程进度款及工程结算款的担保。

通过解读上述条款,可以认定甲光伏公司缴纳的保证金与光伏发包公司提供项目股权、土地作为担保的约定实际上是双方为了确保合同顺利履行而相互提供的履约担保方式,双方关于光伏发包公司对若逾期退还保证金应按保证金的3倍进行赔偿的约定,实际上亦是对违约金数额或因违约产生的损失赔偿额计算方法的意思表示,即如果一方迟延还款,应承担逾期返还保证金的违约责任……案涉合同中明确载明600万元为履约保证金,双方既未签订定金合同或者约定定金条款,亦未书面确认该保证金的定金性质,因此甲光伏公司向光伏发包公司支付的600万元不是定金,而为履约保证金。甲光伏公司主张定金权利,请求光伏发包公司双倍返还,缺乏事实和法律依据,法院不予支持。

【实务指引】

本案涉及如何区分定金与履约保证金的问题。学理认为,保证金合同属于非典型合同,或曰无名合同。[①] 履约保证金这一概念规定在2003年由原国家发展计划委员会等七部委通过的《工程建设项目施工招标投标办法》中。根据该办法第五十八条、第六十二条的规定,招标人在招标文件中如果要求中标人提供履约保证金或者其他形式担保的,中标人则负有提交保证金的义务,否则将被视为放弃中标。该办法第八十五条第一款规定:"招标人不履行与中标人订立的合同的,应当双倍返还中标人的履约保证金;给中标人造成的损失超过返还的履约保证金的,还应当对超过部分予以赔偿;没有提交履约保证金的,应当对中标人的损失承担赔偿责任。"在该办法的规定之下,履约保证金具有担保的性质。并且,其第八十五条第一款的规定从内容上来看与"定金罚则"的内容类似。但是在2013年,该办法在修订时删去了双倍返还的内容。规范性文件中的履约保证金就此被定性为招投标过程中招标人为了与中标人订立合同而要求中标人提供的保证。履约保证金在性质上不同于定金。定金适用法律规定的罚则,而履约保证金则更强调双方当事人自愿约定,且履约保证金仅为招标人与中标人顺利订立合同而设立。

本案中双方当事人约定的履约保证金与上文分析的招投标过程中的履约保证金有所不同。本案中双方当事人约定,施工单位提交的履约保证金,在施工单位完成一定的工作量后由建设单位返还。此处的履约保证金是施工单位为履行合同而提供的某种担保,与上文中招投标环节的履约保证金性质不同。双方当事人在合同中已经明确约定了履约保证金的内容,现在一方当事人提出的约定为定金合同的主张并无事实和法律依据。有关定金合同的约定,根据已经失效的最高人民法院《关于适用〈中华人民共和国担保法〉若干问题的解释》第一百一十八条的规定,"当事人交付留置金、担保金、保证金、订约金、押金或者订金等,但没有约定定金性质的,当事人主张定金权利的,人民法院不予支持"。这一规定设立了定金的判定规则,即只有当事人明确约定定金性质的,定金合同才成立。虽

[①] 最高人民法院民法典贯彻实施工作领导小组主编:《中华人民共和国民法典合同编理解与适用(二)》,人民法院出版社2020年版,第794页。

然该规定已经失效,但依然对本案有借鉴意义。本案中双方当事人未在合同中约定任何与定金有关的内容,也没有直接约定履约保证金就是定金。另外,合同中也没有约定与法定的定金罚则相同的内容。上述原因使本案中的履约保证金无法被认定为定金,当事人主张适用定金罚则也缺少依据。

实践中,当事人如果确有设立定金合同的需求,建议在合同中注明资金的性质,并按照《民法典》中对定金罚则的规定设立合同条款。当事人之间达成的有关履约保证金的约定需要结合合同的具体内容才能够判断其对当事人的影响。不过总的来说,履约保证金具有保证合同履行的效果。

【法律依据】

《民法典》第五百八十六条第一款　当事人可以约定一方向对方给付定金作为债权的担保。定金合同自实际交付定金时成立。

案例91

某太阳能公司、甲村民委员会土地租赁合同纠纷案

Q: 某太阳能公司与某区政府签订合作协议。约定某太阳能公司在某区政府辖区内投资建设分布式光伏发电项目,某区政府协调供应辖区内的项目用地。某太阳能公司将租赁保证金打入某区政府管辖的甲村民委员会、乙村民委员会账户。之后某太阳能公司发现某区政府协调的土地无法开展光伏项目建设。某太阳能公司现要求被租用土地的农户返还租赁保证金,该主张能否得到支持?

A: 不予支持。农户为了出租土地已将土地闲置,现因项目无法进行,已经造成了损失。农户对于光伏项目用地的要求并无知情义务。

裁判案例: (2019)鲁04民终3334号

【裁判观点】

某太阳能公司根据项目的需要选中甲村民委员会、乙村民委员会的土地后,对土地进行丈量,并商定向甲村民委员会、乙村民委员会交纳土地租赁保证金(该土地租赁保证金业已发放给两村相关农户,农户为此闲置土地),某太阳能公司保证一定与两村的相关农户签订相关土地租赁合同,其交纳保证金的行为造成了甲村民委员会、乙村民委员会对土地租赁的信赖。甲村民委员会、乙村民委员会农户为了履行土地租赁合同的前期清理工作,以闲置土地的方式将土地交付给某太阳能公司。因土地性质问题,某太阳能公司与农

户未签订租赁合同,过错责任在于选定土地的某太阳能公司。某太阳能公司虽没有实际使用土地,但甲村民委员会、乙村民委员会农户已因此发生实际损失,某太阳能公司无权要求甲村民委员会、乙村民委员会返还保证金。

【实务指引】

本案中,某太阳能公司向两村保证与其农户订立土地租赁合同。这一举动可以视为某太阳能公司已经与两村达成了某种向第三人履行的预约合同。具言之,某太阳能公司向两村承诺其将与农户订立正式的租赁合同,并通过村委会向农户发放保证金。基于某太阳能公司作出的承诺,农户将其土地闲置。农户作出这一举动的原因是对某太阳能公司承诺的信赖。现在由于土地性质问题某太阳能公司无法与农户订立租赁合同,这是因为某太阳能公司选址错误。某太阳能公司不能履行其承诺与农户无关。从公平原则的角度来看,应当保护农户因信任某太阳能公司将与其订立土地租赁合同的信赖利益。

【法律依据】

《民法典》第五百八十六条　当事人可以约定一方向对方给付定金作为债权的担保。定金合同自实际交付定金时成立。

定金的数额由当事人约定;但是,不得超过主合同标的额的百分之二十,超过部分不产生定金的效力。实际交付的定金数额多于或者少于约定数额的,视为变更约定的定金数额。

4.违约金的约定

案例92

某科技公司、某动力公司建设工程施工合同纠纷案

Q: 某科技公司与某动力公司签订《建设工程施工合同》,其中约定了违约金的计算标准。之后发包人某动力公司逾期支付工程款,承包人某科技公司依据双方签订的合同要求某动力公司赔偿违约金。但是某科技公司并未提交具体证据证明因发包人违约给自己造成的损失。同时,发包人主张违约金过高,要求法院调整违约金数额。此时应当如何认定违约金是否过高?

A: 判断违约金是否过高,应当兼顾合同履行情况、当事人过错程度以及预期利益等因素综合确定。主张违约金过高的违约方应当对违约金是否过高承担举证责任。

裁判案例: (2020)鲁15民终299号

【裁判观点】

某动力公司逾期支付 7632000 元,但依据合同的总价千分之一计算违约金为 2902800 元,某动力公司提出违约金过高要求予以调整,根据原最高人民法院《关于适用〈中华人民共和国合同法〉若干问题的解释(二)》第二十七条、第二十九条规定,法院认为,某科技公司未提交证据证明某动力公司逾期付款给其造成的损失,故法院认定其损失为利息损失。对于其违约金法院调整为:以逾期支付工程款为基数,按照年利率 24% 计算为 595414 元(7362000 元×24%÷365 天×123 天)。

【实务指引】

本案涉及违约金的调整规则。违约金调整规则是赋予法官对违约金高低进行自由裁量权的规则,法院可以对当事人双方在合同中达成的合意进行干预,表面上看着有悖于契约自由精神,但其有助于回归契约实质自由,有助于促进交易公平。《民法典》第五百八十五条规定的违约金调整的实质含义是认为违约金是损害赔偿的提前量化,应以损失为衡量标准,总体上属于赔偿性违约金;当双方当事人约定的违约金过分高于损害时,则该违约金就属于惩罚性违约金,与立法目的不符,所以需要对其适用酌减规则进行调低。主张违约金高的违约方应当对违约金是否过高承担主要举证责任,受损失方也应承担必要的举证责任。

本案在没有证据证明损失的情形下,简单按照民间借贷利率标准确定违约损失并不能准确确定违约方的违约责任,法院应尽量查清违约损失,并结合合同履行情况和双方过错最终确定违约责任。

【法律依据】

《民法典》第五百八十五条　当事人可以约定一方违约时应当根据违约情况向对方支付一定数额的违约金,也可以约定因违约产生的损失赔偿额的计算方法。

约定的违约金低于造成的损失的,人民法院或者仲裁机构可以根据当事人的请求予以增加;约定的违约金过分高于造成的损失的,人民法院或者仲裁机构可以根据当事人的请求予以适当减少。

当事人就迟延履行约定违约金的,违约方支付违约金后,还应当履行债务。

《全国法院民商事审判工作会议纪要》50.认定约定违约金是否过高,一般应当以《合同法》第 113 条规定的损失为基础进行判断,这里的损失包括合同履行后可以获得的利益。除借款合同外的双务合同,作为对价的价款或者报酬给付之债,并非借款合同项下的还款义务,不能以受法律保护的民间借贷利率上限作为判断违约金是否过高的标准,而应当兼顾合同履行情况、当事人过错程度以及预期利益等因素综合确定。主张违约金过高的违约方应当对违约金是否过高承担举证责任。

> **案例 93**
>
> **某光伏公司、某开发公司租赁合同纠纷案**
>
> **Q**：某光伏电力公司与某开发公司签订租赁合同，约定违约金为合同总价款的30%。租赁人某光伏电力公司违约后主张合同约定的违约金过高，其主张能否获得支持？
>
> **A**：违约金是否过高的主要举证责任在于租赁人，其应当举证证明合同约定违约金远高于出租人因其违约行为所受的损失。
>
> **裁判案例**：(2020)辽14民终29号

【裁判观点】

本案中，2017年1月25日签订的《土地使用权租赁合同》和2019年4月25日签订的《土地使用权租赁合同之补充协议》是某光伏公司和某开发公司的真实意思表示，且不违反法律、行政法规的强制性规定，合法、有效。双方当事人应当恪守合同约定，履行合同义务。某开发公司已将案涉租赁土地全部交付某光伏公司建造光伏发电站使用，且某光伏公司的光伏发电站已经建成并网使用，某开发公司已经依约全面地履行了合同义务。某光伏公司应当依约向某开发公司支付案涉土地租金。2019年4月25日，双方签的《土地使用权租赁合同之补充协议》约定，某光伏公司应当于协议生效后第20个工作日内向某开发公司支付20年的土地租金；同时约定，"任何一方违反前述规定，均需按第三条租金总额的30%承担违约金"。某光伏公司虽诉请30%违约金过高，应予以适当减少，但其未能向人民法院提供充分的证据证明，30%的违约金已过分高于因其违约行为给某开发公司造成损失的具体数额，应由其承担不利的法律后果。从公平原则考虑，某光伏公司和某开发公司约定了案涉30%的违约金是双方签订合同过程中，经平等协商，共同约定，意在约束双方当事人全面履行合同义务。截止目前，某光伏公司仍未按约定向某开发公司支付土地租金，已经构成严重违约，应当承担相应地违约责任。因此，一审判决依据双方的合同约定判令某光伏公司承担案涉租金的30%违约金，并无不当。

【实务指引】

违约金是由当事人约定或者法律直接规定的，一方当事人违约时须向另一方当事人支付的一定数额金钱或者其他给付。当事人基于缔约自由原则可以自行约定违约金的数额，将其预先作为赔偿损失额。法律并未要求违约金数额与损失额完全相同，但是也不允许两者相差悬殊，否则将使违约金责任与损失赔偿之间的关联性减弱，违约金的赔偿性丧失。基于上述原因,违约金调整规则的存在是必要的。《民法典》第五百八十五条规定了违约金调整的规则。已经废止的最高人民法院《关于适用〈中华人民共和国合同法〉若干问题的解释(二)》第二十九条第二款规定:"当事人约定的违约金超过造成损失的百分之三十的,一般可以认定为合同法第一百一十四条第二款规定的'过分高于造成的损失'。"本案中,双方约定的违约金总额为合同约定租金的30%,从表面上看这一约定下的违约金金额确实较高,但是本案中某光伏公司未能支付任何一笔约定租金,相当于守约方完全未能获得合同所约定的利益。在违约方未能举证证明违约金高于守约方实际损失时,这一约定反而对守约方更加公平。这也是法院支持30%违约金的理由。

【法律依据】

《民法典》第五百八十五条 当事人可以约定一方违约时应当根据违约情况向对方支付一定数额的违约金,也可以约定因违约产生的损失赔偿额的计算方法。

约定的违约金低于造成的损失的,人民法院或者仲裁机构可以根据当事人的请求予以增加;约定的违约金过分高于造成的损失的,人民法院或者仲裁机构可以根据当事人的请求予以适当减少。

当事人就迟延履行约定违约金的,违约方支付违约金后,还应当履行债务。

《全国法院民商事审判工作会议纪要》50. 认定约定违约金是否过高,一般应当以《合同法》第113条规定的损失为基础进行判断,这里的损失包括合同履行后可以获得的利益。除借款合同外的双务合同,作为对价的价款或者报酬给付之债,并非借款合同项下的还款义务,不能以受法律保护的民间借贷利率上限作为判断违约金是否过高的标准,而应当兼顾合同履行情况、当事人过错程度以及预期利益等因素综合确定。主张违约金过高的违约方应当对违约金是否过高承担举证责任。

案例94

柴某、某新能源公司买卖合同纠纷案

Q: 柴某与某新能源公司签订《分布式光伏销售安装合同》约定:根据柴某用电需求,某新能源公司为柴某安装光伏电站。同时,某新能源公司承诺分布式光伏年发电量达不到约定数值的,依照国家补贴价格给予柴某补偿;电池组件寿命不少于20年。电站安装后,柴某自行测量发现月发电量未达到约定年发电量的1/12,并以此主张光伏电站发电量不达标,要求某新能源公司赔偿20年使用期内的补偿。该主张能否获得支持?

A: 不能。光伏电站发电量受多方因素影响,且不同季节发电量差异较大。买受人仅以安装使用后前几个月的平均值计算年发电量,误差过大不具有证明力。

裁判案例:(2020)豫17民终1493号

【裁判观点】

关于柴某要求某新能源公司赔偿 20 年少发电量的损失,即 22.7208 度 × 0.7 元 × 30 天 × 12 个月 × 20 年 = 114512.83 元。法院认为,双方签订的《附加协议》约定:甲方承诺乙方年发电量 28800±1000 度,如未达到此基数,甲方按照当时国家补贴价格补贴给乙方到此基数,即发电量以年为单位进行计算,因光伏发电量受多种因素影响,每月发电量均不相同,现柴某以 2019 年 5 月 11 日至 11 月 4 日的平均电量来计算一年的少发电量,从而要求 20 年的损失,不符合合同约定,故不予支持。

【实务指引】

本案的焦点是可得利益损失数额的确定。可得利益是一种未来利益,是合同履行后才得以实现的,可得利益应当具有一定的确定性,包括发生概率及数额都应具有一定的确定性。常见的确定可得利益的方法有差额法、约定法、类比法、估算法、综合衡量法等。可得利益受可预见性规则的限制,应是违约方在订立合同时能够预见或应当预见的损害类型,但可得利益的类型及数额应由守约方承担举证责任。可得利益损失数额还需结合减损规则、损益相抵、过失相抵规则等综合确定。

本案中因为受多种客观条件影响,光伏设备每年的发电量并不稳定,对于未来 20 年的发电量无法预见,且发电量以年为单位进行计算,柴某以 2019 年 5 月到 11 月的发电量推算未来 20 年的发电量,不具有科学性、合理性。柴某是否有 20 年的可得利益损失以及数额多少的确定都不符合可预见规则,也不具有一定的确定性,因此其主张未来 20 年发电量差额的损失赔偿不应被法院支持。

【法律依据】

《民法典》第五百八十四条 当事人一方不履行合同义务或者履行合同义务不符合约定,造成对方损失的,损失赔偿额应当相当于因违约所造成的损失,包括合同履行后可以获得的利益;但是,不得超过违约一方订立合同时预见到或者应当预见到的因违约可能造成的损失。

案例 95

黄某、某电气公司承揽合同纠纷案

Q: 光伏电站安装合同中并未明确约定光伏发电系统的实际发电量数值,卖方某电气公司仅在可行性报告中计算了一般情况下的发电数值,现买方因实际发电数值远不及报告中标注的数值主张卖方某电气公司违约,法院是否予以支持?

A： 不予支持。报告中标注的数值是在特殊条件下的发电参考数值，属于理论发电值。实际情况受太阳辐射、环境温度、楼距位置等多种可变因素影响，实际发电量与理论发电值可能存在一定偏差。故卖方并不构成违约。

裁判案例：（2018）粤02民终1914号

【裁判观点】

《光伏电站工程安装合同》是黄某与某电气公司自愿签订的，双方均应按照合同约定履行。该合同对光伏发电系统的实际发电量数值并未明确约定。虽然《关于在韶关地区利用光伏精准扶贫可行性报告》第三条第三项涉及"光伏电站经济效益计算"，但该报告第二条第二项"安装条件"亦明确为"空地或房屋结构相对较好，屋顶承载能力较强，阳光能充分照射，有供电部门提供的220伏和380伏交流电源，便于并网"，这说明如果获得报告第三条第三项计算的数值，还是要满足太阳辐射、朝向角度等特定条件。结合本案，涉案产品安装位置处于二楼露台，且周围有其他高楼，其产生的实际发电量与宣传单数值不符，不排除是受环境温度、楼距位置等因素的影响。而且，黄某也未提供证据证明涉案产品存在其他质量问题。因此，黄某主张某电气公司构成根本违约，要求解除合同，返还货款，理据不足，法院不予支持。原审法院对此处理并无不当，法院予以维持。

【实务指引】

本案涉及产品的质量标准判断及举证责任。双方当事人可以在合同中对产品的质量标准进行约定，约定不明的可以依据《民法典》第五百一十一条第一项的规定进行判断。本案中黄某主张以《关于在韶关地区利用光伏精准扶贫可行性报告》记载的数据为标准对光伏发电系统的质量进行判定，但是该可行性报告在安装条件方面亦明确为空地或房屋结构相对较好，屋顶承载能力较强，阳光能充分照射，黄某购买的产品安装在二楼露台，周围有其他高楼，这些安装条件明显和可行性报告中的安装条件不符，该报告中记载的发电量不应作为产品质量的判断标准。

因此，本案属于质量保证约定不明，黄某作为原告，应承担举证责任证明某电气公司提供的光伏发电系统质量不满足强制性国家标准或推荐性国家标准或行业标准或通常标准或符合合同目的的特定标准，但其并没有举证证明该光伏发电系统存在质量问题，没有证据证明某电气公司有违约行为，所以其主张某电气公司根本违约及解除合同，返还货款的请求不应得到法院支持。

【法律依据】

《民法典》第五百一十一条第一项　当事人就有关合同内容约定不明确,依据前条规定仍不能确定的,适用下列规定:

(一)质量要求不明确的,按照强制性国家标准履行;没有强制性国家标准的,按照推荐性国家标准履行;没有推荐性国家标准的,按照行业标准履行;没有国家标准、行业标准的,按照通常标准或者符合合同目的的特定标准履行……

《民事诉讼法》第六十七条　当事人对自己提出的主张,有责任提供证据。

当事人及其诉讼代理人因客观原因不能自行收集的证据,或者人民法院认为审理案件需要的证据,人民法院应当调查收集。

人民法院应当按照法定程序,全面地、客观地审查核实证据。

案例 96

某设备公司与某科技公司合同纠纷案

Q: 某科技公司(买方)与某设备公司(卖方)签订《采购合同》,但是未约定买方逾期付款的利率。之后买方逾期支付货款,卖方能否要求买方支付逾期利息?

A: 可以。买卖合同中未对逾期利率进行约定,但依据法律规定债务人应当支付逾期付款利息。

裁判案例: (2019)赣 05 民初 218 号

【裁判观点】

本院认为,某设备公司主张按年利率 6% 计算逾期付款利息系参照适用最高人民法院《关于审理民间借贷案件适用法律若干问题的规定》第二十九条相关规定,而该条规定关于年利率 6% 的利息计算标准系参照各银行贷款利率取平均值确定,故对某科技公司认为某设备公司主张的逾期付款利息过高的辩称意见,本院不予采纳。

【实务指引】

《民法典》第五百六十一条明确规定:"债务人在履行主债务外还应当支付利息和实现债权的有关费用……"本案中,某科技公司逾期支付光伏组件买卖合同中约定的货款,虽然在双方签订的合同中没有约定逾期付款责任,也没有约定逾期付款应否支付利息及利率标准,但是依据《民法典》第五百六十一条的规定,某科技公司除应当承担支付货款责任外,还应依法支付逾期付款利息。在某科技公司和某设备公司没有约定逾期付款利率的情形下,可以参照适用最高人民法院《关于审理民间借贷案件适用法律若干问题的规定》(2019年生效版本)第二十九条的相关规定,按年利率6%计算。

应注意的是,在《民法典》生效后,最高人民法院《关于审理民间借贷案件适用法律若干问题的规定》已修正,相关条款已也更改为"参照当时一年期贷款市场报价利率标准"。

【法律依据】

《民法典》第五百六十一条 债务人在履行主债务外还应当支付利息和实现债权的有关费用,其给付不足以清偿全部债务的,除当事人另有约定外,应当按照下列顺序履行:

(一)实现债权的有关费用;

(二)利息;

(三)主债务。

最高人民法院《关于审理民间借贷案件适用法律若干问题的规定》第二十八条 借贷双方对逾期利率有约定的,从其约定,但是以不超过合同成立时一年期贷款市场报价利率四倍为限。

未约定逾期利率或者约定不明的,人民法院可以区分不同情况处理:

(一)既未约定借期内利率,也未约定逾期利率,出借人主张借款人自逾期还款之日起参照当时一年期贷款市场报价利率标准计算的利息承担逾期还款违约责任的,人民法院应予支持;

(二)约定了借期内利率但是未约定逾期利率,出借人主张借款人自逾期还款之日起按照借期内利率支付资金占用期间利息的,人民法院应予支持。

案例97

某科技公司、某能源公司加工合同纠纷案

Q: 合同中约定的"补偿金"计算条款是否属于违约金条款?当事人能否以违约金数额过高为由请求法院调整?

A: 补偿损失的计算条款实质上仍然属于违约金条款。违约金过高可以进行调整。

裁判案例:(2017)最高法民终431号

【裁判观点】

从双方当事人的约定来看,合同将损失赔偿的范围限定于直接损失。某能源公司向某科技公司提供不小于规定最低供应量的废砂浆是其主要合同义务,合同有关约定可以看作对某能源公司违反其主要合同义务所设置的违约责任条款。该约定虽是以计算公式的方式约定了某能源公司因无法达到年最低砂浆供应量而应向某科技公司补足年收入额,但其实质仍属于双方对违约金的约定。根据《合同法》第一百一十四条第二款的规定,"……约定的违约金过分高于造成的损失的,当事人可以请求人民法院或者仲裁机构予以适当减少"。

【实务指引】

本案涉及如何认定违约金以及违约金调整的问题。下文将从什么是违约金、违约金如何调整、过高的违约金能否得到支持三个方面具体全面分析有关违约金的问题。

《民法典》第五百八十五条第一款规定,当事人可以约定一方违约时应当根据违约情况向对方支付一定数额的违约金,也可以约定因违约产生的损失赔偿额的计算方法。根据该条规定,违约金是由双方当事人协商确定的违约责任。违约金在违约发生时方可支付。违约包括履行不能、拒绝履行、履行迟延、不完全履行等情形。违约金究竟是针对何种违约类型约定或规定的,应当通过解释当事人的意思或者法规目的而定。[1] 本案中,双方将某能源公司向某科技公司提供不小于规定最低供应量的废砂浆约定为主要合同义务。若某能源公司未能完成最低供应量则需要向某科技公司补足年收入额。从内容上看,双方约定了合同义务,也约定了未能履行合同义务时违约方向守约方支付金额的计算方法。上述性质使法院认定当事人之间的约定属于违约金条款。

在分析违约金的调整规则之前,需要明确违约金中一对重要的分类概念——赔偿性违约金与惩罚性违约金。学理上所称的惩罚性违约金,是指对债务人过错违约进行惩罚,以确保债权效力的违约金。此种违约金在性质上决定了受害人除请求支付违约金外,还可以请求强制实际履行或损害赔偿。赔偿性违约金是当事人双方预定的损害赔偿总额。这种违约金的性质决定了受害人只能请求强制实际履行,或者主张支付违约金,不能双重请求。[2] 最高人民法院认为,惩罚性违约金和赔偿性违约金的区分将影响违约金调整规则的适用。具言之,最高人民法院认为,"赔偿性违约金的实质是损害赔偿总额预定,而惩罚性违约金才是真正的违约金。基于违约金酌减规则的规范目的,其适用于惩罚性违约金,而不适用于赔偿性违约金"[3]。

违约金的调整规则规定在《民法典》第五百八十五条第二款,即"约定的违约金低于造成的损失的,人民法院或者仲裁机构可以根据当事人的请求予以增加;约定的违约金过分高于造成的损失的,人民法院或者仲裁机构可以根据当事人的请求予以适当减少"。违约金的调整规则使违约金责任赔偿损失的一致性得到维护,维护了违约金的赔偿属性。虽然从表面上看违约金调整规则干预了当事人之间的缔约自由,但是这一调整反而更有

---

[1] 刘家安、周维德、郑佳宁:《债法:一般原理与合同》,高等教育出版社2012年版,第374页。
[2] 刘家安、周维德、郑佳宁:《债法:一般原理与合同》,高等教育出版社2012年版,第374页。
[3] 最高人民法院民事审判第二庭编著:《〈全国法院民商事审判工作会议纪要〉理解与适用》,人民法院出版社2019年版,第326－327页。

利于双方当事人之间的公平。在有证据证明双方当事人关于违约金的约定过高时,当事人自然有权向法院请求调整违约金。

【法律依据】

《民法典》第五百八十五条第一款、第二款 当事人可以约定一方违约时应当根据违约情况向对方支付一定数额的违约金,也可以约定因违约产生的损失赔偿额的计算方法。

约定的违约金低于造成的损失的,人民法院或者仲裁机构可以根据当事人的请求予以增加;约定的违约金过分高于造成的损失的,人民法院或者仲裁机构可以根据当事人的请求予以适当减少。

5. 双方违约

案例98

某光伏发电公司、某钢构公司承揽合同纠纷案

Q:承揽合同履约过程中,承揽人交付的工作成果不符合约定质量,定作人逾期给付工程款。在双方均违约的情况下如何处理双方支付利息和支付违约金的请求?

A:在双方均存在违约、均有过错的情况下,应当各自承担相应的责任。

裁判案例:(2020)冀08民终1152号

【裁判观点】

上诉人(某光伏发电公司)与被上诉人(某钢构公司)签订的《施工合同》约定的违约责任为:发包方(某光伏发电公司)不按合同规定时间拨付合同价款,承包方(某钢构公司)所建工程归承包方所有;承包方不能按规定的日期竣工,应当承担逾期竣工的责任,逾期每天按合同总价款的0.05%向发包方支付违约金。该合同中未约定具体的竣工日期,且上诉人在履行《施工合同》时,未按该合同约定及时给付工程款,存在违约,故上诉人要求被上诉人给付违约金的主张本院不予支持。

【实务指引】

本案涉及双方违约情形。双方违约指合同当事人双方各自都违反合同规定的义务,各有违约行为,并且互相给对方造成了损失,《民法典》第五百九十二条第一款规定当事人都违反合同的,应当各自承担相应的责任。本案中在双方互相违约,互相给对方造成损失的情形下,径向判令均不支持诉讼请求,属双方违约的做法相对简单。依据法律规定,只有双方的违约行为给对方造成的损失数额相当时,根据债务抵销原则,避免讼累,浪费司法资源,才可以如此判决。正常审理中,应综合双方过错,查清双方各自损失,一方损失明显大于另一方的,根据债务抵销原则抵充后,未能抵充的损失应由造成该损失的过错方承担。

【法律依据】

《民法典》第五百九十二条　当事人都违反合同的,应当各自承担相应的责任。

当事人一方违约造成对方损失,对方对损失的发生有过错的,可以减少相应的损失赔偿额。

案例99

某矿建公司与某能源公司建设工程施工合同纠纷案

Q: 某矿建公司与某能源公司通过邮寄合同书、发送电子邮件等形式就光伏项目建设多次磋商。某矿建公司在双方未签订书面合同时已进场施工。此时建设工程施工合同是否已经成立?双方当事人发生纠纷后能否主张违约责任?

A: 实践中法院对此问题的处理方式并不统一,需要结合案件的具体情况处理。

裁判案例: (2018)新30民终49号

【裁判观点】

法院认为,根据原最高人民法院《关于适用〈中华人民共和国合同法〉若干问题的解释(二)》第二条"当事人未以书面形式或者口头形式订立合同,但从双方从事的民事行为能够推定双方有订立合同意愿的,人民法院可以认定是以合同法第十条第一款中的'其他形式'订立的合同。但法律另有规定的除外"的规定,本案中,某矿建公司与某能源公司通过口头和发送电子邮件的方式就建设工程施工合同内容进行协商,并在合同签订前,某矿建公司进入施工工地施工,从上述行为可以推定双方有订立合同的意愿,符合订立合同的"其他形式",但根据上述司法解释"但法律另有规定的除外"以及《合同法》第二百七十条"建设工程合同应当采用书面形式"的规定,双方应签订书面合同,才可成立合同关系。《合同法》第三十七条规定:"采用合同书形式订立合同,在签字或者盖章之前,当事人一方已经履行主要义务,对方接受的,该合同成立。"本案中,某矿建公司仅施工3日,也未举证证明其已履行了主要义务,故不能认定双方已成立合同关系。某矿建公司上诉提出双方已依法成立合同关系的上诉理由,法院不予采纳。由于本案双方未签订书面合同,故一审法院对某矿建公司要求某能源公司支付违约金和可得利益的诉讼请求不予支持正确。

【实务指引】

本案中法院的裁判思路有待进一步分析。依照《民法典》的规定,法院采取的裁判思路如下:(1)虽然双方当事人已经通过口头协商、电子邮件等形式就建设工程相关事项展开了协商,但是《民法典》第七百八十九条规定:"建设工程合同应当采用书面形式。"因此当事人之间即便存在合意也不具有法定的合同形式。(2)根据《民法典》第四百九十条第二款的规定,"法律、行政法规规定或者当事人约定合同应当采用书面形式订立,当事人未采用书面形式但是一方已经履行主要义务,对方接受时,该合同成立"。由于承包人未能履行双方约定的主要义务,因此当事人也不能援引本条的规定主张合同成立。(3)综上,不能认定当事人之间成立了合同。

法院将合同的法定形式与合同的成立与效力联合在一起的做法可能并不符合法律规定。虽然《民法典》中明确规定建设工程合同应当采取书面形式,但是《民法典》中并未规定违反法律、行政法规规定形式的合同无效或不成立。法院在此似乎是将合同法定形式的规定认定为"效力性强制性规定"。与效力性强制性规范有关的内容已经在上文讨论过。[①] 当援引某一个规范不能得出法律行为无效的结论时,该规范不能认为是效力性强制性规范。因此本案的审理法院在此存在法律适用方面的错误。事实上,审判实务中对于合同的法定形式与效力之间的关系已经形成了基本观点:合同形式,应当视为证明合同成立的依据,而不能把其当作合同成立或生效的要件,也就是说,对合同的书面形式应采证据主义,不宜采生效主义。[②] 本案中,双方当事人已经通过口头、电子邮件等形式就建设工程合同的内容进行了磋商,并且承包人已经进场施工。即便实际施工时间仅有3天,承包人也投入了人力、物力,并且在发包人要求停工后已完成工程量也涉及结算的问题。因此,法院仅以无书面合同为由否定合同成立的做法属于忽视当事人之间合意。

考察最高人民法院对于合同形式与合同效力之间的观点,笔者发现,其观点也有所变化。最高人民法院经济审判庭编著的《合同法释解与适用》(上册)一书中认为,对于合同的书面形式应采证据主义,不宜采生效主义。但是在《中华人民共和国民法典合同编理解与适用(三)》中,最高人民法院又认为,"根据《民法典》第490条第2款关于'法律、行政法规规定或者当事人约定合同应当采用书面形式订立,当事人未采用书面形式但是一方已经履行主要义务,对方接受时,该合同成立'的规定,对已施工的工程,认定合同已成立"[③]。此时,最高人民法院的观点与本案裁判法院的观点一致,并且抛弃了"合同书面形式采证据主义"的观点,而是结合《民法典》第四百九十条的规定,将"已经履行主要义务"

---

① 本书第一编第一章中"违反强制性规定民事法律行为"中案例11的实务指引。
② 最高人民法院经济审判庭编著:《合同法释解与适用》(上册),新华出版社1999年版,第163页。
③ 最高人民法院民法典贯彻实施工作领导小组主编:《中华人民共和国民法典合同编理解与适用(三)》,人民法院出版社2020年版,第1910页。

作为未采用书面形式时认定合同是否成立的标准。这样的做法从表面上看符合《民法典》的内部规范。最高人民法院在同一著作中也表示"建设工程合同标的额大、履行周期长,而且履行过程中情况复杂,容易出现变化",正是由于建设工程的此种特征法律才会规定合同采取书面形式以定分止争。但是将"已经履行主要义务"作为认定合同成立的条件反而忽视了建设工程的特点。由于履行周期长,承包人可能在履行合同的前期需要完成准备材料、现场勘察等工作。这些工作虽然无法认定为"已经履行主要义务",但也应当受到法律保护。如果忽视建设工程的特点,仅以"已经履行主要义务"作为双方未订立书面合同时判断合同是否成立的标准,这样的做法反而可能会损害当事人的利益。

笔者建议,在处理此类案件时以协商、调解等方式处理。如果案件最终进入诉讼阶段,建议在诉讼文书中详尽说理。

【法律依据】

《民法典》第七百八十九条　建设工程合同应当采用书面形式。

《民法典》第四百九十条第二款　法律、行政法规规定或者当事人约定合同应当采用书面形式订立,当事人未采用书面形式但是一方已经履行主要义务,对方接受时,该合同成立。

6. 不可抗力

> **案例100**
>
> ### 某机械公司、某照明公司房屋租赁合同纠纷案
>
> **Q:** 光伏项目用地被政府因建设需要收回的,光伏企业能否要求出租人承担违约责任? 若政府因政策需要收回土地为不可抗力,出租人能否全部免责?
>
> **A:** 能否要求出租人承担责任要视政府收回土地的原因而定,若因政策原因收回土地,该行为具有公共性,属于不可抗力。但不可抗力不意味着全部免责,出租人有过错的,也应当承担违约责任。
>
> **裁判案例:** (2019)浙04民终1171号

【裁判观点】

法院认为,本案因租赁厂房所涉土地被政府收回导致双方当事人之间的租赁合同无法继续履行,但对于土地被收回的原因和性质双方存在争议。某机械公司认为系某照明公司投资不到位、终止项目建设导致土地被政府收回,某照明公司应当承担违约责任。某照明公司认为政府收回土地属于不可抗力,根据约定其不应承担责任。

关于收回土地的原因。2018年1月17日某经济开发区管委会通知某照明公司，"经前期协商，拟对某照明公司位于海盐县大桥新区国有土地使用权依法收回"，并未明确收回土地的原因。同年6月12日某经济开发区管委会向某照明公司发出告知函，其中载明"因建设规划需要"决定依法收回土地，并告知收回某照明公司土地使用权的决定是明确的，且从未停止对土地使用权的"征收"。审理过程中，一审法院根据某机械公司的申请向某经济开发区管委会调取了2018年9月4日盐开（2018）168号文件关于要求收回某照明公司土地使用权的申请及相应附件。该文件载明："因光伏行业市场发生颠覆性变化。现根据该公司退地申请报告和开发建设需要，经区（街道）与该公司协商，同意收回该宗土地20762平方米。由我区另行开发建设使用。"上述文件中附件1为"某照明公司要求收回土地申请"，但实际附件是"某照明公司关于同意政府收回土地使用权的函"。其中载明"为配合开发区管委会对该地块的综合利用"，同意开发区依法收回土地使用权。以上证据均没有体现系某照明公司终止项目投资经营、投资不到位导致政府收回涉案土地，反而证明系政府部门因开发建设需要收回涉案土地使用权。某机械公司主张涉案土地使用权被收回完全是某照明公司自身的原因，依据不足，法院不予支持。

根据前述认定，政府因开发建设需要依法收回土地是涉案土地被收回的主要原因。政府收回土地使用权的行为具有一定的公共性，该政府行为当事人一般难以预测，也难以避免和克服，一审参照不可抗力处理并无不当。某机械公司主张某照明公司承担违约责任，双倍返还定金并赔偿其全部损失，不予支持。同时，因市场形势不好，某照明公司前后两次同意政府收回土地使用权，并获得了相应补偿。故某照明公司以政府收回为由主张全部免责，与本案实际情况不符，亦不予支持。根据原《合同法》第一百一十七条第一款的规定，因不可抗力不能履行合同的，根据不可抗力的影响，部分或者全部免除责任，但法律另有规定的除外。一审结合实际情况酌定某照明公司补偿某机械公司损失的40%，符合法律规定和公平原则，二审不再调整。

【实务指引】

本案涉及不可抗力的认定及法律后果。依据《民法典》第五百九十条第一款的规定，因不可抗力致使合同无法履行的，并不当然全部免除应履约一方当事人的责任，而是根据不可抗力的影响，部分或全部免除责任。该法条第一款还规定了不能履行合同一方当事人对对方当事人的通知和证明义务，以减轻可能给对方造成的损失。本案中，某机械公司租赁某照明公司的土地作为光伏用地，但该土地使用权被政府收回。政府收回土地使用权的行为具有一定的公共性，当事人一般难以预测，也难以避免和克服，但本案中政府在收回土地使用权的过程中，两次征得某照明公司同意，某照明公司同意被收回的原因包括市场不景气和能收到征收补偿金，由此可见政府收回土地使用权并非某照明公司完全难以避免和克服,即使认定为不可抗力也非严格意义上的不可抗力,或者只能参照不可抗力处理。所以某照明公司以此作为违约免责事由,也只能部分免除,而且审理法院综合案件中的其他因素,如或许涉及通知义务、证明义务履行不完全,未减轻对方损失,从而仍然承担了某机械公司40%的损失赔偿责任。

【法律依据】

《民法典》第五百九十条第一款　当事人一方因不可抗力不能履行合同的,根据不可抗力的影响,部分或者全部免除责任,但是法律另有规定的除外。因不可抗力不能履行合同的,应当及时通知对方,以减轻可能给对方造成的损失,并应当在合理期限内提供证明。

九、买卖合同

1. 买受人检验标的物的异议通知

案例101

某光伏公司与某科技公司买卖合同纠纷案

Q:《光伏组件买卖合同》中约定质保期为1年,买受人于质保期后以产品存在质量问题为由,拒不支付合同价款。其主张能否成立?

A:不能。依据《民法典》的规定,买受人应当在质量保证期内就质量问题通知出卖人,逾期不通知的,视为标的物质量符合约定。

裁判案例:(2018)甘03民终133号

【裁判观点】

某光伏公司未在合同约定的初步检验期间提出异议,应认定某科技公司提供的标的物数量、外观及随机提供的技术资料等符合约定。双方未在合同中约定标的物隐蔽瑕疵的检验期间,某光伏公司应在合理期间内检验,合理期间按双方约定的1年质量保证期确定,即2013年12月底前。某光伏公司未在合理期限内提出质量异议,该公司主张某科技公司交付的货物存在质量瑕疵的事实不成立,对其反诉请求不予支持。

【实务指引】

本案涉及买卖合同关系中买受人对标的物存在瑕疵时提出异议的期间及其法律后果。《民法典》第六百二十一条第二款规定,当事人没有对检验期限进行约定的,买受人在发现或应当发现标的物数量或质量不符合合同约定,应在合理期限内通知出卖人,合理期限最长不超过收到标的物后两年,对标的物有质量保证期的,适用质量保证期,不适用最长两年期限的规定。该规定考虑了买受人发现瑕疵、向买受人通知瑕疵所必需的时间,也兼顾了在市场经济条件下,不应要求商事活动中当事人之间法律关系过长时间处于不稳定的状态。当然该最长检验时间并非强制期限,当事人可以就质量保证期协商约定,只要不违反法律基本原则,都受到法律保护。

本案中某光伏公司与某科技公司未在合同中约定检验期间,但约定质量保证期为1年,某光伏公司若对标的物质量存在异议应在1年质量保证期内提出,在质量保证期过后才对标的物质量提出异议,不应被法院支持。

【法律依据】

《民法典》第六百二十一条　当事人约定检验期限的,买受人应当在检验期限内将标的物的数量或者质量不符合约定的情形通知出卖人。买受人怠于通知的,视为标的物的数量或者质量符合约定。

当事人没有约定检验期限的,买受人应当在发现或者应当发现标的物的数量或者质量不符合约定的合理期限内通知出卖人。买受人在合理期限内未通知或者自收到标的物之日起二年内未通知出卖人的,视为标的物的数量或者质量符合约定;但是,对标的物有质量保证期的,适用质量保证期,不适用该二年的规定。

出卖人知道或者应当知道提供的标的物不符合约定的,买受人不受前两款规定的通知时间的限制。

案例 102

某能源开发公司与某工程公司、某自动化公司建设工程施工合同纠纷案

Q:光伏工程设备的所有人并未在检验期限内提出设备存在瑕疵的异议,其能否以瑕疵为理由拒绝支付设备款?

A:未在检验期内提出异议视为设备合格,设备所有人应当支付设备款。

裁判案例:(2018)最高法民终1205号

【裁判观点】

关于设备供应商某自动化公司所供设备是否存在质量缺陷问题。某能源开发公司称某自动化公司供应的SVG装置存在质量缺陷且未消除,但涉案工程已于2015年1月27日竣工验收,某能源开发公司没有充分证据证明其在质保期内提出质量异议,某能源开发公司应当依约向某自动化公司支付设备款。

【实务指引】

本案涉及买卖合同关系中买受人对标的物存在瑕疵的异议期时长及法律后果。《民法典》第六百二十一条第二款规定，当事人没有约定检验期限的，买受人应当在发现或者应当发现标的物的数量或者质量不符合约定的合理期限内通知出卖人。买受人在合理期限内未通知或者自收到标的物之日起 2 年内未通知出卖人的，视为标的物的数量或者质量符合约定；但是，对标的物有质量保证期的，适用质量保证期，不适用该 2 年的规定。该规定考虑了买受人发现瑕疵、向买受人通知瑕疵所必需的时间，也兼顾了在市场经济条件下，不应要求商事活动中当事人之间法律关系过长时间处于不稳定的状态。当然，该最长检验时间并非强制期限，当事人可以就质量保证期协商约定，只要不违反法律基本原则，都受到法律保护。

本案中某能源开发公司与某自动化公司未在 SVG 装置买卖合同中约定检验期间，但约定了质量保证期，某能源开发公司没有在质量保证期内对 SVG 装置质量提出异议，在质量保证期过后再提出异议的，不应被法院支持。

【法律依据】

《民法典》第六百二十一条　当事人约定检验期限的，买受人应当在检验期限内将标的物的数量或者质量不符合约定的情形通知出卖人。买受人怠于通知的，视为标的物的数量或者质量符合约定。

当事人没有约定检验期限的，买受人应当在发现或者应当发现标的物的数量或者质量不符合约定的合理期限内通知出卖人。买受人在合理期限内未通知或者自收到标的物之日起二年内未通知出卖人的，视为标的物的数量或者质量符合约定；但是，对标的物有质量保证期的，适用质量保证期，不适用该二年的规定。

出卖人知道或者应当知道提供的标的物不符合约定的，买受人不受前两款规定的通知时间的限制。

案例 103

某电子公司、某科技公司买卖合同纠纷案

Q：出卖人交付的硅单晶炉内壁材料与约定不一致。买受人于约定检验期限后要求换货，出卖人能否以检验期限已过为由拒绝换货？

A：不能。因为单晶炉内壁材料的选择由出卖人选择，因此出卖人对所选材料与约定不同是明知的。此种情况下买受人对标的物质量的主张不受检验期限的限制。

裁判案例：(2019)冀01民终12402号

【裁判观点】

综合全案事实证据分析,第一,硅单晶炉腔体内壁部位属于该机械设备的主体部位,上诉人(某电子公司,卖方)主张该部位材质不符合质量标准属于零部件的质量问题,与事实不符。第二,被上诉人(某科技公司,买方)知道或者应当知道提供的标的物不符合约定的,买受人不受产品检验期间及质量保证期间的通知时间的限制。出卖人作为生产者,对该产品内壁采用何种材质制造系明知的,故买受人对产品质量问题主张权利,应予支持。

【实务指引】

《民法典》第六百二十一条第三款规定了出卖人知道或者应当知道标的物不符合约定的,买受人违反及时检验义务不必然丧失请求出卖人承担质量瑕疵担保的责任。如果出卖人故意提供不符合约定的标的物,属于欺诈,欺诈是对民法诚信原则的严重违背,应受到法律的否定评价。买受人主张出卖人知道或者应当知道的,应当承担举证责任,法院也应结合生活常识和案件具体情况对出卖人是否知情进行判断,在出卖人故意违反合同主义务,提供不符合合同约定的标的物时,买受人的检验义务就属于被免除的不真正义务。

本案中单晶炉内壁属于该光伏设备的主体部位,单晶炉内壁材料的选择是由出卖人作出的,出卖人对该材料的选用、生产、成型都是明知的,对该材料不符合合同约定也是明知的,因此依据《民法典》第六百二十一条第三款之规定,出卖人应对产品质量承担违约责任,买受人不受产品检验期间及质量保证期间通知时间的限制,其对产品质量问题主张权利应得到法院支持。

【法律依据】

《民法典》第六百二十一条 当事人约定检验期限的,买受人应当在检验期限内将标的物的数量或者质量不符合约定的情形通知出卖人。买受人怠于通知的,视为标的物的数量或者质量符合约定。

当事人没有约定检验期限的,买受人应当在发现或者应当发现标的物的数量或者质量不符合约定的合理期限内通知出卖人。买受人在合理期限内未通知或者自收到标的物之日起二年内未通知出卖人的,视为标的物的数量或者质量符合约定;但是,对标的物有质量保证期的,适用质量保证期,不适用该二年的规定。

出卖人知道或者应当知道提供的标的物不符合约定的,买受人不受前两款规定的通知时间的限制。

案例 104

某新能源科技公司与某科技公司买卖合同纠纷案

Q：光伏设备买方主张光伏支架材料存在问题，不适用外观质量问题的检验期，申请鉴定的，是否予以支持？

A：不予支持。光伏设备的材料厚度明显属于外观质量问题，超过检验期未提出异议的视为产品质量合格，不得申请鉴定。

裁判案例：(2019) 苏 02 民终 3035 号

【裁判观点】

某科技公司供应的光伏支架材料应当视为质量符合约定，不需要启动质量鉴定程序，某新能源科技公司的损失赔偿请求不能成立。《合同法》第一百五十八条第一款规定，当事人约定检验期间的，买受人应当在检验期间内将标的物的数量或者质量不符合约定的情形通知出卖人。买受人怠于通知的，视为标的物的数量或者质量符合约定。本案中，某新能源科技公司向某科技公司采购的是搭建光伏支架的材料，某新能源科技公司采购这些材料后还需要另外委托施工单位进行施工、安装成光伏发电站所用的光伏支架。某新能源科技公司收到某科技公司供应的货物，应当按照约定及时进行检验。双方签订的合同中明确约定了检验期间是 15 个工作日，超过则视为检验合格。某新能源科技公司主张的支架材料壁厚以及镀锌层厚度的质量问题，明显属于外观瑕疵，显然已经超过检验期间，应当视为合格。

【实务指引】

《民法典》第六百二十条规定，买受人收到标的物时应当在约定的检验期限内检验。没有约定检验期限的，应当及时检验。本案中双方当事人已经约定了 15 天的检验期，买受人应当在这一期限内完成检验，否则买卖合同标的物推定为符合合同要求。本案中，某新能源科技公司与某科技公司光伏支架买卖合同明确约定了检验期间是 15 个工作日，某新能源科技公司主张的支架材料壁厚以及镀锌层厚度的问题，明显属于外观瑕疵，在收货后 15 日内具有发现瑕疵的时间，该约定的检验期限适当，双方当事人应当受约束。某新能源科技公司在超过检验期间后就该质量问题主张权利，不应得到法院支持。

【法律依据】

《民法典》第六百二十条　买受人收到标的物时应当在约定的检验期限内检验。没有约定检验期限的,应当及时检验。

《民法典》第六百二十一条　当事人约定检验期限的,买受人应当在检验期限内将标的物的数量或者质量不符合约定的情形通知出卖人。买受人怠于通知的,视为标的物的数量或者质量符合约定。

当事人没有约定检验期限的,买受人应当在发现或者应当发现标的物的数量或者质量不符合约定的合理期限内通知出卖人。买受人在合理期限内未通知或者自收到标的物之日起二年内未通知出卖人的,视为标的物的数量或者质量符合约定;但是,对标的物有质量保证期的,适用质量保证期,不适用该二年的规定。

出卖人知道或者应当知道提供的标的物不符合约定的,买受人不受前两款规定的通知时间的限制。

案例 105

某太阳能电源技术公司与某能源科技公司买卖合同纠纷案

Q: 某太阳能电源技术公司与某能源科技公司签订买卖合同,约定由某能源科技公司提供支架系统。货物供应完毕后,某太阳能电源技术公司主张支架系统存在外观瑕疵,要求某能源科技公司承担违约责任。该主张能否得到支持?

A: 不予支持。没有约定检验期,光伏设备的外观瑕疵应当及时检验,怠于提出质量异议的,视为质量合格。

裁判案例:(2018)京 03 民终 2219 号

【裁判观点】

本案争议的焦点在于某能源科技公司供应的支架是否存在质量问题,某太阳能电源技术公司是否向某能源科技公司提出质量异议且异议成立。买受人收到标的物时应当在约定的检验期间内检验。没有约定检验期间的,应当及时检验。当事人对标的物的检验期间未作约定,买受人签收的送货单、确认单等载明标的物数量、型号、规格的,人民法院应当根据《合同法》第一百五十七条的规定,认定买受人已对数量和外观瑕疵进行了检验,但有相反证据足以推翻的除外。根据本案查明的事实,某太阳能电源技术公司提出的质量问题是某能源科技公司供应的支架檩条、主梁和前后立柱的厚度并未达到合同约定的标准,产品的厚度应属于货物外观瑕疵的范畴,合同中亦未约定检验期间,故某太阳能电源技术公司应在收货时就材料的厚度向某能源科技公司提出异议。某太阳能电源技术公司称其在收货时已经向某能源科技公司提出异议,但其并未提交任何证据予以证明,某能源科技公司对此亦不予认可。某太阳能电源技术公司称其已于2014年10月30日通过电子邮件方式提出异议,某能源科技公司对于某太阳能电源技术公司提交的电子邮件真实性不认可,某太阳能电源技术公司亦未提交相关证据证明收件人系某能源科技公司,且在某太阳能电源技术公司认为某能源科技公司提供的支架存在质量问题导致监理拒绝使用的情况下仅通过电子邮件提出异议与常理不符。某太阳能电源技术公司称其通过其他方式提出过异议,且某能源科技公司派人到过某太阳能电源技术公司协商解决质量问题,某能源科技公司对此不予认可,某太阳能电源技术公司亦未提交充分证据予以证明。某太阳能电源技术公司称其之前并未考虑通过诉讼解决问题,在某能源科技公司做出技术改造的情况下某能源科技公司供应的支架可以应用于项目。对此一审法院认为某能源科技公司供货的时间为2014年9月20日,某能源科技公司提起本案诉讼的时间为2016年5月11日,在如此长的时间里某能源科技公司并未如某太阳能电源技术公司所称对其供应的支架做出技术处理,支架一直未能使用,某太阳能电源技术公司在某能源科技公司占用其支付的预付款且某太阳能电源技术公司还为某能源科技公司提供的支架支付看护费用的情况下,某太阳能电源技术公司仍未选择诉讼解决质量问题与常理不符。关于某太阳能电源技术公司申请对某能源科技公司提供的支架檩条、主梁和前后立柱的厚度进行鉴定,一审法院认为,首先,某太阳能电源技术公司认可某能源科技公司、泰德公司与易必得公司提供的支架并无特殊标志,均为种类物,无法确定项目现场存放的支架系某能源科技公司供应;其次,即使能够确定现场支架为某能源科技公司供应,某太阳能电源技术公司并未提交证据证明其在收货时对于支架材料的厚度已提出异议,故现在某太阳能电源技术公司申请鉴定无事实和法律依据,一审法院不予准许。

【实务指引】

《民法典》第六百二十条规定了买受人对标的物的检验义务。在买卖合同中,出卖人对标的物的质量瑕疵具有担保义务,但该义务并不是没有时间限制,无限制的质量瑕疵担保会使买卖合同双方的法律关系长期处于不稳定状态,对出卖人明显不公平。根据《民法典》第六百二十一条第三款的规定,如果出卖人知道或应当知道标的物在交付时不符合约定,则出卖人是故意违反主合同义务,买受人没有适当履行检验义务并不必然丧失主张出卖人承担质量瑕疵担保责任的权利。

本案中,某太阳能电源技术公司主张支架材料的厚度不符合约定,材料厚度属于标的物外观瑕疵,应在收货的合理期限内提出,但某太阳能电源技术公司却在一年多以后才提出,明显超出合理期限,已不具备请求某能源科技公司承担标的物外观瑕疵担保责任的条件。

【法律依据】

《民法典》第六百二十条　买受人收到标的物时应当在约定的检验期限内检验。没有约定检验期限的,应当及时检验。

《民法典》第六百二十一条　当事人约定检验期限的,买受人应当在检验期限内将标的物的数量或者质量不符合约定的情形通知出卖人。买受人怠于通知的,视为标的物的数量或者质量符合约定。

当事人没有约定检验期限的,买受人应当在发现或者应当发现标的物的数量或者质量不符合约定的合理期限内通知出卖人。买受人在合理期限内未通知或者自收到标的物之日起二年内未通知出卖人的,视为标的物的数量或者质量符合约定;但是,对标的物有质量保证期的,适用质量保证期,不适用该二年的规定。

出卖人知道或者应当知道提供的标的物不符合约定的,买受人不受前两款规定的通知时间的限制。

2. 买受人迟延付款违约责任

案例106

付某、某光伏公司买卖合同纠纷案

Q:《光伏组件买卖合同》履行中,买方付某迟延支付合同价款。卖方某光伏公司请求支付逾期付款违约金,但《光伏组件买卖合同》中未约定逾期付款违约金的,该如何处理?

A:当事人主张逾期付款违约金但未事先约定的,可以以违约行为发生时中国人民银行授权全国银行间同业拆借中心公布的一年期贷款市场报价利率(LPR)标准为基础,加计30%~50%计算逾期付款损失。

裁判案例:(2019)鲁13民终690号

【裁判观点】

现某光伏公司已按合同约定将光伏电站系统安装完成并网发电,付某应按合同约定履行给付设备款的义务,付某已给付80000元,剩余设备款193000元应予给付。某光伏公司要求自起诉之日起按中国人民银行同期贷款利率支付利息,系对自己权利的合法处分,不违反法律规定,予以支持。

【实务指引】

《民法典》第五百六十一条规定了债务人除主债务之外还应当支付利息和有关费用,并就债务人给付不足时,应如何确定债务清偿的顺序进行了规定。本案是买卖合同纠纷,付某逾期支付设备买卖合同中约定的货款,即使在双方签订的合同中没有约定逾期付款的责任,也没有约定逾期付款应否支付利息利率标准,但是依据《民法典》第五百六十一条的规定,付某除应当承担支付货款的责任外,还应依法支付逾期付款利息。在付某和某光伏公司没有约定逾期付款利率的情形下,可以适用最高人民法院《关于审理买卖合同纠纷案件适用法律问题的解释》第十八条第四款规定确定逾期付款的利率。

【法律依据】

《民法典》第五百六十一条 债务人在履行主债务外还应当支付利息和实现债权的有关费用,其给付不足以清偿全部债务的,除当事人另有约定外,应当按照下列顺序履行:

(一)实现债权的有关费用;

(二)利息;

(三)主债务。

最高人民法院《关于审理买卖合同纠纷案件适用法律问题的解释》第十八条 买卖合同对付款期限作出的变更,不影响当事人关于逾期付款违约金的约定,但该违约金的起算点应当随之变更。

买卖合同约定逾期付款违约金,买受人以出卖人接受价款时未主张逾期付款违约金为由拒绝支付该违约金的,人民法院不予支持。

买卖合同约定逾期付款违约金,但对账单、还款协议等未涉及逾期付款责任,出卖人根据对账单、还款协议等主张欠款时请求买受人依约支付逾期付款违约金的,人民法院应予支持,但对账单、还款协议等明确载有本金及逾期付款利息数额或者已经变更买卖合同中关于本金、利息等约定内容的除外。

买卖合同没有约定逾期付款违约金或者该违约金的计算方法,出卖人以买受人违约为由主张赔偿逾期付款损失,违约行为发生在2019年8月19日之前的,人民法院可以中国人民银行同期同类人民币贷款基准利率为基础,参照逾期罚息利率标准计算;违约行为发生在2019年8月20日之后的,人民法院可以违约行为发生时中国人民银行授权全国银行间同业拆借中心公布的一年期贷款市场报价利率(LPR)标准为基础,加计30~50%计算逾期付款损失。

3. 买受人支付价款

> **案例 107**
>
> **某能源公司与陶某买卖合同纠纷案**
>
> **Q:** 在光伏设备买卖合同关系中,买受人在两年的最长检验期间未要求出卖人对设备进行安装调试,在两年后以出卖人未履行设备的安装调试义务为由拒绝支付设备款项的,法院能否予以支持?
>
> **A:** 买受人应当支付款项,买受方应在检验期限内通知卖方安装调试,否则不得以此对抗卖方的付款请求。
>
> **裁判案例:** (2018)苏 08 民终 3199 号

【裁判观点】

涉案的购买协议系陶某与某能源公司的真实意思表示,且内容不违反法律法规的禁止性规定,合法有效。某能源公司认为购买协议对于货款的支付与涉案设备的安装调试验收已有约定,因陶某未完成协议所约定的负责设备调试正常使用并经某能源公司验收的义务,故付款条件不成就。《合同法》第一百五十七条规定:"买受人收到标的物时应当在约定的检验期间内检验,没有约定检验期间的,应当及时检验。"第一百五十八条第二款规定:"……买受人在合理期限内未通知或者自标的物收到之日起两年内未通知出卖人的,视为标的物的数量或者质量符合约定,但对标的物有质量保证期的,适用质量保证期,不适用该两年的规定。"2012 年最高人民法院《关于审理买卖合同纠纷案件适用法律问题的解释》第二十条第一款规定:"合同法第一百五十八条规定的检验期间、合理期间、两年期间经过后,买受人主张标的物的数量或者质量不符合约定的,人民法院不予支持。"上述条款规定两年为最长合理期限,如无特别约定,买受方应在该期限内通知卖方安装调试,否则不得以此对抗卖方的付款请求。故而一审法院让某能源公司就设备交付后因安装调试问题向陶某提出请求进行举证并无不当,某能源公司所提一审举证责任分配不当的上诉理由不能成立,法院不予采纳。依据查明事实,某能源公司合同签订后即根据合同约定拖回涉案设备,但直至本案诉讼始提陶某未履行设备的安装调试义务,已经超过两年合理期限。同时,陶某一审中提交的某能源公司的损益表、资产负债表、供销合同与一审法院到某能源公司现场勘查的情况相互印证,证明了某能源公司购入设备后曾经生产的状况。因此,某能源公司所提陶某没有履行设备安装调试至正常使用的义务,付款条件不成立,一审认定事实错误的上诉理由不成立,法院不予采纳。

【实务指引】

本案涉及对法律规定的检验期及检验内容的理解。《民法典》第六百二十条规定了买受人对标的物的检验义务。在买卖合同中,出卖人对标的物的质量瑕疵具有担保义务,但该义务并不是没有时间限制,无限制的质量瑕疵担保会使买卖合同双方的法律关系长期处于不稳定状态,影响商品交易的效率,进而影响商品市场经济的法治,对出卖人明显不公平。因此,我国法律出于对买卖双方利益的平衡保护,规定了买受人的检验义务,买受人应当对标的物及时检验,逾期将自行负担损失。但应注意例外情形,即《民法典》第六百二十一条第三款规定的如果出卖人知道或应当知道标的物在交付时不符合约定,则出卖人是故意违反主合同义务,买受人没有适当履行检验义务并不必然丧失主张出卖人承担质量瑕疵担保责任的权利。

本案中,陶某与某能源公司约定了陶某对光伏发电设备有安装调试义务,但是货物交付后的两年内某能源公司都未主张该权利,两年后以陶某未履行安装调试义务拒付货款,超出了法律上对最长检验期的规定,其主张不被法院支持。

【法律依据】

《民法典》第六百二十条　买受人收到标的物时应当在约定的检验期限内检验。没有约定检验期限的,应当及时检验。

《民法典》第六百二十一条第二款　当事人没有约定检验期限的,买受人应当在发现或者应当发现标的物的数量或者质量不符合约定的合理期限内通知出卖人。买受人在合理期限内未通知或者自收到标的物之日起二年内未通知出卖人的,视为标的物的数量或者质量符合约定;但是,对标的物有质量保证期的,适用质量保证期,不适用该二年的规定。

最高人民法院《关于审理买卖合同纠纷案件适用法律问题的解释》第十四条　民法典第六百二十一条规定的检验期限、合理期限、二年期限经过后,买受人主张标的物的数量或者质量不符合约定的,人民法院不予支持。

4. 风险承担规则

案例108

某新能源开发公司、某新能源公司买卖合同纠纷案

Q: 光伏发电组件买卖合同中,买方某新能源公司提取货物时主张货物损毁,要求卖方某新能源开发公司补货。卖方在未检验是否损毁情况下补发货物,实际上超合同约定数额发出货物。买方对卖方多发的货物是否负有付款义务?

A：虽然买卖合同中标的物毁损灭失的风险已经转移给买受人，出卖人同意补货的行为应视为出卖人自愿承担货物毁损的风险，故该部分价款买受人无须支付。

裁判案例：(2018)云03民终2004号

【裁判观点】

本案双方当事人争议的焦点是：超出约定多交付的165.25KW光伏发电组件应否由某新能源公司承担付款责任。原《民法总则》第五十七条、第六十一条规定，"法人是具有民事权利能力和民事行为能力，依法独立享有民事权利和承担民事义务的组织""依照法律或者法人章程的规定，代表法人从事民事活动的负责人，为法人的法定代表人。法定代表人以法人名义从事的民事活动，其法律后果由法人承受。法人章程或者法人权力机构对法定代表人代表权的限制，不得对抗善意相对人"。本案中，某新能源开发公司以特价销售形式向某新能源公司销售库存铂阳光伏发电组件260KW，单价2元/瓦，总价款520000元，实际交付光伏发电组件425.25KW，双方之间成立买卖合同关系。买卖标的物由某新能源公司自提，某新能源开发公司将标的物交付给承运人后，标的物毁损、灭失的风险本应由某新能源公司自行承担。但某新能源公司提货时以及收货后提出货物有损坏，要求某新能源开发公司补货，某新能源开发公司法定代表人邱某同意补发光伏发电组件165.25KW。经公安机关侦查，邱某在该买卖活动中不存在犯罪行为，某新能源开发公司亦未提供证据证明邱某与某新能源公司之间具有恶意串通的事实，某新能源开发公司超出约定多交付光伏发电组件165.25KW，应认定为其法定代表人认可对某新能源公司提出的损坏组件予以补偿，所产生的损失应由某新能源开发公司自行承担，某新能源开发公司法人章程或者法人权力机构对法定代表人代表权的限制，不得对抗善意相对人。因此，某新能源开发公司主张"某新能源公司提走多于合同约定数量的货物，无法律与合同依据，应当以实际提货数量计算货款总额"的上诉理由不能成立。

【实务指引】

本案涉及标的物交付、风险负担规则及法律行为的定性。标的物损坏灭失的风险转移以交付为界，交付前出卖人承担该风险，交付后买受人承担该风险。本案中，买卖合同约定发电光伏组件由某新能源公司自提，依据《民法典》第六百零七条的规定，某新能源开发公司将标的物交付给承运人后，即为履行交付义务，标的物毁损、灭失的风险应由甲光伏公司承担。但本案中某新能源公司提货及收货后提出货物有损坏，要求某新能源开发公司补货，某新能源开发公司法定代表人邱某同意补发光伏发电组件165.25KW，《公司法》规定法定代表人以法人名义从事的民事活动，其法律后果由法人承受，因此某新能源开发公司法定代表人邱某同意补发光伏发电组件165.25KW的行为,视为某新能源开发公司与某新能源公司就标的物运输损坏的风险分配重新进行了约定,某新能源公司自愿承担货物在途运输损坏的风险。

【法律依据】

《民法典》第六百零七条　出卖人按照约定将标的物运送至买受人指定地点并交付给承运人后,标的物毁损、灭失的风险由买受人承担。

当事人没有约定交付地点或者约定不明确,依据本法第六百零三条第二款第一项的规定标的物需要运输的,出卖人将标的物交付给第一承运人后,标的物毁损、灭失的风险由买受人承担。

十、租赁合同

1. 买卖不破租赁

案例109

李某、某物业服务公司、某光伏公司、某管委会等合同纠纷案

Q: 2015年4月,某物业服务公司、某光伏公司、某管委会三方签订《场地租赁合同》,约定某物业服务公司将其管理的场地屋顶出租给某光伏公司用于光伏电站建设。三方之后又签订《投资意向书》,约定电站建设不影响房屋竣工验收。2015年12月电站投入使用。

2015年1月,李某与某物业服务公司管理场地的建设方某商贸公司签订《商品房买卖合同》,2017年至2019年,李某取得其购买房屋的产权。李某是否有权以业主的身份要求拆除已建设完成的光伏电站。

A: 由于房屋共有部分场地的出租以及电站建设的时间早于取得产权的时间,李某无权以其对房屋的产权对抗先于产权设立的租赁合同。

裁判案例: (2020)皖01民初815号

【裁判观点】

从合同的订立时间来看,案涉两份合同签订时间均早于房屋交付及业主登记取得权利证书时间。某商贸公司作为某商贸城的开发建设单位,因建造事实行为原始取得某商贸城的物权,在业主经登记取得购买房产的物权前享有对某商贸城屋顶的处分权。之后,李某虽取得所购房屋的产权,享有对共有部分的共有及管理权,但根据《中华人民共和国合同法》第二百二十九条"租赁物在租赁期间发生所有权变动的,不影响租赁合同的效力"的规定,故房屋买卖不影响案涉两份合同的效力。从合同内容来看,本案两份合同处分的系某商贸城房顶的使用权,使用单位某光伏公司每年支付95万元的使用费,合同权利义务对等,并不失衡。从合同的履行情况来看,案涉两份合同签订后,各方主体均依约履行了合同义务,某光伏公司投入了巨额资金在房屋施工同时建设案涉光伏项目,亦按约支付租赁使用费,不存在根本违法行为。

客观方面,应当从第三人因合同的履行而遭受损害进行认定。本案中,李某并未提供证据证明其因案涉两份合同导致了何种损害后果及具体损失程度。相反,客观上因案涉两份合同的履行,包括李某在内的所有业主获得了某光伏公司支付使用房屋共有部分对价租赁费用的共同所有权。

从上述主客观方面分析,可以看出某物业服务公司作为某商贸公司确定的合肥某商贸城的前期物业管理单位,取得某商贸公司同意,将某商贸城屋顶及部分地面出租给某管委会招商引进的某光伏公司用于放置太阳能发电相关设备,李某作为主张四被告恶意串通签订案涉两份合同建设光伏项目侵害其权益的一方并未提供充分的证据。根据《最高人民法院关于适用〈中华人民共和国民事诉讼法〉的解释》第九十条的规定,"当事人对自己提出的诉讼请求所依据的事实或者反驳对方诉讼请求所依据的事实,应当提供证据加以证明,但法律另有规定的除外。在作出判决前,当事人未能提供证据或者证据不足以证明其事实主张的,由负有举证证明责任的当事人承担不利的后果",李某现有证据不足以证明各被告存在恶意串通导致案涉两份合同无效的情形,应当自行承担举证不能的不利后果。

【实务指引】

"买卖不破租赁"是传统民法上的重要制度。出租人与承租人订立的租赁合同生效后,虽然出租人将租赁物交付承租人使用、收益,但租赁物的所有权仍然属于出租人,出租人对租赁物仍然享有处分权,可以将其对租赁物的所有权转移给他人。租赁物一旦发生所有权变动,就租赁物不仅存在出租人与承租人的关系,还涉及承租人与租赁物受让人之间的关系。为维护租赁关系的稳定,大陆法系国家和地区民法在有关租赁关系的法律规范中普遍承认"买卖不破租赁"的原则,即在租赁合同的有效期内,出租人将租赁物的所有权转让给第三人时,承租人的权利不因租赁物所有权的转移而消灭或者受到妨碍。

"买卖不破租赁"原则,包括以下三个方面:第一,租赁物发生了所有权的变动。所谓租赁物发生了所有权的变动,是指对租赁物享有所有权的人,通过某种方式,如将租赁物出售、赠与、继承、互换、用作设立企业的出资等,将对租赁物的所有权转移给承租人以外的第三人享有,自己不再享有所有权。第二,租赁物所有权的变动应当在租赁期间内发生。所谓租赁期间,是指租赁合同的有效期内。只有在租赁期间发生的所有权变动,才符合"买卖不破租赁"规则的要求。第三,租赁物所有权的变动不影响租赁合同的效力。所谓租赁合同的效力,是指在租赁物上设定的租赁合同对该租赁物出租人和承租人的法律约束力。租赁物所有权的变动不影响租赁合同的效力,意味着租赁物所有权发生变动后,原出租人与承租人订立的租赁合同并不因此而终止,就租赁物所订立的租赁合同仍然延续其法律拘束力。

【法律依据】

《民法典》第七百二十五条 租赁物在承租人按照租赁合同占有期限内发生所有权变动的,不影响租赁合同的效力。

《民法典》第一千一百六十五条第一款 行为人因过错侵害他人民事权益造成损害的,应当承担侵权责任。

2.租赁合同的效力

案例110

某新能源汽车公司、某投资公司合同纠纷案

Q:承租人租用出租人不动产进行分布式光伏电站建设,后发现该不动产结构材料与设计要求不符,承租人能否主张因出租人的不动产未按照建设工程规划许可证的规定建设导致租赁合同无效?

A:不能。最高人民法院《关于审理城镇房屋租赁合同纠纷案件具体应用法律若干问题的解释》第二条的规定仅仅指向不动产的结构布局,规划主管部门发放规划许可主要依据的是经济技术指标,而不涉及不动产的建筑结构用材。

裁判案例:(2020)闽04民终2335号

【裁判观点】

最高人民法院《关于审理城镇房屋租赁合同纠纷案件具体应用法律若干问题的解释》第二条规定:"出租人就未取得建设工程规划许可证或者未按照建设工程规划许可证的规定建设的房屋,与承租人订立的租赁合同无效……"本案某新能源汽车公司建设房屋前依法已取得建设工程规划许可证,且作为规划主管部门永安市自然资源局复函中亦认为规划许可证中的附图为建设工程设计方案和总平面图,没有涉及建筑结构用材。换言之,规划条件核实主要是核对经济技术指标是否符合规划审批要求,没有涉及建设结构用材的内容。即便案涉车间部分钢材的实际强度低于建设工程设计方案中的钢材强度亦不属于未按建设工程规划许可证规定建设的情形。因此,案涉《租赁协议书》系双方当事人的真实意思表示,未违反法律禁止性规定,合法有效。

【实务指引】

本案中需要进一步分析建设规划许可证的法律意义。《城乡规划法》第四十条第一款规定,在城市、镇规划区内进行建筑物、构筑物、道路、管线和其他工程建设的,建设单位或者个人应当向城市、县人民政府城乡规划主管部门或者省、自治区、直辖市人民政府确定的镇人民政府申请办理建设工程规划许可证。根据该款规定,建设工程开工前均需要申请办理建设工程规划许可证。结合《城乡规划法》第一条的规定可以发现,建设工程规划许可证的作用是贯彻城乡规划主管部门的管理,协调城乡空间布局。从建设工程规划许可证的内容来看,其包括用地单位、用地项目名称、位置、宗地号以及子项目名称、建筑性质、栋数层数、结构类型等。综合上述信息,通俗来说,建设工程规划许可证记录的内容是在什么位置由谁建设什么样的建筑。在未取得建设工程规划许可证的情况下建设单位无法获得施工许可证,这也意味着未取得建设工程规划许可证的建筑属于违法建筑。未按照建设工程规划许可证施工的建筑意味着该建筑有可能影响城市规划。上述类型的建筑有可能被主管机关责令限期拆除。这类房屋如果出租将直接影响承租人的利益。

需要注意的是,建设工程规划许可证解决的问题是能否建、建什么的问题,不涉及怎么建的问题。建筑如何建设是设计单位、施工单位等主体解决的问题。如果建设单位发现已完工程的用料与设计方案不符,建设单位可以向施工单位追究责任。如果相关建筑经验收合格,在双方协商一致的情况下依然能够交付。本案中承租人提出的解除合同的理由以及援引的法律规定事实上无法支撑其主张。承租人对建设工程规划许可证的作用存在错误认识。

【法律依据】

《城乡规划法》第四十条第一款 在城市、镇规划区内进行建筑物、构筑物、道路、管线和其他工程建设的,建设单位或者个人应当向城市、县人民政府城乡规划主管部门或者省、自治区、直辖市人民政府确定的镇人民政府申请办理建设工程规划许可证。

《民法典》第一百五十三条 违反法律、行政法规的强制性规定的民事法律行为无效。但是,该强制性规定不导致该民事法律行为无效的除外。

违背公序良俗的民事法律行为无效。

最高人民法院《关于审理城镇房屋租赁合同纠纷案件具体应用法律若干问题的解释》第二条
出租人就未取得建设工程规划许可证或者未按照建设工程规划许可证的规定建设的房屋,与承租人订立的租赁合同无效。但在一审法庭辩论终结前取得建设工程规划许可证或者经主管部门批准建设的,人民法院应当认定有效。

十一、承揽合同

1. 承揽合同的定义及类型

> **案例111**
>
> **王某、某电力公司买卖合同纠纷案**
>
> **Q:** 双方当事人为建造家用分布式光伏电站签订的《分布式光伏电站安装合同》应当定性为买卖合同还是承揽合同?
>
> **A:** 承揽合同。承揽合同指承包人依照定作人要求制作并交付一定工作成果,具有人身性质。承揽人具有一定的专业技能、知识等是定作人订立合同的重要因素。买卖合同以有偿转移标的物所有权为内容,买家订立合同与否取决于卖家现存商品的性质。《分布式光伏电站安装合同》往往需要根据定作人所提供的场地和需求进行设计安装,更符合承揽合同的法律特征,应当认定为承揽合同。
>
> **裁判案例:**(2019)川08民终1290号

【裁判观点】

关于合同的性质。承揽合同与买卖合同都是双务、有偿、诺成、不要式合同,交付标的物的一方都负有瑕疵担保责任等。但承揽合同的标的是承揽人按照定作人要求完成并交付一定工作成果。承揽合同具有一定的人身性质。定作人选择承揽人通常是基于其能力、设备、技术等方面考虑并决定是否签订合同。买卖合同的标的是以有偿的方式转移标的物的所有权。买方一般只根据卖方现有标的物的性质、条件衡量是否满足自己的需要,主要是基于标的物现有性能考虑并进行买卖的。案涉光伏系统其项目形式为发电自发自用余电上网,装机容量为30.210千瓦,单价6.80元/瓦,付款方式为安装调试完毕付50%,电力公司并网后支付剩余的50%费用。该项目是根据王某的要求定制完成的,基于被上诉人能力、设备、技术完成并交付一定工作成果,更符合承揽合同关系的法律特征,因此本案的案由应当定为承揽合同纠纷。

【实务指引】

本案涉及承揽合同与买卖合同的区分。从《民法典》对承揽合同与买卖合同的规定来看,虽然两类合同均有交付特定标的物的合同内容,但是承揽合同中,承揽人需按照定作人的要求完成工作并交付。承揽人的资历、技术等因素是定作人与承揽人订立合同时可能考虑的因素;买卖合同则不同,一般而言,买方并不考虑卖方是否具有某种技术或资质,其更关心的是标的物本身的品质。本案中双方当事人订立的合同虽然有交付设备并支付相应价款的内容,但是其核心内容依然是要求一方当事人依据其专业能力安装、调试设备。从这一因素来看,案涉合同应当认定为承揽合同。

需要注意的是,实践中经常出现当事人在订立合同时未能写明合同名称而导致双方在合同性质这一问题上发生纠纷。例如,双方当事人签订"委托合同",约定一方当事人委托另一方当事人拆除公司楼外的广告牌。此类合同根据其约定的内容来看具有承揽的性质。但是,从委托合同的角度而言,由于委托合同中受托人可以完成实施事实行为的委托事项,因此该合同也有可能被认定为委托合同。因此,实务中当事人在订立合同时需要注意合同名称、内容的约定,避免在合同内容上产生分歧而发生纠纷。①

【法律依据】

《民法典》第五百九十五条　买卖合同是出卖人转移标的物的所有权于买受人,买受人支付价款的合同。

《民法典》第七百七十条第一款　承揽合同是承揽人按照定作人的要求完成工作,交付工作成果,定作人支付报酬的合同。

案例 112

某清洁能源公司与某建设安装公司承揽合同纠纷案

Q: 双方约定由乙方(某建设安装公司)对甲方(某清洁能源公司)所有的光伏电站进行维护、更换、重装工作,该合同是否属于建设施工合同?交付后若甲方怠于支付合同价款,乙方能否对案涉光伏电站主张建设工程价款优先受偿权?

A: 该合同属于一般的承揽合同,因此乙方也无权对案涉工程主张建设工程价款优先受偿权。

该合同内容主要为乙方在甲方指定区域内以自己的技术、劳力和设备对甲方所有的光伏电站进行部门破旧设备的更换、拆装工作,甲方向乙方支付报酬。依据国务院《建设工程质量管理条例》第二条第二款的规定:"本条例所称建设工程,是指土木工程、建筑工程、线路管道和设备安装工程及装修工程。"对现有光伏电站的维护工作显然难以归入建设工程的范围,因而将此类合同认定为一般承揽合同更为合适。由于乙方所涉工作内容不属于建设工程,自然也不对案涉光伏电站享有建设工程价款优先受偿权。

裁判案例: (2020)苏 10 民终 2837 号

---

① 隋彭生:《律师民法业务思维》,中国政法大学出版社 2015 年版,第 5 页。

【裁判观点】

《建筑法》第二条第二款规定："本法所称建筑活动,是指各类房屋建筑及其附属设施的建造和与其配套的线路、管道、设备的安装活动。"国务院《建设工程质量管理条例》第二条第二款规定："本条例所称建设工程,是指土木工程、建筑工程、线路管道和设备安装工程及装修工程。"其中线路管道和设备安装工程包括电力、通信线路、石油、燃气、给水、排水、供热等管道系统和各类机械设备装置的安装活动;装修工程包括对建筑物内、外进行以美化、舒适化、增加使用功能为目的的工程建筑活动。建设工程合同的客体是工程,是指土木建筑工程和建筑业范围内的线路、管道、设备安装工程的新建、扩建、改建及大型的建筑装修装饰活动。

本案中,某建设安装公司与某清洁能源公司签订的案涉《江苏诚德钢管 6MW 光伏发电项目部分拆除及重新安装施工合同》约定的承包范围为:指定区域内光伏组件、支架、逆变器、电缆等设备的拆除,拆除部分周边线缆的重新排布接线,在指定的区域进行光伏组件、支架、逆变器、汇流箱、电缆等设备的安装,并正常发电,容量不低于拆除前发电容量,施工辅材(含桥架、扁铁等)全部由某建设安装公司提供并完成安装。由此可见,双方的主要合同权利义务是由某建设安装公司按照某清洁能源公司的要求,以自己的设备、技术和劳力,在某清洁能源公司原已建成的屋顶光伏发电项目的一定区域内,针对部分老旧光伏发电组件、设备、线路,实施并完成拆除、更换、重装等工作,由某清洁能源公司支付某建设安装公司相应的合同对价报酬。故本案讼争法律性质应为一般承揽合同关系,合同内容不具上述建筑法律法规所界定的设备安装、线路管道工程的属性,合同价款亦不属于《合同法》第二百八十六条所规定的建设工程价款优先受偿权的范围。据此,某建设安装公司主张对案涉光伏资产享有建设工程价款优先受偿权,缺乏事实和法律依据,法院不予支持。

【实务指引】

本案涉及两个问题:(1)如何区分建设工程合同与承揽合同?(2)建设工程价款优先受偿权的行使条件是什么?关于如何区分建设工程合同与承揽合同的问题,我们需要从两类合同的内容入手加以分析。从性质上看,建设工程合同也属于承揽合同的一类。但是建设工程合同也具有一定的特殊性。根据《建筑法》第二条第二款的规定,建筑活动有特定的范围,即"各类房屋建筑及其附属设施的建造和与其配套的线路、管道、设备的安装活动"。同时,建筑活动的开展也受到行政机关的监督,实施建筑活动需要办理相应的许可证。更为重要的是,根据《建筑法》第十二条、第十三条的规定,从事建筑活动的建筑施工企业、勘察单位、设计单位和工程监理单位应当具备相应的资质。承揽合同对于定作人和承揽人的资质以及承揽活动的实施并无严格要求。只要承揽合同不存在无效的情形,当事人就可以自由订立合同。因此,分析本案中双方当事人之间订立合同的性质也需要从这几个方面入手。本案中当事人约定的合同承包范围为:指定区域内光伏组件、支架、逆变器、电缆等设备的拆除,拆除部分周边线缆的重新排布接线,在指定的区域进行光伏组件、支架、逆变器、汇流箱、电缆等设备的安装,并正常发电,容量不低于拆除前发电容量,施工辅材(含桥架、扁铁等)全部由某建设安装公司提供并完成安装。上述内容并不属于《建筑法》规定的建筑活动的范围。并且,案涉合同约定的承包范围中拆除光伏组件等设备为主要内容。这类活动并没有资质要求。因此法院将案涉合同认定为承揽合同的做法是正确的。

关于建设工程价款优先受偿权的行使条件这一问题。根据《民法典》第八百零七条的规定,该权利是承包人向发包人主张的权利,该权利属于建设工程合同下的权利。由于本案中当事人之间订立的合同属于承揽合同,因此当事人也没有行使建设工程价款优先受偿权的空间。

【法律依据】

《民法典》第八百零七条　发包人未按照约定支付价款的,承包人可以催告发包人在合理期限内支付价款。发包人逾期不支付的,除根据建设工程的性质不宜折价、拍卖外,承包人可以与发包人协议将该工程折价,也可以请求人民法院将该工程依法拍卖。建设工程的价款就该工程折价或者拍卖的价款优先受偿。

《建筑法》第二条　在中华人民共和国境内从事建筑活动,实施对建筑活动的监督管理,应当遵守本法。

本法所称建筑活动,是指各类房屋建筑及其附属设施的建造和与其配套的线路、管道、设备的安装活动。

案例113

程某、黄某承揽合同纠纷案

Q:买卖光伏设备,并约定出卖方负责安装、调试的,双方法律关系是买卖合同关系还是承揽合同关系?

A:属于买卖合同关系。安装、调试、完成并网发电等义务仅为出卖人的附随义务。

裁判案例:(2018)皖08民终2622号

【裁判观点】

法院认为本案争议的焦点是当事人之间究竟是何法律关系。(2018)皖08民终1102号民事判决中认定"黄某系光伏发电设备买卖合同中的买方,合同履行过程中,黄某与程某口头约定安装、调试好设备,能使用后付款,故上述光伏发电设备的安装义务人是出卖方程某",本案一审、二审亦查明"黄某与程某口头约定:由程某负责运输、安装、调试设备等,黄某按每瓦7元,共计70000元给付程某设备价款"。从上述案件事实看,已经生效的法律文书明确认定双方之间系买卖合同关系,一审法院认定系承揽合同错误,应予纠正。程某交付了买卖合同的标的物,买受人则应按约给付货款。双方虽没有签书面合同,但口头约定由程某负责运输、安装、调试,故程某应按约全面履行义务。黄某认为上诉人提供的设备并非太阳雨牌,未履行口头约定的调试义务。法院认为,因案涉的太阳能光伏发电设备已经由黄某实际使用,无论是否为当初口头约定的品牌,都视为黄某对案涉设备的认可;且光伏发电设备瓦数已达约定数量,单价口头约定为每瓦7元,共计7万元;设备的调试、并网发电等系买卖合同的附随义务,现黄某称后续调试程某未履行,但未举证证明其因完成调试等事项实际花费的费用,故不予采信。综上所述,程某的上诉请求成立。

【实务指引】

本案涉及的核心问题是如何区分承揽合同和买卖合同。《民法典》第七百七十条第一款规定,"承揽合同是承揽人按照定作人的要求完成工作,交付工作成果,定作人支付报酬的合同"。承揽则包括加工、定作、修理、复制、测试、检验等工作。从法律规定来看,承揽人按照要求完成工作是承揽合同的重要特征。而且,定作人选择与某一承揽人订立合同,是基于对特定承揽人设备、技能、劳力等的信赖。因而,承揽人一般必须凭借自身的设备、技能、劳力等完成工作成果并对此承担风险。如果定作人丧失了对承揽人的某种信赖,定作人对承揽合同享有任意解除权。[①] 此种人身属性是承揽合同区别于买卖合同的因素之一。本案中,程某拥有光伏设备销售资质。程某与黄某之间达成的安装、维护、运输设备的约定中并不包含黄某的特别要求。程某仅需按照设备相应的说明完成运输、安装、调试等工作即可,双方达成的合意中并不具有"定作"的内容。从这一角度来看,双方达成的约定实际上属于一方交付标的物,另一方交付价款的合意,属于买卖合同。法院将双方达成的合同认定为买卖合同的判断没有问题。

在此需要延伸讨论的问题是法院将程某承担的义务认定为附随义务的做法是否妥当。关于附随义务的性质和作用的讨论已经在上文中提及。简言之,附随义务是主给付

---

① 最高人民法院民法典贯彻实施工作领导小组主编:《中华人民共和国民法典合同编理解与适用(三)》,人民法院出版社2020年版,第1795页。

义务与从给付义务之外的保护性义务,是为了保护当事人利益而存在的。当事人订立合同的目的不能被认定为附随义务。本案中,双方当事人通过口头约定的方式为程某设立了安装、运输、调试的义务。从双方达成的约定来看,这类义务不应当是附随义务,而是当事人订立的合同中程某要履行的主要义务之一。因此这类义务应当被认为是给付义务。法院将其认定为附随义务的做法并不合理。

【法律依据】

《民法典》第五百九十五条 买卖合同是出卖人转移标的物的所有权于买受人,买受人支付价款的合同。

《民法典》第七百七十条第一款 承揽合同是承揽人按照定作人的要求完成工作,交付工作成果,定作人支付报酬的合同。

案例 114

刘某、某建筑集团公司合同纠纷案

Q:光伏企业经营范围仅为光伏产品推广、销售,其是否有资质安装户用光伏电站项目?其签订的光伏电站承揽合同是否有效?

A:具备安装资质,签订的承揽合同为有效合同。户用光伏电站安装面向自然人主体,工程体量较小,投资安装光伏电站的行为系自然人的消费行为,应认定为不超出光伏企业的经营范围。

裁判案例:(2019)鲁08民终468号

【裁判观点】

某建筑集团公司主张某新能源公司的经营许可范围不含有光伏投资电站的项目,故《户用分布式光伏电站工程承揽合同》系无效合同。法院认为,户用光伏电站安装面向自然人主体,工程体量较小,投资安装光伏电站的行为系自然人的消费行为。根据某新能源公司的营业执照,其经营范围为"太阳能光伏产品研发、推广、销售等",其中太阳能光伏产品推广、销售的营业范围对应户用光伏电站的安装,故户用分布式光伏电站的安装不超出某新能源公司的经营许可范围。某新能源公司与某建筑集团公司于2017年7月5日签订的《户用分布式光伏电站工程承揽合同》系双方当事人的真实意思表示,且不违反法律法规的强制性规定,应为有效合同。某建筑集团公司主张合同无效,理由不当,法院不予支持。

【实务指引】

《民法典》第五百零五条规定,"当事人超越经营范围订立的合同的效力,应当依照本法第一编第六章第三节和本编的有关规定确定,不得仅以超越经营范围确认合同无效"。根据本条的规定,在判断当事人超越其经营范围订立的合同是否有效时,需要重点考虑的内容仍然是该合同是否符合《民法典》中关于民事法律行为效力的规定,超越经营范围不能单独作为认定合同无效的因素。本案法院在审理时也是从双方当事人的意思表示是否真实出发判断双方订立的合同是否有效的。

【法律依据】

《民法典》第五百零五条 当事人超越经营范围订立的合同的效力,应当依照本法第一编第六章第三节和本编的有关规定确定,不得仅以超越经营范围确认合同无效。

《民法典》第一百五十三条 违反法律、行政法规的强制性规定的民事法律行为无效。但是,该强制性规定不导致该民事法律行为无效的除外。

违背公序良俗的民事法律行为无效。

2. 支付报酬

案例 115

马某、某光伏发电公司合同纠纷案

Q:《光伏安装项目合同书》中约定由某光伏发电公司协助马某办理银行贷款,并以该贷款支付合同价款。后因马某拒绝配合致使未能获得银行贷款,马某可否以此为由拒绝支付合同价款?

A: 不能。本案中定作人未按照合同约定履行其承担的合同义务,致使银行贷款未能办理并最终导致未履行其承担的付款义务。承揽合同属于双务合同,在一方当事人已经履行其承担的合同义务的情况下另一方当事人未能履行其义务的,应当认定为违约。

裁判案例:(2020)闽 07 民终 322 号

【裁判观点】

法院认为,案涉光伏发电系统已并网发电并产生收益,某光伏发电公司已履行了合同义务,马某亦应按约支付价款。虽然,案涉合同约定价款支付方式为银行信贷支付,但该支付条件未成就系马某拒绝在贷款手续上签字导致,故其以银行贷款未发放为由拒绝付款的理由不能成立。

【实务指引】

本案中双方当事人在合同中要求定作人办理银行贷款以偿还合同价款。相关内容属于当事人通过约定设定的合同义务。因此，定作人拒绝办理贷款并据此不支付合同价款的行为应当在违反合同义务的违约责任的范畴内讨论。本案的一审及二审法院采取的正是以上认定思路。

当前还存在另一种分析思路，即认为双方订立合同由于约定了办理银行贷款这一"条件"而属于附条件的民事法律行为。定作人拒绝办理银行贷款的行为属于不正当地阻止合同条件成就。因此，应当认为合同条件已经成就，法院在裁判时不能作出有利于不正当阻止合同条件的定作人的裁判。笔者认为，此种认定思路属于对《民法典》第一百五十九条的误读。《民法典》第一百五十九条规定，"附条件的民事法律行为，当事人为自己的利益不正当地阻止条件成就的，视为条件已经成就；不正当地促成条件成就的，视为条件不成就"。本条针对附条件法律行为的条件是否成就作出了规定。但是就"附条件的民事法律行为"这一概念而言，"附条件"一词具有特定的含义。根据《民法典》第一百五十八条的规定，"附条件"是民事法律行为附生效条件或者解除条件，当条件成就时民事法律行为生效或解除。因此不能因为当事人在合同中约定了履行合同的条件就简单地将其与"附条件的民事法律行为"联系起来。需要谨慎判断合同中约定的条件究竟是履行合同义务的要求还是涉及合同生效与效力的条件。

【法律依据】

《民法典》第五百七十七条　当事人一方不履行合同义务或者履行合同义务不符合约定的，应当承担继续履行、采取补救措施或者赔偿损失等违约责任。

3. 质量瑕疵与违约责任

案例 116

满某、某光伏公司承揽合同纠纷案

Q： 分布式光伏工程中，某光伏公司（承揽人）交付的光伏电站因发电量未达到其与满某（定作人）签订的合同中约定的数值而被认定为有瑕疵，此时如何确定某光伏公司的违约责任？满某能否以合同目的未能实现主张解除合同？

A： 某光伏公司可以以实际交付的光伏电站发电量与合同约定的发电量之间的比例，要求满某支付合同价款。满某以合同目的未能实现为由要求解除合同的，法院可能不予支持。

裁判案例：（2021）鲁14民终754号

【裁判观点】

虽然某光伏公司交付了定作物,已满足要求满某支付剩余价款的条件,但因其交付的定作物存在瑕疵,应相应地减少价款。根据双方当事人签订的合同,太阳能板应为 10.5 千瓦,光伏组件 10 千瓦首年发电量应达到 16000～17000 度,但某光伏工程公司实际为满某安装的太阳能板为 8.91 千瓦,首年发电量为 11103 千瓦,据此实际首年发电量仅为合同约定的 62%,满某应向某光伏工程公司支付的价款也应为总价款的 62%,即 31500 元 × 62% = 19530 元。满某已支付定金 6000 元,剩余未支付的承揽款应为 13530 元。因某光伏工程公司交付的定作物存在瑕疵,亦存在违约行为,故对其要求满某支付违约金的诉讼请求,法院不予支持。

【实务指引】

本案中我们可以讨论以下两个问题:(1)承揽人未能按照合同约定交付定作物而应当承担的责任。(2)本案中定作人能否以合同目的未能实现为由主张解除合同。

关于承揽人未能按照合同约定交付定作物而应当承担的责任问题。《民法典》第七百八十一条规定,承揽人交付的工作成果不符合质量要求的,定作人可以合理选择请求承揽人承担修理、重作、减少报酬、赔偿损失等违约责任。该条规定的承揽人应当承担的质量瑕疵担保义务是指债务人应担保其给付的标的物在质量方面符合法律规定和合同的约定,以保障债权人合同目的的圆满实现。[1] 本案中双方当事人在合同中约定了光伏设备的发电量,但是承揽人提供的设备未能达到合同要求。从这一点来看,承揽人应当承担因质量问题而产生的违约责任。本案中,满某在一审与二审中提出的诉讼请求均未能说明其要求光伏公司承担何种违约责任。最高人民法院在解读《民法典》第七百八十一条时认为,"如果承揽人完成工作成果的瑕疵轻微,未达到根本违约的程度,定作人无权解除合同,但可以选择减少报酬"[2]。本案审理法院似乎也采用了此种裁判逻辑。法院在审理过程中并未支持满某提出的解除合同的诉讼请求,并且径行认定某光伏公司承担减少报酬的违约责任。从裁判文书中笔者并未发现法院作出上述裁判的其他依据,如案涉光伏设备的具体情况、设备能否得到维修等。因此无法对法院的认定思路展开进一步分析。实践中需要注意的是,当事人可以自行选择对己方最有利的救济途径。另外,如果案涉工作成果被证实不适合修理、重作而定作人要求承揽人承担修理、重作的违约责任的,法院

---

[1] 王家福主编:《中国民法学·民法债权》,法律出版社 1991 年版,第 629－630 页。转引自最高人民法院民法典贯彻实施工作领导小组主编:《中华人民共和国民法典合同编理解与适用(三)》,人民法院出版社 2020 年版,第 1863 页。

[2] 最高人民法院民法典贯彻实施工作领导小组主编:《中华人民共和国民法典合同编理解与适用(三)》,人民法院出版社 2020 年版,第 1866 页。

可以向定作人释明变更诉讼请求。[①]

关于定作人订立合同的目的是否落空的问题,需要结合案件情况具体讨论。本案中虽然承揽人完成的工作成果未能达到合同约定的标准,但是该工作成果依然具有发电的功能。如果该工作成果能够得到修复,或者以其他方式补救,定作人依然能够获得其基于合同应当获得的利益。当前,定作人并不是完全未能获得合同利益,而是其获得的利益少于合同约定。不能认为其订立合同的目的完全落空。这也是法院未能支持满某诉讼请求的原因。

【法律依据】

《民法典》第七百八十一条 承揽人交付的工作成果不符合质量要求的,定作人可以合理选择请求承揽人承担修理、重作、减少报酬、赔偿损失等违约责任。

十二、建设工程合同

1. 建设工程合同的定义及类型

案例 117

某光伏科技公司与某科技公司建设工程施工合同纠纷案

Q: 光伏发电项目总承包合同的性质是承揽合同还是建设工程施工合同?

A: 建设工程施工合同。合同中约定了承包方、发包方、承包内容等建设工程合同基本条款的为建设工程施工合同。

裁判案例:(2015)民一终字第144号

【裁判观点】

一审法院认为,本案涉及《光伏发电项目总承包合同》的性质和效力问题。本案某科技公司作为发包方与某光伏科技公司作为承包方签订的《光伏发电项目总承包合同》,约定总承包范围为共和30MWP光伏发电项目工程的设计、建筑工程、安装工程等全过程的总承包,属于合同法所规定的承包人进行工程建设,发包人支付价款的建设工程合同性质,双方约定了该光伏发电项目工程的设计、建筑工程、安装工程等EPC总承包,且合同最终目的是要实现该光伏发电项目竣工并网发电,因此,本案应为建设工程施工合同纠纷

[①] 最高人民法院民法典贯彻实施工作领导小组主编:《中华人民共和国民法典合同编理解与适用(三)》,人民法院出版社2020年版,第1867页。

而非加工承揽合同纠纷。

【实务指引】

建设工程合同的客体是工程,这里的工程是指土木工程和建筑业范围内的线路、管道、色号被安装工程的新建、扩建、改建及大型的建筑装修装饰活动。[①] 这一范畴与《建筑法》第二条[②]对建筑活动范畴的规定有大量重合的内容。因此,《建筑法》能够作为判断当事人订立的合同是否属于建设工程合同的依据。案涉工程不仅包含光伏设备的搭建,而且包括土建工程,如光伏组件基础、综合楼等工程。因此,从合同内容来看,案涉合同应当认定为建设工程合同。

在涉光伏的工程纠纷中,当事人经常就合同性质发生纠纷。这便涉及承揽合同与建设工程合同如何区分的问题。建设工程合同虽然属于承揽合同的范畴,但是这类合同有特殊性。首先,建设工程合同不仅是双方当事人合意的结果,还受到行政机关的监管。例如,满足规定条件的建设工程必须经过招标。承揽建设工程设计、勘察、施工等工作的承揽人应当具有相关资质。其次,建设工程合同为要式合同。法律并没有对承揽合同的形式作出要求。基于上述因素,在判断合同属性时应当从合同约定的工程范围入手,初步判断合同内容是否属于建设工程;然后从当事人是否被要求具有资质以及是否受到相关监管等角度判断合同属性。

【法律依据】

《民法典》第七百七十条第一款　承揽合同是承揽人按照定作人的要求完成工作,交付工作成果,定作人支付报酬的合同。

《民法典》第七百八十八条第一款　建设工程合同是承包人进行工程建设,发包人支付价款的合同。

案例118

某电力工程公司、某电力科技公司建设工程纠纷案

Q:如何确定建设工程施工合同主体?

[①] 最高人民法院民法典贯彻实施工作领导小组主编:《中华人民共和国民法典合同编理解与适用(三)》,人民法院出版社2020年版,第1902页。

[②] 《建筑法》第二条规定:"在中华人民共和国境内从事建筑活动,实施对建筑活动的监督管理,应当遵守本法。本法所称建筑活动,是指各类房屋建筑及其附属设施的建造和与其配套的线路、管道、设备的安装活动。"

A：需要从建设工程合同中的发承包关系入手加以判断。仅有委托代为管理、监理工程合同，租赁合同等法律关系，抑或代为垫付工资劳务费用的事实情况，都不足以认定存在明确的发包与承包关系。

裁判案例：(2016)最高法民终522号

【裁判观点】

某光伏公司取得青海都兰30兆瓦光伏发电工程的建设用地后将该宗部分土地租赁给某电力科技公司用于开发经营，后某电力科技公司作为建设单位与某电力工程公司签订《土建及电气安装工程施工合同》，约定由某电力工程公司承建某电力科技公司发包的20兆瓦光伏发电工程部分土建及电气安装工程。某电力工程公司按照该合同约定进行了实际施工，并实际完成了支架基础工程，故某电力工程公司与某电力科技公司签订的《土建及电气安装工程施工合同》已实际履行，某电力科技公司应当向某电力工程公司支付工程款。

某光伏公司提交的《土地租赁协议书》《委托代管书》等证据亦可以反映，某光伏公司在取得都兰30兆瓦光伏发电工程的建设用地后将部分土地租赁给某电力科技公司用于经营，在《土建及电气安装工程施工合同》履行过程中，某电力科技公司因故委托某光伏公司、监理公司代为管理、监督案涉工程施工管理及工程质量工作，某光伏公司、监理公司亦实际代为管理、监理了某电力工程公司施工的支架基础工程，某电力工程公司对此行为并无异议，亦未另行与某光伏公司、监理公司签订施工合同关系，故某光伏公司对某电力工程公司的施工管理行为是基于某电力科技公司的委托授权行为产生的，其与某电力工程公司并不存在直接的建设工程施工合同关系。因此，根据合同相对性原理，某电力科技公司作为案涉工程项目的建设单位，应是本案支付工程款的责任主体。某光伏公司并未与某电力科技公司、某电力工程公司产生合同权利义务转让关系，其仅为代为委托管理案涉工程的受托人，其与某电力工程公司之间不存在建设施工合同关系，并不是本案支付工程款的义务主体。某电力工程公司的该项诉讼请求无事实依据，法院不予采纳。

至于某光伏公司向某电力工程公司雇佣的农民工支付劳务费用能否认定其与某电力工程公司之间存在建设工程施工合同关系的问题。根据查明的事实，因某电力科技公司未支付工程款，某电力工程公司雇佣的民工为此上访要求支付工人工资，在相关政府部门的协调下，基于维稳因素及某光伏公司与某电力科技公司存在土地租赁关系的事实，某光伏公司代某电力科技公司向某电力工程公司雇佣的农民工垫付了部分劳务费用。故某光伏公司不是案涉工程的建设单位，其向某电力工程公司雇佣的工人垫付劳务费用的事实并不能认定某光伏公司与某电力工程公司之间存在建设工程施工合同关系的事实。某电力工程公司依照最高人民法院《关于审理建设工程施工合同纠纷案件适用法律问题的解释》第二十六条的规定请求认定某光伏公司为案涉工程的发包方,应当支付工程款的理由亦无事实依据,不予支持。

【实务指引】

本案中存在多个法律关系。首先,某电力科技公司与某光伏公司之间存在土地租赁合同关系。其次,某电力科技公司与某电力工程公司之间存在建设工程合同关系。再次,某电力科技公司与某光伏发电公司之间存在委托管理的法律关系。最后,某光伏发电公司与某电力科技公司之间存在代为支付工程款的法律关系。根据《民法典》第四百六十五条第二款的规定,依法成立的合同,仅对当事人具有法律拘束力,但是法律另有规定的除外。因此,本案中建设工程施工合同的主体应当是某电力科技公司和某电力工程公司。本案中作为土地出租方的某光伏公司主张自己是建设工程合同的发包人主要基于两个理由:其参与了施工管理;其向参与建设的农民工支付了工资。但是其参与工程管理的原因是某光伏公司与作为发包人的某电力科技公司之间达成了代为管理的合意。这一约定已经明确了某光伏公司仅为管理人。发包人并未将建设工程合同的主体作出变更。至于某光伏公司支付工程款的行为,其实质为某光伏公司与作为发包方的某电力科技公司在当地政府的协调下达成了支付工程款的新合意。某光伏公司仅为代付工程款的一方,其只能向某电力科技公司追偿其支付的款项。这些法律关系都与建设工程法律关系没有关联,因此不能因上述法律关系的存在而认为建设工程法律关系发生了变化。

【法律依据】

《民法典》第七百八十八条第一款 建设工程合同是承包人进行工程建设,发包人支付价款的合同。

案例119

某新能源科技公司、某科技开发公司建设工程施工合同纠纷案

Q: 某新能源科技公司与某科技开发公司签订《购销合同》,约定某新能源科技公司向某科技开发公司提供项目主要设备和配套零部件,某科技公司支付货款。之后双方签订《某工程项目实施协议书》,涉及的项目为某新能源科技公司自主研发的立泵系统。双方约定某新能源科技公司负责组织关建设备、配套材料的生产加工、产品发运,系统调试等。某科技开发公司负责项目工程适时地地勘察等。上述协议的性质应当如何确定?

> **A**：应当以双方权利义务关系进行判断，即使约定有工程内容及范围、实施方式、计划进度、工期、款项结算等内容，但缺乏建设工程施工合同的基础条款，也不应认定为建设工程施工合同。
>
> **裁判案例**：(2017)最高法民辖终 71 号

【裁判观点】

《金太阳示范工程项目实施协议书》涉及的示范项目为某新能源科技公司自主研发的光伏立泵系统，双方在该协议中约定某新能源科技公司负责组织实施关键设备、配套材料的生产加工、产品发运、系统调试，某科技开发公司负责项目工程实施地的勘察、园区规划、基础建设、工程安装等，现场施工安装、调试、试运行和项目审计及验收、交付使用、投入正式运营由某科技开发公司和某新能源科技公司共同负责。本案某科技开发公司起诉要求某新能源科技公司承担供货后未完成售后服务、逾期供货及未依约提供备用设备的责任，所依据的实际上是上述《购销合同》与《金太阳示范工程项目实施协议书》。《金太阳示范工程项目实施协议书》虽然约定有工程内容及范围、实施方式、计划进度、工期、款项结算等内容，但缺乏建设工程施工合同的基础条款，某科技开发公司与某新能源科技公司之间并未因此形成建设工程施工合同的权利义务关系，该协议不具备建设工程施工合同的基本属性，其作为《购销合同》的附件，是《购销合同》的组成部分，性质仍属于买卖合同。

【实务指引】

本案涉及建设工程合同与买卖合同的区分问题。从表面上来看，两者泾渭分明，但是本案中双方对于合同性质的争议则较为新奇。本案中当事人认为双方签订的《金太阳示范工程项目实施协议书》中约定了设备、材料的加工生产、提供调试等内容，因这类内容合同应当被认定为建设工程合同。当事人存在混淆买卖合同、承揽合同以及建设工程合同性质的情况。

买卖合同中，出卖人主要承担的合同义务包括交付标的物、瑕疵担保等。由于标的物类型不同，双方当事人可能会在交付标的物的义务中进一步约定诸如交付至指定地点、完成特定的包装等内容。为了能够妥善完成交付标的物的合同义务，双方当事人也可以约定由出卖人承担安装、调试等义务。这类合同义务属于辅助出卖人完成交付义务的从给付义务，依然属于买卖合同范畴。本案中双方当事人订立的合同中包含了定作、加工等内容，带有一些承揽合同的性质。但是建设工程合同有其特定的内涵，属于特殊的承揽合同。根据《建筑法》第二条第二款的规定，建筑活动是指各类房屋建筑及其附属设施的建造和与其配套的线路、管道、设备的安装活动。并且,建设工程合同中,发承包人、设计单位、监理单位等均要求具有特定资质。这是建设工程合同与承揽合同之间最大的区别。所以本案中当事人将买卖合同中的义务误认为建设工程合同中的约定,自然无法获得法院支持。

【法律依据】

《民法典》第七百八十八条第一款　建设工程合同是承包人进行工程建设,发包人支付价款的合同。

2. 工程招标投标

案例 120

某电力工程公司与某光伏电力公司、许某建设工程施工合同纠纷案

Q: 光伏发电项目未经招标,发包人与承包人所签订的合同是否有效?

A: 应视工程具体规模而定。光伏发电项目属于新能源项目,是关系社会公共利益、公共安全的基础设施项目,依照《招标投标法》规定,此类大型工程项目应当招标。"大型"的定义可以参照《必须招标的工程项目规定》第五条的规定。

裁判案例: (2017)内 09 民终 580 号

【裁判观点】

法院认为,须依照《招标投标法》、参照《招标投标法实施条例》以及参照原《工程建设项目招标范围和规模标准规定》相关条款来确认合同的效力。《招标投标法》第三条第一款第一项规定,必须进行招标的建设工程项目包括大型基础设施、公用事业等关系社会公共利益、公众安全的项目。《招标投标法实施条例》第二条规定,"招标投标法第三条所称工程建设项目,是指工程以及与工程建设有关的货物、服务。前款所称工程,是指建设工程,包括建筑物和构筑物的新建、改建、扩建及其相关的装修、拆除、修缮等;所称与工程建设有关的货物,是指构成工程不可分割的组成部分,且为实现工程基本功能所必需的设备、材料等;所称与工程建设有关的服务,是指为完成工程所需的勘察、设计、监理等服务"。原《工程建设项目招标范围和规模标准规定》第二条第一项、第三条第一项、第七条第一项分别规定了工程建设项目招标范围和规模标准,即关系社会公共利益、公众安全的基础设施项目的范围包括(涉及本案):煤炭、石油、天然气、电力、新能源等能源项目;关系社会公共利益、公众安全的公用事业项目(涉及本案):供水、供电、供气、供热等市政工程项目;施工单项合同估算价在 200 万元人民币以上的,必须进行招标。

根据上述法律、法规规章的强制性规定,双方所签合同没有进行招投标活动,违反法律、行政法规的强制性规定;加之上诉人某电力工程公司自认其没有相应施工资质,根据《合同法》第五十二条及最高人民法院《关于审理建设工程施工合同纠纷案件适用法律问题的解释》第一条的规定,本案中的 EPC 总承包合同法院认定为无效合同。

【实务指引】

依据《招标投标法》第三条第一款的规定,在中华人民共和国境内进行的大型基础设施、公用事业等关系社会公共利益、公众安全的项目,全部或者部分使用国有资金投资或者国家融资的项目,以及使用国际组织或者外国政府贷款、援助资金的项目,属于必须进行招标的工程范围。国家发展和改革委员会印发的《必须招标的工程项目规定》对上述必须进行招标的"全部或者部分使用国有资金投资或者国家融资的项目"和"使用国际组织或外国政府贷款、援助资金的项目"进行了明确。同时,上述规定项目范围内的勘察、设计、施工、监理以及工程建设有关的重要设备、材料的采购达到一定标准的,也必须履行招标程序。据此,发包人未履行招标手续,直接与承包人订立施工合同的,或者招标人隐瞒工程建设规模、建设条件、投资、建筑材料来源等真实情况,降低标准不进行招投标的,均属于本条规定中"必须进行招标而未招标"的情形,双方订立的建设工程施工合同应当认定为无效。

【法律依据】

《招标投标法》第三条 在中华人民共和国境内进行下列工程建设项目包括项目的勘察、设计、施工、监理以及与工程建设有关的重要设备、材料等的采购,必须进行招标:

(一)大型基础设施、公用事业等关系社会公共利益、公众安全的项目;

(二)全部或者部分使用国有资金投资或者国家融资的项目;

(三)使用国际组织或者外国政府贷款、援助资金的项目。

前款所列项目的具体范围和规模标准,由国务院发展计划部门会同国务院有关部门制订,报国务院批准。

法律或者国务院对必须进行招标的其他项目的范围有规定的,依照其规定。

《必须招标的工程项目规定》第五条 本规定第二条至第四条规定范围内的项目,其勘察、设计、施工、监理以及与工程建设有关的重要设备、材料等的采购达到下列标准之一的,必须招标:

(一)施工单项合同估算价在 400 万元人民币以上;

(二)重要设备、材料等货物的采购,单项合同估算价在 200 万元人民币以上;

(三)勘察、设计、监理等服务的采购,单项合同估算价在 100 万元人民币以上。

同一项目中可以合并进行的勘察、设计、施工、监理以及与工程建设有关的重要设备、材料等的采购,合同估算价合计达到前款规定标准的,必须招标。

> **案例 121**
>
> **某电力开发公司、某安装工程公司买卖合同纠纷案**
>
> **Q:** 光伏组件的采购合同是否必须进行招标?
> **A:** 必须进行招标。未经招标签订的合同无效。
>
> **裁判案例:**(2020)最高法民终 1055 号

【裁判观点】

关于案涉《采购合同》是否有效。《招标投标法》第三条规定:"在中华人民共和国境内进行下列工程建设项目包括项目的勘察、设计、施工、监理以及与工程建设有关的重要设备、材料等的采购,必须进行招标:(一)大型基础设施、公用事业等关系社会公共利益、公共安全的项目……"《采购合同》签订时有效的《工程建设项目招标范围和规模标准规定》第七条规定:"本规定第二条至第六条规定范围内的各类工程建设项目,包括项目的勘察、设计、施工、监理以及与工程建设有关的重要设备、材料等的采购,达到下列标准之一的,必须进行招标:……(二)重要设备、材料等货物的采购,单项合同估算价在 100 万元人民币以上的……"根据上述规定,涉案采购设备系用于关系社会公共利益、公共安全的工程项目,且合同价款达 170400000 元,故应属于必须招标的项目。在案涉《采购合同》《补充协议》未进行招标的情况下,根据《合同法》第五十二条的规定,属于违反法律、行政法规强制性规定的情形,应属无效。

【实务指引】

本案中需要注意的是,《招标投标法》第三条不仅规制特定工程的勘察、设计、施工等环节,还规制设备采购。并且在当时的行政法规已经明确规定了设备采购达到一定条件必须进行招标的情况下,当事人依然未能遵守法律规定。这是本案中建设工程合同被认定为无效的重要原因。

【法律依据】

《招标投标法》第三条 在中华人民共和国境内进行下列工程建设项目包括项目的勘察、设计、施工、监理以及与工程建设有关的重要设备、材料等的采购,必须进行招标:

(一)大型基础设施、公用事业等关系社会公共利益、公共安全的项目……

《必须招标的基础设施和公用事业项目范围规定》第二条 不属于《必须招标的工程项目规定》第二条、第三条规定情形的大型基础设施、公用事业等关系社会公共利益、公众安全的项目,必须招标的具体范围包括：

（一）煤炭、石油、天然气、电力、新能源等能源基础设施项目；

（二）铁路、公路、管道、水运，以及公共航空和A1级通用机场等交通运输基础设施项目；

（三）电信枢纽、通信信息网络等通信基础设施项目；

（四）防洪、灌溉、排涝、引（供）水等水利基础设施项目；

（五）城市轨道交通等城建项目。

《必须招标的工程项目规定》第五条　本规定第二条至第四条规定范围内的项目，其勘察、设计、施工、监理以及与工程建设有关的重要设备、材料等的采购达到下列标准之一的，必须招标：

（一）施工单项合同估算价在400万元人民币以上；

（二）重要设备、材料等货物的采购，单项合同估算价在200万元人民币以上；

（三）勘察、设计、监理等服务的采购，单项合同估算价在100万元人民币以上。

同一项目中可以合并进行的勘察、设计、施工、监理以及与工程建设有关的重要设备、材料等的采购，合同估算价合计达到前款规定标准的，必须招标。

案例122

某科技公司与某新能源开发公司服务合同纠纷案

Q：某科技公司（乙方）与某新能源开发公司（甲方）签订《委托开发合同》，约定乙方协助甲方获取某光伏项目中标资格。某新能源公司再中标后以某科技公司不具有招投标代理人资质为由主张《委托开发合同》无效，该主张是否能够获得支持？

A：不予支持，合同有效。法律仅对招标代理人具有资质要求，对投标代理人并无要求，合同并不违反法律、行政法规的强制性规定，未违背公序良俗，合同合法有效。

裁判案例：（2018）粤01民终18451号

【裁判观点】

关于涉案合同的效力。某新能源开发公司作为投标人，与某科技公司签订《委托开发合同》，该合同约定某科技公司的责任和服务范围是协助某新能源开发公司获取中标资格，某新能源开发公司在投标文件上签章确认并获得中标，现某新能源开发公司上诉主张某科技公司超出经营范围，《委托开发合同》及其补充合同无效，理由不成立。某新能源开发公司称某科技公司在招投标过程中存在违法行为，并没有提交证据证实，故涉案《委托开发合同》及其补充合同未违反法律、行政法规的强制性规定，合法有效。

【实务指引】

本案涉及以下问题:(1)双方当事人订立的合同的性质是什么?(2)双方当事人订立的合同是否有效?

关于合同性质的问题。根据双方当事人之间达成的合同内容,某科技公司的合同义务是协助某新能源公司获得中标资格。并且,最终在投标文件上签字盖章获得中标的主体依然是某新能源公司。从这一约定来看,双方达成的合同并不属于委托合同。根据《民法典》第九百一十九条的规定,委托合同是委托人和受托人约定,由受托人处理委托人事务的合同。根据《民法典》第九百二十五条、第九百二十六条的规定,如果受托人对外订立合同,应当以自己的名义订立合同。本案中某科技公司的义务是协助某新能源公司获得中标资格,相当于对外介绍某新能源公司的情况,以获得可能的商业机会。这样的合同约定应当被认定为中介合同而非委托合同。这一现象在实践中并不少见,因此在判断合同性质时应当从约定的内容出发,不能仅停留在合同的名称上。

关于合同效力的问题。本案中某新能源公司认为某科技公司超出经营范围订立的合同无效。实际上,《民法典》第五百零五条规定,"当事人超越经营范围订立的合同的效力,应当依照本法第一编第六章第三节和本编的有关规定确定,不得仅以超越经营范围确认合同无效"。当前法律、行政法规并未要求提供招投标中介服务的公司需要获得特定的资质。因此,双方订立的合同应当有效。

【法律依据】

《招标投标法》第五条　招标投标活动应当遵循公开、公平、公正和诚实信用的原则。

《招标投标法》第十三条第二款　招标代理机构应当具备下列条件:

(一)有从事招标代理业务的营业场所和相应资金;

(二)有能够编制招标文件和组织评标的相应专业力量。

案例123

某建设公司、某建设公司青海分公司
与某新能源公司建设工程合同纠纷案

Q: 光伏并网项目中逆变器室、箱变、汇流箱的土建工程是否属于必须招标的项目?

A: 不属于。该部分土建工程并不属于关系社会公共利益、公众安全的基础设施项目,无须进行招投标。

裁判案例: (2014)青民一终字第37号

【裁判观点】

某建设发展公司、某建设发展公司青海分公司认为,依据《招标投标法》及相关规定,本案涉案工程为光伏新能源项目,属于关系社会公共利益、公众安全的基础设施项目,且工程为单项施工,工程价款在187万元(100万元以上)。该工程属于必须进行招投标的范围。因此,合同为无效合同。

某新能源公司认为,建设部相关的文件涉及的是公共利益的供水供电,非发电项目,且合同约定的施工方式是包清工,对方仅需挖坑即可,无须技术含量,一审认定正确。

法院认为,2012年10月13日,某新能源公司与某建设发展公司青海分公司签订《建设工程施工合同》,约定某新能源公司将某光伏并网项目所属26MW的逆变器室、箱变、汇流箱的土建工程承包给某建设发展公司青海分公司,施工方式为包清工方式,合同总价1872065元。某新能源公司为非自然人投资或控股的法人独资的有限公司,主要经营太阳能光伏发电,能源设备销售、维护,矿产品开发、销售等。涉案工程是因格尔木50MW光伏并网项目所属26MW的逆变器室、箱变、汇流箱所需而产生的土建工程,不属于《招标投标法》第三条第一款规定的必须进行招标的项目,即"(一)大型基础设施、公用事业等关系社会公共利益、公众安全的项目;(二)全部或者部分使用国有资金或者国家融资的项目;(三)使用国际组织或者外国政府贷款、援助资金的项目"。该工程虽未进行招标,但并不导致合同无效。故某建设发展公司、某建设发展公司青海分公司主张涉案工程合同应招投标而未招标,致使合同无效的上诉理由不能成立,应予驳回。一审认定无误,应予维持。

【实务指引】

本案涉及《招标投标法》第三条规定的范围如何界定的问题。依据《招标投标法》第三条第一款之规定,在中华人民共和国境内进行的大型基础设施、公用事业等关系社会公共利益、公众安全的项目,全部或者部分使用国有资金投资或者国家融资的项目,以及使用国际组织或者外国政府贷款、援助资金的项目,属于必须进行招标的工程范围。国家发展和改革委员会印发的《必须招标的工程项目规定》对上述必须进行招标的"全部或者部分使用国有资金投资或者国家融资的项目"和"使用国际组织或者外国政府贷款、援助资金的项目"进行了明确。同时,上述规定项目范围内的勘察、设计、施工、监理以及与工程建设有关的重要设备、材料的采购达到一定标准的,也必须履行招标程序。

据此,发包人未履行招标手续,直接与承包人订立施工合同的,或者是招标人隐瞒工程建设规模、建设条件、投资、建筑材料来源等真实情况,降低标准不进行招投标的,均属于本条规定中"必须进行招标而未招标"的情形,双方订立的建设工程施工合同应当认定为无效。

【法律依据】

《招标投标法》第三条 在中华人民共和国境内进行下列工程建设项目包括项目的勘查、设计、施工、监理以及与工程建设有关的重要设备、材料等的采购,必须进行招标:

(一)大型基础设施、公用事业等关系社会公共利益、公共安全的项目……

《必须招标的基础设施和公用事业项目范围规定》第二条 不属于《必须招标的工程项目规定》第二条、第三条规定情形的大型基础设施、公用事业等关系社会公共利益、公众安全的项目,必须招标的具体范围包括:(一)煤炭、石油、天然气、电力、新能源等能源基础设施项目……

《必须招标的工程项目规定》第五条 本规定第二条至第四条规定范围内的项目,其勘察、设计、施工、监理以及与工程建设有关的重要设备、材料等的采购达到下列标准之一的,必须招标:(一)施工单项合同估算价在400万元人民币以上……

案例124

某太阳能科技公司与某设备安装公司招标投标买卖合同纠纷案

Q:光伏工程招标人不向未中标的投标人退还投标保证金的,应当如何处理?

A:招标人应当在书面合同签订5日后,向未中标人退还保证金,逾期不退还的,法院计算利息后一并执行。

裁判案例:(2019)赣05民初187号

【裁判观点】

法院认为,本案属招标投标买卖合同纠纷。原告某太阳能科技公司为取得中标资格向被告某设备安装公司支付了50万元保证金,后原告未能中标。《招标投标法实施条例》第五十七条第二款规定:"招标人最迟应当在书面合同签订后5日内向中标人和未中标的投标人退还投标保证金及银行同期存款利息。"根据该规定,被告应及时退还未中标人投标保证金及银行同期存款利息。2008年最高人民法院《关于民事诉讼证据的若干规定》第八条第二款规定:"对一方当事人陈述的事实,另一方当事人既未表示承认也未否认,经审判人员充分说明并询问后,其仍不明确表示肯定或者否定的,视为对项事实的承认。"第七十五条规定:"有证据证明一方当事人持有证据无正当理由拒不提供,如果对方当事人主张该证据的内容不利于证据持有人,可以推定该主张成立。"因被告对原告主张利息的时间没有提出异议且拒不提供与中标人签订合同的时间,法院对原告主张自2016年3月1日起计算利息予以支持;对原告主张按年息24%计算利息,因超出《招标投标法实施条例》的规定标准,对超过部分利率不予支持。

【实务指引】

首先,合同全面履行原则主要是指合同当事人应当根据合同的约定履行义务,包括标的数量、质量、规格、价款、地点、期限、履行方式等。合同法方面的规范主要是任意性规范,合同中有约定的应当先根据合同约定确定当事人的义务,换言之,应先根据合同约定的义务确定当事人的履行义务。如果合同没有约定或者约定不明确,则按照法定的填补漏洞的方法作出全面履行的范围。任何仅仅部分履行合同的行为都会构成对合同义务的违反,都要承担违约责任。

其次,全面履行是指对于债务人全部义务的履行,包括先合同义务、主给付义务、从给付义务、附随义务、不真正义务等,都要按法律规定或约定履行。给付,指债之关系上特定人间得请求的特定行为,不作为亦为给付。给付具有双重意义,指给付行为或给付效果。从给付义务之发生,可由法律明文规定,亦可依据诚信原则、合同目的和交易习惯解释认定,也可由合同约定。主给付义务系合同义务中最核心的内容,从给付义务可以理解为主给付义务外层的一种义务。附随义务是从给付义务之外,更外围的一层义务。

【法律依据】

《招标投标法实施条例》第五十七条第二款 招标人最迟应当在书面合同签订后5日内向中标人和未中标的投标人退还投标保证金及银行同期存款利息。

3. 建设工程合同无效的处理

案例 125

某光伏科技公司与某电力工程公司建设工程施工合同纠纷案

Q: 因未办理建设用地规划许可证、建设工程规划许可证,致使光伏电站EPC合同无效,但涉案工程经验收合格的,承包人能否主张工程价款?

A: 能。EPC合同虽无效,但涉案工程经验收合格的,承包人可以主张工程价款。

裁判案例: (2020)苏07民终3592号

【裁判观点】

关于涉案《项目开发和EPC工程承包合同》是否有效的问题。法院经审查认为,某光伏科技公司开发建设的涉案工程未办理建设工程用地规划和工程规划许可手续,故某光伏科技公司分别与某电力工程公司以及某建设集团公司之间签订的《项目开发和EPC工程承包合同》,均因违反了法律强制性规定而应当被认定为无效合同,涉案施工合同虽无效,但一期、二期工程已并网发电且经某光伏科技公司验收合格,某电力工程公司有权要求参照合同约定支付工程价款。

【实务指引】

《民法典》第七百九十三条规定了建设工程合同无效后如何处理的规则。承包人履行建设工程合同的结果是将建筑材料和劳务转化为建设工程。转化为建设工程的各类材料与劳务无法在合同被认定为无效后"返还",这就使建设工程合同相较于普通合同在被认定为无效时的处理方式较为特殊。《民法典》第七百九十三条将建设工程合同无效情形下的建设工程分为"经验收合格"与"经验收不合格"两类。对于经验收合格的建设工程,承包人可以要求参照合同约定折价补偿。对于经验收不合格的工程,再次划分为"修复后验收合格"与"修复后验收不合格"两类。建设工程经修复后验收合格,承包人依然有权向发包人请求折价补偿。如果建设工程经修复后仍不合格,承包人则无权向发包人主张折价返还。

《民法典》第七百九十三条的规定可以从"合同目的"是否实现以及合同无效后的处理两个层面加以解读。发包人订立建设工程合同的目的是获得承包人按照设计要求完成的建设工程。因此,即便建设工程合同被认定为无效,只要承包人完成的建设工程本身符合设计要求,那么发包人订立合同的目的就没有落空,并且其已经从承包人处获得了其应得的合同利益。此时承包人请求发包人按照合同约定折价补偿符合公平原则。同时,这样的处理方式也符合《民法典》第一百五十七条中"不能返还或者没有必要返还的,应当折价补偿"的规定。如果承包人最终交付了经修复也无法验收合格的建设工程,说明该工程不符合发包人对于建设工程的要求,换言之,发包人订立建设工程合同的目的未能实现,并且,由于该工程无法修复,发包人实际上并未获得合同约定的利益。此时不允许承包人提出折价补偿的要求也是符合公平原则的。这一规定在一定程度上是对《民法典》第一百五十七条的延伸与突破。

【法律依据】

《民法典》第七百九十三条 建设工程施工合同无效,但是建设工程经验收合格的,可以参照合同关于工程价款的约定折价补偿承包人。

建设工程施工合同无效,且建设工程经验收不合格的,按照以下情形处理:

(一)修复后的建设工程经验收合格的,发包人可以请求承包人承担修复费用;

(二)修复后的建设工程经验收不合格的,承包人无权请求参照合同关于工程价款的约定折价补偿。

发包人对因建设工程不合格造成的损失有过错的,应当承担相应的责任。

最高人民法院《关于当前民事审判工作中的若干具体问题》
六、关于建设工程合同纠纷案件的审理问题
……
第三,关于工程价款结算问题。要尊重合同中有关工程价款结算方法、标准的约定内容,严格执行工程造价、工程质量等鉴定程序的启动条件。虽然建设工程施工合同无效,但建设工程经竣工验收合格的,一般应参照合同约定结算工程价款,实际施工人违反合同约定另行申请造价鉴定结算的,一般不予支持。

案例 126

某能源公司与某工程公司建设工程合同纠纷案

Q: 光伏工程项目 EPC 总承包合同无效的,承包人某工程公司在工程竣工之后能否请求按照合同约定要求发包人某能源公司支付工程款?

A: 工程经竣工验收合格后可以请求参照合同约定支付工程价款。

裁判案例: (2020)最高法民申 4283 号

【裁判观点】

本院经审查认为,某能源公司的再审申请理由不能成立。某能源公司在一审、二审中隐瞒了其在某工程公司取得中标通知书前已经与某工程公司就案涉工程施工进行实质性磋商的事实。现提交所谓"新证据",拟证明其在案涉工程招标投标前已经与某工程公司进行实质性磋商,并据此主张案涉《建筑安装承包合同》无效,违反了《中华人民共和国民事诉讼法》第十三条第一款关于"民事诉讼应当遵循诚实信用原则"的规定。某能源公司作为发包人,违反《中华人民共和国招标投标法》的规定,在案涉工程招标投标前与某工程公司就工程施工进行实质性磋商,存在重大过错。建设工程造价数额或者计价方式由当事人自愿协商确定。案涉《建筑安装承包合同》约定案涉工程价款为固定总价,并未违反法律、行政法规的强制性规定。某能源公司未提交充分证据证明,某能源公司高管与某工程公司恶意串通损害其利益,其关于案涉《建筑安装承包合同》并非其真实意思表示的再审申请理由不能成立。《最高人民法院关于审理建设工程施工合同纠纷案件适用法律问题的解释》第二条规定:"建设工程施工合同无效,但建设工程经竣工验收合格,承包人请求参照合同约定支付工程价款的,应予支持。"根据该条规定,即使案涉《建筑安装承包合同》无效,承包人某工程公司亦有权请求参照案涉《建筑安装承包合同》约定支付工程价款。原判决按《建筑安装承包合同》约定认定案涉工程价款,是适当的。故某能源公司提交的新证据不属于足以推翻原判决的新的证据。

【实务指引】

《民法典》第一百五十七条规定,民事法律行为无效、被撤销或者确定不发生效力后,行为人因该行为取得的财产,应当予以返还;不能返还或者没有必要返还的,应当折价补偿。有过错的一方应当赔偿对方由此所受到的损失;各方都有过错的,应当各自承担相应的责任。法律另有规定的,依照其规定。但是建设工程合同被认定为无效之后却不能直接依据《民法典》第一百五十七条的规定处理。建设工程合同履行的过程中,劳务、建筑材料等已经形成了建设工程,无法返还。《民法典》第七百九十三条针对建设工程施工合同的无效设置了不同的规则。根据该条规定,建设工程施工合同无效但是建设工程经验收合格的,承包人可以依据合同中关于合同价款的约定要求获得折价补偿。从建设工程合同的概念入手能够更好地理解这一规定。《民法典》第七百八十八条第一款规定,建设工程合同是承包人进行工程建设,发包人支付价款的合同。发包人订立合同的目的是获得符合要求的建设工程。因此,在建设工程合同无效但是建设工程经验收合格的情况下,发包人依然获得了其订立合同时期待获得的利益。如果此时承包人无法获得相应的工程价款,便会对承包人不公平。本案中,案涉建设工程经验收合格,发包人已经获得了依据合同应得的利益。根据法律规定,发包人应当支付工程价款。

【法律依据】

《民法典》第七百九十三条　建设工程施工合同无效,但是建设工程经验收合格的,可以参照合同关于工程价款的约定折价补偿承包人。

建设工程施工合同无效,且建设工程经验收不合格的,按照以下情形处理:

(一)修复后的建设工程经验收合格的,发包人可以请求承包人承担修复费用;

(二)修复后的建设工程经验收不合格的,承包人无权请求参照合同关于工程价款的约定折价补偿。

发包人对因建设工程不合格造成的损失有过错的,应当承担相应的责任。

案例127

陈某与某投资发展公司、某新能源公司、某电力科技公司等建设工程合同纠纷案

Q:与政府签订协议开发光伏电站项目并已取得光伏电站备案的企业能否将项目擅自转包给不具有法定资质的其他企业?

A:转包协议无效。未取得相应资质的承包人签订的施工合同为无效合同。

裁判案例:(2020)甘07民终194号

【裁判观点】

关于原告陈某与被告某投资发展公司签订的建设工程施工合同是否合法有效的问题。法院认为，肃南县人民政府与被告某电力科技公司签订的光伏电站项目战略合作框架协议和补充协议，由被告某电力科技公司投资开发肃南县明花乡柳古墩滩光伏电站项目，系各自的真实意思表示，双方应当按照协议约定履行各自义务。根据国家能源局下发的原《关于规范光伏电站投资开发秩序的通知》(国能新能〔2014〕477号)第四条之规定，不能将政府备案文件及相关权益有偿转让。已办理备案手续的项目的投资主体在项目投产之前，未经备案机关同意，不得擅自将项目转让给其他投资主体"。不得"以倒卖项目备案文件或非法转让牟取不当利益为目的""出于正当理由进行项目合作开发和转让项目资产，不能将政府备案文件及相关权益有偿转让"。

依据上述文件规定，被告某电力科技公司与肃南县人民政府签订合作协议后，在二期、三期光伏发电项目未完成项目备案、未取得年度建设规模指标、未办理土地审批手续的情况下，其将该工程转包给不具备法定资质的被告某新能源投资公司开发，该转让行为违反了国家能源局的上述规定。根据原《最高人民法院关于审理建设工程施工合同纠纷案件适用法律问题的解释》第一条第一项规定，建设工程施工合同承包人未取得建筑施工企业资质或者超越资质等级的，应当根据原《合同法》第五十二条第五项的规定，认定无效，故某电力科技公司与某新能源投资公司之间以收取保证金的方式转让肃南县明花乡柳古墩滩光伏电站项目开发权的行为无效，某新能源投资公司与原告签订的施工合同属无效合同。

【实务指引】

本案中，当事人与政府订立建设工程合同后，将合同分包给无资质的第三方。这一行为直接违反了《民法典》第七百九十一条第三款的规定。该条第三款规定，"禁止承包人将工程分包给不具备相应资质条件的单位。禁止分包单位将其承包的工程再分包。建设工程主体结构的施工必须由承包人自行完成"。建设工程合同作为一种特殊的承揽合同，发包人在招投标以及订立合同的过程中对承包人有一定的要求。投标人拥有的资质、投标人提出的价格要求等是招标人考虑的重要因素。当承包人将工程再次分包给无资质的单位时，该行为一方面破坏了发包人对于承包人资质的信赖，另一方面极有可能造成工程不符合质量。禁止随意分包也是《建筑法》等法规明令禁止的行为。

本案中当事人的行为也属于"买卖路条"的行为。区别于通过股权转让的方式买卖路条，本案当事人是在获得批准后直接将工程转包。这一行为直接违反了民法中对于建设工程合同的规定，并且违反《建筑法》等其他法律。这类买卖路条的行为违反法律规定。以股权转让方式变更有资质主体的行为是否违反法律规定当前在实践中并无统一的处理结论。

【法律依据】

最高人民法院《关于审理建设工程施工合同纠纷案件适用法律问题的解释(一)》第一条 建设工程施工合同具有下列情形之一的,应当依据民法典第一百五十三条第一款的规定,认定无效：(一)承包人未取得建筑业企业资质或者超越资质等级的……

案例 128

某新能源公司、某科技公司建设工程施工合同纠纷案

Q：某新能源公司与某科技公司签订《EPC 服务合同》《补充协议》,约定某科技公司委托某新能源公司对某物业管理公司的"屋顶分布式光伏发电项目"作科研、设计方案和施工图纸设计。之后由于某科技公司未能向某新能源公司支付工程款,双方发生纠纷。某科技公司以某新能源公司缺乏资质为由主张双方签订的合同无效。该主张能否得到支持？

A：合同有效。虽然缺乏相应资质,但其违反的仅为管理性规定,不会导致合同无效的后果。

裁判案例：（2019）粤 01 民终 8290 号

【裁判观点】

某科技公司上诉认为案涉《EPC 服务合同》无效。对此法院认为,原《最高人民法院关于审理建设工程施工合同纠纷案件适用法律问题的解释》第一条规定："建设工程施工合同具有下列情形之一的,应当根据合同法第五十二条第(五)项的规定,认定无效：(一)承包人未取得建筑施工企业资质或者超越资质等级的；(二)没有资质的实际施工人借用有资质的建筑施工企业名义的；(三)建设工程必须进行招标而未招标或者中标无效的。"鉴于本案系承揽合同纠纷,而并非建设工程纠纷,故本案不能依据上述司法解释认定合同无效。某科技公司上诉认为,根据 2009 年《承装(修、试)电力设施许可证管理办法》第四条、《分布式光伏发电项目管理暂行办法》第十七条的规定,光伏发电项目企业需要相关资质。对此法院认为,原《合同法》第五十二条第五项规定：违反法律、行政法规的强制性规定,合同无效。上述《承装(修、试)电力设施许可证管理办法》《分布式光伏发电项目管理暂行办法》并非法律和行政法规的范畴。综上,某科技公司主张案涉《EPC 服务合

同》无效欠缺事实和法律依据,故法院对其意见不予采纳。因此,某科技公司以合同无效为由认为其无须支付违约金和补偿金的主张不成立,法院不予支持。

【实务指引】

本案涉及两方面的问题:(1)案涉合同是何种性质?(2)案涉合同的效力为何?

关于案涉合同的性质问题。《建筑法》第二条第二款规定,"本法所称建筑活动,是指各类房屋建筑及其附属设施的建造和与其配套的线路、管道、设备的安装活动"。本案中当事人之间订立的合同使用了"EPC"的提法,具体为一方委托另一方完成光伏发电项目可研、设计方案和施工图设计及采购施工。但是本案中法院认定该光伏项目不涉及建筑建造,而是在建筑屋顶布设光伏设备。这是使本案中当事人订立的合同被认定为承揽合同的重要原因。

关于案涉合同的效力认定,笔者认为,法院的认定思路可能存在一些问题。《电力供应与使用条例》第三十七条规定,"承装、承修、承试供电设施和受电设施的单位,必须经电力管理部门审核合格,取得电力管理部门颁发的《承装(修)电力设施许可证》"。承装(修)电力设施许可证属于电力施工企业的重要资质之一。本案中法院认定合同无效的思路如下:在确定案涉合同属于承揽合同之后,认为案涉合同无法适用建设工程合同相关的司法解释,也就不能援引相关规定认定合同无效。承揽合同中对于承揽人的资质并无特定要求,所以当事人以电力安装工程需要相关资质的抗辩不成立。法院的此种认定思路在表面上与法律规定相符。但是深究相关规范的内容,笔者认为,法院在此的认定思路存在错误。《承装(修、试)电力设施许可证管理办法》作为部门规章自然无法影响民事合同的效力。但是该办法的主要内容为许可证办理与发放事项。如果深究与许可证相关的规范,《电力供应与使用条例》以及《电力监管条例》中对未经许可实施相关工作的行为均持禁止态度。例如上文提到的《电力供应与使用条例》第三十七条的规定。同时,《电力供应与使用条例》第三十八条第一项规定,未按照规定取得《电力业务许可证》,从事电力供应业务的,由电力管理部门责令改正,没收违法所得,可以并处违法所得5倍以下的罚款。《电力监管条例》第三十条规定,"违反规定未取得电力业务许可证擅自经营电力业务的,由电力监管机构责令改正,没收违法所得,可以并处违法所得5倍以下的罚款;构成犯罪的,依法追究刑事责任"。因此,未取得承装(修)电力设施许可证的企业实际上并不能承揽相关工程,并且会受到相应的惩罚。双方当事人可以通过协商解决工程价款的问题。

【法律依据】

《承装(修、试)电力设施许可证管理办法》第四条 在中华人民共和国境内从事承装、承修、承试

电力设施活动的,应当按照本办法的规定取得许可证。除国家能源局另有规定外,任何单位或者个人未取得许可证,不得从事承装、承修、承试电力设施活动。

本办法所称承装、承修、承试电力设施,是指对输电、供电、受电电力设施的安装、维修和试验。

《分布式光伏发电项目管理暂行办法》第十七条　分布式光伏发电项目的设计和安装应符合有关管理规定、设备标准、建筑工程规范和安全规范等要求。承担项目设计、咨询、安装和监理的单位,应具有国家规定的相应资质。

《民法典》第一百五十三条第一款　违反法律、行政法规的强制性规定的民事法律行为无效。但是,该强制性规定不导致该民事法律行为无效的除外。

4. 竣工验收

案例 129

某科技公司与某机械公司建设工程施工合同纠纷案

Q: 发包人未经验收合格即使用分布式光伏电站,在使用期间能否以工程质量不合格主张权利?

A: 不能。建设工程未经验收合格,不得交付使用。若发包人未经验收合格擅自使用建设工程,则在使用后不得对使用部门以质量不合格为由主张权利。

裁判案例: (2021)苏 09 民终 319 号

【裁判观点】

关于某科技公司完成的工程是否符合双方约定质量的问题。《合同法》第二百七十九条规定,建设工程竣工后,发包人应当根据施工图纸及说明书、国家颁发的施工验收规范和质量检验标准及时进行验收。验收合格的,发包人应当按照约定支付价款,并接收该建设工程。建设工程竣工经验收合格后,方可交付使用;未经验收或者验收不合格的,不得交付使用。最高人民法院《关于审理建设工程施工合同纠纷案件适用法律问题的解释》第十三条规定,建设工程未经竣工验收,发包人擅自使用后,又以使用部分质量不符合约定为由主张权利的,不予支持。2019 年 11 月 20 日案涉光伏项目通过验收,可以并网。某机械公司接收案涉光伏项目,与供电部门签订分布式光伏发电项目高压发用电合同,并已于 2019 年 12 月将案涉光伏电站投入使用,应视为某科技公司施工的案涉工程质量合格,依据上述法律规定,一审法院对某机械公司主张案涉工程质量不合格,要求拆除,并返还 104 万元工程款的请求不予支持。

【实务指引】

根据《民法典》第七百九十九条的规定，建设工程竣工后，发包人负有及时验收的义务。在验收合格后，发包人应当按照合同约定支付工程款并接收该建设工程。实践中存在发包人拖延验收并拒绝支付工程款，并且在承包人要求支付工程款时以工程存在质量问题为由拒绝支付的情况。发包人未经竣工验收便径行使用建设工程的，即便该工程确实存在质量问题，也可能由于发包人的使用行为而无法判定责任。如果此时发包人的主张依然获得支持，将会极大地损害承包人的利益。因此，司法解释不支持发包人未经竣工验收擅自使用建设工程后提出的有关质量不符合约定的主张。这一规定相当于推定未经竣工验收而被发包人擅自使用的建设工程属于质量合格工程，除非符合例外条件。

本案中，案涉工程已经过验收并交付。此时发包人再以质量问题为由拒绝支付价款，已经违反了《民法典》第七百九十九条的规定。即便存在未经验收便使用的情况，发包人也无权以工程存在质量问题为由拒绝支付工程价款。

【法律依据】

最高人民法院《关于审理建设工程施工合同纠纷案件适用法律问题的解释（一）》第十四条 建设工程未经竣工验收，发包人擅自使用后，又以使用部分质量不符合约定为由主张权利的，人民法院不予支持；但是承包人应当在建设工程的合理使用寿命内对地基基础工程和主体结构质量承担民事责任。

《民法典》第七百九十九条 建设工程竣工后，发包人应当根据施工图纸及说明书、国家颁发的施工验收规范和质量检验标准及时进行验收。验收合格的，发包人应当按照约定支付价款，并接收该建设工程。

建设工程竣工经验收合格后，方可交付使用；未经验收或者验收不合格的，不得交付使用。

案例 130

某新能源公司、某电力公司承揽合同纠纷案

Q： 发包人某电力公司将光伏铁塔塔基等光伏工程发包给承包人某新能源公司施工。因其他部分工程施工需要，某新能源公司完成的部分未经验收便实际交付给发包人使用。此时承包人能否以工程已经交付使用等同于验收合格为由，要求支付工程款？

A： 不能。该种情况下是否支持承包人的主张应当考虑光伏工程施工的特殊性并结合涉案工程具体情况予以认定。

裁判案例：（2020）豫05民终6326号

【裁判观点】

上诉人某新能源公司以其承揽的塔基工程已经投入使用,主张被上诉人某电力公司支付剩余工程款。因本案工程为光伏铁塔塔基施工工程合同,该工程为光伏工程的一部分,该光伏工程投入使用并不能证明收尾工程已完工且工程验收合格,故一审法院判决驳回上诉人某新能源公司要求被上诉人某电力公司支付工程尾款的诉讼请求,并无不妥。上诉人某新能源公司可在收尾工程完工后,形成新的事实,就其承包工程的尾款及保证金向被上诉人某电力公司主张。

【实务指引】

在建设工程施工合同中,承包人的基本义务是向发包人交付质量合格的建设工程。发包人的基本义务是向承包人支付建设工程价款。二者之间构成对待给付。承包人所施工的建设工程竣工后,质量是否合格,是否符合发包人设计要求,需要发包人组织监理人、承包人、勘察单位、设计单位共同进行竣工验收。建设工程经共同验收合格后,承包人才能向发包人交付建设工程。发包人才应向承包人支付全部建设工程价款。如果承包人施工的工程质量不合格,一方面,其不能将不合格建设工程交付给发包人使用;另一方面,其不能请求发包人支付建设工程价款。

【法律依据】

《民法典》第七百九十九条　建设工程竣工后,发包人应当根据施工图纸及说明书、国家颁发的施工验收规范和质量检验标准及时进行验收。验收合格的,发包人应当按照约定支付价款,并接收该建设工程。

建设工程竣工经验收合格后,方可交付使用;未经验收或者验收不合格的,不得交付使用。

案例 131

某清洁能源公司、某自动化公司建设工程施工合同纠纷案

Q:光伏工程发包人未按照《光伏发电工程验收规范》进行工程启动、试运等环节的验收,能否以此为由拒绝支付工程款?

A:不能。组织验收属于发包人的责任,涉案项目未按《光伏发电工程验收规范》的要求进行工程启动、试运等环节的验收,不影响对涉案工程的竣工验收和移交。

裁判案例:(2018)最高法民终 331 号

【裁判观点】

国务院《建设工程质量管理条例》第十六条第一款规定:"建设单位收到建设工程竣工报告后,应当组织设计、施工、工程监理等有关单位进行竣工验收。"《合同法》第二百七十九条规定:"建设工程竣工后,发包人应当根据施工图纸及说明书、国家颁布的施工验收规范和质量检验标准及时进行验收。验收合格的,发包人应当按照约定支付价款,并接收该建设工程。建设工程竣工经验收合格后,方可交付使用;未经验收或者验收不合格的,不得交付使用。"依据上述法律、条例规定,组织相关单位进行竣工验收,属于发包人的责任,涉案项目未按《光伏发电工程验收规范》的要求进行工程启动、试运等环节的验收,不影响对涉案工程的竣工验收和移交,责任也不应由施工方某自动化公司承担。某清洁能源公司因此拒付设备款及施工费用,理由不能成立,法院不予采纳。

【实务指引】

根据《民法典》第七百八十八条第一款关于建设工程合同的定义的规定,支付合同价款是发包人承担的合同义务。《民法典》第七百九十九条第一款规定,"建设工程竣工后,发包人应当根据施工图纸及说明书、国家颁发的施工验收规范和质量检验标准及时进行验收。验收合格的,发包人应当按照约定支付价款,并接收该建设工程"。基于上述规定可以发现,在建设工程合同中,发包人承担的义务包括组织验收与支付价款。建设工程经验收合格,说明承包人已经按照发包人的要求履行了合同义务。此时发包人应当履行相对应的付款义务。本案中发包人未能按照合同约定及相关规定组织验收,其行为已经构成违约。其拒绝履行付款义务的主张无法律依据。

【法律依据】

《民法典》第七百九十九条第一款 建设工程竣工后,发包人应当根据施工图纸及说明书、国家颁发的施工验收规范和质量检验标准及时进行验收。验收合格的,发包人应当按照约定支付价款,并接收该建设工程。

《建设工程质量管理条例》第十六条第一款 建设单位收到建设工程竣工报告后,应当组织设计、施工、工程监理等有关单位进行竣工验收。

5. 建设工程合同无效的认定

> **案例 132**
>
> **马某、某光伏发电公司合同纠纷案**
>
> **Q:** 分布式光伏发电项目未取得相应的电力建设规划许可,是否会导致分布式光伏发电项目建设施工合同无效?
>
> **A:** 否。针对在自家屋顶安装分布式光伏发电系统是否需要规划审批这一问题,目前,我国法律、行政法规并未作规定。因此不存在《民法典》第一百五十三条规定的合同无效情形。同时依据国务院《关于促进光伏产业健康发展的若干意见》第七条"完善支持政策"规定"……对分布式光伏发电项目实行备案管理,豁免分布式光伏发电应用发电业务许可……"分布式光伏发电系统无须规划审批,未经审批也不会导致建设施工合同无效。
>
> **裁判案例:**(2020)闽 07 民终 322 号

【裁判观点】

针对在自家屋顶安装分布式光伏发电系统是否需要规划审批这一问题,目前,我国法律、行政法规,乃至福建省地方性法规、规章对此并未作规定。实践中,各地的做法也不尽相同,部分地方政府基于行政管理考虑,对此有不同规定。《关于促进光伏产业健康发展的若干意见》第七条"完善支持政策"规定:"……对分布式光伏发电项目实行备案管理,豁免分布式光伏发电应用发电业务许可……"国家能源局于 2013 年 11 月下发的《分布式光伏发电项目管理暂行办法》第十一条规定:"项目备案工作应根据分布式光伏发电项目特点尽可能简化程序,免除发电业务许可、规划选址、土地预审……支持性文件。"由此可以看出,对于个人利用住宅建设的分布式光伏发电项目,获得城乡规划审批并非其前置性条件,没有要求光伏安装行为双方需取得电力建设规划许可,况且本案的光伏发电安装已经当地政府建设主管部门准许并获得当地电业部门验收合格并入网。综上,讼争《光伏安装项目合同书》系双方当事人真实意思表示,内容并不违反法律、行政法规的强制性规定,且也没有证据证明继续履行该合同将严重损害社会公共利益,故合同当属有效。马某关于合同无效的上诉理由,缺乏事实和法律依据,法院均不予采纳。

【实务指引】

一般认为,导致合同无效的效力性规定,作为公法进入私法的一条重要通道,具有引致条款的意义,因而往往是指公法上的强制性规定。但如果完全将私法上的强制性规定排除在外,会造成认定合同效力上的困难。例如,以公益为目的的非营利法人、非法人组织订立的保证合同,就可以违反《民法典》合同编第六百八十三条第二款有关"以公益为目的的非营利法人、非法人组织不得为保证人"的规定,进而根据本条第一款的规定认定保证合同无效。否则,认定此类合同无效就缺乏法律依据。就此而言,效力性规定不仅包括公法上的强制性规定,而且包括私法上的强制性规定。至于该条后半句的强制性规定则指的是管理性规定。鉴于私法中一般不存在管理性规定问题,因而这里的强制性规定主要是指公法上的强制性规定。

需要特别注意的是,随着"管理性强制性规定"这一概念的提出,审判实践中又出现了另一种倾向,有的法院认为凡是行政管理性质的强制性规定都属于管理性规定,不影响合同效力,这是对管理性规定望文生义的理解,应予纠正。需要注意的是,违反效力性强制性规定而无效不过是合同法对合同效力进行控制的规则之一,它并不是有关合同效力判断的全部规则,其与效力待定、未生效、可撤销以及其他合同无效规定之间属于并列而非包含关系。

【法律依据】

《民法典》第一百五十三条第一款　违反法律、行政法规的强制性规定的民事法律行为无效。但是,该强制性规定不导致该民事法律行为无效的除外。

国务院《关于促进光伏产业健康发展的若干意见》七、完善支持政策

(一)大力支持用户侧光伏应用。开放用户侧分布式电源建设,支持和鼓励企业、机构、社区和家庭安装、使用光伏发电系统。鼓励专业化能源服务公司与用户合作,投资建设和经营管理为用户供电的光伏发电及相关设施。对分布式光伏发电项目实行备案管理,豁免分布式光伏发电应用发电业务许可。对不需要国家资金补贴的分布式光伏发电项目,如具备接入电网运行条件,可放开规模建设……

案例133

某开发公司与某电气公司建设工程施工合同纠纷案

Q: 非法占用农用地修建光伏设施所签订的《EPC总承包合同》效力如何?

A: 无效。农用地转为建设用地的应当办理审批手续,未办理手续非法占用农用地所签订的合同无效。

裁判案例: (2019)青民终102号

【裁判观点】

法院认为,我国实行社会主义公有与集体所有的土地制度,在我国人口众多耕地偏少的现实情况下,农业用地属于最基本、最稀缺的资源,其规划、使用与不特定大多数人的切身利益密切相关,属于社会公共利益的范畴。根据法院到青海省西宁市大通县自然资源局所作的调查笔录,可以证实案涉工程拆除原因系某开发公司非法占用农用地修建光伏设施,某开发公司所述因案涉工程建设在高压线缆下方而被拆除。某开发公司未经批准擅自占用农用地修建光伏设施的行为,违反了 2004 年《土地管理法》第四十三条第一款"任何单位和个人进行建设,需要使用土地的,必须依法申请使用国有土地"和第四十四条第一款"建设占用土地,涉及农用地转为建设用地的,应当办理农用地转用审批手续"的规定,损害了社会公共利益,其与某电气公司签订的《EPC 总承包合同》及相关合同附件的标的即属违法,根据《合同法》第五十二条第四项、第五项关于损害社会公共利益和违反法律、行政法规强制性规定的合同应属无效的规定,案涉《EPC 总承包合同》及相关合同附件亦应属无效。一审法院认定案涉《EPC 总承包合同》属有效合同并解除该合同属认定事实不清,适用法律错误,法院对此予以纠正。

【实务指引】

因建设用地使用权的存续期限较长,在此期限内,城市规划可能发生变更或企业方向发生调整,为增加土地的利用效益,可能存在改变湿地用途的需要。为此,《土地管理法》进行了原则性规定,即需要改变土地用途的,应当依法经有关行政主管部门批准。至于具体程序,《土地管理法》《城市房地产管理法》等法律法规进行了更详细的规定,如《土地管理法》第五十六条规定,确需改变该幅土地建设用途的,应当经有关人民政府自然资源主管部门同意,报原批准用地的人民政府批准。其中,在城市规划区内改变土地用途的,在报批前,应当先经有关城市规划行政主管部门同意。《城市房地产管理法》第十八条规定,土地使用者需要改变土地使用权出让合同约定的土地用途的,必须取得出让方同意并经城市规划部门同意,签订土地使用权出让合同变更协议或者重新签订土地使用权出让合同,相应调整土地使用权出让金。

【法律依据】

《土地管理法》第四十四条第一款　建设占用土地,涉及农用地转为建设用地的,应当办理农用地转用审批手续。

《民法典》第一百五十三条　违反法律、行政法规的强制性规定的民事法律行为无效。但是,该强制性规定不导致该民事法律行为无效的除外。

违背公序良俗的民事法律行为无效。

> **案例 134**
>
> **某光伏电力公司与某公司建设工程施工合同纠纷案**
>
> **Q**：光伏电站建设施工工程承包人不具有相应的建设安装资质，是否会导致建设施工合同无效？
>
> **A**：会。施工单位应当取得相应等级资质证书并在资质许可范围承接建设工程，承包人未取得资质所签订的建设工程施工合同无效。
>
> **裁判案例**：(2020) 苏 02 民终 883 号

【裁判观点】

法院认为，施工单位应当依法取得相应等级的资质证书，并在其资质等级许可的范围内承揽工程；建设单位将工程发包给不具有相应资质或安全生产许可的施工单位的，属于违法发包；承包人未取得建筑施工企业资质等级所签订的建设工程施工合同应当认定为无效。本案中，第一份合同为供货安装合同，苏州市中级人民法院也认定本案属于建设工程施工合同纠纷，某光伏电力公司没有建筑施工企业资质等级，故第一份合同无效。

【实务指引】

依据 2019 年修正的《建筑法》及现行《建筑施工企业安全生产许可证管理规定》的相关规定，建筑施工企业是指具体从事土木工程、建筑工程、线路管道和设备安装工程及装修工程的新建、扩建、改建和拆除等有关活动的企业。在 2018 年住房和城乡建设部颁布的《建筑业企业资质管理规定》中，上述建筑施工企业被称为建筑业企业。因《建筑业企业资质管理规定》是关于建筑业企业资质的专门性规定，在规定"建筑业企业资质"概念时，根据有关部门的意见，采取了《建筑业企业资质管理规定》的表述方式。依据 2015 年《建筑业企业资质管理规定》（已修改）第五条规定，建筑业企业资质分为施工总承包资质、专业承包资质、施工劳务资质三个序列。施工总承包资质按照工程性质和技术特点分别划分为若干资质类别，各资质类别按照规定的条件划分为若干资质等级。建筑施工企业应当参照其行业从业标准，按照其拥有的资产、主要人员、已完成的工程业绩和技术装备等条件申请建筑业企业资质。经审查合格取得建筑业企业资质证书后，方可在资质许可的范围内从事建筑施工活动。工程施工总承包和专业承包的资质实行分级审批制度，企业首次申请或增项申请资质，应当申请最低等级资质。值得注意的是，实践中一直有观点认为，对于承包人并非没有取得任何资质，而只是超越资质等级订立的建设工程施工合同不应认定为无效。其理由主要是，建筑施工企业为了争取提高资质等级，提升自己的建筑施工能力,经常要承揽超越其资质等级的工程,以充实业绩,提升其提高资质等级申请获得审批的可能性。我们认为,因《建筑法》规定建筑业企业资质管理制度目的在于严格建筑施工市场的准入条件,以保证建筑工程质量,任何对建筑施工企业承揽工程必须与其资质等级相一致要求的放宽,都会给建筑工程质量带来隐患,与《建筑法》的立法目的相抵触。况且,依据《建筑法》及《建筑业企业资质管理规定》的相关规定,在建筑施工企业的资质等级审批中,建筑施工企业是否承揽并完成超越资质等级的工程,并非其提升资质等级的条件,即便实践中超越资质承揽工程的做法普遍存在,也不能成为司法机关认定合同效力的依据。

【法律依据】

最高人民法院《关于审理建设工程施工合同纠纷案件适用法律问题的解释(一)》第一条 建设工程施工合同具有下列情形之一的,应当依据民法典第一百五十三条第一款的规定,认定无效:

(一)承包人未取得建筑业企业资质或者超越资质等级的……

案例 135

某科技公司、某光伏公司建设工程施工合同纠纷案

Q:依法必须招投标的光伏工程,未经招标所签订的 EPC 合同是否有效?

A:必须招投标的光伏工程未经招投标所签订的 EPC 总承包合同无效。

裁判案例:(2020)最高法民申 6978 号

【裁判观点】

根据已查明的有关事实,某科技公司与某光伏公司就案涉通辽国电中兴 30MWP 光伏电站项目签订《EPC 总承包合同》。后某光伏公司与某电力科技公司签订《工程承包合同》,将其与某科技公司签订的 EPC 合同中的主体结构、关键性工作的范围包括组件、支架的安装、工程整体竣工验收调试分包给某电力科技公司。因案涉工程为必须招标的项目,且某光伏公司缺乏总承包资质,某科技公司未经招投标程序与某光伏公司签订的《EPC 总包合同》以及某光伏公司与某电力科技公司就案涉工程的主体结构、关键性工作的范围进行分包所签订《PC 工程承包合同》违反了法律的规定,依法应为无效。二审法院认定《EPC 总包合同》《PC 工程承包合同》无效并无不当。

【实务指引】

根据法院的审理结果,案涉工程属于《招标投标法》第三条规定的必须经过招投标的工程。本案中发包人未经招投标程序便与无承包资质的承包人订立合同。根据最高人民法院《关于审理建设工程施工合同纠纷案件适用法律问题的解释(一)》(法释〔2020〕25号)第一条的规定,建设工程必须进行招标而未招标或者中标无效的,应当依据民法典第一百五十二条第一款的规定,认定无效。考察《招标投标法》第三条规定的必须经过招投标工程的范围,可以发现这几类工程基本都涉及社会公共利益。未经法定招投标程序,发包人将工程发包给其指定的承包人的,一方面有损害社会公共利益的危险,另一方面是对市场竞争的破坏。因此,司法解释的规定与《民法典》第一百五十三条的规定在内容上是一致的。

【法律依据】

《招标投标法》第三条　在中华人民共和国境内进行下列工程建设项目包括项目的勘察、设计、施工、监理以及与工程建设有关的重要设备、材料等的采购,必须进行招标:

(一)大型基础设施、公用事业等关系社会公共利益、公众安全的项目……

《民法典》第一百五十三条第一款　违反法律、行政法规的强制性规定的民事法律行为无效。但是,该强制性规定不导致该民事法律行为无效的除外。

案例 136

某科技公司、某公司建设工程施工合同纠纷案

Q: 未经招投标而签订的光伏工程 EPC 合同是否一定无效?

A: 光伏工程项目如果属于必须经招投标的项目,那么,未经招投标签订的项目合同无效。

裁判案例: (2020)最高法民申4661号

【裁判观点】

关于原审判决是否适用法律有误的问题。《中华人民共和国招标投标法》第三条第一款规定:"在中华人民共和国境内进行下列工程建设项目包括项目的勘查、设计、施工、监理以及与工程建设有关的重要设备、材料等的采购,必须进行招标:(一)大型基础设施、公用事业等关系社会公共利益、公共安全的项目",《工程建设项目招标范围和规模标准规定》第二条规定:"关系社会公共利益、公众安全的基础设施项目的范围包括:(一)煤炭、石油、天然气、电力、新能源等能源项目",第七条规定:"本规定第二条至第六条规定范围内的各类工程建设项目,包括勘查、设计、施工、监理以及与工程建设有关的重要设备、材料等的采购,达到下列标准之一的,必须进行招标:……(四)单项合同估算价低于第(一)(二)(三)项规定的标准,但项目总投资额在30000000元人民币以上的"。案涉光伏发电新能源项目总投资额远超30000000元,属于上述法律法规明确规定必须进行招标的项目。而本案《总承包合同》《补充合同》均未依法履行招标投标程序,依据《最高人民法院关于审理建设工程施工合同纠纷案件适用法律问题的解释》第一条关于"建设工程施工合同具有下列情形之一的,应当根据合同法第五十二条第(五)项的规定,认定无效:……(三)建设工程必须进行招标而未招标或者中标无效"的规定,原审判决认定《总承包合同》《补充合同》均违反法律、行政法规的强制性规定,从而判定上述合同为无效合同,进而作出相应判决,适用法律并无不当。

【实务指引】

本案中,最高人民法院依据《工程建设项目招标范围和规模标准规定》认定案涉项目为必须进行招投标的项目。当前《工程建设项目招标范围和规模标准规定》已被《必须招标的工程项目规定》(国家发展和改革委员会令第16号)取代。《必须招标的工程项目规定》第二条至第四条是对《招标投标法》第三条的细化规定。其第五条规定,第二条至第四条规定的范围内的项目的勘察、设计、施工、监理以及与工程建设有关的重要设备、材料等的采购达到一定标准的,必须招标。本案中,项目总投资额达到了30000000元,已经超过了第五条规定的限额,根据规定应当招标。该项目数额巨大,且涉及电力设施建设,在一定程度上涉及社会公共利益。在此,《招标投标法》中的规定成为《民法典》第一百五十三条中判断合同是否无效的依据。

【法律依据】

《招标投标法》第三条　在中华人民共和国境内进行下列工程建设项目包括项目的勘查、设计、施工、监理以及与工程建设有关的重要设备、材料等的采购,必须进行招标:(一)大型基础设施、公用事业等关系社会公共利益、公众安全的项目……

《必须招标的基础设施和公用事业项目范围规定》第二条　……必须招标的具体范围包括:(一)煤炭、石油、天然气、电力、新能源等能源基础设施项目……

《必须招标的工程项目规定》第五条　本规定第二条至第四条规定范围内的项目,其勘察、设计、施工、监理以及与工程建设有关的重要设备、材料等的采购达到下列标准之一的,必须招标:

(一)施工单项合同估算价在400万元人民币以上……

> **案例 137**
>
> **某电力工程公司、某建设公司建设工程施工合同纠纷案**
>
> **Q**：光伏项目施工企业具备机电工程施工总承包资质，但不具有电力工程施工资质，其签订的EPC总承包合同效力如何？
>
> **A**：机电工程与电力工程不同，缺乏资质签订的EPC总承包合同无效。
>
> 电力工程是指与电能的生产、输送及分配有关的工程（包括火力发电、水力发电、核能发电、风电、太阳能及能源发电、输配电等工程及配套工程）。
>
> 而机电工程是指未列入港口与航道、水利水电、电力、矿山、冶金、石油化工、通信工程的机械、电子、轻工、纺织、航天航空、船舶、兵器等其他工业工程的机电安装工程。
>
> **裁判案例**：(2018)赣01民终3266号

【裁判观点】

关于合同效力的认定：根据中华人民共和国住房和城乡建设部发布的《建筑业企业资质标准》（自2015年1月1日起施行）标准部分之电力工程施工总承包资质标准及机电工程施工总承包资质标准的规定，本案6.5MW屋顶分布式光伏发电项目，属于电力工程。根据《建筑业企业资质标准》的规定，承包本案工程需要具备电力工程施工总承包三级资质，而某建设公司承包本案工程时只具有机电工程施工总承包二级资质，并不具有电力工程施工资质，截至二审法庭辩论终结前也未取得电力工程施工资质。根据最高人民法院《关于审理建设工程施工合同纠纷案件适用法律问题的解释》第一条的规定，本案2017年4月21日某电力工程公司与某建设公司就某物流公司6.5MW屋顶分布式光伏发电项目站内工程签订的《站内工程EPC总承包合同》依法应认定无效。

【实务指引】

我国对工程承包人实行严格的市场准入制度，承包人应当在其资质等级许可的范围内承接建设工程，禁止无资质或者超越资质等级承接建设工程。根据现行相关法律法规的规定，工程承包人资质分为施工总承包资质、专业承包资质和施工劳务资质三个序列。

在实务中，无论发包人还是分包人，在签署建设工程施工合同的时候，一定要注意审查承包人的建筑施工企业资质。如果承包人不具有相应的施工企业资质却签署了相关施工合同，将导致合同无效，从而使发包人或者分包人的权益得不到保障。虽然根据最高人民法院的司法解释，合同无效已经竣工验收合格的，可以要求参照合同支付工程价款，但却限定了需以工程竣工验收合格为前提条件，以及合同中只有工程价款条款可以参照适用,其他条款仍然无效。

【法律依据】

最高人民法院《关于审理建设工程施工合同纠纷案件适用法律问题的解释(一)》第一条 建设工程施工合同具有下列情形之一的,应当依据民法典第一百五十三条第一款的规定,认定无效:

(一)承包人未取得建筑业企业资质或者超越资质等级的;

(二)没有资质的实际施工人借用有资质的建筑施工企业名义的;

(三)建设工程必须进行招标而未招标或者中标无效的。

承包人因转包、违法分包建设工程与他人签订的建设工程施工合同,应当依据民法典第一百五十三条第一款及第七百九十一条第二款、第三款的规定,认定无效。

《建筑业企业资质标准》6.4.1　三级资质

可承担单机容量10万千瓦以下发电工程、110千伏以下送电线路和相同电压等级变电站工程的施工。

案例138

杨某、某电力开发公司合同纠纷案

Q: 杨某与某电力开发公司签订分布式光伏电站建设及分期还款合同,约定在杨某居住的楼栋楼顶建设光伏电站。该合同是否有效?

A: 业主对房屋楼顶并不享有所有权,建筑物楼顶属于全部业主共有部分,合同因侵犯其他业主建筑物区分所有权而无效。

裁判案例: (2019)皖08民终187号

【裁判观点】

法院认为,本案争议的焦点为某电力开发公司应否返还案涉的12000元预付款。《物权法》第七十条规定,"业主对建筑物内的住宅、经营性用房等专有部分享有所有权,对专有部分以外的共有部分享有共有和共同管理的权利"。《城乡规划法》第四十条第一款规定,"在城市、镇规划区内进行建筑物、构筑物、道路、管线和其他工程建设的,建设单位或者个人应当向城市、县人民政府城乡规划主管部门或者省、自治区、直辖市人民政府确定的镇人民政府申请办理建设工程规划许可证"。本案中,杨某与某电力开发公司签订了《分布式光伏电站建设及分期还款合同》,约定在杨某位于安庆市某栋楼楼顶建设光伏电站。从涉案证据来看,杨某未取得规划许可证。且从查明的事实来看,安庆市大观区城市管理行政执法局已经责令杨某拆除光伏电站。故应认定涉案《分布式光伏电站建设及分期还款合同》因违反法律规定及损害建筑物其他业主的合法权利而无效。一审法院关于该合同有效的错误认定,法院依法予以纠正。

【实务指引】

本案涉及建筑物区分所有权人认定及其对合同效力的影响问题。《民法典》第二百七十一条规定,业主对建筑物内的住宅、经营性用房等专有部分享有所有权,对专有部分以外的共有部分享有共有和共同管理的权利。关于专有部分与共有部分的划分,根据最高人民法院《关于审理建筑物区分所有权纠纷案件适用法律若干问题的解释》第三条的规定,建筑物的屋顶等基本结构部分属于共有部分。本案中当事人在作为共有部分的屋顶上建设光伏设备的行为属于利用共有部分从事经营活动。根据《民法典》第二百七十八条的规定,该事项属于业主共同决定的事项,应当经参与表决专有部分面积四分之三以上的业主且参与表决人数四分之三以上的业主同意。本案中当事人在未取得其他业主同意的情况下擅自改变建筑物共有部分用途,该行为侵犯了其他业主的建筑物区分所有权,属于违反法律的行为,同样也损害了他人的合法权益。在《民法典》时代,对于本案法院可以援引《民法典》第一百三十二条的规定,以当事人滥用民事权利损害他人合法权益为由认定其与某电力公司订立的合同无效。

需要注意的是,本案中法院认定合同无效的理由还包括当事人未办理规划许可证。从这一点可以看出安徽省安庆市对于屋顶光伏发电设施的建设可能存在办理规划许可证的相关要求。由于此类政策变化较快,建议准备投入建设光伏设备的当事人事先咨询当地管理部门。

【法律依据】

《城乡规划法》第四十条 在城市、镇规划区内进行建筑物、构筑物、道路、管线和其他工程建设的,建设单位或者个人应当向城市、县人民政府城乡规划主管部门或者省、自治区、直辖市人民政府确定的镇人民政府申请办理建设工程规划许可证。

申请办理建设工程规划许可证,应当提交使用土地的有关证明文件、建设工程设计方案等材料。需要建设单位编制修建性详细规划的建设项目,还应当提交修建性详细规划。对符合控制性详细规划和规划条件的,由城市、县人民政府城乡规划主管部门或者省、自治区、直辖市人民政府确定的镇人民政府核发建设工程规划许可证。

城市、县人民政府城乡规划主管部门或者省、自治区、直辖市人民政府确定的镇人民政府应当依法将经审定的修建性详细规划、建设工程设计方案的总平面图予以公布。

《民法典》第二百七十一条 业主对建筑物内的住宅、经营性用房等专有部分享有所有权,对专有部分以外的共有部分享有共有和共同管理的权利。

6. 竣工日期的认定

> **案例 139**
>
> **某科技公司、某公司建设工程施工合同纠纷案**
>
> Q：光伏电站建设工程未经竣工验收，但发包人已经开始使用，已经并网发电，该案涉工程验收是否合格？
>
> A：虽未经竣工验收，但已经转移使用开始并网发电的，应当视为合格。
>
> 裁判案例：(2020)最高法民申 4661 号

【裁判观点】

至于案涉工程验收是否合格问题，经审查，案涉光伏电站已在合同约定期限内交付某科技公司并于 2014 年 12 月 31 日并网发电，依据《最高人民法院关于审理建设工程施工合同纠纷案件适用法律问题的解释》第十四条规定，"当事人对建设工程实际竣工日期有争议的，按照以下情形分别处理：……（三）建设工程未经竣工验收，发包人擅自使用的，以转移占有建设工程之日为竣工日期"，案涉光伏电站已经达到竣工标准，故某科技公司该项再审理由缺乏事实和法律依据，其再审理由无法成立。故某科技公司关于案涉光伏电站未达到合同约定的验收合格标准的再审请求不符合《中华人民共和国民事诉讼法》第二百条第二项再审情形，本院不予支持。

【实务指引】

在实务中，未经验收擅自使用建设工程的，可能发生以下法律后果。第一，建设工程未经竣工验收，发包人擅自使用的，以转移占有建设工程之日为竣工日期。第二，发包人使用未经验收建设工程的，其使用的部分出现质量问题的，应当自行承担责任。《建筑法》第六十一条第二款规定：建筑工程竣工经验收合格后，方可交付使用；未经验收或者验收不合格的，不得交付使用。承包人对建设工程的施工质量负责，建设单位在具备竣工验收条件时应当及时组织参加验收，没有经过竣工验收或者验收未通过的，发包人可以要求承包人进行修复、返工等，这也是承包人的法定义务。但是，如果发包人在建设工程没有经过竣工验收或者验收未通过时提前使用了，此时承包人不再承担返工、修复义务，质量问题由发包人自行承担。第三，对于建设工程的地基基础工程和主体结构的质量问题，只要在合理使用期限内，则由承包人承担民事责任。依据《建筑法》第六十条第一款的规定,建筑物在合理使用寿命内,必须确保地基基础工程和主体结构的质量。地基基础工程和主体结构出现了质量问题可能会严重威胁人身和财产安全,所以无论建筑工程是否经过验收、发包人是否擅自使用,如果建筑工程在合理使用寿命内地基基础工程和主体结构质量出现问题,承包人仍然要承担责任,这是法律的强制性规定,主要目的是督促承包人在工程施工时必须确保地基基础工程和主体结构的质量,这是承包人依照法律规定必须履行的工程质量保证义务。

【法律依据】

最高人民法院《关于审理建设工程施工合同纠纷案件适用法律问题的解释(一)》第九条 当事人对建设工程实际竣工日期有争议的,人民法院应当分别按照以下情形予以认定:

(一)建设工程经竣工验收合格的,以竣工验收合格之日为竣工日期;

(二)承包人已经提交竣工验收报告,发包人拖延验收的,以承包人提交验收报告之日为竣工日期;

(三)建设工程未经竣工验收,发包人擅自使用的,以转移占有建设工程之日为竣工日期。

《建筑法》第六十条 建筑物在合理使用寿命内,必须确保地基基础工程和主体结构的质量。

建筑工程竣工时,屋顶、墙面不得留有渗漏、开裂等质量缺陷;对已发现的质量缺陷,建筑施工企业应当修复。

《建筑法》第六十一条 交付竣工验收的建筑工程,必须符合规定的建筑工程质量标准,有完整的工程技术经济资料和经签署的工程保修书,并具备国家规定的其他竣工条件。

建筑工程竣工经验收合格后,方可交付使用;未经验收或者验收不合格的,不得交付使用。

案例140

某电力工程公司、某电力建设公司
建设工程施工合同纠纷案

Q: 光伏项目并网发电能否认定为项目移交?

A: 司法裁判一般认为并网发电为"工程交付"的依据,但仍需要综合全案事实作出认定。当事人提出存在特殊验收程序的,需要其提供充足的证据对该行业惯例进行证明。无法证明的,承担不利后果。

裁判案例: (2017)最高法民申4412号

【裁判观点】

某电力工程公司主张光伏行业存在特殊的惯例,并网发电不属于移交生产,但其并未提供充分证据证明其所述惯例。而某电力工程公司所主张的质量问题,也未涉及总辐射量累计达到60KWh/平方米后逆变器在该段时间内运行性能是否保持稳定,其主张不能成立。同时,原审判决并未单纯以并网时间作为认定的依据。合同约定的开工时间为2013年5月6日,计划竣工时间为2013年10月31日,而2015年11月17日,某电力工程公司还向某电力建设公司出具函件,该函载明:"该项目于2013年12月30日实现并网,2014年3月光伏区全部并网。"二审综合全案事实作出认定,并无不当。

【实务指引】

本案中某电力工程公司作为工程承包人,将其承揽的工程转包给某电力建设公司。《建筑法》第二十八条规定,禁止承包单位将其承包的全部建筑工程转包给他人,禁止承包单位将其承包的全部建筑工程肢解以后以分包的名义分别转包给他人。因此双方达成的转包协议属于无效合同。某电力建设公司当前向某电力工程公司主张工程款。原二审法院在处理这一请求时援引原《最高人民法院关于审理建设工程施工合同纠纷案件适用法律问题的解释》第二条、第三条(现《民法典》第七百九十三条)的规定,认为某电力建设公司主张工程款的前提是建设工程经竣工验收合格。原二审法院在审理时对于承包人与转包人之间的法律关系按照发包人与承包人的法律关系对待。基于这一论断,本案的争议焦点细化为如何认定案涉工程是否已经验收合格。二审法院审理查明某电力工程公司向某电力建设公司出具的函件中已经说明了项目并网的时间,并且由于该项目已经移交使用,某电力工程公司也不能以工程存在质量问题为由拒绝支付工程价款。

将承包人与转包人之间的关系定性为发承包关系后,本案中双方的争议便不再复杂。某电力工程公司主张并网发电不属于光伏行业中的交付使用,但是未能提供证据,因此承担了举证不能的责任。从客观理性的角度推断,光伏项目完成并网意味着建设单位已经开始按照设计目标使用该建设工程。此时如果依然认定项目仍未交付恐有违背常理之嫌。

【法律依据】

最高人民法院《关于审理建设工程施工合同纠纷案件适用法律问题的解释(一)》第九条 当事人对建设工程实际竣工日期有争议的,人民法院应当分别按照以下情形予以认定:

(一)建设工程经竣工验收合格的,以竣工验收合格之日为竣工日期;

(二)承包人已经提交竣工验收报告,发包人拖延验收的,以承包人提交验收报告之日为竣工日期;

(三)建设工程未经竣工验收,发包人擅自使用的,以转移占有建设工程之日为竣工日期。

> **案例 141**
>
> ## 某发电公司与某输变电公司、某新能源公司等建设工程施工合同纠纷案
>
> **Q：** 双方当事人对光伏电站建设项目的竣工日期不能达成协议，但该电站已经送电成功的，该如何确认竣工日期？
>
> **A：** 送电成功日期可以认定为竣工日期。就光伏电站而言，完工以及必要的检查测试是其送电测试的前提。因此，送电成功可以认定承包人已经履行其合同义务，工程已经竣工。
>
> **裁判案例：** （2019）晋 03 民终 1010 号

【裁判观点】

关于焦点一，按照双方合同约定的进度款的付款方式，在某发电公司确认某输变电公司当前完成工作量的 80% 支付进度款，直至合同总额的 80% 时止。合同关于验收款的约定是，待工程竣工验收结算完成并完成一审审计结算后，甲方根据一审结算量支付至合同总价的 85%。在双方《补充协议二》中约定：工程完工后 30 个工作日内，工程款即支付至某发电公司审批完成的工程进度款的 80%；工程竣工验收完成 6 个月内完成审计结算。本案中，双方对案涉工程 2018 年 2 月 1 日送电成功不持异议，而送电前工程完工及必要的检查验收必不可少，虽然某发电公司未出具竣工验收文件，但依据《最高人民法院关于审理建设工程施工合同纠纷案件适用法律问题的解释》第十四条第三项规定，2018 年 2 月 1 日即为竣工日期。某发电公司在此后的 6 个月内未完成审计结算，依据双方约定，2018 年 8 月 1 日应为竣工结算的日期。

【实务指引】

本案中双方争议的焦点在于付款条件是否已经成就。本案中某发电公司作为发包人与某输变电公司订立合同，双方在达成《建设工程施工合同》之后又通过签订补充协议最终确定结算条件为"工程竣工验收完成 6 个月内完成审计结算"。根据双方当事人的约定，本案的争议焦点便集中在如何确定工程竣工时间上。本案中双方当事人均承认 2018 年 2 月 1 日为送电成功之日。送电成功意味着发包人已经开始使用案涉工程。因此，虽然发包人主张工程未能完成竣工验收，但根据最高人民法院《关于审理建设工程施工合同纠纷案件适用法律问题的解释（一）》（法释〔2020〕25 号）第九条第三项的规定，建设工程未经竣工验收，发包人擅自使用的，以转移占有建设工程之日为竣工日期。在发包人实际

占有建设工程后,承包人交付建设工程的义务便已经履行完毕。因此转移占有的时间被认定为竣工时间。在确定竣工时间的基础上,依据双方当事人的约定,竣工结算日期便能够确定。

结合本案和上文中分析的案例3,笔者发现光伏发电纠纷中并网发电、成功送电等时间节点是确定竣工时间的重要因素。法院倾向于将成功送电、并网发电认定为发包人已经实际占有建设工程或者使用建设工程。因此,在处理光伏建设工程纠纷时可以留意上述时间。

【法律依据】

最高人民法院《关于审理建设工程施工合同纠纷案件适用法律问题的解释(一)》第九条 当事人对建设工程实际竣工日期有争议的,人民法院应当分别按照以下情形予以认定:

(一)建设工程经竣工验收合格的,以竣工验收合格之日为竣工日期;

(二)承包人已经提交竣工验收报告,发包人拖延验收的,以承包人提交验收报告之日为竣工日期;

(三)建设工程未经竣工验收,发包人擅自使用的,以转移占有建设工程之日为竣工日期。

7. 未经竣工验收发包人擅自使用案涉工程的法律后果

> **案例142**
>
> **某光伏发电公司与某光伏电力公司建设工程合同纠纷案**
>
> **Q:** 某光伏电力公司(承包方)与某光伏发电公司(发包方)签订《光伏电站EPC总承包合同》。在案涉工程尚未竣工验收时发包人便实际接收并完成并网发电。之后发包人以案涉工程未经竣工验收为由拒绝支付工程价款,该主张能否获得支持?
>
> **A:** 不能。工程交付后,发包人已实际接收、使用该工程并网发电,应视为工程已竣工验收合格,发包人应当按照约定支付原告工程价款。
>
> **裁判案例:**(2021)渝02民终985号

【裁判观点】

本院认为,上诉人某光伏发电公司(发包方)与被上诉人某光伏电力公司(承包方)签订的某光伏发电项目光伏电站第一期《光伏电站EPC总承包合同》合法有效,并且其内容可以参照适用于此合同项外增加的二、三期工程。案涉工程项目虽然具有一定的专业特殊性,但仍属于法律规定的建设工程项目,由此产生的纠纷仍须受原《中华人民共和国合同法》及《最高人民法院关于审理建设工程施工合同纠纷案件适用法律问题的解释》的规范和调整。本案中,案涉工程已由上诉人某光伏发电公司以第三人先能公司名义作为施工单位做了竣工资料并且验收合格,且实际已交付某光伏发电公司,某光伏发电公司也已接收使用该工程成果并从中获取发电收益近3年之久,故根据前述法律及司法解释的规定,应视为案涉工程已竣工验收且质量合格,工程款的付款条件已成就。双方当事人此前虽未自行办理正式的结算,但在诉讼过程中已经确认了工程量和单价以及无争议的已付款金额,一审据此计算得出的应付工程款及欠付工程款金额正确无误,亦是结算的一种具体方式。关于上诉人某光伏发电公司提出的质量抗辩问题,就现有的证据而言,不能确实充分的证明在施工合同履行过程中及质保期内存在质量问题。关于上诉人某光伏发电公司提出的某光伏电力公司未缴纳10万元履约保证金构成违约的问题,从合同实际的履行情况分析,可以认定双方事实上就此已达成了新的协议,并且某光伏发电公司在本案中未提出反诉。关于开具税票的问题,虽然被上诉人某光伏电力公司负有此项义务,但开具税务发票与支付工程款并非对等义务,故上诉人某光伏发电公司以某光伏电力公司未及时开具税务发票而拒绝支付工程款的抗辩理由不能成立。另外,关于上诉人提及的被上诉人未提供竣工资料的问题,因双方当事人签订的合同中并未明确约定提供竣工资料是支付工程款的前提条件,故即便某光伏电力公司未能提供完整的竣工资料,也只是其承担相应责任的事由,而不是某光伏发电公司迟迟不予支付工程款的理由。

【实务指引】

《民法典》第七百九十九条规定,建设工程竣工后,发包人应当根据施工图纸及说明书、国家颁发的施工验收规范和质量检验标准及时进行验收。因此,发包人组织竣工验收是其应当承担的法定义务。并且在建设工程经验收合格后,发包人便应当支付合同价款并接收建设工程。依据法律规定,未经验收的建设工程不得交付使用。但实践中发包人时常存在拖延竣工验收并擅自使用建设工程的情况。本案的争议焦点在于,发包人以第三人的名义作为施工单位准备了竣工资料并验收合格。虽然竣工资料并非真实的施工单位提供的,但是建设单位依然根据第三人提供的资料作出了验收合格的判断,并使用了案涉建筑。建设单位用第三方提供的材料完成竣工验收并作出合格的判断,并且将案涉工程投入使用的行为被法院推定为完成了对实际施工单位的竣工验收。

从意思表示的角度来看,笔者认为,本案中建设单位的行为构成了对案涉工程的默示认可。因此,发包人应当向承包人支付工程价款。

【法律依据】

《民法典》第七百九十九条　建设工程竣工后,发包人应当根据施工图纸及说明书、国家颁发的施工验收规范和质量检验标准及时进行验收。验收合格的,发包人应当按照约定支付价款,并接收该建设工程。

建设工程竣工经验收合格后,方可交付使用;未经验收或者验收不合格的,不得交付使用。

8. 合同有效时的工程价款结算

> **案例 143**
>
> **某光伏公司与某电力集团公司建设工程施工合同纠纷案**
>
> Q:光伏工程竣工验收完成后,发包人能否以承包人未移交工程资料、工程还需整改为由,拒不支付剩余工程价款?
>
> A:不能。工程竣工验收通过就足以证明承包人已经履行了承包合同义务,发包人以承包人未移交工程资料、工程还需整改为由,拒不支付剩余工程价款的理由不成立。
>
> 裁判案例:(2021)湘 11 民终 904 号

【裁判观点】

上诉人(某光伏公司,发包人)虽然主张工程款未达到支付条件,但该工程竣工验收纪要、完工证明等证据足以证明该工程已于 2018 年 12 月 16 日完成整改,验收合格并投入运行。故对上诉人提出的未移交资料、工程还需整改不予支付的上诉理由,法院不予支持。上诉人应按约支付所欠款工程款及工程款的逾期付款利息。

【实务指引】

所谓附随义务,是债务人于给付义务(包括主给付义务与从给付义务)之外所承受的行为义务。[1] 这一义务源于诚实信用原则,其效力在于保护当事人的权益。从《民法典》对于建设工程合同的定义来看,承包人承担的合同义务是交付建设工程,发包人承担的合同义务是支付工程价款。上述义务是合同的主给付义务。本案中发包人以承包人未能提供竣工验收资料为由拒绝支付工程价款。这一主张具有先履行抗辩权的一些特征。《民法典》第五百二十六条规定,当事人互负债务,有先后履行顺序,应当先履行债务一方未履行的,后履行一方有权拒绝其履行请求。先履行一方履行债务不符合约定的,后履行一方有权拒绝其相应的履行请求。但是,在本案中先履行抗辩权可能并无适用空间。先履行

---

[1] 刘家安、周维德、郑佳宁:《债法:一般原理与合同》,高等教育出版社 2012 年版,第 46-47 页。

抗辩权适用于双务合同中。所谓双务合同,是指当事人双方互负对待给付义务的合同,如买卖合同。此处后履行一方主张抗辩权时,其理由应当是先履行对待给付义务一方的履行不符合规定。此时,先履行的义务与后履行的义务应当为合同的主给付义务。那么建设工程合同中,能够对抗发包人支付工程价款义务的就应当是承包人交付建设工程的义务。即便当事人将开发票或者提供竣工资料作为支付合同价款的所谓条件,但是从这类要求的作用来看,他们依然无法与合同的主给付义务相提并论。提供竣工资料是为了发包人能够办理其他手续。即便未能交付竣工资料,发包人仍可以使用建设工程。要求承包人交付竣工资料仅在保护发包人办理其他手续的利益。因此,交付竣工资料的义务应当被认定为附随义务,不能作为对抗主给付义务的付款义务。

最高人民法院在裁判中也倾向于将开具发票、提供竣工资料等要求认定为附随义务。例如,在(2021)最高法民申4526号判决中,最高人民法院认为:建设工程施工合同中,承包人的主要合同义务是对工程进行施工并按时交付工程;发包人的主要合同义务是按时支付工程款。本案中,双方虽对开具发票进行了约定(提供竣工资料的时间未作明确约定),但相较于主要合同义务,开具发票、提供竣工资料仅为附随义务,某电力有限公司以开具发票、提供竣工资料的附随义务为由来对抗支付工程款的主要义务,显失公平。交付竣工材料是承包人的附随义务,与工程款不具有对价关系,故该义务不因发包人拒付工程款而被免除。

【法律依据】

《民法典》第七百九十九条　建设工程竣工后,发包人应当根据施工图纸及说明书、国家颁发的施工验收规范和质量检验标准及时进行验收。验收合格的,发包人应当按照约定支付价款,并接收该建设工程。

建设工程竣工经验收合格后,方可交付使用;未经验收或者验收不合格的,不得交付使用。

案例144

某光伏科技公司与某新能源科技公司等建设工程施工合同纠纷案

Q: 光伏电站建设工程承包合同中对光伏电站的消纳方式进行了明确规定(部分自发自用,部分并网),并依据消纳方式的不同分别约定了工程单价。后因承包人的过错导致消纳方式变更为自发自用,余额上网。在此情况下双方当事人无法就工程单价达成合意,应当如何确定工程价款?

A: 应当按合同约定中自发自用部分的单价计算全部工程价款。

裁判案例: (2019)鲁01民初2406号

【裁判观点】

关于争议焦点问题二,涉案施工合同虽约定固定单价6.5元/W,但根据合同产品名称及数量列表显示,该单价系由1MW自发自用项目和3MW全额上网项目两部分价目叠加后形成,其中1MW自发自用项目的单价为5.747元/W,3MW全额上网项目的单价为6.733元/W。根据查明事实,涉案项目的消纳模式已由合同约定的"1MW自发自用、3MW全额上网"更改为了"4MW自发自用、余额上网"。在此种情况下,相应单价应当调整为自发自用项目的单价即5.747元/W。某光伏科技公司主张仍应按照单价6.5元/W计算工程造价,与合同约定不符,本院不予采信。据此,涉案工程总价款为22858462.62元(3.97746兆瓦×5.747元/W)。扣除已付款5200000元,某新能源科技公司还应支付某光伏科技公司工程欠款17658462.62元(22858462.62元-5200000元)。施工合同约定合同签订后项目完成备案7个工作日内某新能源科技公司支付某光伏科技公司合同总金额20%预付款,工程验收合格后支付剩余的合同总金额的80%。某新能源科技公司前期已经支付5200000元预付款,该金额已超过总价款的20%,并不存在欠付工程预付款的事实,故某光伏科技公司要求某新能源科技公司支付拖欠预付款的逾期付款利息,无事实依据,本院不予支持。但在涉案项目于2018年6月29日并网发电之后,某新能源科技公司至今仍拖欠某光伏科技公司剩余工程欠款17658462.62元,构成违约。现某光伏科技公司要求某新能源科技公司支付自2018年7月15日起至实际付款之日止的逾期付款利息,于法有据,应予支持。按照合同约定,逾期付款利息的利率标准为年利率7.5%。故某新能源科技公司应支付某光伏科技公司逾期付款的利息损失(以17658462.62元为基数,自2018年7月15日起至实际付款之日止,按照年利率7.5%标准计算)。

【实务指引】

最高人民法院《关于审理建设工程施工合同纠纷案件适用法律问题的解释(一)》第十九条规定:"当事人对建设工程的计价标准或者计价方法有约定的,按照约定结算工程价款。因设计变更导致建设工程的工程量或者质量标准发生变化,当事人对该部分工程价款不能协商一致的,可以参照签订建设工程施工合同时当地建设行政主管部门发布的计价方法或者计价标准结算工程价款……"该条解释体现了两项原则:第一,充分尊重当事人意思自治的原则。第二,如果没有约定,且当事人就设计变更导致建设工程的工程量或者质量标准发生变化在结算时不能达成一致,可以参照签订合同时当地建设行政主管部门发布的计价方法或者计价标准结算工程价款。

【法律依据】

最高人民法院《关于审理建设工程施工合同纠纷案件适用法律问题的解释(一)》第十九条 当事人对建设工程的计价标准或者计价方法有约定的,按照约定结算工程价款。

因设计变更导致建设工程的工程量或者质量标准发生变化,当事人对该部分工程价款不能协商一致的,可以参照签订建设工程施工合同时当地建设行政主管部门发布的计价方法或者计价标准结算工程价款。

建设工程施工合同有效,但建设工程经竣工验收不合格的,依照民法典第五百七十七条规定处理。

案例 145

某清洁能源开发公司、某自动化公司建设工程施工合同纠纷案

Q:如何理解 EPC 总承包合同中固定价的含义? 第三方决算审核对于固定价有何影响?

A:固定价并非完全不可变更,第三方决算审核应当围绕合同约定的固定价进行,不能对其随意变更。

裁判案例:(2018)最高法民终 331 号

【裁判观点】

二、关于支付涉案工程款是否应以第三方决算审核的结算价格为依据的问题。本案双方在合同中约定,中标合同价为 4987 万元,其含义是固定价总承包。关于合同约定工程竣工验收后,以第三方决算审核金额作为结算价格,其文义是指结算价格根据第三方最终决算情况对固定价进行必要的变更。但支付进度款的条件与最终结算并非同一概念,在本案工程已按照约定竣工并移交的情况下,原审依据合同约定的中标合同价 4987 万元计付涉案工程的进度款并无不当。各方对涉案工程进行结算时,如存在变更调整影响结算结果,各方可依据合同的约定进行调整。某清洁能源开发公司以结算条款的约定主张支付进度款条件不成就,没有合同依据。

【实务指引】

本案涉及如何理解"固定价总承包"的问题。《建设工程工程量清单计价规范》(GB 50500-2013)第 2.0.12 条对总价合同的定义作出了规定:"发承包双方约定以施工图及其预算和有关条件进行合同价款计算、调整和确认的建设工程施工合同。"总价合同中的"总价"意味着合同可能有不同的价格范畴。例如,施工图总价模式中,招标人向投标人发放编制好的图纸,投标人根据图纸编制投标报价。施工图中的项目就是投标人的报价对应的项目。在清单总价模式中,招标人向投标人发放编制好的工程量清单,投标人按照清单项目编制投标报价并最终汇总为总价。虽然本案的裁判文书中并未说明双方当事人约定的总价范围,但是对我们的分析并无太大影响。一般而言,双方当事人约定采取固定总价模式意味着"总价"范围内的价格不再发生调整,除非双方另有约定或其他情况。"不再发生调整"还意味着总价范围内的造价不支持鉴定。根据最高人民法院《关于审理建设工程施工合同纠纷案件适用法律问题的解释(一)》第二十八条的规定,"当事人按照固定价结算工程价款,一方当事人请求对建设工程造价进行鉴定的,人民法院不予支持"。此处的"固定价"是指预算图包干、固定总价格包干或平方米包干等结算形式,[①]实际上就是指总价合同。由于当事人已经在合同中确定了总价对应的范围,即工程量,在结算时如果没有发生导致工程量变化的情况时就应当按照合同约定的包干价格结算。导致工程量发生变化的原因有很多种,一般包括合同修改、变更等情况。《建设项目工程总承包合同(示范文本)》(GF-2020-0216)第13条规定了两种变更合同的情形,即第13.1条规定的"发包人变更权"和第13.2条规定的"承包人的合理化建议"。这意味着,仅发包人有权单方提出变更要求。承包人仅能提出合理化建议并且该建议经过发包人确认后才能够导致合同变更。

与总价合同对应的另一种合同形式是单价合同。《建设工程工程量清单计价规范》(GB 50500-2013)第2.0.11条对单价合同作出了定义:发承包双方约定以工程量清单及其综合单价进行合同价款计算、调整和确认的建设工程施工合同。单价合同中,工程量清单确定承包人要完成的工作量。清单中各项目的单价由双方当事人约定。单价合同的工程量按照承包人完成合同工程应予计量的工程量确定。如果当事人在单价合同结算时提出鉴定申请的,法院应当准许。因为在单价合同中承包人是否按照工程量清单完成工作量这一问题并不确定。并且如果出现了材料价格波动、人工费调整等情况,当事人在合同中约定的单价也要进行鉴定。

回到本案中,最高人民法院在裁判中认为"支付进度款的条件与最终结算并非同一概念"。实际上,本案中当事人将两者关联起来的做法并不合理。本案中当事人约定固定总价的同时约定最终由第三方的决算审核金额作为结算价格。最终结算价格高于或低于投标价格时需要由第三方确认。进度款是当事人在合同中按照工程完成进度约定的付款义务,进度款支付的总数与经过第三方确认的决算审核金额之间并无关系。如果发包人超额支付决算工程款,可以向承包人追偿;如果发包人未能足额支付决算工程款,承包人可

[①] 最高人民法院民事审判第一庭编著:《最高人民法院新建设工程施工合同司法解释(一)理解与适用》,人民法院出版社2021年版,第283页。

以向发包人主张支付。

【法律依据】

最高人民法院《关于审理建设工程施工合同纠纷案件适用法律问题的解释(一)》第十九条 当事人对建设工程的计价标准或者计价方法有约定的,按照约定结算工程价款。

因设计变更导致建设工程的工程量或者质量标准发生变化,当事人对该部分工程价款不能协商一致的,可以参照签订建设工程施工合同时当地建设行政主管部门发布的计价方法或者计价标准结算工程价款。

建设工程施工合同有效,但建设工程经竣工验收不合格的,依照民法典第五百七十七条规定处理。

9. 工程款利息结算标准

案例 146

某能源公司与某建设安装公司承揽合同纠纷案

Q:某建设安装公司(总包人)与某能源公司(发包人)签订《施工合同》。双方在合同中未约定发包人逾期支付工程款的利息。之后,发包人逾期支付工程款,此时应当如何计算逾期付款利息?

A:双方当事人未就利息进行约定的,照同期同类贷款利率或者同期贷款市场报价利率计息。

裁判案例:(2020)苏 10 民终 2837 号

【裁判观点】

最高人民法院《关于审理建设工程施工合同纠纷案件适用法律问题的解释》第十七条规定,当事人对欠付工程价款利息计算标准有约定的,按照约定处理;没有约定的,按照中国人民银行发布的同期同类贷款利率计算。第十八条规定,利息从应付工程价款之日计付。某能源公司在合同签订后未按合同约定预付 40% 工程款,某能源公司应向某建设安装公司支付逾期付款违约金,对某建设安装公司要求某能源公司自 2019 年 3 月 28 日起以 94240 元为基数计算支付利息的诉讼请求,依法予以支持。

【实务指引】

在建设工程施工合同中,由于发包人的主要义务是支付工程价款,即按照双方约定的工程进度付款或者在建设工程通过竣工验收后支付剩余价款。通过检索中国裁判文书网中的相关案例发现,在建设工程施工合同纠纷中,大量争议聚焦于工程价款的支付以及欠付工程价款逾期利息应如何认定,尤其是工程价款利息的性质及数额的确定,成为司法实践中的一个较为棘手的问题。

准确认定工程价款利息,首先应当确定欠付工程价款的数额。关于欠付工程价款数额的确定,应当先确定应付工程价款总额,再确定已经按照约定或者工程进度实际支付的数额,二者的差额即为欠付工程款的数额。在司法实践中,在订立建设工程施工合同时,应付工程价款总额往往不确定,需要根据实际施工完成的工作量或者实际的工程造价来确定,在发生争议时,通常以双方认可的或者由法院委托的咨询机构出具的鉴定意见中确定的工程造价为准。

【法律依据】

最高人民法院《关于审理建设工程施工合同纠纷案件适用法律问题的解释(一)》第二十六条 当事人对欠付工程价款利息计付标准有约定的,按照约定处理。没有约定的,按照同期同类贷款利率或者同期贷款市场报价利率计息。

最高人民法院《关于审理建设工程施工合同纠纷案件适用法律问题的解释(一)》第二十七条 利息从应付工程价款之日开始计付。当事人对付款时间没有约定或者约定不明的,下列时间视为应付款时间:

(一)建设工程已实际交付的,为交付之日;
(二)建设工程没有交付的,为提交竣工结算文件之日;
(三)建设工程未交付,工程价款也未结算的,为当事人起诉之日。

案例147

穆某、某电力科技公司建设工程施工合同纠纷案

Q:光伏工程施工合同因一方当事人缺乏资质而被认定为无效,但项目已经投入使用,现就工程款如何计算发生争议,法院如何确定工程款的计算标准?

A:虽然《施工合同》被认定为无效,且实际工程也发生了变更,但该合同是双方当事人的真实意思表示,工程变更后双方也并无签订补充协议,因此仍然按照合同中工程价款计算方式进行计算。

裁判案例:(2019)新23民终366号

【裁判观点】

关于穆某施工的 300 千瓦光伏发电项目的工程价款如何确定的问题。穆某认为,在双方签订的《施工合同》中明确约定,合同价款按实际安装量计算,即 1112 块 × 270 瓦/块 × 5.3 元/瓦 = 1591272 元,现其已按约完成 1112 块光伏板的安装,因此工程价款应当按照合同约定计算。某电力科技公司则认为,虽然合同中对合同的计价方式及工程量的计算方式进行了约定,但是在实际施工中,讼争工程由 50 户村民屋顶或者圈舍顶安装变更为集中在乡政府和村委会楼顶以及 6 户村民圈舍屋顶安装,因此原告施工的工程量及施工成本均减少,因此不能按照双方的签订的《施工合同》来计算讼争工程的合同价款。经二审法院审查后认为,虽然 2017 年 7 月签订《施工合同》合同无效,但是确系双方的真实意思表示。在该合同中对工程价款的计算方式进行了明确的约定。在讼争工程施工地点由 50 户村民屋顶或者圈舍顶安装变更为集中在乡政府和村委会楼顶以及 6 户村民圈舍屋顶安装后,双方亦未签订补充协议对讼争工程量的计算及计价方式进行变更或者以其他方式约定对变更安装地点后的工程价款计算方式进行变更达成合意,因此视为双方对讼争工程价款计算方式没有进行变更。对其中 6 户的安装成本,某电力科技公司亦未否认可能存在安装成本增加的问题。综上,原审法院根据《施工合同》中约定的计算工程价款的方式以及穆某已实际将 1112 块光伏板安装的事实来确定工程价款并无不当。某电力科技公司要求对讼争工程造价进行重新鉴定的申请,二审法院不予支持。

【实务指引】

结合《建设工程工程量清单计价规范》(GB 50500 - 2013)的规定能够更好地理解本案中双方当事人达成的约定。《建设工程工程量清单计价规范》(GB 50500 - 2013)第 2.0.11 条对单价合同作出了定义,即发承包双方约定以工程量清单及其综合单价进行合同价款计算、调整和确认的建设工程施工合同。本案中,双方当事人在合同中约定:"合同价格按实际安装量计算,即 1112 块 × 270 瓦/块 × 5.3 元/瓦 = 1591272 元,全部工程税款 55000 元,工程款支付方式为分项支付方式,所有款项在 2018 年 1 月 10 日前付清。"虽然当事人之间没有约定工程量清单,但是 1112 块电池板是约定的工程量。"270 瓦/块 × 5.3 元/瓦"属于双方对工程单价的约定。从这一约定来看,双方当事人达成的合同具有单价合同的特征。《建设工程工程量清单计价规范》(GB 50500 - 2013)第 8.2.1 条规定,工程量必须以承包人完成合同工程应予计量的工程量确定。如果承包人完成的工程量比约定的少,那么单价合同的计量也要相应减少。

本案中,虽然案涉工程的位置发生了变化,但是工程总量未发生变化。承包人依然安装了 1112 块电池板。在工程量没有发生变化且双方对价格的约定没有变化的情况下,发包人应当根据承包人实际完成的工程量结算工程款。

【法律依据】

最高人民法院《关于审理建设工程施工合同纠纷案件适用法律问题的解释（一）》第十九条 当事人对建设工程的计价标准或者计价方法有约定的,按照约定结算工程价款。

因设计变更导致建设工程的工程量或者质量标准发生变化,当事人对该部分工程价款不能协商一致的,可以参照签订建设工程施工合同时当地建设行政主管部门发布的计价方法或者计价标准结算工程价款。

建设工程施工合同有效,但建设工程经竣工验收不合格的,依照民法典第五百七十七条规定处理。

最高人民法院《关于审理建设工程施工合同纠纷案件适用法律问题的解释（一）》第二十四条 当事人就同一建设工程订立的数份建设工程施工合同均无效,但建设工程质量合格,一方当事人请求参照实际履行的合同关于工程价款的约定折价补偿承包人的,人民法院应予支持。

实际履行的合同难以确定,当事人请求参照最后签订的合同关于工程价款的约定折价补偿承包人的,人民法院应予支持。

10. 固定总价合同项下的造价鉴定

案例148

某光伏电力公司与姚某、某建设工程公司建设工程施工合同纠纷案

Q: 某光伏电力公司（甲方、发包方）、某建设工程公司（乙方、承包方）、某工业公司（丙方、屋顶业主）签订《屋面加固施工合同》。合同约定：本合同为固定总价合同,乙方在签订本合同前对本合同项下工程的全部技术说明、合同条件、本合同项下工程所在周围环境、交通道路等情况均已详细研究,三方协商确认的报价的单价已按合同条款中的承包范围、质量标准、工期等要求充分考虑了人工费、材料费、设备费、运输费、机械费、措施费、保险费、管理费、利润、税费及办理工程竣工验收所发生的费用等一切费用在内,甲方不再因本合同向乙方支付任何其他费用。现某光伏电力公司以某建设工程公司未能完成合同约定的工程量为由拒绝支付工程款并向法院申请鉴定,其主张能否获得支持？

A: 鉴于某光伏电力公司未能证明实际施工人姚某未按图施工,且某光伏公司与某建设工程公司已经约定按照固定价结算。因此,某光伏电力公司的鉴定要求不应获得支持。

裁判案例: (2019)苏09民终3116号

【裁判观点】

就本案而言,当事人对于某光伏电力公司已付款390万元均无异议,有争议的是案涉工程的应付总价款。姚某和某建设工程公司均主张工程应付总价款应为合同约定的固定总价650万元;某光伏电力公司则认为施工方未能按图施工,实际施工部分的造价仅为80余万元,其已超付工程价款,且一审法院对其要求鉴定工程造价的申请未予准许存在不当。对此,本院认为,最高人民法院《关于审理建设工程施工合同纠纷案件适用法律问题的解释》第二十二条规定,当事人约定按照固定价结算工程价款,一方当事人请求对建设工程造价进行鉴定的,不予支持。本案中,某光伏电力公司和某建设工程公司、某工业公司签订的《屋面加固施工合同》第二条明确约定了案涉工程按照固定承包总价650万元结算工程价款,按照上述规定,一审法院未予准许某光伏电力公司的鉴定申请并无不当。

【实务指引】

在固定总价合同的价格形式之下,无论发承包双方选择施工图总价还是其他价格形式,均代表着双方对建设施工的风险是有预知的,同时考虑到合同履行中引起价格变动的诸种因素,应当尊重当事人的意思自治。[①] 如果当事人未能提出足以推翻合同约定的证据,那么法院就应当尊重当事人的意思自治,拒绝当事人提出的鉴定申请。最高人民法院《关于审理建设工程施工合同纠纷案件适用法律问题的解释(一)》第二十八条所体现的正是上述理论分析。

【法律依据】

最高人民法院《关于审理建设工程施工合同纠纷案件适用法律问题的解释(一)》第二十八条 当事人约定按照固定价结算工程价款,一方当事人请求对建设工程造价进行鉴定的,人民法院不予支持。

11. 实际施工人的诉权及诉讼地位

案例149

王某与陆某、某建设集团公司建设工程施工合同纠纷案

Q:某建设集团公司承建某光伏发电项目后,与陆某签订《工程项目分包合同》。陆某将其承揽的工程又转包给王某。王某能否直接向某建设集团公司索要工程款?

[①] 最高人民法院民事审判第一庭编著:《最高人民法院新建设工程施工合同司法解释(一)理解与适用》,人民法院出版社2021年版,第283页。

A：无权。实际施工人只能起诉与其有合同关系的当事人与发包方。

裁判案例：(2021)新民申780号

【裁判观点】

首先,王某一审提交了2015年7月新能源公司与某建设集团公司签订的编号为2015082112440的《建设工程施工合同》,合同载明:新能源公司拟进行涉案工程施工工程,接受某建设集团公司的投标……即可以反映某建设集团公司以招投标的额方式承包新能源公司位于哈密景峡50MWP光伏发电项目所述各项土建施工工程。合同签订后,某建设集团公司又先后于2015年7月20日和2015年8月5日先后与陆某签订《工程项目分包合同》约定陆某从某建设集团公司分包涉案工程的两个分项工程。故,陆某与某建设集团公司之间形成的分包合同关系是基于双方之间签订的《工程项目分包合同》,双方之间具有合同相对性,基于所签订的合同形成一方分包工程支付工程价款,另一方从事工程施工、取得工程款的权利义务关系。王某虽提交某建设集团公司出具的授权委托书,但该委托书内容系要求王某在施工过程中遵守安全施工、文明施工的相关要求,同时也载明包含不得对外签订合同、对外付款、对外出具结算单等限制授权的内容。其次,王某审查期间提交特变电工哈密景峡50MWP光伏发电项目工程箱变基础、逆变基础、配电室及项目附属工程《工程结算审核报告》[新能源造字(2013)XTJC－2015091412545号](以下简称《工程结算审核报告》),其虽主张该报告由其编制能够证实其系涉案工程实际施工人并实际参与管理,陆某并未对工程进行施工管理不应收取管理费。再次,《工程结算审核报告》仅能显示报告的编制人为王某,但"工程竣工验收单"及"工程竣工结算申请表"中施工单位负责人处均签有陆某的名字,能够与某建设集团公司同陆某签订的《工程项目分包合同》相互印证。最后,从已付工程款支付方式看,涉案多笔工程款系由陆某支付给王某,并非某建设集团公司以公司名义向王某付款,亦能反映某建设集团公司与王某之间就涉案工程并无直接合同关系。根据最高人民法院《关于审理建设工程施工合同纠纷案件适用法律问题的解释》(法释〔2004〕14号)第二十六条规定:实际施工人以转包人、违法分包人为被告起诉的,人民法院应当依法受理。实际施工人以发包人为被告主张权利的,人民法院可以追加转包人或者违法分包人为本案当事人。发包人只在欠付工程价款范围内对实际施工人承担责任。本案中,某建设集团公司系涉案公司承包人,承包工程后签订《工程项目分包合同》将涉案工程分包给陆某施工。故,根据该司法解释规定,王某系从实际施工人陆某处转包涉案工程,并不具有向某建设集团公司直接请求支付工程款的合同依据和法律依据。

【实务指引】

《最高人民法院关于审理建设工程施工合同纠纷案件适用法律问题的解释》(法释〔2020〕25号)第四十三条规定:"实际施工人以转包人、违法分包人为被告起诉的,人民法院应当依法受理。实际施工人以发包人为被告主张权利的,人民法院应当追加转包人或者违法分包人为本案第三人,在查明发包人欠付转包人或者违法分包人建设工程价款的数额后,判决发包人在欠付建设工程价款范围内对实际施工人承担责任。"仅从该规定的字面意思上来看,"发包人—承包人(违法分包人/转包人)—实际施工人"的模型中实际施工人方可在起诉转包人、违法分包人时将发包人列为第三人。第四十三条也并未明确限制多层转包关系和挂靠关系中的实际施工人依据第四十三条向发包人主张权益。

但在最高人民法院民事审判第一庭2021年第20次专业法官会议纪要中,最高院表示"可以突破合同相对性原则请求发包人在欠付工程款范围内承担责任的实际施工人不包括借用资质"因为该司法解释设立的目的是"保护农民工等建筑工人的利益,突破合同相对性原则,允许实际施工人请求实际施工人以发包人为被告主张权利的,人民法院应当追加转包人或者违法分包人为本案第三人,在查明发包人欠付转包人或者违法分包人建设工程价款的数额后,判决发包人在欠付建设工程价款范围内对实际施工人承担责任。"最高院限缩第四十三条适用范围的解读值得关注。

【法律依据】

最高人民法院《关于审理建设工程施工合同纠纷案件适用法律问题的解释(一)》第四十三条 实际施工人以转包人、违法分包人为被告起诉的,人民法院应当依法受理。实际施工人以发包人为被告主张权利的,人民法院应当追加转包人或者违法分包人为本案第三人,在查明发包人欠付转包人或者违法分包人建设工程价款的数额后,判决发包人在欠付建设工程价款范围内对实际施工人承担责任。

案例150

某建设工程公司、某发电公司执行审查案

Q: 法院判决光伏工程发包人应在欠付承包人工程款的范围内向实际施工人承担连带清偿责任的,分包人能否直接根据该判决请求法院强制执行?

A: 在另案确定发包人欠付承包人工程款数额前,不具备执行条件。

裁判案例:(2019)云执复225号

【裁判观点】

法院认为,根据最高人民法院《关于适用〈中华人民共和国民事诉讼法〉的解释》第四百六十三条第一款的规定,"当事人申请人民法院执行的生效法律文书应当具备下列条件:(一)权利义务主体明确;(二)给付内容明确"。本案执行依据(2018)云25民初208号民事判决书,虽然判决某发电公司在涉案工程欠付某电力科技公司工程款范围内向某建设工程公司承担连带清偿责任,但某发电公司与某电力科技公司建设工程施工合同纠纷是另案法律关系,是否欠付工程款及欠付数额问题是事实认定问题,应由审判机构审理认定。在欠付工程款数额及付款条件确定之前给付内容不明确,不具备执行条件,某建设工程公司的复议理由不能成立,但其可在某发电公司欠付某电力科技公司工程款数额确定后再向人民法院申请执行。

【实务指引】

最高人民法院《关于审理建设工程施工合同纠纷案件适用法律问题的解释(一)》第四十三条规定,实际施工人以发包人为被告主张权利的,人民法院应当追加转包人或者违法分包人为本案第三人,在查明发包人欠付转包人或者违法分包人建设工程价款的数额后,判决发包人在欠付建设工程价款范围内对实际施工人承担责任。这一规定赋予了实际施工人向承包人以及发包人主张工程价款的权利。从这一规定的内容来看,人民法院判决发包人承担付款责任除需要判定承包人与实际施工人之间的合同效力外,还需要考虑以下因素:一是发包人与承包人之间的工程款是否结清,因为发包人只在欠付工程价款范围内对实际施工人承担责任;二是是否有书面证据证明发包人为结清工程款作出过足够努力,以使工程款未清偿的责任归于承包人。因此,本案中法院不支持实际施工人申请执行的原因也是发承包人之间的工程款纠纷尚未审理完毕,无法确定第四十三条所规定的欠付工程款范围。在执行的对象尚处于不确定状态的情况下,自然无法采取执行措施。

【法律依据】

最高人民法院《关于适用〈中华人民共和国民事诉讼法〉的解释》第四百六十三条第一款 当事人申请人民法院执行的生效法律文书应当具备下列条件:

(一)权利义务主体明确;

(二)给付内容明确。

最高人民法院《关于审理建设工程施工合同纠纷案件适用法律问题的解释(一)》第四十三条 实际施工人以转包人、违法分包人为被告起诉的,人民法院应当依法受理。

实际施工人以发包人为被告主张权利的,人民法院应当追加转包人或者违法分包人为本案第三人,在查明发包人欠付转包人或者违法分包人建设工程价款范围内对实际施工人承担责任。

案例 151

某光伏发电公司与季某、某工程公司建设工程施工合同纠纷案

Q：光伏工程发包人与承包人约定仲裁条款的，实际施工人能否直接向法院起诉发包人？法院受理的应当如何处理？

A：实践中存在不同的处理方式，需要谨慎对待。

裁判案例：（2018）青民辖终 4 号

【裁判观点】

本案系建设工程合同纠纷。发包方某光伏发电公司与承包方某工程公司签订《德令哈白鹿光伏发电有限公司 33.7365MWP 并网光伏发电项目 EPC 总承包合同》后，某工程公司将该合同中的土石方工程分包给季某。现季某作为实际施工人，有权向发包人某光伏发电公司和承包人某工程公司主张支付工程款。但某工程公司与某光伏发电公司之间的工程款结算问题，由于双方签订的《德令哈白鹿光伏发电有限公司 33.7365MWP 并网光伏发电项目 EPC 总承包合同》已经明确约定了仲裁条款，故双方之间的工程款结算和支付等争议，应提交双方约定的仲裁委员会仲裁解决，不属于人民法院主管范围。某中级人民法院受理季某对某光伏发电有限公司的起诉不当，应予驳回。

【实务指引】

最高人民法院《关于审理建设工程施工合同纠纷案件适用法律问题的解释（一）》第四十三条规定，实际施工人以转包人、违法分包人为被告起诉的，人民法院应当依法受理。实际施工人以发包人为被告主张权利的，人民法院应当追加转包人或者违法分包人为本案第三人，在查明发包人欠付转包人或者违法分包人建设工程价款的数额后，判决发包人在欠付建设工程价款范围内对实际施工人承担责任。即便该规定设置了实际施工人主张权利的路径，但是实践中针对实际施工人在主张权利时是否受到发包人与承包人之间仲裁条款约束的问题仍然存在不同的观点与处理方法。

（1）实际施工人受发承包人之间仲裁约定的约束

（2021）最高法民申 1073 号案中，发承包人之间、承包人与实际施工人之间订立的合同均约定了仲裁条款。最高人民法院认为，本案的基础法律关系为某政公司（发包人）与某赢公司（承包人）签订了《建设工程施工合同》及某赢公司与某荣公司（实际施工人）签订了《四方中学内部承包协议》,故某荣公司应当受到仲裁条款的约束。发包人在欠付工程价款范围内对实际施工人承担责任,需以发包人与承包人之间的工程价款结算为前提,而前述事实的认定业经仲裁条款排除人民法院管辖。一审法院裁定驳回某荣公司起诉及二审法院裁定驳回某荣公司上诉并无不当。本案中最高人民法院认为,发包人与承包人之间的工程款结算是实际施工人主张权利的前提。因此,在发包人与承包人之间达成了仲裁条款的情形下,法院无法介入发包人与承包人之间的工程款结算纠纷,也就使实际施工人无法向承包人与发包人主张权利。

(2)实际施工人不受发承包人之间仲裁约定的约束

(2021)最高法民申5747号案中,最高人民法院认为,虽然2011年7月某誉公司与某元公司签订的建设工程施工合同约定了仲裁条款,但何某军并非该合同当事人。某誉公司申请再审称本案应裁定驳回何某军的起诉,理由不能成立。本案中,最高人民法院从合同相对性的角度出发,认为发承包人之间的约定仅约束发承包人双方,不能对第三人产生约束。

从上述案例中可以发现,最高人民法院在这一问题上也没有作出确切的论断。实务中可能需要结合案件具体情况作出判断。《最高人民法院新建设工程施工合同司法解释(一)理解与适用》对该解释第四十三条的解读中认为,"为查清各方当事人之间欠付工程款的情况准确认定发包人的责任范围,本条要求人民法院追加转包人或者违法分包人为本案第三人,并查明发包人欠付转包人或者违法分包人建设工程价款的数额。如果人民法院根据当事人提及的证据无法查清发包人是否欠付工程款的,由实际施工人承担举证不能的后果"[①]。上述论述实际上并不能解决实际问题。如果发承包人之间存在仲裁条款,而实际施工人能够提出足够的证据证明发包人欠付工程款的具体情况,此时法院应当如何处理?按照上述论述的逻辑,发承包人之间如果约定了仲裁条款,那么法院就无权管辖发承包人之间的工程款纠纷,也就无法判断发包人的责任范围。此时不能支持实际施工人的权利主张。在实际施工人提出充足证据的情况下,法院无须等待发承包人之间的工程款纠纷解决完毕便能够确定发包人的责任范围,此时仲裁条款对实际施工人并没有产生约束。相同的事件却得出了不同的结论。因此,这一问题有待立法作出进一步的阐述。

【法律依据】

《民事诉讼法》第一百二十七条 人民法院对下列起诉,分别情形,予以处理:

(一)依照行政诉讼法的规定,属于行政诉讼受案范围的,告知原告提起行政诉讼;

[①] 最高人民法院民事审判第一庭编著:《最高人民法院新建设工程施工合同司法解释(一)理解与适用》,人民法院出版社2021年版,第448页。

（二）依照法律规定，双方当事人达成书面仲裁协议申请仲裁、不得向人民法院起诉的，告知原告向仲裁机构申请仲裁；

（三）依照法律规定，应当由其他机关处理的争议，告知原告向有关机关申请解决；

（四）对不属于本院管辖的案件，告知原告向有管辖权的人民法院起诉；

（五）对判决、裁定、调解书已经发生法律效力的案件，当事人又起诉的，告知原告申请再审，但人民法院准许撤诉的裁定除外；

（六）依照法律规定，在一定期限内不得起诉的案件，在不得起诉的期限内起诉的，不予受理；

（七）判决不准离婚和调解和好的离婚案件，判决、调解维持收养关系的案件，没有新情况、新理由，原告在六个月内又起诉的，不予受理。

案例 152

某建设公司、某水利公司建设工程合同纠纷案

Q： 承包人违法分包的情况下，实际施工人能否向发包人主张权利？

A： 可以。实际施工人可以以发包人为被告主张权利，发包人应当在欠付工程款的范围内对实际施工人承担责任。

裁判案例：（2021）豫04民终221号

【裁判观点】

关于某建设公司是否应承担付款责任的问题，根据最高人民法院《关于审理建设工程施工合同纠纷案件适用法律问题的解释》第二十六条第二款"实际施工人以发包人为被告主张权利的，人民法院可以追加转包人或者违法分包人为本案当事人。发包人只在欠付工程价款范围内对实际施工人承担责任"的规定，某建设公司应在欠付涉案开关站边坡治理工程项目工程款范围内向某水利公司承担付款责任。

【实务指引】

在建设工程施工合同中，当承包人将承建的工程转包、分包后，实际施工人原则上不能向发包人追索工程款，而在建设工程施工合同司法解释中赋予了实际施工人突破合同相对性，向发包人主张工程款的权利。

实际施工人之所以能够向发包人主张工程款，是因为立法者考虑到实际施工人多为农民工，在建设工程关系中多处于弱势地位，从保护农民合法权益的角度出发，允许实际施工人突破合同相对性，向发包人在欠付工程价款范围内主张权利。但对于是否欠付工程价款以及欠付工程款范围问题的查明应基于发包人与承包人之间的法律关系，实际施工人若要起诉发包人,其实质是承继了承包人的法律地位,由于实际施工人非合同主体,其向发包人主张权利的范围,不应超出发包人履行合同的预期。司法解释并未赋予实际施工人突破发包合同当事人意思自治的权利,实际施工人应受制于发包合同。

【法律依据】

最高人民法院《关于审理建设工程施工合同纠纷案件适用法律问题的解释(一)》第四十三条 实际施工人以转包人、违法分包人为被告起诉的,人民法院应当依法受理。

实际施工人以发包人为被告主张权利的,人民法院应当追加转包人或者违法分包人为本案第三人,在查明发包人欠付转包人或者违法分包人建设工程价款的数额后,判决发包人在欠付建设工程价款范围内对实际施工人承担责任。

案例 153

某装饰公司与某安装公司、叶某建设工程合同纠纷案

Q: 某技术公司(发包人)与某服务公司(总承包人)签订总包合同,约定某服务公司承揽某光伏安装工程。某服务公司将其承揽的部分工程分包给某装饰公司。某装饰公司将这部分工程再次分包给某安装公司。某安装公司又将该工程分包给某建筑公司。叶某是某建筑公司的唯一股东。由于某建筑公司被注销,叶某以实际施工人身份要求某安装公司与某装饰公司就欠付工程款承担连带责任,该主张能否获得支持?

A: 不能获得。因为某装饰公司与某安装公司之间尚未就工程价款结算达成一致意见,所以无法确定欠付工程款的数额。这就使得责任的范畴无法确认。

裁判案例: (2020)陕 01 民终 13824 号

【裁判观点】

本院认为,本案中,某技术公司与某服务公司签订了物业总包合同,将包括 V6 光伏板安装工程发包给了某服务公司,某服务公司又将涉案工程分包给了某装饰公司,某装饰公司又将该工程分包给某安装公司,某安装公司又将该工程分包给某建筑公司。该工程项目于 2017 年 11 月 15 日通过验收,现已投入使用。通过以上事实可见,某技术公司系发包人,某服务公司系总承包人,某服务公司将其承包的部分工作即涉案工程交由某装饰公司完成。某装饰公司又将其承包的涉案工程又转包给某安装公司,某安装公司又将其承包的案涉项目转包给某建筑公司。《最高人民法院关于审理建设工程施工合同纠纷案件适用法律问题的解释》第四条规定,承包人非法转包、违法分包建设工程或者没有资质

的实际施工人借用有资质的建筑施工企业名义与他人签订建设工程施工合同的行为无效。故根据上述规定,某安装公司与某建筑公司签订的《光伏工程安装协议》系无效合同。《最高人民法院关于审理建设工程施工合同纠纷案件适用法律问题的解释》第二条规定,建设工程施工合同无效,但建设工程经竣工验收合格,承包人请求参照合同约定支付工程价款的,应予支持。根据该规定,虽然某安装公司与某建筑公司签订的《光伏工程安装协议》无效,但涉案工程经竣工验收合格,并已经交付使用,因此,某建筑公司有权要求某安装公司参照合同约定支付工程价款。

《光伏工程安装协议》约定,工程总造价为,合同一次性包干,总价为 85000 元整。现某建筑公司已注销,叶某作为某建筑公司唯一股东及法定代表人,系该公司唯一的权利义务承受人,有权要求某安装公司支付 85000 元工程款。故一审判决某安装公司向叶某支付 85000 元工程款正确。同时一审法院在判决某安装公司向叶某支付 85000 元工程款的同时,向叶某支付相应的利息也于法不悖。关于某装饰公司主张某安装公司已向叶某支付了 25000 元工程款能否成立,一审庭审中,某装饰公司的委托诉讼代理人刘某某称,2018 年 2 月 9 日叶某到某技术公司追索工程款,其前去调解,其听说某安装公司之法定代表人李某给付叶某一方 25000 元。叶某承认有其事。但一审庭庭后,叶某又向一审法院出具《关于 25000 元的说明》称,其在庭审中承认李某给付叶某一方 25000 元系其表述错误,其原以为此款项系其公司员工领取,但经事后向员工询问后,发现仅为某安装公司向其一方承诺先给付 25000 元,但实际上后来并未兑现。诉讼中,因某安装公司经一审、二审法院公告送达开庭传票,某安装公司均未到庭参加诉讼,亦未提交答辩及反驳证据,应视为某安装公司放弃了质证及抗辩权利,由此产生的法律后果应由某安装公司自行承担。虽然某装饰公司称其听说某安装公司法定代表人李某给付叶某一方 25000 元,但并未有证据证明叶某收到该笔款项,故一审法院对某装饰公司的该主张未予采信,于法不悖。关于某装饰公司是否应承担连带责任,某技术公司系发包人,某服务公司系总承包人,某服务公司将其承包的部分工作即涉案工程交由某装饰公司完成。某装饰公司又将其承包的涉案工程又转包给某安装公司,某安装公司又将其承包的涉案工程转包给某建筑公司。现没有证据证明某装饰公司与某安装公司进行了结算并有明确的下欠数额,故一审法院适用《最高人民法院关于审理建设工程施工合同纠纷案件适用法律问题的解释》第二十六条之规定,判令某装饰公司承担连带责任,缺乏依据,应予纠正。因此对一审判决应予部分改判。

【实务指引】

本案中实际涉及两个问题:(1)实际施工人要求发包人承担支付工程款责任的前提条件是什么?(2)如何理解发包人承担的责任的性质。最高人民法院《关于审理建设工程施工合同纠纷案件适用法律问题的解释(一)》第四十三条第二款规定,"实际施工人以发包人为被告主张权利的,人民法院应当追加转包人或者违法分包人为本案第三人,在查明发包人欠付转包人或者违法分包人建设工程价款的数额后,判决发包人在欠付建设工程价款范围内对实际施工人承担责任"。该规定实际上为保护实际施工人获得工程价款的权利提供了实现路径。该规定赋予了实际施工人起诉发包人的权利,发包人可以直接向业主方主张权利。由于业主方并未参与到转包人或违法分包人与实际施工人之间的合同,对具体情况并不了解,如果仅将发包人置于诉讼中可能会损害发包人的正当权利。因此,本条要求将转包人或者违法分包人追加为第三人。

除了当事人诉讼地位的要求之外,若实际施工人以本条规定为依据向发包人主张工程价款,法院需要查明发包人与转包人或违法分包人之间是否存在欠付工程款以及欠付工程款的具体数额后才能够要求发包人承担责任。这一点对于实际施工人实现权利十分重要。如果法院未能查明发包人实际欠付的工程款数额,那么即便法院判令发包人承担责任,实际施工人也无法向法院申请数额不确定的欠付工程款。未能厘清的权利义务关系将给各方当事人带来负担。本案中法院以原审法院未能查清发包人实际欠付金额为由作出改判的决定是正确的。

另一个值得关注的问题是原审法院认为在本案中发包人承担连带责任。发包人因最高人民法院《关于审理建设工程施工合同纠纷案件适用法律问题的解释(一)》第四十三条的规定承担的责任是何种性质这一问题目前仍处于争议状态。如果法院判决发包人承担连带责任,在说理环节可能会因为《民法典》第一百七十八条的存在而不能自圆其说。《民法典》第一百七十八条规定,"连带责任,由法律规定或者当事人约定"。最高人民法院《关于审理建设工程施工合同纠纷案件适用法律问题的解释(一)》第四十三条在适用时并不符合本条的要求,"考虑到本条款的立法本意及特殊性,审判中直接判决发包人在欠付工程款范围内承担责任更为妥当"[1]。

【法律依据】

最高人民法院《关于审理建设工程施工合同纠纷案件适用法律问题的解释(一)》第四十三条 实际施工人以转包人、违法分包人为被告起诉的,人民法院应当依法受理。实际施工人以发包人为被告主张权利的,人民法院应当追加转包人或者违法分包人为本案第三人,在查明发包人欠付转包人或者违法分包人建设工程价款的数额后,判决发包人在欠付建设工程价款范围内对实际施工人承担责任。

---

[1] 最高人民法院民事审判第一庭编著:《最高人民法院新建设工程施工合同司法解释(一)理解与适用》,人民法院出版社2021年版,第449页。

案例 154

某光伏电力公司与姚某、某建设工程公司建设工程施工合同纠纷案

Q：某光伏电力公司（甲方、发包方）、某建设工程公司（乙方、承包方）、某工业公司（丙方、屋顶业主）签订《屋面加固施工合同》。合同约定：本合同为固定总价合同，乙方在签订本合同前对本合同项下工程的全部技术说明、合同条件、本合同项下工程所在周围环境、交通道路等情况均已详细研究，三方协商确认的报价的单价已按合同条款中的承包范围、质量标准、工期等要求充分考虑了人工费、材料费、设备费、运输费、机械费、措施费、保险费、管理费、利润、税费及办理工程竣工验收所发生的费用等一切费用在内，甲方不再因本合同向乙方支付任何其他费用。某建设工程公司将其承揽的工程分包给姚某。由于发包人欠付工程款，姚某要求某电力公司在欠付工程款范围内承担责任，并要求某电力公司支付延迟支付工程款产生的利息，该主张能否获得支持？

A：包括。发包人在欠付工程价款范围内对实际施工人承担责任，此处"工程价款"还包括迟延履行产生的利息。

裁判案例：（2019）苏 09 民终 3116 号

【裁判观点】

某光伏电力公司认为即使其承担连带还款责任，那么也仅限于工程款本金，其不应当对工程款利息也承担连带给付责任。对此，法院认为，最高人民法院《关于审理建设工程施工合同纠纷案件适用法律问题的解释》第二十六条第二款规定了发包人应当在欠付工程款范围内对实际施工人承担责任。该规定中的"工程款"应当包括欠付工程款产生的合理利息，故一审判决某光伏电力公司就欠付工程款利息承担责任符合上述司法解释的规定，法院予以维持。

【实务指引】

实际施工人突破合同相对性直接起诉发包人，发包人应当在欠付建设工程价款范围内承担支付责任，"欠付建设工程价款范围"不仅包含工程款本金，而且包含逾期付款的利息。

发包人支付逾期付款利息，仍然应当严守合同相对性，依据发包人与承包人之间的合同约定对利息的计算标准进行相应认定，而非实际施工人与转包人的约定或者法律及司法解释的直接规定。

【法律依据】

最高人民法院《关于审理建设工程施工合同纠纷案件适用法律问题的解释(一)》第四十三条实际施工人以转包人、违法分包人为被告起诉的,人民法院应当依法受理。

实际施工人以发包人为被告主张权利的,人民法院应当追加转包人或者违法分包人为本案第三人,在查明发包人欠付转包人或者违法分包人建设工程价款的数额后,判决发包人在欠付建设工程价款范围内对实际施工人承担责任。

案例 155

某科技公司、某电力科技公司建设工程施工合同纠纷案

Q:光伏工程违法分包中发包人如何对光伏工程的实际施工人承担责任?

A:光伏工程发包人在欠付建设工程价款的范围内对光伏工程实际施工人承担连带责任。

裁判案例:(2020)最高法民申6978号

【裁判观点】

《最高人民法院关于审理建设工程施工合同纠纷案件适用法律问题的解释(二)》第二十四条规定:"实际施工人以发包人为被告主张权利的,人民法院应当追加转包人或者违法分包人为本案第三人,在查明发包人欠付转包人或者违法分包人建设工程价款的数额后,判决发包人在欠付建设工程价款的范围内对实际施工人承担责任。"本案中,发包人某科技公司认可未向承包人某光伏公司支付过工程价款,仅在另案民事判决执行过程中被法院扣划29000元。由此,某科技公司欠付某光伏公司工程价款,依法应在欠付建设工程价款的范围内对某电力科技公司承担责任。

【实务指引】

最高人民法院《关于审理建设工程施工合同纠纷案件适用法律问题的解释(一)》第四十三条规定,发包人对实际施工人承担责任的范围为欠付工程款范围内。在司法实践中,对于发包人承担的责任的性质,法院通常判决发包人在欠付工程款范围内承担连带责任或者补充责任。这样的认定看似合理,但有可能与法律规定不相符。根据《民法典》第一百七十八条的规定,连带责任由法律规定或者当事人约定。发包人欠付工程款的责任不是由当事人约定,而是为保护农民工工资而创设的法律责任。发包人承担的责任究竟是何性质当前还处于争议中。考虑到本条款的立法本意及特殊性,审判中直接判决发包人在欠付工程款范围内承担责任更为妥当。[①]

【法律依据】

最高人民法院《关于审理建设工程施工合同纠纷案件适用法律问题的解释（一）》第四十三条第二款 实际施工人以发包人为被告主张权利的，人民法院应当追加转包人或者违法分包人为本案第三人，在查明发包人欠付转包人或者违法分包人建设工程价款的数额后，判决发包人在欠付建设工程价款范围内对实际施工人承担责任。

12. 建设工程价款优先受偿权

案例 156

某动力公司与某发电公司、某新材料公司建设工程施工合同纠纷案

Q：某动力公司与某发电公司签订《光伏发电工程总承包合同》，约定某动力公司承接某发电公司在案外人某金属科技公司厂房上建设光伏发电站的项目。案涉工程完成竣工验收后，某发电公司仍未按照合同约定支付工程款。某动力公司能否对其案涉光伏发电站主张优先受偿权？

A：能。分布式光伏电站未与屋面形成不可分割的一体，可以单独处置，不属于《民法典》第八百零七条所述的"根据建设工程的性质不宜折价、拍卖"的情形。

裁判案例：(2019) 苏 04 民终 3374 号

【裁判观点】

法院认为，关于某动力公司对其施工的分布式光伏发电工程是否享有优先受偿权。涉案工程系某发电公司利用某金属科技公司屋顶建设光伏电站，该光伏工程并未与所在的屋顶形成不可分割的组成部分，其财产权利可以单独处置，某动力公司作为该工程的承包人，请求就该工程折价或者拍卖价款优先受偿，法院应予支持。

【实务指引】

本案涉及如何理解《民法典》第八百零七条所规定的"根据建设工程的性质不宜折价、拍卖"的情形。由于法律并未针对这一概念作出明确的规定，因此笔者当前收集到的

---

① 最高人民法院民事审判第一庭编著：《最高人民法院新建设工程施工合同司法解释（一）理解与适用》，人民法院出版社 2021 年版，第 449 页。

相关分析性文章大多是从生效判决入手加以分析的。但是在光伏工程的优先受偿权中问题则更为复杂。以下将结合两个案例来分析光伏工程优先受偿权中"不宜折价、拍卖"的概念。

(1) 建设工程性质对是否能够折价、拍卖的判定的影响

本案中,法院认为涉案光伏发电工程与其所在的屋顶相互独立,因此可以单独处分光伏工程。法院的观点可以概括为:建设工程具有独立性,能够被单独处置的,属于能够被拍卖、折价的工程。

(2) 已经并网的光伏电站能否折价、拍卖

在这一问题上,不同的案件中法院的观点不一。在本案中法院却认为光伏项目可以拍卖。但在(2015)藏法民一初字第3号案中,法院认为,涉案工程项目属于并入国家电网的发电项目,对该工程的折价、拍卖势必会减少电力供应,直接影响国计民生,从该工程性质来看应当属于不宜折价、拍卖的建设工程。

【法律依据】

《民法典》第八百零七条　发包人未按照约定支付价款的,承包人可以催告发包人在合理期限内支付价款。发包人逾期不支付的,除根据建设工程的性质不宜折价、拍卖外,承包人可以与发包人协议将该工程折价,也可以请求人民法院将该工程依法拍卖。建设工程的价款就该工程折价或者拍卖的价款优先受偿。

案例 157

某银行与某电气公司金融借款合同纠纷执行案

Q:光伏电站发电收益的应收账款是否属于建设工程优先受偿权的行使范围?

A:不属于。建设工程优先受偿权仅限于工程折价或者拍卖的价款优先受偿。

裁判案例: (2020)沪执复125号

【裁判观点】

法院认为,最高人民法院《关于人民法院办理执行异议和复议案件若干问题的规定》第十二条规定,人民法院对执行异议和复议案件实行书面审查……建设工程优先受偿权仅限于工程折价或者拍卖的价款优先受偿,而涉案的发电收益的应收账款显然不属于工程折价或者拍卖价款,某电气公司主张对其享有法定优先权,于法无据。

【实务指引】

《民法典》第八百零七条规定,发包人未按照约定支付价款的,承包人可以催告发包人在合理期限内支付价款。发包人逾期不支付的,除根据建设工程的性质不宜折价、拍卖外,承包人可以与发包人协议将该工程折价,也可以请求人民法院将该工程依法拍卖。建设工程的价款就该工程折价或者拍卖的价款优先受偿。根据本条的规定可以发现建设工程价款优先受偿权的行使条件。首先,承包人行使优先受偿权的前提是发包人未按照约定支付价款并且经过催告发包人在合理期限内仍不支付。其次,承包人获得价款的方式为将案涉工程折价或者请求法院将工程拍卖。基于法律规定,承包人主张优先受偿权时仅能向法院申请拍卖案涉工程本身,不能将与案涉工程相关的财产性权益纳入拍卖范畴。

【法律依据】

最高人民法院《关于审理建设工程施工合同纠纷案件适用法律问题的解释(一)》第三十五条 与发包人订立建设工程施工合同的承包人,依据民法典第八百零七条的规定请求其承建工程的价款就工程折价或者拍卖的价款优先受偿的,人民法院应予支持。

《民法典》第八百零七条 发包人未按照约定支付价款的,承包人可以催告发包人在合理期限内支付价款。发包人逾期不支付的,除根据建设工程的性质不宜折价、拍卖外,承包人可以与发包人协议将该工程折价,也可以请求人民法院将该工程依法拍卖。建设工程的价款就该工程折价或者拍卖的价款优先受偿。

案例158

某光伏公司与某设备安装公司、某投资公司建设工程施工合同纠纷案

Q: 发包人逾期支付工程价款,承包人就施工合同项下光伏电站工程行使建设工程价款优先受偿权的期间起算点如何确定?

A: 建设工程价款优先受偿权行使期间自发包人应当支付工程价款之日起计算。最长不超过18个月。

裁判案例: (2017)湘09民终1622号

【裁判观点】

根据《合同法》第二百八十六条的规定,建设工程的工程价款可以就该工程折价或拍卖的价款优先受偿,根据最高人民法院《关于建设工程价款优先受偿权问题的批复》第四条的规定,建设工程承包人行使优先权的期限为6个月,自建设工程竣工之日或者建设工程合同约定的竣工之日起计算,某设备安装公司行使优先权的期限已超过了6个月,其优先受偿权已归于消灭,故对某设备安装公司要求享有优先受偿权的诉请,不予支持。

【实务指引】

建设工程竣工验收合格,或工程未完工但已完成的工程质量合格,发包人未依约定支付工程价款,承包人经催告后即可行使建设工程优先受偿权。权利人应当在法律规定的期限内行使建设工程价款优先受偿权,如超出法定期限,权利人将失去行使建设工程价款优先受偿权的权利。《民法典》第一百九十九条规定:法律规定或者当事人约定的撤销权、解除权等权利的存续期间,除法律另有规定外,自权利人知道或者应当知道权利产生之日起计算,不适用有关诉讼时效中止、中断和延长的规定。存续期间届满,撤销权、解除权等权利消灭。该条是关于除斥期间的规定。除斥期间是法律为某项权利预设的存在期间,权利人在该期间内不行使权利,期间届满时,该权利即消灭。除斥期间是不变期间,不因任何事由中止、中断或延长。

建设工程价款优先受偿权的行使期间属于除斥期间,不存在中止、中断或延长的情形。《民法典》、最高人民法院《关于审理建设工程施工合同纠纷案件适用法律问题的解释(一)》未规定建设工程价款优先受偿权的行使期间可以中止、中断或延长。由此可知,建设工程价款优先受偿权的行使期限不适用诉讼时效中止、中断和延长的相关规定。具体起算时间按照以下方式确定:

(1)工程已竣工且工程结算款已届期的,自建设工程竣工之日或者建设工程施工合同约定的竣工之日起算。

(2)建设工程施工合同解除、终止履行的,自合同实际解除、终止之日起算。

(3)工程已竣工验收合格,但合同约定除质保金以外的工程款付款期限尚未届满的,自合同约定的工程款付款期限届满之日起算。

【法律依据】

最高人民法院《关于审理建设工程施工合同纠纷案件适用法律问题的解释(一)》第四十一条 承包人应当在合理期限内行使建设工程价款优先受偿权,但最长不得超过十八个月,自发包人应当给付建设工程价款之日起算。

案例159

某光伏公司、某机电公司建设工程施工合同纠纷案

Q:光伏工程承包人因发包人违约而遭受的损失是否属于行使建设工程价款优先

> 受偿权的范围?
>
> **A**:不属于。光伏工程承包人不能请求对违约损失进行优先受偿。
>
> **裁判案例**:(2019)最高法民终250号

【裁判观点】

可以享受建设工程价款优先受偿权的建筑工程价款包括承包人为建设工程应当支付的工作人员报酬、材料款等实际支出的费用,不包括承包人因发包人违约所造成的损失,故原审判决判令某机电公司对其应受领的违约金就案涉项目工程享有优先受偿权不当,予以纠正。

【实务指引】

优先受偿权的资金包括工程折价或者工程拍卖款,优先受偿权的范围包括定额计价的工程价款本金(包括"人材机管利规税",即人工费、材料费、施工机具使用费、企业管理费、利润、规费、税金)或者清单计价的工程价款本金(包括"分措他规税",即分部分项工程费、措施项目费、其他项目费、规费、税金)以及质量保证金,但不包括违约金超过法定利率的利息、停(窝)工产生的人工设备租赁费等损失。对于不是承包人建设的项目、发包人以工程折价的方式进行抵偿的,其权利不得对抗抵偿标的上已有的其他权利,如已经签订的商品房买卖合同、银行抵押等。因此,优先受偿权的行使范围被严格限制在承包人承建的工程上。

建设工程价款的利息是否属于优先受偿的范围?各地裁判的标准不同。例如,江苏省、浙江省高级人民法院认为利息不属于优先受偿范围,而广东省、河北省高级人民法院认为利息属于优先受偿范围。最高人民法院《关于审理建设工程施工合同纠纷案件适用法律问题的解释(一)》第四十条明确建设工程价款的利息不属于优先受偿范围,统一了裁判尺度。有观点认为工程款利息不应排除在优先权保障范围之外,其主要理由为利息不同于承包人的其他损失,它是工程价款的法定孳息;也有观点认为应对利息进行区分,属于法定孳息的利息应属于优先受偿权的保障范围,而超出法律规定的基本利率范围以外的利息部分不应享受优先受偿权的保障。

【法律依据】

最高人民法院《关于审理建设工程施工合同纠纷案件适用法律问题的解释(一)》第四十条 承包人建设工程价款优先受偿的范围依照国务院有关行政主管部门关于建设工程价款范围的规定确

定。承包人就逾期支付建设工程价款的利息、违约金、损害赔偿金等主张优先受偿的,人民法院不予支持。

案例 160

某光伏农业公司、某机建公司建设工程施工合同纠纷案

Q:光伏工程的建设工程价款优先受偿权的请求期限从何时起算?

A:竣工后,双方当事人达成竣工协议的,以该补充协议约定的时间作为建设工程优先受偿权的起算时间。

裁判案例:(2019)最高法民终 250 号

【裁判观点】

某光伏农业公司上诉主张根据原审判决认定的工程竣工时间 2017 年 6 月 26 日,至某机建公司 2018 年 3 月 7 日起诉时,已经超过了 6 个月建设工程优先受偿权的法定行使期间。对此法院认为,因双方于 2017 年 10 月 18 日签订《阳曲县 20MW 分布式光伏发电项目工程总承包合同之补充协议一》对某光伏农业公司的最后付款期限作了重新约定,即要求某光伏农业公司于 2017 年 11 月 15 日前付清工程进度款,依照最高人民法院《关于审理建设工程施工合同纠纷案件适用法律问题的解释(二)》第二十二条的规定:"承包人行使建设工程价款优先受偿权的期限为六个月,自发包人应当给付建设工程价款之日起算。"本案优先受偿权起算时间应为 2017 年 11 月 15 日,故至某机建公司 2018 年 3 月 7 日提起本案诉讼时,并未超过 6 个月的建设工程价款优先受偿权行使期限。

【实务指引】

最高人民法院《关于建设工程价款优先受偿权问题的批复》(现已失效)中规定的起算点为"自建设工程竣工之日或者建设工程合同约定的竣工之日起计算"。由于该条款的规定过于模糊,在适用中出现了很多争议。特别是当工程未竣工时,优先受偿权起算点的种类很多,各地各级人民法院的裁判规则不统一。

关于实际竣工日期与合同约定的竣工日期不一致时,以哪个日期作为起算点的问题,在司法实践中,存在两种处理方式:一种方式是比较实际竣工日期和合同约定日期的先后,以较后的时间作为起算点;另一种方式是以实际竣工日期为起算点。应该说第一种方式更具有合理性,广东、江苏、河北等地高级人民法院也是采取第一种方式。与此同时,在以较后的时间作为起算点的情形中,如果合同约定的付款期限尚未届满的,则以合同约定的付款期限届满之日作为起算点。

【法律依据】

最高人民法院《关于审理建设工程施工合同纠纷案件适用法律问题的解释（一）》第四十一条 承包人应当在合理期限内行使建设工程价款优先受偿权，但最长不得超过十八个月，自发包人应当给付建设工程价款之日起算。

案例 161

某能源公司、某光伏电力公司建设工程施工合同纠纷案

Q：光伏电站建设工程中，实际施工人是否有权主张建设工程价款优先受偿权？

A：无权。建设工程价款优先受偿权的主体为承包人，而不包括实际施工人。鉴于建设工程价款优先受偿权高于抵押权的特殊性，应当谨慎对待该权利主体的范围，不宜随意突破法律规定而赋予实际施工人优先受偿权。

裁判案例：（2020）鲁14民终1270号

【裁判观点】

鉴于建设工程价款优先受偿权系法定优先权，因其具有优于普通债权和抵押权的权利属性，故对其权利的享有和行使必须具有明确的法律依据，实践中亦应加以严格限制。行使优先受偿权的主体应仅限于承包人，现行法律及司法解释并未赋予实际施工人享有建设工程价款优先受偿的权利。某光伏科技公司系该工程的实际施工人，不符合法律及司法解释规定的可以享有优先受偿权的主体资格，故一审法院对某光伏科技公司的该主张依法不予支持。

【实务指引】

关于实际施工人是否享有建设工程价款的优先受偿权，《民法典》第八百零七条规定："发包人未按照约定支付价款的，承包人可以催告发包人在合理期限内支付价款。发包人逾期不支付的，除根据建设工程的性质不宜折价、拍卖外，承包人可以与发包人协议将该工程折价，也可以请求人民法院将该工程依法拍卖。建设工程的价款就该工程折价或者拍卖的价款优先受偿。"最高人民法院《关于审理建设工程施工合同纠纷案件适用法律问题的解释（一）》第三十五条规定："与发包人订立建设工程施工合同的承包人，依据民法典第八百零七条的规定请求其承建工程的价款就工程折价或者拍卖的价款优先受偿的,人民法院应予支持。"第三十六条规定:"承包人根据民法典第八百零七条规定享有的建设工程价款优先受偿权优于抵押权和其他债权。"上述法律及司法解释中均未明确规定实际施工人享有优先受偿权。最高人民法院《关于审理建设工程施工合同纠纷案件适用法律问题的解释(一)》第三十五条是在原《最高人民法院关于审理建设工程施工合同纠纷案件适用法律问题的解释(二)》(现已失效)第十七条规定的基础上作出的修改,仅仅将该条的"根据合同法第二百八十六条规定"修改为"根据民法典第八百零七条规定",实际规则没有变化,有关原《最高人民法院关于审理建设工程施工合同纠纷案件适用法律问题的解释(二)》第十七条规定的规则精神,仍可资借鉴。根据原《最高人民法院关于审理建设工程施工合同纠纷案件适用法律问题的解释(二)》第十七条规定的理解与适用的观点,依法享有工程价款优先受偿权的人必须与发包人存在直接的施工合同关系,建设工程的勘察人、设计人、分包人、实际施工人、监理人以及与发包人无合同关系的装饰装修工程的施工人均不应享有此项权利。因此,最高人民法院《关于审理建设工程施工合同纠纷案件适用法律问题的解释(一)》第四十三条规定实际施工人可以有条件地向发包人主张工程价款,但并未赋予实际施工人直接向发包人主张工程价款优先受偿的权利。毕竟司法解释突破债权相对性,赋予实际施工人有条件地向发包人主张工程价款的权利,是基于保护处于弱势地位的建筑工人权益的目的,与优先权并无必然联系。另外,最高人民法院《关于审理建设工程施工合同纠纷案件适用法律问题的解释(一)》第四十四条规定:"实际施工人依据民法典第五百三十五条规定,以转包人或者违法分包人怠于向发包人行使到期债权或者与该债权有关的从权利,影响其到期债权实现,提起代位权诉讼的,人民法院应予支持。"根据《民法典》第五百三十五条规定的理解与适用的观点,"与该债权有关的从权利"是指附属于主债权的权利,如担保物权和建设工程价款优先受偿权等。因此,如果转包人或者违法分包人系与发包人签订合同的承包人的,在其怠于主张优先受偿权的情况下,实际施工人可以行使代位权,代承包人向发包人主张优先受偿权。综上,实际施工人一般不得向发包人主张优先受偿权,但在特定情形下,可以代位主张优先受偿权。

【法律依据】

《民法典》第八百零七条 发包人未按照约定支付价款的,承包人可以催告发包人在合理期限内支付价款。发包人逾期不支付的,除根据建设工程的性质不宜折价、拍卖外,承包人可以与发包人协议将该工程折价,也可以请求人民法院将该工程依法拍卖。建设工程的价款就该工程折价或者拍卖的价款优先受偿。

最高人民法院《关于审理建设工程施工合同纠纷案件适用法律问题的解释(一)》第三十六条 承包人根据民法典第八百零七条规定享有的建设工程价款优先受偿权优于抵押权和其他债权。

13. 工程量变更

案例162

某产业公司与某建设工程公司建设工程施工合同纠纷案

Q：光伏电站工程施工过程中，因设计单位在设计图纸评审过程中发现发包人最初提供的图纸存在缺陷，因而要求增加部分项目。增加部分的工程价款应当由谁承担？

A：发包人。因设计单位在设计图纸评审过程中增加的工程量系对设计图纸缺陷的补充，而不是对施工问题的整改。因此，该部分工程价款应当由发包人承担。

裁判案例：(2021)苏08民终449号

【裁判观点】

本案中，根据某产业公司（发包人）与某建设工程公司（承包人）之间的合同和某产业公司与设计单位签订的《工程设计合同》，证明涉案工程的电力接入设计图纸系由某产业公司提供，该设计图纸中没有保安电源的设计项目。2017年6月9日，设计单位在对初步设计图纸进行评审时要求再增加一条10千伏线路作为光伏站的保安电源，系对图纸不足的补正，而非对施工问题的整改，故因图纸缺陷产生的后果不应归责于某建设工程公司，故因保安电源产生的工程造价，应由某产业公司承担。

【实务指引】

本案中，发包人与承包人订立了《EPC总承包项目施工合同》并约定："本合同的金额为：单体3MW光伏电站每瓦6.19元人民币，总金额依据实际承建电站数量确定。分项价格详见磋商报价表。"仅从形式上看，双方当事人已经就EPC合同的价格形式作出了约定。但实际上，发包人将案涉工程的电力接入和内部设计均委托案外人设计，承包人并未参与设计的工作。因此，本案中双方当事人达成的合同并不属于EPC合同。实践中经常出现发承包双方以"EPC"为名义进行磋商并达成协议，但实际上设计、施工、采购等环节中的一个或多个并不是由承包人负责的情况。因此，在实践中需要结合当事人在合同中的约定以及合同履行的实际情况来判断合同性质。

本案中实际存在两个版本的图纸。为方便讨论，现将某供电公司审图前的图纸称为"原图纸"；审图后增加了保安线路的图纸称为"新图纸"。本案中，发包人通过发布竞争性磋商文件选择投标人，承包人最终中标。双方在合同中约定：单体3MW光伏电站每瓦6.19元人民币，总金额依据实际承建电站数量确定。分项价格详见磋商报价表。在此种情况下，承包人若要履行合同，则需要按照"原图纸"载明的内容进行施工。承包人提供的磋商价格表也是在发包人提供的"原图纸"基础上做出的。因此,原图纸中的内容与合同的履行密切相关。经过审图后,"新图纸"增加了"原图纸"没有的项目,这说明"原图纸"本身存在缺漏。由于法院认为案涉合同属于建设工程合同,并且《民法典》第八百零八条规定建设工程合同适用承揽合同的有关规定,所以,本案可以从承揽合同的相关规定出发针对发包人提出的图纸存在缺漏这一问题加以分析。《民法典》第七百七十六条规定,承揽人发现定作人提供的图纸或者技术要求不合理的,应当及时通知定作人。因定作人怠于答复等原因造成承揽人损失的,应当赔偿损失。基于此规定可以发现,虽然本条规定承揽人应当及时向定作人告知图纸不合理的情况,但是法律并未对承揽人不告知定作人图纸或技术要求不合理的行为作出惩罚。如果是正规的 EPC 模式,承包人可能会因为图纸由自己提供而承担不利后果。但本案中双方达成的合同依然为普通的建设工程合同。因此,本案中承包人不应当对图纸的缺陷承担责任。

本案中,"新图纸"增加了新的建设项目,但是发承包双方并未调整合同内容。假设双方当事人订立合同时采用了《建设项目工程总承包合同(示范文本)》(GF-2020-0216),根据该示范文本第 13.3.1 条的规定,发包人提出变更的,应通过工程师向承包人发出书面形式的变更指示,变更指示应说明计划变更的工程范围和变更的内容。在发包人提出变更之后,还需要通过变更估价程序调整合同价格。本案中"新图纸"增加项目的情形属于对工程的变更。如果发包人按照合同约定程序进行变更,则承包人应当按照"新图纸"施工,并对新增工程承担责任。但是本案中发包人并未证明其作出过类似要求。因此,案涉工程未能发生变更。承包人实际建设了新增项目的,可以认为双方当事人达成了一项新的约定。该约定与双方先前订立的合同无关,应当重新计算价格。

【法律依据】

最高人民法院《关于审理建设工程施工合同纠纷案件适用法律问题的解释(一)》第二十条 当事人对工程量有争议的,按照施工过程中形成的签证等书面文件确认。承包人能够证明发包人同意其施工,但未能提供签证文件证明工程量发生的,可以按照当事人提供的其他证据确认实际发生的工程量。

案例 163

舒某、某劳务公司建设工程施工合同纠纷案

Q: 某电力建设公司作为总承包人,将其承揽的光伏安装项目转包给某新能源公司。某新能源公司将劳务部分分包给某劳务公司。夏某作为某劳务公司法人代表,与舒某签订《光伏项目安装工程施工协议》,将其承揽的劳务部分发包给舒某。并约定以

> 固定单价、固定容量的方式结算对应的工程款。但是在施工过程中实际完成的工程量相较于合同约定的工程量有所增加。舒某是否有权对增加的部分主张工程款？
>
> **A**：舒某在能够举证证明案涉工程存在工程量增加的情况下方可主张增加部分的工程价款。
>
> **裁判案例**：(2021)鲁14民终24号

【裁判观点】

涉案合同的约定非常简单，关于单价内工程具体包含的工程项目约定不明确。从合同名称及文字内容理解，该工程系以固定单价、固定容量为计价方式的光伏项目安装工程，安装的要求为"直至并网完成"。合同中并没有关于"工程款据实结算"的约定，某劳务公司与舒某也未签订增加或者变更工程量的补充协议。光伏项目安装工程不同于一般的建筑工程，应当考虑其特殊性，应参考相关行业规范及光伏项目建设工程交易习惯。《光伏发电工程验收规范(GBT 50796-2012)》第2.0.1条规定，光伏发电工程指利用光伏组件将太阳能转换为电能，并与公共电网有电气连接的工程实体，由光伏组件、逆变器、线路等电气设备、监控系统和建(构)筑物组成。根据光伏项目建设工程的交易习惯，光伏项目安装工程包含大量的电缆、线路、支架、监控等基础工程，专业性较强，故工程一般采用固定单价、固定容量的计价方式，通常变更、增加工程量要另行签订合同。本案中，舒某与某劳务公司签订了固定单价的光伏项目安装工程，舒某作为施工一方，在施工过程中有充分的注意义务，以保障自己的权利。即如果工程量需变更或增加，应当及时与某建筑劳务公司通过签订补充协议等方式固定证据。按照合同约定，舒某所施工的工程款应当按照约定的单价进行计算，现舒某主张在固定的单价之外存在"协议外多干工程量"，其应当提交证据证明《工程造价鉴定意见书》中单独列项的"选择性造价"中除材料费之外的施工项目，均不包含在固定单价的工程之中。现舒某既没有提交有关双方协商一致增加或变更工程量的证据，亦未提交有关"选择性造价"部分的工程项目不包含在固定单价中的其他证据，故舒某应承担举证不能的不利后果。

【实务指引】

《建设项目工程总承包合同(示范文本)》(GF-2020-0216)和《建设工程施工合同(示范文本)》(GF-2017-0201)中均设置了与工程变更相关的章节。两份示范文本中的规定大致相同。具体而言，示范文本设置了两种变更权。第一种是发包人变更权。发包人可以直接向承包人提出变更要求。承包人在接到相应要求后只能履行。第二种是承包人的合理化建议。承包人的合理化建议在经过发包人审批后方可实施。从上述规定来看,发包人对于工程变更享有决定性的权利,承包人未经许可不得随意变更。从法律规定的角度来看,示范文本中发包人的变更权的规定属于《民法典》第七百七十条与第七百七十七条的细化规定。

在工程量变更的相关纠纷中,签证是最有效的证据。但在司法实践中,由于签证的取得可能存在现实困难或障碍,如果承包人提供其他证据,可以证明增加了工程量,且该增量是经发包人同意的,那么增量部分就应当纳入工程量结算范围,人民法院可以按照其他证据认定实际发生的工程量。本案中承包人未能举证工程变更,因此须承担不利后果。

【法律依据】

最高人民法院《关于审理建设工程施工合同纠纷案件适用法律问题的解释(一)》第二十条 当事人对工程量有争议的,按照施工过程中形成的签证等书面文件确认。承包人能够证明发包人同意其施工,但未能提供签证文件证明工程量发生的,可以按照当事人提供的其他证据确认实际发生的工程量。

14. 工程质量

案例 164

某电源公司、某新能源公司建设工程合同纠纷案

Q:光伏电站建设施工项目经竣工验收合格后,发现涉案工程地基基础存在质量问题。发包人能否以此为由主张权利?

A:可以。根据《建筑法》第六十条的规定,承包人应当在建筑物合理使用寿命内对建设工程的地基基础和主体结构承担质量保证责任。因此即使经过竣工验收,承包人仍应当对此承担责任。

裁判案例:(2020)浙 03 民终 5740 号

【裁判观点】

《建筑法》第六十条第一款规定,建筑物在合理使用寿命内,必须确保地基基础工程和主体结构的质量。第六十二条第一款规定,建筑工程实行质量保修制度。涉案工程虽已通过竣工验收,但并不必然代表工程质量不存在问题。经鉴定,涉案工程桩基混凝土强度未达设计要求,影响其正常使用和结构安全,存在维修必要。基于某新能源公司与某电源公司双方诉讼时间之久,不存在相互信任的基础,且某电源公司不具有承接本案工程的资质。对某新能源公司要求某电源公司支付维修费的诉请,法院予以支持。

【实务指引】

建设工程的内在质量缺陷和瑕疵,往往需要经过一定时期才能显露出来,而竣工验收合格只能表明工程竣工验收时的状态,无法检验到隐性的质量缺陷。因此,需要设置合理的保修期限,由承包人对其建设产品承担质量责任。发承包双方一般会在工程质量保修书中明确保修内容,主要包括质量保修范围、保修期限、保修责任、保修费用承担等。由于各类工程存在不同情况,《建筑法》并未对工程的保修期作出具体规定,而是授权国务院建设行政主管部门对最低保修期限作出具体规定。国务院发布的《建设工程质量管理条例》第四十条规定了最低保修期限:"在正常使用条件下,建设工程的最低保修期限为:(一)基础设施工程、房屋建筑的地基基础工程和主体结构工程,为设计文件规定的该工程的合理使用年限;(二)屋面防水工程、有防水要求的卫生间、房间和外墙面的防渗漏,为5年;(三)供热与供冷系统,为2个采暖期、供冷期;(四)电气管线、给排水管道、设备安装和装修工程,为2年。其他项目的保修期限由发包方与承包方约定。建设工程的保修期,自竣工验收合格之日起计算。"

在发承包双方达成的工程质量保修书中,不仅约定了质量保修期,而且约定了缺陷责任期。但是质量保修期与缺陷责任期是不同的,缺陷责任期一般为6个月、12个月或24个月,也可以进行延长,具体由承发包双方在合同中约定,且缺陷责任的范围为整个工程;质量保修期一般有法定最低期限,不同部位的保修期限也不同,保修责任的范围也区分不同部位。而且缺陷责任期一般与质量保证金的返还直接相关,而质量保修期则因不同的部位而有所差异,难以与质量保证金的返还进行有效衔接。

质量保修责任是指建设工程竣工验收后,对于在保修期限内出现的质量缺陷,承包人作为建设工程的直接加工、生产者,对工程质量缺陷问题负有修复的责任。承包人承担的保修责任实际上是对建设工程质量的瑕疵担保责任,在工程质量保修期内,发包人或使用人发现工程瑕疵的,有权直接请求承包人修理、返工或改建。如果因承包人的原因造成工程缺陷或损坏,承包人拒绝修复或未能在合理期限内修复,且经发包人书面催告后仍未修复的,发包人有权自行修复或委托第三人修复,相关责任及因此产生的修复费用由承包人承担。

【法律依据】

《建筑法》第六十条 建筑物在合理使用寿命内,必须确保地基基础工程和主体结构的质量。

建筑工程竣工时,屋顶、墙面不得留有渗漏、开裂等质量缺陷;对已发现的质量缺陷,建筑施工企业应当修复。

案例 165

黄某、某建设公司建设工程合同纠纷案

Q：光伏工程承包方与违法分包方约定质量保证金作为工程质量的担保，违法分包方能否以建设工程经发包人擅自使用，不对工程质量问题承担责任为由要求返还质量保证金？

A：不能。双方约定的内容优先于法律规定，工程质量责任不因发包人未经竣工验收擅自使用而免除。

裁判案例：（2018）浙 02 民终 4319 号

【裁判观点】

关于质量保证金。本案涉案工程质量保证金是双方当事人在《升压站、综合楼土建施工结算单》中的约定，是在工程已经投入使用后双方当事人对工程质量以及工程在使用中可能出现的质量问题的保修责任的约定。这是黄某重新作出的承诺，与之前的工程质量责任是否因发包人未经竣工验收擅自使用而免除无关。因此，黄某以最高人民法院《关于审理建设工程施工合同纠纷案件适用法律问题的解释》第十三条规定为由，主张其不负工程质量责任，理由不能成立。建设工程施工中不能为了赶超工期而影响建设工程质量，黄某也因工期调整获取了相应的赶超工期款项，故黄某主张因赶超工期造成质量问题的责任，由于质量问题存在客观原因，其无须承担工程质量责任，缺乏事实和法律依据，理由不能成立。因此，一审法院以《升压站、综合楼土建施工结算单》中的约定质量保证金支付条件未具备，判决不支持黄某要求某建设公司支付质量保证金的诉请，并无不当，法院予以维持。

【实务指引】

在建设工程领域，工程未竣工验收，发包人擅自使用的情形，法律虽对其明确否定，但在司法实践中却屡禁不止。在建设施工合同中，交付质量合格的建设工程是承包人的主要义务，对于发包人而言，也是最核心的权利。对此，最高人民法院《关于审理建设工程施工合同纠纷案件适用法律问题的解释（一）》第十四条明确规定："建设工程未经竣工验收，发包人擅自使用后，又以使用部分质量不符合约定为由主张权利的，人民法院不予支持；但是承包人应当在建设工程的合理使用寿命内对地基基础工程和主体结构质量承担民事责任。"

以上规定看似明确无歧义，但在司法实践中就发包人未经竣工验收就擅自使用建设

工程,质量责任如何承担仍存在较大的争议。最高人民法院《关于审理建设工程施工合同纠纷案件适用法律问题的解释(一)》第十四条的规定,从文义解释与体系解释的角度看,该条所规定的质量责任不仅包括返修、返工等整改责任,而且包括保修责任。例如,(2016)最高法民终188号民事判决书认为:建设工程未经竣工验收或者验收不合格,发包人违反法律规定或合同约定擅自使用的,视为发包人在交付工程时对质量问题的认可,或者自愿对质量不合格承担责任。随着发包人对未经验收工程的使用,其工程质量责任的风险也由承包人转移给发包人。发包人丧失了以工程未验收合格为由向承包人主张工程质量责任的权利。

上述观点在司法实践中比较普遍,本书认为,仍有进一步讨论的空间。竣工验收是发包方与承包方共同的法定义务及权利,况且工程竣工验收涉及社会公共利益,涉及不特定社会公众的生命财产安全,不能基于发包人擅自使用而使质量责任在承发包之间任意转移。对此,在司法实践中也出现了另外的声音,如(2016)最高法民再23号民事判决书认为,施工单位依法应对施工的建设工程质量负责。《建设工程质量管理条例》第三十二条规定:"施工单位对施工中出现质量问题的建设工程或者竣工验收不合格的建设工程,应当负责返修。"第四十条第三款规定:"建设工程的保修期,自竣工验收合格之日起计算。"第四十一条规定:"建设工程在保修范围和保修期限内发生质量问题的,施工单位应当履行保修义务,并对造成的损失承担赔偿责任。"

上述规定表明,施工方对建设工程应承担的质量责任,包括对工程施工中出现的质量问题和对经验收不合格的工程应承担的质量返修责任,以及对经验收合格的工程在使用过程中出现的质量问题应承担的保修责任。前者系基于建设工程施工合同约定及相关法律法规等规定对工程质量应承担的责任。后者系基于双方签订的保修合同或建设工程施工合同中约定的保修条款及相关法律法规等规定对工程质量应承担的责任。这显然是对工程质量不合格的返修责任与工程保修责任的区分。

(2016)辽02民终4275号民事判决书认为:建设工程质量保修制度是我国确立的重要法律制度,它是指建设工程在办理竣工验收手续后,在规定的保修期内,因勘察、设计、施工材料等原因造成的质量缺陷,应由责任单位负责维修的一项法律制度。由此可知,即便工程经竣工验收合格,只要是在规定的保修期内出现的质量瑕疵,责任单位都应当负责维修,验收合格或擅自使用后并不能免除施工人的维修责任。因此,上诉人以最高人民法院《关于审理建设工程施工合同纠纷案件适用法律问题的解释》(现已失效)第十三条[①]规定的"建设工程未经竣工验收,发包人擅自使用后,又以使用部分质量不符合约定为由主

---

① 现为最高人民法院《关于审理建设工程施工合同纠纷案件适用法律问题的解释(一)》第十四条。

张权利的,不予支持"为依据,认为被上诉人已经使用案涉工程,其不应当再承担维修责任,是对该司法解释适用条件的误读。

【法律依据】

最高人民法院《关于审理建设工程施工合同纠纷案件适用法律问题的解释(一)》第十四条 建设工程未经竣工验收,发包人擅自使用后,又以使用部分质量不符合约定为由主张权利的,人民法院不予支持;但是承包人应当在建设工程的合理使用寿命内对地基基础工程和主体结构质量承担民事责任。

案例 166

某科技公司与某建筑公司建设工程施工合同纠纷案

Q: 光伏项目工程主体结构存在质量问题,建设单位要求承包单位承担质量保证责任,承包单位主张涉案工程已经通过四方验收而拒绝承担责任的,是否予以支持?

A: 不予支持。工程的地基基础工程和主体结构质量保证责任期限为整个建筑物的合理使用寿命,与是否验收合格无关。

裁判案例:(2018)京03民初380号

【裁判观点】

承包人交付的建设工程应符合合同约定的交付条件及相关工程的验收标准。具体到本案,根据国家建筑工程质量监督检验中心司法鉴定所出具的鉴定意见,某建筑公司在涉案工程的施工过程中存在不同程度的质量问题是客观存在的事实。现某建筑公司以涉案工程经过四方竣工验收为由主张工程质量合格,对此法院认为,根据《建筑法》的规定,建筑物在合理使用的寿命内,必须确保地基基础工程和主体结构的质量,这是承包人依照法律规定必须履行的工程质量保证义务。基于此项规定,对于鉴定意见中涉及的工程主体结构施工质量问题,某建筑公司作为施工人应当在涉案工程的合理使用期限内承担民事责任,四方验收合格并不能免除施工单位的工程质量保证责任,对于某建筑公司的该项辩解意见,法院不予支持。

【实务指引】

建设工程主体结构和地基基础的施工质量直接影响整个建筑的合理使用寿命。即便最高人民法院《关于审理建设工程施工合同纠纷案件适用法律问题的解释(一)》第十四条规定,在发包人未经竣工验收擅自使用建设工程后免除承包人对于使用部分的质量责任,承包人依然要在建设工程合理使用寿命内对地基基础工程和主体结构承担质量责任。实际上,《建筑法》第六十条规定,"建筑物在合理使用寿命内,必须确保地基基础工程和主体结构的质量"。因此,承包人对地基基础工程和主体结构的质量责任期限为建筑物的合理使用寿命。

需要注意的是,本案涉及四方验收与工程质量问题之间的关系问题。本案中法院并不认为经过四方验收的建设工程不存在质量问题。这样的观点在最高人民法院发布的公报案例中也有体现。在最高人民法院公报案例《江苏南通二建集团有限公司与吴江恒森房地产开发有限公司建设工程施工合同纠纷案》中,江苏省高级人民法院认为:"屋面广泛性渗漏属客观存在并已经过法院确认的实施,竣工验收合格证明及其他任何书面证明均不能对该客观事实形成有效对抗。"具言之,法院认为工程是否存在质量问题属于客观事实,其他书面证明不能直接对抗客观事实。因此,即便经过四方验收,工程是否存在质量问题依然是需要经过鉴定才能够确认的事实问题。最高人民法院《关于审理建设工程施工合同纠纷案件适用法律问题的解释(一)》第十四条免除发包人在未经竣工验收擅自使用建设工程的情况下承包人对于已使用部分的质量责任是因为发包人的擅自使用有可能导致出现的质量问题无法确定责任人。从保护承包人合法利益的角度出发免除了其质量责任。在工程经过竣工验收之后,承包人依然对建设工程承担质量责任。竣工验收合格的材料不能用于对抗现实存在的质量问题。

【法律依据】

《建筑法》第六十条第一款　建筑物在合理使用寿命内,必须确保地基基础工程和主体结构的质量。

15. 发包人原因致工程停、缓建的法律责任

> **案例 167**
>
> **某电力开发公司、某设计公司建设工程合同纠纷案**
>
> **Q:** 建设施工合同履行过程中,因发包人原因导致合同无法继续履行,继而导致承包人对第三人违约。承包人因对第三人违约所造成的损失可否向发包人主张?承包人与第三人因违约发生诉讼,由此产生的律师费是否可以向发包人追偿?

A:可以。此种情况下承包人对第三人所承担的违约责任属于因发包人违约所造成的实际损失。承包人在已经实际承担相应违约责任后有权向发包人追偿。

裁判案例:(2020)冀 06 民终 3555 号

【裁判观点】

法院认为,2014 年 9 月,被上诉人某设计公司与原审被告某光伏电力开发公司就某县迷城乡 20MW 太阳能光伏并网发电项目达成了总承包意向,确定某设计公司为某县迷城乡 20MW 太阳能光伏并网发电项目的总承包人,2014 年 10 月 8 日某光伏电力开发公司与某电力投资公司向某设计公司签发了开工令。某设计公司与某光伏电力开发公司于 2014 年 11 月 17 日签订《某县迷城乡 20MW 太阳能光伏并网发电项目总承包合同》。后因施工项目占地问题,因村民阻挠施工致 2016 年 3 月 23 日双方终止合同。在出现阻工事件后,某设计公司与河南某公司、安徽某公司、南京某公司、重庆某公司签订的相关施工、供货合同无法继续履行,河南某公司、安徽某公司、南京某公司、重庆某公司均向某设计公司提出索赔。因某光伏电力开发公司违约,某设计公司向某光伏电力开发公司、某电力公司、某能源公司主张经济损失。作为案涉工程的总承包方某设计公司与合同施工方河南某新能源工程公司签订了《设备及施工承包合同》,因发生阻工事件最终导致合同无法履行,河南某新能源工程公司以承揽合同纠纷向人民法院起诉某设计公司,经江苏省高级人民法院再审判决某设计公司赔偿河南某新能源工程公司 7889059.25 元和某设计公司负担诉讼费用 45210.82 元。上述费用系因某光伏电力开发公司违约导致某设计公司应向河南某新能源工程公司赔偿的数额,系某设计公司就案涉工程遭受的实际损失,故一审认定某设计公司向河南某新能源工程公司的赔偿款系某光伏电力开发公司违约导致某设计公司的经济损失,并无不当。

【实务指引】

本案中发承包人之间的纠纷源于双方订立建设工程合同后,工程因发包人原因无法继续履行并导致承包人与第三人之间订立的合同违约。根据《民法典》第八百零四条的规定,因发包人的原因致使工程中途停建、缓建的,发包人应当采取措施弥补或者减少损失,赔偿承包人因此造成的停工、窝工、倒运、机械设备调迁、材料和构件积压等损失和实际费用。本案中由于建设工程合同无法继续履行,承包人与第三方之间订立的合同也受到影响并导致承包人对第三方违约。承包人因此向第三人承担的违约责任属于因发包人的原因导致工程停建而带给承包人的损失。

本案中值得注意的是,承包人在诉讼过程中提供了其与第三方当事人之间已经生效的判决作为证明其损失的证据。在此可以总结出一种解决因发包人原因导致工程停建造成承包人损失后承包人的维权途径:在确定工程停建后,承包人可以与第三方就双方的纠纷展开协商或诉讼。本案中,承包人提供的其与第三方之间发生纠纷的裁判文书被本案法庭直接采纳为证据。这将极大地提升诉讼的效率,更有效地维护承包人利益。

【法律依据】

《民法典》第八百零四条　因发包人的原因致使工程中途停建、缓建的,发包人应当采取措施弥补或者减少损失,赔偿承包人因此造成的停工、窝工、倒运、机械设备调迁、材料和构件积压等损失和实际费用。

《民法典》第五百九十三条　当事人一方因第三人的原因造成违约的,应当依法向对方承担违约责任。当事人一方和第三人之间的纠纷,依照法律规定或者按照约定处理。

16. 施工人原因致合同违约的法律责任

案例 168

某科技发展公司、某建筑工程公司建设工程施工合同纠纷案

Q: 光伏工程存在质量问题,施工单位能否以质量问题原因未查明、存在争议为由拒绝修复?

A: 施工单位必须履行保修义务,不能以存在分歧为由拒绝修复。若在规定期限施工单位不履行保修义务,建设单位可以委托第三方进行修复,并可以要求施工单位承担维修费用。

裁判案例:(2016)最高法民申 2870 号

【裁判观点】

根据《建设工程质量管理条例》第四十一条的规定,建设工程在保修范围和保修期限内发生质量问题的,施工单位应当履行保修义务,并对造成的损失承担赔偿责任。保修义务人即为施工单位。案涉工程某建筑工程公司(施工单位)认可鉴定结论并同意对上述工程存在的质量问题进行修复,原判综合考虑双方的意愿及有关规定,认为由施工总承包单位某建筑工程公司进行修复为宜;如某建筑工程公司在规定的期限内不能履行修复义务,则由某科技发展公司(承包人)委托第三方修复,所需费用由某建设公司承担,并无不当。某建设公司是否履行维修义务及修理费用承担问题,属于判决执行事项,并非申请再审的事由。

【实务指引】

保修费用由质量缺陷的责任方承担,具体表现为:保修期内,因承包人原因造成工程的缺陷、损坏,承包人应负责修复,并承担修复的费用以及因工程缺陷、损坏造成的人身伤害和财产损失;保修期内,因发包人使用不当造成的工程缺陷、损坏,可以委托承包人修复,但发包人应承担修复的费用,并支付承包人合理的利润;因其他原因造成的工程缺陷、损坏,可以委托承包人修复,发包人应承担修复的费用,并支付承包人合理的利润,因工程的缺陷、损坏造成的人身伤害和财产损失由责任方承担。

【法律依据】

《建设工程质量管理条例》第四十一条 建设工程在保修范围和保修期限内发生质量问题的,施工单位应当履行保修义务,并对造成的损失承担赔偿责任。

17. 合同无效时的结算依据认定

> **案例 169**
>
> **某光伏公司、某建设工程公司建设工程施工合同纠纷案**
>
> **Q:** 因违法分包导致建设工程施工合同无效的,承包人与实际施工人在另行签订的有关竣工结算的协议中对质量保证金进行了规定。质保期届满后,实际施工人可否以此主张返还质量保证金?
>
> **A:** 可以。分包合同无效不影响承包人与实际施工人达成的其他协议的效力,竣工结算协议中有关质量保证金的规定有效,对合同当事人具有约束力。质保期届满后建设工程无质量问题的,依据最高人民法院《关于审理建设工程施工合同纠纷案件适用法律问题的解释(一)》第十七条第一款的规定,实际施工人有权主张返还质量保证金。
>
> **裁判案例:** (2020)鄂 05 民终 1344 号

【裁判观点】

法院认为,根据法院作出的(2019)鄂 05 民终 2987 号民事判决查明的事实,某建设工程公司作为实际施工人承包的涉案工程已经验收并投入使用,同时该判决还确认了某光伏公司应支付某建设工程公司剩余欠付工程款、税费及资金占用费。某建设工程公司与某光伏农业科技公司签订《工程竣工结算协议》，载明某光伏农业科技公司欠付某建设工程公司的相应工程款（含质量保证金），其中质量保证金1310000元按照双方承包合同约定执行，质保期为一年，自2018年8月15日起算，质保期满后，某建设工程公司与某光伏农业科技公司及业主办理质量保证金结算手续。根据最高人民法院《关于审理建设工程施工合同纠纷案件适用法律问题的解释（二）》第八条第一款第一项之规定，当事人约定的工程质量保证金返还期限届满，承包人请求发包人返还工程质量保证金，人民法院应予支持。因《工程竣工结算协议》约定的工程质保期已满，某光伏农业科技公司作为分包人应按该协议约定向实际施工人某建设工程公司支付相应的质量保证金。某光伏农业科技公司称涉案工程未通过质保期验收，但涉案工程已经验收并投入使用，其所称的质保期验收不同于建设工程主体竣工验收，建设工程施工中的质量保证金实质系发包人与承包人在建设工程施工合同中约定，从应付的工程价款中预留，用以保证承包人在缺陷责任期内对建设工程出现的缺陷进行维修的资金，质保期满时，若无质量问题也没有产生维修费用，质量保证金作为预留的工程款应当返还，某光伏农业科技公司虽称工程存在质量问题，但未提交充分的证据证实其工程在质保期存在质量问题及因此产生的相应整改维修费用，其在本案中主张工程未经质保验收不应返还质量保证金依法不能成立，某光伏农业科技公司应支付某建设工程公司工程质量保证金1310000元及相应的资金占用费；某升公司作为发包方在欠付工程款范围内对某光伏农业科技公司的给付义务承担给付责任。

【实务指引】

司法实务中对工程质量保证金的返还，虽然有不同的声音，但结合司法判例和相关法律法规的规定，基本上遵循了有约定按照约定的意思自治的原则，故笔者建议无论是发包人还是承包人均应当从以下方面加强法律风险的防范：

（1）首先应当遵循建设工程施工合同双方当事人的意思自治原则，有约定的按照约定，尽可能在建设施工合同中明确约定工程质量保证金的返还期限条款。

（2）如果建设施工合同中并未约定工程质量保证的返还期限条款的，那么作为承包人为了尽快拿回质量保证金，应当在工程施工完毕且验收合格后及时向发包人提交工程竣工验收报告，在法律规定的期限届满后及时向发包人主张返还工程质量保证金。

【法律依据】

最高人民法院《关于审理建设工程施工合同纠纷案件适用法律问题的解释（一）》第十七条 有下列情形之一，承包人请求发包人返还工程质量保证金的，人民法院应予支持：

（一）当事人约定的工程质量保证金返还期限届满；

（二）当事人未约定工程质量保证金返还期限的，自建设工程通过竣工验收之日起满二年；

（三）因发包人原因建设工程未按约定期限进行竣工验收的，自承包人提交工程竣工验收报告九十日后当事人约定的工程质量保证金返还期限届满；当事人未约定工程质量保证金返还期限的，自承包人提交工程竣工验收报告九十日后起满二年。

发包人返还工程质量保证金后，不影响承包人根据合同约定或者法律规定履行工程保修义务。

案例170

陈某与某投资公司、某新能源公司等建设工程合同纠纷案

Q：没有资质的实际施工人，在明知案涉工程没有相应审批手续的情况下仍然垫资施工，现工程也未竣工验收，实际施工人起诉转包人、承包人要求支付工程款的是否予以支持？

A：不予支持。首先工程未竣工验收，按照法律规定不得要求支付工程款；其次按照不当得利的法理，不当得利的成立要求得利人没有法律依据取得不当利益。本案的工程为违法工程，也未完成或投入使用，转包人与承包人并未得利，故实际施工人的损失不予保护。

裁判案例：（2020）甘07民终194号

【裁判观点】

建设工程合同无效后，发包人向实际施工人支付价款的原因是施工人付出的劳务、材料已经物化为建筑物，无法予以返还，基于不当得利的基本法理，受益人向施工人支付工程价款。本案中陈某系无建设施工资质的个人，其无资质承担工程本身具有过错，在施工前，涉案工程也未取得相应的审批手续，作为实际施工人，陈某显然未尽到一般的谨慎注意义务。故建设工程合同无效绝非某个公司单方面的责任。本案的建设工程合同由陈某与某投资公司之间签订，工程修建前及施工过程中某投资公司并未向陈某支付工程款，修建工程的材料也是由陈某采购，应当视为垫资修建。因为山东某光伏农业科技公司和肃南某光伏农业科技公司并未向某投资公司支付工程款，故某投资公司并未因此获得利益，而建设工程利益最终虽然属于山东某新能源公司所有，但因为涉案工程至今仍未完成，更未投入使用，山东某光伏农业科技公司和肃南某光伏农业科技公司也没有因为承包人垫资修建而取得利益，且涉案工程系违法修建的工程，陈某垫资修建违法工程，因此产生的损失不应予以保护。

【实务指引】

《最高人民法院建设工程施工合同司法解释(二)理解与适用》一书澄清了最高人民法院《关于审理建设工程施工合同纠纷案件适用法律问题的解释》(现已失效)第二十六条第二款的立法本意,也即为了保障农民工工资权益而"由发包人在欠付工程价款范围内向劳务分包合同的承包人,即劳务企业承担责任"。《最高人民法院建设工程施工合同司法解释(二)理解与适用》一书在提及第二十六条条款设置时指出"本款(第一款)在此出现主要是倡导性的,告诉各级人民法院实际施工人起诉索要工程款的,首先应当向其发包人主张权利,这是实际施工人主张权利的主渠道、主导方向,实际施工人应当首先向合同相对方主张权利,而不是向发包方(业主)主张权利"。由此可见,坚持合同相对性是原则,只有在实际施工人的合同相对方存在破产、下落不明、法人主体资格灭失等严重影响实际施工人权益实现,致农民工投诉无门的情况下,才允许例外地突破合同相对性,向发包人主张工程款。

【法律依据】

最高人民法院《关于审理建设工程施工合同纠纷案件适用法律问题的解释(一)》第二十四条第一款 当事人就同一建设工程订立的数份建设工程施工合同均无效,但建设工程质量合格,一方当事人请求参照实际履行的合同关于工程价款的约定折价补偿承包人的,人民法院应予支持。

18. 工程垫资及利息

案例171

某光伏公司与某电力公司、某发电公司建设工程合同纠纷案

Q: 光伏电站工程建设工程中,承包人进行垫资施工。承包人可否就垫付资金主张利息?

A: 不可以。依照最高人民法院《关于审理建设工程施工合同纠纷案件适用法律问题的解释(一)》第二十五条的规定,当事人未就利息进行约定的,承包人不可主张利息。

裁判案例:(2018)云 25 民初 208 号

【裁判观点】

根据原告某光伏公司庭审陈述,其主张的资金占用成本损失实际为工程垫资建设产生的利息。首先,对于《蒙自市光伏电站项目 PC 总承包合同》项下的工程,建设所需材料主要是由被告某电力公司出资购买,不属于原告某光伏公司垫资建设,合同也未约定过垫资利息。根据最高人民法院《关于审理建设工程施工合同纠纷案件适用法律问题的解释》第六条第三款的规定,当事人对垫资利息没有约定,承包人请求支付利息的,不予支持。因此,原告某光伏公司主张由被告某电力公司向其支付该合同项下工程的垫资利息缺乏依据,不应予以支持。

【实务指引】

人民法院在审理有关工程垫资纠纷案件时,应当结合垫资的特殊法律性质,对承包人主张垫资的本金和利息作出认定与处理。建设工程施工合同订立后,尚未实际履行(具体是指施工单位尚未进场开工,或仅仅是办理了开工手续),双方当事人即发生纠纷的,人民法院首先应对合同效力进行认定。如建设工程施工合同中的无效原因可以消除,合同效力可以补正,双方对继续履行建设工程施工合同达成共识,法院可以要求双方变更或重新修订原合同,使合同符合国家法律的规定。如果已无继续履行建设工程施工合同的可能性,法院可以对该合同在实际履行之前双方的投入进行审核,一般建设单位会提出办理开工手续、合同签证等费用,施工单位会提出进场或进场前的准备费用等。对双方的上述费用,根据无效合同的过错原则由双方按比例承担。对于已履行完毕(具体是指施工单位承建的工程确已竣工,而建设单位拒不履行验收或验收后拒不结算义务的阶段,对于工程本身而言,已经具备了投入使用的条件)的建设工程施工合同,审判实务中对于垫资纠纷的裁判尺度尚不统一。我们认为,此时应将对垫资本金和利息的处理重点放在工程价款的结算上。如双方已对垫资作出明确约定的,可以根据合同的约定处理垫资的本金问题,但如当事人之间的建设工程施工合同没有对垫资作出明确约定,应将承包人的垫资作为工程欠款处理。对于部分履行的合同,如果合同有效继续履行或者合同解除,则垫资问题从合同约定;如果合同被确认为无效,则垫资问题亦应按照无效处理,垫资本金作为返还财产的内容,利息可作为无效合同的损失,根据过错原则处理。[①]

【法律依据】

最高人民法院《关于审理建设工程施工合同纠纷案件适用法律问题的解释(一)》第二十五条
当事人对垫资和垫资利息有约定,承包人请求按照约定返还垫资及其利息的,人民法院应予支持,但是约定的利息计算标准高于垫资时的同类贷款利率或者同期贷款市场报价利率的部分除外。

当事人对垫资没有约定的,按照工程欠款处理。

当事人对垫资利息没有约定,承包人请求支付利息的,人民法院不予支持。

[①] 最高人民法院民事审判第一庭编著:《最高人民法院新建设工程施工合同司法解释(一)理解与适用》,人民法院出版社2021年版,第262—263页。

19. 质量保证金返还期限的认定

> **案例 172**
>
> **某光伏公司与某科技公司承揽合同纠纷案**
>
> **Q**：光伏电站已经竣工验收，并网发电，发包人在实际使用过程中发现光伏电站年均发电量远低于合同约定数值，此时已经超过工程项目的质保期，发包人能否以此为由拒绝返还承包人质量保证金？
>
> **A**：光伏电站发电量问题只有电站实际投入使用后才可以发现，故虽然质保期已满，但因涉案光伏电站未满足合同要求，发包人有权不返还质量保证金。
>
> **裁判案例**：（2020）鲁 01 民终 10947 号

【裁判观点】

关于质量保证金，根据合同约定，质量保证金的付款条件为工程自验收起 12 个月后，工程运行正常，2 个工作日内支付给某光伏公司，虽然涉案工程已并网使用一年有余，但涉案工程的实际发电量与合同约定的发电量差距较大，工程运行并非正常状态，故对某光伏公司主张的质量保证金及逾期付款利息，不予支持，待具备付款条件后，某光伏公司可另行主张。

【实务指引】

发承包人已经在合同中约定了质量保证金的返还期限和返还条件，在合同没有违反法律、行政法规的强制性规定的情况下因发包人原因工程未按约定期限竣工验收的，在承包人提交竣工验收报告 90 天后，工程自动进入缺陷责任期。此时，仍然需要将工程质量保证金返还期限分为约定和未约定两类情况进行分析：(1) 在对工程质量保证金返还期限存在约定的情况下：自承包人提交工程竣工验收报告 90 日后起算约定的缺陷责任期，缺陷责任期届满，发包人应当将工程质量保证金返还给承包人。(2) 在对工程质量保证金返还期限不存在约定的情况下：自承包人提交工程竣工验收报告 90 日后起算满 2 年，发包人应当将工程质量保证金返还给承包人。

【法律依据】

最高人民法院《关于审理建设工程施工合同纠纷案件适用法律问题的解释（一）》第十七条　有下列情形之一，承包人请求发包人返还工程质量保证金的，人民法院应予支持：

（一）当事人约定的工程质量保证金返还期限届满；

(二)当事人未约定工程质量保证金返还期限的,自建设工程通过竣工验收之日起满二年;

(三)因发包人原因建设工程未按约定期限进行竣工验收的,自承包人提交工程竣工验收报告九十日后当事人约定的工程质量保证金返还期限届满;当事人未约定工程质量保证金返还期限的,自承包人提交工程竣工验收报告九十日后起满二年。

发包人返还工程质量保证金后,不影响承包人根据合同约定或者法律规定履行工程保修义务。

20. 建筑工程发包与承包

案例 173

某光伏科技公司、某科技公司建设工程施工合同纠纷案

Q:将 EPC 光伏工程主体结构、关键性工作进行分包的 PC 合同是否有效?

A:分包 EPC 光伏工程主体结构的 PC 合同无效。

裁判案例:(2020)最高法民申 6978 号

【裁判观点】

根据已查明的有关事实,某光伏科技公司与某科技公司就案涉通辽国电中兴 30MWP 光伏电站项目签订《EPC 总承包合同》。后某科技公司与案外人签订《工程承包合同》,将其与某光伏科技公司签订的 EPC 合同中的主体结构、关键性工作的范围包括组件、支架的安装、工程整体竣工验收调试分包给案外人。因案涉工程为必须招标的项目,且某科技公司缺乏总承包资质,某光伏科技公司未经招投标程序与某科技公司签订的《EPC 总包合同》以及某科技公司与南京东送公司就案涉工程的主体结构、关键性工作的范围进行分包所签订《PC 工程承包合同》违反了法律的规定,依法应为无效。二审法院认定《EPC 总包合同》《PC 工程承包合同》无效并无不当。

【实务指引】

所谓建筑工程的分包,是指对建筑工程实行总承包的单位,将其总承包的工程项目的某一部分或某几部分,再发包给其他的承包单位,与其签订总承包合同项下的分包合同。此时,总承包合同的承包人即成为分包合同的发包人。转包与分包的根本区别在于:在转包行为中,原承包方将其承包的工程全部倒手转给他人,自己并不实际履行合同约定的义务;在分包行为中,总承包人只是将其总承包工程中的某一部分或几部分再分包给其他承包单位,总承包人仍然要就总承包合同约定的全部义务(包括分包工程部分)的履行向发包单位负责。

建筑工程承包合同是发包方与由其选定的承包方之间签订的合同。原则上说，合同约定的承包方的义务，都应当由承包方自行完成。但是对一些大中型建筑工程和结构复杂的建筑工程来说，实行总承包与分包相结合的方式，允许承包方在遵守一定条件的前提下，将自己总承包工程项目中的部分劳务工程或者自己不擅长的专业工程项目分包给其他承包商，以扬长避短，发挥各自的优势，这对提高工作效率，降低工程造价，保证工程质量及缩短工期，都是有好处的。《建筑法》第二十九条对分包行为规定的限制条件是：(1)总承包单位只能将部分工程分包给具有相应资质条件的单位；(2)为防止总承包单位擅自将应当由自己完成的工程分包出去或者将工程分包给建设单位所不信任的承包单位，《建筑法》第二十九条规定，分包的工程必须是总承包合同约定的可以分包的工程，合同中没有约定的，须经建设单位认可；(3)为防止某些承包单位在拿到工程项目后以分包的名义倒手转包，损害建设单位的利益，破坏建筑市场秩序，《建筑法》第二十九条规定，实行施工总承包的，建筑工程的主体结构必须由总承包单位自行完成，不得分包。[①]

【法律依据】

《建筑法》第二十九条 建筑工程总承包单位可以将承包工程中的部分工程发包给具有相应资质条件的分包单位；但是，除总承包合同中约定的分包外，必须经建设单位认可。施工总承包的，建筑工程主体结构的施工必须由总承包单位自行完成。

建筑工程总承包单位按照总承包合同的约定对建设单位负责；分包单位按照分包合同的约定对总承包单位负责。总承包单位和分包单位就分包工程对建设单位承担连带责任。

禁止总承包单位将工程分包给不具备相应资质条件的单位。禁止分包单位将其承包的工程再分包。

《建筑工程施工发包与承包违法行为认定查处管理办法》第十二条 存在下列情形之一的，属于违法分包：

(一)承包单位将其承包的工程分包给个人的；

(二)施工总承包单位或专业承包单位将工程分包给不具备相应资质单位的；

(三)施工总承包单位将施工总承包合同范围内工程主体结构的施工分包给其他单位的，钢结构工程除外；

(四)专业分包单位将其承包的专业工程中非劳务作业部分再分包的；

(五)专业作业承包人将其承包的劳务再分包的；

(六)专业作业承包人除计取劳务作业费用外，还计取主要建筑材料款和大中型施工机械设备、主要周转材料费用的。

---

① 全文引自 http://www.npc.gov.cn/c12434/c1793/c1852/c2173/201905/t20190522_5122.html。

21. 工程进度款

案例174

某清洁能源公司、某自动化公司建设工程施工合同纠纷案

Q：PC总承包合同约定工程款以第三方决算审核金额作为结算价格，一方当事人能否以未经第三方决算审核为由不按约定支付进度款？

A：不能。第三方决算审核金额作为结算价格的条件是针对工程价款最终结算而言的，支付进度款与最终结算并非同一概念。

裁判案例：(2018)最高法民终331号

【裁判观点】

关于支付进度款是否应以第三方审核确定为依据的问题。双方在合同中约定，中标合同价为4987万元，工程竣工验收后，以第三方决算审核金额为决算价格。关于设备款支付，双方约定在项目投运并网并满足《光伏发电工程验收规范》的要求，14天内支付合同价款的90%；关于施工费用，双方约定按月支付，结算完成后，留5%的质量保修金。双方当事人在合同中约定了预付款、进度款、保修金等，工程进度款是工程进行当中按照约定的进度应支付的款项，在达到约定的工程进度时，发包人就应支付。某自动化公司已按约定完成了设备采购及工程施工，发包人某清洁能源公司应该依据合同约定的期限和数额支付工程进度款。本案系PC总承包合同，其含义是采购+施工的固定价总承包，即固定总价的情况下，采购、施工的总承包模式，合同总价一次包死，固定不变。是否进行结算，是否以第三方决算审核金额作为结算价格，不应影响进度款的支付。故某清洁能源公司以未经第三方决算审核为由不按约定支付进度款，理由不能成立，法院不予支持。

【实务指引】

双方当事人在合同中分别约定了进度款的支付条件以及决算的确定条件。关于支付进度款的条件，双方约定施工费的进度支付，以承包方与监理工程师确认的当月完成工程量，再参照合同约定的综合单价或结合施工完工比例来计算当月应付进度款。因此，支付进度款的依据是承包方与监理工程师确认的当月完成工程量。以每月确定的工程量和约定的综合单价或者工程量占总工程量的比例来计算进度款。整体而言，计算依据依然是当月的工程量。关于确定决算金额的条件。双方在补充协议中约定："予以补充由承包人提供的项目预算书，此预算书只作为决算参考，不能作为决算依据，最终以审计金额为准。"工程决算最终由第三方审计确定的金额为准。需要注意的是，决算不仅是各个阶段进度款的简单相加。根据财政部《基本建设财务规则》(财政部令第 90 号)第三十一条的规定,项目竣工财务决算是正确核定项目资产价值、反映竣工项目建设成果的文件,是办理资产移交和产权登记的依据,包括竣工财务决算报表、竣工财务决算说明书以及相关材料。工程决算包括全部的建设费用,包括工程进度款以及其他变更、签证费用等。这些因素都将影响工程的最终决算。因此进度款支付代表着建设单位对施工单位每一阶段完成工程量的确认。决算价格则是综合考虑施工全过程中各个因素并最终确定结算价格的过程。两者虽有关联,但并不能相互制约。

【法律依据】

《建设工程价款结算暂行办法》第十三条　工程进度款结算与支付应当符合下列规定:

(一)工程进度款结算方式

1. 按月结算与支付。即实行按月支付进度款,竣工后清算的办法。合同工期在两个年度以上的工程,在年终进行工程盘点,办理年度结算。

2. 分段结算与支付。即当年开工、当年不能竣工的工程按照工程形象进度,划分不同阶段支付工程进度款。具体划分在合同中明确。

(二)工程量计算

1. 承包人应当按照合同约定的方法和时间,向发包人提交已完工程量的报告。发包人接到报告后 14 天内核实已完工程量,并在核实前 1 天通知承包人,承包人应提供条件并派人参加核实,承包人收到通知后不参加核实,以发包人核实的工程量作为工程价款支付的依据。发包人不按约定时间通知承包人,致使承包人未能参加核实,核实结果无效。

2. 发包人收到承包人报告后 14 天内未核实完工程量,从第 15 天起,承包人报告的工程量即视为被确认,作为工程价款支付的依据,双方合同另有约定的,按合同执行。

3. 对承包人超出设计图纸(含设计变更)范围和因承包人原因造成返工的工程量,发包人不予计量。

(三)工程进度款支付

1. 根据确定的工程计量结果,承包人向发包人提出支付工程进度款申请,14 天内,发包人应按不低于工程价款的 60%,不高于工程价款的 90% 向承包人支付工程进度款。按约定时间发包人应扣回的预付款,与工程进度款同期结算抵扣。

2. 发包人超过约定的支付时间不支付工程进度款,承包人应及时向发包人发出要求付款的通知,发包人收到承包人通知后仍不能按要求付款,可与承包人协商签订延期付款协议,经承包人同意后可延期支付,协议应明确延期支付的时间和从工程计量结果确认后第 15 天起计算应付款的利息(利率按同期银行贷款利率计)。

3. 发包人不按合同约定支付工程进度款,双方又未达成延期付款协议,导致施工无法进行,承包人可停止施工,由发包人承担违约责任。

《基本建设财务规则》第三十一条第一款　项目竣工财务决算是正确核定项目资产价值、反映竣工项目建设成果的文件,是办理资产移交和产权登记的依据,包括竣工财务决算报表、竣工财务决算说明书以及相关材料。

十三、技术服务合同

案例175

某光伏公司与某电力公司服务合同纠纷案

Q:某光伏公司与某电力公司签订《光伏电站试验合同》,其中未明确约定乙方(某电力公司)应具备的资质。合同履行后,某光伏公司以某电力公司不具备资质为由主张合同无效。该主张能否获得支持?

A:若双方签约时未对资质问题作出约定,则合同效力不受影响。

裁判案例:(2021)宁05民终309号

【裁判观点】

原审法院认为,服务合同纠纷是指服务提供者与服务接收者之间因订立、履行、变更、终止服务合同发生的权利义务纠纷。某电力公司、某光伏公司签订合同约定某光伏公司将其所有的一次、二次设备预防性试验及保护传动工作交由某电力公司检测试验并提交试验报告,某光伏公司向某电力公司支付相应款项。从合同约定的内容、性质及双方履行合同的过程来看,双方之间形成了服务合同关系,并非建设工程施工合同关系,因此本案应当为服务合同纠纷。某电力公司作为服务提供者,其经营范围包含电力工程设计服务、检测服务,且按照合同约定完成了案涉项目的检测试验服务,并交付某光伏公司使用。根据双方合同约定,某电力公司向某光伏公司提供合同约定的检测试验报告及发票后,某光伏公司应向某电力公司支付服务费。根据庭审查明的事实,因某电力公司未提供合同约定的整套检测试验报告,某光伏公司以此为由进行抗辩有事实依据,但其以某电力公司未取得承装(修、试)电力设施许可证和相应的三级资质为由要求确认合同无效没有事实根据。因双方合同并未对某电力公司的资质作出明确具体要求,在某电力公司完成全部检测试验并交付某光伏公司使用后,某光伏公司提出某电力公司应当取得承装(修、试)电力设施许可证和相应的三级资质既不符合合同约定,也有违公平原则。故对某光伏公司的该项抗辩意见,不予采纳。

【实务指引】

《民法典》第八百七十八条规定,技术服务合同是当事人一方以技术知识为对方解决特定技术问题所订立的合同,不包括承揽合同和建设工程合同。本案中,某电力公司履行的合同义务为测试设备并提供相应的报告。从合同内容上看,某电力公司的义务为使用自己的专业能力提供测试服务,符合技术服务合同的定义。当前并无法律、行政法规对提供此类技术服务的企业设置资质限制。因此,双方当事人订立的合同合法有效。同时,双方当事人订立合同时并未在合同中对提供服务一方的资质作出要求。因此,当事人也无权主张提供服务的一方因没有特定的资质而违约。

【法律依据】

《民法典》第八百七十八条 技术咨询合同是当事人一方以技术知识为对方就特定技术项目提供可行性论证、技术预测、专题技术调查、分析评价报告等所订立的合同。

技术服务合同是当事人一方以技术知识为对方解决特定技术问题所订立的合同,不包括承揽合同和建设工程合同。

十四、中介合同

案例 176

某新能源公司、某信息咨询服务部与某电力公司中介合同纠纷案

Q: 某信息咨询服务部与某新能源公司签订《咨询服务协议》一份,约定由某服务部负责约定地区的光伏电站推广,并约定某新能源公司于项目开工后开始支付服务咨询费。后在合同实际履行过程中,某新能源公司依据某服务部提供的咨询服务,以某电力公司的名义与案外人达成合作协议。某新能源公司、某电力公司能否以相关项目仅完成屋顶加固,尚未开始建设电站主体为由拒绝支付某服务部服务咨询费?

A: 不可以。屋面分布式光伏电站施工项目受屋面、场地、政策等多方面因素的影响,项目周期、时间跨度往往较长。屋面分布式光伏电站对于屋面承重具有特殊要求,因此屋面加固工程系整个光伏电站项目的组成部分,应当视为项目已经开工,甲方应当依照合同约定向乙方支付合同价款。

裁判案例: (2020)沪 02 民终 9469 号

【裁判观点】

一审法院认为,根据光伏发电项目对屋顶承重的特殊要求,某新能源公司在案外人所在地进行屋顶加固作业的行为,系整个光伏项目的组成部分,即视为该项目已经开工,对此法院予以认可,故在案外人所在地屋顶光伏项目已实际开工的情况下,某信息咨询服务部已完成全部的居间服务行为,理应按约收取相关的服务费用。

【实务指引】

《民法典》将原《合同法》中的居间合同修改为中介合同。根据《民法典》第九百六十一条的规定,中介合同是中介人向委托人报告订立合同的机会或者提供订立合同的媒介服务,委托人支付报酬的合同。本案中,双方当事人约定的中介服务内容包括"最终促成与目标客户签订该工程项目的屋顶光伏项目合同"。当前,某新能源公司已经与某服装公司订立了光伏项目合同,中介人的合同义务已经履行完毕。根据双方的约定,委托人应当支付合同价款。

需要注意的是,如果委托人为了参与招投标而与中介人订立的合同中约定以"保证中标"作为支付或收取费用的条件的,这类协议不能被认定为是中介合同。中介合同中,中介人的作用是向委托人报告订立合同的机会或者为订立合同提供媒介。在报告订立合同机会或者提供订立合同的媒介时,中介人无法保证合同必然能够订立。如果中介人在与委托人订立中介合同时就已经知晓订立合同的机会时,中介人与委托人订立合同的行为在法律上并无意义。并且,中介人报告公开的招标信息不能被认为履行了中介义务。[①]

【法律依据】

《民法典》第九百六十三条　中介人促成合同成立的,委托人应当按照约定支付报酬。对中介人的报酬没有约定或者约定不明确,依据本法第五百一十条的规定仍不能确定的,根据中介人的劳务合理确定。因中介人提供订立合同的媒介服务而促成合同成立的,由该合同的当事人平均负担中介人的报酬。

中介人促成合同成立的,中介活动的费用,由中介人负担。

[①] 最高人民法院民法典贯彻实施工作领导小组主编:《中华人民共和国民法典合同编理解与适用(四)》,人民法院出版社2020年版,第2711页。

> **案例 177**
>
> **某科技公司与某咨询公司、某新能源公司居间合同纠纷案**
>
> **Q**：某咨询公司、某科技公司和某新能源公司就某光电项目签订《咨询服务协议》，约定某咨询公司向某新能源公司提供光电项目的相关信息，促成某科技公司与某新能源公司签订施工总承包合同，促成收购方收购某科技公司股东的股权或某光电项目。合同价款以收购完成作为支付条款。当前因国家政策变动，导致收购未能完成，某科技公司拒绝向某咨询公司支付居间合同价款，该主张能否获得支持？
>
> **A**：不予支持。某咨询公司实际完成了大量工作，并促成了《预收购协议》《施工总承包协议》等合同的签订，且光伏电站已经竣工、并网发电，可以证明某咨询公司提供了居间服务，未能完成收购也未某咨询公司的原因，故应当支付适当的居间费用。
>
> **裁判案例**：（2019）苏 11 民终 3548 号

【裁判观点】

关于某咨询公司是否为促成收购方收购某光电项目提供了居间服务，是否有权主张咨询服务费用的问题。根据《合同法》第四百二十四条关于居间合同的规定，居间人是按照委托人的指示，为委托人报告有关可以与委托人订立合同的第三人，给委托人提供订立合同的机会，在交易双方当事人之间起介绍、协助作用，其目的在于通过居间活动获取报酬。本案中，某咨询公司为促成收购方收购某光电项目做了大量工作：首先促成某科技公司、季某（某科技公司原法定代表人）和收购方签订《预收购协议书》；其次，又促成某科技公司与某新能源公司签订案涉项目的《项目总承包合同》。在此基础上，才签订《咨询服务协议》。因此，没有《预收购协议书》，就没有《项目总承包合同》；没有《项目总承包合同》，就没有某光电项目的建成。故一审判决认为不能割裂《咨询服务协议》与《项目总承包合同》以及《预收购协议书》之间的关系，三份文件具有关联性和一体性并无不当。《咨询服务协议》能否得到履行，一定程度上取决于《项目总承包合同》的履行情况。就本案的事实状态而言，某光电项目在 2017 年 6 月 26 日已并网发电，据此能够证明某咨询公司提供了相应的居间服务。因此，没有某咨询公司提供的居间服务，就没有某光电项目的建成和并网发电。但因为在《项目总承包合同》的具体履行过程中，某光电项目未能在 2016 年 12 月 31 日前如期建成，而该期限临界前国家政策又进行了调整，导致某光电项目未能满足收购条件，收购方最终并没有对该项目予以收购。因此，《咨询服务协议》中约定的付款条件未能成就的原因是多方面的，不仅是该项目未能如期完工并网发电，政策调整也是原因之一。据此，一审法院将收购方未收购案涉项目的责任全部归于某科技公司的认定不妥,本院予以纠正。综上,本院认为,虽然收购方最终未能收购案涉项目,但某咨询公司为促成收购方收购案涉项目提供了相应的居间服务,且某光电项目已经建成并网发电,某咨询公司应当收取适当的居间服务费用。

【实务指引】

中介合同属于诺成合同,只要委托人与中介人意思表示一致即可成立,不以当事人的现实交付为成立条件。在分析中介人是否履行合同义务时,需要具体分析双方订立合同的内容。本案中中介人的合同义务是及时提供信息并促成施工总承包合同的签订以及股权的收购。合同中并未约定中介人能够保证合同订立,况且此类约定将使合同不再属于中介合同。在中介人履行了合同义务的情况下,委托人应当支付相应的价款。本案中委托人未能订立合同并非中介人的过错导致,其拒绝支付价款的主张没有法律依据。

【法律依据】

《民法典》第九百六十三条第一款　中介人促成合同成立的,委托人应当按照约定支付报酬。对中介人的报酬没有约定或者约定不明确,依据本法第五百一十条的规定仍不能确定的,根据中介人的劳务合理确定。因中介人提供订立合同的媒介服务而促成合同成立的,由该合同的当事人平均负担中介人的报酬。

十五、股权转让合同

案例178

某集团公司与侯某某等股权转让纠纷案

Q: 某集团公司与侯某某、李某、靳某签订《某新能源公司股权转让合同》,约定某公司以600万元的对价收购侯某、李某、靳某持有的某新能源公司100%的股权。三名股东需配合某公司对某光伏发电项目全部施工并成功并网且取得项目全部政府批文后支付约定的对价。三名股东办理登记变更手续后,某公司未能支付对价款。双方产生争议。双方订立的合同是否有效?

A: 这类合同可能涉嫌"买卖路条"。合同的效力需要结合具体案情加以判定。可以进行对外转让。工程备案不是行政许可性质的批文,转让股权不构成"偷换投资主体"。

裁判案例: (2020)鲁01民再106号

【裁判观点】

一审法院认为,侯某某等与某集团有限公司签订《某新能源有限公司股权转让合同》,该合同是将侯某某等所持有的某新能源公司股权转让给某集团公司。从合同内容来看,双方约定将侯某某等取得的项目批文一并转让给某集团公司后,某集团公司再向侯某某等支付股权转让款,依据《光伏电站项目管理暂行办法》第三十三条"项目单位不得自行变更光伏电站项目备案文件的重要事项,包括项目投资主体、项目场址、建设规模等主要边界条件",国家能源局《关于规范光伏电站投资开发秩序的通知》(国能新能〔2014〕477号)中有"已办理备案手续的项目的投资主体在项目投产之前,未经备案机关同意,不得擅自将项目转让给其他投资主体"的强制性规定,根据该规定,如果是具有行政许可性质的批文转让,则是偷换投资主体,是违反法律规定的。现双方的合同只是转让股权,其工程备案不具有行政审批的性质,双方的转让是一般合同转让,不违反法律法规,是有效合同,对双方均有约束力。

【实务指引】

本案涉及如何区分合法的股权转让与通过转让股权偷换投资主体的问题。《公司法》第七十一条规定,有限责任公司的股东向股东以外的人转让股权,应当经过其他股东过半数同意。因此,股东向股东以外的人转让股权的权利属于法律赋予的权利。但是光伏电站项目中,取得项目权利和项目备案文件的项目公司在对外转让股权时则有可能受到限制。这里便涉及光伏项目"倒卖路条"行为的认定问题。

2013年国家能源局发布《光伏电站项目管理暂行办法》(国能新能〔2013〕329号)。该办法第十四条规定,"省级能源主管部门依据国务院投资项目管理规定对光伏电站项目实行备案管理"。第三十三条规定,"项目单位不得自行变更光伏电站项目备案文件的重要事项,包括项目投资主体、项目场址、建设规模等主要边界条件"。此处所称项目备案文件便是"路条"。2014年国家能源局先后发布《关于进一步加强光伏电站建设与运行管理工作的通知》(国能新能〔2014〕445号)、《关于开展新建电源项目投资开发秩序专项监管工作的通知》(国能监管〔2014〕450号)及《关于规范光伏电站投资开发秩序的通知》(国能新能〔2014〕477号),上述文件进一步规范了光伏项目的开发秩序,并且均强调制止新建电源项目的投机行为、禁止买卖备案文件。2015年国家能源局发布《关于下达2015年光伏发电建设实施方案的通知》(国能新能〔2015〕73号),要求未经备案机关同意,实施方案中的项目在投产前,不得擅自变更投资主体和建设内容。从上述文件的规定中我们可以总结出所谓"买卖路条行为"的特征:取得备案文件的项目主体,通过变更投资主体的方式将备案文件转让给其他主体。具言之,拥有备案文件的项目公司通过股权转让的方式转让投资文件的行为便属于"买卖路条"。仅从上述规范的层级来看,这类规范均属于部门规章。因此,当事人不能仅仅援引上述文件来主张股权转让的合同无效。实践中,部分法院在处理此类案件时依然从双方当事人之间的意思表示是否真实入手来对合同的效力作出判断。例如,江苏省高级人民法院作出的(2020)苏民申733号裁定中,当事人以其与对方当事人之间达成的股权转让合同实质为倒卖项目批文,应当被认定为无效为由向江苏省高级人民法院申请再审。江苏省高级人民法院认为案涉合同属于双方当事人的真实意思表示,裁定驳回再审申请。类似的裁判思路还出现在诸如(2020)赣01民终1146号、(2020)鄂05民终644号等判决中。即便如此,如果当事人之间转让股权的行为有明显的倒卖路条嫌疑的,当事人可能不仅会受到行政处罚,也有可能因为"路条"涉及公共利益而使法院判决合同无效。因此,变更项目主体的股权转让行为是否有效当前尚无定论,在实践中需要相关人员将其作为重要风险点加以防控。

【法律依据】

《光伏电站项目管理暂行办法》第三十三条　项目单位不得自行变更光伏电站项目备案文件的重要事项,包括项目投资主体、项目场址、建设规模等主要边界条件。

案例179

某新能源公司、某能源投资公司合同纠纷案

Q: 某能源投资公司与第三人某重工公司合作开发新能源项目,双方签订《合作框架协议书》约定共同注册成立某新能源公司。同时约定,某能源投资公司将其所有的新能源项目相关的批文等材料移交给某新能源公司。移交批文的行为是否属于"买卖路条"的行为？双方签订的《合作框架协议书》是否有效？

A: 不属于"买卖路条"的行为,双方签订的合作协议书有效。公司股东将其证书、收益移交属于正常的合作经营需要,不构成"买卖路条",且相关行政部门已经进行项目变更,该行为合法有效。

裁判案例: (2019)最高法民终211号

【裁判观点】

关于《合作框架协议书》的性质。根据查明事实,2012年3月20日,某能源投资公司与某重工公司签订《合作框架协议书》,约定:双方共同开发经营某30万千瓦风电场项目。合作方式为,双方合资成立项目平台公司,由项目平台公司实施完成全部项目的投资、建设、运营。项目公司名称为某新能源公司,由某能源投资公司出资300万元,占10%股份;

由某重工公司出资2700万元,占90%股份。对于项目的管理收益,某能源投资公司与某重工公司按照项目平台公司的内部股权比例分红。该《合作框架协议书》无论从名称,还是从约定内容看,均是合作开发合同,与一方单纯交付标的物,另一方单纯支付金钱对价的买卖合同,有着本质区别。因此,一审法院关于《合作框架协议书》系合作开发合同的认定正确。《合作框架协议书》第三条约定,项目平台公司某新能源公司有偿接收某能源投资公司项目资源,并支付相应有形资产、无形资产费用。该约定是某能源投资公司与某重工公司就某能源投资公司的前期资金、劳动等投入作相应货币补偿的约定,是《合作框架协议书》的组成部分,与其他条款互为补充,共同规定了某能源投资公司、某重工公司以及某新能源公司的权利、义务,无论在形式上还是内容上,都无法将之从《合作框架协议书》中剥离。某新能源公司关于《合作框架协议书》包含两层法律关系:一层是买卖合同关系,另一层是合作开发合同关系,两者是两个独立的法律关系等上诉主张,不能成立,本院不予支持。

关于《合作框架协议书》的效力。根据查明事实,某能源投资公司、某重工公司的住所地均不在某30万千瓦风电场项目所在地,一审期间,某能源投资公司、某重工公司、某新能源公司均认可,因格尔木市政府要求必须在格尔木市当地设立项目平台公司开发实施案涉风电场项目,故成立了某新能源公司。某新能源公司成立后,某能源投资公司将案涉风电场一期项目前期成果注入移交某新能源公司,既是履行《合作框架协议书》规定的合同义务,也是实现由项目平台公司运营该项目的必要环节,且案涉风电场一期项目业主的变更已经取得了政府有关部门的批准同意。另外,《合作框架协议书》并未违反法律法规的效力性强制性规定。因此,一审法院认定《合作框架协议书》有效,并无不当。某新能源公司关于《合作框架协议书》是倒卖国家资源项目、属无效协议的上诉主张不能成立,本院不予支持。

【实务指引】

本案涉及"买卖路条"行为的判定。根据《行政许可法》第九条的规定,依法取得的行政许可,除法律、法规规定依照法定条件和程序可以转让的外,不得转让。光伏项目中的备案文件、审批文件等是否属于行政许可,当前尚无定论。因此,《行政许可法》的规定并不一定能使光伏项目公司的股权转让协议无效。实际上,根据对上一个案例的分析,当前光伏项目公司转让股权的协议一般会被认定为有效,但是不排除有被认定为无效的可能。本案中,当事人已向有关机关办理了主体变更,因此避免了被认定为"买卖路条"的风险。实践中,参与光伏项目开发的企业如果确实需要变更项目主体,建议及时完成备案以免之后因为股权转让协议的效力问题产生纠纷。

【法律依据】

《行政许可法》第九条 依法取得的行政许可,除法律、法规规定依照法定条件和程序可以转让的外,不得转让。

《关于进一步加强光伏电站建设与运行管理工作的通知》 禁止买卖项目备案文件及相关权益,已办理备案手续的光伏电站项目,如果投资主体发生重大变化,应当重新备案。

十六、借贷合同

案例 180

某融资租赁股份公司与某新能源公司、张某企业借贷纠纷案

Q:某融资租赁公司(买方)与某新能源公司(卖方)签订《应收债权转让协议》,约定:某新能源公司(债务人)与卖方就某光伏项目签订《工程总承包合同》(基础合同)。买卖双方同意按照本协议约定的条件转让卖方在基础合同项下的应收债权。买方委托卖方向其他义务人催收并向买方转付。卖方未履行约定义务时,买方有权向卖方追索。卖方应按照买方提供的回购通知向买方回购任何有影响的应收债权。

同日,某融资租赁公司与张某(某新能源公司法定代表人)签订《个人连带保证合同》,约定:鉴于某新能源公司与某融资租赁公司签订《应收债权转让协议》,保证人张某自愿为被保证人某新能源公司提供连带责任担保。某融资租赁公司与某新能源公司之间形成何种法律关系?

A:从交易结构来看,某融资租赁公司向某新能源公司提供资金,到期后某新能源公司需要向某融资租赁公司通过某种方式支付款项。应认定为借贷关系。

裁判案例:(2018)鲁 02 民初 1428 号

【裁判观点】

涉案《应收债权转让协议》系被告某新能源公司为向原告某融资租赁公司融通资金而签订,应收债权转让系双方之间融通资金的一种方式。从涉案《应收债权转让协议》的内容来看,原告某融资租赁公司向被告某新能源公司提供资金,到期后被告某新能源公司需向原告某融资租赁公司偿还款项(支付款项或回购实质都是偿还款项)。故,涉案《应收债权转让协议》的性质应为借款合同,原告某融资租赁公司与被告某新能源公司在本案中为借贷关系,本案应为借款合同纠纷。

【实务指引】

借款合同是借款人向贷款人借款、借款人到期返还借款,并向贷款人支付利息的合同。借款合同和传统民法借贷合同的概念有所区别。传统民法借贷合同一般分为使用借贷和消费借贷,其中使用借贷是指无偿地将物品或者金钱借给一方使用的合同,又称借用合同。消费借贷是指有偿地将物品或者金钱交给一方使用的合同。借款合同仅指消费借贷中借钱的内容。借款合同只要有以下四个特点:(1)借款合同的标的物为货币,不包括其他消耗物或者不可消耗物。(2)借款合同一般为有偿合同。(3)借款合同为双务合同。(4)金融机构与自然人、法人和非法人组织的借款合同是诺成合同,当事人意思表示一致达成书面协议,合同就成立;自然人之间的借款合同是实践合同,自贷款人提供借款时合同成立。①

【法律依据】

《民法典》第六百六十七条 借款合同是借款人向贷款人借款,到期返还借款并支付利息的合同。

《民法典》第七百六十一条 保理合同是应收账款债权人将现有的或者将有的应收账款转让给保理人,保理人提供资金融通、应收账款管理或者催收、应收账款债务人付款担保等服务的合同。

---

① 参见最高人民法院民法典贯彻实施工作领导小组主编:《中华人民共和国民法典合同编理解与适用(二)》,人民法院出版社 2020 年版,第 1218—1219 页。

第四章　光伏项目侵权法律纠纷

一、过错责任原则

案例 181

某电气工程公司、某城投资产公司财产损害赔偿纠纷案

Q：光伏项目因缺乏用电人而并没有实际收入，合伙人将光伏设备拆除，其他项目合伙人主张收益权损失的能否予以支持？

A：不予支持。侵权责任构成要件要求被侵权人受到损失。在本就没有售电收益的情况下，合伙人并不存在损失，其收益权不具有现实性，且光伏设备仅为拆除也并未损毁，更无损失可言。

裁判案例：（2018）粤01民终20528号

【裁判观点】

某电气工程公司是否因上述拆除行为而受到损害以及损害应如何认定，本案各方各执一词。某电气工程公司上述的合同收益权系债权性权利，但又与一般性债权明显不同。该收益权在《项目合作合同》签署完毕后，并不具有现实性，也无法确定其具体数额，其最终实现还要依赖合同各方的营销行为，即某电气工程公司等只有先将所发电能与实际用电者进行交易，获得电价款后，各方才真正获得所谓的项目收益，其收益权才具有现实性。某电气工程公司的收益权在本案中应如何认定，可从以下几个方面予以分析：（1）某投资管理公司于2013年11月25日与案涉场馆的原租赁人某工程设计公司签订《能源管理服务协议》，约定由某工程设计公司负责消纳案涉光伏项目所发电能，双方分享节能效益，分享期为该公司的租赁合同期限。但该公司因在经营过程中出现问题，导致案涉场馆中的商铺纷纷关门，并无用电需求。且根据生效判决，某工程设计公司借以获得租赁权的《租赁合同》被认定于2012年12月1日解除，也即该公司在签署上述合同时，本就不享有案涉场馆的租赁权。（2）其后，某城投资产公司获得案涉场馆的租赁权，据其陈述，陆续有商户或其他主体入驻案涉场馆,自然也产生了用电需求。但需指出的是,某城投资产公司及其入驻场馆的案外主体,并无必须使用案涉光伏设施所发电能的法定或约定义务,某电气工程公司实现其合同收益权,仍依赖相关各方将案涉光伏设施所发电能营销至实际用电主体。本案中,某电气工程公司并未举证证实,案涉光伏设施所发电能已被"出售"至用电主体,或合同各方与用电主体达成了未来用电的具体合意。故在此种情况下,某电气工程公司所谓的合同收益权仍不具有现实性,权利状态也未因案涉场馆出现用电需求发生变化。(3)某电气工程公司主张即使涉案场馆不用案涉光伏设施所发电能,仍可将电能输送、营销至场馆外的其他用户。该主张除因上述分析的原因不能被支持外,根据本案各方提交的证据,案涉光伏设施在设计之初即是计划由所安装场馆自用,如需输送至场馆外用户,还具有政策性和技术性障碍,某电气工程公司亦未能提供证据证明其已有效解决了上述障碍。故据上述,在未将案涉光伏设施所发电能交易出去之前,某电气工程公司的合同收益权仅停留在可能的范畴之内,并不因某城投资产公司的拆除行为产生实际损害。另外,需要指出的是,根据本案案情,将案涉光伏设施所发电能营销出去,并无法被认定为本案某一方的法定或约定义务。

故此,本案中,因无法认定某城投资产公司拆除案涉光伏设施的行为导致某电气工程公司的合同收益权产生损害,也就无法认定某城投资产公司、某能源公司存在侵权行为,某电气工程公司在本案的诉讼请求缺乏事实依据,法院不予支持。

【实务指引】

被侵权人在主张侵权损害赔偿时,由于无过错责任的存在,在特定的案件中无须证明侵权人存在过错。综合来看,侵害事实、侵害行为以及侵害行为与侵害事实之间的因果关系是被侵权人需要举证证明的。其中,因果关系是确定侵权行为责任的必备要件。本案中某电气工程公司未能证明拆除设备与其受到的损害之间的因果关系,因此无法认定侵权行为成立。实践中在处理侵权纠纷时,需要注意对证明事件因果关系的证据的收集。

【法律依据】

《民法典》第一千一百六十五条第一款　行为人因过错侵害他人民事权益造成损害的,应当承担侵权责任。

二、特殊侵权

高度危险活动

案例 182

陈某与某电力建设公司、某农业发展公司生命权、健康权、身体权纠纷案

Q：陈某未经允许进入封闭光伏电站区域，导致自身受到损害，电站管理人以及电站所在地址的土地使用权转让人是否应当承担侵权责任？

A：否。光伏电站不属于《民法典》第一千二百四十三条所规定的高度危险责任中的高压危险场所。因此为一般侵权纠纷，应当适用过错责任原则。若光伏电站管理人与土地使用权转让人无过错，则不应当承担侵权损害责任。

裁判案例：(2021) 苏 11 民终 347 号

【裁判观点】

本案系一般侵权责任纠纷，应以过错原则作为归责的前提和依据。案涉光伏发电站系某电力建设公司的工作场所，而非外人可以随意进出的公共活动空间，因此本案不适用侵权责任编中的安全保障义务条款。某电力建设公司在案涉发电站四周布以铁丝围栏，路口设置大门，亦有"闲人莫入""当心触电"的警示标志，其已尽到安全管理义务。即使事发时案涉发电站无人值守，亦不代表外人可擅自进入。陈某擅自进入案涉发电站造成的损害后果，亦与某电力建设公司无关。故对于陈某的死亡结果，某电力建设公司并无过错，不应担责。将租赁的土地转让给某电力建设公司建设光伏发电站的某农业发展公司，亦不存在过错，更不应承担赔偿责任。

【实务指引】

《民法典》第一千二百四十条规定，从事高空、高压、地下挖掘活动或者使用高速轨道运输工具造成他人损害的，经营者应当承担侵权责任。本条规定的法律责任被称为高度危险作业致害责任。与一般的侵权行为要求侵权人有过错不同，高度危险作业侵权不要求加害人有过错，但依然要求加害人的损害行为、损害事实以及损害行为与损害事实之间的因果关系存在。学理上将此类侵权责任称为无过错责任。无过错责任在认定时虽然不考虑侵权人是否存在过错，但依然要考虑侵权行为、侵害事实以及侵权行为与侵害事实之间的因果关系等侵权行为的基本构成要件。无过错责任在民事诉讼过程中体现为被侵权人在举证时,仅需要证明存在侵权行为、侵害事实以及因果关系,无须举证证明侵权人存在过错。虽然本案中原告主张被告应承担无过错责任并因此无须证明侵权人存在过错,但是根据《民法典》第一千二百四十条的规定,"能够证明损害是因受害人故意或者不可抗力造成的,不承担责任。被侵权人对损害的发生有重大过失的,可以减轻经营者的责任"。某电力建设公司已经在光伏发电站周围设置警戒标志等安全设施,这说明该公司已经尽到了必要的提醒和防护义务,而陈某擅自进入电站是事故发生的主要原因。光伏电站通过证明其履行了必要的安全保护义务论证了事故由受害人的行为导致,最终法院判决其不承担侵权责任。

实践中,光伏企业在日常运营时须注意在危险区域设置必要的警示标志和必要的防护措施。

【法律依据】

《民法典》第一千一百六十五条　行为人因过错侵害他人民事权益造成损害的,应当承担侵权责任。

依照法律规定推定行为人有过错,其不能证明自己没有过错的,应当承担侵权责任。

《民法典》第一千二百四十三条　未经许可进入高度危险活动区域或者高度危险物存放区域受到损害,管理人能够证明已经采取足够安全措施并尽到充分警示义务的,可以减轻或者不承担责任。

第五章　光伏项目产品质量法律纠纷

一、责任主体的确定

> **案例 183**
>
> **某变压器公司、某光伏发电公司产品责任纠纷案**
>
> **Q：**光伏电站因变压器质量问题造成停工，遭受损失。该损失应由谁承担？
>
> **A：**应当由变压器生产者承担责任，根据产品质量责任法的相关规定，因产品质量造成损失的最终由产品生产者承担民事法律责任。
>
> **裁判案例：**(2020)鄂02民终286号

【裁判观点】

因缺陷产品造成人身及缺陷产品之外的财产损害的，生产者除具备前述《产品质量法》第四十一条规定的三种情形之外，还应当对受害者的损失承担赔偿责任。某变压器公司作为案涉变压器的生产者和运输方，并未提交充足的证据证明其公司具备上述三种免责情形，一审判决该公司对某光伏发电公司的损失承担赔偿责任并无不当，某变压器公司关于不应承担赔偿责任的上诉主张不能成立，法院不予支持。

【实务指引】

本案涉及产品侵权责任的认定。《民法典》第一千二百零二条规定，因产品存在缺陷造成他人损害的，生产者应当承担侵权责任。根据本条的规定，产品侵权责任的成立需要满足以下构成要件：产品存在缺陷、产品缺陷造成了受害人的损害、产品缺陷与损害事实之间存在因果关系。产品生产者是否有过错并不是法律要求的条件。产品生产者依然可以主张抗辩，其抗辩的依据除了不可抗力、受害人自身原因、第三人行为之外，主要的法律依据是《产品质量法》第四十一条规定的三种免责情形。

【法律依据】

《民法典》第一千二百零二条　因产品存在缺陷造成他人损害的,生产者应当承担侵权责任。

《产品质量法》第四十一条　因产品存在缺陷造成人身、缺陷产品以外的其他财产(以下简称他人财产)损害的,生产者应当承担赔偿责任。

生产者能够证明有下列情形之一的,不承担赔偿责任：

(一)未将产品投入流通的；

(二)产品投入流通时,引起损害的缺陷尚不存在的；

(三)将产品投入流通时的科学技术水平尚不能发现缺陷的存在的。

案例 184

某变压器公司、某光伏发电公司产品责任纠纷案

Q：光伏电站因承包人所采购的变压器存在质量问题造成停产而受有损失。光伏电站所有人可否要求承包人就损失与变压器生产者承担连带责任？

A：不能。关于产品侵权责任,《民法典》第一千二百零三条明确规定责任主体为生产者或销售者。承包人购买光伏组件用于施工系采购行为,承包人为使用者而非销售者,因此不承担连带责任。

裁判案例：(2020)鄂02民终286号

【裁判观点】

某新能源公司系光伏电站工程总承包方,某电力集团系电站工程的升压站及架空线路分包方,亦系与某变压器公司承担变压器安装的共同方。故某新能源公司和某电力集团均非变压器生产方,要求其于本案承担连带赔偿责任没有法律依据。

【实务指引】

生产者与销售者内部责任关系的确定规则是产品缺陷的造成者应为产品侵权赔偿责任的最终承担者,这也是确定销售者与生产者之间追偿权的依据。

产品缺陷形成的原因,尤其是销售者的过错及其对产品缺陷形成的原因力,即为划定销售者与生产者之间有关责任范围的基本依据。至于销售者与生产者之间的追偿权法律关系,包括以下两种情形：其一,销售者向生产者追偿。这时必须满足的条件：(1)销售者已经向被侵权人承担了赔偿责任。(2)该产品缺陷的形成原因在于生产者,而非因销售者自己的过错行为所致。在举证责任分配上,我们认为,考虑到"谁主张,谁举证"

这一举证责任的基本规则和生产者对产品制造、设计等的实质控制,有关产品缺陷形成原因的举证责任,生产者和销售者应该予以分担。比如,生产者可以通过举证证明该缺陷是由销售者过错造成的来免除自己的责任,对其生产流程、产品设计的方案等内容承担举证责任;销售者也要对该缺陷的形成是由于生产者的原因造成的承担一定的举证责任。而且这时产品缺陷形成的原因通常已经在销售者向产品缺陷受害人承担赔偿责任的诉讼中得到确认,从某种意义上讲,并不会加重销售者的举证责任负担。其二,生产者向销售者追偿。这时必须满足的条件:(1)生产者已经向被侵权人承担赔偿责任。(2)该产品缺陷的形成是由于销售者的过错行为所致。如前文所述,在这种情况下,基于销售者与生产者之间的经济实力并不会存在过大差距,而且往往生产者更会处于优势地位。因此,这时销售者的责任应该是过错责任,即由生产者对销售者的过错以及因果关系的成立承担举证责任。对于销售者之间,如批发商与零售商之间的追偿关系,也要遵循上述规则,在举证责任上采用"谁主张,谁举证"的规则,由主张追偿权的销售者承担举证责任。①

【法律依据】

《民法典》第一千二百零三条　因产品存在缺陷造成他人损害的,被侵权人可以向产品的生产者请求赔偿,也可以向产品的销售者请求赔偿。

产品缺陷由生产者造成的,销售者赔偿后,有权向生产者追偿。因销售者的过错使产品存在缺陷的,生产者赔偿后,有权向销售者追偿。

《产品质量法》第四条　生产者、销售者依照本法规定承担产品质量责任。

二、《消费者权益保护法》的调整对象

案例185

某新能源公司、某光伏科技公司买卖合同纠纷案

Q: 某新能源公司(买方)与某光伏科技公司(卖方)签订《太阳能电池板购销合同》,卖方能否以卖方提供的产品存在品牌不符、质量瑕疵为由,主张卖方欺诈,并基于《消费者权益保护法》要求卖方三倍赔偿?

---

① 最高人民法院民法典贯彻实施工作领导小组主编:《中华人民共和国民法典侵权责任编理解与适用》,人民法院出版社2020年版,第323-324页。

> **A**：不能。首先买受人购买分布式光伏电站系用于经营活动，其本身不属于消费者，不应适用《消费者权益保护法》。其次对于产品存在何种质量问题，应具体分析，以确认是欺诈还是合同违约。
>
> **裁判案例**：(2018)豫03民终2897号

【裁判观点】

在二审审理过程中，某新能源公司称其公司名下无电站，但葛某个人名下有电站，葛某是消费者，某光伏科技公司需要赔付葛某个人假一赔三的数额，某光伏科技公司给的检验报告是某光伏科技公司的，但是货物商标不是，货物是假货。本院认为：《中华人民共和国消费者权益保护法》系保护为生活消费需购买、使用商品或者接受服务的消费者的权益。本案中某新能源公司和葛某（某新能源公司法定代表人）个人系不同的法律主体，其作为新能源企业与某光伏科技公司签订《太阳能电池板购销合同书》，购买太阳能电池板，不适用《中华人民共和国消费者权益保护法》的规定。本案中某新能源公司所举证据不能充分证明某光伏科技公司提供的产品系假货，不符合国家标准，也未举出相关部门认定涉案产品属于假货的鉴定报告，故其要求某光伏科技公司退货退款并包赔某新能源公司损失46500元理由不足，本院不予支持。如某新能源公司认为产品不符合合同要求，存在质量问题，给某新能源公司造成损失，可依据购销合同另行向某光伏科技公司主张违约责任。

【实务指引】

《消费者权益保护法》的保护对象是指消费者为生活需要购买、使用商品或者接受服务过程中所形成的权利义务关系，其调整的对象可以分为以下三类：

1. 消费者购买商品时与经营者形成的关系。其具体内容包括消费者因经营者的原因而购买到不合格产品、假冒伪劣产品，以及在交易过程中受到欺诈、勒索等有违公平的情况。

2. 消费者使用商品时与经营者形成的关系。消费者购买商品的目的，是根据商品的性能加以使用。同时，商品的购买者与使用者往往并不一致，这就有必要对商品使用者的权益加以严格保护。《消费者权益保护法》既保护自己购买商品归自己直接使用者，也保护使用他人购买商品者。

3. 消费者接受服务时与经营者形成的关系。这里所称的服务，是指与生活消费有关的有偿服务，包括交通运输、旅游服务、饮食服务、美容美发、旅馆业等。

【法律依据】

《消费者权益保护法》第二条　消费者为生活消费需要购买、使用商品或者接受服务,其权益受本法保护;本法未作规定的,受其他有关法律、法规保护。

第六章　光伏项目行政法律纠纷

一、行政征收

1. 土地征收

案例186

和某、高某、某区政府等不履行法定职责案

Q: 当事人房屋拆迁,屋顶光伏设备拆除的赔偿数额未与政府达成一致意见,应当如何确定?

A: 赔偿数额由征收当事人协商确定;协商不成的,可以委托房地产价格评估机构通过评估确定。

裁判案例:(2020)豫行终3380号

【裁判观点】

《国有土地上房屋征收评估办法》第四条、第十四条规定,被征收房屋室内装修价值、机器设备、物资等搬迁费用,以及停产停业损失等补偿,由征收当事人协商确定;协商不成的,可以委托房地产价格评估机构通过评估确定。房地产价格评估机构由被征收人在规定时间内协商选定;在规定时间内协商不成的,由房屋征收部门通过组织被征收人按照少数服从多数的原则投票决定,或者采取摇号、抽签等随机方式确定。《国有土地上房屋征收与补偿条例》第十九条、第二十六条规定,对评估确定的被征收房屋价值有异议的,可以向房地产价格评估机构申请复核评估。对复核结果有异议的,可以向房地产价格评估专家委员会申请鉴定。房屋征收部门与被征收人在征收补偿方案确定的签约期限内达不成补偿协议,或者被征收房屋所有权人不明确的,由房屋征收部门报请作出房屋征收决定的市、县级人民政府依照本条例的规定,按照征收补偿方案作出补偿决定,并在房屋征收范围内予以公告。被征收人对补偿决定不服的,既可以依法申请行政复议,也可以依法提起行政诉讼。

【实务指引】

行政机关作出的征收土地的决定将直接影响相关当事人的利益。因此,法律对于征收决定的作出以及征收后的补偿均作出了详细的规定。《民法典》第二百四十三条第三款规定:"征收组织、个人的房屋以及其他不动产,应当依法给予征收补偿,维护被征收人的合法权益;征收个人住宅的,还应当保障被征收人的居住条件。"依据《国有土地上房屋征收与补偿条例》第十七条至第十九条的规定,作出房屋征收决定的市、县级人民政府对被征收人给予的补偿包括:(1)被征收房屋价值的补偿;(2)因征收房屋造成的搬迁、临时安置的补偿;(3)因征收房屋造成的停产停业损失的补偿。市、县级人民政府应当制定补助和奖励办法,对被征收人给予补助和奖励。征收个人住房,被征收人符合住房保障条件的,作出房屋征收决定的市、县级人民政府应当优先给予住房保障。具体办法由省、自治区、直辖市制定。对被征收房屋价值的补偿,不得低于房屋征收决定公告之日被征收房屋类似房地产的市场价格。被征收房屋的价值,由具有相应资质的房地产价格评估机构按照房屋征收评估办法评估确定。对评估确定的被征收房屋价值有异议的,可以向房地产价格评估机构申请复核评估。对复核结果有异议的,可以向房地产价格评估专家委员会申请鉴定,房屋征收评估办法由国务院住房城乡建设主管部门制定,在制定过程中,应当向社会公开征求意见。

【法律依据】

《国有土地上房屋征收评估办法》第四条 房地产价格评估机构由被征收人在规定时间内协商选定;在规定时间内协商不成的,由房屋征收部门通过组织被征收人按照少数服从多数的原则投票决定,或者采取摇号、抽签等随机方式确定。

《国有土地上房屋征收评估办法》第十四条第二款 被征收房屋室内装修价值,机器设备、物资等搬迁费用,以及停产停业损失等补偿,由征收当事人协商确定;协商不成的,可以委托房地产价格评估机构通过评估确定。

2.征收引起的诉讼

案例187

某新能源公司、某镇人民政府物权保护纠纷案

Q:为建设光伏项目,政府收回农村居民的土地承包经营权证,是否属于行政注销?当事人是否丧失土地承包经营权?

> **A**：当事人并未丧失土地承包经营权。土地承包经营权证仅是权利确认，并非行政许可，收回证书的行为并非行政注销行为，也不会导致权利消灭。
>
> **裁判案例**：(2020)黔民申 1163 号

【裁判观点】

就其提交的《县人民政府关于收回农村土地承包经营权证编号为黔(2018)第 089534、089485、089483、089432、089434 号通知》(安府函〔2019〕158 号)，主要内容为针对谢某某、魏某某等五人，发现在开展农村土地承包经营确权过程中将存在权属争议的地块进行了发包确权，经研究，决定收回编号为土地承包经营权编号为黔(2018)第 089534、089485、089483、089432、089434 号的土地承包经营权证，请某镇人民政府及时组织调查核实，做好农村土地承包经营权证的勘误修正工作，并按农村土地承包经营权确权登记程序，依法将农村土地承包经营权证颁发给颁证方。依据《农村土地承包法》第二十三条的规定："承包合同自成立之日起生效。承包方自承包合同生效时取得土地承包经营权。"承包方自承包合同生效时取得土地承包经营权，农村土地承包经营权证是对承包方的土地承包经营权的确认，并非行政许可。安府函〔2019〕158 号文件并不能否认魏某某对案涉土地享有的承包经营权，该项证据不能达到其证明目的(上述两份证据证明魏某某与承包方某镇政府的承包关系已经解除，魏某某已经丧失对案涉土地承包经营权，不具备本案诉讼主体资格，上述两份证据足以推翻上述判决，故已生效的判决应予撤销)，不能证明其再审主张，法院不予支持。

【实务指引】

土地承包经营权是法定的用益物权。根据《民法典》第三百三十三条的规定，土地承包经营权自土地承包经营权合同生效时设立。权利人办理登记只是登记机构对权利人已经取得的权利加以确认。因此，在判断权利人是否拥有土地承包经营权时依然要从是否存在土地承包经营合同加以判断。本案中政府发出文件的目的并不是撤销土地经营权，而是督促镇政府进行土地经营权勘误。这份文件属于政府内部的通知文件，并且在内容上并未直接影响当事人的土地承包经营权。因此，不能以该文件来证明土地承包经营权已经丧失。行为人在本案中将政府内部文件视为一项对外做出的行政行为，未能区分文件的性质。

【法律依据】

《农村土地承包法》第二十三条 承包合同自成立之日起生效。承包方自承包合同生效时取得土地承包经营权。

案例 188

山某、某镇人民政府行政诉讼案

Q：政府发布《光伏项目征地公告》，征收农村土地用以建设光伏项目，土地承包经营权人能否主张征收未经合法程序也未公布安置补偿方案的行为违法并起诉政府？

A：虽有该征地公告，但双方之间是征收法律关系还是租赁法律关系仍然需要具体判断。若为租赁方式流转土地则该行为并未违反程序规定，承包经营权人主张无法得到支持。

裁判案例：（2021）黔04行终31号

【裁判观点】

《关于支持新产业新业态发展促进大众创业万众创新用地的意见》第一条第四项明确规定"采取差别化用地政策支持新业态发展。光伏、风力发电等项目使用戈壁、荒漠、荒草地等未利用土地的，对不占压土地、不改变地表形态的用地部分，可按原地类认定，不改变土地用途，在年度土地变更调查时作出标注，用地允许以租赁方式取得，双方签订好补偿协议，用地报当地县级国土资源部门备案；对项目永久性建筑用地部分，应依法按建设用地办理手续……"对用于搭建光伏板方阵的土地，可以以租赁方式取得。结合某镇人民政府提交的其他证据《某村村委决议》以及其他村的同类型用地情况，可以认定本案涉案土地是以租赁方式流转使用土地，而非征收使用土地。此外，根据《土地管理法》的规定，征收土地应当经省、自治区、直辖市以上的人民政府批准，本案没有证据显示案涉土地系被征收土地。故对山某称"案涉土地涉及征收"的理由，不能成立。

【实务指引】

依据《土地管理法》第四十七条的规定，国家征收土地的，依照法定程序批准后，由县级以上地方人民政府予以公告并组织实施。县级以上地方人民政府拟申请征收土地的，应当开展拟征收土地现状调查和社会稳定风险评估，并将征收范围、土地现状、征收目的、补偿标准、安置方式和社会保障等在拟征收土地所在的乡（镇）和村、村民小组范围内公告至少30日，听取被征地的农村集体经济组织及其成员、村民委员会和其他利害关系人的意见。多数被征地的农村集体经济组织成员认为征地补偿安置方案不符合法律、法规规定的,县级以上地方人民政府应当组织召开听证会,并根据法律、法规的规定和听证会情况修改方案。拟征收土地的所有权人、使用权人应当在公告规定期限内,持不动产权属证明材料办理补偿登记。县级以上地方人民政府应当组织有关部门测算并落实有关费用,保证足额到位,与拟征收土地的所有权人、使用权人就补偿、安置等签订协议;个别确实难以达成协议的,应当在申请征收土地时如实说明。相关前期工作完成后,县级以上地方人民政府方可申请征收土地。就房屋拆迁而言,《国有土地上房屋征收与补偿条例》也规定了拟订方案、征求意见、组织听证、及时公告、行政复议等程序,以充分保障被征收人的合法权益。之所以要将依照法律规定的权限和程序作为征收的条件,主要是出于充分保护公民财产权的需要。征收、征用将永久性地或者在一段时间内剥夺公民的财产权利,这是对被征收、征用人财产权的极大限制。为了防止一些地方政府及其工作人员以公共利益为名,滥用征收、征用权力,损害被征收、征用人的利益,必须强调要遵循法定的程序,通过程序来保障权利人的合法权益。

【法律依据】

《关于支持新产业新业态发展促进大众创业万众创新用地的意见》第一条第四项 采取差别化用地政策支持新业态发展。光伏、风力发电等项目使用戈壁、荒漠、荒草地等未利用土地的,对不占压土地、不改变地表形态的用地部分,可按原地类认定,不改变土地用途,在年度土地变更调查时作出标注,用地允许以租赁方式取得,双方签订好补偿协议,用地报当地县级国土资源部门备案;对项目永久性建筑用地部分,应依法按建设用地办理手续……

二、行政许可

1. 建设工程规划许可

案例189

某物流公司、某市综合管理行政执法局城乡建设行政管理行政诉讼案

Q: 屋顶分布式光伏工程获得了建筑工程施工许可证是否还需要建设工程规划许可证?能否未经规划许可凭借施工许可证直接施工?

A: 若光伏项目不属于建筑、建设施工工程,且该项目不涉及改变建筑物位置、立面、层数、使用功能以及建筑结构,此时不需要建设工程规划许可证就可施工,否则必须取得建设工程规划许可证。

裁判案例:(2017)粤03行终279号

【裁判观点】

二审法院经审理查明的事实与原审法院认定的事实一致,予以确认。另查明:(1)某物流公司向某市某区住房和建设局申请建筑工程施工许可时,申请的项目名称为某1.5MW光伏并网发电项目,工程范围为太阳能光伏并网发电组件安装,不属于建筑、建设施工工程,承诺该项目不涉及改变建筑物位置、立面、层数、使用功能、建筑结构等确需重新办理建设工程规划许可证的内容,无须重新取得深圳市规划部门的建设工程规划许可证或其他核准文件。某市某区住房和建设局对某物流公司作出的建筑工程施工许可证载明,工程名称为某物流园1.5MW光伏并网发电项目。某市某区住房和建设局发现某物流公司因施工过程中涉嫌违法搭建增加建筑面积被责令停工整改后,发文收回了向某物流公司核发的建筑工程施工许可证。(2)某设计研究院对某物流园楼顶加建部分面积测绘结果为总建筑面积为9143.75平方米,建筑材料为钢架,层数为1层,高度为4.42米。(3)2016年6月29日,深圳市人民政府发布行政执法主体公告,批准某市某区城市综合管理行政执法局承担某市某区规划土地监察执法工作……关于某物流公司的信赖利益问题,某市某区住房和建设局依据《建筑法》第八条的规定,向某物流公司核发了建筑工程施工许可证,核发的前提是某物流公司向某市某区住房和建设局承诺某1.5MW光伏并网发电项目工程范围为太阳能光伏并网发电组件安装,不属于需要取得建设工程规划许可证的建筑、建设施工工程。某市某区住房和建设局核发的建筑工程施工许可证也载明没有许可施工的建筑面积。某物流公司对建筑工程施工许可管理机关作出的施工许可的信赖,只有在其申请许可时如实陈述了拟建设的工程内容,并遵循许可要求开展建设行为时,才有考虑保护信赖利益的基础。并且,某市某区住房和建设局核发的建筑工程施工许可,并不约束被上诉人某区城管局对违反规划法规行为进行查处,被上诉人某区城管局对某物流公司实际实施违法搭建行为的查处,并不违反信赖利益保护原则。

【实务指引】

信赖保护原则是行政法的基本原则之一,是指行政决定一旦作出,就被推定为合法有效,法律要求相对人对此予以信任和依赖。相对人基于对行政决定的信任和依赖而产生的利益,也要受到保护,因而禁止行政机关以任何借口任意改变既有的行政决定。即便行政机关做出的行政行为错误,在纠正时也受到程序法和实体法的限制。本案中关于信赖保护原则的分析需要将当事人申请建筑工程施工许可证的行为和当事人开展工程建设的行为分别加以分析。某区住房和建设局核发建筑工程施工许可证的行为属于行政许可。在行政许可的范畴中,信赖保护原则体现在住房和建设局在审查确认行政相对人提供的材料并作出行政许可后不得任意撤销行政许可。行政许可意味着行政相对人仅能在许可允许的范围内从事某种行为。具体到建筑工程施工许可中则意味着行政相对人仅能依据建筑工程施工许可证的内容,在指定的区域建设经过备案的建筑。当行政相对人违反建筑工程施工许可证的内容时,该行为便属于违法行为,主管机关可以对违反行政许可的行为加以惩罚。所以,本案中行政处罚针对的是行政相对人违反行政许可的行为,与作出行政许可的机关随意撤销行政许可的行为性质不同。

【法律依据】

《行政许可法》第八条　公民、法人或者其他组织依法取得的行政许可受法律保护,行政机关不得擅自改变已经生效的行政许可。

行政许可所依据的法律、法规、规章修改或者废止,或者准予行政许可所依据的客观情况发生重大变化的,为了公共利益的需要,行政机关可以依法变更或者撤回已经生效的行政许可。由此给公民、法人或者其他组织造成财产损失的,行政机关应当依法给予补偿。

案例 190

某新能源公司、某开发区管委会、某科技公司行政诉讼案

Q: 政府部门在同一建设地点为两个同类分布式光伏项目进行备案,其中一个光伏项目已经建成并网发电,另一方当事人请求撤销备案的,法院是否应予支持?

A: 不予支持。由于光伏项目已经建成,撤销备案会给社会公共利益造成重大损害,只能确认政府行政行为违法。

裁判案例: (2018)陕71行终833号

【裁判观点】

本案中,上诉人某管委会作为本地区的投资主管部门和备案机关,在某科技公司的投资项目备案有效期内,在同一地点为某新能源公司的同类项目予以备案,未尽到审慎审查的义务,显属不当,但经一审、二审法庭调查,某科技公司并未实际开工建设,而某新能源公司的光伏发电项目已实际建设完成并已并网发电,且该公司在本案被诉行政行为中并无过错,如撤销第三人某新能源公司的备案会给社会公共利益造成重大损害,故一审判决确认本案被诉行政行为违法之认定符合法律规定及本案实际,二审予以确认,对于上诉人某科技公司提出的关于撤销某管委会对某新能源公司备案上诉意见,缺乏法律依据,二审不予采纳。综上,一审判决认定事实清楚,适用法律正确,审判程序合法,应予维持。

【实务指引】

根据《行政诉讼法》第七十四条第一款的规定,行政行为有下列情形之一的,人民法院判决确认违法,但不撤销行政行为:(1)行政行为依法应当撤销,但撤销会给国家利益、社会公共利益造成重大损害的;(2)行政行为程序轻微违法,但对原告权利不产生实际影响的。

行政行为的违法分为三种程度:一是行政行为重大且明显违法;二是行政行为一般违法;三是行政行为程序轻微违法。确认无效判决对应行政行为重大且明显违法的情形;撤销判决和变更判决对应的是一般违法的行政行为;在确认违法判决下,行政行为的效力分为两种情况:(1)程序轻微违法的,但不会对当事人的权利造成实际影响,或者影响轻微的,对这类违法行为如果判决撤销,行政机关有时还必须重作,这样不利于节约成本,有时对原告实际上也造成了更为不利的影响。因此,判决确认行政行为违法,同时要求行政机关作出相应补救措施,或者给予国家赔偿。此时,作为撤销判决的补充判决,程序轻微违法的行政行为的效力应当得到保留。(2)撤销会给公共利益造成重大损害的。被诉行政行为存在《行政诉讼法》第七十条规定的应当予以撤销的情况,但撤销该行政行为将会给国家利益或者社会公共利益造成重大损失的,人民法院应当作出确认被诉行政行为违法的判决。这一理由是人民法院作出确认违法判决最常用的。确认违法判决并没有溯及既往的效力,因此行政行为在违法判决前的效力会得到保留。对于判决后行政行为的效力,从现行法律规定上看,由于违法行政行为失去法律效力的后果是导致国家和社会公共利益受到重大损失,因此违法行政行为的法律效力会被自始至终保留。

【法律依据】

国家能源局《关于印发分布式光伏发电项目管理暂行办法的通知》第十条 省级以下能源主管部门依据国务院投资项目管理规定和国务院能源主管部门下达的本地区分布式光伏发电的年度指导规模指标,对分布式光伏发电项目实行备案管理,具体备案办法由省级人民政府制定。

国家能源局《关于印发分布式光伏发电项目管理暂行办法的通知》第十一条 项目备案工作应根据分布式光伏发电项目特点尽可能简化程序,免除发电业务许可、规划选址、土地预审、水土保持、环境影响评价、节能评估及社会风险评估等支持性文件。

《行政诉讼法》第七十四条 行政行为有下列情形之一的,人民法院判决确认违法,但不撤销行政行为:

(一)行政行为依法应当撤销,但撤销给国家利益、社会公共利益造成重大损害的;

(二)行政行为程序轻微违法,但对原告权利不产生实际影响的。

行政行为有下列情形之一,不需要撤销或者判决履行的,人民法院判决确认违法:

(一)行政行为违法,但不具有可撤销内容的;

(二)被告改变原违法行政行为,原告仍要求确认原行政行为违法的;

(三)被告不履行或者拖延履行法定职责,判决履行没有意义的。

案例 191

某宾馆、某县城管局城乡规划管理行政纠纷案

Q: 建设屋顶分布式光伏项目的支撑支架是否需要获得审批?

A: 光伏发电项目除了本身需要获得审批外,其支撑支架也需要获得建设工程规划许可证。

裁判案例: (2019)皖 18 行终 107 号

【裁判观点】

某宾馆建设在其屋顶的光伏发电项目虽然经过相关行政主管部门审批,但因光伏发电设备所依托的钢结构支撑架系未经规划许可的构筑物,故某县城管局对此钢结构支撑架,即违法构筑物进行查处,于法有据。

【实务指引】

这一问题在实践中并无定论。各地政府针对光伏项目建设设立了不同的管理规则,有些省市并不要求屋顶光伏项目办理规划许可。因此,分析光伏发电项目是否需要办理建设工程规划许可还需要从《城乡规划法》的规定出发加以理解。

《城乡规划法》第四十条规定,在城市、镇规划区内进行建筑物、构筑物、道路、管线和其他工程建设的,建设单位或者个人应当向城市、县人民政府城乡规划主管部门或者省、自治区、直辖市人民政府确定的镇人民政府申请办理建设工程规划许可证。第四十四条规定,在城市、镇规划区内进行临时建设的,应当经城市、县人民政府城乡规划主管部门批准。临时建设影响近期建设规划或者控制性详细规划的实施以及交通、市容、安全等的,不得批准。根据上述规定,实践中需要进一步判断项目本身是否构成构筑物或者临时建筑。由于法律法规中并未对临时建筑和构筑物的概念作出规定,需要结合其他依据对临时建筑和构筑物的概念加以判断。

《施工现场临时建筑物技术规范》(JGJ/T 188 - 2009)对临时建筑物作出了规定。该技术规范第 3.0.7 条规定,临时建筑不宜采用钢筋混凝土楼面、屋面结构,严禁采用钢管、毛竹、三合板、石棉瓦等搭设简易的临时建筑物。实践中,屋顶光伏设备架设时可能会搭设棚屋用于设备安防。这类棚屋有可能被认定为属于临时建筑而被要求获得相应的许可证。关于构筑物的定义,笔者当前找到的资料为《中华人民共和国行政强制法释义》中的解读。具言之,"一般理解,建筑物是指供人居住、工作、学习、生产、经营、娱乐、储藏物品以及进行其他社会活动的工程建筑。例如,工业建筑、民用建筑、农业建筑和园林建筑等。构筑物是指不具备、不包含或不提供人类居住功能的人工建造物,比如水塔、水池、过滤池、澄清池、沼气池等"[①]。当前关于临时建筑物和构筑物的规定较少,无法确切分析光伏项目是否需要办理相应的规划许可。从笔者了解到的信息来看,屋顶光伏设备的建设形式也是影响判断的因素。部分光伏项目中太阳能板直接铺设在屋顶,无须另行构筑其他设施。这类工程可能不需要办理规划许可。但是部分项目需要新建支架、水泥墩等辅助项目,这类项目可能需要办理规划许可。实践中,建议当事人提前咨询主管部门并获得确切的答复,在留存相关证据后再开展建设。

【法律依据】

最高人民法院《关于审理建设工程施工合同纠纷案件适用法律问题的解释(一)》第三条 当事人以发包人未取得建设工程规划许可证等规划审批手续为由,请求确认建设工程施工合同无效的,人民法院应予支持,但发包人在起诉前取得建设工程规划许可证等规划审批手续的除外。

发包人能够办理审批手续而未办理,并以未办理审批手续为由请求确认建设工程施工合同无效的,人民法院不予支持。

案例192

某新能源发电公司、某村委会与周某侵权责任纠纷案

Q: 光伏电站建设使用林地是否需要相关部门批准?

A: 若光伏项目电池组件阵列采用林光互补用地模式,且不改变林地性质的,项目单位和村集体以及林权证持有者协商,双方签订补偿协议,可通过租赁方式使用林地,不需要相关部门批准。

裁判案例: (2020) 晋03民终319号

【裁判观点】

某村委会通过民主议定程序决定招商引资光伏发电项目,其与某新能源发电公司签订的《土地租赁协议》中明确包括案涉土地在内的约2000亩土地用途为未利用地、宜林地

[①] 信春鹰主编:《中华人民共和国行政强制法释义》,法律出版社2011年版,第144页。

或灌木林地,针对此类土地用于光伏发电项目是否应由林业主管部门批准,某市规划和自然资源局予以明确答复。

针对案涉林地租赁的批准问题,二审法院向某市规划和自然资源局进行了函询,该局回复:根据国家林业局《关于光伏电站建设使用林地有关问题的通知》(林资发〔2015〕153号)以及《阳泉市人民政府办公厅关于印发阳泉市光伏项目使用林地生态保护和林地质量提升管理办法的通知》(阳政办发〔2017〕22号),光伏项目使用林地,可使用宜林地和盖度为50%以下灌木林地。光伏项目电池组件阵列采用林光互补用地模式,且不改变林地性质的,项目单位和村集体以及林权证持有者协商,双方签订补偿协议,可通过租赁方式使用林地,不需要相关部门批准。故一审法院认定某新能源发电公司租赁占用案涉土地未经批准,侵犯周某土地承包经营权的理由不能成立。

【实务指引】

土地所有权、承包权、经营权"三权分置"的实践随着农业产业化和现代化的开展而发展。承包地"三权分置"体现在实践中则是进一步解放和发展生产力的产物和结果。从土地承包经营权的取得方式上而言,存在家庭承包和以其他方式承包的土地承包经营权。流转土地经营权的方式为出租、入股以及其他方式等。

出租,是指承包方将部分或全部土地承包经营权以一定期限租赁给他人从事农业生产经营。出租后原土地承包关系不变,原承包方继续履行原土地承包合同规定的权利和义务,承租方按出租时约定的条件对承包方负责。

【法律依据】

《关于光伏电站建设使用林地有关问题的通知》(林资发〔2015〕153号)

……

二、光伏电站的电池组件阵列禁止使用有林地、疏林地、未成林造林地、采伐迹地、火烧迹地,以及年降雨量400毫米以下区域覆盖度高于30%的灌木林地和年降雨量400毫米以上区域覆盖度高于50%的灌木林地。

三、对于森林资源调查确定为宜林地而第二次全国土地调查确定为未利用地的土地,应采用"林光互补"用地模式,"林光互补"模式光伏电站要确保使用的宜林地不改变林地性质。

四、光伏电站建设必须依法办理使用林地审核审批手续。采用"林光互补"用地模式的,电池组件阵列在施工期按临时占用林地办理使用林地手续,运营期双方可以签订补偿协议,通过租赁等方式使用林地。

案例 193

某太阳能销售公司、某电子公司买卖合同纠纷案

Q： 分布式发电项目的发电许可是否需要经过政府批准？分布式供电企业对外售电是否需要经过批准？

A： 国家通过部门规章规定，为了促进光伏产业的发展，分布式发电项目的发电业务不需要许可，但供电企业供电仍需要得到主管部门的批准。

裁判案例：（2020）皖民申 5025 号、（2019）皖 11 民终 2183 号

【裁判观点】

法院经审查认为，某太阳能销售公司与某电子公司签订的《分布式光伏发电项目合作合同》系双方的真实意思表示，不违反法律、行政法规的强制性规定，应为合法有效。按照合同约定，某电子公司使用某太阳能销售公司发电电量的 5%，作为某太阳能销售公司利用其屋顶建设电站的租金；使用某太阳能销售公司所发其他电量应当给付电费，但合同对每度电的价格未作出约定。根据《电力法》第七条、第二十五条以及国家发展和改革委员会《分布式发电管理暂行办法》第十二条等相关规定，为促进光伏产业的发展，国家对分布式发电项目的发电业务许可予以豁免，但对供电企业供电仍要求得到主管部门的批准。案涉某电子公司屋顶 120KW 光伏发电项目虽经某地发展和改革委员会某发改审批（2016）×××号批复核准，但某太阳能销售公司并未提举证据证明其具备电力销售的资质，故原判决根据国家相关文件精神，参照当地燃煤机组标杆上网电价确定本案电价，并无不当。某太阳能销售公司主张参照当地供电企业售电价格作为某电子公司使用其发电量的价格，并参照供电企业标准收取滞纳金，不能成立。

【实务指引】

《民法典》中规定的供电合同是指一方提供电力资源供另一方使用，另一方使用电力资源并支付对价的合同。供电合同属于公共供用合同，供电企业不是纯粹以营利为目的的企业，而是以满足生活消耗、生产经营等社会活动对电力的需求为目的设立的企业。虽然供电人在供用电合同履行中可能获得利益，但是供用电合同订立的目的并不是让供电人盈利，而主要是为了满足人民生活和生产的基本需求，具有鲜明的公益性。国家对供电合同的订立、解除以及电费价格等都有严格限制，供电人不得随意拒绝订立合同、中止履行、解除合同或者随意提高电费价格。电力供应是具有社会公共性和公益性的民事活动，供电人与用电人应当根据平等自愿、协商一致的原则签订供用电合同。但是由于用电人

的广泛性、普遍性、不特定性,要求供电人与每一个用电人分别协商订立合同,对供电人来说成本过高,而且由于供电合同的特殊性,合同主要条款包括供电质量、电费标准等均由国家统一规定,而不是由供电人和用电人自由协商确定。因此,为了降低磋商成本,提高交易效率,供电合同一般由供电人按照有关规定进行拟定,用电人有选择订立或不订立合同的权利,但一般不得对合同条款进行变更。

【法律依据】

《分布式发电管理暂行办法》第十二条　鼓励企业、专业化能源服务公司和包括个人在内的各类电力用户投资建设并经营分布式发电项目,豁免分布式发电项目发电业务许可。

《电力法》第二十五条　供电企业在批准的供电营业区内向用户供电。

供电营业区的划分,应当考虑电网的结构和供电合理性等因素。一个供电营业区内只设立一个供电营业机构。

供电营业区的设立、变更,由供电企业提出申请,电力管理部门依据职责和管理权限,会同同级有关部门审查批准后,发给《电力业务许可证》。供电营业区设立、变更的具体办法,由国务院电力管理部门制定。

2. 建设用地使用许可

案例 194

某科技公司、某开发区管委会、某电子公司与其他行政纠纷案

Q: 分布式光伏发电项目的建设地点是否属于备案管理机关审查的内容?

A: 属于。基于分布式光伏发电项目对建设用地的特殊要求,若项目建设地点发生变化应当进行重新备案,且在初次审批备案时,项目建设地点等材料也属于投资单位应当提交的备案材料,也属于审批单位合规性审查的内容之一。

裁判案例: (2018)陕71行终833号

【裁判观点】

法院认为,本案的争议焦点为某开发区管委会对某科技公司的光伏发电项目备案是否合法。关于焦点问题,法院评判如下:首先,关于某开发区管委会对企业投资项目备案的职权依据,国家能源局《关于印发分布式光伏发电项目管理暂行办法的通知》第十条规定,"省级以下能源主管部门依据国务院投资项目管理规定和国务院能源主管部门下达的本地区分布式光伏发电的年度指导规模指标,对分布式光伏发电项目实行备案管理,具体备案办法由省级人民政府制定"。《陕西省企业投资项目备案暂行办法》第四条规定,"企业投资项目按照属地原则,实行分级备案。企业根据项目投资额到拟建项目所在地投资主管部门办理备案手续"。本案中,某开发区管委会作为投资项目所在地的投资主管部门,具有对涉诉企业投资项目备案的职权。其次,关于本案光伏发电项目备案时是否应当提交有关项目建设地点等材料并进行审查的问题。《陕西省企业投资项目备案暂行办法》第六条规定了企业在提出项目备案申请时应当提交的备案材料;同时,该办法第七条规定,"项目备案材料齐全后,应对项目进行'合规性'审查";第十条规定,"已办理备案手续的项目,如在实施过程中投资主体、主要建设内容或建设地址发生变化,须重新备案"。国家能源局《关于印发分布式光伏发电项目管理暂行办法的通知》第十六条规定,"分布式光伏发电项目所依托的建筑物及设施应具有合法性,项目单位与项目所依托的建筑物、场地及设施所有人非同一主体时,项目单位应与所有人签订建筑物、场地及设施的使用或租用协议……"第十三条规定,"各级管理部门和项目单位不得自行变更项目备案文件的主要事项,包括投资主体、建设地点、项目规划、运营模式等,确需变更时,由备案部门按程序办理"。根据上述规定,法院认为,基于分布式光伏发电项目对建设地点的特殊要求,该类项目建设地点等信息发生变化时应当进行重新备案,则在初次办理备案时,项目建设地址等材料显然属于投资企业应当提交的备案材料,且属于备案管理机关合规性审查的内容之一。对于上诉人某开发区管委会、某科技公司提出的投资主管部门对备案项目地点不进行审查等意见,于法相悖,法院不予采纳。

【实务指引】

本案中的争议问题并不复杂。国家能源局在其颁布的《关于印发分布式光伏发电项目管理暂行办法的通知》中已经将建设地点列为备案文件的主要事项。基于此规定,建设地点自然应当在申请人初次备案时就提交给主管部门。需要注意的是,当前各地对于分布式光伏备案项目备案的规定并不相同,因此在项目前期筹备阶段需要充分了解项目所在地的政策,避免产生纠纷。

【法律依据】

国家能源局《关于印发分布式光伏发电项目管理暂行办法的通知》第十条 省级以下能源主管部门依据国务院投资项目管理规定和国务院能源主管部门下达的本地区分布式光伏发电的年度指导规模指标,对分布式光伏发电项目实行备案管理,具体备案办法由省级人民政府制定。

第十三条 各级管理部门和项目单位不得自行变更项目备案文件的主要事项,包括投资主体、建设地点、项目规划、运营模式等,确需变更时,由备案部门按程序办理。

第十六条 分布式光伏发电项目所依托的建筑物及设施应具有合法性,项目单位与项目所依托的建筑物、场地及设施所有人非同一主体时,项目单位应与所有人签订建筑物、场地及设施的使用或租用协议,视经营方式与电力用户签订合同能源服务协议。

案例195

某光伏公司与某市国土局行政撤销纠纷案

Q:光伏企业获得国有土地使用权后,在长时间内都未动工开发的,有何种法律风险?

A:根据国家法律法规、规章的规定,相关土地可能被认定为闲置土地。若被认定为闲置土地,将存在以下风险:(1)闲置满一年不满两年的,应依法缴纳土地闲置费;(2)土地闲置满两年且未开工建设的,出让人有权无偿收回国有建设用地使用权。

裁判案例:(2018)苏10行终62号

【裁判观点】

《闲置土地处置办法》第二条规定,闲置土地是指国有建设用地使用权人超过国有建设用地有偿使用合同或者划拨决定书约定、规定的动工开发日期满一年未动工开发的国有建设用地。本案中,某光伏公司与某市国土局签订国有土地使用权出让合同,约定了某光伏公司动工与竣工时间,并约定受让人造成土地闲置,闲置满一年不满两年的,应依法缴纳土地闲置费;土地闲置满两年且未开工建设的,出让人有权无偿收回国有建设用地使用权。某市国土局出让给某光伏公司的位于开发区××大道东侧、面积为82905平方米的国有建设用地,某光伏公司在约定的动工开发日期满两年未予动工开发,某市国土局提供了现场勘测笔录、询问笔录、某城乡建设局的回复函等证据充分予以证实,认定出让土地为闲置土地,认定事实清楚,并无不当。某光伏公司诉称已对涉案土地进行充分开发,但并没有提供相应的证据予以证明,故原审对某光伏公司的上述诉称意见不予支持。

《闲置土地处置办法》第十四条规定,除本办法第八条规定情形外,闲置土地按照下列方式处理:……(二)未动工开发满两年的,由市、县国土资源主管部门按照《土地管理法》第三十七条和《城市房地产管理法》第二十六条的规定,报经有批准权的人民政府批准后,向国有建设用地使用权人下达收回国有建设用地使用权决定书,无偿收回国有建设用地使用权。某市国土局根据《土地管理法》第三十七条和《城市房地产管理法》第二十六条的规定,报经某市人民政府批准后,向某光伏公司下达收回国有建设用地使用权决定书,适用法律正确,并无不当。某市国土局作出收回国有建设用地使用权决定前,向某光伏公司发出闲置土地调查通知书、闲置土地认定书,告知某光伏公司听证的权利,作出的收回国有建设用地使用权决定,行政程序合法。某光伏公司认为某市国土局在作出收回决定前,没有告知其听证的权利,属于程序违法的理由,缺乏事实依据,原审不予支持。

【实务指引】

建设用地使用权,是指权利人依法在国有土地上建造建筑物、构筑物及其附属设施的权利。从性质上看,土地使用权属于用益物权的一类。建设用地使用权的设立原则上须为有偿,即建设用地使用权出让。当事人应当订立书面合同。以出让的方式设立建设用地使用权后,权利人应当遵守出让合同的义务,按照合同约定合理利用土地。权利人在获得建设用地使用权后长时间不使用的,将直接影响土地的开发利用。因此,《土地管理法》《城市房地产管理法》《闲置土地处置办法》等规范授予行政机关在一定条件下收回建设用地使用权的权利。对于拟从事光伏项目开发的企业来说,需要合理安排项目筹备和建设的时间,避免出现长期占用土地但不进行开发的状况。否则,土地使用方面的问题将直接影响光伏电站后续的设计、建设。这一问题可以作为光伏项目前期筹备过程中的风险问题对待。

【法律依据】

《闲置土地处置办法》第二条 本办法所称闲置土地,是指国有建设用地使用权人超过国有建设用地使用权有偿使用合同或者划拨决定书约定、规定的动工开发日期满一年未动工开发的国有建设用地。

已动工开发但开发建设用地面积占应动工开发建设用地总面积不足三分之一或者已投资额占总投资额不足百分之二十五,中止开发建设满一年的国有建设用地,也可以认定为闲置土地。

《闲置土地处置办法》第十四条 除本办法第八条规定情形外,闲置土地按照下列方式处理:

(一)未动工开发满一年的,由市、县国土资源主管部门报经本级人民政府批准后,向国有建设用地使用权人下达《征缴土地闲置费决定书》,按照土地出让或者划拨价款的百分之二十征缴土地闲置费。土地闲置费不得列入生产成本;

(二)未动工开发满两年的,由市、县国土资源主管部门按照《中华人民共和国土地管理法》第三十七条和《中华人民共和国城市房地产管理法》第二十六条的规定,报经有批准权的人民政府批准后,向国有建设用地使用权人下达《收回国有建设用地使用权决定书》,无偿收回国有建设用地使用权。闲置土地设有抵押权的,同时抄送相关土地抵押权人。

三、行政处罚

案例 196

某太阳能公司与某县人民政府资源行政管理：土地行政管理行政纠纷案

Q：政府因土地闲置而有偿强制征收光伏项目用地，该行为是否属于行政处罚？若为行政处罚应当履行何种程序？

A：虽然是有偿收地决定，但行政强制收回涉案土地并注销某太阳能公司相应国有土地使用权证具有惩罚性，属于行政处罚。强制征收应当举行听证，并将决定书以合理方式送达当事人。

裁判案例：（2016）琼行终443号

【裁判观点】

某县人民政府以案涉土地闲置为由作出某县第67号有偿收地决定，行政强制收回案涉土地并注销某太阳能公司相应国有土地使用权证，该具体行政行为属行政处罚。

《行政处罚法》第四十二条第一款第七项规定，行政机关作出行政处罚决定之前，应当告知当事人有要求举行听证的权利；当事人要求听证的，行政机关应当组织听证；听证应当制作笔录；笔录应当交当事人审核无误后签字或者盖章。尽管某县人民政府按某太阳能公司的申请就案涉土地的收回问题举行过听证会，但其仅能提供一份会议签到表，并无由各方当事人签名的听证笔录，故某县人民政府的有关听证程序违反《行政处罚法》第四十二条第一款第七项的规定。

《行政处罚法》第四十条规定，行政处罚决定书应当在宣告后当场交付当事人；当事人不在场的，行政机关应当在7日内依照《民事诉讼法》的有关规定，将行政处罚决定书送达当事人。《民事诉讼法》第九十二条第一款规定，受送达人下落不明，或者用本节规定的其他方式无法送达的，公告送达。某县人民政府没有提供证据证明某太阳能公司下落不明，也未穷尽其他送达方式，而直接采取公告送达的方式向某太阳能公司送达某县第67号有偿收地决定，该送达程序亦违反了《行政处罚法》第四十条的规定。很显然，某县人民政府作出某县第67号有偿收地决定，程序违法，原审法院的有关认定并无不妥。

【实务指引】

本案涉及如何认定行政处罚的问题。根据《行政处罚法》第二条的规定，行政处罚是指行政机关依法对违反行政管理秩序的公民、法人或者其他组织,以减损权益或者增加义务的方式予以惩戒的行为。具体而言,行政处罚直接影响行政相对人的权益,如罚款、吊销许可证、限制开展生产经营活动等。正是因为行政处罚具有直接影响行政相对人权益的法律效果,法律对行政处罚作出了较为严格的限制。根据《行政处罚法》第四条的规定,行政处罚仅能由法律、行政法规或者规章设定。法律可以设定各种类型的行政处罚;行政法规可以设定除限制人身自由以外的行政处罚;地方性法规可以设定除限制人身自由和吊销营业执照以外的行政处罚;部门规章和地方规章可以设定警告和一定数量罚款的处罚。除此之外,行政处罚在决定和送达的过程中均需要依照法律规定。例如,在本案中,依据《行政处罚法》的规定,行政机关在作出行政处罚时应当告知当事人有申请听证的权利,并且听证的程序也应当符合法律规定。本案中行政机关未能依照法定程序进行听证便作出了行政处罚决定,属于程序违法。从行政法基本原理出发,行政机关的权力来自法律的授权,因此行政机关应当依照法律的规定行使权力,这里的规定包括法律的实体性规定和程序性规定。根据最高人民法院《关于适用〈中华人民共和国行政诉讼法〉的解释》第九十六条的规定,未能按照法律规定进行通知、送达的也属于违法。

【法律依据】

《行政处罚法》第四十四条　行政机关在作出行政处罚决定之前,应当告知当事人拟作出的行政处罚内容及事实、理由、依据,并告知当事人依法享有的陈述、申辩、要求听证等权利。

《行政处罚法》第六十一条第一款　行政处罚决定书应当在宣告后当场交付当事人;当事人不在场的,行政机关应当在七日内依照《中华人民共和国民事诉讼法》的有关规定,将行政处罚决定书送达当事人。

四、行政赔偿

案例 197

某新能源公司、某县政府错误执行行政赔偿案

Q:光伏项目获得多个部门审批后,项目投入建设,后政府部门又以该项目为违法建设为由,强制拆除的,行政相对人能否请求行政赔偿?

A:可以请求行政赔偿。光伏项目经过多个部门的审批,行政相对人基于对该行政行为的信赖,对光伏项目进行投资建设。因此,行政机关对于项目被认定为违法建设具有过错,应当维护企业信赖利益。

裁判案例:(2019)鲁行赔终 98 号

【裁判观点】

法院认为,行政机关在行政执法过程中,对于行政相对人因政府招商引资或行政允诺而为的经营行为,不宜简单认定为违法行为而采取行政强制措施,应结合信赖利益保护原则,充分考虑裁判的公平正义价值及实际效果。

本案系某新能源公司提起行为之诉时一并提起的行政赔偿诉讼,在(2018)鲁08行初112号行政判决中已经查明,某新能源公司于2012年5月至2013年3月,就涉案光伏发电项目的前期工作先后取得了某县发展和改革局、环境保护局、水利局、规划局、林业局、国土资源局等部门的审批意见,项目建设通过某市环境保护局的"环评批复"。在此情况下,某新能源公司有理由相信某县政府已经允诺其在约定地点建设光伏发电项目。某新能源公司投资建设该光伏发电项目是基于信赖某县政府行政行为不会变动,而对自身生产所作出的安排及对相应财产进行的处分,是信赖县政府行政行为的表现。2015年8月5日,某县环境保护局还对涉案光伏发电项目作出了《关于某新能源公司30MW光伏发电项目验收批复》。在行政机关在行政执法过程中,在明知存在政府有关部门承诺的情况下,应当从维护政府公信力的角度,充分考虑行政相对人的合理诉求,维护其正当的信赖利益。但本案某县政府与某管理局不但未考虑以上合理因素,反而为达到尽快完成强拆任务的目的,在未听取某新能源公司陈述、申辩的情况下,即作出强制执行决定,且在强制执行决定中载明作出决定当天即开始执行强制拆除,该强制执行决定及强拆行为已被确认为违法行为。虽然涉案光伏发电项目被认定为违法建设,但其形成并非某新能源公司单方面的原因,强制执行决定的作出及强制拆除行为直接导致某新能源公司难以继续生产经营,某新能源公司基于信赖利益产生的损失以及强拆过程中造成的扩大损失,某县政府与某管理局应承担相应的赔偿责任。

【实务指引】

本案涉及行政法基本原则以及《国家赔偿法》的相关问题。行政法的基本原则中包括信赖保护原则。该原则要求行政机关对其行为应守信用,个人或组织对行政行为的正当信赖应当予以合理保护,亦使行政相对人免受不可预计的不利后果。[①] 本案中,某新能源公司按照相关要求从政府主管部门处获得了光伏项目的各类审批意见,并且未收到任何否定性的答复。因此,某新能源公司有正当理由信赖当地政府作出的各项行政批复。基于信赖保护原则,当地政府应当保护某新能源公司基于各类行政批复而建设的光伏项目。基于信赖保护原则,当地政府不应当随意撤销已经作出的行政行为。如果为了公共利益必须撤销的,需要补偿相对人因此受到的损失。除信赖保护原则之外,行政公正原则

---

① 罗豪才、湛中乐主编:《行政法学》(第4版),北京大学出版社2016年版,第110页。

也是行政法的基本原则之一。公正原则中包含程序公正的内容,要求行政机关在做出对相对人不利的行政行为之前,应当事先通知相对人,听取相对人对有关事实、理由的陈述。上述原则在行政法律法规中多有体现。

本案中,当地政府在光伏项目已经建设完毕后又作出强制拆除的决定。这一行政行为直接违反了信赖保护原则,损害了某新能源公司的利益。更为关键的是,当地政府还违反了行政公正原则以及合法行政原则。根据《行政强制法》第三十五条的规定,"行政机关作出强制执行决定前,应当事先催告当事人履行义务"。另外,第三十六条规定,"当事人收到催告书后有权进行陈述和申辩。行政机关应当充分听取当事人的意见,对当事人提出的事实、理由和证据,应当进行记录、复核。当事人提出的事实、理由或者证据成立的,行政机关应当采纳"。但是本案中当地政府部门并未保障某新能源公司申辩的权利,在作出决定的当天便下令拆除,此举动直接违反了《行政强制法》的规定,属于违法行政行为,并损害了某新能源公司的合法权益。某新能源公司有权要求获得国家赔偿。

【法律依据】

《国家赔偿法》第二条　国家机关和国家机关工作人员行使职权,有本法规定的侵犯公民、法人和其他组织合法权益的情形,造成损害的,受害人有依照本法取得国家赔偿的权利。

《行政强制法》第三十五条　行政机关作出强制执行决定前,应当事先催告当事人履行义务。催告应当以书面形式作出,并载明下列事项:

(一)履行义务的期限;

(二)履行义务的方式;

(三)涉及金钱给付的,应当有明确的金额和给付方式;

(四)当事人依法享有的陈述权和申辩权。

《行政强制法》第三十六条　当事人收到催告书后有权进行陈述和申辩。行政机关应当充分听取当事人的意见,对当事人提出的事实、理由和证据,应当进行记录、复核。当事人提出的事实、理由或者证据成立的,行政机关应当采纳。

案例 198

某新能源科技公司、某县政府错误执行赔偿案

Q: 取得政府及相关部门的许可或初审同意性文件的光伏项目,政府及相关部门又以该项目违反法律规定强制拆除的,能否获得赔偿?

A: 行政相对人取得政府及其相关职能部门的行政许可并对项目进行投资建设后,

被该政府及其相关职能部门确认为违法建设而进行强制拆除后,行政机关应当向行政相对人赔偿信赖利益损失。

裁判案例:(2020)最高法行赔申467号

【裁判观点】

山东省高级人民法院(2019)鲁行赔终102号行政赔偿判决认为,某新能源科技公司建设被拆除的光伏发电项目,取得某县政府及相关部门的许可或初审同意性文件,系基于对行政机关信赖而投资兴建案涉项目的。某县政府和某管理局未考虑以上合理因素,在作出行政强制执行决定后,未待某新能源科技公司申请行政复议或提起行政诉讼期限届满,亦未进行公告的情况下,违法强制拆除光伏项目建筑物和设施。虽然案涉光伏发电项目被认定为违法建设,但某新能源科技公司基于信赖利益产生的损失以及强拆过程中造成的扩大损失,某县政府与某管理局应承担相应的赔偿责任。鉴于有关赔偿事项和赔偿数额问题仍需要某县政府和某管理局进一步审查核实,人民法院现就赔偿问题直接作出裁判的时机尚不成熟,宜由某县政府和某管理局对某新能源科技公司依法作出赔偿决定。依据《行政诉讼法》第八十九条第一款第二项的规定,判决撤销一审判决,责令某县政府、某管理局于本判决生效之日起90日内依法对某新能源科技公司予以行政赔偿。

【实务指引】

行政机关不得擅自改变或者撤回生效的行政许可,并不等于一律不得改变或者撤回。在一定条件下,为了维护公共利益,行政机关可以依法撤回或者改变生效的行政许可,但需要有严格的限制和条件要求。《行政许可法》总结我国的行政管理实践,对改变或者撤回行政许可的条件作出了明确规定,主要有两种情况:一是行政许可所依据的法律、法规、规章修改或者废止。也就是说,一方面,原来的法律、法规、规章准予从事某种活动,后来通过修改,对这种行为加以禁止。另一方面,对原来法律、法规、规章规定的颁布行政许可的条件进行改变,提高了准入的门槛,或者对许可范围进行了调整。被许可人必须满足新的许可条件或者其从事活动的范围受到一定的限制。二是颁布行政许可所依据的客观情况发生重大变化,与民事法律行为中情势变更有相似之处,其不同之处在于,行政机关撤回或者变更许可,给当事人造成财产损失的,应当给予补偿。以上两种情况的出现,行政机关才可以撤回或者变更已经颁布的许可。

行政补偿不同于行政赔偿。行政赔偿是因为违法行政行为给公民、法人或者其他组织的合法权益造成损失所给予的赔偿。行政补偿即行政机关的合法行政行为给公民、法人或者其他组织的合法权益造成损失所给予的补偿。行政机关撤回或者变更行政许可,给予补偿的前提条件有两个:一是对公民、法人或者其他组织的财产造成了损失,这种损失是客观存在的、确定的,而不是想象的或者或然的。这种损失只包括财产损失,不包括精神损失。二是财产损失与撤回或者变更的行政许可有直接的、必然的联系,存在因果关系。关于补偿的原则,有合理补偿、适当补偿、充分补偿以及相应补偿等。我国《外资企业法》中规定,对外资企业实行征收时,给予相应的补偿。本法规定的是依法补偿,即依照有关单行法律法规的规定予以补偿。

【法律依据】

《行政许可法》第八条　公民、法人或者其他组织依法取得的行政许可受法律保护,行政机关不得擅自改变已经生效的行政许可。

行政许可所依据的法律、法规、规章修改或者废止,或者准予行政许可所依据的客观情况发生重大变化的,为了公共利益的需要,行政机关可以依法变更或者撤回已经生效的行政许可。由此给公民、法人或者其他组织造成财产损失的,行政机关应当依法给予补偿。

案例 199

何某某、某土地监察局城乡建设
行政管理:房屋拆迁管理(拆迁)纠纷案

Q:光伏设备的安装因违反行政强制法,不得不进行强制拆除的,光伏设备在拆除过程中损坏的,行政机关是否应当承担赔偿责任?

A:由当事人承担举证责任,证明设备损坏是由不当的行政行为导致的,才能由行政机关承担赔偿责任。在司法裁判中,往往考虑到当事人逾期不予拆除的过错,以及不可避免产生的磨损,即使光伏设备因轻微磨损造成较大损失的,当事人的赔偿请求往往也得不到支持。

裁判案例:(2019)粤03行终116号

【裁判观点】

根据《深圳经济特区规划土地监察条例》第三十五条的规定,对未经批准或者未按照批准内容进行建设的临时建筑物、构筑物、设施以及超过批准期限未拆除的临时建筑物、构筑物、设施,由规划土地监察机构责令限期拆除。规划土地监察机构拆除违法临时建筑物、构筑物、设施,可以按照以下程序进行:(1)书面通知当事人限期自行拆除,并将限期拆除通知张贴在临时建筑物、构筑物、设施的显著位置;(2)当事人逾期不拆除的,由违法临时建筑物、构筑物、设施所在区的规划土地监察机构予以拆除。本案中,何某某在未取得规划主管部门建设许可的情况下搭建涉案钢架结构。某土地监察局在实施被诉强制拆除行为之前,已依法责令何某某限期自行拆除。鉴于何某某逾期未自行拆除,某土地监察局于2018年4月20日对案涉违法临时建筑予以强制拆除,符合《深圳经济特区规划土地监察条例》第三十五条的规定。关于何某某提出的行政赔偿请求,何某某主张某土地监察局在实施强拆中未安排专业的光伏电站安装企业进行拆卸,导致热水器和光伏电站的设备损坏,无法回收利用,据此主张某土地监察局应当赔偿其相应财产损失。对此,法院认为,根据某土地监察局提交的相关材料,本案某土地监察局系委托经公开招标、具有拆除施工资质的施工单位对案涉违法临时建筑实施强制拆除。另外,被强制拆除的对象为顶部加盖光伏面板及安装光伏发电设备的钢架棚屋结构,根据日常生活经验,在拆除过程中不可避免会造成附属光伏发电设备不同程度的磨损。鉴于本案并无证据证明某土地监察局在实施具体拆除过程中存在明显不当之处,且何某某在规定期限内未联系专业机构自行提前拆卸案涉相关光伏发电设备,应自行承担由此带来的不利后果。故何某某以某土地监察局暴力强制拆除行为违法为由提出的行政赔偿请求不能成立,法院不予支持。

【实务指引】

通常情况下,原告应当对行政行为造成的损害提供证据,这一点不宜简单解释为行政诉讼由被告负举证责任原则的例外,而应当理解为"谁主张,谁举证"的证明规则的体现。结合三大诉讼的证明责任背景看,被告对作出的行政行为负有举证责任是行政诉讼领域的一项特例,除了行政行为问题以外的领域,都应当遵循"谁主张,谁举证"的诉讼一般规则。针对根据《行政诉讼法》第三十四条有关"被告对作出的行政行为负有举证责任,应当提供作出该行政行为的证据和所依据的规范性文件"的规定而认为原告不承担举证责任,难免过于僵化。被告负举证责任所针对的是其作出的行政行为,尽管行政诉讼的核心是对被诉行政行为进行合法性审查,但行政诉讼还有很多其他审查事项,这些事项仍应坚持"谁主张,谁举证"的诉讼一般规则。如果非因被告原因导致原告无法举证的,则被告自己应当承担举证责任,这是完善举证责任制度的又一创举与亮点。之所以作出这样的规定,主要是考虑到一方面被告要对自己的过错与违法情形承担代价,另一方面往往因被告的原因在客观上导致原告无法举证或难以举证,所以不宜将举证责任再加诸原告自身。

【法律依据】

《行政诉讼法》第三十八条第二款 在行政赔偿、补偿的案件中,原告应当对行政行为造成的损害提供证据。因被告的原因导致原告无法举证的,由被告承担举证责任。

《国家赔偿法》第二条第一款　国家机关和国家机关工作人员行使职权,有本法规定的侵犯公民、法人和其他组织合法权益的情形,造成损害的,受害人有依照本法取得国家赔偿的权利。

五、行政复议

> **案例 200**
>
> **周某、某县政府行政纠纷案**
>
> **Q**:行政机关作出的光伏项目《会议纪要》,是否属于行政复议(诉讼)的对象?
> **A**:应当从该会议纪要是否实质性影响当事人的权利义务而判断。
> **裁判案例**:(2018)最高法行申1165号

【裁判观点】

《会议纪要》作为行政机关通过会议的方式决议某事项的内部公文,一般情况下对外不具有法律效力,不对行政相对人的权利义务产生实际影响。对于《会议纪要》是否属于行政复议的受案范围的问题,应当从具体的案情中判断其是否外化并对行政相对人的权利义务产生直接实际影响。本案中,《会议纪要》是某县政府就中电投光伏发电项目的用地模式等事宜进行专题研究后形成的会议意见,主要是对相关单位下一步工作的安排部署,对周某的权利义务并未产生直接实际影响,故不属于《行政复议法》第六条规定的行政复议受案范围。

【实务指引】

本案涉及行政诉讼和行政复议的受案范围。在分析这一问题之前需要明确行政法中具体行政行为和抽象行政行为的概念。具体行政行为是指具有行政权能的组织针对特定行政相对人适用行政法规范所作的、只对该特定行政相对人具有约束力的行政行为。抽象行政行为是指具有行政权能的组织针对不特定行政相对人所作的具有普遍约束力的行政行为。它包括行政机关制定行政法规、行政规章和其他行政规范性的行为,主要是为不特定的行政相对人提供行为规范。[①] 具体行政行为的特征在于行政行为的对象具体,并且只影响特定行政相对人的权益。基于这一概念我们可以展开对行政诉讼和行政复议受案范围的分析。

---

① 方世荣、石佑启主编:《行政法与行政诉讼法》(第2版),北京大学出版社2011年版,第95页。

《行政诉讼法》第十二条规定了行政诉讼的受案范围。结合行政法理论,行政诉讼的受案范围可以被分为以下几个类型:(1)具体行政行为。包括行政许可、行政处罚、行政强制等行政行为。(2)行政合同。例如,行政相对人认为行政机关不依法履行、未按照约定履行或者违法变更、解除政府特许经营协议、土地房屋征收补偿协议等协议的,可以提起行政诉讼。(3)部分抽象行政行为。例如,针对具体行政行为起诉时,要求附带审查与被诉行政行为相关的规范性文件。考察《行政复议法》第六条的规定可以发现,行政复议的受案范围与行政诉讼的受案范围一致。

回到本案中,本案的争议焦点是行政机关的《会议纪要》是否属于行政复议或者行政诉讼的受案范畴。当前已经能够确定的是具体行政行为必然属于行政复议与行政诉讼的范畴。实践中,行政机关经常发出"通知""决定""纪要"等文件。判断这类文件的性质除了要考虑上述有关抽象行政行为或具体行政行为的特征之外,还需要考虑这类文件是否具有外部性。如果这类文件仅在行政机关内部发生效力,则不属于具体行政行为或抽象行政行为,因为这两类行为均是行政机关向外对行政相对人作出的。本案中,虽然《会议纪要》中有某地光伏发电项目的事项,但由于该文件属于内部文件,其仅为了行政机关内部工作安排或其他内部事务的制定,并不是行政机关对外部的行政相对人作出的,因此也不会影响行政相对人的权益。因此,该纪要不属于行政复议或行政诉讼的范畴。

【法律依据】

《行政复议法》第六条　有下列情形之一的,公民、法人或者其他组织可以依照本法申请行政复议:

(一)对行政机关作出的警告、罚款、没收违法所得、没收非法财物、责令停产停业、暂扣或者吊销许可证、暂扣或者吊销执照、行政拘留等行政处罚决定不服的;

(二)对行政机关作出的限制人身自由或者查封、扣押、冻结财产等行政强制措施决定不服的;

(三)对行政机关作出的有关许可证、执照、资质证、资格证等证书变更、中止、撤销的决定不服的;

(四)对行政机关作出的关于确认土地、矿藏、水流、森林、山岭、草原、荒地、滩涂、海域等自然资源的所有权或者使用权的决定不服的;

(五)认为行政机关侵犯合法的经营自主权的;

(六)认为行政机关变更或者废止农业承包合同,侵犯其合法权益的;

(七)认为行政机关违法集资、征收财物、摊派费用或者违法要求履行其他义务的;

(八)认为符合法定条件,申请行政机关颁发许可证、执照、资质证、资格证等证书,或者申请行政机关审批、登记有关事项,行政机关没有依法办理的;

(九)申请行政机关履行保护人身权利、财产权利、受教育权利的法定职责,行政机关没有依法履行的;

（十）申请行政机关依法发放抚恤金、社会保险金或者最低生活保障费,行政机关没有依法发放的;

（十一）认为行政机关的其他具体行政行为侵犯其合法权益的。

六、行政强制

> **案例 201**
>
> **某新能源公司、某县政府城乡建设行政管理:**
> **房屋拆迁管理(拆迁)行政纠纷案**
>
> Q:镇政府是否有权责令光伏企业拆除造成环境污染的光伏设备?
>
> A:无权。只有县级以上人民政府有关自然保护区行政主管部门或者其授权的自然保护区管理机构才有权责令拆除。如果行政相对人逾期不予拆除的,县级以上人民政府主管部门或其授权的管理机构可以申请人民法院强制拆除。
>
> **裁判案例:**(2020)最高法行申7063号

【裁判观点】

某新能源公司光伏项目设施全部位于某省级自然保护区实验区内,导致自然保护区的环境被污染、资源和景观被破坏,应当由某县政府自然保护区行政主管部门或者其授权的某管理局依法作出责令限期拆除光伏项目设施、限期恢复原状的行政决定。某新能源公司在决定规定的期限内不自行拆除的,作出限期拆除决定的行政机关应当依法催告履行。经催告仍不履行,又不申请复议或提起行政诉讼的,起诉期限届满后,行政机关应当依法申请人民法院强制执行。

但是,某县在处理某新能源公司在自然保护区实验区内的违规光伏项目设施时,是由某镇环境保护办公室、某镇环境突出问题整改百日攻坚行动领导小组办公室以及某镇人民政府作出限期拆除光伏设施、恢复原状的行政决定。作出决定的行政机关不是法律规定的"县级以上人民政府有关自然保护区行政主管部门或者其授权的自然保护区管理机构"。

【实务指引】

《行政强制法》第四十四条规定,对违法的建筑物、构筑物、设施等需要强制拆除的,应当由行政机关予以公告,限期当事人自行拆除。当事人在法定期限内不申请行政复议或者提起行政诉讼,又不拆除的,行政机关可以依法强制拆除。依据本条规定,拆除违法建筑属于行政强制执行的范畴。管理违法建筑事项的机关是城乡规划主管部门。依据《城乡规划法》第六十八条的规定,"建设工程所在地县级以上地方人民政府可以责成有关部门采取查封施工现场、强制拆除等措施"。关于违法建筑占用自然保护区的,依据法律规定由县级以上政府有关自然保护区行政主管单位具体执行。基于上述分析,镇政府作出拆除违法建筑的决定属于行政主体不适格。根据《行政诉讼法》第七十五条的规定,行政行为有实施主体不具有行政主体资格或者没有依据等重大且明显违法情形,原告申请确认行政行为无效的,人民法院判决确认无效。因此,案涉行政行为应当为无效行政行为。

【法律依据】

《自然保护区条例》第三十二条　在自然保护区的核心区和缓冲区内,不得建设任何生产设施。在自然保护区的实验区内,不得建设污染环境、破坏资源或者景观的生产设施;建设其他项目,其污染物排放不得超过国家和地方规定的污染物排放标准。在自然保护区的实验区内已经建成的设施,其污染物排放超过国家和地方规定的排放标准的,应当限期治理;造成损害的,必须采取补救措施。

在自然保护区的外围保护地带建设的项目,不得损害自然保护区内的环境质量;已造成损害的,应当限期治理。

限期治理决定由法律、法规规定的机关作出,被限期治理的企业事业单位必须按期完成治理任务。

《行政强制法》第十三条　行政强制执行由法律设定。

法律没有规定行政机关强制执行的,作出行政决定的行政机关应当申请人民法院强制执行。

第七章　光伏项目公司法律纠纷

一、公司高管人员的资格和义务

案例202

某投资公司与某经济开发区管委会、某光伏公司金融借款合同纠纷案

Q：某投资公司为投资光伏组件生产线，设立某光伏公司。后两公司办公地点、主要人员相同，同时使用共同的银行账户。某光伏公司的债权人可否要求某投资公司对某光伏公司债务承担连带责任？

A：可以。某投资公司与某光伏公司之间存在人员混同、财产混同的现象。根据法人人格否认的原理，某投资公司作为股东应当对某光伏公司所负债务承担连带责任。

裁判案例：(2020) 苏08 民终 149 号

【裁判观点】

某投资公司、某光伏公司在经营中无视各自的独立人格，随意混淆财务、资金，相互之间界限模糊，无法严格区分，在某投资公司的资产大部分是从某经济开发区管委会所借的情况下，某投资公司对案涉5000万元借款不做记载，客观上削弱了某投资公司的偿债能力，有滥用公司独立人格以逃避债务之嫌。两公司虽在工商登记部门登记为彼此独立的企业法人，但实际上人员混同，某投资公司设立目的与某光伏公司从事业务基本一致、财务混同，已构成人格混同，损害了债权人的利益，违背了法人制度设立的宗旨，其危害性与《公司法》第二十条规定的股东滥用公司法人独立地位和股东有限责任的情形相当。为保护债权人的合法利益，规范公司行为，参照《公司法》第二十条的规定，某光伏公司应当对某投资公司的债务承担连带清偿责任。

【实务指引】

本案中需要具体分析的是如何判断案涉公司是否存在人格混同的情况。本案中某投资公司与某光伏公司在经营中随意混淆财务、资金的情况,《公司法》第二十条规定,公司股东滥用公司法人独立地位和股东有限责任,逃避债务,严重损害公司债权人利益的,应当对公司债务承担连带责任。一般情况下,公司具有独立的法人地位。根据本条的规定,认定股东滥用公司法人独立地位和股东有限责任需要满足以下条件:(1)只有在股东实施了滥用公司法人独立地位及股东有限责任的行为,且该行为严重损害了公司债权人利益的情况下才能适用。(2)实施了滥用法人独立地位和股东有限责任行为的股东才对公司债务承担连带清偿责任,而其他股东不应承担此责任。(3)公司人格否认仅在个案中认定,并非永久地否定公司的法人人格。本案中某投资公司与某光伏公司存在财务、人员混同,并且严重影响公司清偿债务的能力,因此应当否认法人的人格。

【法律依据】

《公司法》第二十条　公司股东应当遵守法律、行政法规和公司章程,依法行使股东权利,不得滥用股东权利损害公司或者其他股东的利益;不得滥用公司法人独立地位和股东有限责任损害公司债权人的利益。

公司股东滥用股东权利给公司或者其他股东造成损失的,应当依法承担赔偿责任。

公司股东滥用公司法人独立地位和股东有限责任,逃避债务,严重损害公司债权人利益的,应当对公司债务承担连带责任。

二、股东出资义务和期限利益

案例203

曹某、裕某建设工程施工合同纠纷案

Q: 某咨询公司与某科技公司签订《土石方爆破工程施工合同》,约定某咨询公司完成约定工作后某科技公司支付相应的工程款。之后,某科技公司以资金周转困难为由拖延支付。经查,某科技公司股东曹某和裕某分别将自己持有的股权出质给他人,且出资期限未届满。某咨询公司要求曹某、裕某对欠付工程款承担补充责任的主张能否获得支持?

A: 不予支持。由于出资额的缴纳期限并未到期,股东享有期限利益,在此情况下不承担补充责任。

裁判案例:(2020)鲁08民终243号

【裁判观点】

关于曹某、裕某在本案中是否承担补充赔偿责任的问题,《公司法》第三条第二款规定,有限责任公司的股东以其认缴的出资额为限对公司承担责任;第二十八条规定股东应当按期足额缴纳公司章程中规定的各自所认缴的出资额,即从2014年3月1日起注册资本实缴登记制改为认缴登记制。在注册资本认缴制下,股东依法享有期限利益。债权人以公司不能清偿到期债务为由,请求未届出资期限的股东在未出资范围内对公司不能清偿的债务承担补充赔偿责任的,人民法院不予支持。某咨询管理公司只有在某光电科技公司无财产可供执行且具备破产原因但不申请破产的情况下,才可要求曹某、裕某承担补充偿赔偿责任。

【实务指引】

股东出资义务是指股东按期足额缴纳其所认缴的出资额的义务,包括公司设立时股东的出资义务和公司增资时股东的出资义务。根据行为方式不同,股东违反出资义务的行为表现为未履行或者未全面履行出资义务。未履行出资义务是指股东根本未出资,具体包括拒绝出资、不能出资、虚假出资等。未全面履行出资义务包括未完全履行和不适当履行,其中未完全履行是指股东只履行了部分出资义务,未足额出资;不适当履行是指出资的时间、形式或手续不符合规定,包括迟延出资、瑕疵出资等。股东未履行或未全面履行出资义务的行为,违反了公司资本维持原则,对债权人利益具有较大威胁。为保护债权人利益,在股东未履行或未全面履行出资义务导致公司不能清偿债务时,债权人应有权直接请求该股东承担赔偿责任。上述未履行或者未全面履行出资义务的股东、公司设立时的其他股东(发起人)或者公司增资后的董事、高级管理人员等责任主体,对公司债权人承担的赔偿责任的性质是补充责任、有限责任和一次性责任。所谓补充责任是指债权人只有在公司不能清偿其债权时,就不能清偿的部分请求上述责任主任承担赔偿责任;所谓有限责任是指上述责任主体向全体债权人承担赔偿责任的范围以股东未履行出资义务的本金及利息范围为限;所谓一次性责任是指上述责任主体已经赔偿的总金额达到责任限额时,其他债权人不得再以相同事由向该责任主体提出赔偿请求。

【法律依据】

《公司法》第三条第二款　有限责任公司的股东以其认缴的出资额为限对公司承担责任;股份有限公司的股东以其认购的股份为限对公司承担责任。

《公司法》第二十八条第一款　股东应当按期足额缴纳公司章程中规定的各自所认缴的出资额。

最高人民法院《关于适用〈中华人民共和国公司法〉若干问题的规定(三)》第十三条　股东未履行或者未全面履行出资义务,公司或者其他股东请求其向公司依法全面履行出资义务的,人民法院应予支持。

公司债权人请求未履行或者未全面履行出资义务的股东在未出资本息范围内对公司债务不能清偿的部分承担补充赔偿责任的,人民法院应予支持;未履行或者未全面履行出资义务的股东已经承担上述责任,其他债权人提出相同请求的,人民法院不予支持。

股东在公司设立时未履行或者未全面履行出资义务,依照本条第一款或者第二款提起诉讼的原告,请求公司的发起人与被告股东承担连带责任的,人民法院应予支持;公司的发起人承担责任后,可以向被告股东追偿。

股东在公司增资时未履行或者未全面履行出资义务,依照本条第一款或者第二款提起诉讼的原告,请求未尽公司法第一百四十七条第一款规定的义务而使出资未缴足的董事、高级管理人员承担相应责任的,人民法院应予支持;董事、高级管理人员承担责任后,可以向被告股东追偿。

三、一人公司的债务承担

案例 204

某规划设计公司与某新能源公司、某投资公司技术咨询合同纠纷案

Q:某投资公司是某新能源公司的唯一股东,但是某投资公司并未实际交付出资。某新能源公司的债权人要求某新能源公司及其股东某投资公司对债务承担连带责任,该主张能否获得支持?

A:予以支持。股东对公司的出资是公司责任财产的基础,由于公司并无独立的法人财产,在此情况下股东应对公司债务承担连带责任。

裁判案例:(2018)豫 05 民初 153 号

【裁判观点】

关于某投资公司是否应对某新能源公司的债务承担责任的问题。《公司法》第三条规定,公司是企业法人,有独立的法人财产,享有法人财产权。公司以其全部财产对公司的债务承担责任。第六十三条规定,一人有限责任公司的股东不能证明公司财产独立于股东自己的财产的,应当对公司债务承担连带责任。根据上述规定,股东对公司的出资是公司责任财产的基础,但在本案中,某投资公司虽然认缴出资 200 万元,但工商登记显示其并未实缴任何出资,致使某新能源公司本身没有独立的法人财产,不能满足独立的法人人格的实质要求,无法以自身财产承担相应责任。在此情况下,某投资公司作为某新能源公司的独资股东,不能证明某新能源公司财产独立于其自己的财产,依法应当对某新能源公司的本案债务承担连带清偿责任。

【实务指引】

一人公司是对《公司法》所有权与经营权分离原则和有限责任的重大挑战。一人股东在没有合作伙伴的情况下设立公司,享受有限责任的优惠。即便如此,一人公司在法律地位上依然属于独立法人。当一人公司出现人格混同的情况时,一人公司的债权人依然有权向法院申请法人人格否认。《公司法》第二十条规定,公司股东滥用公司法人独立地位和股东有限责任,逃避债务,严重损害公司债权人利益的,应当对公司债务承担连带责任。需要注意的是,在适用《公司法》第二十条时需要满足以下条件:第一,只有股东实施了滥用公司法人独立地位及股东有限责任的行为,且该行为严重损害公司债权人利益的情况下才能适用。第二,只有实施了滥用法人独立地位和股东有限责任行为的股东才对债务承担连带清偿责任。另外,法人人格否认仅在个案中加以判断。一人公司由于只有一个股东控制公司,极易出现股东混淆公司财产和股东个人财产,将公司财产充作私用,以公司名义为自己借贷和担保,有计划地独占公司的财产,欺诈债权人,回避合同义务等状况。本案中,一人公司的股东虽然认缴注册资本200万元,但是并未实缴任何出资。一人公司并没有任何属于公司的资产。股东的行为导致一人公司的资产严重不足,无法偿还任何对外的债务。因此,可以认定股东存在滥用公司法人独立地位的行为,公司股东需要对公司无法偿还的债务承担连带责任。

【法律依据】

《公司法》第三条 公司是企业法人,有独立的法人财产,享有法人财产权。公司以其全部财产对公司的债务承担责任。

有限责任公司的股东以其认缴的出资额为限对公司承担责任;股份有限公司的股东以其认购的股份为限对公司承担责任。

《公司法》第六十三条 一人有限责任公司的股东不能证明公司财产独立于股东自己的财产的,应当对公司债务承担连带责任。

四、股权转让

案例205

某规划设计公司与某新能源公司、某投资公司技术咨询合同纠纷案

Q: 某投资公司作为某新能源公司的唯一股东,将其持有的股权全部转让给第三方,但是并未对股权转让做变更登记。某规划设计公司作为某新能源公司的债权人对此并不知晓。此次股权转让能否对某规划设计公司发生效力?

> **A：**不发生效力。工商登记在性质上属于宣示性登记和对抗性登记，股权转让未经登记，不得对抗善意第三人。
>
> **裁判案例：**（2018）豫 05 民初 153 号

【裁判观点】

关于某投资公司将其持有的某新能源公司全部股权转让给李某以及法律责任的问题。双方虽然于 2016 年 8 月 30 日签订有《股权转让协议》，但是长期未办理股权转让变更登记，因工商登记在性质上属于宣示性登记和对抗性登记，故本案未办理股权变更登记，不能对抗善意第三人，原告某规划设计公司基于对工商登记事项真实性的信赖，认定某投资公司为某新能源公司的股东，并无不当。

【实务指引】

股东是向公司出资或者认购股份并记载在公司章程或者股东名册上的人。从认购股份和获得股东资格的关系来看，如果某人认购了公司股份或者向公司出资，那么这类投资关系必然将记载于公司章程或者股东名册上。[①] 在投资人认购公司股份的情况下，其作为公司股东的身份只能通过公司章程或股东名册体现。根据最高人民法院《关于适用〈中华人民共和国公司法〉若干问题的规定（三）》第二十三条的规定，当事人依法履行出资义务或者依法继受取得股权后，公司未根据《公司法》第三十一条、第三十二条的规定签发出资证明书、记载于股东名册并办理公司登记机关登记，当事人请求公司履行上述义务的，人民法院应予支持。如果公司未能按照股东的要求向工商部门办理登记的，第三人便无法获知公司股东的实际状况，第三人可能会因为信任与实际情况不一致的工商登记信息而与该公司展开交易。此时，即便股东已经履行了出资义务，并且在实际上已经成为公司的股东，但未经登记或者变更登记的，不得对抗第三人。

【法律依据】

《公司法》第三十二条　有限责任公司应当置备股东名册，记载下列事项：

（一）股东的姓名或者名称及住所；

（二）股东的出资额；

（三）出资证明书编号。

记载于股东名册的股东，可以依股东名册主张行使股东权利。

[①] 施天涛：《公司法论》（第 3 版），法律出版社 2014 年版，第 241 页。

公司应当将股东的姓名或者名称向公司登记机关登记;登记事项发生变更的,应当办理变更登记。未经登记或者变更登记的,不得对抗第三人。

案例 206

某光伏发电公司、某投资公司等与某新能源公司、某太阳能设备公司股权转让纠纷案

Q:某光伏 EPC 项目的发承包双方约定项目工程款通过股权转让的方式支付。之后双方因协议履行产生纠纷,该纠纷应当如何适用管辖?

A:从实质上看为股权转让法律关系,并不涉及建设工程施工合同法律关系,不适用不动产专属管辖。

裁判案例:(2017)新民终 542 号

【裁判观点】

关于本案法律关系的性质问题。双方当事人达成的股权收购协议约定,某投资公司作为收购方,购买某新能源公司、某太阳能设备公司持有的某光伏发电公司的全部股权。某投资公司按合同约定支付股权转让款后,某光伏发电公司的股东由某新能源公司、某太阳能设备公司变更为某投资公司,同时修改公司章程、办理工商变更登记。上述约定符合《公司法》中关于有限责任公司股权转让的相关规定,本案股权收购协议的性质属股权转让合同,某投资公司与某新能源公司、某太阳能设备公司间的法律关系为股权转让关系。根据上述合同,本案所涉 20600 万元股权转让款由两部分构成,其中 4300 万元为某光伏发电公司的注册资本金,16300 万元为 20 兆瓦光伏并网发电工程价款。光伏发电工程建成后属某光伏发电公司的资产,增加了某光伏发电公司的资产价值及股权价值,因此该工程的建设费用作为股权转让价款的一部分,由双方当事人予以确认。上述工程款是确认某光伏发电公司股权价值的重要依据,经双方当事人认可,成为股权转让款。某投资公司认为,股权转让款中有一部分是工程款,双方就构成建设工程合同关系缺乏事实及法律依据,法院不予采信。

【实务指引】

本案需要结合双方订立合同的目的以及合同的内容入手分析纠纷的性质。双方订立的股权转让协议中约定的为股权转让的具体事项。双方当事人之间约定以部分股权转让款作为建设工程款,意味着双方就债务履行达成了新的合意。双方达成合同的基本目的依然是完成股权的转让。因此,本案中双方当事人之间的纠纷应当认定为一般的合同纠纷而非建设工程合同纠纷。

【法律依据】

《公司法》第七十一条　有限责任公司的股东之间可以相互转让其全部或者部分股权。

股东向股东以外的人转让股权,应当经其他股东过半数同意。股东应就其股权转让事项书面通知其他股东征求同意,其他股东自接到书面通知之日起满三十日未答复的,视为同意转让。其他股东半数以上不同意转让的,不同意的股东应当购买该转让的股权;不购买的,视为同意转让。

经股东同意转让的股权,在同等条件下,其他股东有优先购买权。两个以上股东主张行使优先购买权的,协商确定各自的购买比例;协商不成的,按照转让时各自的出资比例行使优先购买权。

公司章程对股权转让另有规定的,从其规定。

案例207

某光伏发电公司、某电力投资集团合同纠纷案

Q: 某电力投资集团(甲方)与某光伏发电公司(乙方)签订《合作协议》,约定甲方解决某光伏电站土地等报批手续;乙方在项目完成备案后根据甲方要求引入战略投资方供甲方选择确定。甲方确定后,战略投资方作为项目全资投资主体,乙方或乙方指定的第三方作为EPC总承包方。该协议是否因涉及转卖批文而无效?

A: 协议有效。双方在办理批文之前转让项目公司全部股权,故并不属于转卖批文,且按照基层、中级人民法院的观点,违反的规章不属于法律行政法规,不会导致合同效力受损。

裁判案例:(2019)冀0602民初798号、(2020)冀06民终1123号

【裁判观点】

关于原、被告签订的合作协议是否有效以及咨询合同是否与本案具有关联性的问题。原告某光伏发电公司以原、被告签订的合作协议违反法律、行政法规为由主张无效。依据《合同法》第八条第二款"依法成立的合同,受法律保护"及第五十二条"有下列情形之一的,合同无效：……(五)违反法律、行政法规的强制性规定"的规定,合同违反法律、行政法规的强制性规定才应依法认定为无效。本案中,合作协议由原、被告自愿订立,原告某光伏发电公司主张合作协议违反《光伏电站项目管理暂行办法》和国家能源局的其他相关文件。上述暂行办法和相关文件不属于法律或行政法规范畴,且合作协议本身并未违

反上述暂行办法和相关文件的规定,原告主张合作协议无效,法院不予支持。原、被告签订的合作协议是双方真实的意思表示,不违反相关法律、法规禁止性规定,依法成立并生效,属有效合同,法院予以认定。原、被告于签订合作协议当日签订的咨询合同,双方对其真实性均无异议,且咨询合同内容与合作协议内容相关联。咨询合同约定的咨询服务费用与合作协议中约定的咨询服务费一致,咨询合同亦是原、被告真实意思表示,不违反法律禁止性规定,且与本案具备关联性,属有效合同,法院亦予以认定。上述合作协议及附件、咨询合同,对原、被告均具有法律约束力。

【实务指引】

本案属于上文曾讨论过的"买卖路条"问题。本案中双方当事人在办理行政批文之前签订了股权转让协议,这使双方摆脱了通过股权转让"买卖路条"的嫌疑。在股权转让协议本身不违反法律、行政法规的情况之下,法院应当认定这类合同有效。但实践中依然要注意,当前已有政策要求变更光伏项目投资主体之前须经过备案机关同意。这一规定具有一定的行政许可的特征。但是能够设立行政许可的规范性文件仅有法律、行政法规、地方性法规,而国家能源局发布的相关通知显然不属于上述范畴。实践中需要注意当前备案手续的特征,避免因备案带来的法律风险。

【法律依据】

《光伏电站项目管理暂行办法》第三十三条　项目单位不得自行变更光伏电站项目备案文件的重要事项,包括项目投资主体、项目场址、建设规模等主要边界条件。

国家能源局《关于规范光伏电站投资开发秩序的通知》　已办理备案手续的项目的投资主体在项目投产之前,未经备案机关同意,不得擅自将项目转让给其他投资主体。

案例 208

某自动化公司、石某股权转让纠纷案

Q: 光伏电池生产企业股东转让股权,并签订竞业禁止协议,约定 8 年内不能从事相关行业,该竞业禁止协议适用《劳动合同法》的规定还是《民法典》的规定?

A: 由于股权转让协议属于平等主体之间的商事行为,不适用《劳动合同法》的规定,应当适用《民法典》的规定。

裁判案例:(2019)冀民终 526 号

【裁判观点】

关于第一个焦点问题。关于石某主张本案应适用《劳动合同法》认定案涉《股权转让协议》和《补充协议》中的竞业限制条款无效的问题。《劳动合同法》调整的是用人单位与其劳动者之间的劳动关系，双方之间并非平等主体。但案涉协议系平等民事主体之间设立、变更民事权利义务的协议，应受《合同法》调整。石某在上述协议中所作的竞业限制的承诺，是基于股权转让人身份而非目标公司劳动者身份，其内容不属于《劳动合同法》的调整范围，故一审未将《劳动合同法》作为认定上述条款效力的依据并无不当。案涉《股权转让协议》和《补充协议》中竞业限制条款系石某真实意思表示，内容不违反相关法律规定，合法有效，其应按照协议约定履行自己的承诺。石某所提上述条款无效的抗辩理由于法无据，法院不予采信。

【实务指引】

现有的法律并未对竞业限制进行明确定义，在司法实践中，竞业限制一般指企业员工在一定时间内不得从事与本企业相竞争的业务或者到与本企业存在竞争关系的相关企业任职。有关的法定竞业限制义务的成文性规定可见于《合伙企业法》《公司法》等相关的法律法规，通常指特定人员不得从事与所任职企业同类的业务。

《公司法》第一百四十七条规定了董事、监事和高级管理人员对公司的忠实义务，同时在第一百四十八条中具体列举了董事与高级管理人员违反忠实义务的 7 项具体行为表现，其中第 5 项即本文重点讨论的法定竞业限制义务的来源。从法条的从属关系来看，法定竞业限制义务是忠实义务大范畴下的一类，法定竞业限制义务的适用对象仅为董事和高级管理人员。

《劳动合同法》中规定了用人单位与劳动者之间的约定竞业限制义务，主要是指用人单位可与劳动者约定劳动者离职后一段时间内不能自营或者为他人经营与用人单位存在竞争关系的业务。

公司股东在转让股权后，是否需要承担竞业限制的义务，需要从多个角度进行考虑。从该转让股东是否同时担任公司的董事、高级管理人员，是否与公司形成劳动合同关系等方面考虑问题。若该转让股东并不担任公司的董事、高级管理人员或者并未与公司形成劳动关系，则二者之间关于竞业限制的协议不属于《劳动合同法》的调整对象，应该是平等主体之间的民事法律行为，属于《民法典》的调整对象。

【法律依据】

《劳动合同法》第二十四条　竞业限制的人员限于用人单位的高级管理人员、高级技术人员和其他负有保密义务的人员。竞业限制的范围、地域、期限由用人单位与劳动者约定,竞业限制的约定不得违反法律、法规的规定。

在解除或者终止劳动合同后,前款规定的人员到与本单位生产或者经营同类产品、从事同类业务的有竞争关系的其他用人单位,或者自己开业生产或者经营同类产品、从事同类业务的竞业限制期限,不得超过二年。

五、清算组责任

案例 209

某光伏技术公司与某机电工程公司建设工程施工合同纠纷案

Q: 某光伏项目竣工后,某光伏新材料公司作为发包人逾期未向承包人某机电工程公司支付工程款。之后发包人申请注销,但是由发包人股东某光伏技术公司组成的清算组并未通知承包人申报债权。承包人能否要求清算组赔偿损失?

A: 可以。公司清算时,有限公司的股东应当组成清算组对公司财产进行清算,清算组成立后应当通知债权人。因其未通知行为导致债权人受损失的,债权人可以向清算组成员主张赔偿。

裁判案例:(2019)内 02 民终 2272 号

【裁判观点】

本案某光伏技术公司辩称某光伏新材料公司在注销时,公司账面不显示案涉债务,清算组不知道还有该笔债务,某机电工程公司应当为未知债权人,故采取公告形式通知申报债权合法。作为有限责任公司的某光伏新材料公司在其公司账面上未显示案涉债务系公司管理问题,在公司解散清算过程中,某光伏新材料公司应知存在案涉债务而未依法通知债权人某机电工程公司,从而造成某机电工程公司未进行债权申报,致使某机电工程公司的合法债权未得到有效救济,该法律责任及后果应当由某光伏新材料公司的唯一股东某光伏技术公司承担。

【实务指引】

根据《公司法》第一百八十五条的规定,公司清算的,清算组应当自成立之日起 10 日内通知债权人,并于 60 日内在报纸上公告。本案中清算组在通知债权人时未能依照法律规定的方式通知债权人是其被认定承担责任的原因之一。清算组未按照该条规定履行通知和公告义务的情形主要有两种：一种是完全不履行，另一种是不当履行。前者是指清算组根本不向债权人寄送通知或者发布公告，从而在债权人毫不知情的状况下私下清算并注销公司。后者是只通知不公告或只公告不通知，它是指当公司进入清算程序后，对于解散清算的相关事宜，清算组或者只以通知的方式告知已知债权人或者只以公告的方式告知未知债权人。只通知不公告和只公告不通知分别是对未知债权人和已知债权人权利的侵犯，这样的做法可能导致相关债权人丧失申报债权的机会，属于未依法履行通知和公告义务的情形。

清算组成员对于债权人的损失应当承担赔偿责任，实务中有几个问题要加以强调：(1)债权人未及时申报债权而未获清偿，既包括未在规定期限内申报债权，又包括未能及时补充申报债权两种情形；(2)清算组成员赔偿的前提是有损害后果和因果关系；(3)该部分损失遵循民事诉讼法中"不告不理"的原则，必须由债权人主张，人民法院不能主动审查；(4)清算组未依法履行通知和公告义务的行为即可视为其成员存在故意或重大过失，根据《公司法》第一百九十条的规定，清算组成员理应承担赔偿责任，债权人无须对该事项承担举证责任；(5)清算组成员对债权人因未及时申报债权而未获清偿的损失应承担连带赔偿责任。

【法律依据】

最高人民法院《关于适用〈中华人民共和国公司法〉若干问题的规定(二)》第十一条 公司清算时，清算组应当按照公司法第一百八十六条的规定，将公司解散清算事宜书面通知全体已知债权人，并根据公司规模和营业地域范围在全国或者公司注册登记地省级有影响的报纸上进行公告。

清算组未按照前款规定履行通知和公告义务，导致债权人未及时申报债权而未获清偿，债权人主张清算组成员对因此造成的损失承担赔偿责任的，人民法院应依法予以支持。

第八章　光伏项目诉讼程序性法律纠纷

一、诚信原则

案例210

某能源公司建设工程合同纠纷案

Q：光伏项目发包人以招标前与投标人进行恶意磋商为由请求确认合同无效，是否应予支持？

A：如果招标人违背诚实信用原则，进行恶意抗辩且建设施工合同没有违反法律、行政法规的强制性规定的，则不应该认定合同无效。

裁判案例：（2020）最高法民申4283号

【裁判观点】

某能源公司在一审、二审中隐瞒了其在某能源工程公司取得中标通知书前已经与某能源工程公司就案涉工程施工进行实质性磋商的事实。现提交所谓新证据，拟证明其在案涉工程招标投标前已经与某能源工程公司进行实质性磋商，并据此主张案涉《建筑安装承包合同》无效，违反了《民事诉讼法》第十三条第一款关于"民事诉讼应当遵循诚信原则"的规定。建设工程造价数额或者计价方式由当事人自愿协商确定。案涉《建筑安装承包合同》约定案涉工程价款为固定总价，并未违反法律、行政法规的强制性规定。

【实务指引】

本案中某能源公司的行为有恶意抗辩的嫌疑。所谓恶意抗辩，是指诉讼中可能出现对己方不利的情况，当事人便主动承认其行为违法，要求法院确认合同无效，以此逃避承担责任。虽然在合同无效的情况下任何当事人均可以提出该主张，但是合同无效制度设立的目的在于惩罚不法行为人以维护法律制度和公共道德。如果允许行为人肆意主张合同无效,反而使行为人获得利益,这就根本违背了无效制度设立的宗旨。[①] 某能源公司的行为明显违反了《民事诉讼法》的诚信原则。《民事诉讼法》中的诚信原则包括以下内容:(1)禁止滥用诉讼权利。《民事诉讼法》赋予了诉讼参与人参加诉讼的权利。如果诉讼参与人为了损害对方当事人的利益而行使诉讼权利则构成诉讼上的权利滥用。(2)真实义务陈述。当事人有义务提供真实的陈述,不得在诉讼过程中提供虚假的言论、证据,证人不可以提供虚假证言,翻译人员不可以提供虚假的翻译,鉴定人员不可以提供虚假的鉴定意见。综合民事诉讼法原理以及民法原理,某能源公司提出的合同无效的主张不应当被支持。

【法律依据】

《民事诉讼法》第十三条　民事诉讼应当遵循诚信原则。

当事人有权在法律规定的范围内处分自己的民事权利和诉讼权利。

二、管辖

1. 专属管辖

案例 211

某新能源公司、某建设公司建设工程施工合同纠纷案

Q:某新能源公司与某建设公司签订《合作协议》,约定某新能源公司"委托"某建设公司负责光伏项目的审批、土地租赁、工程建设等事宜。该合同的实际性质是什么?合同履行过程中当事人发生纠纷的如何确定管辖法院?

A:由于协议中约定的事项均围绕光伏电站项目施工开展进行,双方法律关系主要为建设工程施工合同法律关系,应适用专属管辖。

裁判案例:(2020)冀民辖终 84 号

【裁判观点】

某新能源公司与某建设公司签订了《合作协议》,约定某新能源公司委托某建设公司进行某电站项目审批手续,土地租赁,协调村民、当地政府关系及场地围栏,场地平整,地上物拆迁,地上物拆迁外接入线路用地,进场道路,工程建设等事宜。合作模式为 EPC 交

[①] 王利明:《论无效合同的判断标准》,载《法律适用》2021 年第 7 期。

钥匙模式,即除监理、组件监造外,项目其余所有事项均由乙方(指某建设公司)负责实施,产生的费用也均含在乙方总合作费用内。同时,某新能源公司与某建设公司还签订了《某电站项目EPC总承包合同》,约定某建设公司承包某新能源公司发包的某电站项目的工程设计、采购、施工及调试、试运行等工作。

根据涉案合同的内容,其中有关项目审批手续办理、土地租赁、场地平整、地上物拆迁等事项均围绕光伏电站项目施工开展之间主要为建设工程施工合同法律关系,一审法院认定本案主要系因建设工程施工合同产生的纠纷并无不妥。

【实务指引】

2015年8月27日第一期《人民法院报》第5版刊登了署名为"高民智"的文章,题目为《关于民诉法解释中有关管辖若干问题的理解与适用》。该文中提到了最高人民法院《关于适用〈中华人民共和国民事诉讼法〉的解释》第二十八条有关建设工程施工合同纠纷管辖的规定在实务界引起的争论,并写道:"我们认为,应当按照不动产纠纷由不动产所在地法院专属管辖的建设工程施工合同纠纷,不限于《民事案件案由规定》的建设工程合同纠纷项下的第三个第四级案由建设工程施工合同纠纷,应当包括该项下的建设工程施工相关的案件,具体为:(3)建设工程施工合同纠纷;(4)建设工程价款优先受偿权纠纷;(5)建设工程分包合同纠纷;(6)建设工程监理合同纠纷;(7)装饰装修合同纠纷;(8)铁路修建合同纠纷;(9)农村建房施工合同纠纷。对此,最高人民法院拟通过正在修改的《民事案件案由规定》对该问题予以进一步明确。"

由此可以看出,最高人民法院目前的司法态度倾向于,建设工程合同纠纷三级案由下的第(3)~(9)类四级案由均适用不动产纠纷专属管辖,但不包含建设工程勘察合同纠纷及建设工程设计合同纠纷。建设工程施工合同纠纷从本质上来说不属于物权纠纷,属于基于不动产而引起的一般债权纠纷,但是最高人民法院《关于适用〈中华人民共和国民事诉讼法〉的解释》第二十八条第二款突破不动产纠纷适用专属管辖的一般性原则,将建设工程施工合同纠纷也规定对其适用不动产纠纷专属管辖,主要是考虑到建设工程施工合同纠纷往往涉及建筑物工程造价评估、质量鉴定、留置权优先受偿、执行拍卖等,由建筑物所在地法院管辖,有利于案件审理与执行。按照此逻辑,建设工程价款优先受偿权纠纷、建设工程分包合同纠纷、建设工程监理合同纠纷、装饰装修合同纠纷、铁路修建合同纠纷及农村建房施工合同纠纷也不排除会涉及评估、质量鉴定、留置权优先受偿、执行拍卖等问题。因此,对以上类型的建设工程合同纠纷也适用不动产纠纷专属管辖,有利于更多纠纷的有效解决。

【法律依据】

《民事诉讼法》第三十四条 下列案件,由本条规定的人民法院专属管辖:

(一)因不动产纠纷提起的诉讼,由不动产所在地人民法院管辖;

……

最高人民法院《关于适用〈中华人民共和国民事诉讼法〉的解释》第二十八条 民事诉讼法第三十四条第一项规定的不动产纠纷是指因不动产的权利确认、分割、相邻关系等引起的物权纠纷。

农村土地承包经营合同纠纷、房屋租赁合同纠纷、建设工程施工合同纠纷、政策性房屋买卖合同纠纷,按照不动产纠纷确定管辖。

案例 212

某新能源投资公司与某设计院公司建设工程施工合同纠纷管辖权异议案

Q: 因光伏工程施工合同以及勘察设计合同产生纠纷,法院合并审理的,如何确定管辖法院?

A: 两个以上的案件由同一个法院合并审理的前提是该法院至少对其中的一个案件有管辖权。本案中的建设工程施工合同纠纷和勘察设计合同纠纷分别适用专属管辖和一般管辖。应当综合考虑管辖按法院。

裁判案例: (2016)甘民辖终 42 号

【裁判观点】

法院经审查认为,本案某设计院公司针对某新能源投资公司提起的诉讼所依据的虽然是其双方签订的《某工程施工合同》和《某工程勘察设计合同》两份不同的合同,但这两份合同约定的内容属于同一工程不同阶段,内容相互影响,即诉的客体具有关联性。因此,将本案的两个诉合并审理,既便于当事人诉讼,也便于人民法院审理案件和执行裁判,还可防止在相互关联的问题上作出相互矛盾的裁判。但是,受理案件的法院至少对这两个被合并之诉中的一个具有管辖权。本案一份合同为建设工程施工合同,根据《民事诉讼法》第三十三条第一项"因不动产纠纷提起的诉讼,由不动产所在地人民法院管辖"的专属管辖规定及最高人民法院《关于适用〈中华人民共和国民事诉讼法〉的解释》第二十八条第二款"建设工程施工合同纠纷,按照不动产纠纷确定管辖"的规定。本案涉案工程在山丹县境内,且建设工程施工合同纠纷诉讼标的额为481万元,属于某县法院级别管辖范围,故某市中级人民法院对基于建设工程施工合同提起的诉讼不具有管辖权。并且本案另一份合同为建设工程勘察设计合同,适用一般管辖的规定,因该合同中协议约定管辖的法院不是某市中级人民法院,且建设工程勘察设计合同纠纷诉讼标的额为28.75万元,故某市中级人民法院对基于建设工程勘察设计合同提起的诉讼也不具有管辖权。综上,某市中级人民法院对本案不具有管辖权,本案宜由某县法院合并审理,某新能源投资公司的上诉理由部分成立。

【实务指引】

不动产纠纷专属管辖的设置目的在于方便法院调查相关不动产状况,便于当事人参加诉讼。由于对不动产纠纷范围存在不同的理解,对同一个案件,甲地法院认为应适用专属关系,乙地法院认为应适应普通地域管辖,容易造成管辖异议增多,甚至出现争管辖、推管辖现象,影响了法律的统一适用。这个问题亟待通过司法解释加以明确。正确理解本条需要注意以下几点:

(1)不动产纠纷仅限于部分物权纠纷。物权是指人们对物的占有、使用、收益、处分的权利,是财产权的一种。物权纠纷是基于物权关系而产生的纠纷,它与债权纠纷属于民事纠纷的常见种类。《民事案件案由规定》明确规定,按照物权变动原因与结果相区分的原则来确定纠纷的性质和案由。对于因物权变动的原因关系,即债权性质的合同关系产生的纠纷,如物权设立原因关系方面的担保合同纠纷,物权转让原因关系方面的买卖合同纠纷,均是债权纠纷;对于因物权设立、权属、效力、使用、收益等物权关系产生的纠纷,则是物权纠纷。

(2)不动产所在地如何确定。不动产是指土地、土地上的建筑物以及其他附着物,不能移动或移动会破坏其价值的东西,其实际所在地就是不动产所在地,不动产所在地并不难以确定。我国对土地与房屋等实行登记制,凡经有关政府部门登记的,不动产登记簿记载的所在地为不动产所在地。在实践中,不动产实际所在地与登记簿记载的所在地是重合的。

【法律依据】

《民事诉讼法》第三十四条第一项 下列案件,由本条规定的人民法院专属管辖:

(一)因不动产纠纷提起的诉讼,由不动产所在地人民法院管辖;

最高人民法院《关于适用〈中华人民共和国民事诉讼法〉的解释》第二十八条第二款 建设工程施工合同纠纷,按照不动产纠纷确定管辖。

2. 约定管辖

案例 213

某能源公司、某光伏科技公司建设工程施工合同纠纷案

Q： 2016年12月，某能源公司（总承包方）与某光伏电力公司（发包方）签订《总承包合同》。2017年4月，某能源公司与某科技公司签订《总承包合同》，将其承揽的工程转包给某科技公司，约定发生争议后由某仲裁委员会管辖。之后某能源公司向某科技公司出具《付款计划承诺函》。《承诺函》记载："若款项未能依约支付，某科技公司可就全部未支付款项一并向项目所在地法院起诉。"之后某科技公司起诉某能源公司索要欠付款项，某能源公司以双方约定争议由某仲裁委员会管辖为由提出管辖权异议。某科技公司能否依据《承诺函》的内容提起诉讼？

A： 可以。《承诺函》具有法律效力，某科技公司与某能源公司受其约束。《承诺函》赋予了某科技公司选择诉讼或者仲裁的权利。在某科技公司未明确拒绝《承诺函》的情况下，应当认定某科技公司认可《承诺函》的内容。

裁判案例：（2020）鲁14民终1270号

【裁判观点】

虽然该承诺函系某能源公司的单方承诺，但该管辖的承诺效力及于某能源公司。即在该种情况下，实际赋予了某光伏科技公司的一种无限选择权，某光伏科技公司可以根据自身情况选择同意或不同意该承诺。在某光伏科技公司选择同意该单方承诺时，此时该承诺变为一种双方合意的协议，该承诺的效力也将及于双方。某光伏科技公司作出同意的意思表示时，可采用默示或明示的方式，本案中某光伏科技公司在收到该承诺函后，自出具日至起诉日长达半年的时间里，并未明确表示否认该承诺，且在承诺的付款期届满后，其通过向法院起诉的方式，要求某能源公司按照该承诺函履行付款义务，即某光伏科技公司以实际行动认可了该承诺函的内容。同时，某光伏科技公司出具确认函，明确表示认可该承诺函的内容。因此，在某光伏科技公司认可该承诺函的内容时，应视为双方就承诺函内容达成了新的合意。在此种情况下，依据承诺函中关于管辖的内容，本案由法院依法审理并无不当。

【实务指引】

《民法典》第一百三十七条是有相对人的意思表示生效时间的规定，根据该条的规定有相对人的意思表示又分为以对话方式作出的意思表示和以非对话方式作出的意思表示两种。

以对话方式作出的意思表示的生效时间。以对方方式作出的意思表示,是指表意人采取使相对人可以同步受领的方式进行的意思表示,其特点是表意人作出的意思表示和相对人受领意思表示是同步进行的,没有时间差,面对面交谈、电话、微信语音、微信视频、QQ语音等最为典型。既然相对人同步受领了表意人的意思表示,那么表意人意思表示的生效时间就是相对人知道其内容的时间。

以非对话方式作出的意思表示的生效时间。所谓以非对话方式作出的意思表示,是指表意人没有采取使相对人可以同步受领的方式进行的意思表示。其特点是表意人作出的意思表示和相对人受领意思表示不是同步进行的,有时间差,电子邮件、传真最为典型。《民法典》第一百三十七条的含义是意思表示进入了相对人的实际控制范围内,表意人的意思表示即生效,至于相对人对意思表示是否了解,不影响表意人意思表示的生效时间。

【法律依据】

《民法典》第一百三十七条　以对话方式作出的意思表示,相对人知道其内容时生效。

以非对话方式作出的意思表示,到达相对人时生效。以非对话方式作出的采用数据电文形式的意思表示,相对人指定特定系统接收数据电文的,该数据电文进入该特定系统时生效;未指定特定系统的,相对人知道或者应当知道该数据电文进入其系统时生效。当事人对采用数据电文形式的意思表示的生效时间另有约定的,按照其约定。

三、证据

1. 证明责任

案例214

某技术公司、某光伏发电公司服务合同纠纷案

Q: 按照相关行业主管部门的规定,光伏电站并网发电以必须经第三方测评评估合格为前提。若光伏电站已经并网发电,能否倒推第三方测评机构已经出具合格的评估报告?

A: 不能。第三方测评机构是否出具合格的评测报告和光伏电站需第三方测评评估合格方可并网发电系不同的法律关系,不具有关联性。

裁判案例:(2020)云26民终1652号

【裁判观点】

某技术公司上诉认为案涉项目属于特殊行业,按照相关行业主管部门的规定,某光伏发电公司并网发电的前提是必须经第三方测评评估合格,且某光伏发电公司的某光伏电厂已经并网成功并正常发电。法院认为,某光伏发电公司的某光伏电厂是否必须经第三方测评评估合格应属于该行业的行政管理范畴,属另一法律关系。即使该电厂存在现已经并网发电并正常运行的事实,也不能免除某技术公司对自己是否履行了合同义务、是否已达到付款条件提供证据证实的义务。

【实务指引】

合同订立,即当事人就合同主要条款协商一致的过程,在法律上表现为要约与承诺。当订约双方分处异地或异国,通过信件、电报、电传达成协议时,要约与承诺的阶段性表现得最为明显,双方也容易对要约、承诺是否已到达,是否被撤回等问题发生争议。

按照李浩教授的归纳,此类争议的举证责任分配如下:(1)要约是否附保留条件发生争执时的举证责任。附有保留条件的要约,实非要约,而是要约邀请。一般而言,要约与要约邀请的界限是相当清楚的,不容易混淆和发生争执,但实践中有时会对要约是否附保留条件发生争执。发生争执时,应由被告对附有保留条件的事实负举证责任。因为提议中包括订立该合同最基本条款的事实是构成要约的事实,该事实应由主张要约的原告负举证责任。存在保留条件的事实是妨碍要约成立的事实,应由否认要约的被告负举证责任。(2)要约、承诺是否撤回发生争执时的举证责任。要约或承诺发出后,行为人有权将它们撤回,但撤回的通知必须同时或先于要约或承诺到达对方。当撤回与否发生争执时,应由主张将要约或承诺撤回的一方负举证责任,他不仅要证明发出撤回通知的事实,而且应证明该通知同时或先于要约或承诺到达。他可以通过证明以比要约或承诺更为快捷的方式发出撤回通知来证明这一问题。(3)承诺是否在要约有效期限内到达发生争执时的举证责任。承诺在要约的有效期限内到达要约人,是构成承诺的必要条件。对此发生争执时,主张合同已成立的原告应对他在要约有效期内发出承诺的事实负举证责任。该事实被证明后,被告主张未收到承诺或承诺迟到时,则应对所主张的事实负举证责任。因为承诺的信件、电报发出后,在绝大多数情况下能够在合理期限内送达收件人,遗失、误送等意外情况极为罕见。相对于邮件在合理期限内送达来说,遗失、误送等属例外情形,故原告无须就不存在例外情形负举证责任。要使因投递工作的失误而迟到的承诺失去效力,要约人必须在接到承诺后立即将承诺已迟到的情况通知受要约人。因此,当原告证明他已在要约有效期限内发出承诺的邮件后,主张承诺迟到的被告,不仅应证明该邮件因邮局方面送达失误而逾期到达,而且应证明他已采用适当的方式将迟到的情况通知了受要约人。[1]

【法律依据】

最高人民法院《关于适用〈中华人民共和国民事诉讼法〉的解释》第九十条 当事人对自己提出的诉讼请求所依据的事实或者反驳对方诉讼请求所依据的事实,应当提供证据加以证明,但法律另有规定的除外。

在作出判决前,当事人未能提供证据或者证据不足以证明其事实主张的,由负有举证证明责任的当事人承担不利的后果。

案例 215

某新能源科技公司、某光伏科技公司买卖合同纠纷案

Q: 某新能源科技公司(买方)与某光伏科技公司(卖方)签订买卖合同,约定由某光伏科技公司供应光伏组件用于案外人(业主方)的光伏项目。业主方委托鉴定机构鉴定发现案涉光伏组件存在质量问题。某新能源科技公司能否以此为由主张解除与某光伏科技公司之间签订的买卖合同?

A: 不可以。由于该鉴定结果系案外人委托第三方机构所作,不具有相应证明力。买受人可以在诉讼中另行申请鉴定。若买受人明确表示不申请鉴定的,其应当承担举证不能的责任。

裁判案例:(2020)湘 13 民终 805 号

【裁判观点】

因前述检测系第三方受案外人委托在某科技公司交货一年半之后所作的检测,且电池组件的隐裂、破片受多种因素影响。在某科技公司对前述检测存在异议的情况下,某新能源科技公司在一审审理过程中明确表示不申请鉴定,使组件存在质量问题这一待证事实处于真伪不明的状态,某新能源科技公司应对其主张的该项事实承担举证不能的责任。

---

[1] 王宝发编著:《〈最高人民法院关于民事诉讼若干规定〉释义——民事诉讼证据规则实用问答》,法律出版社 2002 年版,第 27 页。

【实务指引】

本案的争议焦点是合同义务履行的举证责任分配问题。合同义务履行发生的争议，是指一方当事人主张合同义务没履行，要求对方当事人履行合同上的义务，而对方当事人则抗辩说合同义务已经履行。我国《民事诉讼法》采取"谁主张，谁举证"的举证原则，由于对合同履行问题没做特别规定，过去在司法实践中就合同义务履行的举证责任是一律分配给主张权利方。这样分配举证责任明显不妥当，因为在许多情况下，权利人根本无法举证。为此，最高人民法院《关于民事诉讼证据的若干规定》第五条第二款做了规定。但是否所有合同义务的履行都由负有履行义务的当事人举证呢？答案是否定的。根据履行合同义务形式的不同，合同义务可以区分为积极作为义务和消极不作为义务，前者是承担合同义务人应对权利人积极地作出特定行为；后者是承担合同义务人应对权利人消极地不作出特定行为。积极作为义务的履行，应由履行义务人对已履行的事实负举证责任，如履行义务人就已交付买卖标的物、承揽标的物、租赁标的物等主张负举证责任。如果主张未履行合同消极不作为义务，如违反合同约定不在某一特定地区参与竞争的义务、非专利技术转让合同的受让方违反合同约定的保密义务，则应由主张者就实施上述行为的事实负举证责任。理由是：其一，让当事人举证证明自己没从事某种行为，客观上不符合事理逻辑，一般情况下，行为人是无法证明自己没从事某种行为的；其二，从证据收集的难易程度角度讲，行为人收集证明自己没从事某种行为的证据极为困难，而让他人收集行为人从事某种行为的证据则相对容易些。

总而言之，合同义务履行的举证责任应区别不同情况来对待，不能机械地理解最高人民法院《关于民事诉讼证据的若干规定》第五条第二款的规定，除非法律有特别规定，消极不作为合同义务是否履行的举证责任不应由履行义务人来承担。

【法律依据】

最高人民法院《关于民事诉讼证据的若干规定》第三十一条 当事人申请鉴定，应当在人民法院指定期间内提出，并预交鉴定费用。逾期不提出申请或者不预交鉴定费用的，视为放弃申请。

对需要鉴定的待证事实负有举证责任的当事人，在人民法院指定期间内无正当理由不提出鉴定申请或者不预交鉴定费用，或者拒不提供相关材料，致使待证事实无法查明的，应当承担举证不能的法律后果。

> **案例 216**
>
> **某火电公司、某新能源科技公司建设工程施工合同纠纷案**
>
> **Q**：光伏工程质量存在瑕疵，承包人拒绝质量鉴定后，是否需要赔偿所有质量责任损失？
>
> **A**：承包人拒绝质量鉴定承担不利后果，但是仍然需要考虑到发包人的过错，综合判断发承包双方之间质量责任。
>
> **裁判案例**：（2018）最高法民终 366 号

【裁判观点】

一审法院在某火电公司拒不配合案涉光伏工程质量鉴定的情况下，根据举证证明责任的分配，认定某火电公司应对案件事实的举证不能承担不利后果，并无不当。但一审法院未查明某新能源科技公司的实际损失，未考虑某新能源科技公司使用未经竣工验收的诉讼主体工程亦对损失的造成负有一定责任，即推定某新能源科技公司所主张的因工程质量不合格导致的返修、重做费用以及运营损失数额全部成立，依据不足，认定基本事实不清。

【实务指引】

最高人民法院《关于适用〈中华人民共和国民事诉讼法〉的解释》第九十条是关于举证责任的含义的规定。举证责任问题，素有"民事诉讼的脊梁"之称。[①] 举证责任的含义，既是理解举证责任问题的基础，也是民事证据法上的基础性问题。理论上通常认为，举证责任具有双重含义，即行为意义的举证责任和结果意义的举证责任。行为意义的举证责任也称主观上的举证责任，是指当事人在具体的民事诉讼中，为避免败诉的风险而向法院提出证据证明其主张的一种行为责任。与行为意义的举证责任相对，结果意义的举证责任不受当事人主张的牵引，是一种不能转移的举证责任。结果意义的举证责任建立在法官不能因事实不清而拒绝裁判的理念之上，它所解决的是待证事实真伪不明时法官如何裁判的问题，实质上是对事实真伪不明的一种法定风险的分配形式。

---

① ［德］莱奥·罗森贝克：《证明责任论》，庄敬华译，中国法制出版社 2002 年版，第 37 页。

【法律依据】

最高人民法院《关于适用〈中华人民共和国民事诉讼法〉的解释》第九十条第二款 在作出判决前,当事人未能提供证据或者证据不足以证明其事实主张的,由负有举证证明责任的当事人承担不利的后果。

案例217

某矿业公司与某新能源公司采矿权纠纷案

Q: 某矿业公司与某新能源公司《光伏发电项目互不影响安全生产协议》,约定:某新能源公司拟建设一光伏发电项目,当前处于开展前期。再此阶段,委托压覆矿产资源评估单位对拟建项目范围进行了矿权调查工作。某矿业公司的煤矿边界处于调查评估范围内,但不压覆资源储量。经双方确认,煤矿与新建光伏项目范围存在重叠。某新能源公司向某矿业公司支付50万元,保证不超过采矿许可证拐点坐标范围开展活动。之后某矿业公司主张某新能源公司擅自扩大光伏项目建设范围导致其采矿权受损,要求赔偿采矿权。该主张能否获得支持?

A: 采矿权是一种期待权,拥有该权利并非一定能获取利益。矿业企业要求赔偿损失必须首先对其损失进行证明,未能提交损失必然发生的证据的,对于其赔偿损失的请求不予支持。

裁判案例: (2019)冀07民初152号

【裁判观点】

采矿权是国家赋予取得采矿权人的一种权利,但取得采矿权后并不一定就会自然获取利益。因为采矿权是一种期待权,需要大量的资金投入以及经营管理,是否盈利既取决于矿产资源的储量,也取决于企业的经营管理及市场价格和国家的产业政策。某矿业公司主张某新能源公司扩大了光伏板的占地面积,要求某新能源开发公司赔偿其损失。对该主张,某矿业公司要证明其损失,包括矿上投资及间接利益损失。此外,现某矿业公司主张某新能源开发公司的侵权行为不仅直接导致某矿业公司的矿井服务年限缩短约4.4年,还造成某矿业公司矿山设备的投资损失,增加了某矿业公司的投资综合成本。同时,某新能源开发公司的压覆行为还影响某矿业公司对矿区地表环境的修复治理,增加了某矿业公司的修复难度和修复费用,但某矿业公司没有提交其现在被迫停止生产及损失必然发生的证据,故对其要求对煤炭储量及投资进行鉴定的申请,法院不予支持。

【实务指引】

依据《民法典》第五百八十四条的规定,当事人一方不履行合同义务或者履行合同义务不符合约定,造成对方损失的,损失赔偿额应当相当于因违约所造成的损失,包括合同履行后可以获得的利益。这里的"合同履行后可以获得的利益",排除履行利益,就是可得利益。可得利益具有如下特点:第一,可得利益是一种未来利益。它在违约行为发生时并没有为合同当事人所实际享有,而必须通过合同的实际履行才能得以实现。第二,可得利益必须具有一定的确定性。在合同法中,任何需要补救的损害都必须具有一定程度的确定性,否则是不能要求赔偿的。

实践中,确定可得利益损失数额主要包括以下五种方法:一是差额法。差额法又称对比法,即依照通常方法比照受害人相同条件下所获取的利益来确定应赔偿的可得利益损失。二是约定法。顾名思义,约定法是指当事人直接在合同中约定损失赔偿额的计算方法。三是类比法。类比法是指比照与守约方相同或类似的其他单位在类似条件下所能获取的利益来确定可得利益的赔偿数额。四是估算法。估算法是指人民法院难以确定损失数额时,根据案件的实际情况,酌定赔偿数额的方法。五是综合衡量法。综合衡量法是实践中采用较多的方法,即根据获利情况、当事人的过错情况及合同履行时的经济形势等因素综合判断。

可预见性标准是确定违约损害赔偿责任的构成要件之一,即因果关系要件。法律要求违约当事人仅对其在订约时能够合理预见到的损害承担赔偿责任,从而为因果关系的确定提供了具有可操作性和确定性的依据。

【法律依据】

《民法典》第五百八十四条　当事人一方不履行合同义务或者履行合同义务不符合约定,造成对方损失的,损失赔偿额应当相当于因违约所造成的损失,包括合同履行后可以获得的利益;但是,不得超过违约一方订立合同时预见到或者应当预见到的因违约可能造成的损失。

《民事诉讼法》第六十七条　当事人对自己提出的主张,有责任提供证据。

当事人及其诉讼代理人因客观原因不能自行收集的证据,或者人民法院认为审理案件需要的证据,人民法院应当调查收集。

人民法院应当按照法定程序,全面地、客观地审查核实证据。

2. 司法鉴定

案例 218

某光伏发电公司、某太阳能公司建设工程施工合同纠纷案

Q：鉴定机构或者鉴定人员不具备相关的鉴定资格的，其出具的鉴定意见应当如何处理？

A：法院应询问双方当事人是否重新申请鉴定。

裁判案例：(2019)最高法民再363号

【裁判观点】

一审法院委托某司法鉴定所对涉案工程造价及停工损失进行鉴定，某司法鉴定所具有建设工程司法鉴定资质。但二审法院以该鉴定机构不具备建设行政主管部门颁发的工程造价咨询企业资质及鉴定人员未取得国家注册造价工程师资质为由，认定鉴定意见无效。该认定是否妥当，应进一步查明。二审法院若认为鉴定机构及人员不具有鉴定资质，应询问各方当事人是否重新申请鉴定。但二审法院审理中，未询问各方当事人是否重新鉴定，直接认定鉴定意见无效，采信一审原告某建筑安装公司单方证据认定工程款，其依据是否充分，应进一步查明。

【实务指引】

重新鉴定在司法实践中是较为常见的现象。司法活动的核心就是追求事实真相，事实真相依赖于科学的司法鉴定，但是可能总会有种种原因影响司法鉴定的真实性与合法性，所以有必要对此补漏。然而，从司法效率的角度来看，又不能反复重新鉴定。综合两方面，在司法实践中应注意：

(1) 当事人对一审法院委托鉴定人所作的鉴定意见不服，提起上诉并申请重新鉴定的，二审法院如何审查决定

对于该问题，二审法院应先审查：首先，看一审法院审查的情况；其次，看有无可能通过补正、重新质证等方式予以纠正；最后，看二审当事人提出的异议的理由是否充分。此后，二审法院根据以上情况来确定是发回重审或者重新鉴定，还是不接受二审当事人的异议。

(2) 关于二审或者再审中申请鉴定的问题

法官除了审查该鉴定申请是否与查明的案件基本事实有关以及该相关问题是否为必须鉴定才能作出判断等条件外，还需增加审查原审法院是否就相关专门性问题的查明予

以充分关注,并对负有申请责任的举证一方当事人进行了释明。

如果当事人因程序而鉴定不能,法院就不必在二审和再审中启动鉴定程序,这是当事人对其举证权利的处分,不利法律后果自行承担。

如果当事人提交的新证据可能导致重新鉴定,对符合鉴定启动程序的情形,法院应当准许。但是,举证属于逾期举证的,则按照《民事诉讼法》第六十八条处理。也就是说,如果人民法院根据案情和当事人逾期举证的解释理由进行综合判断后,认为该证据不应予以采纳的,鉴定程序就不可能重新启动。如果人民法院采纳了该证据,鉴定程序还是可以重新启动的,但是其会对逾期举证者予以训诫或者罚款。[①]

【法律依据】

最高人民法院《关于民事诉讼证据的若干规定》第四十条 当事人申请重新鉴定,存在下列情形之一的,人民法院应当准许:

(一)鉴定人不具备相应资格的……

四、起诉和受理

案例 219

某太阳能公司、某工程技术公司建设工程施工合同纠纷案

Q: 申请撤回上诉及起诉、申请解除股权质押、申请解除账户冻结、申请解除股权查封等约定,能否申请法院强制执行?

A: 这些约定属于行为的给付,具有明确的内容,可以申请法院强制执行。

裁判案例:(2019)最高法民再 363 号

【裁判观点】

本案民事调解书第三项至第六项内容主要为某工程技术公司自收到某太阳能公司支付的第一笔款项1000万元之日起5日内申请撤回上诉及起诉、申请解除股权质押、申请解除账户冻结、申请解除股权查封等。上述内容属于行为的给付,具有明确的给付内容,山东省高级人民法院(2017)鲁执49号执行裁定及(2017)鲁执异43号异议裁定中关于调解书第三项至第六项没有明确的给付内容、不具有可执行性的认定,是错误的,法院予以纠正。

---

① 参见最高人民法院民事审判第一庭主编:《民事审判实务问答》,法律出版社2021年版,第295-296页。

【实务指引】

对于债权人而言,其所申请执行的法律文书本身应该是内容明确的。债权人经过诉讼、仲裁或者公证程序取得执行依据的,应当在起诉、提起仲裁或者公证时,就提出明确的请求。这样才能使最终的判决、裁决或者公证文书的执行内容是明确的,否则人民法院可能不予立案执行。

法律文书中权利义务主体应明确。这要求生效法律文书从实体上明确权利义务的主体,即明确享有权利的一方和负有给付义务的一方。在执行程序中,更重要的是义务方,也就是被执行人应明确,不应需要执行机构在执行程序中再次行使判断权对执行依据本身应载明的主体予以明确。但追加、变更执行主体是生效判决既判力主观范围的扩张,所以对此应另当别论。

法律文书中给付内容应明确。给付内容既包括支付确定数量的金钱或财物,也包括履行法律文书指定的确定的行为。执行中,可作为执行依据的,多是给付之诉的裁判,但不少变更之诉的裁判也具有给付内容。

【法律依据】

最高人民法院《关于适用〈中华人民共和国民事诉讼法〉的解释》第四百六十一条第一款 当事人申请人民法院执行的生效法律文书应当具备下列条件:

(一)权利义务主体明确;

(二)给付内容明确。

最高人民法院《关于人民法院执行工作若干问题的规定》第十六条 人民法院受理执行案件应当符合下列条件:

……

(3)申请执行的法律文书有给付内容,且执行标的和被执行人明确;

……

五、诉讼主体

案例220

某投资公司、某开发区管理委员会合同纠纷案

Q: 市政府授权区管理委员会与光伏企业签订《投资协议书》,由政府给付扶持资金,光伏企业进行项目建设。现发生纠纷,管理委员会对政府给付的扶持资金是否享有请求权?

A：管理委员会是《投资协议书》的合同当事人，虽然扶持资金是由政府给付的，但对扶持资金的使用、监督、落实都是由管理委员会负责的，因而管理委员会对该笔资金管委会具备请求权。

裁判案例：(2018)桂13民终836号

【裁判观点】

民事法律关系是指由民事法律规范所调整的平等主体之间的人身关系与财产关系，以权利义务为主要内容。本案双方当事人法律关系的基础是合同，即双方签订的《投资协议书》，双方主体地位平等，权利义务以《投资协议书》的约定为依据，协商自治，故属于民事法律关系范畴。对于某投资公司提出的项目扶持资金能否由某开发区管理委员会行使请求权的问题。法院认为，案涉项目投资协议是由某市人民政府授权某开发区管理委员会与某投资公司协商并签订，对扶持资金的使用、监督、落实亦由某开发区管理委员会负责，且投资协议对扶持资金如何使用作了明确的约定，故本案某开发区管理委员会享有请求权。

【实务指引】

《民事诉讼法》中要求原告在提起诉讼时存在"明确的被告"。"明确的被告"应包括两个层面的内容：一是形式上有"明确"的可识别的被告，既要有具体的告诉相对方，明确相对方是谁，又要有具体相对方确切的所在，明确相对方的住所，通过身份和处所两个要素把相对方固定成为"明确"的被告。二是实质上有合适的"被告"，即不仅要明确告诉相对方形式上的身份（姓名、性别、年龄等），还要明确相对方与原告之间的法律关系、法律事实及相关证据。

在立案阶段，"明确的被告"采取形式标准。从《民事诉讼法》的立法本意而言，确定原告的起诉是否符合条件中的"有明确的被告"，主要在于确定被告的身份能否被识别，从而避免被告同他人的身份相混淆。故只要能够通过姓名、性别、住所等内容将被告独立识别出来，原告的起诉就是符合条件的。没有必要要求原告在识别出被告之外，还必须提供准确无疑的住所，从而能够找到被告，向被告直接送达起诉状。

在起诉阶段，"明确的被告"不等于适格被告。法律要求"有明确的被告"，该条件的重点在"有"字，至于该被告是否必须是适格的被告，需要人民法院经民事实体审理后才能作出判断。在原告符合起诉条件的情况下，人民法院如果发现原告的起诉与被告并没有法律关系,即被告不适格的,应裁定驳回原告的起诉。①

【法律依据】

《民事诉讼法》第一百二十二条 起诉必须符合下列条件:

(一)原告是与本案有直接利害关系的公民、法人和其他组织;

(二)有明确的被告;

(三)有具体的诉讼请求和事实、理由;

(四)属于人民法院受理民事诉讼的范围和受诉人民法院管辖。

案例 221

某研究中心公司、某电力工程公司合同纠纷案

Q:某研究中心公司与某电力工程公司分别签订《采购合同》与《光伏发电承包合同》,约定由某研究中心公司负责按照某电力公司的要求加工材料并负责光伏项目的建设。之后某研究中心公司(原承揽人)将《光伏发电承包合同》中的部分内容交由第三方完成。此时某研究中心是否仍然有权向某电力公司主张设备及安装款?

A:原承揽人对第三人工作情况向定作人负责,其仍然是承揽合同当事人,可以提起诉讼。

裁判案例:(2019)湘知民终 241 号

【裁判观点】

法院认为,《合同法》第二百五十三条第二款规定,"承揽人将其承揽的主要工作交由第三人完成的,应当就该第三人完成的工作成果向定作人负责;未经定作人同意的,定作人也可以解除合同"。根据该条规定,承揽人将其承揽的主要工作交由第三人完成,实际系让第三人履行承揽人的合同义务,但承揽合同的当事人仍然是定作人与承揽人,义务人也依然是承揽人,由承揽人对义务履行的情况向定作人负责,即就该第三人完成的工作成果向定作人负责。本案中存在两个案涉合同,即 2014 年 11 月 28 日签订的《采购合同》和 2015 年 5 月 15 日签订的《光伏发电承包合同》(以下简称《承包合同》),合同主体均系本案一审原、被告。即使某变流技术公司将《承包合同》中的发电项目场内部分交由第三方

---

① 参见最高人民法院修改后民事诉讼法贯彻实施工作领导小组:《最高人民法院民事诉讼法司法解释理解与适用(上)》,人民法院出版社 2015 年版。

某电力设备安装公司,但案涉的两份承揽合同的当事人仍然是定作人某电力工程公司和承揽人某变流技术公司,由某变流技术公司对第三方某电力设备安装公司义务履行的情况向某电力工程公司负责。故某变流技术公司作为合同相对人,系涉案合同法律关系的利害关系人,有权基于其与某电力工程公司签订的《采购合同》《承包合同》及相关证据提起诉讼,要求某电力工程公司支付所欠设备款及安装款等。

【实务指引】

该合同建立在定作人对承揽人的工作能力和条件完全信任的基础上,承揽人设备、技术和劳力是决定其工作能力的重要因素,也是定作人选择该承揽人完成工作的决定性因素。承揽人亲自完成主要工作义务的情形有两种:一是承揽合同中已明确约定,承揽人须亲自完成主要工作;二是承揽合同中对此未作明确约定,承揽人也应亲自完成主要工作。

在这两种情形下,承揽人若未亲自为这一义务,即构成违约,此时定作人可以通过两种方式来要求承揽人承担合同责任。一种是通知承揽人解除合同。法律赋予定作人解除合同选择权,是因为承揽合同的订立是基于定作人对承揽人特别的人身信任。如果该承揽人不亲自履行合同,就无法实现定作人订约的目的,那么因解除合同给定作人造成损失的,定作人也可以要求承揽人承担损害赔偿责任。另一种是要求承揽人对第三人完成的工作成果承担相关责任。定作人已知主要工作是承揽人交由第三人完成,但未要求解除合同,则视为定作人同意承揽人将主要工作交由第三人完成。根据合同相对性原则,承揽合同的义务人依然是承揽人,承揽人应当对义务履行的情况向定作人负责,即就第三人完成的工作成果向定作人负责。

【法律依据】

《民法典》第七百七十二条第二款 承揽人将其承揽的主要工作交由第三人完成的,应当就该第三人完成的工作成果向定作人负责;未经定作人同意的,定作人也可以解除合同。

六、行政诉讼受案范围

案例222

某科技公司与某开发区管委会其他行政行为案

Q:某科技公司向某管委会提交在某地点建设光伏项目备案申请并获得备案通知后,某管委会批准了某新能源科技公司在相同的地点的申请。某科技公司能否以该备案通知影响其权益为由提起行政诉讼?

> **A**:在特定条件下光伏项目备案具有行政审批性质,属于可诉的行政行为。
> **裁判案例**:(2017)陕71行终794号

【裁判观点】

本院认为,本案的焦点在于对涉案企业投资项目备案通知性质的认定问题。一般情况下,对行政机关的备案行为是不具有可诉性的,但是如果该备案行为在形式上表现为相对人按照有关规定报备相关材料,而实质上行政机关作出的备案行为,是相对人办理其他手续不可或缺的环节时,该备案行为即具有了行政审批的性质,具有审批性质的备案行为,当然具有可诉性。本案涉案的企业投资项目备案通知从形式看,是对第三人某新能源公司通过备案后有关事项的通知,但是通知也明确指出,接文后需要向有关部门申请办理相关手续,所以备案是企业办理其他手续的前置程序。另外,陕西省发改委《陕西省企业投资项目备案暂行办法》第七条第二款、国家发改委《企业投资项目核准和备案管理办法》第十五条规定,备案机关应当对企业投资项目"合规性"进行审查。上述规定也表明对企业投资项目的备案具有行政审批的性质,因此本案涉案的企业投资项目备案通知具有可诉性。在同一项目地址上,上诉人某科技公司取得备案通知之后,被上诉人某管委会备案同意第三人某新能源公司的申请,某科技公司属于涉案备案通知的利害关系人。原审法院以涉案的企业投资项目备案通知对某科技公司的权利义务不产生实际影响,驳回起诉是错误的。一审法院在继续审理期间,应通知某新能源公司作为第三人参加诉讼。

【实务指引】

产生法律上的效果,是行政行为的重要特征之一。具有可诉性的行政行为必须是行政机关作出的发生法律效果的行为,也就是对行政相对人的权利义务关系产生调整作用的行为。如果行政机关的行为并不产生法律上的效果,则不具备行政行为的特征,亦不属于行政诉讼的受案范围。

此外,是否属于可诉的行政行为,还应当考察该行政行为是否具有对外性、是否属于行政主体作出的行为、是否具有处分性等。

【法律依据】

《企业投资项目核准和备案管理办法》第十六条　对项目核准、备案机关实施的项目核准、备案行为,相关利害关系人有权依法申请行政复议或者提起行政诉讼。

《行政诉讼法》第十二条　人民法院受理公民、法人或者其他组织提起的下列诉讼:

（一）对行政拘留、暂扣或者吊销许可证和执照、责令停产停业、没收违法所得、没收非法财物、罚款、警告等行政处罚不服的；

（二）对限制人身自由或者对财产的查封、扣押、冻结等行政强制措施和行政强制执行不服的；

（三）申请行政许可，行政机关拒绝或者在法定期限内不予答复，或者对行政机关作出的有关行政许可的其他决定不服的；

（四）对行政机关作出的关于确认土地、矿藏、水流、森林、山岭、草原、荒地、滩涂、海域等自然资源的所有权或者使用权的决定不服的；

（五）对征收、征用决定及其补偿决定不服的；

（六）申请行政机关履行保护人身权、财产权等合法权益的法定职责，行政机关拒绝履行或者不予答复的；

（七）认为行政机关侵犯其经营自主权或者农村土地承包经营权、农村土地经营权的；

（八）认为行政机关滥用行政权力排除或者限制竞争的；

（九）认为行政机关违法集资、摊派费用或者违法要求履行其他义务的；

（十）认为行政机关没有依法支付抚恤金、最低生活保障待遇或者社会保险待遇的；

（十一）认为行政机关不依法履行、未按照约定履行或者违法变更、解除政府特许经营协议、土地房屋征收补偿协议等协议的；

（十二）认为行政机关侵犯其他人身权、财产权等合法权益的。

除前款规定外，人民法院受理法律、法规规定可以提起诉讼的其他行政案件。

最高人民法院《关于适用〈中华人民共和国行政诉讼法〉的解释》第一条 公民、法人或者其他组织对行政机关及其工作人员的行政行为不服，依法提起诉讼的，属于人民法院行政诉讼的受案范围。

下列行为不属于人民法院行政诉讼的受案范围：

（一）公安、国家安全等机关依照刑事诉讼法的明确授权实施的行为；

（二）调解行为以及法律规定的仲裁行为；

（三）行政指导行为；

（四）驳回当事人对行政行为提起申诉的重复处理行为；

（五）行政机关作出的不产生外部法律效力的行为；

（六）行政机关为作出行政行为而实施的准备、论证、研究、层报、咨询等过程性行为；

（七）行政机关根据人民法院的生效裁判、协助执行通知书作出的执行行为，但行政机关扩大执行范围或者采取违法方式实施的除外；

（八）上级行政机关基于内部层级监督关系对下级行政机关作出的听取报告、执法检查、督促履责等行为；

（九）行政机关针对信访事项作出的登记、受理、交办、转送、复查、复核意见等行为；

（十）对公民、法人或者其他组织权利义务不产生实际影响的行为。

> **案例 223**
>
> ### 李某某、赵某某与某光伏电力公司、某农林牧公司、某村委会及某能源开发公司土地租赁合同纠纷案
>
> **Q**：光伏工程土地所有权与使用权争议能否直接向法院提起诉讼，解决争议？
> **A**：不能。土地使用权与所有权争议应当由人民政府先行处理。
>
> **裁判案例**：(2019) 陕民申 2114 号

【裁判观点】

李某某主张的 3082 亩土地所有权系某村委会所有，申请人从案外人杨某处转包来该土地并获得使用权，某光伏电力公司亦是从某村委会及某能源开发公司处租赁来土地用于修建光伏发电厂，该土地的所有权仍为某村委会所有，李某某虽主张某光伏电力公司发电厂修建在其有合法使用权的 3082 亩承包土地上，但其主张的 3082 亩承包土地的四至位置与某光伏电力公司所称的 3082 亩承包土地的四至位置并非同一，双方因土地承包经营权的四至范围不明产生的纠纷，实属土地使用权纠纷，故二审依据上述法律规定，认为本案宜由人民政府先行处理，不属于民事案件受理范围，裁定驳回申请人的起诉，并无不当。

【实务指引】

本案涉及如何理解租赁合同内容以及土地承包经营范围的性质认定两个问题。

《民法典》第四百八十八条规定："承诺的内容应当与要约的内容一致。受要约人对要约的内容作出实质性变更的，为新要约。有关合同标的、数量、质量、价款或者报酬、履行期限、履行地点和方式、违约责任和解决争议方法等的变更，是对要约内容的实质性变更。"从合同订立的角度来看，订立租赁合同的双方当事人均明确知晓租赁合同标的的情况。本案中某光伏电力公司从村委会处租赁的土地，其范围并不明确，这实际上导致双方订立的租赁合同的标的不明确。因此，勘定土地范围便成为了明确租赁合同内容的前提条件。《土地管理法》第十四条规定："土地所有权和使用权纠纷，由当事人协商解决；协商不成的，由人民政府处理；单位之间的争议，由县级以上人民政府处理；个人之间、个人与单位之间的争议，由乡级人民政府或者县级以上人民政府处理。"因此，对于承包经营权四至的争议应当先通过地方人民政府解决。待承包经营权范围确定后，再解决租赁合同纠纷。

【法律依据】

《土地管理法》第十四条　土地所有权和使用权争议,由当事人协商解决;协商不成的,由人民政府处理。

单位之间的争议,由县级以上人民政府处理;个人之间、个人与单位之间的争议,由乡级人民政府或者县级以上人民政府处理。

当事人对有关人民政府的处理决定不服的,可以自接到处理决定通知之日起三十日内,向人民法院起诉。

在土地所有权和使用权争议解决前,任何一方不得改变土地利用现状。

案例 224

王某、康某等与某县国土资源局、某县人民政府其他行政行为案

Q：国土资源局与政府发布收回国有草原承包经营权的公告,但未明确具体的收回面积以及补偿方式,草原承包经营权人能否对此公告提起行政诉讼?

A：不能。该公告只是告知当事人参与听证,属于过程性的行政行为,未对当事人的权利义务产生实质性的影响,当事人可待具体行政行为作出后再提起诉讼。

裁判案例：(2018)宁 02 行初 26 号

【裁判观点】

法院认为,根据原、被告各方提交的证据以及法庭调查情况综合分析,被告某县人民政府作出的《某县人民政府收回国有草原承包经营权方案》(2018 年)第 26 号公告和被告某县国土资源局作出的《某县国土资源局收回国有草原承包经营权补偿方案公告》,未明确收回原告具体多少面积的草原承包经营权和给予补偿的具体数额,二被告也未实地对四名原告各自的具体面积进行测量登记,更未作出收回其颁发的草原使用权证的决定。同时被告某县人民政府、某县国土资源局当庭均否认已经正式作出了收回四名原告草原承包经营权的决定,只是为收回四名原告草原承包经营权做准备。两公告是收回四名原告草原承包经营权的过程性行为,待被告某县人民政府批复后,将正式对四名原告草原承包经营权作出具体的收回决定和补偿决定。据此,二被告作出的两份公告,应认定为是收回四名原告草原承包经营权的过程性行为,并未对四名原告的合法权益产生实际影响。过程性行政行为不属人民法院行政诉讼受案范围,四名原告关于请求法院撤销二被告作出的《某县人民政府收回国有草原承包经营权方案》(2018 年)第 26 号公告和《某县国土资源局收回国有草原承包经营权补偿方案公告》,以及责令二被告限期重新作出补偿方案的诉讼请求,法院不予支持。原告可以在二被告正式作出收回草原承包经营权决定和补偿决定后依法维护自己的合法权益。关于四名原告请求法院对某县人民政府《关于明确土地补偿标准的通知》(平政发〔2016〕102号)文件进行合法性审查的诉讼请求,因二被告尚未依据此文件作出补偿决定,未对四名原告的合法权益产生实际影响,法院暂不予审查,对四名原告的该项诉讼请求不予支持。

【实务指引】

《行政诉讼法》第十二条与《行政诉讼法解释》第一条分别从正反两个方面规定了行政诉讼的受案范围。《行政诉讼法》第十二条规定的十二种受案类型具有相同的特征,即行政主体通过一定方式对特定行政相对人的权益产生影响。比较典型的是第一项中的行政拘留和第三项行政许可。这类影响特定行政相对人的行为在学理上被称为"具体行政行为"。针对不特定主体作出的行政行为则被称为"抽象行政行为",如行政法规、规章。而行政诉讼范畴限于具体行政行为。对于"行政行为"而言,其具有拘束力,即"行政行为具有法律规定的或行政机关决定的法律效果,当事人即行政机关和相对人都必须尊重并遵守之。"[1]这使得行政相对人必须依据行政行为的要求行事。由此,行政行为便对行政相对人产生影响。但在实践中,行政行为与行政管理等行为经常一起出现,使得判定某一事件是否属于行政诉讼的受案范围面临困难。最高人民法院在(2020)最高法行申6826号裁定中对于行政诉讼的受案范围做了如下论述:《最高人民法院关于适用〈中华人民共和国行政诉讼法〉的解释》第一条第二款第六项规定,行政机关为作出行政行为而实施的准备、论证、研究、层报、咨询等过程性行为不属于人民法院行政诉讼的受案范围。由此可知,可诉的行政行为需要具备成熟性、终结性。行政机关在作出具有法律效果的行政行为之前,一般要进行一系列的准备工作。这些准备工作并非最终的行政行为,不具备可诉性。在行政机关的准备程序之后,如果存在后续的法律行为,则后续的法律行为才是真正产生法律效果的行政行为。程序性行为的效力通常为最终的行为所吸收和覆盖,当事人可以通过起诉最终的行政行为获得救济。本案中引起争议的是某先政府对征收当地草原而发出的方案。这一方案的发布并未直接对相关行政相对人的产生影响。并且,行政机关针对征收问题尚未作出最终的行政决定。因此,该方案属于过程性的行为。并不具有具体行政行为的性质,并不能对行政相对人发生法律效果。所以不属于行政诉讼的受案范畴。

---

[1] 张正钊、胡锦光主编:《行政法与行政诉讼法》(第四版),中国人民大学出版社2009年版,第103页。

【法律依据】

《行政诉讼法》第二十五条第一款　行政行为的相对人以及其他与行政行为有利害关系的公民、法人或者其他组织,有权提起诉讼。

案例 225

某新能源公司、某县人民政府资源行政管理土地行政管理(土地)案

Q:某新能源公司经过某镇政府同意,拟利用当地土地建设光伏发电项目。土地所有者某村委会认定拟开发土地为未利用土地。某新能源公司向当地发改委提出备案申请,当地政府部门已批复同意项目实施。但是某新能源公司当时尚未获得土地使用权。之后,某县国土资源局将拟用作光伏发电项目的土地性质调整为农用地,致使光伏项目无法建设。某新能源公司能否起诉某县人民政府以维护权利?

A:当事人不是案涉土地合法使用权人,不是适格原告,不能提起行政诉讼。

裁判案例:(2020)豫行终431号

【裁判观点】

法院认为,案涉土地系三屯镇新建村农民集体所有,上诉人某新能源公司并非案涉土地的所有权人,也没有证据证明其是案涉土地的合法使用权人。被上诉人某县人民政府根据三屯镇新建村的申请,作出《关于2018年某县三屯镇新建村等2个镇4个村耕地提质改造项目开发未利用地的意见》,同意将新建村未利用地开发为耕地,对某新能源公司的权利义务不产生实际影响,某新能源公司与某县政府作出上述意见的行为没有利害关系,不具备提起本案诉讼的资格,一审法院裁定驳回起诉结论正确。至于某新能源公司主张某县人民政府的行为导致其不能使用土地的问题,可以通过其他程序解决。

【实务指引】

对于行政诉讼而言,行政诉讼原告是指认为行政机关的具体行政行为侵犯其合法权益,而依法以自己的名义向法院起诉的公民、法人或者其他组织。原告的法律特征是:(1)认为具体行政行为侵犯其合法权益;(2)以自己的名义向法院起诉;(3)受法院的裁判拘束。认为具体行政行为侵犯其合法权益,既是原告的特征之一,也是对原告资格的规定。从诉讼权利能力的角度来看,公民、法人或者其他组织都具有在行政诉讼中充当原告的资格,但公民、法人或者其他组织要成为某一特定案件的原告,必须是与具体行政行为有法律上利害关系而不服该行为或认为具体行政行为侵犯了自己的合法权益。行政诉讼原告有公民、法人和其他组织三类。[①] 这类具有充当原告资格的诉讼参与人被称为适格原告。

上述对行政诉讼原告和行政诉讼原告适格的讨论实际上采用了同一个标准,即"利害关系"。在(2016)最高法行申2560号裁定中,最高院认为:行政诉讼的原告资格关系到什么样的人有权提起行政诉讼并启动对行政行为的司法审查。因而,原告资格问题实质上也是诉权问题。通说认为,诉权概念的产生有其历史背景,当时是为了拒绝这样一种观点:行政诉讼是一种客观合法性审查。客观合法性审查事实上会导致个人可以主张他人的权利乃至民众的权利,会把行政诉讼变成一种民众诉讼。但行政诉讼制度之发端,终究是为了对每一个其自身权利受到侵害的个人提供法律保护。《行政诉讼法》第二条第一款规定:"公民、法人或者其他组织认为行政机关和行政机关工作人员的行政行为侵犯其合法权益,有权依照本法向人民法院提起诉讼。"就体现了这样一种更加侧重权利救济的主观诉讼性质。对于原告资格,行政诉讼法 第二十五条第一款又进一步作出具体规定:"行政行为的相对人以及其他与行政行为有利害关系的公民、法人或者其他组织,有权提起诉讼。"该条虽然看似将适格原告区分为两大类,但事实上适用了一个相同的标准,这就是"利害关系"。通常情况下,行政行为的相对人总是有诉权的,因为一个不利行政行为给他造成的权利侵害之可能显而易见。因而,有人把行政相对人称为"明显的当事人"。但是,可能受到行政行为侵害的绝不仅仅限于直接相对人。为了保证直接相对人以外的公民、法人或者其他组织的诉权,而又不使这种诉权的行使"失控",法律才限定了一个"利害关系"的标准。所谓"利害关系",也就是有可能受到行政行为的不利影响。具体要考虑以下三个要素:是否存在一项权利;该权利是否属于原告的主观权利;该权利是否可能受到了被诉行政行为的侵害。但是在本案中,某能源公司并未举证证明其与政府部门作出的土地性质改变决定之间具有利害关系。本案中,某新能源公司并不是土地的所有权人,也不能证明自己是使用权人。这意味着其权益并未收到行政决定的损害。自然也无法以原告的身份提起行政诉讼。

【法律依据】

《行政诉讼法》第四十九条　提起诉讼应当符合下列条件:

(一)原告是符合本法第二十五条规定的公民、法人或者其他组织;

(二)有明确的被告;

(三)有具体的诉讼请求和事实根据;

(四)属于人民法院受案范围和受诉人民法院管辖。

[①] 张正钊、胡锦光主编:《行政法与行政诉讼法》(第四版),中国人民大学出版社2009年版,第302页。

七、行政协议诉讼

> **案例 226**
>
> **某设备安装公司与某县政府合同纠纷案**
>
> **Q**：某设备安装公司与某县政府签订合作协议，约定了一方支付定金，开工建设，另一方取得开发指标的权利义务关系，该协议的性质为民事协议还是行政协议？
>
> **A**：综合协议内容，虽然约定了双方权利义务关系，但双方地位并不平等，协议是为了实现行政管理和公共服务目标，并非行政机关自身民事利益，故为行政协议。
>
> **裁判案例**：(2020)晋民终369号

【裁判观点】

某设备安装公司与某县政府于2016年6月13日签订《投资合作协议》，于2016年8月签订《补充协议》。从协议签订的主体来看，签订协议的一方是某县政府，是行使公权力的行政机关。从签订协议的目的来看，案涉协议约定双方订立协议的性质为政府招商引资，旨在引进企业投资，发展地方经济，某县政府为引资、协调和监督主体，不作为引资项目具体实施的民事主体。由此可见，该协议的签订是为了实现行政管理和公共服务目标，其目的具有公益性，而非满足和实现作为机关法人某县政府自身的民事权益，符合行政协议签订的目的要素。从签订协议的内容来看，案涉协议约定了双方的权利义务，某县政府按照相关规定落实某设备安装公司或项目公司享受国家有关税收优惠政策。某设备安装公司或项目公司在建设和投产运营期间必须服从某县政府的监督管理，认真履行社会义务，积极参与某县扶贫、旅游文化、社会事业和城市建设。该约定具有监督与管理的关系，属于行政法上权利义务的内容。故上述双方当事人签订的协议及其补充协议符合行政协议的构成要素，属于行政协议，由此所引起的纠纷不属于人民法院受理民事诉讼的范围。

【实务指引】

行政协议的核心征体现在以下几个方面：一是主体上系行政机关与私人之间的行为；二是客体上属于行政法领域；三是外形上系由行政机关与公民、法人或其他组织协商一致所签订的合同；四是法律效果上系创设、变更或消灭某种权利和义务。

从行政协议规定的内容来看，行政协议应当包含以下四个方面的要素：(1)主体要素。行政协议是行政机关与公民、法人或其他组织之间订立的协议。(2)目的要素。为了实现行政管理或公共服务目标。(3)意思要素。根据一般法律理论特别是民法上的研究成果,合同是两方或多方法律主体实现特定法律后果的协议,是通过相互要价、以共同法律后果为目标的意思表示。(4)内容要素。具有行政法上权利和义务。

【法律依据】

最高人民法院《关于审理行政协议案件若干问题的规定》第一条　行政机关为了实现行政管理或者公共服务目标,与公民、法人或者其他组织协商订立的具有行政法上权利义务内容的协议,属于行政诉讼法第十二条第一款第十一项规定的行政协议。

第二编

风电项目

PART 02

第一章 风电项目《民法典》总则法律纠纷

一、法人

1. 法定代表人

案例 227

某研究公司、某能源技术公司买卖合同纠纷案

Q：某研究公司与某能源技术公司签订《研发技术服务合同》。之后双方发生纠纷。某能源技术公司提起诉讼，起诉状有法定代表人陈某签字，且提供了陈某作为法定代表人的身份证明。某研究公司以陈某违反某能源技术公司章程，不具备提起诉讼的权利且某能源技术公司的法定代表人已经变更为由提出抗辩。该主张能否得到支持？

A：没有证据证明风电公司已办理法定代表人变更工商登记，且法定代表人没有违反公司章程第三十三条第四项的规定，则为有效行为。

裁判案例：(2020) 粤民终 1513 号

【裁判观点】

法院认为，《民法总则》第六十一条规定，"依照法律或者法人章程的规定，代表法人从事民事活动的负责人，为法人的法定代表人。法定代表人以法人名义从事的民事活动，其法律后果由法人承受。法人章程或者法人权力机构对法定代表人代表权的限制，不得对抗善意相对人"。《企业法人登记管理条例》（2019 年修订）第十一条规定，"登记主管机关核准登记注册的企业法人的法定代表人是代表企业行使职权的签字人。法定代表人的签字应当向登记主管机关备案"。本案中，某能源技术公司以公司名义提起诉讼，本案起诉状由某能源技术公司现工商登记的法定代表人陈某某签署，并加盖某能源技术公司现备案登记的公司公章。据此，某能源技术公司提起本案诉讼符合法律规定的形式要件，在没有相反证据的情况下，应认定本案诉讼的提起为某能源技术公司的真实意思表示。

【实务指引】

法人作为组织体参与经济或社会事务,客观上必须由自然人代为进行,这些代法人实施法律行为的自然人,在法学理论上称为法人的代表人,即法定代表人。法定代表人是根据法律或者章程产生的,其代表权应当来源于法律规定或者章程规定。

在审判实务中,对于法定代表人的行为需要区分是职务行为还是个人行为,故判断法定代表人行为是否应当归属于法人时,首先应当着眼于是否为职务行为,而不能简单地认为法定代表人所有以法人名义实施的行为均由法人承担后果。只有法定代表人在法律规定或者法人章程规定的权限范围内以法人名义从事的民事活动,其法律后果才由法人承受;其超越法律或者法人章程的规定行使代表权,构成越权代表,但是法人章程或者权力机构对法定代表人的代表权的限制,不得对抗善意第三人。所以,法定代表人超越法人章程或者权力机构的限制,以法人名义从事的民事活动,其法律后果原则上仍应由法人承担,除非法人能够证明该第三人并非善意。

【法律依据】

《民法典》第六十一条 依照法律或者法人章程的规定,代表法人从事民事活动的负责人,为法人的法定代表人。

法定代表人以法人名义从事的民事活动,其法律后果由法人承受。

法人章程或者法人权力机构对法定代表人代表权的限制,不得对抗善意相对人。

2. 法人合并、分立的权利义务承担

案例 228

某齿轮箱公司、某风能公司买卖合同纠纷案

Q: 某风电公司与某风能公司自 2014 年开始陆续签订八份合同。2018 年 9 月,某风电公司将其对某风能公司的债权转让给某齿轮箱公司。2018 年 12 月 7 日,某风电公司注销,与某齿轮箱公司合并。某风电公司认为某风电公司债权转让的行为对其不发生效力,拒绝向某齿轮箱公司支付欠款。该主张能否获得支持?

A: 可以。法人合并的,应视为债权转让已通知风电采购方,债权转让对债务人发生效力。

裁判案例:(2020)浙 01 民初 471 号

【裁判观点】

首先,某风电公司和某风能公司签订的一系列合同系当事人真实意思表示,不违反法律、行政法规的强制性规定,应认定有效,双方应按约享受权利及履行义务;其次,某风电公司现已被某齿轮箱公司吸收合并,涉案债权转让给某齿轮箱公司。某齿轮箱公司现以诉讼形式向某风能公司主张债权,结合《中华人民共和国民法总则》第六十七条的规定,"法人合并的,其权利和义务由合并后的法人享有和承担",应视为涉案债权转让已通知某风能公司,对某风能公司发生效力。

【实务指引】

《民法典》第六十七条规定,法人合并的,其权利和义务由合并后的法人享有和承担。这一规定属于法定的债权让与和债务承担规则。具言之,这一规定认为法人的合并对变更前的法人所享有的债权和承担的债务产生的影响为债权让与和债务承担。因此,变更后新成立的法人自然享有变更前法人的权利并承担变更前法人的义务。

【法律依据】

《民法典》第六十七条 法人合并的,其权利和义务由合并后的法人享有和承担。

法人分立的,其权利和义务由分立后的法人享有连带债权,承担连带债务,但是债权人和债务人另有约定的除外。

二、民事法律行为

1. 意思表示的解释

案例229

某风力发电公司、某风电技术公司建设工程施工合同纠纷案

Q: 某风力发电公司与某风电技术公司签订《总承包合同》,约定由某风电技术公司承建风电项目。合同专用条款约定的施工范围包括:施工范围包含通信和控制设备及安装、消防系统、交通工程,通信和控制设备及安装包括监控系统和控制电缆两方面内容,其中,监控系统是否包含安装厂区的视频防盗监控系统?

A: 不包含。从文义解释、目的解释、体系解释以及诚信原则角度来看,施工范围内的监控系统应为支撑案涉工程运行的监控系统,并非工程风力发电所需要的安装在四周围墙之上的视频防盗系统。

裁判案例: (2020)最高法民终982号

【裁判观点】

《民法总则》第一百四十二条第一款规定："有相对人的意思表示的解释,应当按照所使用的词句,结合相关条款、行为的性质和目的、习惯以及诚信原则,确定意思表示的含义。"根据上述法律规定,应从文义解释、体系解释和诚信原则等方面,综合确定案涉《总承包合同》所约定的监控系统的具体所指。

首先,从合同文义及当事人的缔约目的来看,案涉《总承包合同》中约定的承包人施工内容不应包括发包人所称的案涉升压站为防盗而应安装的视频防盗系统。一方面,案涉《总承包合同》约定的文义为"监控系统",该约定从字面表述上看不包含视频监控的内容;另一方面,就该监控系统与案涉工程的关系来看,应为支撑案涉工程运行的监控系统。发包人公司所主张的视频监控系统并非案涉工程风力发电所需要,而系工程之外为防止发包人升压站财产丢失而安装在四周围墙之上的视频防盗系统。从发包人于2014年12月24日占有使用案涉工程并网发电至2018年12月30日解网的情况来看,案涉工程所需要支撑案涉工程运行的监控系统已经安装,且正常运行。故就发包人缔约目的而言,当事人争议的监控系统不应为其所主张的为防盗而安装的视频防盗监控系统。

其次,从体系上看,该监控系统属于"通信和控制设备及安装"项下的内容。根据《总承包合同》约定,某风电技术公司负责案涉工程的总承包建设,"通信和控制设备及安装"系风电场内相关发电设备应施工完成的相关内容,而法院在2020年10月20日对案涉工程进行现场勘察的过程中,发包人自认案涉工程发电运行过程中的监控系统已经安装。故从体系解释来看,案涉合同所约定的监控系统是与案涉风电场建设及风力发电有关的监控系统。发包人主张的视频监控系统系为该场站防盗而安装在四周院墙上的视频防盗系统,故从体系角度来解释很难将视频监控系统与案涉工程运行中风力发电的监控相联系。就此而言,发包人的主张很难符合案涉合同的体系解释要求。

最后,从诚信原则上看,2014年6月12日发包人向承包人发出表扬信,载明"目前33基箱变基础全部完成,场内检修道路返修施工已基本完成,升压站各配电装置基础全部完成"。据此,发包人对承包人已经完成的升压站各配电装置基础工程作出了书面认可。这也说明,其对于案涉监控系统非为防盗监控系统有较为明确的认知,否则其自然在工作联系函件中会指出案涉施工所存在的漏项问题。

综合以上三个方面的因素,承包人主张其已经完成了合同约定的监控系统的安装义务,具有事实依据。至于发包人主张承包人未安装厂区的视频防盗监控系统,故案涉《总承包合同》约定的施工义务未履行的上诉理由,依据不足。

【实务指引】

在当事人就意思表示本身的用语发生争议后,对于相关的用语本身,应当以一个普通人的合理理解为标准进行解释。若意思表示的词句清楚明白,则不需要解释,但是如果出现意思表示所使用的词句不清楚、模棱两可,有两种以上的含义时,就需要对意思表示进行解释。

在有相对人的意思表示的场合,首先要按照所使用的词句进行解释,然后再结合行为的性质和目的进行解释,还可以再结合习惯进行解释。若结合习惯也解释不清的,就需要结合诚信原则进行解释。一般情况下,只有在其他原则难以适用的情况下,才会采用诚信原则进行解释,主要原因是:一方面,诚信原则比较抽象,主要依赖某种道德、公平的观念来解释意思表示;另一方面,诚信原则主要适用于合同存在漏洞的情况。

【法律依据】

《民法典》第一百四十二条　有相对人的意思表示的解释,应当按照所使用的词句,结合相关条款、行为的性质和目的、习惯以及诚信原则,确定意思表示的含义。

无相对人的意思表示的解释,不能完全拘泥于所使用的词句,而应当结合相关条款、行为的性质和目的、习惯以及诚信原则,确定行为人的真实意思。

2. 民事法律行为有效的条件

案例 230

某风力发电公司、某风电技术公司买卖合同纠纷案

Q:风电场未竣工验收,升压站已经验收,项目已经并网发电,是否意味着建设单位与风电公司在《销售合同》中的约定"风电场工程竣工验收6个月内筹措资金用于支付风电公司垫付款项、利息"的付款条件已经成就?

A:付款条件已经成就。工程虽未竣工验收,但升压站已经验收,项目已经并网发电,即建设单位已经实际使用该工程。

裁判案例:(2020)最高法民终713号

【裁判观点】

关于发包人给付承包人案涉款项的付款条件成就的认定是否存在错误。案涉《垫资协议》第3.1条约定,发包人承诺在工程竣工验收后6个月内筹措资金用于支付承包人垫付款项、利息。最高人民法院《关于审理建设工程施工合同纠纷案件适用法律问题的解释》第十四条规定:"当事人对建设工程实际竣工日期有争议的,按照以下情形分别处理:……(三)建设工程未经竣工验收,发包人擅自使用的,以转移占有建设工程之日为竣工日期。"本案中,案涉工程虽未竣工验收,但发包人已于 2014 年 12 月 24 日签字同意接管案涉工程的升压站,且该工程项目已于 2014 年 12 月 24 日并网,即发包人已经实际使用该工程。根据上述规定,可以认定案涉该工程于 2014 年 12 月 24 日竣工。虽然原审判决以《销售合同》约定的付款条件为依据,认定付款条件已经满足与上述约定不符,但原审判决据此认定的给付款项时间迟于根据《垫资协议》约定的付款条件成就时间,该认定对发包人有利,原审判决对付款时间的认定存在错误并不损害发包人的实体权利。

【实务指引】

在审判实践中,经常会遇到关于延期竣工纠纷案件是否已过诉讼时效问题,双方在建设工程施工合同中约定了竣工日期,但实际竣工日期晚于合同约定的竣工日期。发包人起诉后,涉及时效起算问题时,其通常主张以发生在后的实际竣工验收时间作为起算点,并要求按合同约定追究承包方逾期竣工的违约责任。承包方往往主张按照合同约定的工程竣工时间作为起算点,理由是如果没有按照约定时间竣工,对方就知道或应当知道自己的权利已经被侵害,就应当及时开始主张权利,超过三年诉讼时效期间的,就将丧失案件的胜诉权。在此类纠纷中,人民法院要根据查明的案件事实,对造成实际竣工时间延迟的原因和责任进行认定,科学准确地确定诉讼时效起算点,妥善对当事人起诉时是否超过诉讼时效作出判定。

在建设工程施工合同纠纷中,对交付概念的把握要全面。建设工程的交付,除建筑物本身的交接以外,承包方应同时交付完整的工程技术资料,包括竣工图、材料设备的使用说明和零部件或备件,并符合国家有关工程竣工交付的其他条件。如果工程交付时承包人未交付法定的相关图纸、资料且发包人未使用工程的,视为未交付;发包人已使用的,承包人承担延期交付工程技术资料的违约责任。

【法律依据】

最高人民法院《关于审理建设工程施工合同纠纷案件适用法律问题的解释(一)》第九条 当事人对建设工程实际竣工日期有争议的,人民法院应当分别按照以下情形予以认定:

(一)建设工程经竣工验收合格的,以竣工验收合格之日为竣工日期;

(二)承包人已经提交竣工验收报告,发包人拖延验收的,以承包人提交验收报告之日为竣工日期;

(三)建设工程未经竣工验收,发包人擅自使用的,以转移占有建设工程之日为竣工日期。

三、代理

职务代理

> **案例 231**
>
> **某风电公司、某工程公司买卖合同纠纷案**
>
> Q:风电公司分公司或项目部的负责人在其经营范围内,以总公司或分公司项目部的名义对外实施民事法律行为,是否对风电总公司产生约束力?
>
> A:产生。即使风电总公司对其分公司的职权有内部限制性规定,但该规定也不能对抗善意第三人。
>
> 裁判案例:(2020)辽 09 民终 609 号

【裁判观点】

法院认为,除总公司对分公司或项目部负责人的职权有内部约定外,分公司或项目部的负责人有权在其经营范围内以总公司或分公司、项目部的名义对外实施民事法律行为。某风电公司未提供证据证明其对风电工程项目部负责人的职权有内部限制性规定,即使某风电公司对其风电工程项目部负责人的职权有内部限制性规定,该规定也不能对抗善意第三人。因此涉案的三方协议合法有效,对某风电公司有约束力。据此对某风电公司提出的某风电公司风电工程项目部无权签订涉案的三方协议,该协议对其没有约束力的抗辩主张不予采纳。

【实务指引】

《民法典》第一百七十条规定,执行法人或者非法人组织工作任务的人员,就其职权范围内的事项,以法人或者非法人组织的名义实施的民事法律行为,对法人或者非法人组织发生效力。这是《民法典》对于职务代理的规定。由于职务代理人的职权范围属于法人内部事宜,外界一般无法得知。因此,法人或者非法人组织对执行其工作任务的人员职权范围的限制,不得对抗善意相对人。如果工作人员实施了超越该法人或者非法人组织的经营范围时,人民法院不能因此认定合同无效,但违反国家限制经营、特许经营以及法律、行政法规的禁止经营规定的除外。因此,本案中职务代理人订立的合同对法人发生效力。

【法律依据】

《民法典》第一百七十条　执行法人或者非法人组织工作任务的人员,就其职权范围内的事项,以法人或者非法人组织的名义实施的民事法律行为,对法人或者非法人组织发生效力。

法人或者非法人组织对执行其工作任务的人员职权范围的限制,不得对抗善意相对人。

案例 232

某混凝土公司与某工程公司买卖合同纠纷案

Q:某工程公司承建某风电项目并设立项目部。2014 年 5 月某工程公司项目部与某混凝土公司签订《销售合同》,约定某混凝土公司提供预拌混凝土。黄某作为项目部委托代理人在合同上签名,并加盖项目部公章。之后某工程公司以黄某伪造项目部印章与某混凝土公司签订《销售合同》为由拒绝向某混凝土公司支付合同价款,该主张能否获得支持?

A:不能。法人或者非法人组织对执行其工作任务的人员职权范围的限制,不得对抗善意相对人。

裁判案例:(2015)皖民二终字第 00853 号

【裁判观点】

首先,案涉《销售合同》系以某工程公司设立的某项目部名义签订的,并加盖了项目部的真实印章,某工程公司虽称该印章系黄某盗盖的,但并未提供相应的证据证明。即便该印章是黄某盗盖的,某工程公司亦未能举证证明某混凝土公司在签订合同时对黄某盗盖印章一事是明知的,故作为善意的合同相对人,某混凝土公司有理由相信黄某的行为系代表某工程公司。其次,案涉《对账单》《付款协议》上加盖的印章经鉴定虽与某工程公司提交鉴定的样本印章不一致,但如前所述,黄某系作为某项目部的代表与某混凝土公司签订的《销售合同》,由于《对账单》《付款协议》系《销售合同》的具体履行,故黄某在《对账单》《付款协议》中签字的行为亦应认定系代表某工程公司。最后,案涉混凝土已实际用于某项目部工地,且某工程公司在另案中对黄某代表某项目部与案外人签订《钢材买卖合同》予以认可的行为,也佐证了黄某可以代表某项目部对外进行签约。综上,某工程公司此节上诉理由不能成立,某混凝土公司已按约履行供货义务,某工程公司亦应当承担支付货款的义务。

【实务指引】

越权职务代理多类推适用表见代理制度,行为人没有代表权、超越代表权或者代表权终止后以代表人名义实施民事法律行为,相对人有理由相信行为人有代表权的,行为人实施的法律效果归于被代表人。从法律后果看,法律明确规定了职权限制不得对抗善意相对人,也就是说,只要交易相对人对该职权限制不知情,即可产生合法有效职务代理的法律后果。从构成要件看,并没有表见代理要求相对人举证证明其有理由相信代理人有代理权的这一要件,因此,在符合《民法典》中关于表见代理的情况下,无须再结合本法第一百七十一条关于无权代理的规定作出判断。在此需要注意的是,代理人所实施的行为如果超出其职权范围,即超出了被代理人的授权范围,应当属于无权代理的情形,同时在符合《民法典》第一百七十二条规定的情形下,也可以构成表见代理。

在表见代理的情形下,表见代理人实施的民事法律行为由被代理人承担。本案中,黄某以某工程公司的名义对外磋商并订立合同,被代理人某工程公司未能提供证据证明对方当事人明知黄某无代理权,此时应当保护对方当事人基于黄某对外做出的其拥有代理权的表现而产生的合理信赖。这也是本案中被代理人败诉的原因。实践中,由于法人内部在印章管理上的疏忽引发的合同纠纷层出不穷,各公司可以从内部印章管理流程以及授权委托材料留存等途径入手,完善印章及授权管理,降低相关风险。

【法律依据】

《民法典》第一百七十条　执行法人或者非法人组织工作任务的人员,就其职权范围内的事项,以法人或者非法人组织的名义实施的民事法律行为,对法人或者非法人组织发生效力。

法人或者非法人组织对执行其工作任务的人员职权范围的限制,不得对抗善意相对人。

四、不可抗力

案例233

某实业公司与某节能科技公司服务合同纠纷案

Q: 某实业公司与某节能科技公司签订《能源管理服务合同》,约定由某节能科技公司负责某实业公司的能源整合改造以及污水回收工程,节能效益双方分享。合同履行过程中,某实业公司以国家对再生能源出台新政策为由关停了部分设备,并以出现不可抗力为由拒绝履行合同。该主张能否获得支持?

A: 国家对风电产业作出了新的政策调整,导致整个产业业务量严重下滑,属于正常的市场风险,并非不可抗力。

裁判案例: (2020)陕10民终69号

【裁判观点】

上诉人某实业公司和被上诉人某节能科技公司签订的《能源管理服务合同》合法有效，具有法律约束力，双方应当全面履行。按照双方合同的约定，某实业公司能在20%的区域内调整，但上诉人将案涉生产设备整体关闭，显然违约。尽管在2018年和2019年国家对再生能源产业作出了新的政策调整，导致整个光伏产业业务量严重下滑，但是这属于正常的市场风险，并非不可抗力。目前双方的合同还具有法律效力，并没有解除，上诉人还应当依照合同的约定，全面履行。如果上诉人认为基于各种原因该合同继续履行会给自己造成更大损失，合同已经不具有履行的价值，那么上诉人应当另行主张解除合同。故一审判决认定事实清楚，适用法律正确，上诉人的上诉请求不能成立。

【实务指引】

本案中，商洛某公司与上海某公司签订服务合同，约定上海某公司为商洛某公司能源整合改造工程、污水回收工程提供技术服务，双方分享节能效益。商洛某公司可以将其车间区域作为基础，在该范围内增开或者关闭20%的区域，在这一范围内的关闭行为属于正常的生产调整，不构成违约。在合同履行过程中，商洛某公司主张由于政策调整无法履行合同便将节能设备全部关闭，上海某公司认为在当前设备全部关闭的情况下无法实现合同目的，商洛某公司主张国家政策调整属于不可抗力。不可抗力与商业风险的区别在于是否具有可预见性。根据《民法典》第一百八十条的规定，不可抗力是指不能预见、不能避免且不能克服的客观情况；商业风险对于当事人而言是可以预见的。近些年来，国家出台了多项政策对新能源领域加以调整，因此对这一领域中政策变动的局势当事人在订立合同时应当了解。因此，商洛某公司主张政策变动属于不可抗力，其不构成违约的主张不能得到支持。

笔者以为，二审法院的裁判值得进一步分析。法院认为，上诉人认为基于各种原因该合同继续履行会给自己造成更大损失，合同已经不具有履行的价值，那么上诉人应当另行主张解除合同。法院的表述可以理解为如果政策变动对当事人的影响过大，影响了合同订立的基础，则当事人可以向法院起诉解除合同。根据《民法典》第五百三十三条的规定，合同成立后，合同的基础条件发生了当事人在订立合同时无法预见的、不属于商业风险的重大变化，继续履行合同对于当事人一方明显不公平的，受不利影响的当事人可以与对方重新协商；在合理期限内协商不成的，当事人可以请求人民法院或者仲裁机构变更或者解除合同。结合法院的表述，法院似乎认为政策变动有可能构成情势变更，那么当事人可以援引情势变更条款主张解除合同。但是这一表述与判决中对政策变化作出的认定结果不符。根据法院的认定，本案的政策变动属于可预见的商业风险。如果政策变动构成情势变更，那么当事人在订立合同时便无法预见此类变化。

【法律依据】

《民法典》第一百八十条　因不可抗力不能履行民事义务的,不承担民事责任。法律另有规定的,依照其规定。

不可抗力是不能预见、不能避免且不能克服的客观情况。

第二章　风电项目物权法律纠纷

一、所有权

案例 234

官某甲、官某乙与某村民小组、某风力发电公司林业承包合同纠纷案

Q：某风力发电公司因风电项目建设的需要依法征收某村民小组所有的林地。林地的承包人能否要求获得征地的土地补偿费、安置补偿费？

A：土地补偿费归农村集体经济组织所有，该费用可根据地方征地补偿规定，分发到林地使用权人。

裁判案例：（2015）莆民终字第1582号

【裁判观点】

本院审查认为，因涉案林地所有人某村民小组于1983年已将林地分配给被上诉人长期经营使用，允许继承。现因涉案林地中有17.69亩林地被征用，从而造成被上诉人永久丧失该17.69亩林地的使用权。故被上诉人官某甲、官某乙作为涉案林地的使用权人可相应获得被征用的17.69亩林地补偿款和安置补助费。上诉人某村民小组主张被征用林地的补偿款归其所有理由不能成立，本院不予支持。

【实务指引】

土地补偿费归农村集体经济组织所有，地上附着物及青苗补偿费归地上附着物及青苗的所有者所有。因涉案林地所有人某村民小组于1983年已将林地分配给被上诉人长期经营使用，故上诉人主张被征用林地的补偿归其所有理由不能成立，征用土地的安置补助费必须专款专用，不得挪作他用。需要安置的人员由农村集体经济组织安置的，安置补助费支付给农村集体经济组织；由其他单位安置的，安置补助费支付给安置单位；不需要统一安置的，安置补助费发放给被安置人员个人或者征得被安置人员同意后用于支付被安置人员的保险费用。市、县和乡(镇)人民政府应当加强对安置补助费使用情况的监督。关于地上附着物及青苗补偿费的支付问题,行政机关虽主张其已经将地上附着物及青苗补偿费足额拨付给村委会,并由村委会足额发放给被征地的村民,但其未提供相关证据予以证明。

【法律依据】

《土地管理法实施条例》第三十二条 省、自治区、直辖市应当制定公布区片综合地价,确定征收农用地的土地补偿费、安置补助费标准,并制定土地补偿费、安置补助费分配办法。

地上附着物和青苗等的补偿费用,归其所有权人所有。

社会保障费用主要用于符合条件的被征地农民的养老保险等社会保险缴费补贴,按照省、自治区、直辖市的规定单独列支。

申请征收土地的县级以上地方人民政府应当及时落实土地补偿费、安置补助费、农村村民住宅以及其他地上附着物和青苗等的补偿费用、社会保障费用等,并保证足额到位,专款专用。有关费用未足额到位的,不得批准征收土地。

二、用益物权

1. 被征收、征用时用益物权人的补偿请求权

案例235

郑某、某电力公司物权保护纠纷案

Q: 架空电力线路的杆、塔基础用地是否需要办理用地审批手续?

A: 不需要。仅需要给予架空电力线路的杆、塔基础用地的土地使用权人或土地承包经营权人一次性经济补偿。

裁判案例: (2020)闽01民终5838号

【裁判观点】

案涉工程项目属于电网公共利益建设项目,相关审批手续合法。本案中,某电力公司在郑某承包的土地上建设塔基,根据《福建省电网建设若干规定》的规定,没有明确规定应当办理土地审批手续的,按征用土地的相关标准给予一次性的补偿。现国网某供电公司实际已支付了相应补偿款,郑某的上诉主张,没有事实和法律依据,不予采纳。

【实务指引】

一直以来,我国的项目建设需要使用土地的,均须依法申请使用国有土地,取得方式通常为划拨和出让(最新修正的《土地管理法》已经允许集体经营性建设用地入市,但全面铺开尚须时日)。建设项目占用土地,涉及农用地转为建设用地的,应当办理农用地转用审批手续。因此,对于特高压和新能源项目本身永久占地,如风机基础、升压站、综合楼等永久用地部分,以及特高压电网的塔基、换流站等用地部分,原则上均应按照建设用地进行管理。

根据我国的《土地管理法》和划拨用地的相关规定,特高压输电项目的塔杆、巡线站、检修道路以及变(配)电装置、换流站和输变电工区等设施用地,以及新能源发电工程电机、厢变、输电(含专用送出工程)、变电站设施,资源观测设施等属于《划拨用地目录》的范畴。因此,对于特高压和新能源项目,其永久用地部分在依法转为国有建设用地后,可以采用划拨方式获得土地使用权。

【法律依据】

《福建省电网建设若干规定》第五条　电网建设项目需征用土地的,应依法办理用地手续并支付土地补偿费和土地规费。项目竣工后,电网企业应及时办理土地登记手续。架空电力线路的杆、塔基础用地无须办理土地使用权证,按征用土地的相关标准一次性支付补偿费用。架空电力线走廊和地下电力设施用地不实行征地。

《福建省电力设施建设保护和供用电秩序维护条例》第十五条　架空电力线路走廊和地下电缆通道建设不实行土地征收。电力建设单位应当对杆塔基础用地的土地使用权人或者土地承包经营权人给予一次性经济补偿。因电力设施建设及其相关活动,对原海域使用权人造成损失的,应当依法给予相应赔偿。因电力建设使用海域的需要,提前收回海域使用权的,原批准用海的人民政府应当依法对原海域使用权人给予相应补偿。

2. 土地承包经营权

案例 236

吴某甲、吴某乙农村土地承包合同纠纷案

Q: 被建设风电项目占用土地的承包人可以主张什么费用?
A: 地上附着物和青苗等的补偿费用。
裁判案例: (2018)鲁 13 民终 1503 号

【裁判观点】

《土地管理法实施条例》第二十六条规定,土地补偿费归农村集体经济组织所有,土地附着物及青苗补偿费归地上附着物及青苗的所有者所有。根据上述法律的明确规定,本案中土地补偿款归某村委所有,吴某甲、吴某乙对土地补偿款是没有权利主张的,因土地所有权归第三人某村委所有,吴某甲、吴某乙对土地只有使用权,没有所有权。吴某甲、吴某乙只对风电公司占用其承包地上的地上附着物及青苗的补偿款享有权利。

【实务指引】

关于本案被建设风电项目占用土地的承包人可以主张什么补偿费用的问题。实践中,承包地征收补偿存在较大争议的问题是如何认定承包地征收补偿费用分配纠纷中的主体资格。由于没有法律的明确规定,而且司法解释也未对集体经济组织成员资格作出规定,故此问题在理论上和实务上存在不少争议。

从认定的模式上看,人民法院在认定集体经济成员资格的标准上大概存在以下三种模式:(1)采取单一标准的方法,即以是否有农村集体经济组织所在地常住户口作为标准来判断;(2)采取符合标准的方法,即以户口标准和是否在本集体经济组织所在地长期生产生活来判断;(3)采取权利义务关系是否形成的方法,即以是否必须与本集体经济组织形成事实上的权利义务关系及管理关系来判断。为此,如何处理类问题的纷争,值得关注。从最高人民法院的态度看,其对集体经济成员资格的认定标准,基本上采纳了第二种模式。如《第八次全国法院民事商事审判工作会议(民事部分)纪要》第二十三条明确规定,审理土地补偿费分配纠纷时,要在现行法律规定框架内,综合考虑当事人生产生活状况、户口登记状况以及农村土地对农民的基本生活保障功能等因素认定相关权利主体。要以当事人是否获得其他替代性基本生活保障为重要考量因素,慎重认定其权利主体资格的丧失,注重依法保护妇女、儿童以及农民工等群体的合法权益。

【法律依据】

《民法典》第二百四十三条 为了公共利益的需要,依照法律规定的权限和程序可以征收集体所有的土地和组织、个人的房屋以及其他不动产。

征收集体所有的土地,应当依法及时足额支付土地补偿费、安置补助费以及农村村民住宅、其他地上附着物和青苗等的补偿费用,并安排被征地农民的社会保障费用,保障被征地农民的生活,维护被征地农民的合法权益。

征收组织、个人的房屋以及其他不动产,应当依法给予征收补偿,维护被征收人的合法权益;征收个人住宅的,还应当保障被征收人的居住条件。

任何组织或者个人不得贪污、挪用、私分、截留、拖欠征收补偿费等费用。

《民法典》第三百三十八条　承包地被征收的,土地承包经营权人有权依据本法第二百四十三条的规定获得相应补偿。

最高人民法院《关于审理涉及农村土地承包纠纷案件适用法律问题的解释》第二十条第一款　承包地被依法征收,承包方请求发包方给付已经收到的地上附着物和青苗的补偿费的,应予支持。

最高人民法院《关于审理涉及农村土地承包纠纷案件适用法律问题的解释》第二十二条　农村集体经济组织或者村民委员会、村民小组,可以依照法律规定的民主议定程序,决定在本集体经济组织内部分配已经收到的土地补偿费。征地补偿安置方案确定时已经具有本集体经济组织成员资格的人,请求支付相应份额的,应予支持。但已报全国人大常委会、国务院备案的地方性法规、自治条例和单行条例、地方政府规章对土地补偿费在农村集体经济组织内部的分配办法另有规定的除外。

《土地管理法》第四十八条　征收土地应当给予公平、合理的补偿,保障被征地农民原有生活水平不降低、长远生计有保障。

征收土地应当依法及时足额支付土地补偿费、安置补助费以及农村村民住宅、其他地上附着物和青苗等的补偿费用,并安排被征地农民的社会保障费用。

征收农用地的土地补偿费、安置补助费标准由省、自治区、直辖市通过制定公布区片综合地价确定。制定区片综合地价应当综合考虑土地原用途、土地资源条件、土地产值、土地区位、土地供求关系、人口以及经济社会发展水平等因素,并至少每三年调整或者重新公布一次。

征收农用地以外的其他土地、地上附着物和青苗等的补偿标准,由省、自治区、直辖市制定。对其中的农村村民住宅,应当按照先补偿后搬迁、居住条件有改善的原则,尊重农村村民意愿,采取重新安排宅基地建房、提供安置房或者货币补偿等方式给予公平、合理的补偿,并对因征收造成的搬迁、临时安置等费用予以补偿,保障农村村民居住的权利和合法的住房财产权益。

县级以上地方人民政府应当将被征地农民纳入相应的养老等社会保障体系。被征地农民的社会保障费用主要用于符合条件的被征地农民的养老保险等社会保险缴费补贴。被征地农民社会保障费用的筹集、管理和使用办法,由省、自治区、直辖市制定。

《土地管理法实施条例》第三十二条　省、自治区、直辖市应当制定公布区片综合地价,确定征收农用地的土地补偿费、安置补助费标准,并制定土地补偿费、安置补助费分配办法。

地上附着物和青苗等的补偿费用,归其所有权人所有。

社会保障费用主要用于符合条件的被征地农民的养老保险等社会保险缴费补贴,按照省、自治区、直辖市的规定单独列支。

申请征收土地的县级以上地方人民政府应当及时落实土地补偿费、安置补助费、农村村民住宅以及其他地上附着物和青苗等的补偿费用、社会保障费用等,并保证足额到位,专款专用。有关费用未足额到位的,不得批准征收土地。

案例237

辛某与某风力发电公司土地承包经营权纠纷案

Q：某风力发电公司为建设电力线路征迁辛某承包的山林地。某风力发电公司对其占用的杆塔占地及地上的附属物赔偿了辛某的损失。辛某认为电力线路走廊经过自己的承包地，某风电公司应当赔偿电力线路走廊占用的范围。该主张能否获得支持？

A：不能，电力走廊保护范围内的土地可以不进行征用，保持原有的土地所有权性质和经营权不变。

裁判案例：（2015）潍民一终字第127号

【裁判观点】

辛某承包某村山林地中的杆塔占地及地上附属物已得到赔偿，双方争议的焦点为电力线路走廊经过辛某的承包地是否应当赔偿。某风力发电公司占用辛某的承包地建杆塔是用来支撑电力线路，辛某已就杆塔占地及地上附属物与龙岗镇政府签订协议并得到补偿，辛某应当允许电力线路经过其承包地的上空。按照《电力法》划定的电力走廊保护范围内的土地，不得种植可能危及电力设施安全的植物，但辛某可以种植株干低矮而且经济效益较高的植物。电力走廊保护范围内的土地可以不进行征用，保持原有的土地所有权性质和经营权不变。现辛某主张赔偿的电力线路走廊保护范围内的土地未进行征用，其要求某风力发电公司对电力走廊范围内的土地按照拆迁征地标准进行赔偿没有法律依据。

【实务指引】

本案电力走廊保护范围内的土地可以不进行征用，保持原有的土地所有权性质和经营权不变。电力企业采伐可能危及电力设施安全的林木应具备以下两个要件：一是林木必须在依法划定的电力设施保护区内。依据《电力设施保护条例》第二十四条的规定，电力设施保护区必须是"依法划定"的。按照《电力法》第五十三条、《电力设施保护条例实施细则》第十六条的规定，"依法划定"应具备的条件为：架空电路线路建设单位按国家的规定办理手续和付给树木所有者一次性补偿费用；与其签订不再在通道内种植树木的协议；对电力设施保护区设立标志。其中有任何一个条件不具备的，不能视为"依法划定的电力设施保护区"。二是采伐的林木必须是可能危及电力设施安全的林木。

按照《电力设施保护条例》第二十四条的规定，电力企业需要采伐的是可能危及电力设施安全的林木。按照《电力设施保护条例实施细则》第十六条的规定，110千伏以下架空电力线路导线在最大弧垂或最大风偏后与树木之间的安全距离为4米,也即只要距离超过4米即为安全。同时,按照《电力设施保护条例实施细则》第二十四条的规定,电力企业在排除林木妨碍时,除砍伐之外,还可以予以修剪,而不是必须砍伐。

【法律依据】

《电力法》第五十三条　电力管理部门应当按照国务院有关电力设施保护的规定,对电力设施保护区设立标志。

任何单位和个人不得在依法划定的电力设施保护区内修建可能危及电力设施安全的建筑物、构筑物,不得种植可能危及电力设施安全的植物,不得堆放可能危及电力设施安全的物品。

在依法划定电力设施保护区前已经种植的植物妨碍电力设施安全的,应当修剪或者砍伐。

三、担保物权

优先受偿权

案例 238

某银行、某风能公司、某新能源公司应收账款质权纠纷案

Q: 2018年4月某银行(质权人)与某风能公司(出质人)及某公司(债务人)签订《最高额质押合同》,约定某风能公司将其享有的对某新能源公司的应收账款质押给某银行,为某银行与某公司之间的主债权提供最高额抵押。某风能公司对某新能源公司之间的债权为某风能公司向某新能源公司出售设备的对价。双方约定设备质保期(5年)满后支付质保金935.55万元。相关设备2016年进入质保期。2019年某银行要求行使其享有的质权,其行使权利的范围是什么?

A: 质保期限尚未届满,质保金支付条件尚未成就,此时质保金不应纳入应收账款范围,银行对该部分款项不具有质权优先权。

裁判案例:(2019)浙01民初3448号

【裁判观点】

根据案涉采购合同的约定,案涉设备的质保期为5年,采购合同项下的风电机组于2016年4月17日正式进入五年质保期,现质保期尚未届满,故根据采购合同所约定的质保金935.55万元的支付条件尚未成就,现阶段该质保金应不纳入沈阳华创公司的应收账款范围,浙商银行杭州分行对该部分款项亦不应享有质权优先权。综合上述分析,浙商银行杭州分行就案涉应收账款享有有限受偿权的范围应为935.55万元。

【实务指引】

　　本案是关于合同约束力的规定,依法成立是合同受到法律认可与保护,在当事人之间产生法律约束力的前提。依法成立的合同应满足法律规定对合同生效的要求。从世界各国的合同立法来看,合同的生效要件一般包括:合同当事人具有相应的民事行为能力;合同当事人意思表示真实;合同内容和目的不违反法律和公序良俗;合同的形式符合法律规定的要求。

　　《民法典》第一百四十三条和第五百零二条分别从民事法律行为的一般生效要件和合同的特殊生效要件两个方面进行了规定。《民法典》第一百四十三条规定具备下列条件的民事法律行为有效:第一,行为人具有相应的民事行为能力。第二,意思表示真实。第三,不违反法律、行政法规的强制性规定,不违背公序良俗。合同约束力在权利层面表现为当事人的权利受到法律保护,依法成立的合同一经成立便在当事人之间产生法律约束力。当事人可以基于合同的约定享有合同权利。合同权利既包括请求和接受相对人履行合同债务的权利,也包括在合同相对方不履行合同时获得救济的权利。合同约束力在义务层面表现为合同应当严守,合同严守是合同法的基本原则之一,亦是合同功能实现的保障。合同严守原则有两个层面的含义:第一,合同一经产生,合同的当事人即应该按照合同的内容严格履行自己的义务,以使合同所欲追求的目的得以实现。第二,合同一经成立,非经当事人协商一致或有法定事由,任何一方当事人都不得单方面解除或变更已经成立的合同。

【法律依据】

　　《民法典》第四百六十五条　依法成立的合同,受法律保护。
　　依法成立的合同,仅对当事人具有法律约束力,但是法律另有规定的除外。
　　《民法典》第五百零二条　依法成立的合同,自成立时生效,但是法律另有规定或者当事人另有约定的除外。
　　依照法律、行政法规的规定,合同应当办理批准等手续的,依照其规定。未办理批准等手续影响合同生效的,不影响合同中履行报批等义务条款以及相关条款的效力。应当办理申请批准等手续的当事人未履行义务的,对方可以请求其承担违反该义务的责任。
　　依照法律、行政法规的规定,合同的变更、转让、解除等情形应当办理批准等手续的,适用前款规定。

第三章 风电项目合同法律纠纷

一、合同订立

1. 合同成立时间

案例 239

某设备公司、某投资公司定作合同纠纷案

Q: 某设备公司与某投资公司口头就定作测风塔达成口头约定,双方并未签订书面合同。某设备公司按照口头约定完成了测风塔制作后,某投资公司以双方未订立书面合同为由拒绝支付工程价款。该主张能否获得支持?

A: 不能。虽然未采用书面形式,但是一方已经履行主要义务,对方接收时,该合同成立,无权拒绝支付价款。

裁判案例:(2017)冀11民终987号

【裁判观点】

上诉人某设备公司与被上诉人某投资公司存在定作合同关系,且上诉人也履行了交付定作物的义务,而被上诉人未按照合同约定履行付款义务,根据《合同法》第一百零七条的规定:当事人一方不履行合同义务或者履行合同义务不符合约定的,应当承担继续履行、采取补救措施或者赔偿损失等违约责任。现上诉人请求让被上诉人支付定作物款项并承担利息损失,具有事实及法律依据。

关于上诉人主张的为被上诉人在某风电项目定作安装2座100米测风塔及相关测风设备的价款,被上诉人称这两座测风塔与其无关,该主张与上诉人提交的证据及查明的事实不符,不予采纳。

即便被上诉人不认可存在口头合同,根据《合同法》第三十六条的规定,法律、行政法规规定或者当事人约定采用书面形式订立合同,当事人未采用书面形式但一方已经履行主要义务,对方接受的,该合同成立。本案中,被上诉人接受并使用了上诉人提供的产品,应当承担支付相应价款及利息的义务。

【实务指引】

本案中二审法院对于案涉合同是否成立的认定思路如下：(1)当事人之间存在定作合同关系，理由是一方当事人已经履行了交付定作物的义务。(2)即便当事人不认可存在口头合同，依据《合同法》第三十六条的规定，法院也可以认定合同成立。因此，本案中有两个问题需要解决：(1)如何认定当事人之间是否存在合同关系？(2)如何理解《合同法》第三十六条(现《民法典》第四百九十条)？

本案中，某设备公司主张其与某投资公司口头达成约定，为某投资公司加工、安装测风设备。根据其所主张的"后由于被告项目部撤走风场不再使用"，某投资公司已经接收并将设备投入使用。从双方约定的内容来看，加工、安装测风设备的约定属于承揽合同的范畴。《民法典》中并未要求当事人订立承揽合同时必须采取书面形式，所以当事人可以采取口头等方式达成合同。《民法典》第一百四十条第一款规定，行为人可以采取明示或者默示作出意思表示。原告以其行为作出了愿意承揽意思表示，而某投资公司则以接收设备的行为表示了承诺。因此可以认为双方已经达成了合意，并且双方的合意并未违反法律、行政法规的规定，可以认为当事人之间的承揽合同已经成立并且生效。因此，某投资公司未能履行付款义务便属于违约。

【法律依据】

《民法典》第一百四十条　行为人可以明示或者默示作出意思表示。

沉默只有在有法律规定、当事人约定或者符合当事人之间的交易习惯时，才可以视为意思表示。

《民法典》第四百九十条　当事人采用合同书形式订立合同的，自当事人均签名、盖章或者按指印时合同成立。在签名、盖章或者按指印之前，当事人一方已经履行主要义务，对方接受时，该合同成立。

法律、行政法规规定或者当事人约定合同应当采用书面形式订立，当事人未采用书面形式但是一方已经履行主要义务，对方接受时，该合同成立。

《民法典》第五百七十七条　当事人一方不履行合同义务或者履行合同义务不符合约定的，应当承担继续履行、采取补救措施或者赔偿损失等违约责任。

2. 预约合同

案例 240

某风电公司、某钢结构公司承揽合同纠纷案

Q：新能源风电项目中，双方未签订书面合同，仅就订立合同事宜进行了磋商，该涉案合同应为预约合同还是本约合同？

A：应结合当事人的真实意思表示、合同文本内容的完整性以及当事人的履行行为等综合因素来进行判断。

裁判案例：(2017)最高法民终239号、(2018)最高法民申3065号

【裁判观点】

本院经审查认为，某钢结构公司的再审申请不应予以支持。依据原审查明的事实可知，某风电科技公司于2011年9月29日向某钢结构公司发出任务通知单，提请某钢结构公司即日先期安排25套基础环的生产，要求2011年10月31日前将至少10套基础环运抵风场，全部基础环在2011年11月10日运抵风场，价格1.1万元/吨。具体交付要求遵照《技术协议》，具体付款方式另见塔筒采购合同，相关合同双方在"十一"假期后十个工作日内签订。次日，双方签订了《技术协议》。之后，双方并未签订相关合同，仅就订立合同事宜发函进行了磋商。原二审判决认定某钢结构公司与某风电科技公司仅形成预约的意思表示，未形成事实承揽合同关系，并无不当。双方究竟形成预约关系或本约关系，应结合当事人的真实意思表示、合同文本内容的完整性以及当事人的履行行为等综合因素来进行判断。第一，涉案合同文件均是为将来订立本约合同而签订的文件。任务通知单中明确载明"相关合同双方在十一假期后十个工作日内签订"；2012年7月23日某钢结构公司给某风电科技公司的复函中载明"并承诺合同双方在十一假期后十个工作日内签订……但截止到目前为止还未签订合同也未支付任何款项……"；2012年9月12日某钢结构公司给某风电科技公司复函中载明"贵公司承诺在十一假期后十个工作日内签订合同。经我公司多次催办均未果……"；技术协议第1.9条约定："本技术协议及买方提供的图纸作为订货合同的附件……"。从以上内容的分析可知，本案的任务通知单明确包含了将来在一定期限内订立合同的表述，双方亦通过往来函件中的表述认可了任务通知单中约定签订的合同并未签订。

【实务指引】

《民法典》第四百九十五条规定，当事人约定在将来一定期限内订立合同的认购

书、订购书、预订书等,构成预约合同。双方当事人订立预约合同是为了之后订立正式合同,这是预约合同的基本性质。《民法典》第四百九十五条的规定实际上将预约与本约认定为两类契约,分别具有不同的法律效力、违约责任和赔偿责任。如何判断合同属于预约还是本约这一问题并不复杂。

【法律依据】

《民法典》第四百七十条　合同的内容由当事人约定,一般包括下列条款:

(一)当事人的姓名或者名称和住所;

(二)标的;

(三)数量;

(四)质量;

(五)价款或者报酬;

(六)履行期限、地点和方式;

(七)违约责任;

(八)解决争议的方法。

当事人可以参照各类合同的示范文本订立合同。

《民法典》第四百九十五条　当事人约定在将来一定期限内订立合同的认购书、订购书、预订书等,构成预约合同。

当事人一方不履行预约合同约定的订立合同义务的,对方可以请求其承担预约合同的违约责任。

3. 格式条款

案例 241

某钢结构公司与某机械制造公司加工合同纠纷案

Q: 某钢结构公司与某机械制造公司签订《塔架附件采购合同》约定某机械制造公司为某钢结构公司加工风电项目塔架附件。某钢结构公司在合同中设置格式条款,将塔架附件质保金的支付条件限定在其收到业主的全部质保金后方才支付采购合同的质保金。改条款是否有效?

A: 无效。提供格式条款的一方不得加重对方责任,否则该格式条款不对非格式条款提供方发生效力。

裁判案例: (2017)甘 09 民终 1078 号

【裁判观点】

本院认为,上诉人某钢结构公司与被上诉人某机械制造公司签订的三份塔架附件采购合同,合同双方当事人相同,法律关系相同,且上诉人向被上诉人已支付货款无法区分系哪一份合同货款,故被上诉人将三份合同一并起诉主张并无不当。涉案三份合同文本系上诉人提供,除标的物名称、数量有区别外,其他条款均无差别,一审认定本案合同为格式条款合同正确。根据《中华人民共和国合同法》第三十九条、第四十条关于格式条款的规定,提供格式条款的一方应当遵循公平原则确定当事人之间的权利和义务,并采取合理方式提请对方注意免除或者限制其责任的条款,本案合同第十条将质保金的支付条件限定为上诉人收到业主全部质保金后给予支付,该条款明显加重被上诉人责任、排除被上诉人主要权利,上诉人也无证据证实就该条款向被上诉人履行了特别说明义务,一审据此认定该条款为无效条款符合法律规定。

【实务指引】

根据《民法典》第四百九十六条的规定,格式条款是当事人为了重复使用而预先拟定,并在订立合同时未与对方协商的条款。不可否认的是,格式条款的存在能够极大地提高缔约效率,简化订约程序。根据本条的规定,提供格式条款的人需要向对方当事人履行提示义务,这一义务不要求对方提出,提供格式条款的人应当自觉履行。这样的要求是因为格式条款的存在依然阻碍了双方当事人展开磋商,与契约自由原则相违背。本案中,提供格式条款的当事人未能举证证明其已经履行了告知义务,则应当承担对其不利的后果。另外,案涉格式条款明显加重了一方当事人的责任。基于上述因素,对方当事人可以依法主张该条款不成为合同的内容,称为"未订入合同"。

【法律依据】

《民法典》第四百九十六条　格式条款是当事人为了重复使用而预先拟定,并在订立合同时未与对方协商的条款。

采用格式条款订立合同的,提供格式条款的一方应当遵循公平原则确定当事人之间的权利和义务,并采取合理的方式提示对方注意免除或者减轻其责任等与对方有重大利害关系的条款,按照对方的要求,对该条款予以说明。提供格式条款的一方未履行提示或者说明义务,致使对方没有注意或者理解与其有重大利害关系的条款的,对方可以主张该条款不成为合同的内容。

《民法典》第四百九十七条　有下列情形之一的,该格式条款无效:

(一)具有本法第一编第六章第三节和本法第五百零六条规定的无效情形;

(二)提供格式条款一方不合理地免除或者减轻其责任、加重对方责任、排除限制对方主要权利;

(三)提供格式条款一方排除对方主要权利。

> **案例 242**
>
> **某风电公司、某保险公司保险纠纷案**
>
> **Q：**风电企业与保险人订立保险合同。现在双方当事人对保险条款的理解存在冲突，此时应当如何处理？
>
> **A：**在对保险条款出现不同的解释时，根据法律的相关规定，应作出不利于保险人的解释。
>
> **裁判案例：**（2021）冀08民终482号

【裁判观点】

关于保险事故的认定问题。在保险合同中，保险人对约定的承保危险所致的损害承担赔偿或给付保险金义务的前提是保险事故在承保范围内，而保险合同中保险责任和责任免除条款的约定则是对保险事故的界定及除外情形。

根据涉案的机器损坏和附加利润损失险（营业中断险）相关保险条款的约定，并结合10台风电机组拆解维修报告中的损坏原因，涉案10台风电机组中37#、39#、45#、48#、63#、67#、72#、75#八组致损原因符合机器损坏保险条款保险责任中第三条第一项"设计、制造或安装错误、铸造和原材料缺陷"的情形，而46#、62#二组致损原因符合机器损坏保险条款责任免除中第五条第六项"机器运行必然引起的后果，如自然磨损、氧化、腐蚀、锈蚀、孔蚀、锅垢等物理性变化或化学反应"的情形。机器损坏保险条款责任免除中第六条第三项又约定"根据法律或契约应由供货方、制造人、安装人或维修人负责的损失或费用，保险人不负责赔偿"，明显与机器损坏保险条款保险责任中第三条第一项"设计、制造或安装错误、铸造和原材料缺陷"相冲突。

首先，当保险条款相冲突时，对于保险合同条款的解释应当考虑适用合同解释的一般原则，即合同解释应当探求缔约当事人共同的真实意图。合同解释的结果，应当有助于当事人缔约目的的实现，而保险合同是最大诚信合同，投保人投保的目的是最大限度地保障自己的财产损失得到救济，我国《合同法》第一百二十五条亦规定，应当根据合同目的确定合同的真实意思。

其次，根据我国《保险法》第三十条的规定，确认了保险合同的解释适用不利解释原则，即采用保险人提供的格式条款订立的保险合同，保险人与投保人、被保险人或者受益人对合同条款有争议的，应当按照通常理解予以解释。对合同条款有两种以上解释的，人民法院或者仲裁机构应当作出有利于被保险人和受益人的解释。采用不利解释原则，即对保险合同作不利于保险人的解释，其原因在于：一是保险合同是格式合同，其条款是由保险人事先拟订的,充分考虑了保险人的自身利益,而较少反映投保人、被保险人或受益人的意思,在订立保险合同时,投保人要么全部接受,要么不接受。对于格式合同的适用的解释原则,我国《合同法》第四十一条规定:"对格式条款的理解发生争议的,应当按照通常理解予以解释。对格式条款有两种以上解释的,应当作出不利于提供格式条款一方的解释。格式条款和非格式条款不一致的,应当采用非格式条款。"二是保险合同内容复杂,并且其中有很多普通人不易理解的专业术语。投保人受专业知识和时间的限制,往往不可能对保险条款予以细致研究。三是保险人因其对保险具有的专业优势,使其对保险的熟悉程度远远超过被保险人和受益人。

综上原因,保险合同中的投保人、被保险人,因风险承受能力较低、信息量占有不对称、合同地位不平等,属于商事交易中的弱势群体,人民法院应重视并尊重被保险人以及受益人对保险合同条款的客观合理期待。

本案中,某风电公司为其运营的大型风机机组设备在某保险公司投保并交纳大额保险费,其对保险利益的合理期待即在因风机机组损坏而产生的高额损失能得到赔偿。如果因某保险公司制作的相冲突的格式条款而免除保险公司的保险责任,那么不仅与投保人某风电公司交纳巨保险费时的合理期待不符,且会导致某风电公司因保险条款冲突而利益受损,故本案对于争议的保险条款应作不利于保险人的解释,以维护投保人某风电公司的合法权益。

【实务指引】

《民法典》第四百九十六条规定,格式条款是当事人为了重复使用而预先拟定,并在订立合同时未与对方协商的条款。从该条的规定来看,格式条款具有以下三个特征:(1)为了重复使用而制定;(2)当事人预先拟定;(3)该条款未经协商。提供格式条款的当事人在合同成立前负有提示和说明的义务。只有合同成立前使对方当事人知晓合同中存在格式条款,并且理解格式条款的内容。如果提供合同条款的当事人未能履行说明义务,导致对方当事人没有注意或者理解与其有重大利害关系的条款,对方可以主张该条款成为合同的内容,即该条款不订入正式合同。如果在合同成立后当事人才履行说明义务并经过对方当事人接受的,应当视为双方达成了新的补充协议。

【法律依据】

《民法典》第四百六十六条 当事人对合同条款的理解有争议的,应当依据本法第一百四十二条第一款的规定,确定争议条款的含义。

合同文本采用两种以上文字订立并约定具有同等效力的,对各文本使用的词句推定具有相同含义。各文本使用的词句不一致的,应当根据合同的相关条款、性质、目的以及诚信原则等予以解释。

《民法典》第四百九十八条　对格式条款的理解发生争议的,应当按照通常理解予以解释。对格式条款有两种以上解释的,应当作出不利于提供格式条款一方的解释。格式条款和非格式条款不一致的,应当采用非格式条款。

《保险法》第三十条　采用保险人提供的格式条款订立的保险合同,保险人与投保人、被保险人或者受益人对合同条款有争议的,应当按照通常理解予以解释。对合同条款有两种以上解释的,人民法院或者仲裁机构应当作出有利于被保险人和受益人的解释。

二、合同效力

案例 243

某电力工程设计公司、某技术开发公司建设工程施工合同纠纷案

Q:风电项目相关《合同终止协议书》仅有双方当事人签字而没有盖章的,是否生效?

A:生效。根据协议实际约定的情况进行分析,案涉协议经过双方签字或盖章即可成立,依法成立的合同即可生效。

裁判案例:(2017)最高法民申 1088 号

【裁判观点】

经审查,该协议书第六条约定:"本协议由双方签字盖章后生效。"《合同法》第三十二条规定:"当事人采用合同书形式订立合同的,自双方当事人签字或者盖章时合同成立。"据此,签字或盖章仅具其一,案涉协议即可成立。因案涉协议既无《合同法》规定的约定附条件或约定附期限情形,亦无法律、行政法规规定的合同生效特定条件,又据《合同法》第四十四条第一款规定,依法成立的合同,自成立时生效。案涉协议成立后,不必签字、盖章兼具,只要满足其中一个要件即可生效。

【实务指引】

本案中,双方当事人之间订立了建设工程施工合同。根据《民法典》第七百八十九条的规定,建设工程合同应当采用书面形式。需要注意的是,虽然《民法典》规定了建设工程合同应采用书面形式,但是并未明文规定未采用书面形式的建设工程合同无效或不成立。因此,在本案中,一方当事人主张合同因为签字盖章方面的瑕疵不成立,但是其主张仍有商榷的余地。另根据《民法典》第四百九十条的规定,"当事人采用合同书形式订立合同的,自双方当事人均签名、盖章或者按指印时合同成立"。从这一条款的词句来看,签名、盖章、按指印属于并列关系,并不意味着合同仅在同时满足上述三个条件后才生效。本案中双方当事人均已在合同上签字,应当认定合同已经生效。

【法律依据】

《民法典》第四百九十条　当事人采用合同书形式订立合同的,自当事人均签名、盖章或者按指印时合同成立。在签名、盖章或者按指印之前,当事人一方已经履行主要义务,对方接受时,该合同成立。

法律、行政法规规定或者盖章当事人约定合同应当采用书面形式订立,当事人未采用书面形式但是一方已经履行主要义务,对方接受时,该合同成立。

《民法典》第五百零二条　依法成立的合同,自成立时生效,但是法律另有规定或者当事人另有约定的除外。

依照法律、行政法规的规定,合同应当办理批准等手续的,依照其规定。未办理批准等手续影响合同生效的,不影响合同中履行报批等义务条款以及相关条款的效力。应当办理申请批准等手续生效的当事人未履行义务的,对方可以请求其承担违反该义务的责任。

依照法律、行政法规的规定,合同的变更、转让、解除等情形应当办理批准等手续的,适用前款规定。

三、合同的履行

1. 合同履行的原则

案例 244

某能源投资公司与某电力公司技术服务合同纠纷案

Q: 某新能源投资公司与某电力科技公司签订技术服务合同,约定由某电力科技公司负责某新能源投资公司拥有的风力发电厂维护事宜。某电力科技公司承诺,在同等条件下风电场的发电量不低于周边风电场的发电量。后某新能源公司查明某电力科技公司负责维护的风电场发电量稳居地区前三,因此要求某新能源公司赔偿未能依约履行合同造成的损失。该主张能否获得支持?

A: 不能。首先,合同未约定及时修复的赔偿标准。其次,风电场发电量不低于周边发电场的承诺并不等同于风机须一直保持正常运转。但是除发电量损失意外的其他损失可以依法获得赔偿。

裁判案例: (2017)新民终 548 号

【裁判观点】

据争议1中所述,某电力公司电价损失的计算标准在双方的合同中并未出现,而依照合同的约定某能源公司作出的承诺是"在同等条件下风电场的发电量不低于周边风电场的发电量",而不是保证必须每台风机均正常运转,并同时运转。综上,法院认为,某电力公司所述的损失及损失的计算缺乏合同及法律依据。对于某电力公司的风电场发电量是否低于周边电场的发电量的问题,某电力公司提交的证据证实其风电场的发电量一直处于同等条件下前三名的状态。故对于某电力公司的该项请求,缺乏事实及法律依据,法院不予支持。

【实务指引】

本案中,双方当事人订立了《技术服务合同》。合同第5.1条规定了受托方提供的服务内容。其中受托方承担的合同义务是"在同等条件下风电场的发电量不低于周边风电场的发电量"。受托方在实际履行合同时已经按照合同要求履行了其应承担的合同义务。因此并不存在违约行为。委托人提起诉讼的理由是受托人的履行行为导致其订立合同的目的无法实现,属于援引法律规定的解除权。但是从合同履行的情况来看,风电场已经按照当事人之间的约定展开运营,受托方并未使委托方的合同目的落空。委托人提出的主张并不合理。

【法律依据】

《民法典》第五百一十条　合同生效后,当事人就质量、价款或者报酬、履行地点等内容没有约定或者约定不明确的,可以协议补充;不能达成补充协议的,按照合同相关条款或者交易习惯确定。

案例245

某风电公司、某电机公司承揽合同纠纷案

Q: 某风电公司与某电机公司签订《风力发电机采购合同》,约定某电机公司在交货时须提供送货清单和质量证明文件,否则某风电公司有权拒绝接收。接收方在供货方安装调试完毕后15个工作日内按约定时间正式组织验收。发现检测不合格应及时通知供货方。某风电公司在接收风电机组使用后未对质量证明文件提出异议,此后还能否以某电机公司未能提供质量文件为由主张供货方违约?

A: 不能。接受方在接受风力发电机组并使用,没有对质量证明文件提出异议,可以说明产品安装已经经过验收,是合格的。

裁判案例: (2020)鲁10民终994号

【裁判观点】

案涉采购协议关于交货验收和检验部分约定,某电机公司交货时需提供相关送货清单和质量证明文件,如果文件不齐全,某风电公司有权拒绝接收;在供货、安装调试完毕后15个工作日内按约定时间正式组织验收,某风电公司检测不合格应及时通知某电机公司。本案中,某电机公司按约定向某风电公司履行供货义务,某风电公司已接收并使用,且未就质量证明文件提出异议,现其以某电机公司未取得GL认证等质量证明文件为由主张涉案风力发电机质量不合格、某电机公司构成违约,无事实和法律依据,不予采纳。

【实务指引】

本案中,双方当事人之间成立买卖合同关系。就买卖合同的性质来看,卖方交付标的物与买方支付价款这一对义务决定了买卖合同的性质,学理上将上述义务称为主给付义务。需要注意的是,本案中双方当事人将交付质量证明文件约定为买方接收货物的前提条件,交付质量证明文件便成为辅助主给付义务实现的义务,学理上将此种义务称为从给付义务。对于从给付义务而言,义务人未能履行从给付义务的,对方当事人可以诉请履行。本案中买方如果认为质量证明文件对于其实现合同目的十分重要,可以单独向法院提出诉请,要求卖方提供质量证明文件。

但是本案中,买方主张卖方违约,理由是卖方提供的设备存在质量问题。这样的主张暗含的卖方未能妥善履行其依照合同约定交付货物的义务的意思,属于以卖方违反合同主给付义务为由要求法院认定其违约。这样的主张存在以下问题:首先,从买卖合同的性质来看,卖方依照合同约定交付了卖方所要求的设备,其主要的合同义务已经履行完毕。此时,买方订立合同的目的已经实现。买方再以卖方未能履行合同义务为由主张其违约并无事实依据。其次,货物是否存在质量问题是一个事实问题,不会因为是否存在质量证明文件而发生变化。如果卖方依照合同约定交付了质量证明证书,但是买方之后发现货物确实存在质量问题的,买方此时依然可以主张卖方违约。本案中双方当事人将交付质量文件约定为合同义务的一部分,这使交付文件的行为仅涉及合同的履行,无法直接说明质量文件与产品是否存在质量问题之间的关系。因此,买方提出的主张也无法律上的依据。

【法律依据】

《民法典》第五百零九条 当事人应当按照约定全面履行自己的义务。

当事人应当遵循诚信原则,根据合同的性质、目的和交易习惯履行通知、协助、保密等义务。

当事人在履行合同过程中,应当避免浪费资源、污染环境和破坏生态。

案例 246

某汽轮机公司、某建筑安装公司、某能源科技公司买卖合同纠纷案

Q：某建筑安装公司与某公司签订《设备购买合同》，约定某公司向某建筑安装公司提供风电机组。设备通过预验收后某建筑安装公司开始支付货款。买卖双方约定预验收日后，重新协商付款条件并达成《会议纪要》，将付款条件修改为"约定预验收之日起到第四个季度之前支付全部货款"。由于买方之后并未实际参与预验收，便以卖方变更合同内容，不正当促成收款条件为由拒绝支付货款。该主张能否获得支持？

A：不能。因为"会议纪要"是买卖双方自由协商的真实意思表示，且内容不违反法律规定，不是卖方擅自变更合同，不存在不正当促成收款条件成立的情形。

裁判案例：（2019）最高法民终 185 号

【裁判观点】

某建筑安装公司主张，某电气公司签署"会议纪要"超越《风电业务委托协议》约定，擅自变更了合同内容。但"会议纪要"系由某建筑安装公司与某汽轮机公司授权的某电气公司自由协商、合意形成，内容不违反法律规定，并非某汽轮机公司单方擅自变更合同。"会议纪要"对原合同约定的付款时间等进行了变更，亦是双方自主的交易安排，某汽轮机公司并未擅自变更合同内容、不正当促成收款条件成就。

【实务指引】

本案中，双方当事人通过签署"会议纪要"的方式确定了双方先前订立的合同中的付款条件。此时，"会议纪要"便属于双方当事人就变更付款条件达成的合意。该文件的性质属于双方另行订立的补充协议。由于双方订立的补充协议并未违反法律、行政法规的强制性规定，且属于双方当事人真实的意思表示，应当认定其有效。

【法律依据】

《民法典》第五百零九条　当事人应当按照约定全面履行自己的义务。

当事人应当遵循诚信原则，根据合同的性质、目的和交易习惯履行通知、协助、保密等义务。

当事人在履行合同过程中，应当避免浪费资源、污染环境和破坏生态。

案例 247

某科技公司与某设备公司买卖合同纠纷案

Q:供应商供应的风机存在质量问题,应当如何处理?

A:在质保期内,可以请求供应商进行修复。如经过修复还存在质量问题、安全隐患,致使合同目的不能实现的,可以请求全部更换以及赔偿由此造成的经济损失。

裁判案例:(2015)乌中民二初字第 258 号

【裁判观点】

关于某设备公司向某科技公司交付的叶片是否存在质量问题、是否应当予以全部更换的问题。

(1)某设备公司作为买卖合同的出卖方,应当向某科技公司提供符合合同约定质量标准、可以实现合同目的的风力发电机叶片。某科技公司将从某设备公司购买的叶片出售给某润公司在吉林大安海坨风电场的项目中使用,某润公司在使用过程中,叶片出现了开裂、鼓包等质量问题。

(2)某科技公司提供的其他风电场的分析报告,某设备公司出具的其他风电场的分析、解决措施及断裂原因分析报告,对叶片质量问题召开的会议纪要及某科技公司与某设备公司对此问题的往来函件,虽没有涉及本案吉林大安海坨风电场项目的叶片质量,但可以证明某设备公司向某科技公司提供的 HT43 型同类叶片在其他风电场项目中均发生了质量事故,且叶片存在安全隐患及技术缺陷,修复后再次发生质量问题的现象亦有发生。吉林大安海坨风电场项目使用的叶片,虽然在更换时仅有一片已经出现断裂的质量问题,但其余同类叶片均存在一定安全隐患,且质量问题系生产质量缺陷造成的,加固后再次发生批量性事故的风险依旧很大。

(3)本案中,某设备公司向某科技公司出售的使用在吉林大安海坨风电场项目的叶片均在质保期内。综合上述分析,某科技公司依据合同约定主张某设备公司提供的叶片存在质量问题,并在修复后仍存在安全隐患,22 套设备应予以全部更换,有事实及法律依据,法院予以支持。

【实务指引】

买卖合同中,出卖人负有标的物瑕疵担保义务,包括标的物权利瑕疵担保义务和物的瑕疵担保义务。标的物权利瑕疵担保义务是指出卖人应保证其出卖的标的物,除了法律另有规定外,第三人不得向买受人主张任何权利,这一义务规定在《民法典》第六百一十二条。物的瑕疵担保义务是指出卖人交付的标的物应当符合法定或者约定的质量要求。根据《民法典》第六百一十七条的规定,出卖人交付的标的物不符合质量要求的,买受人可以依据本法第五百八十二条至第五百八十四条的规定请求承担违约责任。具言之,当出卖人交付的标的物不符合质量要求时,买受人可以根据双方当事人之间的约定要求出卖人承担违约责任,或者合理请求对方承担修理、重作、更换、退货、减少价款或者报酬等违约责任。本案中,买受人已经证明出卖人交付的货物存在质量问题,因此买受人可以依据合同约定要求出卖人更换。

【法律依据】

《民法典》第六百一十二条 出卖人就交付的标的物,负有保证第三人对该标的物不享有任何权利的义务,但是法律另有规定的除外。

《民法典》第六百一十七条 出卖人交付的标的物不符合质量要求的,买受人可以依据本法第五百八十二条至第五百八十四条的规定请求承担违约责任。

案例248

乔某、某电力工程公司建设工程分包合同纠纷案

Q:合同中虽说明综合单价包含税金,但是合同附件3中,分部分项工程量清单表综合单价并未包含税金,只包含施工项目内容,主张税金应单独计算,能否得到支持?

A:不能。在计算工程量时应按照合同约定的内容计算工程价款。

裁判案例:(2021)鲁03民终244号

【裁判观点】

在适用工程量的计算规则时,鉴定机构按照合同约定确定综合单价,在确定单价是否包含税金问题时,按照工程量清单表确定综合单价,这属于标准不一致。且单价是合同权利义务的主要内容,应按照合同的明确约定,合同约定单价中包含税金,在鉴定时就不应再单独计算。

案涉的《劳务分包合同》第三条约定,协议单价包括:项目施工活动本身以及完成本项目所发生的施工准备、施工附加及临时设施等直接费用和间接费用、利润和税金等全部。按照合同约定,案涉税金应当从工程总造价中予以扣减。某电力工程公司与发包方签订的施工合同中对于税费的相关约定,对上诉人乔某无约束力,上诉人乔某以此为由主张案涉税金不应当从工程总造价中扣减,无事实和法律依据。

【实务指引】

根据双方当事人的约定,协议中的单价包括税金,因此税金应当列计。并且,根据《建设工程工程量清单计价规范》(GB 50500—2013)第 2.0.47 条的规定,发承包双方在工程合同中约定的工程造价,即包括了分部分项工程费、措施项目费、其他项目费、规费和税金的合同总金额。因此,在本案中税金应当列计。

【法律依据】

《建设工程工程量清单计价规范》(GB 50500—2013)第 2.0.47 条   发承包双方在工程合同中约定的工程造价,即包括了分部分项工程费、措施项目费、其他项目费、规费和税金的合同总金额。

案例 249

某电力建设公司、某电力工程公司建设工程施工合同纠纷案

Q:《风机基础施工合同》约定承包方式为固定总价承包,该工程风机基础土建施工图设计总说明中注明风机基础不进行冬期施工,而案涉工程实际亦在冬季进行了施工。之后建设单位以案涉工程是固定总价合同,不存在工程漏项为由拒绝支付工程款及利息能否得到支持?

A:不能。施工条件发生了改变,亦必然会导致部分工程变更项目超出合同内容。

裁判案例:(2020)鲁 03 民终 2850 号

【裁判观点】

虽然双方在合同中约定了承包方式为固定总价承包,在施工图纸范围内合同价格不作调整,但是该工程风机基础土建施工图设计总说明中要求风机基础不进行冬季施工,该项目监理机构要求在冬季也进行施工,导致在实际施工过程中出现诸如电缆埋管、风机基础地基处理、零工、混凝土差价、冬季保温等合同漏项;而且有的风机基础清槽次数增加导致风机基础清槽工作量的增加,承包人施工的工程量超出了施工图纸范围。双方对合同价款进行了调整,于 2017 年 1 月 21 日进行了结算,并签订风机基础工程结算单,某电力建设公司项目副经理(生产)施某在结算单上签字认可,结算后的工程累计价款为 11427696 元,法院予以认定。

【实务指引】

本案中,双方当事人在合同中约定了承包方式为固定总价承包,并以施工图作为依据。施工图范围内的合同价格不作调整。但是在工程建设过程中,项目监理单位要求施工单位违反合同约定在冬季施工。项目监理单位在建立活动中直接对建设单位负责,代表建设单位从事审核合同、验收材料等工作。调整合同履行方式并不属于监理的权限,但是建设单位对于项目监理单位的行为并未干涉,并且接受了施工单位在冬季施工的事实。此时,可以认为双方通过默示的形式变更了原合同的履行方式。双方在之后针对工程结算达成的约定中则确定了双方对冬季工程增量的结算。该结算文件从性质上来看属于补充协议,如果不存在违反法律、行政法规的情形,应当认定其有效。

【法律依据】

《民法典》第五百一十条 合同生效后,当事人就质量、价款或者报酬、履行地点等内容没有约定或者约定不明确的,可以协议补充;不能达成补充协议的,按照合同相关条款或者交易习惯确定。

案例 250

某建设公司、某新能源公司建设工程施工合同纠纷案

Q:某建设公司与某新能源投资公司签订《建设工程施工合同》,约定某建设公司负责某风电项目的建设。在案涉工程尚未完工时,某新能源投资公司要求某建设公司停工,未完工程另行安排他人施工。之后某新能源投资公司出具最终结算情况说明,确定了建材差价等项目的价款。某新能源公司能否认为结算情况说明的内容已经包含了合同解除后的责任并以此主张不承担对某建设公司的赔偿责任?

A:不能。《协议》仅是对已完工程的结算价款的确认,不包含其他权利义务。

裁判案例:(2017)青民终 35 号

【裁判观点】

2012 年 10 月 19 日,双方对已完工程进行结算,施工方审核,预算造价为 4342199.31 元。发包人对此提出建筑材料差价计算过低等 9 项异议。2014 年 1 月 22 日《协议》明确,在 2012 年 10 月 19 日结算会议中,施工方代表提出部分建筑材料的差价偏低,要求按照实际发生的价格进行结算。经双方协商,最终确定发包人需另外增加 85 万元的建筑材料费。可见 2014 年 1 月 22 日《协议》是对 2012 年 10 月 19 日工程结算的补充及确认,并非对双方各项权利义务的最终确定,故 2014 年 1 月 22 日的《协议》不包含合同解除后相关责任的承担,

对某新能源公司认为的此协议为最终结算协议,涵盖涉案合同产生的全部权利、义务,法院不予采信。

【实务指引】

结算的程序为施工单位报出结算,业主进行审核,然后双方就争议项进行协商,再确定最终结算。该结算金额为业主就该工程应支付给施工单位的所有金额,包括签证、索赔、业主应扣款项等。因此,结算协议非仅就工程本身价格进行结算,而是施工单位与业主达成的就工程价款、工期责任、质量责任、索赔等"一揽子"事项的新的协议,所以结算协议应是一个独立的合同。在结算协议签订后,双方应严格按照协议履行。对于结算时发承包双方已经明确保留或放弃结算前违约金、索赔等权利的情况,法院往往会基于双方当事人的意思自治及合意,依照结算协议进行判决。

本案中,双方签订的《协议》仅仅是对工程价款的结算,为避免产生不必要的风险和纠纷,建设工程的发包方和承包方在进行结算时应结合实际情况在结算协议或文件中明确存在争议的违约金、索赔事项,以及保留追偿的权利。如果发承包双方确实就工程的"一揽子"事项的结算金额达成一致意见,则建议在结算协议或文件中明确约定放弃主张其他任何费用或索赔的权利。

【法律依据】

《民法典》第五百六十六条第一款　合同解除后,尚未履行的,终止履行;已经履行的,根据履行情况和合同性质,当事人可以请求恢复原状或者采取其他补救措施,并有权请求赔偿损失。

案例 251

某环境公司与党某合同纠纷案

Q:某环境公司与党某签订《合作协议》,约定党某协助某环境公司签订环境监理服务合同,直至项目获得环境监理报告的批复文件。党某协助某环境公司取得某项目的环境监理业务合同后便向党某支付报酬。之后某环境公司与案外人签订了《建设项目环境监理合同》。此时能否认为党某已经履行了《合作协议》中的合同义务?

A:可以。风电公司与其他公司签订《建设项目环境监理合同》后,视为相对方的合作义务履行完毕。

裁判案例:(2019)陕01民终6873号

【裁判观点】

案涉《合作合同》系双方当事人的真实意思表示,且内容不违反国家法律、行政法规的强制性规定,应为有效合同,双方当事人均应按照合同约定享有权利、承担义务。合同约定,党某帮助某环境公司取得涉案项目环境监理业务合同后,某环境公司向党某支付合同签订额 300000 元的 40%,即 12 万元,作为党某的劳动报酬。后某环境公司与某风电有限公司于 2016 年 6 月签订《建设项目环境监理合同》,且该合同已履行完毕,故某环境公司理应按约向党某支付相应的报酬。某环境公司已向党某支付 6 万元,剩余 6 万元未付,故某环境公司也应支付剩余 6 万元。

【实务指引】

合同履行既是当事人追求的合同目的得以实现的根本途径,也是合同法律效力的体现和必然要求,更是合同当事人为了实现其合同利益最大化的目标。在实践中,合同能否得到有效履行,主要表现在合同的内容是否合法,合同的形式是否符合法律规定的要求,合同当事人的主体资格是否合法有效,签订合同的当事人是不是经过国家工商行政管理部门审核登记的以及有无存在不良被执行的信息,合同约定的标的与质量是否具体明确与可行,合同履行的期限和地点是否明确以及合同履行的方式与费用有无约定,还有最重要的一点是违约责任是否明确且具体可行,一份有效的合同约定的违约责任是否明确具体,就能直接体现该合同的质量与履行率的高低。

【法律依据】

《民法典》第五百零九条　当事人应当按照约定全面履行自己的义务。
当事人应当遵循诚信原则,根据合同的性质、目的和交易习惯履行通知、协助、保密等义务。
当事人在履行合同过程中,应当避免浪费资源、污染环境和破坏生态。

2. 合同约定不明时的履行

------- 案例 252 -------

某建筑公司与某新能源公司建设工程施工合同纠纷案

Q: 某建筑公司与某新能源公司签订《风电项目建设工程施工合同》,约定某建筑公司承建某风电场项目。由于某新能源公司未能及时提供设备,导致工期延误,产生停窝工损失。某建筑公司提交设备机物资交接单,撤离现场,并提交了停窝工计算标,要求赔偿。某新能源公司认为停窝工计算表中的综合单价属于不含税单价,该主张能否获得支持?

> A：不可以。根据建筑行业惯例，审定单价中应当含税。
>
> 裁判案例：（2017）甘民终 4 号

【裁判观点】

某新能源公司提交的审定单价为不含税，但根据建筑行业惯例，审定单价中应当含税，故审定单价应当以某建筑公司提交的审定单价为准。

【实务指引】

根据交易习惯确定合同没有约定或者约定不明确的内容。参照习惯和惯例，是指在合同文字或条款的含义发生歧义时，按照习惯和惯例的含义予以明确；在合同存在漏洞致使合同当事人的权利义务不明确时，参照习惯和惯例加以补充。

对于交易习惯，由提出主张的一方当事人承担举证责任。前提是交易习惯不得违反法律、行政法规的强制性规定，即交易习惯必须适法。在此前提下，交易习惯实际上也是当事人意思自治原则的另一种体现。基于对当事人意思自治原则的尊重，对于合同履行中当事人发现没有约定或约定不明的合同内容，首先，鼓励双方当事人继续协商，争取达成补充协议，如果达不成补充协议，则按照合同条款、合同性质、合同目的或者交易习惯确定；其次，如果仍然不能确定合同内容，则按照《民法典》第五百一十一条的规定予以确定，即按照法律所确定的相对公平公正的原则对合同内容进行补充，以促进合同的继续履行，实现当事人的合同目的。

【法律依据】

《建设工程工程量清单计价规范》（GB 50500—2013）

2.0.8 综合单价 all-in unit rate

完成一个规定清单项目所需的人工费、材料和工程设备费、施工机具使用费和企业管理费、利润以及一定范围内的风险费用。

2.0.9 风险费用 risk allowance

隐含于已标价工程量清单综合单价中，用于化解发承包双方在工程合同中约定内容和范围内的市场价格波动风险的费用。

《民法典》第五百一十一条 当事人就有关合同内容约定不明确，依据前条规定仍不能确定的，适用下列规定：

（一）质量要求不明确的，按照强制性国家标准履行；没有强制性国家标准的，按照推荐性国家标准履行；没有推荐性国家标准的，按照行业标准履行；没有国家标准、行业标准的，按照通常标准或者符合合同目的的特定标准履行。

（二）价款或者报酬不明确的，按照订立合同时履行地的市场价格履行；依法应当执行政府定价或者政府指导价的，依照规定履行。

（三）履行地点不明确，给付货币的，在接受货币一方所在地履行；交付不动产的，在不动产所在地履行；其他标的，在履行义务一方所在地履行。

（四）履行期限不明确的，债务人可以随时履行，债权人也可以随时请求履行，但是应当给对方必要的准备时间。

（五）履行方式不明确的，按照有利于实现合同目的的方式履行。

（六）履行费用的负担不明确的，由履行义务一方负担；因债权人原因增加的履行费用，由债权人负担。

3. 顺序履行抗辩权

案例 253

某公司与某电建公司买卖合同纠纷案

Q： 某电建公司（买方）与某公司（卖方）签订《设备采购合同》。双方约定："合同设备通过 240 小时试运行考核合格、完成竣工验收并办理相关并网手续移交给业主后，卖方凭设备移交单及该批合同货物总价款 25% 财务收据办理支付申请手续，买方在申请手续办理完毕后 15 个工作日内支付该批次设备移交款。"项目并网发电后，某电力公司以某公司提供的设备存在质量问题，案涉工程尚未移交为由拒绝支付剩余货款。该主张能否获得支持？

A： 案涉工程已经过发包人、监理确认进入质保期。如果相关设备在质保期内发现质量问题，买方可以在风机质量问题的范围内合理要求卖方修理、更换、重做等。部分风机存在质量问题并不能成为拒绝支付全部款项的理由。

裁判案例：（2017）新 01 民初 647 号

【**裁判观点**】

关于某电建公司提出的风机质量问题拒付移交款抗辩能否成立的问题。某某电建公司提交 2016 年的风机故障分析、会议纪要、风机着火原因分析报告证据，提出风机故障、着火、发电量达不到要求，与主机质量有关系的异议。本院当庭进行释明，对设备质量问题及责任的确认是否申请专业机构进行鉴定，双方均未提出鉴定申请。依据故障分析报告以及风机着火原因分析报告可以反映风机故障诱因系信号线短路；风机着火属于电气系统松动或者电缆摩擦损害导致火灾的偶发故障。且会议纪要已反映业主方与某某电建公司商议进行项目移交及质量事故的后续处理工作事宜。说明该部分问题已初步解决，此后的问题应是调试、维护等后续质保履行的问题。合同的权利义务是相对等的，《中华人民共和国合同法》第六十七条规定，"当事人互负债务，有先后履行顺序，先履行一方未履行的，后履行一方有权拒绝其履行要求。先履行一方履行债务不符合约定的，后履行一方有权拒绝其相应的履行要求"。某某电建公司提出的风机着火事故及风机故障的抗辩，可以根据风机故障及着火损失的大小，合理选择要求对方承担修理、更换、重作、退货、减少价款或者报酬等，但应限定在风机故障及风机事故相对应的范围内。上述风机事故及故障缘由不足以构成对整个项目移交款支付的有效抗辩，故某某电建公司以上述原因拒付移交款的抗辩理由，本院不予采纳。

【实务指引】

同时履行抗辩权，又称不履行抗辩权，是指双务合同的当事人一方在对方未对待给付以前，可以拒绝履行自己义务的权利。该抗辩权的行使需要同时满足以下条件：(1) 须发生在互为给付的双务有偿合同中；(2) 须是双方互负的债务、没有先后履行顺序且均已届清偿期；(3) 必须是对方未履行债务或其履行不符合约定；(4) 必须是对方的对待给付是有履行可能的。

实践中，当事人可以约定同时履行抗辩权的成立条件，且成立条件可以由当事人约定予以变更，但是需要注意当事人约定的有效性。根据同时履行抗辩权的内容，在对方未对待给付之前，可以将自己的给付暂时保留，因此需要与留置权区别开来。留置权属于担保物权，是为担保债务人履行合同债权而设立的，留置权人对留置的财产价值有优先受偿权，既可以对抗债务人，也可以对抗合同之外的其他任何第三人，包括任何第三人对于留置权的物权请求权和债务人的其他债权人的债权请求权。同时履行抗辩权在效力性质上属于债的效力，一般无法突破合同相对性，只能就双务合同的对方当事人的债权请求权行使。

【法律依据】

《民法典》第五百二十五条　当事人互负债务，没有先后履行顺序的，应当同时履行。一方在对方履行之前有权拒绝其履行请求。一方在对方履行债务不符合约定时，有权拒绝其相应的履行请求。

> **案例 254**
>
> **某建筑公司、某汽轮机公司买卖合同纠纷案**
>
> **Q**:某建筑安装公司(买方)与某汽轮机公司(卖方)签订买卖合同,约定某建筑安装公司向某汽轮机公司购买风电机组。之后某汽轮机公司起诉某建筑安装公司索要货款,某建筑安装公司反诉某汽轮机公司提供的设备存在质量问题,并以此主张其享有先履行抗辩权。该主张能否获得支持?
>
> **A**:不能。因为质量问题已在其他案件中审理,买方的权益可以得到救济,不可以继续享有先履行抗辩权。
>
> **裁判案例**:(2019)最高法民终 185 号

【裁判观点】

2011 年《买卖合同》签订后,某汽轮机公司开始供货至 2018 年,某建筑公司从未正式提出质量异议。在 2017 年 10 月,某汽轮机公司提起货款追索诉讼后,某建筑公司才于 2018 年另案提起了质量异议之诉,主张某汽轮机公司的供货存在质量问题并要求损害赔偿。因质量问题已经另案处理,某建筑公司的权益可以另案寻求救济,故原审法院对货物质量争议不予处理并无不当,对某建筑公司提出的因质量问题而享有先履行抗辩权的主张,法院不予支持。

【实务指引】

本案中,买方在卖方提起货款追索诉讼后,提起了质量异议之诉,在卖方提起的货款追索诉讼中,买方的权益是可以得到救济的,因此其不可以继续享有先履行抗辩权。在实践中,在诉被告不履行或不完全履行债务场合,如果被告在诉讼前从未主张先履行抗辩权,或曾经主张过但最终放弃该项主张的,人民法院在案件审理中不得主动适用先履行抗辩权规则进行裁判。如果被告在合同履行过程中主张过该抗辩权,人民法院作出缺席判决的,应当审查被告是否放弃过该项抗辩以及该项抗辩是否成立。先履行一方履行债务不符合约定时,双方当事人的债务均为可分之债时,当先履行一方当事人部分履行时,后履行一方可拒绝其相应的债务履行,此时双方当事人的履行大体上可以计算、比较;对于瑕疵履行和有一方当事人的债务为不可分之债的情形,先履行一方瑕疵履行或不完全履行时,后履行一方在多大程度上可拒绝履行,尚不存在明确的可予以计算的标准,此时后履行一方是否可以拒绝对全部义务的履行,需要慎重把握。先履行抗辩权在性质上具有消极防御的特点,在作用上具有迫使对方积极履行债务的功用,在效力上只是使对方权利的效力向后延伸。

【法律依据】

《民法典》第五百二十六条 当事人互负债务,有先后履行顺序,应当先履行债务一方未履行的,后履行一方有权拒绝其履行请求。先履行一方履行债务不符合约定的,后履行一方有权拒绝其相应的履行请求。

案例 255

乔某、某电力公司分包合同纠纷案

Q：乔某借用其他公司资质(乙方)与某电力公司(甲方)签订《集电线路土建劳务分包合同》,约定甲方收到业主付款后,支付乙方款项。同时约定每次付款前乙方向甲方提交材料采购发票等材料。之后乙方未能及时开具发票,甲方能否主张先履行抗辩权拒绝支付工程款以及逾期付款的利息?

A：不能。只有对等关系的义务才存在先履行抗辩权,而支付工程款与开具发票不具备对等关系。

裁判案例：(2021)鲁03民终244号

【裁判观点】

支付工程款义务与开具发票义务是两种不同性质的义务,前者是合同的主要义务,后者是非主要义务,二者不具备对等关系。只有对等关系的义务才存在先履行抗辩权的适用条件。如果不是对等关系的义务,就不能适用先履行抗辩权。在一方未按约定开具发票的情况下,另一方不能以此为由拒绝履行合同义务及支付工程款。本案中,双方当事人未明确约定,乔某不及时开具发票,某电力工程公司有权拒绝支付工程款。涉案工程于2017年5月23日交付使用,应认定工程验收合格,双方约定的付款节点已超过,上诉人某电力公司逾期未支付工程款,应向乔某承担利息损失。

【实务指引】

先履行一方在其债务已届履行期时应当先履行债务,先履行一方履行债务已届履行期时不履行债务或履行债务不符合约定的,属于违约。后履行一方可以行使先诉抗辩权,在其不适当履行范围内拒绝其相应的履行请求。但是先履行一方与后履行一方互负对待给付义务,该义务应为对等关系,先履行一方以不具有对等关系的债务为由行使先诉抗辩权的,不予支持。

在对待给付义务场合,对于瑕疵履行和有一方当事人的债务为不可分之债的情形,先履行一方瑕疵履行或不完全履行时,后履行一方在多大程度上可拒绝履行,尚不存在明确的可予以计算的标准,此时后履行一方是否可以拒绝对全部义务的履行,需要慎重把握。先履行一方履行不当时,后履行一方可以拒绝履行的债务应当与此相当,不得超出必要的限度。

【法律依据】

《民法典》第五百二十六条　当事人互负债务,有先后履行顺序,应当先履行债务一方未履行的,后履行一方有权拒绝其履行请求。先履行一方履行债务不符合约定的,后履行一方有权拒绝其相应的履行请求。

案例 256

某咨询公司、某电力工程公司技术咨询合同纠纷案

Q: 某咨询公司与某电力工程公司签订技术咨询合同,约定某咨询公司促成某电力工程公司中标某项目后方可获得咨询费用。如果某咨询公司无法证明其已经履行了合同,某电力工程公司能否拒绝支付咨询费?

A: 可以。该公司需完成合同约定义务并促成某电力工程公司中标,才能获得相应对价,其负有先履行义务。

裁判案例:(2018)桂民终713号

【裁判观点】

根据双方签订的合同,某咨询公司需促成某电力工程公司中标后才能获得咨询费,即某咨询公司需完成合同约定义务并促成某电力工程公司中标,才能获得相应对价,其负有先履行义务。因某咨询公司无法证明其已履行了合同义务,故某电力工程公司有权拒绝向其支付咨询费。因某电力工程公司的抗辩理由成立,不存在违约行为,无须承担违约责任。故对某咨询公司主张的咨询费及违约金不予支持。

【实务指引】

先履行抗辩权,也有人将其称为"后履行抗辩权"或"先违约抗辩权",指的是在双务合同中,约定有先后履行顺序的,负有先履行债务的一方当事人未依照合同约定履行债务,后履行债务的一方当事人为保护自己的预期利益或为保证自己履行合同的条件而拒绝对方当事人请求履行的权利。传统民法上其实并不存在先履行抗辩权的概念,故有观点认为这是我国民法理论的一次创新。本案中,因双方在合同中约定,某咨询公司需促成某电力工程公司中标后才能获得咨询费,即某咨询公司需完成合同约定义务并促成某电力工程公司中标,才能获得相应对价,其负有先履行义务。因某咨询公司无法证明其已履行了合同义务,故某电力工程公司有权拒绝向其支付咨询费。实际上,先履行抗辩权的行使在本质上是对违约的抗辩,发生后履行一方可暂时中止履行自己债务的效力,对抗先履行一方的履行请求,且对自己的逾期履行不承担违约责任,但并不导致对方当事人债务的消灭。但对于先履行一方履行不当时,后履行一方可拒绝履行的部分应当与此相当,不得超出必要的限度。

【法律依据】

《民法典》第五百二十六条 当事人互负债务,有先后履行顺序,应当先履行债务一方未履行的,后履行一方有权拒绝其履行请求。先履行一方履行债务不符合约定的,后履行一方有权拒绝其相应的履行请求。

4. 不安抗辩权

案例257

某集团公司与宁夏某风能公司、沈阳某风能公司服务合同纠纷案

Q:在维护期内风电公司依约履行合同运维义务,风电设备运行稳定,各项指标均符合标准,维护期限届满,验收合格并依约移交,采购方在验收合格后拒不支付维护费用,风电公司能否以不安抗辩权为由向采购方主张维护费用?

A:风电公司可以以不安抗辩权为由向采购方主张维护费用。在维护期内,风电公司依约履行了合同义务,风电设备均正常运转,且经双方验收合格后移交,采购方应依照合同约定在规定的期限内履行付款义务,采购方拒不履行的,风电公司可以不安抗辩权为由向采购方主张维护费用。

裁判案例:(2020)浙01民初476号

【裁判观点】

被告宁夏某风能公司以原告某集团公司未履行开具发票义务为由主张付款条件不满足。法院认为,虽合同约定各阶段的付款均以原告出具收据或发票为前提,但根据合同第

5.5.4 条约定,合同总价 100% 的全额增值税发票由宁夏某风能公司通知后开具,宁夏某风能公司未举证证明宁夏某风能公司曾通知某集团公司开具。且整个合同履行期间双方多次就运维费进行交涉,被告未曾向原告索要收据或发票。现三个项目均已完成验收并移交,宁夏某风能公司亦无证据证明存在验收不合格的情况,故宁夏某风能公司的上述主张不能成立。某集团公司基于不安抗辩权要求被告先行支付合同约定的运维费,于法有据。

【实务指引】

双务合同的一方当事人依约定应先履行其债务时,应先履行义务的一方当事人无同时履行抗辩权。合同成立以后,发现后履行一方当事人的财产状况明显恶化可能危及先履行一方当事人债权实现时,如仍强迫应先履行义务的一方当事人先为给付,则可能出现先履行的一方当事人履行了债务,自己的债权却无法实现的情形,这有悖公平原则。法律为贯彻公平原则,避免一方当事人蒙受损失,特设不安抗辩权制度。不安抗辩权,又称保证履行抗辩权,是指双务合同成立后,根据合同约定应当先履行合同义务的当事人在有证据证明对方不能履行合同义务或者有不能履行合同义务时,在对方没有恢复履行或者提供担保之前,可暂时中止履行合同义务的权利。它在性质上属于一时抗辩权或延迟抗辩权。不安抗辩权设立的目的在于公平合理地保护先履行方的合法权益,并通过赋予先履行方中止履行的自我救济手段,促进另一方当事人的履行。在本案中,原告与某华创公司之间签订的合同系双方真实意思表示,且不违反法律强制性规定,应属合法有效。原告依约履行了合同运维义务,运维期间风机运行稳定,各项指标均符合标准,且验收合格后已依约移交,某华创公司拒不支付维护费的行为给原告造成较大损失,严重损害了原告的合法权益。某建设公司基于不安抗辩权要求被告先行支付合同约定的运维费,于法有据。

【法律依据】

《民法典》第五百二十七条 应当先履行债务的当事人,有确切证据证明对方有下列情形之一的,可以中止履行:

(一)经营状况严重恶化;

(二)转移财产、抽逃资金,以逃避债务;

(三)丧失商业信誉;

(四)有丧失或者可能丧失履行债务能力的其他情形。

当事人没有确切证据中止履行的,应当承担违约责任。

5. 情势变更

案例 258

某电力工程公司与某新能源公司建设工程合同纠纷案

Q：某电力工程公司与某新能源公司签订《风机安装合同》，约定某电力工程公司承建风电场项目的风机安装和风机基础工程，价格形式为固定价。但由于某新能源公司未能及时完成土地征收、当地村民阻工以及国家环保政策的影响下，原定 6 个月完成的土建项目实际工期为 2 年 7 个月，材料采购成本也大幅增长。某电力工程公司能否要求调整合同价款？

A：在无法预见、不属于商业风险的重大变化下，可以适当调整合同。

裁判案例：(2020) 内 04 民终 4448 号

【裁判观点】

虽然双方签订的《安装合同》及《土建合同》对工程单价进行固定价格约定，并对于窝工费、怠工费进行约定。但固定价格的给付前提应是在合同约定的合理工期内完工的价格计算标准。但由于工程延期，致使全部工程直到 2018 年 11 月 30 日才结束，特别 2017 年、2018 年在国家环保政策的影响下，使得涉案工程的各项材料的采购价格涨幅巨大，施工成本剧增，而合同中对于窝工、怠工损失风险的约定，应是对合理期限的限定，本案中工期的延长及材料价格的显著增加已超出合理的预期，某新能源公司主张按照合同约定的固定单价进行结算，对于某电力工程公司显失公平，故对于某新能源公司上诉称应按固定单价结算的上诉主张，本院亦不予支持。对于计算工程款及各项损失的依据，某电力工程公司称其依据的《NB/T 31010—2011 陆上风电场工程概算定额》系国家能源局发布的能源行业标准、"赤峰市区建筑材料市场信息价格"系赤峰市住建委根据建筑材料市场价格行情变化，定期发布的建设工程各类材料的当期市场含税平均价格。以上作为编制建设工程概预算及结算的计价参考，符合行业计价标准和要求，亦能客观反映建设工程价格信息变化，具有客观、及时、准确和可查性。虽然某新能源公司称不能依据某电力工程公司的单方提供的计价标准，但其未能举证反驳某电力工程公司参考的计算依据不具有真实性和客观性，且一审、二审某新能源公司均未申请对工程进行造价鉴定，而是始终坚持认为本案应该按照固定单价进行核算。故对某新能源公司的该主张，本院不予支持。

【实务指引】

情势变更制度，是指合同有效成立后，因不可归责于双方当事人的原因发生了不可预见的情势变更,致使合同的基础动摇或者丧失,若继续履行合同会显失公平,因此允许变更合同或解除合同的制度。应注意,首先,"情势"必须是客观的、具体的事实,当事人的主观认识错误不属于客观情势变更。其次,"变更"是指"合同的基础条件"发生了当事人在订立合同时无法预见的、不属于商业风险的重大变化。关于是否属于情势变更的"重大变化",判断标准有两个:一是继续履行合同是否对一方当事人明显不公平;二是是否为商业风险,如果能归入商业风险范畴,则不属于情势变更。

本案中,虽然工期的延长和材料价格的显著增加当事人在缔约时可以有一定预见,但该风险已经超出了正常合理预期,超出了市场固有的风险。如继续按原合同履行,对承包人显失公平。综上所述,本案符合情势变更的要件,某电力工程公司可依据该规定主张对案涉合同约定的固定工程款予以适当调整。在实践中要严格适用情势变更。

【法律依据】

《民法典》第五百三十三条　合同成立后,合同的基础条件发生了当事人在订立合同时无法预见的、不属于商业风险的重大变化,继续履行合同对于当事人一方明显不公平的,受不利影响的当事人可以与对方重新协商;在合理期限内协商不成的,当事人可以请求人民法院或者仲裁机构变更或者解除合同。

人民法院或者仲裁机构应当结合案件的实际情况,根据公平原则变更或者解除合同。

案例259

某风电科技公司与某风力发电公司买卖合同纠纷案

Q:风机市场价格浮动应属正常的商业风险还是情势变更?

A:应属正常商业风险。风力发电机组作为在市场流通的交易物,其价格出现波动影响当事人的利益,属于市场发挥调节作用的正常现象。作为专门从事风力发电的市场主体,对于该价格浮动应当存在一定程度的预见和判断,应当承担相应的商业风险。是否符合显失公平从而认定适用情势变更制度,并不能简单地以合同签订时的价格与合同履行时的价格进行纵向比较。如继续履行合同不会额外增加其订约时预计付出的履约成本,而仅是其在合同签订后可以以更少的交易成本从别处获取合同标的物,这并不能作为一方明显获利、一方明显受损而适用情势变更制度的理由依据。契约严守为合同法的基本原则,只有由于不可归责于合同当事人的原因导致合同缔约时的基础动摇或丧失,强行维持合同原有效力将导致合同当事人之间的利益均衡关系受到破坏,严重违背公平诚信原则时,才能适用情势变更制度。

裁判案例:(2015)民二终字第88号

【裁判观点】

二审法院认为,契约严守为合同法的基本原则,只有由于不可归责于合同当事人的原因导致合同缔约时的基础动摇或丧失,强行维持合同原有效力将导致合同当事人之间的利益均衡关系受到破坏,严重违背公平诚信原则时,才能适用情势变更制度。《民法典》第五百三十三条第一款规定,合同成立后,合同的基础条件发生了当事人在订立合同时无法预见的、不属于商业风险的重大变化,继续履行合同对于当事人一方明显不公平的,受不利影响的当事人可以与对方重新协商;在合理期限内协商不成的,当事人可以请求人民法院或者仲裁机构变更或者解除合同。

情势变更的发生是否为当事人不可预见、继续履行合同是否显失公平,则为界定本案是否适用情势变更制度需要考虑的要件因素。从本案买卖合同缔约情形来看,某风力发电公司对其以 4520 元/KW 的综合造价购买案涉风力发电机组的意思表示明确,其主张的无法预见是指风力发电机组的价格在合同签订之后大幅下滑,但某风力发电公司在缔约时对于合同的交易价格是明知的,对其在本次交易中的实际付出有明确的预期,不存在无法预见的情形。某风力发电公司主张继续履行合同显失公平,但是否显失公平并不能简单地以合同签订时的价格与合同履行时的价格进行纵向比较。

本案中,某风力发电公司如继续履行合同不会额外增加其订约时预计付出的履约成本,而仅是其在合同签订后可以以更少的交易成本从别处获取合同标的物,这不是某风力发电公司可以违约并置正常的交易秩序于不顾的理由,故本案亦不存在显失公平的情形。国家能源局国能新能〔2011〕285 号文件的出台是在 2011 年 8 月,即在本案某风力发电公司发出解除通知之后,亦不影响本案的法律适用。风力发电机组作为在市场流通的交易物,其价格出现波动影响当事人的利益,属于市场发挥调节作用的正常现象。某风力发电公司作为专门从事风力发电的市场主体,对于该价格浮动应当存在一定程度的预见和判断,应当承担相应的商业风险。

综合上述情形,本案买卖合同标的物风力发电机组的价格浮动应属正常的商业风险而非情势变更,某风力发电公司称本案存在情势变更情形的主张不能成立。

【实务指引】

商业风险和情势变更之间的不同之处在于:

第一,可预见性不同。在适用情势变更制度的情形,客观情势发生变更不具有可预见性,而商业风险具有可预见性。商业风险是从事商业活动的固有风险,作为合同基础的客观情况的变化未达到异常的程度,并非当事人不可预见、不能承受。一般的市场供求变化、价格涨落等属于此类。如果当事人从事的商业行为本身便具有高风险性,价格的波动正是当事人的研究对象及利润来源,那么相关交易中的频繁、较大幅度的价格涨落即属于商业风险,具有可预见性和可承受性,如股票买卖、期货投机等行为。

第二,两者对合同履行的影响程度不同。情势变更是指订立合同时的客观情况发生了重大变化,达到异常的程度,如果继续履行合同,将导致显失公平的后果。商业风险是在商业活动过程中,交易双方应当承担的由于市场变化所带来的合理的、正常的可能损失,作为合同基础的客观情况的变化未达到异常的程度。

第三,两者的法律后果不同。情势变更会导致当事人权益失衡。故根据公平原则,法律规定了当事人的再协商义务以及请求变更或者解除合同的权利。商业风险是与市场交易行为相伴而生的。作为市场活动主体,应具有相应的风险识别、防控和承受能力,在其基于自主意志从事商品交易活动、享有收益权的同时也应承担相应的风险责任。风险自负是市场主体从事交易时必须遵循的一项基本准则。因商业风险是市场交易的固有风险,当事人在缔结合同时应当预见到该风险并将其作为设定权利义务的基础,故发生商业风险后,由当事人承担该风险责任并不会产生不公平的后果。

【法律依据】

《民法典》第五百三十三条　合同成立后,合同的基础条件发生了当事人在订立合同时无法预见的、不属于商业风险的重大变化,继续履行合同对于当事人一方明显不公平的,受不利影响的当事人可以与对方重新协商;在合理期限内协商不成的,当事人可以请求人民法院或者仲裁机构变更或者解除合同。

人民法院或者仲裁机构应当结合案件的实际情况,根据公平原则变更或者解除合同。

四、合同的保全

撤销权

案例 260

某电气公司与某风能公司债权人撤销权纠纷案

Q: 某风能公司尚欠风电设备供应商合同款项,风电设备采购方将应收账款质押给银行的,风电设备供应商是否可以以采购方的行为属于无偿转让财产从而请求法院予以撤销?

A: 风电设备采购方将应收账款质押给银行的行为属于质押行为,并未产生应收账款权变动的法律效果,亦不属于无偿转让财产的行为,不会损害风电设备供应商的权益,故风电设备供应商不能请求人民法院撤销风电设备采购方的行为。

裁判案例: (2019)浙01民初2917号

【裁判观点】

在某风能公司质押给某资产管理公司的应收账款价值发生减损的情况下,某资产管理公司依据前述《债权收购暨债务重组应收账款质押合同》第9.2条的约定,与某风能公司签订合同编号为信浙-A-2017-047-02-01的《债权收购暨债务重组应收账款质押合同》,新增应收账款质押担保有合同依据。同时,某风能公司并非将其所享有的应收账款的债权转让给某资产管理公司,而是设立质权,应收账款的权属并未发生变动,不构成对某风能公司其他债权人利益的损害。故某风能公司设立质权的行为不属于无偿转让财产的行为,也不产生其责任财产减少的法律效果,该行为不属于债权人可以主张撤销的行为。

【实务指引】

根据《民法典》第五百三十八条的规定,债务人以放弃债权、放弃债权担保、无偿转让财产等方式无偿处分财产权益,或者恶意延长其到期债权的履行期限,影响债权人的债权实现的,债权人可以请求人民法院撤销债务人的行为。这一规定限制了债务人无偿处分财产权益的行为,为的是保护债权人的债权得以实现。需要注意的是,债权人在行使该权利时,债务人须客观上存在无偿处分财产权益的行为。实践中有恶意的债务人往往采用复杂的手段处分财产,以逃避履行债务。因此在分析债务人的行为时需要从《民法典》第五百三十八条的立法目的入手加以分析。《民法典》设立债权人的撤销权,目的在于赋予债权人保障自己的债权得以实现,不受债务人无偿处分或不合理对价交易影响的权利。债务人实施无偿处分或者不合理对价交易的目的在于减少财产权益或者不当加重责任财产负担以逃避履行债务。因此,可以从上述因素出发分析债务人的行为是否存在逃避债务的恶意以及是否存在无偿或不合理交易的行为。本案中,在应收账款权利上设置权利质权,并不会直接影响财产本身的完整性。在没有明确证据证明债务人与第三人之间存在虚构担保的情况下,应当承认这一质权的合法性。因此,并不能认定本案债务人存在无偿处分财产权益的行为,不能支持债权人提出的撤销主张。

【法律依据】

《民法典》第五百三十八条　债务人以放弃其债权、放弃债权担保、无偿转让财产等方式无偿处分财产权益,或者恶意延长其到期债权的履行期限,影响债权人的债权实现的,债权人可以请求人民法院撤销债务人的行为。

《民法典》第五百三十九条　债务人以明显不合理的低价转让财产、以明显不合理的高价受让他人财产或者为他人的债务提供担保,影响债权人的债权实现,债务人的相对人知道或者应当知道该情形的,债权人可以请求人民法院撤销债务人的行为。

《民法典》第五百四十条 撤销权的行使范围以债权人的债权为限。债权人行使撤销权的必要费用,由债务人负担。

案例 261

某资产管理公司与某清洁能源公司债权人代位权纠纷案

Q:风电公司将应收账款质押给金融机构,金融机构对风电公司享有到期债权,且在有担保的情况下,风电公司对第三公司也有到期债权,第三公司是否可以以金融机构对风电公司的债权有担保,风电公司未对第三公司提起诉讼或者仲裁不会使金融机构的债权未能实现为由主张抗辩?

A:提起代位权诉讼,应当符合下列条件:(1)债权人对债务人的债权合法;(2)债务人怠于行使其到期债权,对债权人造成损害;(3)债务人的债权已到期;(4)债务人的债权不是专属于债务人自身的债权。金融机构的到期债权虽有其他担保措施,但风电公司怠于行使其对第三公司的到期债权,已对债权人金融机构造成损害,且在该应收账款已质押给金融机构的情况下,金融机构提起诉讼也是实现债权的方式,因此第三公司不能主张抗辩。

裁判案例:(2018)浙 01 民初 4914 号

【裁判观点】

提起代位权诉讼,应当符合下列条件:(1)债权人对债务人的债权合法;(2)债务人怠于行使其到期债权,对债权人造成损害;(3)债务人的债权已到期;(4)债务人的债权不是专属于债务人自身的债权。本案中,某资产管理公司对某风能公司的债权合法,某风能公司怠于行使其对某清洁能源公司的到期债权,且该债权也不专属于某风能公司,故某资产管理公司有权提起代位权诉讼。至于某清洁能源公司辩称某资产管理公司对某风能公司的到期债权尚有其他担保措施,某风能公司未对某清洁能源公司提起诉讼或仲裁的行为不会导致某资产管理公司的债权未能实现,法院认为,最高人民法院《关于适用〈中华人民共和国合同法〉若干问题的解释(一)》第十三条规定"合同法第七十三条规定的'债务人怠于行使其到期债权,对债权人造成损害的',是指债务人不履行其对债权人的到期债务,又不以诉讼方式或者仲裁方式向其债务人主张其享有的具有金钱给付内容的到期债权,致使债权人的到期债权未能实现"。本案中,某资产管理公司的到期债权虽有其他担保措施,但某风能公司怠于行使其对某清洁能源公司的到期债权,已对债权人某资产管理公司造成损害,且在该应收账款已质押给某资产管理公司的情况下,某资产管理公司提起本案诉讼也是实现债权的方式,故对某清洁能源公司的辩解亦不予采纳。综上,某资产管理公司要求某清洁能源公司支付款项2829.6万元具有事实与法律依据。

【实务指引】

根据《民法典》第五百三十五条的规定,提起代位权诉讼,应当符合下列条件:(1)债权人对债务人的债权合法;(2)债务人怠于行使其到期债权,对债权人造成损害;(3)债务人的债权已到期;(4)债务人的债权不是专属于债务人自身的债权。同时满足以上条件时,即可提起代位权诉讼。

从权利是附属于主债权的权利,如担保物权中抵押权、质权、保证以及附属于主债权的利息、建设工程价款优先受偿权等。对债务人怠于行使其债权的从权利的理解,应注意以下两点:一是不管债权人将次债务人、其他相对人单独还是一并提起代位权诉讼,均要求债务人对次债务人的债权系已届清偿期的、非专属于债务人自身的现实债权。至于是否为未经诉讼或仲裁处理过的债权,应区分是单独诉讼还是一并诉讼,并结合债务人的债权与其从权利法律关系的相应法律规范进行综合判断。二是债务人对其他相对人的从权利应具备以下条件:(1)未经诉讼或仲裁裁决,否则违反重复诉讼原则。若该从权利已经生效判决或仲裁裁决确认,则债权人可采取保全措施或经执行程序救济。(2)非专属于债务人自身的权利,可参照最高人民法院《关于适用〈中华人民共和国合同法〉若干问题的解释(一)》(已失效)第十二条规定。(3)债权人是否可将次债务人或其他相对人单独或一并提起代位权诉讼,应遵循相关法律规定对债务人与其他相对人权利义务关系的限制。

《民法典》第五百三十五条沿用了《合同法》第七十三条关于代位权除外条款的规定,这是代位权能否成立的限制条件。但书条款将《合同法》中"该债权专属于债务人自身的除外"表述为"该权利专属于债务人自身的除外",其中"该权利"不仅包括最高人民法院《关于适用〈中华人民共和国合同法〉若干问题的解释(一)》第十二条列举的债务人债权,还包括与该债权有关的担保权利等从权利,如受害人的人身损害赔偿债权、人寿保险合同的人寿保险金债权的担保等。

【法律依据】

《民法典》第五百三十五条 因债务人怠于行使其债权或者与该债权有关的从权利,影响债权人的到期债权实现的,债权人可以向人民法院请求以自己的名义代位行使债务人对相对人的权利,但是该权利专属于债务人自身的除外。

代位权的行使范围以债权人的到期债权为限。债权人行使代位权的必要费用,由债务人负担。

相对人对债务人的抗辩,可以向债权人主张。

五、合同的变更和转让

1. 协议变更合同

案例 262

某电力安装公司与某风电公司确认合同效力纠纷案

Q: 某电力安装公司中标某风电公司招标的项目。招标文件要求投标人采用工程量清单的报价方式。双方签订正式合同后,有达成补充协议,主要内容为"以施工图预算下浮5%作为最终结算价格"。某风电公司主张补充协议约定的结算方式无效,该主张能否获得支持?

A: 不能。补充协议不构成对原协议的实质性变更。

裁判案例: (2014)通商终字第32号

【裁判观点】

本院认为,诚实信用是社会经济主体在进行民商事活动中应当遵循的基本原则。当事人对于其依法签订的合同,应依法依约定正确履行,未经双方协商或不依法律规定,任何当事人不得违背合同约定或撤销、解除合同。本案中,双方当事人在经过招投标后,签订了合同和补充协议,现作为合同一方的被上诉人某电力安装公司某风电公司又提出补充协议约定的结算方式无效的主张,有违诚实信用原则。被上诉人某电力安装公司某风电公司称上诉人某电力安装公司与被上诉人某电力安装公司某风电公司订立的补充协议违反招投标法的规定,但该补充协议不仅是双方自愿签订,而且《中华人民共和国招标投标法》第四十六条规定中的"不得再行订立背离合同实质性内容的其他协议",是指不能违背"投标价格、投标方案"等实质性内容,目的是为了防止招标投标行为仅仅成为形式,也防止对其他投标人产生不公平。本案中的《某某电气设备安装调试工程施工合同的补充协议》虽然对价格进行了约定,但其主要内容是"以施工图预算下浮5%为最终结算价格",该约定并没有否定"采用工程量清单的报价方式",而且价格进行了下浮,并不损害国家、集体或他人利益,不应认为是对原合同进行了实质性变更。

【实务指引】

合同的变更,是指合同成立后,当事人在原合同的基础上对合同的内容进行修改或者补充。合同是双方当事人通过要约、承诺的方式,经协商一致达成的。合同成立后,当事人应当按照合同的约定履行义务。任何一方未经对方同意,都不得改变合同的内容。但是,当事人在订立合同时,有时不可能对涉及合同的所有问题都作出明确约定。合同签订后,当事人在合同履行前或者履行过程中可能出现一些新的情况,需要对双方的权利义务关系重新进行调整和规定。因此,需要当事人对合同内容重新修改或者补充。由于合同是当事人协商一致的产物,所以,当事人在变更合同内容时,也要遵循协商一致的原则进行。

【法律依据】

《民法典》第五百四十三条　当事人协商一致,可以变更合同。

案例 263

某锅炉厂、某风电装备技术公司定作合同纠纷案

Q:《风电设备合同》实际交货地点变更是否可以认定双方当事人对合同达成了变更的合意?

A:《风电设备合同》实际交货地点变更,不代表双方对合同达成了变更的合意。合同实际内容不仅包括交货地点,还包括付款时间、付款方式等条款。《民法典》第五百四十三条规定:"当事人协商一致,可以变更合同。"双方是否达成变更合同的合意应以双方是否协商一致为标准。

裁判案例:(2018)最高法民申 4245 号

【裁判观点】

关于双方是否对《产品定作合同》内容作出变更的问题。《产品定作合同》是当事人真实的意思表示,内容不违反法律、行政法规强制性规定,合法有效。法院询问时,某锅炉厂认可《产品定作合同》约定的 32 套塔筒全部被发往张家口风场,也即本案实际交货地点与约定交货地点不同,但并不能据此证明双方合意对《产品定作合同》约定的交付时间和付款条款进行了变更。某风电公司、某风电装备技术公司虽派人告知某锅炉厂"项目要推迟,合同要延期(履行)",但某锅炉厂并未同意。《合同法》(已失效)第七十七条第一款规定:"当事人协商一致,可以变更合同。"本案并无充分证据证明双方对合同变更达成一致意见,原审判决认定双方对《产品定作合同》内容未达成变更的合意,认定事实和适用法律并无不当。

【实务指引】

一般而言,学理上认为合同变更需要符合以下条件:

其一,存在合法有效的合同关系。合同的变更,是改变原合同关系,无原合同关系便无变更的对象,所以合同的变更离不开原已存在的合同关系这一条件。合同无效,自始即无合同关系;合同被撤销,合同自始失去法律约束力,亦无合同关系;追认权人拒绝追认效力未定的合同,仍无合同关系。在这些情况下,自无变更合同的余地。

其二,合同内容发生变化。合同的变更并不包括合同主体的变更,仅指合同内容的变更。换言之,合同内容发生变化是合同变更不可或缺的条件。就合同内容变更而言,通常包括合同标的物的质量和数量、合同履行条件、合同价款、合同所附条件或期限、合同担保、违约责任、解除条件以及争议解决的防范等内容的变更,也可以包括合同的从给付义务、附随义务的变更。

其三,当事人就合同变更协商一致。双方当事人协商一致变更合同,是意思自治原则的基本要求。这里的协商一致也通常需要经过要约、承诺等与订立合同一致的程序。

【法律依据】

《民法典》第五百四十三条　当事人协商一致,可以变更合同。

2. 债权转让

案例264

某劳务公司与某工程公司债权转让合同纠纷案

Q: 某劳务公司与某机械公司签订《项目合作协议书》,约定某劳务公司在协议签订时向某机械公司支付250万元前期费用。之后双方解除合同,确定某机械公司向某劳务公司返还250万元。某机械公司将其对某工程公司享有的债权130万元转让给某劳务公司,由某劳务公司向某工程公司主张债权。但是当前并无证据证明某机械公司将债权转让的信息告知某工程公司。此次债权转让是否对某工程公司发生效力?

A: 不发生效力,债权人转让债权,未通知债务人的,该转让对债务人不发生效力。

裁判案例: (2020)渝0102民初3774号

【裁判观点】

本院认为,某劳务公司与某机械公司签订《债权转让协议》后,现无证据证明债权人某机械公司已通知债务人某工程公司,故该转让对债务人某工程公司不发生效力。2017年11月8日,某机械公司向某工程公司出具《确认函》时未确认某机械公司在某工程公司的某工程质保金1312091元中的130万元已转让给某劳务公司,导致上述质保金1312091元被渝北区法院依法扣划,故某工程公司不应承担本案的民事责任。某机械公司应支付某劳务公司欠款130万元,并应自《债权转让协议》约定的付款时间即2017年6月30日起至付清时止承担资金占用损失(2017年6月30日起至2019年8月19日止按中国人民银行规定的同期贷款利率计算,2019年8月20日起至付清时止按全国银行间同业拆借中心公布的贷款市场报价利率计算)。

【实务指引】

债权作为一项非常重要的财产权,可转让性是其基本属性,当然,依照其性质或者法律规定不得转让的除外。债权人可以在不违反法律和公序良俗的基础上处分自己的权利。但是,债权具有相对性,由于债权人和债务人之间存在合同关系,债权人转让权利的行为会给债务人的履行行为造成一定影响或者负担。因此,基于诚信原则的要求,债权人转让其债权应当符合相应的法定条件。[①] 其中,债权转让须通知债务人。考虑到合同双方当事人利益的平衡,《民法典》在权利转让的问题上确立了权利转让只需通知债务人的原则,债权人转让权利的,应当通知债务人。通知到达债务人时转让行为生效。未经通知,该转让行为对债务人不发生效力。通知要件的确立,可以使债务人及时了解让与的事实,避免因债务人对债权转让毫不知情遭受损害及造成各种损失浪费。这一要件并不要求债权让与需要经债务人同意,这尊重了债权人处分其债权的自由。这样规定一方面尊重了债权人对其权利的行使,另一方面也防止债权人滥用权利损害债务人的利益。同时,将权利转让生效的决定权交给债权人行使,也符合其权利本身的属性,有利于促进市场经济的发展。在大连某房屋开发有限公司与辽宁某房屋实业公司、辽宁某房地产开发有限公司国有土地使用权转让合同纠纷案中,最高人民法院裁判明确,债权人可以将合同权利全部或者部分转让给第三人,转让只需通知到债务人即可而无须征得债务人的同意。因此,转让行为一经完成,原债权人即不再是合同权利主体,亦即丧失以自己名义向债务人主张合同权利的资格。

【法律依据】

《民法典》第五百四十六条　债权人转让债权,未通知债务人的,该转让对债务人不发生效力。

[①] 最高人民法院民法典贯彻实施工作领导小组主编:《中华人民共和国民法典合同编理解与适用(一)》,人民法院出版社2020年版,第564页。

债权转让的通知不得撤销,但是经受让人同意的除外。

3. 债权债务的概括移转

案例 265

某风力发电公司、某电站设备公司买卖合同纠纷案

Q: 案外人某新能源公司与某电站设备公司签订《风电工程塔筒采购合同》,约定某新能源公司向某电站设备公司购买风机塔架(含基础环)。一段时间后,某风力发电公司、某电站设备公司与某新能源公司签订三方协议,约定终止《风电工程塔筒采购合同》,相关塔筒转移至其他项目,采购合同中某新能源公司的权利义务由某风力发电公司承担。同日,某风力发电公司与某电站设备公司签订《采购合同》,约定某风力发电公司向某电站设备公司采购风机塔架(含基础环)。以前某电站设备公司为某新能源公司生产的风电塔筒因长期未接收而产生维护和占用费用,这笔费用应当由谁承担?

A: 应当由某风力发电公司承担。风力发电公司因三方协议而概括接受某新能源公司的全部合同义务。

裁判案例:(2019)鲁 02 民终 2580 号

【裁判观点】

某风力发电公司与某电站设备公司及某新能源公司签订的三方协议明确约定,《某风电工程塔筒采购合同》(以下简称原采购合同)中约定的某风电公司和被上诉人的权利和义务,由上诉人和被上诉人分别承担。上诉人与被上诉人重新签订设备采购合同。该协议系三方当事人真实意思表示,合法有效,可以认定合同三方均就上诉人概括承担原采购合同中某风电公司的权利义务达成合意。上诉人亦对承担某风电公司的权利义务这一约定予以认可,并与被上诉人重新签订《某 250MW 风电场工程风力发电机组塔筒采购合同》(以下简称新采购合同),进一步确认双方之间的买卖合同法律关系。上述事实说明,上诉人作为约定承担原采购合同权利义务和新采购合同权利义务的买受人,是塔筒(含基础环)的实际使用者和购买者,故上诉人承担塔筒(含基础环)的场地占用费、设备维护费主体适格。上诉人称一审混淆合同主体相对性,其不是责任承担主体,理由不能成立。

2018 年 4 月 10 日上诉人与被上诉人签订的备忘录明确约定,新采购合同签订前被上诉人已生产的塔筒(含基础环)的维护费、占地费等费用是因上诉人延期交付而产生,并载明了延期交付的原因、新采购合同中未包含维护费、占地费等费用的原因以及对上述两项费用如何处理需由上诉人请示上级单位等内容。上诉人明知该备忘录是就原采购合同中因昌乐北岩风电工程项目缓建导致的被上诉人生产的设备未被及时接收而产生的塔筒（含基础环）维护费、占地费的承担责任进行约定，依然认可上述费用是因其延期交付而产生的。因此，法院认定，上诉人与被上诉人已就场地占用费、设备维护费的支付达成一致，上述两项费用应由上诉人承担。

虽然上诉人声称，该备忘录是由某新能源公司工程部盖章确认，并非上诉人签署，对其不具有约束力，但2017年9月1日某新能源公司向中国某集团新能源股份有限公司作出的《关于某项目塔筒增加费用的请示》、中国某集团新能源股份有限公司作出的《关于某项目塔筒设备有关事宜的批复》以及被上诉人提交的2016年2月22日《某风电公司与某电站设备有限公司关于某风电项目技术服务费等问题会议纪要》，三份文件内容均与双方当事人之间的买卖事实、争议协商内容存在直接关联。

上述证据足以证明，某新能源公司作为上诉人和某风电公司的主管部门，在备忘录上盖章以及在会议记录中签字是对上诉人承担维护费、占地费的确认，备忘录最后签章部分虽没有加盖上诉人的印章，但并不影响对上诉人承担维护费、占地费的法律责任认定。故上诉人主张请示函不是由其作出，备忘录对其没有约束力，不应承担上述费用，证据不足，有违诚信，法院不予支持。

【实务指引】

合同权利义务的概括转让既包括债权的转让也包括债务的转移，因此，在构成要件上应当适用二者相应的构成要件。这里比较重要的是，债权人转让权利应当通知债务人；债务人转移义务必须经债权人的同意。合同权利义务一并转让既包括权利的转让，又包括义务的转移，所以，合同一方当事人在进行转让前应当取得对方的意见，使对方能根据受让方的具体情况来判断这种转让行为能否对自己的权利造成损害。只有经对方当事人同意，才能将合同的权利和义务一并转让。如果未经对方同意，一方当事人就擅自一并转让权利和义务的，那么其转让行为无效，对方有权就转让行为对自己造成的损害，追究转让方的违约责任。

【法律依据】

《民法典》第五百五十一条　债务人将债务的全部或者部分转移给第三人的，应当经债权人同意。

债务人或者第三人可以催告债权人在合理期限内予以同意，债权人未作表示的，视为不同意。

《民法典》第五百五十五条　当事人一方经对方同意，可以将自己在合同中的权利和义务一并转让给第三人。

《民法典》第五百五十六条　合同的权利和义务一并转让的，适用债权转让、债务转移的有关规定。

六、合同的权利义务终止

1. 合同的约定解除

案例 266

某租赁公司与某风电公司融资租赁合同纠纷案

Q: 原告与被告签订风电设备《融资租赁合同》,涉案融资租赁合同生效并实际履行后,被告未能按期支付租金,原告认为被告的欠租行为已构成违约,要求解除合同及返还租赁物。被告辩称涉案租赁物是风场一期的设备,如果返还给原告会造成二期的停产停运,并造成国有财产的损失,故解除合同对原、被告双方均会造成损失,且被告方已经按约支付了 6 年的租金,并希望继续履行合同,被告请求可否得到法院支持?

A: 不支持,应按照合同约定,原告关于解除合同的主张与合同约定相符,而被告在违约情形下,又不同意解除合同并希望继续履行合同的请求,明显与合同约定不符,没有事实依据。

裁判案例: (2017)沪 01 民初 360 号

【裁判观点】

涉案融资租赁合同中已明确约定,如被告某风电公司在租赁期间未按时、足额支付原告某租赁公司合同项下的租金或其他款项的,原告有权解除合同,收回租赁物,并要求某风电公司赔偿原告损失及偿付逾期违约金。某风电公司的欠租行为确已构成违约,原告关于解除合同的主张与合同约定相符,而某风电公司在自身存在欠付租金的违约情形下,又不同意解除合同并希望继续履行合同的请求,明显与合同约定不符,没有事实依据,故法院对此不予采信。

【实务指引】

约定解除权,是指当事人以合同条款的形式,在合同成立以后未履行或未完全履行之前,由一方当事人在约定解除合同的事由发生时享有解除权,并据此通过行使解除权,使合同关系归于消灭。按照合同自由原则,当事人因协商一致而缔结合同,也有权对解除合同的事由作出约定。《民法典》对约定解除权作出规定,符合合同自由原则。约定解除权与合意解除共同构成合同约定解除的完整内容。因约定解除权是由合同双方当事人在合同中事先约定合同履行期间可能发生的解除合同的事由,故其不同于附解除条件合同中的解除条件。在附解除条件的合同中,合同自解除条件成就时起即失去效力,无须当事人发出解除合同的意思表示。反观约定解除权,因其属形成权,故必须通过以需受领的意思表示为要素的单方法律行为行使之。亦即,约定解除权所关注的是当事人的解除权是否产生,故在解除合同的事由发生时,合同并未即时失去效力。倘若享有合同解除权的当事人不行使解除权,合同效力依然如故,不受影响。只有在解除权人向合同对方当事人发出解除合同的意思表示且到达对方当事人时,合同效力才能归于消灭。此与附解除条件的合同在所附条件成就时,合同效力当然归于消灭判然有别,不可不察。

约定解除权的行使方式不论明示或默示均无不可,但单纯的沉默不得认为系解除权的行使。约定解除权作为民事权利,当事人可以放弃行使。当解除事由出现时,解除权人在一定的期限内不积极行使解除权,则合同继续有效,或者解除权人的行为使另一方当事人有正当理由信赖其不再行使解除权而愿意继续履行合同的,应视为双方以实际行为变更了合同解除权的约定,一方当事人享有的约定解除权相应消灭。约定解除权的行使欲发生解除合同的效果,须经法定程序,具体而言,当事人以通知方式解除合同的,于合同相对方了解通知或通知到达相对方时发生效力。而且,通知解除的意思表示不得撤销,若非如此,则合同法律关系易陷入反复不安定的状态,势必令合同对方当事人无所适从,不利于相对方当事人利益的保护。当事人以提起诉讼的方式主张解除合同的,人民法院对该主张经审理予以确认,合同溯及自起诉状副本送达对方时解除。

【法律依据】

《民法典》第五百六十二条 当事人协商一致,可以解除合同。

当事人可以约定一方解除合同的事由。解除合同的事由发生时,解除权人可以解除合同。

《民法典》第五百七十七条 当事人一方不履行合同义务或者履行合同义务不符合约定的,应当承担继续履行、采取补救措施或者赔偿损失等违约责任。

案例267

某国土资源局、某电力工程公司建设工程施工合同纠纷案

Q:某电力工程公司(承包人)与某国土资源局(发包人)签订《建设工程施工合同》,前期某电力工程公司按照工程内容进行了施工,但合同范围内的剩余工程因受到当地村民阻挠而停工,某电力工程公司是否可以请求解除合同?

A:可以,因客观上不具备继续履行的条件,故某电力工程公司要求解除双方签订的《建设工程施工合同》的诉讼请求可以得到支持。

裁判案例:(2017)云民终6号

【裁判观点】

某电力工程公司与某国土资源局签订的《建设工程施工合同》及《补充协议》系双方真实意思表示,内容不违反法律、行政法规的强制性规定,合法有效,双方均应严格按约履行。某电力工程公司已按照前述合同约定工程内容进行了施工,但合同范围内的剩余工程因受到当地村民阻挠而停工,且某国土资源局当庭陈述称现针对当地村民的要求,昆明市人民政府尚未作出答复,不能明确复工时间。

双方签订的《建设工程施工合同》约定"因发包人的原因造成工程停建,致使合同无法履行,承包人可以解除合同",某国土资源局作为发包人保证施工方顺利施工是其合同义务,某国土资源局作为政府的职能部门,村民阻挠施工与政府征地失地补偿等问题有关,属因发包人的原因造成工程停建的情形,某电力工程公司请求解除合同,符合合同约定。虽然诉讼之前某电力工程公司未向某国土资源局发出解除合同的书面通知,但其于2016年5月11日以诉讼方式要求解除合同,符合法律规定。

【实务指引】

合意解除是当事人协商一致的结果,不同于约定解除情形,其无须履行通知程序。因合意解除系以合同的形式进行,因而同样需具备合同的生效要件,如意思表示真实,不违反法律、行政法规的强制性规定以及不违背公序良俗等。合同经合意解除后,原合同关系遂终止,当事人既无权依据原合同向合同对方当事人主张权利,也无须再按照原合同约定履行义务。需要指出的是,如果当事人仅达成一致同意解除原合同的合意,但对于合同解除的后果未能达成一致意见的,也不能产生合意解除合同的法律效果。在合意解除的情况下,是否恢复原状、是否发生溯及既往的效力以及是否发生赔偿损失责任等问题,均须合同当事人协商处理。

【法律依据】

《民法典》第五百六十二条　当事人协商一致,可以解除合同。

当事人可以约定一方解除合同的事由。解除合同的事由发生时,解除权人可以解除合同。

《民法典》第五百六十三条　有下列情形之一的,当事人可以解除合同:

(一)因不可抗力致使不能实现合同目的;

(二)在履行期限届满前,当事人一方明确表示或者以自己的行为表明不履行主要债务;

(三)当事人一方迟延履行主要债务,经催告后在合理期限内仍未履行;

(四)当事人一方迟延履行债务或者有其他违约行为致使不能实现合同目的;

(五)法律规定的其他情形。

以持续履行的债务为内容的不定期合同,当事人可以随时解除合同,但是应当在合理期限之前通知对方。

2. 合同的法定解除

> **案例268**
>
> **某变压器公司与某新能源公司买卖合同纠纷案**
>
> Q：某新能源公司与某变压器公司签订《风电形目订货合同》，约定某变压器公司供应变压器。在某新能源公司已经支付了货款的情况下，某变压器公司迟迟未能交货。之后某新能源公司向某变压器公司发函，明确要求交货时间。但某变压器公司仍未能按期交付。此时某新能源公司能否要求解除合同？
>
> A：可解除合同，一方迟延履行主要债务，经催告后在合理期限内仍未履行的可以解除合同。
>
> 裁判案例：(2014)黑高商终字第25号

【裁判观点】

法院认为，在某变压器公司与某新能源公司签订的第二份合同中，双方对具体的交货时间已有明确约定，即主变为2009年7月20日运到某新能源公司施工现场，油变分两批运到，第一批40台于8月15日运到，第二批27台于8月31日运到。但在实际履行中，某变压器公司于2010年5月2日交付主变一台，2010年10月30日交付油变20台，均超出双方约定的交货期限。2010年11月6日，某新能源公司向某变压器公司发函将供货数量进行调整，并明确要求10日内将剩余20台变压器运抵现场，但某变压器公司仍未交付，某新能源公司有权要求解除合同。

【实务指引】

迟延履行债务而引起合同解除主要有两种情形。

（1）履行期限对合同目的实现不具有实质性影响的

只要当事人一方在履行期限到来后迟延履行债务，另一方当事人就可主张解除合同，必然会导致合同解除的任意性，造成不必要的财产损失和交易成本的增加。因此，根据《民法典》第五百六十三条第一款第三项的规定，履行期限对合同目的之实现不具有根本影响的，债务人在履行期限届满后履行，通常仅会令债权人遭受有限损失，不至于使其合同目的落空的，即使债务人迟延履行合同主要债务，也不允许债权人立即解除合同，其应向债务人发出履行债务的催告。催告的主要目的在于，尽快确定宽限期，明确解除权行使的条件。债务人在宽限期届满时仍未履行的，债权人便有权解除合同。催告一般在履行期限届满后发出，履行期限届满之前发出的催告，因债务人在履行期限届满前并无给付的义务,此时催告行为不能发生催告的效力。宽限期可通过当事人就宽限期达成合意,或债务人主动提出债务履行延展期来确定。若不存在上述两种情况,则应根据合同类型、交易习惯、案件实际情况等因素来认定宽限期的合理性。一般而言,债务履行期限较短的,相应合理的宽限期就越短;履行期限对债权人合同目的实现有较大影响的,合理的宽限期就越短。

(2)履行期限对合同目的实现具有实质性影响的

若债权人的利益与履行的时效性密切关联,履行期限对合同目的之实现至关重要,债务人如不在约定的期限内作出履行,债权人的合同目的将难以实现,如销售商向生产商订购重要节日如春节、圣诞节所需商品,但生产商却未能按期供货,则势必会造成销售商所期待的合同利益落空。对于此种情形,《民法典》第五百六十三条第一款第四项规定,只要债务人陷入迟延,即可认为构成根本违约,非违约方不必再发出催告,可立即解除合同。在确定迟延履行对合同履行影响的严重程度时,应考虑迟延的时间长短以及因迟延给债权人造成的实际损失等问题。债权人还应举证证明债务人迟延履行以后,合同继续履行对其没有任何利益,或者继续履行只会使其蒙受更大损失。如迟延履行产生与按时履行基本相同的效果,则不能认为迟延履行导致合同目的落空。

【法律依据】

《民法典》第五百六十三条　有下列情形之一的,当事人可以解除合同:

(一)因不可抗力致使不能实现合同目的;

(二)在履行期限届满前,当事人一方明确表示或者以自己的行为表明不履行主要债务;

(三)当事人一方迟延履行主要债务,经催告后在合理期限内仍未履行;

(四)当事人一方迟延履行债务或者有其他违约行为致使不能实现合同目的;

(五)法律规定的其他情形。

以持续履行的债务为内容的不定期合同,当事人可以随时解除合同,但是应当在合理期限之前通知对方。

案例269

某能源设备公司诉某风电设备公司买卖合同纠纷案

Q:某风电设备公司(买方)与某能源设备公司(卖方)订立买卖合同,约定某风电设备公司从某能源设备公司处购买风电叶片模具一套。合同签订后,某能源设备公司未交付模具相关的技术资料和图纸,其行为是否构成根本违约,导致订立买卖合同的目的无法实现?

> A：不构成。交付技术资料及图纸属于从给付义务，不构成根本违约。
>
> **裁判案例：**(2013)鲁商终字第 194 号

【裁判观点】

本案中，某能源设备公司已向某风电设备公司交付了合同约定的货物，某风电设备公司也支付了部分货款，某能源设备公司已履行了合同约定的主要义务，虽未向某风电设备公司交付技术资料，该交付行为应属于合同的从给付行为，而且从某能源设备公司将模具运抵某风电设备公司处进行安装调试、2010 年 12 月 9 日双方在模具按照验收单上签字，直至 2012 年 6 月 7 日某能源设备公司向原审法院起诉某风电设备公司支付货款，某风电设备公司一直未催告某能源设备公司履行交付技术资料的义务，也从未通知某能源设备公司解除合同。

综合分析以上事实，某能源设备公司虽未交付技术资料及图纸，但不能认定构成根本违约，原审判决已判令双方在判决生效后 10 日内由某能源设备公司向某风电设备公司交付技术资料及图纸、某风电设备公司向某能源设备公司支付拖欠货款的双给付行为，某风电设备公司以此为由主张解除合同并无事实和法律依据，本院对其主张不予支持。

【实务指引】

在履行期限尚未届满之前，当事人一方明确表示或者以自己的行为表明不履行主要债务的，多数学者称为预期违约。在履行期限届满前赋予债权人解除权的正当基础是忠实义务的违反。当事人一方明确表示或以自己的行为表示不履行合同主要债务的情况，破坏了债权人相信债务人会履行合同主要债务的合理期待，如果债权人不能采取应对措施，在履行期限届满之前仍然必须着手履行合同的准备，或者坐待合同履行期限届满才能主张救济，不仅会使损失进一步扩大，还可能丧失更多的交易机会，这对债权人而言显然并不公平。虽然履行期限届满之前即无正当理由拒绝履行，构成对债权人信赖的破坏，但是并非任一履行期限届满前拒绝履行合同的行为都可以引发法定解除，原则上只有拒绝履行主给付义务才能引发解除权的产生。如果一方当事人只是拒绝履行从给付义务或者附随义务，若是该行为并未实质性影响另一方当事人合同目的的实现，则不应认定构成本条所规制的情形。

【法律依据】

《民法典》第五百六十三条 有下列情形之一的，当事人可以解除合同：

（一）因不可抗力致使不能实现合同目的；

（二）在履行期限届满前，当事人一方明确表示或者以自己的行为表明不履行主要债务；

（三）当事人一方迟延履行主要债务，经催告后在合理期限内仍未履行；

（四）当事人一方迟延履行债务或者有其他违约行为致使不能实现合同目的；

（五）法律规定的其他情形。

以持续履行的债务为内容的不定期合同，当事人可以随时解除合同，但是应当在合理期限之前通知对方。

案例 270

某风电科技公司与某设计院公司建设工程施工合同纠纷案

Q：某风电科技公司与某设计院签订《桩基施工合同》，约定某设计公司承包某风电科技公司发包的桩基工程。之后双方协商解除施工合同。某设计院的可得利益损失能否参照行业平均利润率结算？

A：建筑行业平均利润率仅是确定违约赔偿可得利益损失的参考依据，个案中可得利益的损失还需要当事人提供必要的证据支撑。

裁判案例：(2014)鲁民一终字第379号

【裁判观点】

对于焦点问题四，上诉人（某设计院公司）主张可得利益损失应当参照行业平均利润率予以赔偿，对此本院认为，上诉人主张被上诉人赔偿可得利益损失的法律依据是合同法第一百一十三条。依据上述法律规定，在因一方当事人构成根本违约而解除合同的情形下，守约一方可以请求违约方赔偿合同履行后可以获得的利益，即可得利益损失，而在本案中，一是解除合同主要不是因一方的根本违约所致，这不符合请求获得可得利益的法定前提条件；二是建筑行业平均利润率仅是司法实践中确定违约赔偿可得利益损失的参考依据，每个工程获得的实际利润会千差万别，要作为个案中确定可得利益损失的事实依据，尚须请求一方提供必要的证据予以支撑，在上诉人不能提供证据证实涉案工程利润数额的情况下，法院无法仅根据行业平均利润率确定涉案工程的可得利益损失，况且上诉人主张的行业平均利润率统计数据也缺乏权威性和准确性；三是在涉案合同履行期限比较短就解除的情况下，上诉人请求被上诉人按照行业平均利润率赔偿可得利益损失也有失公允合理。据此，上诉人的该上诉理由缺乏事实基础，原审未予支持是妥当的。

【实务指引】

依据《民法典》第五百八十四条的规定,当事人一方不履行合同义务或者履行合同义务不符合约定,造成对方损失的,损失赔偿额应当相当于因违约所造成的损失,包括合同履行后可以获得的利益。这里的"合同履行后可以获得的利益",排除履行利益,就是可得利益。通说认为,可得利益仅限于未来可以得到的利益,不包括履行本身获得的利益,而主要是指获取利润所对应的利益。由于一方违约,受害人不能取得合同规定应交付的财产,造成其生产经营活动中断或从事该活动的基础和条件丧失,从而导致利润损失,这就是一种可得利益损失。可得利益具有如下特点:第一,可得利益是一种未来利益。它在违约行为发生时并没有为合同当事人所实际享有,而必须通过合同的实际履行才能得以实现。第二,可得利益必须具有一定的确定性。在合同法中,任何需要补救的损害都必须具有一定程度的确定性,否则是不能要求赔偿的。对于可得利益的计算《关于当前形势下审理民商事合同纠纷案件若干问题的指导意见》明确指出:"根据交易的性质、合同的目的等因素,可得利益损失主要分为生产利润损失、经营利润损失和转售利润损失等类型。生产设备和原材料等买卖合同违约中,因出卖人违约而造成买受人的可得利益损失通常属于生产利润损失。承包经营、租赁经营合同以及提供服务或劳务的合同中,因一方违约造成的可得利益损失通常属于经营利润损失。先后系列买卖合同中,因原合同出卖方违约而造成其后的转售合同出售方的可得利益损失通常属于转售利润损失。"

【法律依据】

《民法典》第五百八十四条 当事人一方不履行合同义务或者履行合同义务不符合约定,造成对方损失的,损失赔偿额应当相当于因违约所造成的损失,包括合同履行后可以获得的利益;但是,不得超过违约一方订立合同时预见到或者应当预见到的因违约可能造成的损失。

3. 合同解除权的规则

案例271

某工程公司、某新能源公司建设工程合同纠纷案

Q:某新能源公司与某工程公司签订《风电机组安装合同》,约定某工程公司承揽风电机组安装工程。由于某工程公司操作不当导致风电机组损坏,最终导致案涉工程未能在约定的工期内完成。某新能源公司之后向某工程公司发出解除函,要求解除《风电机组安装合同》,某工程公司收到解除函后不予回应。此时《风电机组安装合同》是否解除?

> **A**：合同自通知到达对方时解除。一方依法主张解除合同的，应当通知对方。
> **裁判案例**：(2019)桂 09 民终 1462 号

【裁判观点】

一审法院认为，一、关于某新能源公司请求解除与被告于 2017 年 12 月 2 日签订《风电机组安装合同》的问题。该院认为，《中华人民共和国合同法》第九十六条规定："当事人一方依照本法第九十三条第二款、第九十四条的规定主张解除合同的，应当通知对方。合同自通知到达对方时解除。对方有异议的，可以请求人民法院或者仲裁机构确认解除合同的效力。"本案某工程公司在 2017 年 12 月 19 日吊装 14≠风机叶轮过程中，因操作不当导致机组设备（含发电机、轮毂、叶片、叶轮吊带等）当场损坏，损坏发生后，某工程公司经某新能源公司多次催促在合理期限内对损坏的风机发电机、轮毂、叶片、叶轮吊带等进行修复、定损，但某工程公司均拒绝予以配合。2018 年 3 月 26 日某新能源公司向某工程公司发出解除通知书，要求解除双方于 2017 年 12 月 2 日签订的《风电机组安装合同》，某工程公司于 2018 年 3 月 28 日收到解除通知书后，至今未对解除合同的效力提出异议，因此双方签订的《风电机组安装合同》自某工程公司收到解除通知书的 2018 年 3 月 28 日自行解除。某新能源公司请求解除合同与本案事实不符，该院依法不予支持。

【实务指引】

解除权是一种形成权。形成权是单方法律行为，因一方行为人的意思表示就能成立。单方法律行为的效力只来源于当事人的意思表示，与相对人无关。因此，在当事人具有解除权的情况下，解除合同的意思表示到达对方即可发生解除合同的效力，只需要对方知悉，不需要对方表示同意。

我国对合同解除时间的确定系采通知到达的立法模式，即对方知晓解除权人解除合同的意思表示的时间即为合同解除的时间。以通知方式行使解除权的，合同自通知到达对方时解除；以提起诉讼或申请仲裁的方式行使解除权的，合同自起诉状副本或者仲裁申请书副本送达对方时解除。当然，上述解除时间的确定是以当事人在表达解除合同的意思表示时享有解除权，即约定或法定的解除条件已经成就为前提。倘若当事人通知对方解除合同时，解除条件并未成就，对方当事人表示异议，后一方提起诉讼或申请仲裁，在起诉状副本或者仲裁申请书副本送达对方时合同解除的条件已经成就，则合同自起诉状副本或者仲裁申请书副本送达对方时解除。

解除合同的通知因意思表示生效而产生解除效果，且基于对相对人合理信赖的保护，一般具有不可撤销性。解除条件已经成就，解除权人将解除通知送达对方，对方收悉后未予答复,后解除权人又重新发出一份更改后的解除通知,而对方主张合同已被前一份通知解除的,应认定合同自第一次通知到达对方时解除。

【法律依据】

《民法典》第五百六十五条　当事人一方依法主张解除合同的,应当通知对方。合同自通知到达对方时解除;通知载明债务人在一定期限内不履行债务则合同自动解除,债务人在该期限内未履行债务的,合同自通知载明的期限届满时解除。对方对解除合同有异议的,任何一方当事人均可以请求人民法院或者仲裁机构确认解除行为的效力。

当事人一方未通知对方,直接以提起诉讼或者申请仲裁的方式依法主张解除合同,人民法院或者仲裁机构确认该主张的,合同自起诉状副本或者仲裁申请书副本送达对方时解除。

4. 合同解除的法律后果

案例272

某新能源公司与某发展公司合同纠纷案

Q:风力发电项目合作开发协议因情势变更无法继续履行,合同解除后如何分担损失?

A:情势变更并非因为合同一方存在主观过错导致合同解除的情形,在双方对因合同解除发生的损失如何处理不能协商解决的情况下,应该根据公平原则处理。

裁判案例:(2020)陕08民终1442号

【裁判观点】

本案并非因为合同一方存在主观过错导致合同解除的情形,在双方对因合同解除发生的损失如何处理不能协商解决的情况下,应该根据公平原则处理。对于原告(某新能源公司)的损失,应该遵循填平原则,即该公司因为涉案合同签订及履行已经实际发生的费用、损失,以及其已经完成的工作或实际付出的劳动应当获得的合理报酬,应当予以补偿。对于其尚未进行的工作或付出的劳动,原告公司没有理由要求获得报酬或可得利益。本案中,原告按照合同约定履行了其第二期、第三期合同义务,对于已经履行的合同义务,被告(某发展公司)抗辩已构成不可抗力因素,不应当承担合同责任。但双方在国家能源局以及陕西省发改委的文件发布后,双方均在促成合同的进一步履行,直至2018年5月被告方仍然与某区人民政府就案涉项目签订合作协议。故在上述文件发布后,双方仍对合同的目的的实现持有乐观态度,双方并未就案涉项目的解除进行进一步协商。且本案原告积极履行了合同的报送义务,故对于被告辩称的 2018 年 3 月 5 日之后,双方合同已经因不可抗力因素解除的辩解理由不予采纳。对于原告已经履行完毕的第二期及第三期合同义务,根据公平原则和衡平双方当事人利益的原则,酌定被告应承担原告实际付出的劳动应获得的合理报酬 120 万元。

综上,原、被告之间签订的《关于风力发电项目合作开发协议》系双方在平等自愿的基础上订立的合同,意思表示真实,不违反法律的强行性规定,合法有效。合同履行中,因发生双方在订立合同时无法预见但并非不可抗力事件,导致合同无法实际履行,原告诉请解除合同,被告方不持有异议,案涉合同依法应予解除。合同解除后,按照实际完成的合同义务情况及公平原则,被告应当支付原告已完成的费用 120 万元。被告辩解某新能源公司因不可抗力导致案涉合同自 2018 年 3 月 5 日起已经解除的辩解理由不能成立,不予采纳。

【实务指引】

关于合同解除后赔偿损失的范围,理论界和实务界一直存在争议,有赔偿信赖利益说和赔偿履行利益说两种观点。赔偿信赖利益说认为,合同解除后有溯及力的场合,当事人之间的合同关系归于消灭,合同当事人之间恢复到缔约前的状态,可得利益只有在合同被完全履行后才能实现,守约方选择合同解除,意味着其不愿继续履行合同,因此合同解除后违约方的赔偿范围应当为信赖利益和返还利益。赔偿履行利益说认为,解除合同虽然可使合同溯及地归于消灭,但在赔偿问题上仍应按履行利益损失进行赔偿,在赔偿履行利益之后,当事人的订约费用、履约准备费用等信赖利益只能当成交易成本从可得利益中获得补偿。在合同解除后无溯及力之情形下,合同关系仅向将来终止,此时赔偿的范围不仅包括只恢复原状就能完全弥补解除权人因对方的债务不履行而蒙受的损失,还应当包括履行利益的损失,但必须扣除解除权人因被免除债务或者请求返还已为给付而得到的利益,即进行损益相抵。我们认为,应区分情况而定。具体言之,如果是因根本违约而解除合同的,其赔偿范围应为履行利益的损失,但应当不得超过违约一方订立合同时预见到或者应当预见到的因违约可能造成的损失。除此之外,在任意解除的场合发生的损失赔偿,其范围应当限于信赖利益的赔偿。其道理在于,在任意解除场合的损失赔偿,是合同解除之后的损失赔偿,该损失是因为当事人相信合同有效且会存续到终期届满之时或履行完毕之时,但因当事人一方行使任意解除权而使合同终止,由此给相对人造成的损失。关于任意解除,在我国现行法上存在若干类型:(1)在继续性合同场合,任意解除是指当事人任何一方都可以双方的信任基础已经丧失为由而行使解除权。原《合同法》第四百一十条规定的"委托人或者受托人可以随时解除委托合同",即属于此类。(2)承揽工作项目是为定作人的利益而进行的,甚至有的仅仅对定作人有意义,如果因情势变更等原因使承揽工作变得对定作人已经没有意义和必要,却仍要定作人忍受承揽人继续完成工作的结果,那么显然是不合理的。对于此情形,《民法典》第七百八十七条规定:"定作人在承揽人完成工作前可以随时解除合同,造成承揽人损失的,应当赔偿损失。"(3)此外,对于某些合同,基于特别的立法政策,法律赋予特定当事人任意解除权。例如,《保险法》第十五条规定:"除本法另有规定或者保险合同另有约定外,保险合同成立后,投保人可以解除合同,保险人不得解除合同。"在合同因一方当事人行使任意解除权而被解除的情况下,对方为履行合同而进行准备工作所支出的费用(信赖利益)结合法律规定、合同性质、交易习惯等因素,特定情况下可以要求赔偿。

【法律依据】

《民法典》第六条　民事主体从事民事活动,应当遵循公平原则,合理确定各方的权利和义务。

《民法典》第五百三十三条　合同成立后,合同的基础条件发生了当事人在订立合同时无法预见的、不属于商业风险的重大变化,继续履行合同对于当事人一方明显不公平的,受不利影响的当事人可以与对方重新协商;在合理期限内协商不成的,当事人可以请求人民法院或者仲裁机构变更或者解除合同。

人民法院或者仲裁机构应当结合案件的实际情况,根据公平原则变更或者解除合同。

《民法典》第五百六十六条　合同解除后,尚未履行的,终止履行;已经履行的,根据履行情况和合同性质,当事人可以要请求恢复原状或者采取其他补救措施,并有权请求赔偿损失。

合同因违约解除的,解除权人可以请求违约方承担违约责任,但是当事人另有约定的除外。

主合同解除后,担保人对债务人应当承担的民事责任仍应当承担担保责任,但是担保合同另有约定的除外。

七、违约责任

1.违约责任的种类

案例 273

某复合材料公司、某新材料公司合同纠纷案

Q: 某复合材料公司于某新材料公司签订《销售合同》,约定某复合材料公司向某新材料公司供应芯材。风电设备交付使用后,某新材料公司发现芯材不符合约定标准,要求某复合材料公司承担违约责任。某复合材料公司抗辩称出现质量问题的芯材是某新材料公司自行购买的,与自己无关。芯材的质量责任应由谁承担?

A: 由专业机构进行鉴定,看材料是由于什么因素导致的质量不合格;卖方主张材料是从第三方购买,需要提供证据证明,在无法证明的情况下,法院不予采纳。

裁判案例:(2019)最高法民再 26 号

【裁判观点】

关于某复合材料公司提供的芯材质量是否不符合合同约定并构成违约的问题。首先,关于芯材的力学参数。鉴定意见对检材1、检材2进行力学性能参数检测后,认定叶片芯材的剪切模量、剪切应变、压缩模量等力学性能参数不符合双方在《风机叶片芯材采购技术协议》中的约定,导致成品叶片存在一定的安全隐患,容易在使用过程中发生断裂、疲劳破坏等损伤。某复合材料公司主张检材2超过质保期且不符合存放要求,但其作为供货方未举证证明案涉芯材超过质保期就会导致力学性能参数下降,也未能提交其他证据证明案涉芯材在质保期内的性能符合双方对力学性能参数的约定,对其主张不予支持。其次,关于芯材的主要成分。鉴定意见载明,检材1和2的主要成分为聚氨酯,含有少量PVC和环氧树脂,不符合合同约定。某复合材料公司主张依据MYcell安全数据表,双方已明确约定案涉芯材的主成分包括PVC和聚氨酯,且未明确约定两种主成分的具体比例,鉴定结论依据不足。但双方合同约定为PVC芯材,且MYcell安全数据表中PVC为主要成分并排在聚氨酯前,某复合材料公司提交其他品牌PVC芯材安全数据表上载明的PVC含量也高于聚酰胺含量,而案涉芯材仅含有少量PVC,故某复合材料公司提交的证据及说明不足以推翻鉴定报告中认为案涉芯材主成分不符合合同约定的结论。再次,关于芯材发黑、烧焦的原因。鉴定意见认定"叶片芯材的主要成分为聚氨酯,其耐高温性能不如PVC材料;芯材聚氨酯含量过高,会造成芯材耐高温性能下降,容易导致叶片的生产过程中芯材产生发黑、烧焦现象"。某复合材料公司主张其提供的芯材系向同一购货商处购买的同品牌同批次芯材原料,某新材料公司生产40只叶片中除案涉31只叶片外其余叶片均已合格,案涉芯材烧焦发黑系由于某新材料公司生产过程温度过高导致。但某复合材料公司系不同时间分批次提供的芯材,在其没有提交案涉芯材系同一批次的相关证据的情况下,其关于所供芯材为同一批次的主张无法得到支持。在某复合材料公司提供的芯材力学性能参数、主要成分均不符合合同约定的情况下,其应举证证明叶片出现烧焦发黑现象与其提供芯材主要成分不符合约定无关,但其未能提供相关证据,更未能举证推翻鉴定结论,故对其相关主张不予支持。一审鉴定程序合法,某复合材料公司的重新鉴定申请不符合《最高人民法院关于民事诉讼证据的若干证据》第二十七条的规定。原审依据鉴定意见认定某复合材料公司提供的案涉芯材质量不符合双方合同约定并构成违约并无不当。

【实务指引】

违约是指一方当事人不合理拒绝或者不履行合法和强制性的合同义务,即完全不履行根据合同应负有的义务,通常表现为拒绝履行、不能履行、迟延履行或不完全履行等违约形态。

不完全履行,又称不完全给付或不适当履行,与不能履行、迟延履行、拒绝履行相比,不完全履行虽然履行不完全,但尚可以履行的行为,而不能履行、拒绝履行等则属于无履行的消极状态。关于不完全履行的种类,一般认为有以下五种情形:(1)履行数量不完全。(2)标的物的品种、规格、型号等不符合合同规定,或者标的物存在瑕疵。(3)加害给付,指履行对债权有积极的侵害,也就是超过履行利益或于履行利益以外发生其他损害的违约形态。(4)履行的方法不完全。(5)违反附随义务的不完全履行。

赔偿损失亦称损害赔偿,我国民法对损害赔偿采金钱赔偿主义。承担民事责任的方式,其中包括"赔偿损失"。违约损害赔偿系转换的损害赔偿之债,通常认为它与原来的债权或履行请求权具有同一性。损害赔偿是最重要的违约责任形式,并且其他任何责任形式都可以转化为损害赔偿。因此,作为违约责任的继续履行、采取补救措施等皆可转化为损害赔偿。

【法律依据】

《民法典》第五百七十七条　当事人一方不履行合同义务或者履行合同义务不符合约定的,应当承担继续履行、采取补救措施或者赔偿损失等违约责任。

案例 274

某机械公司与某设备安装公司合同纠纷案

Q: 某设备安装公司(承租方)与某机械公司(出租方)签订点状施工合同,约定由某设备安装公司提供吊车。某设备安装公司在施工时由于吊车故障导致发电设备报废。某设备安装公司因此支出的施救费、误工费由谁承担?

A: 首先考虑双方合同中是否有关于租赁物毁损、灭失责任承担的约定,如无约定再根据一般合同原则结合双方过错等因素,确定责任承担主体。

裁判案例: (2020)陕 08 民终 1989 号

【裁判观点】

关于本案事故责任方是否为某机械公司的问题。陕广评报字(2019)第 054 号评估报告中记载"某机械公司所有的吊装车车辆发生臂杆断裂,导致风机叶片和叶轮报废",而某设备安装公司与某机械公司签订的合同中约定:"吊钩以上及车辆自身的安全责任由乙方(某机械公司)负责并承担损失。"故某机械公司认为其不承担责任的理由不能成立。

关于《评估报告》中施救费和误工费是否过高,施救费是否重复计算的问题。某机械公司认为施救费和误工费过高,但其无证据和理由足以反驳,故对其该理由不予支持。某机械公司认为风机叶片和叶轮的保险理赔中已经包含了施救费,但根据一审中某设备安装公司提供的证据(安装工程赔款计算书),赔付明细中并不包含施救费,故该理由不能成立。

【实务指引】

依法成立的合同,对当事人具有法律约束力。因此,基于意思自治原则成立的合同,当事人应当按照合同约定全面履行自己的义务。该处"义务",指本来意义上的合同义务,理论上称为"给付义务",可以分为主给付义务和从给付义务。

我国《民法典》关于违约责任的一般规定沿用了原《合同法》第一百零七条的规定,也是采取严格责任原则。严格责任与过错责任的区别在于两者内涵和外延不同。在外延上,严格责任比过错责任更广。在债务人无过错的场合,依严格责任,仍应承担违约责任,除非存在法律规定免责的情形,如不可抗力造成的合同履行障碍。

赔偿损失亦称损害赔偿,我国民法对损害赔偿采金钱赔偿主义。《民法典》第一百七十九条规定承担民事责任的方式,其中包括"赔偿损失"。违约损害赔偿系转换的损害赔偿之债,通常认为它与原来的债权或履行请求权具有同一性。损害赔偿是最重要的违约责任形式,并且其他任何责任形式都可以转化为损害赔偿。金钱作为一般等价物任何损失一般都可以转化为金钱赔偿。因此,作为违约责任的继续履行、采取补救措施等皆可转化为损害赔偿。

【法律依据】

《民法典》第五百七十七条 当事人一方不履行合同义务或者履行合同义务不符合约定的,应当承担继续履行、采取补救措施或者赔偿损失等违约责任。

2. 瑕疵履行的补救措施

案例 275

某清洁能源公司与某风能公司买卖合同纠纷案

Q:某清洁能源公司与某风能公司签订《吸收合并协议》,约定某清洁能源公司河南公司吸收某风力发电公司。某风力发电公司被吸收前与某风电公司签订《设备采购协议》,约定某风电公司供应设备,质保期五年。后某清洁能源公司以某风能公司供货存在质量问题、未能履行质保义务为由要求某风能公司支付质保期内由于其怠于履行合同义务而使得某清洁能源支出得维护费用。同时,某清洁能源公司还要求某风能公司按照合同约定,将质保期内备品备件和易耗品的对应的价款支付给某清洁能源。上述请求能否同时获得支持?

A:在设备供应商已经支付质保期限维护保养费用时,如果要求其再补足备品备件,相当于设备供应商重复履行合同义务,设备采购方的请求不应得到支持。

裁判案例:(2019)浙01民初2831号

【裁判观点】

根据采购合同约定,364500元是质保期内备品备件及易耗品的价款,属于合同总价款的组成部分。在某风能公司履行该义务的情况下,该364500元应由某清洁能源公司承担。现某风能公司虽未履行该义务,但某清洁能源公司请求某风能公司支付质保期内维护保养费用(含自行采购的备品备件、易耗品费用)已经得到法院支持,等同于某风能公司已经承担了相应的责任,故由某清洁能源公司再行主张从总价款中扣减备品备件费用364500元,属于重复主张。根据合同"卖方提供5年质保期内的备品备件,质保期结束后,卖方应补齐投标文件中约定的备品备件"之约定,如果某风能公司在质保期内未足量供应备品备件,应在质保期结束后补齐,不表示某风能公司有两次供货义务。

【实务指引】

修理、重作、更换既是违反合同义务应当承担的民事责任形式,也是违反合同后所采取的补救措施。修理包括对产品、工作成果等标的物质量瑕疵的修补,也包括对服务质量瑕疵的改善,是较为普遍的补救方式。在存在严重质量瑕疵,以致不能通过修理达到约定或者法定的质量标准情形下,受损害方可以选择更换或者重作的补救方式。例如,如果修建的房屋不符合质量要求,义务人应当无偿地进行修理;加工制作的产品不符合约定的,虽经修理还不能使用,义务人应当重作。重作,是指在承揽、建设工程等合同中,债务人交付的工作成果不合格,不能修理或修理所需要的费用过高,债务人应债权人的请求而重新制作的补救措施。更换,是指在交付的合同标的物不合格无修理可能,或修理所需要的费用过高,或修理所需要的时间过长违反债务本旨的情形下,债务人应债权人的请求而另行交付同种类同数量的标的物的补救措施。修理、重作、更换不是恢复原状,如果将损坏的财产修理复原,则承担的是恢复原状的违约责任。

【法律依据】

《民法典》第五百八十二条　履行不符合约定的,应当按照当事人的约定承担违约责任。对违约责任没有约定或者约定不明确,依据本法第五百一十条的规定仍不能确定的,受损害方根据标的的性质以及损失的大小,可以合理选择请求对方承担修理、重作、更换、退货、减少价款或者报酬等违约责任。

3.违约责任的约定

案例 276

某风电设备公司、某风电股份公司买卖合同纠纷案

Q:某风电股份公司(需方)与某风电设备公司(供方)分别签订多份桨叶采购合同。约定若合同设备在同一风场中更换或检修超过3台次,则可认定为十分严重缺陷,需方有权要求供方将所有同厂生产风电机组的相应部件免费更换为其他合格厂家的产品或由需方指定的其他厂家生产的部件,并赔偿需方相关损失。之后,某风电设备公司供应的设备因质量问题导致某风电股份公司造成损失。某风电股份公司能否要求某风电设备公司赔偿因风电设备停工导致的电费损失?

A:电费属于合同履行后可以获得的利益,主张电费损失应得到支持。

裁判案例:(2018)浙民终 275 号

【裁判观点】

某风电设备公司负责在用户现场更换或修理桨叶任何损坏部分并承担因此而发生的吊装、拆卸、安装、往返用户现场运输及差旅等合理费用,如桨叶质量原因,引起了风力发电机组最终用户在发电量收入方面的重大损失,用户提出索赔时,某风电设备公司承担相应索赔费用。根据合同约定以及根据本案合同约定,若合同设备在同一风场中更换或检修超过3台次,某风电股份公司有权要求某风电设备公司将所有同厂生产风电机组的相应部件免费更换为其他合格厂家的产品或某风电股份公司指定厂家产品,并由某风电设备公司赔偿损失。

根据《合同法》(已失效)第一百一十三条的规定,当事人一方不履行合同义务或者履行合同义务不符合约定,给对方造成损失的,损失赔偿额应当相当于因违约所造成的损失,包括合同履行后可以获得的利益,但不得超过违反合同一方订立合同时预见到或者应当预见到的因违反合同可能造成的损失。由上,本案损失主要包括更换桨叶所产生的重新购买费、运费、吊装费及电费损失。

鉴于相应的运费、吊装费及电费的价格标准因市场行情、距离远近、数量多少、要约方式、合作关系等因素存在一定浮动,双方就其价格标准亦不能提供确凿准确的相应依据,法院按照某风电设备公司认可的标准和某风电股份公司主张的标准,以两者低者为准,对照上述数量予以计算。

【实务指引】

当事人一方不履行合同义务或者履行合同义务不符合约定,造成对方损失的,损失赔偿额应当相当于因违约所造成的损失,包括合同履行后可以获得的利益。这里"合同履行后可以获得的利益",排除履行利益,就是可得利益。通说认为,可得利益仅限于未来可以得到的利益,不包括履行本身获得的利益,而主要是指获取利润所对应的利益。由于一方违约,受害人不能取得合同规定应交付的财产,造成其生产经营活动中断或从事该活动的基础和条件丧失,从而导致利润损失,这就是一种可得利益损失。可得利益具有如下特点:第一,可得利益是一种未来利益。它在违约行为发生时并没有为合同当事人所实际享有,而必须通过合同的实际履行才能得以实现。第二,可得利益必须具有一定的确定性。在合同法中,任何需要补救的损害都必须具有一定程度的确定性,否则是不能要求赔偿的。

实践中,确定可得利益损失数额主要包括以下五种方法:一是差额法。差额法又称对比法,即依照通常方法比照受害人相同条件下所获取的利益来确定应赔偿的可得利益损失。二是约定法。顾名思义,约定法是指当事人直接在合同中约定损失赔偿额的计算方法。三是类比法。类比法是指比照守约方相同或类似的其他单位在类似条件下所能获取的利益来确定可得利益的赔偿数额。四是估算法。估算法是指人民法院难以确定损失数额时,根据案件的实际情况,酌定一个赔偿数额的方法。五是综合衡量法。综合衡量法是实践中采用较多的方法,即根据获利情况、当事人的过错情况及合同履行时的经济形势等因素综合判断。对于综合裁量方法的运用,需要结合上述几种方法,以差额原则为基础,在考虑守约方因违约方违约遭受的实际损失或可能遭受的实际损失为基础进行裁量。还需要注意的是,综合裁量法应是一种补充的计算方法,系无法根据差额法、类比法、约定法、估算法等方法予以计算可得利益损失的情况下所采纳的方法。该方法往往是守约方已经能够证明违约方构成根本违约,但却无法根据上述几种方法证明其遭受的可得利益损失数额的情况下,法官基于内心确信所适用的计算方法。

【法律依据】

《民法典》第五百八十四条 当事人一方不履行合同义务或者履行合同义务不符合约定,造成对方损失的,损失赔偿额应当相当于因违约所造成的损失,包括合同履行后可以获得的利益;但是,不得超过违约一方订立合同时预见到或者应当预见到的因违约可能造成的损失。

案例 277

某制造公司与某风电科技公司买卖合同纠纷案

Q: 关于风电设备买卖合同买方是否应承担逾期付款违约金或赔偿损失?

A: 买卖双方约定买方先付款,卖方后交货,合同有履行顺序,如买方违约,则应承担逾期付款违约金,可参照中国人民银行同期同类贷款基准利率计算。

裁判案例:(2013)民一终字第 181 号

【裁判观点】

利息是本金产生的孳息,某风电科技公司长期拖欠某制造公司巨额货款,构成违约,因此给某制造公司造成了利息损失。本案中某制造公司并未请求某风电科技公司支付贷款基准利率上浮 40% 的利息,一审判决判令某风电科技公司支付贷款基准利率上浮 40% 的利息,已经超出某制造公司的一审诉讼请求。因此,二审法院不支持贷款基准利率上浮 40% 的利息部分,但对欠付货款的应付利息予以支持。故改判按照中国人民银行同期同类人民币贷款基准利率计算欠付货款的利息。

【实务指引】

买卖合同没有约定逾期付款违约金或者该违约金的计算方法,出卖人以买受人违约为由主张赔偿逾期付款损失,违约行为发生在 2019 年 8 月 19 日之前的,人民法院可以中国人民银行同期同类人民币贷款基准利率为基础,参照逾期罚息利率标准计算;违约行为发生在 2019 年 8 月 20 日之后的,人民法院可以违约行为发生时中国人民银行授权全国银行间同业拆借中心公布的一年期贷款市场报价利率(LPR)标准为基础,加计 30%～50% 计算逾期付款损失。

【法律依据】

最高人民法院《关于审理买卖合同纠纷案件适用法律问题的解释》第十八条 买卖合同对付款期限作出的变更,不影响当事人关于逾期付款违约金的约定,但该违约金的起算点应当随之变更。

买卖合同约定逾期付款违约金,买受人以出卖人接受价款时未主张逾期付款违约金为由拒绝支付该违约金的,人民法院不予支持。

买卖合同约定逾期付款违约金,但对账单、还款协议等未涉及逾期付款责任,出卖人根据对账单、还款协议等主张欠款时请求买受人依约支付逾期付款违约金的,人民法院应予支持,但对账单、还款协议等明确载有本金及逾期付款利息数额或者已经变更买卖合同中关于本金、利息等约定内容的除外。

买卖合同没有约定逾期付款违约金或者该违约金的计算方法,出卖人以买受人违约为由主张赔偿逾期付款损失,违约行为发生在 2019 年 8 月 19 日之前的,人民法院可以中国人民银行同期同类人民币贷款基准利率为基础,参照逾期罚息利率标准计算;违约行为发生在 2019 年 8 月 20 日之后的,人民法院可以违约行为发生时中国人民银行授权全国银行间同业拆借中心公布的一年期贷款市场报价利率(LPR)标准为基础,加计 30—50% 计算逾期付款损失。

案例 278

某风电科技公司与某风力发电公司买卖合同纠纷案

Q:若风电设备在不被认作特定物的情形下,单方解除合同后其赔偿数额应怎么认定?

A:法律确立可预见性标准,要求违约当事人仅对其在订约时能够合理预见到的损失负责,从而合理地确定赔偿范围和交易风险,鼓励当事人从事交易活动,维护当事人利益。

裁判案例:(2015)民二终字第 88 号

【裁判观点】

法律确立可预见性标准,要求违约当事人仅对其在订约时能够合理预见到的损失负责,从而合理地确定赔偿范围和交易风险,鼓励当事人从事交易活动,维护当事人利益。本案中,某风力发电公司于 2011 年 7 月单方解除合同,对其违约行为给某风电科技公司造成的损失,应当予以赔偿,但其赔偿数额应当以其订立合同时预见到或者应当预见到的因违反合同可能造成的损失为限。

本案买卖合同于 2010 年 9 月 5 日签订,虽然某风力发电公司在缔约时对于合同的交易价格明知,不存在无法预见之情形,但对交易价格之预见并不等同于对违反合同可能造成的损失之预见。在案涉买卖合同签订之当日,某风电科技公司与某风力发电公司的关联公司即某明公司签订《风力发电机组买卖协议》,约定"当同类型机组市场价格低于 4480 元/千瓦的 5% 以上时,供货价格将由甲乙双方另行协商",该合同条款虽不能约束本案某风电科技公司与某风力发电公司之间的买卖合同关系,但可表明某风电科技公司作为此行业中的知名企业,对该行业交易中的惯常做法及对市场价格波动的处理方法是熟知并依此操作的,可作为认定某风力发电公司在同日与某风电科技公司订约时合理预见损失范围的参照因素。

另外,自2010年年底,案涉风力发电机组的价格下滑,此情形已为业界共识,某风力发电公司一直要求与某风电科技公司对案涉合同标的物的价格进行协商,但某风电科技公司未予善意回应,在约定的各方合同前期义务均未履行之情形下,某风电科技公司仍然径行安排33套风力发电机组的生产,其行为不尽妥当。

综合上述因素,原审法院参照某风力发电公司发出合同解除通知时的合同交货进度,酌情确定某风力发电公司承担转售差价损失的三分之一即9702500元的赔偿责任,体现了在市场价格波动较大时对双方利益的衡平考量,并无不当。

【实务指引】

对可预见性标准一般从以下四个方面把握:

(1)预见的主体。根据《民法典》第五百八十四条的规定,预见的主体就是违约方。之所以将预见的主体确定为违约方,是因为可预见性规则限制的是违约方的赔偿责任,而违约方应承担的责任构成其交易条件的一部分,违约方在磋商确定交易条件时,其承受的不利益必然受到其合理预见范围的限制。

(2)预见的时间。根据《民法典》第五百八十四条的规定,预见的时间为"订立合同时"而不是违约时。因为订立合同时,当事人正在磋商确定交易条件,这直接受当事人所掌握的信息影响,而违约方掌握的信息是确定其预见范围的基础。订立合同后违约方获取的信息会扩展其预见的范围,但新获取的信息与交易条件的确定无关,让违约方的责任随订立合同后获取的信息量的增加而扩张,会破坏当事人的利益平衡。

(3)预见的内容。通说认为,只需要预见到或应当预见到损害的类型,不需要预见到或应当预见到损害的程度,即不需要预见到或应当预见到损害的具体数额。

(4)预见的判断标准。违约方是否预见到或者是否应当预见到,须由受害方承担举证责任。裁判者通常应当依据相对客观的标准进行判断,仅在特定情形下需要依据主观标准进行判断。依据相对客观的标准进行判断,就是指以社会一般人的预见能力为标准进行判断,也就是说,以抽象的"理性人""常人""善良家父"之类标准进行判断。特定情形下需要依据主观标准进行判断,在具体个案中也需要基于当事人的身份、职业及相互之间的了解情况等,考虑违约方的特殊预见能力。[1]

---

[1] 最高人民法院民法典贯彻实施工作领导小组主编:《中华人民共和国民法典合同编理解与适用(二)》,人民法院出版社2021年版,第772-773页。

【法律依据】

《民法典》第五百八十四条　当事人一方不履行合同义务或者履行合同义务不符合约定,造成对方损失的,损失赔偿额应当相当于因违约所造成的损失,包括合同履行后可以获得的利益;但是,不得超过违约一方订立合同时预见到或者应当预见到的因违约可能造成的损失。

案例279

某风电公司与某风电设备公司买卖合同纠纷案

Q: 风电设备公司破产,丧失了相应的质保能力,则风电设备采购公司可以要求其赔偿质保损失吗?

A: 可以。根据相关法律规定,一方不履行合同义务的,合同另一方可以要求其赔偿损失,但是不得超过违约一方订立合同时预见到或者应当预见到的因违约可能造成的损失。

裁判案例:(2016)浙01民初594号

【裁判观点】

目前某风电设备公司已经破产,也未提供适当担保,显然已经丧失相应的质保能力,无法履行维修保养更换产品的义务,某风电公司有权依法按约要求赔偿损失;对于损失赔偿的认定,根据《合同法》(已失效)第一百一十三条的规定,当事人一方不履行合同义务或者履行合同义务不符合约定,给对方造成损失的,损失赔偿额应当相当于因违约所造成的损失,包括合同履行后可以获得的利益,但不得超过违反合同一方订立合同时预见到或者应当预见到的因违反合同可能造成的损失。由上,本案损失主要包括更换桨叶所产生的重新购买费、运费、吊装费及电费损失。

【实务指引】

赔偿损失在民法上包括违约赔偿损失、侵权赔偿损失及其他的赔偿损失。《民法典》第五百七十七条规定的赔偿损失仅指违约赔偿损失,是指一方当事人违反合同给另一方当事人造成财产等损失的赔偿。如果违约行为未给守约方造成损失,则不能用赔偿损失的方式追究违约方的民事责任。赔偿损失的范围可由法律直接规定或由当事人双方约定。在法律没有特殊规定和当事人没有另行约定的情况下,应按完全赔偿原则赔偿全部损失,包括直接损失和间接损失。直接损失是指财产上的直接减少;间接损失又称所失利益,是指失去的可以预期取得的利益。

实践中，确定可得利益损失数额主要包括以下五种方法：一是差额法。差额法又称对比法，即依照通常方法比照受害人相同条件下所获取的利益来确定应赔偿的可得利益损失。二是约定法。顾名思义，约定法是指当事人直接在合同中约定损失赔偿额的计算方法。三是类比法。类比法是指比照守约方相同或类似的其他单位在类似条件下所能获取的利益来确定可得利益的赔偿数额。四是估算法。估算法是指人民法院难以确定损失数额时，根据案件的实际情况，酌定一个赔偿数额的方法。五是综合衡量法。综合衡量法是实践中采用较多的方法，即根据获利情况、当事人的过错情况及合同履行时的经济形势等因素综合判断。对于综合裁量方法的运用，需要结合上述几种方法，以差额原则为基础，在考虑守约方因违约方违约遭受的实际损失或可能遭受的实际损失为基础进行裁量。需要注意的是，综合裁量法应是一种补充的计算方法，系无法根据差额法、类比法、约定法、估算法等方法予以计算可得利益损失的情况下所采纳的方法。该方法往往是守约方已经能够证明违约方构成根本违约，但却无法根据上述几种方法证明其遭受的可得利益损失数额的情况下，法官基于内心确信所适用的计算方法。[1]

【法律依据】

《民法典》第五百八十四条　当事人一方不履行合同义务或者履行合同义务不符合约定，造成对方损失的，损失赔偿额应当相当于因违约所造成的损失，包括合同履行后可以获得的利益；但是，不得超过违约一方订立合同时预见到或者应当预见到的因违约可能造成的损失。

案例 280

某风力发电公司与某公司建设工程施工合同纠纷案

Q： 某风力发电公司作为发包人，与某公司签订建设工程施工合同，约定某公司作为承包人承建某风电场项目。合同履行过程中，某风力发电公司未能按照约定时间提供项目设计图纸，某公司作为承包人能否要求某风力发电公司赔偿损失。

A： 可以。发包人未能在施工过程中的合理期限内提供图纸，承包人有权要求赔偿停工等损失。

裁判案例：（2015）巴民二终字第 44 号

---

[1] 最高人民法院民法典贯彻实施工作领导小组主编：《中华人民共和国民法典合同编理解与适用（二）》，人民法院出版社 2021 年版，第 769－779 页。

【裁判观点】

法院认为,根据合同的约定,某风力发电公司应在合同规定的期限内向某公司负责提供图纸,虽然双方未约定提供图纸的具体日期,但按照施工惯例,图纸应当在具备开工条件时到位或在施工过程中的合理期限内提供,现根据被上诉人提供的出图时间的证据表明,上诉人是在施工期间陆续将图纸交付给被上诉人,部分图纸交付时间已经接近或超出合同约定的完工期限,故上诉人的违约情形客观存在。

【实务指引】

赔偿损失在民法上包括违约赔偿损失、侵权赔偿损失及其他的赔偿损失。《民法典》第五百七十七条规定的赔偿损失仅指违约赔偿损失,是指一方当事人违反合同给另一方当事人造成财产等损失的赔偿。如果违约行为未给守约方造成损失,则不能用赔偿损失的方式追究违约方的民事责任。赔偿损失的范围可由法律直接规定或由当事人双方约定。在法律没有特殊规定和当事人没有另行约定的情况下,应按完全赔偿原则赔偿全部损失,包括直接损失和间接损失。直接损失是指财产上的直接减少;间接损失又称所失利益,是指失去的可以预期取得的利益。在我国合同法上,买卖合同当事人之间的利益关系,在交易关系发展的不同阶段,主要会涉及返还利益、信赖利益、固有利益、履行利益以及可得利益等不同的利益类型。

【法律依据】

《民法典》第八百零三条　发包人未按照约定的时间和要求提供原材料、设备、场地、资金、技术资料的,承包人可以顺延工程日期,并有权请求赔偿停工、窝工等损失。

案例281

某海洋工程公司、某吊装工程公司租赁合同纠纷案

Q:某海洋工程公司与某吊装工程公司签订《吊装作业合同》,约定某海洋工程公司提前二十天以书面形式告知某吊装工程公司进场时间。但是某海洋工程公司未能提前二十天告知某吊装工程公司进场时间;某吊装公司也没有在约定期限内完成约定工作。双方的行为均给对方造成了损失,双方的损失应当如何赔偿?

A:合同双方违约时,应根据各自过错承担相应责任。

裁判案例:(2020)鲁03民终3095号

【裁判观点】

第一批部件(5车附件)于2019年6月13日到达现场,主机和履带及其他部件于6月14日至15日先后到达现场,至20日,全部的吊装设备配件全部运输到位。至租赁船只于26日出坞,尚有5天时间,按照合同约定的组装时间5天,某吊装工程公司应当完成履带吊的组装。某吊装工程公司并未组装完毕,构成违约。

根据双方之间的合同约定,某海洋工程公司需提前20天以书面形式告知某吊装工程公司案涉履带吊进入码头时间。由于某海洋工程公司变更履带吊进场地点,某吊装工程公司于2019年6月10日给某吊装工程公司的复函,重新确认履带吊进场地点后。某海洋工程公司没有履行提前20天的通知义务。双方在合同中约定,"吊机配件至甲方工作船开始组装至完成组装为5天,吊机具备搬杆条件,即为完成组装;因乙方原因组装时间超出5天,超出时间不予计费"。从以上约定中可以看出,某吊装工程公司未在规定时间内完成组装,并不导致合同的解除。双方合同约定的租赁时间为最少6个月,由于工期拖延,某海洋工程公司因与案外人的合同发生变化,向某吊装工程公司表明难以继续履行双方签订的6个月的案涉租赁合同,并主张解除合同,亦构成违约。

本案中,双方均有违约行为,亦均有损失。合同解除的原因:一是某吊装工程公司没有及时组装成功;二是某海洋工程公司与案外人的合同发生变化,不能实现合同目的。正常情况下某吊装工程公司没有及时组装成功并不会导致合同解除的后果。根据诚实信用原则、公平原则,综合衡量合同履行程度、当事人的过错、预期利益等因素,法院认为,扣除某海洋工程公司已支付的款项外,当事人双方应各自承担自己的损失。

【实务指引】

《民法典》第五百九十二条规定的"各自承担相应的责任"包括两种情形:一种情形是指双方违反互负义务时,各自向对方承担责任;另一种情形是指仅有一方损害时,则需要按比例承担责任。在维也纳公司与七星公司等租赁合同纠纷案中,争议的焦点问题是在双方违约的情形下,一方的过错明显大于对方,责任如何分配的问题。法院认为,七星公司未依约定的期限向维也纳公司提供酒店必需的消防许可证,最终酒店因消防验收不合格被相关部门罚款与责令停止使用,致使租赁合同的根本目的无法实现,构成根本违约;维也纳公司未依约定的期限足额向七星公司支付房屋租金。双方履行都不符合租赁合同约定,都违反了合同应负的义务。

【法律依据】

《民法典》第五百九十二条 当事人都违反合同的,应当各自承担相应的责任。

当事人一方违约造成对方损失,对方对损失的发生有过错的,可以减少相应的损失赔偿额。

案例 282

某建设公司与某工程公司、某风电公司建设工程施工合同纠纷案

Q: 某风电公司作为发包人,将工程发包给某工程公司。某工程公司将其承揽的工程违法分包给某建设公司。由于某建设公司违规施工,某风电公司对某工程公司作出罚款决定。而某工程公司认为罚款应当由某建设公司承担。某风电公司作为发包人是否有权作出"罚款"决定?由违法分包人引起的罚款,承包人能否要求违法分包人承担?

A: 可以。所谓"罚款",其性质往往可能是违约金。如因第三人分包单位引起违约,承包人可根据法律规定或合同约定向分包人主张承担违约责任。

裁判案例:(2013)民申字第 2252 号

【裁判观点】

关于8.5万元罚款的问题。根据二审查明的案件事实,某建设公司施工期间,因存在安全隐患、不按时进场、施工不符合设计要求、违章作业、施工质量等问题,业主单位某风电公司的工程监理部先后共作出8.5万元的罚款。对此,并非某风电公司行使行政处罚权,实系某工程公司承担违约责任。而某工程公司该违约责任系某建设公司施工造成的,二审判决认定某建设公司应向某工程公司承担该8.5万元罚款正确。

【实务指引】

本案涉及如何理解发包人作出的罚款决定?

对于发包人作出的"罚款"决定如何定性的问题,首先需要明确的是在法律意义上,"罚款"一般是指行政处罚范畴中"特定的行政机关或法定的其他组织强迫违法者缴纳一定数额的金钱或一定数量的物品"[①]的处罚。对于民事主体之间,一方无权对另一方作出仅有行政机关才能作出的罚款决定。本案中,发包人作出"罚款"决定的原因是违法分包人在施工现场未能依照合同约定施工,以及存在其他违反现场管理规定、施工方案的行为。这类行为属于未能依据合同要求履行合同的违约行为。因此,本案中发包人对作出的"罚款"决定应当被理解为实际施工人未能按照合同要求施工时承包人应当承担的违约金。

---

① 张正钊、胡锦光主编:《行政法与行政诉讼法》(第四版),中国人民大学出版社2009年版,第165页。

【法律依据】

《民法典》第五百九十三条　当事人一方因第三人的原因造成违约的,应当依法向对方承担违约责任。当事人一方和第三人之间的纠纷,依照法律规定或者按照约定处理。

案例 283

某科技公司、某能源公司买卖合同纠纷案

Q:某科技研究公司与某能源技术公司签订《技术服务合同》,约定某科技研究公司向某能源技术公司购买风电功率预测系统软件和配套的软件安装服务。合同约定,若某科技研究公司未按照合同约定支付研究开发费用的,每延迟一日,按照延迟支付研究开发费用的0.1%向乙方支付违约金。

A:可自愿将违约金调整为合适的数额,或者由当事人请求人民法院或者仲裁机构予以减少。

裁判案例:(2020)粤民终1513号

【裁判观点】

本案中,某设计院在2017年7月3日、11月29日分别向某科技公司支付了涉案采购合同款18万元、16.2万元,按照案涉《技术服务合同》约定,某科技公司应当在收到上述款项后3个工作日内,按同等支付比例向某能源公司支付研究开发费,但其至案发未支付。依据案涉《技术服务合同》第七条第7.2项约定,若某科技公司未按照本合同的约定支付研究开发费用的,每迟延一日,按照迟延支付研究开发费用的0.1%支付违约金。因合同约定的违约金过高,某能源公司自愿将违约金调整为涉案合同款总额的30%,即105000元,属于其对自身民事权利的处分,且符合法律规定,原审法院予以支持。

【实务指引】

违约金具有惩罚性的特性,违约金的调整不能由法院主动提出,应由守约方先行提出,这样规定也是合理控制法官的自由裁量权,防止法院对当事人之间的合同形成干扰。认定违约金是否过高还应当结合合同的履行情况、当事人的过错程度以及预期利益等综合因素,根据公平原则和诚信原则予以衡量。

首先,应该查明实际损失,根据实际损失确定赔偿数额基本标准。《民法典》第五百八十五条第一款和第二款规定:"当事人可以约定一方违约时应当根据违约情况向对方支付一定数额的违约金,也可以约定因违约产生的损失赔偿额的计算方法。约定的违约金低于造成的损失的,人民法院或者仲裁机构可以根据当事人的请求予以增加;约定的违约金过分高于造成的损失的,人民法院或者仲裁机构可以根据当事人的请求予以适当减少。"最高人民法院《关于审理商品房买卖合同纠纷案件适用法律若干问题的解释》第十二条规定:"当事人以约定的违约金过高为由请求减少的,应当以违约金超过造成的损失30%为标准适当减少……"根据司法解释的规定,超过实际损失的30%是认定违约金过高的基本标准。

其次,需要全面审查合同履行情况。尚未履行的合同与快要履行完毕的合同对于违约所造成的实际损失存在较大区别。

再次,需要充分考量当事人的主观过错。违约方是恶意违约还是过失违约,直接决定违约金的赔偿性数额。

复次,应考虑当事人订立合同时的地位,根据诚信原则和公平原则,结合案件的实际情况,进行综合衡量。例如,订立合同时是否处于平等地位,是否适用格式条款以及是否存在过失相抵、减扣规则以及损益相抵规则等因素。

最后,在调整违约金额时,也应考虑当事人是否为商事主体,该交易是否为商事交易。

【法律依据】

《民法典》第五百八十五条　当事人可以约定一方违约时应当根据违约情况向对方支付一定数额的违约金,也可以约定因违约产生的损失赔偿额的计算方法。

约定的违约金低于造成的损失的,人民法院或者仲裁机构可以根据当事人的请求予以增加;约定的违约金过分高于造成的损失的,人民法院或者仲裁机构可以根据当事人的请求予以适当减少。

当事人就迟延履行约定违约金的,违约方支付违约金后,还应当履行债务。

案例284

某建筑工程公司、某发电公司建设工程合同纠纷案

Q: 业主请求承包方承担风电场逾期交工的发电量损失是否能得到支持?

A: 由于风电场逾期交工的发电量损失是可得利益损失,不具有确定性,不能得到法院支持。

裁判案例: (2019)宁民终370号

【裁判观点】

对于某发电公司反诉的逾期交工发电量损失问题系可得利益损失,不具有确定性,故法院不予支持。

【实务指引】

因违约所造成的损失,除了包含客观可见的实际损失,同时也包含合同履行后可以获得的利益。这里"合同履行后可以获得的利益",排除履行利益,就是可得利益。一般来说,实际可得利益指仅限于未来可以得到的利益,不包括履行本身获得的利益,而主要是指获取利润所对应的利益。由于一方违约,受害人不能取得合同正常履行情况下应获得的财产利益,造成其生产经营活动中断或从事该活动的基础和条件丧失,从而导致利润损失,这就是一种可得利益损失。

可得利益主要有以下特点:一是它一定是仅限于未来期限的利益,当合同违约情形发生时并没有为合同一方所实际享有,必须通过合同实际履行才可以获得利益。二是可得利益具有一定的确定性。在合同法中,任何需要补救的损害都必须具有一定程度的确定性,否则是不能要求赔偿的。

当事人关于赔偿可得利益损失的主张并不必然获得支持,还要受到可预见性规则、减轻损失规则、过失相抵规则以及损益相抵规则等的限制。同时,个案中在确定具体损失数额时,还应考虑可预见性规则、减轻损失规则、损益相抵规则、过失相抵规则,斟酌合同约定、违约原因、时间长短等综合因素。

【法律依据】

《民法典》第五百八十四条 当事人一方不履行合同义务或者履行合同义务不符合约定,造成对方损失的,损失赔偿额应当相当于因违约所造成的损失,包括合同履行后可以获得的利益;但是,不得超过违约一方订立合同时预见到或者应当预见到的因违约可能造成的损失。

案例 285

某风电公司与某安装公司建设工程施工合同纠纷案

Q: 某风力发电公司(发包人)与某电气安装公司(承包人)签订建设工程施工合同,约定由某电气安装公司承揽某风电场建设。由于发包人未能向承包人提供施工用地,且承包人也未能积极推进约定的征地义务,最终导致工期延误。工期延误的损失应当由谁承担?

A:应由违约方承担,需要确定误工损失的原因,如双方违约,则由双方承担。

裁判案例:(2013)民申字第1726号

【裁判观点】

施工合同约定"发包人应按专用合同条款规定的承包人用地范围和期限,办清施工用地范围内的征地和移民,按时向承包人提供施工用地",同时约定"塔基永久征地由发包人负责,临时征地和沿线清障由承包方负责"。本案双方当事人对于案涉工程系边征地边施工的事实不持异议,对于某电气安装公司未发放临时占地费的事实也无争议,故某风力发电公司没有严格依约履行向承包人提供施工用地的发包人义务,某安装公司也没有严格依约履行其临时征地的承包人义务,双方对于农民阻拦施工造成误工损失均有责任,二审判令双方共担误工费损失并无不当。

【实务指引】

违约责任按照违约的人来区分,可分为单方违约和双方违约。一方当事人违约的,称单方违约;双方当事人都违约的,称双方违约。单方违约的,单方承担违约责任。双方都违约是指合同当事人双方都违反了各自的义务,有两个违约行为,并相互造成了损害,双方应各自承担违约责任。

双方违约的构成要件有:第一,双方违约发生在同一双务合同中,都违反合同义务。如果仅是违反了法定义务而不是合同义务,则不构成双方违约。例如,一方违约后,另一方违反了法律规定的减轻损失义务,造成了损失的扩大,由此导致对方责任被减轻或免除,则不构成双方违约。也有观点认为,"都违反合同义务",不仅包括违反约定义务,而且包括违反法定义务,即合同履行中的附随义务、后合同义务等。我们认为,我国《民法典》第五百零九条第二款规定的附随义务、第五百五十八条规定的后合同义务等法定义务,也是合同义务的一部分。第二,双方当事人都分别违反各自应负的合同义务,即双方都有违约行为,履行合同不符合合同约定或者履行合同义务不符合约定。本案中,某风电公司没有严格依约履行向承包人提供施工用地的发包人义务,某安装公司也没有严格依约履行其临时征地的承包人义务,双方对于农民阻拦施工造成误工损失均有责任,故二审法院判决双方均有责任。

【法律依据】

《民法典》第五百九十二条 当事人都违反合同的,应当各自承担相应的责任。

当事人一方违约造成对方损失,对方对损失的发生有过错的,可以减少相应的损失赔偿额。

案例 286

某新能源发展公司与某工程公司建设工程施工合同纠纷案

Q: 某新能源发展公司(发包人)与某工程公司(承包人)签订《风力发电机组安装工程施工合同》,约定合同价款包括承包方停工、窝工损失。由于发包人未能及时供应设备导致设备脱供并且产生停、窝工损失,承包人能否要求发包人赔偿相应的损失?

A: 需要具体分析发包人未能及时供应设备造成的延期中那些时间段是合理的。以此确定责任的承担问题。

裁判案例: (2017)最高法民申 1651 号

【裁判观点】

根据某工程公司在诉讼中提供的设备到场清单、工程联系单、索赔通知书、签收记录等证据,足以证实某新能源发展公司未按进度计划表提供设备,某新能源发展公司亦认可存在暂时脱供现象,故其理应按照附件六的约定承担违约责任。至于某新能源发展公司主张,双方约定在合同价中已经包含停、窝工损失,不应再另行计算损失,对此,二审法院已经将合同期限以及延期之内的合理时间予以扣除,仅计算延期之外发包人设备脱供导致的停、窝工损失,该认定符合公平合理原则,并无不妥。此外,在二审期间,双方当事人各自还提供了停、窝工损失计算表,所使用的定额相同,仅对停工时间、计算单价存在分歧,二审法院根据合同约定及履行情况、建筑行业惯例等因素确定停、窝工损失的计算时间及单价,并无不当。关于施工设备的来源问题,由于与停、窝工损失的认定并无必然关联性,故某新能源发展公司据此主张其不应承担停、窝工损失的再审申请理由缺乏事实依据,本院不予采信。

【实务指引】

对于可得利益的计算,需考量多重因素,包括双方交易的性质、合同的目的等因素,可得利益损失主要分为生产利益损失、经营利润损失和转售利润损失等类型。在司法实践中,确定可得利益损失数额主要包括五种方法,即差额法、约定法、类比法、估算法以及综合衡量法。

【法律依据】

《民法典》第五百八十四条 当事人一方不履行合同义务或者履行合同义务不符合约定,造成对方损失的,损失赔偿额应当相当于因违约所造成的损失,包括合同履行后可以获得的利益;但是,不得超过违约一方订立合同时预见到或者应当预见到的因违约可能造成的损失。

案例287

某新能源公司、某风能公司买卖合同纠纷案

Q:如何判断合同的违约金是否过高?

A:应当以实际损失为基础,兼顾合同的履行情况、当事人的过错程度以及预期利益等综合因素,根据公平原则和诚实信用原则予以衡量。

裁判案例:(2020)浙民终275号

【裁判观点】

法院认为,本案二审的争议焦点是案涉违约金是否过高。本案某新能源公司根据案涉合同中关于某风能公司迟延交货违约金的约定,主张某风能公司应向其支付违约金14500.89万元。对此,案涉合同中关于延迟交货违约金的约定虽系双方当事人的真实意思表示,但在当事人主张约定的违约金过高请求予以适当减少的,人民法院应当以实际损失为基础,兼顾合同的履行情况、当事人的过错程度以及预期利益等综合因素,根据公平原则和诚实信用原则予以衡量,并作出裁决。本案某风能公司虽然未提供违约金过高的具体证据,但某新能源公司主张的违约金金额达到合同总价的68%。在某新能源公司未能提供其因某风能公司迟延交货造成的损失的证据,且案涉风电机组已经交货并投入使用的情况下,原审判决以实际损失为基础,兼顾案涉合同的履行情况、双方的过错程度及某新能源公司的资金占用成本、预期利益等因素,酌情调整本案违约金为4123280元,并无明显不当。

【实务指引】

违约金,是指合同的一方当事人不履行或不适当履行合同时,按照合同的约定,为其违约行为支付的一定数额的金钱。违约金一般分为惩罚性违约金和补偿性违约金,两者均属于担保物权的担保范围。在数额限制上,当事人约定违约金的,按约定支付违约金,但存在过分高于损失需要适当减少或过分低于损失需要适当增加时,计入担保范围的违约金应当以人民法院或仲裁机构最终确定的数额为准。违约金的标的物通常是金钱,但

是当事人也可以约定违约金标的物为金钱以外的其他财产。

法院需查明由违约行为导致合同未能履行所导致的实际损失,在查明实际损失时,要注意因果关系的考量,再根据实际损失确定赔偿数额基本标准。根据相关司法解释的规定,超过实际损失的30%是认定违约金过高的基本标准。

本案中,法院以实际损失为基础,兼顾案涉合同的履行情况、双方的过错程度及某新能源公司的资金占用成本、预期利益等因素,酌情调整本案违约金为4123280元,是十分恰当的。

【法律依据】

《民法典》第五百八十五条　当事人可以约定一方违约时应当根据违约情况向对方支付一定数额的违约金,也可以约定因违约产生的损失赔偿额的计算方法。

约定的违约金低于造成的损失的,人民法院或者仲裁机构可以根据当事人的请求予以增加;约定的违约金过分高于造成的损失的,人民法院或者仲裁机构可以根据当事人的请求予以适当减少。

当事人就迟延履行约定违约金的,违约方支付违约金后,还应当履行债务。

案例288

某房地产估价公司与某企业管理咨询公司技术咨询合同纠纷案

Q: 某企业管理咨询公司与某房地产估价公司达成《技术咨询合同》,合同约定某房地产估价公司协助某企业管理咨询公司完成风力发电项目预审材料准备等工作。合同履行过程中某企业管理咨询公司未能及时向某房地产估价公司交付相关批复通知函件,导致项目土地预审批复延迟完成。某房地产估价公司能否要求某企业管理咨询公司承担违约责任。

A: 某企业管理咨询公司未能及时交付相关批复函件,其行为属于违约。因此可以认定某房地产估价公司未能按期取得项目用地预审系某企业管理咨询公司延迟履行合同义务所致,某房地产估价公司可以要求某企业管理咨询公司支付未支付的报酬及违约金。

裁判案例: (2020)陕01知民初1号

【裁判观点】

某企业管理咨询公司是否违约以及某企业管理咨询公司对违约责任的承担。某企业管理咨询公司签订的《致远安塞砖窑湾50MW风力发电项目土地预审技术咨询合同》系双方真实意思表示,不违反法律规定,合法有效,对双方均具有法律约束力,双方均应依约履行。陕西省自然资源厅于2018年12月25日发出陕自然资预审(2018)34号《陕西省自然资源厅关于致远安塞砖窑湾50MW风电工程建设项目用地预审的复函》,同意通过项目用地预审,某房地产估价公司已完成某企业管理咨询公司的委托事项并开具发票,某企业管理咨询公司应当按照合同约定向某房地产估价公司支付款项。关于某企业管理咨询公司主张某房地产估价公司迟延完成项目土地的预审省级批复一节,因按照合同约定,某企业管理咨询公司委托某房地产估价公司承担项目后,应在合同签订之后向某房地产估价公司提供可行性研究报告、发改部门的项目立项文件、用地范围坐标等项目相关材料。但某企业管理咨询公司直至2018年9月14日才将《关于印发2018年陕西省风电开发建设方案的通知》交付某房地产估价公司,存在违约行为,可以认定某房地产估价公司未按期取得项目用地预审系某企业管理咨询公司迟延履行所致。现某企业管理咨询公司未按约付款,某房地产估价公司要求某企业管理咨询公司支付剩余咨询费6.5万元及违约金的诉讼请求,于法有据,法院予以支持。关于违约金的计算方式,合同约定违约金总额不超过合同总价的5%即8250元(16.5万元×5%),故对某房地产估价公司主张违约金8250元予以支持,超过部分不予支持。

【实务指引】

技术咨询合同是受托人就特定的技术向委托人提供可行性论证、分析评价报告、技术预测等咨询服务而订立的技术合同。委托人应当明确咨询的问题,并提供技术背景资料或相关的技术文件。受托人需要根据这些背景资料进行分析和论证,保证咨询成果质量。委托人要对这些资料的完整性、准确性和及时性承担责任,如果委托人提供的资料出现问题或没有提供到位,受托人可以要求委托人承担工作成果瑕疵的责任,委托人对受托人的工作成果进行接收与检验,并根据验收程度来支付报酬。

但是,如果因为委托人自身怠于履行自己的义务,造成工作进度和成果质量出现问题,委托人不得要求受托人返还已经支付的报酬,并需要支付未付的报酬,给受托人造成损失的,还需承担法律责任。本案中,由于委托人某风电公司未及时提供预审通知函,导致预审审批延误,应由其承担延误责任,并应支付受托人未付报酬,对受托人造成的损失,承担违约赔偿责任。

【法律依据】

《民法典》第五百七十七条　当事人一方不履行合同义务或者履行合同义务不符合约定的,应当承担继续履行、采取补救措施或者赔偿损失等违约责任。

《民法典》第八百八十一条　技术咨询合同的委托人未按照约定提供必要的资料,影响工作进度和质量,不接受或者逾期接受工作成果的,支付的报酬不得追回,未支付的报酬应当支付。

技术咨询合同的受托人未按期提出咨询报告或者提出的咨询报告不符合约定的,应当承担减收或者免收报酬等违约责任。

技术咨询合同的委托人按照受托人符合约定要求的咨询报告和意见作出决策所造成的损失,由委托人承担,但是当事人另有约定的除外。

案例 289

某新能源公司与某水电开发公司租赁合同纠纷案

Q:某新能源公司(合同乙方)与某水电开发公司(甲方)订立《接入协议》,约定:"本协议履行期限届满十日内,乙方必须下网,退出甲方110KV线路末端。乙方未按约定退出……向甲方支付本协议总价款30%的违约金",但某新能源公司未按照协议约定在租赁期限届满后下网。现某水电开发公司起诉某新能源公司违约,某新能源公司能否以其虽然未下网,但是未对某水电开发公司造成经济损失唯有,主张不承担或者少承担违约责任?

A:不能。合同的当事人应当按照合同约定全面履行。

裁判案例:(2020)青28民终237号、(2019)青2801民初2043号

【裁判观点】

《接入协议》明确约定"本协议履行期限届满十日内,乙方(某新能源公司)必须下网,退出甲方(某水电开发公司)110KV线路末端。乙方未按约定退出……向甲方支付本协议总价款30%的违约金"。租赁关系终止后,被告理应按约定退出原告所有的110KV线路末端,但被告未按照协议约定在租赁期限届满后下网,违反了协议约定,故原告要求被告立即退出接入某电力公司某变电站间隔的110KV输电线路末端,立即下网的诉讼请求,理由正当、证据充分,一审法院予以支持。

【实务指引】

《民法典》第五百零九条第一款规定:"当事人应当按照约定全面履行自己的义务。"全面履行从字面意思上来看,全面也就是完整、完备意思。所谓全面履行合同首先要求合同当事人应当根据合同的具体约定履行义务,包括标的数量、质量、规格、价款、地点、期限、履行方式等。如果合同没有约定或者约定不明确,则按照法定的填补漏洞的方法作出履行,关于按法定的填补漏洞方法所履行的义务也属于全面履行的范围。综上,履行合同

就是需要全面履行,如果仅履行部分合同约定或只履行从合同义务,都不能够称谓全面履行合同,都需要承担违约责任。

【法律依据】

《民法典》第五百零九条 当事人应当按照约定全面履行自己的义务。

当事人应当遵循诚信原则,根据合同的性质、目的和交易习惯履行通知、协助、保密等义务。

当事人在履行合同过程中,应当避免浪费资源、污染环境和破坏生态。

八、买卖合同

1. 买卖合同条款

案例290

某风电设备公司、某风电股份公司买卖合同纠纷案

Q:某风电股份公司因与某风电设备公司之间签订的买卖合同发生纠纷将案件诉至法院,但是其诉讼请求中并未要求法院审查合同效力。此时法院是否会审查案涉合同的效力?某风电设备公司作为风电设备制造商,按照某风电股份公司的要求自行设计、制造设备部件,且双方约定设备制造商还提供安装指导、调试、培训等服务,双方形成的法律关系属于买卖合同关系还是承揽合同关系?

A:合同的效力是法院主动审查的范围。双方的合同符合专用产品买卖合同的法律特征,应构成买卖合同法律关系,而非承揽合同关系。

裁判案例:(2018)浙民终275号

【裁判观点】

某风电股份公司为生产风力发电机组向某风电设备公司采购桨叶,某风电设备公司根据某风电股份公司提供的风电机组的相关数据,自行设计、制造案涉桨叶。为此,某风电设备公司与某风电股份公司先后签订了一系列采购合同。合同约定供方的供货范围除案涉设备外,至少还应包含了合同设备的安装指导、调试、图纸资料、技术培训等,这符合专用产品买卖合同的法律特征,原审据此认定本案双方之间就案涉标的物形成的主要民事法律关系为买卖合同关系,有相应依据。

【实务指引】

当事人订立合同,采取要约、承诺方式。要约发出一经当事人承诺,则视为合同成立。要约是希望和他人订立合同的意思表示,意思表示应当符合下列规定:(1)内容具体确定。(2)表明经受要人承诺,要约人即受该意思表示约束。承诺是受要约人同意要约的意思表示。承诺应当以通知的方式作出,但根据交易习惯或者要约表明可以通过行为作出承诺的除外。承诺应当在要约确定的期限内到达要约人。要约没有确定承诺期限的,承诺应当依照下列规定到达:①要约以对话方式作出的,应当即时作出承诺,但当事人另有约定除外;②要约以非对话方式作出的,承诺应当在合理期限内到达。

有书面合同的,如果当事人直接向法院提交了有双方当事人签章的书面合同原件,则认定买卖合同成立与否并非难事。当事人证明买卖合同成立,主要通过两种途径:一是证明合同成立的法律要件已经具备,二是证明合同已经履行且为相对人所接受。

【法律依据】

《民法典》第五百九十六条 买卖合同的内容一般包括标的物的名称、数量、质量、价款、履行期限、履行地点和方式、包装方式、检验标准和方法、结算方式、合同使用的文字及其效力等条款。

案例291

某机械制造公司、某电气公司加工合同纠纷案

Q: 某机械制造公司(供方)与某电气公司(需方)签订《工矿产品购销合同》,约定某机械制造公司向某电气公司供应风电专用箱变壳体,并注明按照双方签订的箱变壳体加工接数协议加工。该合同的性质如何确定?

A: 买卖合同。合同约定的主要义务是以转移标的物的所有权为目的,而非以完成一定的工作为目的,因此该合同的性质为买卖合同。

裁判案例:(2018)陕01民终12465号

【裁判观点】

关于涉案合同的性质一节,本案中,某机械制造公司上诉认为涉案合同为加工合同性质,而某电气公司认为涉案合同属买卖合同性质。本案双方签订的是《工矿产品购销合同》,签订的《35KV风力发电用美式箱变箱体加工技术协议》是作为合同附件。购销合同是买卖合同的一种,买卖合同的标的物既可以是特定物,也可以是代替物。虽然涉案合同中备注按双方签订的加工技术协议加工,使得涉案标的物属于符合一定标准的特定物,但

从涉案合同约定的主要义务是转移标的物的所有权为目的,而非以完成一定的工作为目的,某电气公司支付货款而非支付报酬等分析,一审法院认定涉案合同为买卖合同性质正确,本院予以确认。

【实务指引】

从表面上来看,买卖合同与建设工程施工合同之间泾渭分明,买卖合同与特殊的承揽合同——建设工程施工合同在区分时不应当存在什么争议。但是(2017)最高法民辖终71号判决中最高人民法院在认定合同性质方面的审判思路则值得仔细分析。最高人民法院认为:"本院经审理认为,本案的争议焦点是诉争合同法律关系的定性问题。《购销合同》约定浙江天赐公司向青海芊芊公司提供工程项目的主要设备和配套零部件,青海芊芊公司向浙江天赐公司支付货款。《金太阳示范工程项目实施协议书》涉及的示范项目为浙江天赐公司自主研发的光伏立泵系统,双方在该协议中约定,浙江天赐公司负责组织实施关键设备、配套材料的生产加工、产品发运、系统调试,青海芊芊公司负责项目工程实施地的勘察、园区规划、基础建设、工程安装等,现场施工安装、调试、试运行和项目审计及验收、交付使用、投入正式运营由青海芊芊公司和浙江天赐公司共同负责。本案青海芊芊公司起诉要求浙江天赐公司承担供货后未完成售后服务、逾期供货及未依约提供备用设备的责任,所依据的实际上是上述《购销合同》与《金太阳示范工程项目实施协议书》。《金太阳示范工程项目实施协议书》虽然约定有工程内容及范围、实施方式、计划进度、工期、款项结算等内容,但缺乏建设工程施工合同的基础条款,青海芊芊公司与浙江天赐公司之间并未因此形成建设工程施工合同的权利义务关系,该协议不具备建设工程施工合同的基本属性,其作为《购销合同》的附件,是《购销合同》的组成部分,其性质仍属于买卖合同。"最高人民法院在认定合同性质时结合当事人之间的整体交易认为这份协议书并不属于建设工程合同。

从最高人民法院的论断出发我们可以进一步理解建设工程施工合同与买卖合同之间的区别。部分买卖合同由于标的物具有特殊性,卖方出售后还需要负责标的物的安装、调试。合同中安装、调试的内容实际上是卖方为了妥善交付标的物而约定的义务。买卖双方订立合同的目的在于交付标的物,而非安装、组装、调试标的物。而建设工程施工合同则不同。首先,发承包双方订立合同的目的在于完成建设工程项目。即便合同中约定了采购物资等内容也服务于"完成建设工程项目"这一合同目的。其次,建设工程施工合同相较于买卖合同中类似"安装""组装"活动而言收到更多的法律约束。《建筑法》第二条规定,建筑活动是指各类房屋建筑及其附属设施的建造和与其配套的线路、管道、设备的安装活动。并且,在建设工程合同中,发承包人、设计单位、监理单位等均要求具有特定资质。在分辨内容复杂的买卖合同与建设工程施工合同时还是要从订立合同的目的入手加以分析。

【法律依据】

《民法典》第五百九十五条　买卖合同是出卖人转移标的物的所有权于买受人,买受人支付价款的合同。

《民法典》第七百七十条　承揽合同是承揽人按照定作人的要求完成工作,交付工作成果,定作人支付报酬的合同。

承揽包括加工、定作、修理、复制、测试、检验等工作。

案例 292

单某、潘某买卖合同纠纷案

Q:单某承建某风电场工程时多次从潘某处购买商品混凝土。双方结算后,单某就欠付的款项向潘某出具借条一份。应当如何认定借条的性质?

A:借条涉及的款项是购买混凝土的欠付货款,双方形成买卖合同关系,而非借贷关系。

裁判案例:(2019)鄂 13 民终 134 号

【裁判观点】

法院认为,依法成立的合同,受法律保护。单某虽向潘某出具"借条",但通过庭审查明,该款实际系购买混凝土的下欠货款,故双方之间是买卖合同关系,而非民间借贷关系。

【实务指引】

《最高人民法院关于民事诉讼证据的若干规定》第五十三条规定:"诉讼过程中,当事人主张的法律关系性质或者民事行为效力与人民法院根据案件事实作出的认定不一致的,人民法院应当将法律关系性质或者民事行为效力作为焦点问题进行审理。"对于本案中借条的性质应当从双方当事人提出借条的背景以及案件事实入手加以认定。本案中单某与潘某就买卖商品混凝土达成约定后,在销售款结算时单某向潘某出具借条,借条金额为其欠付的混凝土款项。从该借条的用途来看,单某并非要向潘某借款,而是通过借条的方式与潘某确认欠付的商品混凝土购货款数额。借条在此的用途可视为双方对合同履行情况的确认以及对证据的固定。对于本案法律关系还是应当从双方的基础交易入手加以判断。借条的存在不能否认双方当事人之间成立买卖合同关系的事实。

【法律依据】

《民法典》第五百九十五条　买卖合同是出卖人转移标的物的所有权于买受人,买受人支付价款的合同。

最高人民法院《关于审理民间借贷案件适用法律若干问题的规定》第十四条　原告以借据、收据、欠条等债权凭证为依据提起民间借贷诉讼,被告依据基础法律关系提出抗辩或者反诉,并提供证据证明债权纠纷非民间借贷行为引起的,人民法院应当依据查明的案件事实,按照基础法律关系审理。

当事人通过调解、和解或者清算达成的债权债务协议,不适用前款规定。

2. 买受人支付价款

案例293

某风力发电公司与某科技公司分期付款买卖合同纠纷案

Q:某风力发电公司(买方)与某科技公司(卖方)签订《风力发电机组购买合同》。卖方提供的设备投入运营后,买方拖欠货款。卖方起诉买方索要欠付货款,买方则以卖方提供的设备存在质量问题且有关质量问题的争议正在另案处理为由拒绝支付货款。卖方的主张能否获得支持?

A:应根据质量瑕疵程度综合判断是否影响付款条件的成就,如果不影响付款条件的成就,则买方主张不能得到支持,买方需承担给付货款的义务。

裁判案例:(2018)苏民申3073号

【裁判观点】

根据双方所签订的案涉两份合同的约定,预验收付款金额为合同分期付款中的最后一期付款。根据某科技公司原审中提交的证据,该公司已经分别在2018年11月24日、12月1日将两份合同项下的发票足额开具,某风力发电公司亦认可收到相应发票并已入账。就是否预验收合格问题,虽然某科技公司在本案中并未提交案涉合同约定的试运行证书、预验收证书等材料,但是以下案件事实足以证明案涉风机已经预验收合格。

其一,双方合同约定如因买方原因该合同设备未能在交货日后的30天内进行安装、调试、试运行、预验收测试,买方应将合同设备的预验收款支付给卖方,合同设备即被视为通过预验收。本案中,某风力发电公司确认其已经收到全部案涉设备,且根据某风力发电公司2010年12月24日《关于某风电场2010年发电量的说明函》,某风力发电公司确认案涉风力发电机组已经投入使用,相应风电场已经建成发电,上网发电量远超预计。

其二,根据2011年4月某风力发电公司在与某科技公司就相关润滑油更换往来交涉的传真件中所称内容,某风力发电公司确认案涉33台风力发电机组属于质量保证期范围之内。双方两份合同分别约定:卖方提供的合同设备的质量保证期为预验收证书签署后的30个月、卖方提供的合同设备的质量保证期为预验收证书签署后的24个月。另外,某风力发电公司在案涉风机质量问题的另案二审中亦陈述"采购合同第九条在安装调试和验收部分约定预验收和最终验收的相关约定,同时约定了预验收的相关程序,预运行之后是合同项下的全部产品全部满足条件之后才签署一份合格证书,之后才进入质保期,质保期之后才签署最后的合格证书。在250小时运行之后,产品陆续出现问题"。据此,某风力发电公司的上述传真件中的确认表明案涉风机已经预验收合格。

其三,虽然某中级人民法院委托某司法鉴定中心(北京)所作出的电鉴意见×××号《风力发电机组故障原因司法鉴定意见书》因相关法院未通知鉴定人员出庭接受质询而存在质证及认证程序不符合法律规定的问题,但就该鉴定意见书所载"69.风机完成250小时试运行验收;70.风力发电机组预验收证书;71.风机到场时间及250小时试运行时间表"等预验收所涉证据材料,某科技公司明确表示系某风力发电公司提交,某风力发电公司对此并未否认;且某风力发电公司在本案原审中明确其对于该鉴定意见书中所陈述的相关事实没有异议,而该鉴定意见书中载明以下事实:"委托方提供的风力发电机组250小时证书和预验收合格证书显示,第1-28号风机已经完成了250小时试运行,并由双方有关人员签字确认;第26-32号机组经检测与试验,通过250小时试运行,符合GB/T 20319—2006以及DL/T 5191—2004所规定预验收内容,并有业主、监理及制造商三方的签字盖章"。"根据委托方提供的预验收合格证书,所能体现的最后预验收时间为2009年2月7日。"

综上,案涉证据材料及当事人陈述形成证据链,证明案涉风机已经经过试运行验收合格,一审、二审判决据此认定付款条件成就,合法有据。

就案涉合同,同时存在某科技公司向某风力发电公司主张支付剩余货款的买卖合同货款纠纷、某风力发电公司向某科技公司主张赔偿因质量问题而产生的费用及损失的买卖合同质量纠纷两案,两起纠纷虽有牵连但并不相同,某风力发电公司在本案原审期间亦明确主张并确认"有关合同质量问题的事宜不属于本案审理范围",且某风力发电公司已经申请法院冻结某科技公司在本案中的执行款,两案分别处理不影响双方权利的实现和责任承担,故某风力发电公司关于本案应以该产品质量问题的另案审理结果为依据的申请再审理由不能成立。

【实务指引】

《民法典》第五百零九条第一款规定,"当事人应当按照约定全面履行自己的义务"。全面履行从字面意思上来看,全面也就是完整、完备的意思。所谓全面履行合同首先要求合同当事人应当根据合同的具体约定履行义务,包括标的数量、质量、规格、价款、地点、期限、履行方式等。如果合同没有约定或者约定不明确,则按照法定的填补漏洞的方法作出履行,关于按法定的填补漏洞方法所履行的义务也属于全面履行的范围。综上,履行合同就是需要全面履行,如果仅履行部分合同约定或只履行从合同义务,都不能够称为全面履行合同,都需要承担违约责任。

【法律依据】

《民法典》第五百零九条第一款 当事人应当按照约定全面履行自己的义务。

《民法典》第五百二十六条 当事人互负债务,有先后履行顺序,应当先履行债务一方未履行的,后履行一方有权拒绝其履行请求。先履行一方履行债务不符合约定的,后履行一方有权拒绝其相应的履行请求。

案例294

某风电公司与某科技公司买卖合同纠纷案

Q: 某风电公司作为买受人未能及时检验其购进的设备并将未经检验的设备投入使用长达8年,某风电公司是否还能以设备存在质量问题为由要求出售人承担违约责任?

A: 某风电公司不能要求出售人承担违约责任。买受人未能在合理期间内未检验标的物并提出质量异议的,视为标的物质量合格。

裁判案例:(2019)甘09民终784号

【裁判观点】

法院认为,某风电公司(买方)负有及时组织检验,并将设备存在瑕疵的情况通知某科技公司(卖方)的义务。审理中,某风电公司主张涉案变压器存在质量问题,而某科技公司认可双方于2013年2月对变压器问题进行过交涉,但否认变压器存在质量问题。因此,在双方对变压器质量产生争议时,某风电公司应及时组织检验并通知某科技公司协助、提供检验所需之技术材料。某风电公司未组织验收便将设备投入运营长达8年之久,造成设备质量状况未准确固定,并进而导致现行检测无实际意义,其理应承担相应的违约责任。

【实务指引】

如果双方当事人在合同中明确约定了产品质量检验期限,买受人应当在检验期限内将标的物的数量或者质量不符合约定的情况通知出卖人。若买受人在约定期限内怠于通知的,则视为标的物的数量或者质量符合约定,在此种情况下买受人不得向出卖人主张违约责任。所谓怠于通知,指的是买受人有时间、有能力通知而不通知的情况。买受人签收的送货单、确认单等载明标的物数量、型号、规格的,除有相反证据外,可以认定买受人已对数量和外观瑕疵进行了检验。

买受人在及时检验后有异议的,应当及时提出。何为"及时",需要确定一个合理的期限。因此,买受人应当在发现或者应当发现标的物的数量或者质量不符合约定的"合理期限"内通知出卖人。所谓合理期限,指的是买受人对标的物进行正常检验以及通知出卖人所必需的时间。所必需的时间同时包括两个时间点,第一个是发现瑕疵所需要的时间,第二个是发现瑕疵之后通知出卖人的时间。以买受人检验发现质量存在问题为起点,发现问题的时间就是计算合理期限的起始点。合理期限是一个非常难以确定的期限,法律不可能也不应当具体地规定出来,而是要针对不同的买卖合同、不同的标的物、不同的质量违约情形,靠经验法则来判定。[1]

【法律依据】

《民法典》第六百二十一条　当事人约定检验期限的,买受人应当在检验期限内将标的物的数量或者质量不符合约定的情形通知出卖人。买受人怠于通知的,视为标的物的数量或者质量符合约定。

当事人没有约定检验期限的,买受人应当在发现或者应当发现标的物的数量或者质量不符合约定的合理期限内通知出卖人。买受人在合理期限内未通知或者自收到标的物之日起二年内未通知出卖人的,视为标的物的数量或者质量符合约定;但是,对标的物有质量保证期的,适用质量保证期,不适用该二年的规定。

出卖人知道或者应当知道提供的标的物不符合约定的,买受人不受前两款规定的通知时间的限制。

---

[1] 最高人民法院民法典贯彻实施工作领导小组主编:《中华人民共和国民法典合同编理解与适用(二)》,人民法院出版社2021年版,第982-989页。

案例295

某工业公司与某建设公司买卖合同纠纷案

Q: 某工业公司与某建设公司签订《风力发电机组设备供货合同》,约定由某工业公司向某建设公司提供合同约定的发电机组。双方同时约定,买方收到项目发包人支付的款项7日内向卖方支付节点款项。因发包人原因导致买方未能按期支付货款的,卖方有权顺延交货时间。某工业公司提供的设备已经交付并完成预验收后,某建设公司以某工业公司未能及时供货、发包人尚未支付货款为由主张付款条件尚未达到。该主张能否获得支持?

A: 根据合同约定,明确是否具备付款条件;如合同未约定,根据法律规定或交易习惯确定是否具备付款条件。

裁判案例:(2020)甘01民初549号

【裁判观点】

本院认为,某工业公司与某建设公司均是独立的民事主体,双方于2016年6月25日签订的风力发电机组设备供货合同及同年11月23日双方合意对主机合同的变更,均是真实意见表示,其内容不违反法律、行政法规的强制性规定,均合法有效,合同双方应按照约定全面履行合同义务。某工业公司按照约定的数量、型号将25台发电机组全部交付某建设公司,完成预验收且并网发电,供货义务已完成。某建设公司应按约定的付款期限支付货款,除合同约定延期支付的设备预验收款和质保金,其余款项均已到期,应予支付,即应支付到合同价款的75%,现到期货款中尚欠24752500元未支付,某工业公司主张支付该款项并主张逾期利息的诉讼请求有事实和法律依据,应予支持。对于某建设公司所提未达到支付条件的答辩意见,合同约定:"付款根据发包人主体设备付款结点支付,买方在收到项目发包人支付的款项7日内向卖方支付该款项,如发包人的原因买方未能按期支付设备款,则卖方交货时间根据延误同等时间顺延。"该约定只是将发包人的付款与买方付款进行关联,关联后果是将卖方交货时间顺延,并非将发包人的付款作为买方付款的前提条件,发包人是否付款并不直接影响买方付款,故某建设公司引用该约定所提未达到支付条件的答辩意见无事实依据,不予采纳。

【实务指引】

买卖合同是典型的双务有偿合同,取得标的物所有权是买受人的基本权利,而支付价款则是买受人的主要义务,包括三项内容:支付数额和方式、支付地点与支付时间。

买卖合同对标的物的价款作出约定的,买受人应当依照约定履行义务。如果合同没有直接约定价款的数目,而是约定了一个计算价款的方法,只要该方法清晰明确,则属于对价款支付方式有约定的情形,买受人亦应按此约定履行。在本案中,双方于2016年6月25日签订的风力发电机组设备供货合同及同年11月23日双方合意对主机合同的变更,均是真实意见表示,其内容不违反法律、行政法规的强制性规定,均合法有效。某工业公司按照合同约定完成供货义务。某建设公司应按合同约定支付价款。

【法律依据】

《民法典》第六百二十六条　买受人应当按照约定的数额和支付方式支付价款。对价款的数额和支付方式没有约定或者约定不明确的,适用本法第五百一十条、第五百一十一条第二项和第五项的规定。

《民法典》第六百二十八条　买受人应当按照约定的时间支付价款。对支付时间没有约定或者约定不明确,依据本法第五百一十条的规定仍不能确定的,买受人应当在收到标的物或者提取标的物单证的同时支付。

案例296

某电力建设公司与某建材公司买卖合同纠纷案

Q:某建材公司与某电力建设公司签订《商品砼买卖合同》,约定某建材公司供应商品砼。之后某电力建设公司以其承揽的工程中的一部分内容实际上通过两次转包已交给实际施工人程某为由拒绝支付全部商品砼款项,该主张能否获得支持?

A:不能。依法成立的合同,受法律保护,对当事人具有法律约束力,当事人应当按照约定履行自己的义务。某公司作为出卖人履行了向相对方交付商品砼的义务,相对方作为买受人应当按照合同约定履行及时足额支付价款的义务。

裁判案例:(2019)陕08民终4540号

【裁判观点】

关于买卖合同和剩余货款的问题。上诉人某电力建设公司在一审中提供了一审法院作出的(2019)陕0825民初2599号民事判决书,主张其将承包的涉案工程转包给案外人某能源公司,而该公司又将部分工程分包给案外人陈某,陈某是实际施工人,被上诉人某建材公司应当向陈某主张权利。经查,第一,本案中《商品砼买卖合同》中买方为:中国能源建设西北电力建设某电力建设公司华能陕西定边风电场三期、四期工程项目部(甲方),卖方为某建材公司(乙方),落款甲方、乙方处该项目部、某建材公司均签字捺印。因该项目部是上诉人某电力建设公司的内设机构,故其从事民事活动而产生的民事责任应当由上诉人某电力建设公司承担。第二,该合同签订后,被上诉人某建材公司作为出卖人将商品砼提供给上诉人某电力建设公司承包的华能陕西定边风电场三期、四期工程项目中,涉案工程竣工后,上诉人某电力建设公司作为买受人对某建材公司收到100万元货款亦认可。据此,上诉人某电力建设公司与被上诉人某建材公司之间形成买卖合同法律关系,上诉人某电力建设公司应当承担支付剩余货款的义务,故其上述主张本院不予支持。

【实务指引】

本案中,上诉人的抗辩理由实际上混淆了不同的法律事实。本案中买卖合同的双方当事人因买卖合同的履行产生了纠纷。某电力建设公司与某建材公司之间能够相互主张权利和义务的原因是买卖合同的存在。某电力建设公司将工程转包给实际施工人的行为属于另一个法律事实,形成了新的法律关系。从买卖合同约定的内容来看,某电力建设公司应当承担相应的付款义务。买卖合同当事人之间并未就价款履行另行达成约定,因此某电力建设公司应当依据买卖合同的约定履行合同义务。由于转包法律关系与买卖合同关系并无关联,所以某电力建设公司以案外的转包关系作为理由抗辩本案中的买卖合同义务履行要求并无依据。

【法律依据】

《民法典》第五百九十五条　买卖合同是出卖人转移标的物的所有权于买受人,买受人支付价款的合同。

《民法典》第五百九十六条　买卖合同的内容一般包括标的物的名称、数量、质量、价款、履行期限、履行地点和方式、包装方式、检验标准和方法、结算方式、合同使用的文字及其效力等条款。

案例297

某新能源公司、某电气公司请求确认债务人行为纠纷案

Q: 风电设备质保运维费用是否等同于现场技术服务费?

A: 质保运维费的构成包括风电机组的定期检修、日常维护、大部件的更换及特定部件的检修三个部分,将质保运维费用等同于现场技术服务费的做法是错误的。

裁判案例: (2018)浙01民终10004号

【裁判观点】

关于未完成质保运维责任扣款条款的问题,法院认为,该条款系双方协商一致的结果,某电气公司对运维费包含范围的解释符合合同约定,其也对运维费的测算情况进行了详细说明,其提供的具体测算依据虽未经某新能源公司书面确认,但某新能源公司也未能提供反驳证据支持自身的观点,考虑到重新核定相关费用的可行性及成本,法院对双方共同书面确认的金额不再予以调整。综上,某新能源公司管理人的上诉请求不能成立,法院不予支持。

【实务指引】

如果意思表示的词句清楚明白无误,则不需要解释。意思表示解释的前提是,意思表示所使用的词句不清楚,模棱两可,有两种以上的含义,需要法官或者仲裁员通过解释来确定当事人之间的真实意思表示。

在有相对人的意思表示的场合,如果意思表示需要解释,那么首先是按照所使用的词句进行解释。如果通过此种方法意思表示已经清楚,则不需要往下进行。如果通过此种方法意思表示还不清楚,则要结合相关条款进行解释。同理,如果结合相关条款进行解释意思表示已经清楚,则不需要往下进行。如果通过此种方法意思表示还不清楚,还需要解释,则结合行为的性质和目的进行解释。以此类推,后面还可以结合习惯。如果结合习惯,意思表示还不清楚,则结合诚信原则进行解释。

【法律依据】

《民法典》第一百四十二条　有相对人的意思表示的解释,应当按照所使用的词句,结合相关条款、行为的性质和目的、习惯以及诚信原则,确定意思表示的含义。

无相对人的意思表示的解释,不能完全拘泥于所使用的词句,而应当结合相关条款、行为的性质和目的、习惯以及诚信原则,确定行为人的真实意思。

3. 买受人支付价款、时间及方式

案例 298

某新能源公司、某装备公司买卖合同纠纷案

Q: 某新能源公司(买方)与某装备公司(卖方)签订《风电工程塔筒采购合同》,约定了卖方供应塔筒的类型和价格。由于项目实际情况发生变化,某装备公司改变了供应的塔筒类型,价格也相应发生变化。塔筒交付后,买方认为双方并未约定按照合同约

定的价格结算,要求按照塔筒交付时材料的市场价结算(合同价高于交付时的市场价)。该主张能否获得支持?

A:不可以。塔筒材质变更是在原来合同基础上的变更,尽管没有重新签订合同,但是从实际履行情况看,买方并没有提出过异议,双方有意按照原合同价款结算。

裁判案例:(2019)辽民终283号

【裁判观点】

一、关于某新能源公司是按合同约定的价款支付货款还是按2016年市场价格支付货款的问题。《中华人民共和国合同法》第一百五十九条规定:"买受人应当按照约定的数额支付价款。对价款没有约定或者约定不明确的,适用本法第六十一条、第六十二条第二项的规定。"第六十二条第二项规定:"价款或者报酬不明确的,按照订立合同时履行地的市场价格履行;依法应当执行政府定价或者政府指导价的,按照规定履行。"本院认为,当事人之间是否存在书面合同并非双方达成合同或终止一致意思表示的必要条件,从双方履行行为亦能推断是否存在相关的意思表示。本案中,某装备公司与某新能源公司约定使用龙感湖项目塔筒,某装备公司变更塔筒材质后,虽然双方事前未通过签订书面合同的形式确认,但通过某新能源公司对某装备公司的合同履行、支付货款请求、产品质量、价格均无异议且表示很满意等行为,表明某新能源公司同意按双方合同约定价格支付货款,不属于合同法第六十二条第二项规定的价款约定不明情形。理由如下:第一,从某装备公司变更塔筒材质的目的看,某装备公司基于对龙感湖库存塔筒材质不适合北方低温环境的考虑,并经总设计方Vestas同意,材质升级为更好的材质,并未损害某新能源公司的利益,不存在显失公平问题,亦不影响本合同目的的实现。第二,某装备公司通过向某新能源公司工作人员贾某发电子邮件的形式即《关于葫芦岛项目执行情况的说明函》,书面通知了某新能源公司关于塔筒材质变更情况。第三,某新能源公司于2016年7月6日收到《关于葫芦岛项目执行情况的说明函》后,未在双方约定的14天内,对合同价格提出异议。某新能源公司依照合同约定向某装备公司支付了1330.464万元的预付款和材料采购款时,对合同价格亦未提出异议。第四,某装备公司按照某新能源公司要求从2016年6月开始至10月底前全部履行了合同项下的24整套基础段及塔筒的交付,并已投入生产。同年12月26日,某新能源公司在某装备公司提交的顾客满意度调查表上签字、盖章,对产品质量、交货期和服务等13项内容均表示满意,直至2018年1月25日某新能源公司才提出不应按合同约定价款支付剩余货款主张。综上,某新能源公司的上述民事法律行为,即可形成其同意按照约定价款支付货款的法律效果,其按2016年市场价格支付货款的上诉主张,没有事实和法律依据,本院不予支持。

【实务指引】

根据《民法典》第一百四十条的规定,行为人可以明示或者默示作出意思表示。本案中,双方当事人通过明示的方式针对变更塔筒的事项达成了合意。针对合同价款是否变化的问题,某装备公司已经向某新能源公司发出了函件,并且约定了价格异议期。由于某新能源公司并未在异议期内作出回应,应当认为其通过默示的方式接受了原有的合同价格。因此双方实际上已经就合同价款达成了新的合意。在没有证据能够推翻某新能源公司方面作出的表示的情况下,应当尊重双方通过默示的方式达成的合意。因此,本案中并不存在合同漏洞的问题,通过意思表示的解释可以解决双方当前的纠纷。

【法律依据】

《民法典》第一百四十条　行为人可以明示或者默示作出意思表示。

沉默只有在有法律规定、当事人约定或者符合当事人之间的交易习惯时,才可以视为意思表示。

九、保证合同

1. 连带责任保证

案例299

某工程公司、某集团公司保证合同纠纷案

Q: 某工程公司与某设备公司签订买卖合同,约定争议发生后通过仲裁方式解决。某能源公司以保证人身份提供连带保证。之后买卖合同双方发生争议,某工程公司起诉某能源公司要求其承担连带责任。某能源公司能否以买卖合同约定的争议解决方式为仲裁为由要求法院驳回起诉?

A: 不能。连带责任担保中,债权人可以选择单独起诉债务人或担保人。单独起诉担保人时,不以债务人债务有无生效裁判文书为准。

裁判案例:(2013)民二终字第69号

【裁判观点】

根据最高人民法院《关于适用〈中华人民共和国担保法〉若干问题的解释》第一百二十六条的规定:连带责任保证的债权人可以将债务人或者保证人作为被告提起诉讼,某工程公司作为债权人仅以连带责任保证人某能源公司作为被告提起诉讼,符合法律规定。且其起诉符合《中华人民共和国民事诉讼法》第一百一十九条规定的起诉受理条件,一审裁定驳回某工程公司的起诉适用法律错误,上诉人某工程公司此项上诉理由成立。

某工程公司与某设备公司在双方签订的买卖合同中约定了仲裁条款,该条款仅约束合同当事人,对保证人并无约束力,某工程公司可依据买卖合同对某设备公司提起仲裁,也可基于担保关系对某能源公司提起诉讼,某能源公司以买卖合同中存在仲裁约定为由进行抗辩缺乏依据。仲裁并非本案诉讼的前置程序,某设备公司作为第三人已参加本案诉讼,一审法院以主合同争议未经仲裁,某能源公司是否应承担及承担多少给付货款责任无法确认为由,裁定驳回某工程公司的起诉缺乏依据,上诉人此项上诉理由成立。

【实务指引】

连带责任保证,是指当事人在保证合同中约定保证人和债务人对债务承担连带责任。连带责任保证与一般保证都属于保证的具体形态,二者之间存在本质区别:有无先诉抗辩权不同。这是理解一般保证与连带责任保证的关键。

在连带责任保证中,保证人不享有先诉抗辩权,保证人与债务人之间负共同连带责任。因此,在主合同履行期限届满债务人没有清偿主债务或者发生当事人约定的情形时,债权人既可以要求债务人承担责任,也可以要求保证人承担责任。

如果当事人要设立连带责任保证,只能通过明确约定的书面方式。在当事人没有约定保证方式或者对保证方式约定不明的情形,不能成立连带责任保证,只能认定为一般保证。

按照债务人承担责任的先后次序的不同,连带责任保证人的地位更类似于债务人,因为债权人在主合同债权到期或者发生当事人约定的情形时,可以直接向连带责任保证人主张债务的履行或者要求其承担责任,而无须先向债务人主张。

【法律依据】

《民法典》第六百八十八条 当事人在保证合同中约定保证人和债务人对债务承担连带责任的,为连带责任保证。

连带责任保证的债务人不履行到期债务或者发生当事人约定的情形时,债权人可以请求债务人履行债务,也可以请求保证人在其保证范围内承担保证责任。

2. 保证期间届满的法律效果

> **案例300**
>
> ### 某汽轮机公司与某建筑安装公司、某能源技术服务公司买卖合同纠纷案
>
> **Q：** 某汽轮机公司（卖方）与某建筑安装公司（买方）签订《买卖合同》。由于某建筑安装公司未能及时支付货款，其与某汽轮机公司、某能源技术服务公司签订《付款担保协议》，约定某建筑安装公司于2017年年底之前支付剩余货款，并约定某技术服务公司为某建筑安装公司欠付的款项承担连带保证责任。但是各方均未约定保证期间。2018年4月，某汽轮机公司起诉某建筑安装公司要求支付剩余货款，并要求某技术服务公司承担连带保证责任。此时保证人是否应当承担保证责任？
>
> **A：** 应当承担。连带责任保证的保证人与债权人未约定保证期间的，债权人有权自主债务履行期限届满之日起6个月内要求保证人承担保证责任。
>
> **裁判案例：** (2018)黑民初34号

【裁判观点】

法院认为，2016年7月17日，某建筑安装公司、某能源技术服务公司与某汽轮机公司签订了《付款担保协议》，确定肇源项目的一切权利、义务均由某汽轮机公司承接，某能源技术服务公司自愿为肇源项目款项的支付承担连带担保责任，该约定不违反法律规定，合法有效。某能源技术服务公司关于《付款担保协议》无效的抗辩主张亦缺乏法律依据。因该协议未约定担保期间，根据原《担保法》第二十六条第一款关于"连带责任保证的保证人与债权人未约定保证期间的，债权人有权自主债务履行期限届满之日起六个月内要求保证人承担保证责任"的规定，案涉债务最终的付款期限为2017年12月31日，至某汽轮机公司2018年4月24日提起本案诉讼未超过6个月的保证期间，故某建筑安装公司应向某汽轮机公司支付所欠货款，某能源技术服务公司对该款项承担连带清偿责任，鉴于某能源技术服务公司担保范围中未约定包含实现债权的诉讼费用，故对某汽轮机公司的该部分主张不予支持。

【实务指引】

《民法典》第六百九十三条明确了保证期间和诉讼时效的关系。二者的关系正确的理解应该是：债权人在保证期间内依法向主债务人（一般保证）主张权利或者向保证人（连带责任保证）主张保证责任的，保证期间的使命完成。就一般保证而言，债权人在保证

期间对债务人提起诉讼或者申请仲裁的,从保证人拒绝承担保证责任的权利消灭之日起,开始计算保证债务的诉讼时效,而不是原《担保法》规定的保证期间适用诉讼时效中断的规定。

就连带保证而言,债权人在保证期间请求保证人承担保证责任的,开始计算保证债务的诉讼时效。保证期间即约定或法定的保证责任的存续期间。对于一般保证而言,债权人应当在合同约定或者法律规定的保证期间对债务人提起诉讼或者申请仲裁。就连带责任保证而言,债权人应当在保证期间请求保证人承担保证责任。保证期间届满,债权人未依法向主债务人(一般保证)主张权利或者向保证人(连带责任保证)主张保证责任的,保证人的保证责任归于消灭。

【法律依据】

《民法典》第六百九十三条　一般保证的债权人未在保证期间对债务人提起诉讼或者申请仲裁的,保证人不再承担保证责任。

连带责任保证的债权人未在保证期间请求保证人承担保证责任的,保证人不再承担保证责任。

3. 保证的范围

案例301

某汽轮机公司与某建筑安装公司、某能源技术服务公司买卖合同纠纷案

Q: 某汽轮机公司(卖方)与某建筑安装公司(买方)签订《买卖合同》。由于某建筑安装公司未能及时支付货款,其与某汽轮机公司、某能源技术服务公司签订《付款担保协议》,约定某建筑安装公司于2017年年底之前支付剩余货款,并约定某技术服务公司为某建筑安装公司欠付的款项承担连带保证责任。但是各方均未约定保证期间。2018年4月,某汽轮机公司起诉某建筑安装公司要求支付剩余货款,并要求某技术服务公司承担连带保证责任。某汽轮机公司能否要求作为保证人的某能源技术公司支付案件的诉讼费用?

A: 不能。因为保证人并未承诺对案件的诉讼费用承担保证责任。

裁判案例: (2018)黑民初34号

【裁判观点】

2016年7月17日,某建筑安装公司、某能源技术服务公司与某汽轮机公司签订了《付款担保协议》,确定肇源项目的一切权利、义务均由某汽轮机公司承接,某能源技术服务公司自愿为肇源项目款项的支付承担连带担保责任,该约定不违反法律规定,合法有效。因该协议未约定担保期间,根据原《担保法》第二十六条第一款关于"连带责任保证的保证人与债权人未约定保证期间的,债权人有权自主债务履行期限届满之日起六个月内要求保证人承担保证责任"的规定,案涉债务最终的付款期限为 2017 年 12 月 31 日,至某汽轮机公司 2018 年 4 月 24 日提起本案诉讼未超过 6 个月的保证期间,故某建筑安装公司应向某汽轮机公司支付所欠货款,某能源技术服务公司对该款项承担连带清偿责任,鉴于某能源技术服务公司担保范围中未约定包含实现债权的诉讼费用,故对某汽轮机公司的诉讼费用主张不予支持。

【实务指引】

根据《民法典》第六百九十一条的规定,保证的范围包括主债权及其利息、违约金、损害赔偿金和实现债权的费用。当事人另有约定的,按照其约定。该条确定了保证责任的范围。从学理上来看,《民法典》第六百九十一条属于补充性任意规定,即当事人可以通过约定改变法律的规定,但是在当事人没有约定或者约定不明确时,通过法律的规定来确定当事人之间的权利义务关系内容。① 具言之,当事人所称的保证责任,其范围主要取决于双方当事人的约定。除非当事人未作出约定或者约定不明时才能够适用法定的责任范围。本案中,当事人并未将实现债权的费用列入保证责任范围内,法院应当尊重当事人之间达成的合意,不得径行适用法定的保证责任范围。

【法律依据】

《民法典》第六百九十一条　保证的范围包括主债权及其利息、违约金、损害赔偿金和实现债权的费用。当事人另有约定的,按照其约定。

十、租赁合同

1. 租赁合同的内容

案例 302

某水电开发公司与某新能源公司租赁合同纠纷案

Q:某水电公司(甲方)与某新能源公司(乙方)签订《接入协议》,约定:某水电公司同意某新能源公司接入甲方 110kV 线路末端。该线路系甲方独立承建,甲方对此线路

---

① 王轶:《论合同法上的任意性规范》,载《社会科学战线》2006 年第 5 期。

> 拥有独立完成的产权,乙方本次系临时接入。乙方应向甲方支付过网使用费。该《接入协议》适用供用电合同相关规定还是租赁合同的规定?
>
> **A**:根据双方所签的《接入协议》可知,协议约定的是乙方使用甲方的输电线路,并支付使用费,双方并非一方供电,另一方缴纳电费的关系,本案应属于租赁合同纠纷,而非供用电合同纠纷。
>
> **裁判案例**:(2019)青2801民初2043号、(2020)青28民终237号

【裁判观点】

本院认为,租赁合同是出租人将租赁物交付承租人使用、收益,承租人支付租金的合同;供用电合同是供电人向用电人供电,用电人支付电费的合同。本案中,某新能源公司接入某水电公司所有的110KV线路末端,并依约支付过网使用费、线路维护、检修费,双方签订的《接入协议》实际为租赁合同。某新能源公司辩称本案系租赁合同纠纷,并非供用电合同纠纷,某水电公司对此亦认可,故本案案由确认为租赁合同纠纷。

【实务指引】

本案中审理法院对案涉合同性质的判定有待商榷。最高人民法院认为,租赁合同的标的物应当为有体物、非消耗物。租赁物可以是动产,也可以是不动产。但无论是动产还是不动产,他们都是有形的,都是能以一定的物质形式表现出来的。无形的财产不能作为租赁的标的物。这是与租赁合同中承租人占有、使用租赁物的特征紧密联系的。[①] 本案中,双方当事人就电力的使用达成了合同,一方当事人允许对方当事人使用其输电线路,而对方当事人支付相应的款项。从学理上来看,物权法体系下的"物"的概念分为有体物与无体物。所谓"有体物",是指占据一定空间而有形存在的物质实体。光能、热能、电能等自然力量虽不符合上述有体物的定义,但在技术上他们却可为人力所支配,且具有经济价值,因此,在民法上,此类自然力也可被视为"物",成为物权的课题,并适用有关动产的规则。[②] 然而,即便电力能够作为物权法中的客体,但是其依然无法满足租赁合同客体的要求。租赁合同中,出租人出让租赁物的使用价值以获得相应的经济利益。本案中,一方当事人向对方当事人提供电力接口,另一方当事人支付相应的对价。从性质上来说,这一合同属于双方当事人意思自治下达成的无名合同。

---

① 最高人民法院民法典贯彻实施工作领导小组主编:《中华人民共和国民法典合同编理解与适用(一)》,人民法院出版社2020年版,第1409页。

② 刘家安:《物权法论》(第2版),中国政法大学出版社2015年版,第13页。

虽然本案的审理法院对案涉合同性质作出的认定结论依然值得商榷,但是合同性质的认定并不影响法院依据合同约定的内容判定当事人的权利义务以及责任。

【法律依据】

《民法典》第七百零三条　租赁合同是出租人将租赁物交付承租人使用、收益,承租人支付租金的合同。

《民法典》第七百零四条　租赁合同的内容一般包括租赁物的名称、数量、用途、租赁期限、租金及其支付期限和方式、租赁物维修等条款。

2. 租赁合同的形式

案例 303

某安装公司与某机械公司、某电力建设公司等租赁合同纠纷案

Q: 某电力建设公司将风电项目中的部分工程分包给某安装公司。王某挂靠某安装公司承揽上述工程后,以某安装公司名义要求某机械公司组织吊车等设备进场施工。各方未能达成任何书面合同,此时如何认定设备租赁期限?

A: 由于相关当事人针对设备租赁未达成任何书面协议,应当认定当事人形成不定期租赁合同。

裁判案例:(2018)内01民终973号

【裁判观点】

某机械公司未能与某安装公司或者是挂靠人王某签订书面的租赁合同,因此,某机械公司与某公司之间所形成不定期的租赁合同,对于不定期所产生的租赁费应当以某机械公司主张权利之日开始起算,但某机械公司没有证据可以确定其主张权利的起始时间,故自起诉之日起按照中国人民银行同期贷款利率开始计算某安装公司应支付的逾期租赁费的利息损失,直至付清为止。

【实务指引】

《民法典》第一百三十五条规定:"民事法律行为可以采用书面形式、口头形式或者其他形式;法律、行政法规规定或者当事人约定采用特定形式的,应当采用特定形式。"第四百六十九条第一款进一步规定:"当事人订立合同,可以采用书面形式、口头形式或者其他形式。"故当事人订立合同可以采用书面形式、口头形式和其他形式。法律并未特别要求当事人采用何种形式订立合同才能使合同生效,但是法律、行政法规规定采用书面形式或者当事人约定采用书面形式的,应当采用书面形式。

《民法典》中许多条款明确规定重要的民事法律行为或合同应当采用书面形式。《民法典》第七百零七条中的"无法确定",从反面解释,是指除了书面形式外,还可以通过口头形式或者其他形式确定租赁期限。所谓口头形式,是指双方当事人口头上均认可6个月以上的租赁期限。不过,口头形式并不意味着不产生任何文字的凭证,如承租人通过电子支付手段向出租人交付租金等。所谓其他形式,通常是指推定形式,即当事人未采用语言、文字表达其意思,仅用行为甚至沉默向对方发出要约,对方接受该要约,作出一定的或者指定的行为作为承诺。人民法院在审理涉及租赁合同纠纷案件时,能够仅从双方当事人从事的民事法律行为推定双方具有订立合同意愿的,就可以认定为《民法典》规定的订立合同的"其他形式"。

【法律依据】

《民法典》第七百零三条　租赁合同是出租人将租赁物交付承租人使用、收益,承租人支付租金的合同。

《民法典》第七百零七条　租赁期限六个月以上的,应当采用书面形式。当事人未采用书面形式,无法确定租赁期限的,视为不定期租赁。

十一、融资租赁合同

租赁期届满租赁物的归属

案例304

某金融租赁公司诉某风电公司融资租赁合同纠纷案

Q:某金融租赁公司与某风电公司签订风电设备《融资租赁合同》,涉案融资租赁合同生效并实际履行后,某风电公司未能按期支付租金,某金融租赁公司在本案合同解除后,可否既要求收回租赁物并进行折价或拍卖、变卖等处置行为,又要求对方支付1元的留购价款?

A:不可以。该两项主张容易造成租赁物所有权的混乱,存在明显的自相矛盾之处。

裁判案例:(2017)沪01民初360号

【裁判观点】

上述融资租赁合同解除后,依据双方合同的约定,某金融租赁公司可以选择要求某风电公司以支付到期租金、未到期租金、名义货价、违约金等损失赔偿金的解决方式,购回租赁物;也可以选择收回租赁物,同时要求某风电公司支付到期租金、未到期租金、名义货价、逾期支付租金的违约金等作为赔偿损失的解决方式。对此,本院认为,某金融租赁公司与被告某风电公司对于双方之间在涉案《融资租赁合同》(回租)中所约定的1元名义货价即为涉案租赁物的最终留购价款不持异议,亦即当融资租赁合同终止履行时,租赁方可以1元的价格从出租方处购回租赁物的所有权,该项约定并不违反相关的法律规定。但某金融租赁公司在本案合同解除后,既要求收回租赁物并进行折价或拍卖、变卖等处置行为,又要求对方支付1元的留购价款、同意对方购回租赁物,该两项主张容易造成租赁物所有权的混乱,存在明显的自相矛盾之处,本院对此难以采信。

【实务指引】

《民法典》第七百五十九条规定了当事人约定租赁期限届满承租人仅需向出租人支付象征性价款的,视为约定的租金义务履行完毕后租赁物的所有权归承租人,所以如果合同中有上述约定,当事人不能再以合同没有明确约定租赁期限届满租赁物归属而主张适用《民法典》第七百五十七条之规定。当事人约定租赁期限届满,承租人仅需向出租人支付象征性价款的,可以适用《民法典》第七百五十八条的规定。即使承租人需支付的留购款是案涉中的1元,是象征性的,也应计入承租人欠付的租金以及其他费用。如果当事人约定承租人可以选择仅需向出租人支付象征性价款或选择不支付价款而放弃租赁物的。不能视为赁期间届满后租赁物的所有权归承租人。

实践中,当事人在融资租赁合同里约定租赁期限届满后承租人可以支付象征性的价款留购租赁物,也可以选择不支付价款而放弃租赁物,这类约定实际上是将是否要取得租赁物所有权的选择权赋予了承租人,而且行使选择权的时间点为租赁期限届满之时。因此,当融资租赁合同订立时以及合同履行期间承租人无权行使选择权,也无法确定租赁期限届满后租赁物的归属,应当属于当事人对租赁物归属约定不明确的情形。如双方就租赁期限届满后租赁物的归属发生纠纷,需适用《民法典》第七百五十七条之规定来确定。

【法律依据】

《民法典》第五百零九条第一款、第二款　当事人应当按照约定全面履行自己的义务。

当事人应当遵循诚信原则,根据合同的性质、目的和交易习惯履行通知、协助、保密等义务。

《民法典》第七百五十九条　当事人约定租赁期限届满,承租人仅需向出租人支付象征性价款的,视为约定的租金义务履行完毕后租赁物的所有权归承租人。

十二、承揽合同

承揽合同的定义及类型

案例 305

某制造公司与谢某买卖合同纠纷案

Q：某制造公司与谢某签订合同，约定某制造公司从谢某处购买冲压设备。后双方发生纠纷，某制造公司认为其与谢某签订的合同属于定作合同。该主张能否获得支持？

A：根据法律规定，承揽合同是承揽人按照定作人的要求完成工作，交付工作成果，定作人支付报酬的合同，而买卖合同是出卖人转移标的物的所有权于买受人，买受人支付价款的合同，承揽合同有人身依附性，合同标的具有特定性，包括加工、定作、修理、复制、测试、检验等工作。

裁判案例：(2015)庆商终字第 110 号

【裁判观点】

一、本案案由应如何确定的问题。从双方签订的两份合同名称看，其中一份明确写明为《买卖合同》，从合同的内容来看，均约定某制造公司向某机械厂购买某些型号的设备。合同中没有"定作""承揽"等体现定作合同的字样，合同标的物系种类物，而非特定物，且合同未限定标的物的取得必须由某机械厂亲自加工制作，亦未约定某制造公司有权对某机械厂的生产情况进行监督指导，本案案涉合同并不具有定作合同的性质，该合同是以转移标的物的所有权为合同目的，故应为买卖合同纠纷，上诉人谢某认为本案属定作合同纠纷无事实与法律依据，该上诉理由不能成立。

【实务指引】

买卖合同与承揽合同之间在合同的主要义务方面有较大的区别。买卖合同的主要义务包括两个方面：一方面是买方向买方支付合同价款；另一方面卖方应当向买方交付合同标的物。承揽合同则不同，承揽人须按照定作人的要求完成工作并交付工作成果。虽然承揽合同与买卖合同中均要求一方当事人向另一方当事人交付相应的标的物，但是承揽合同中承揽人按照定作人的要求完成承揽工作是承揽合同的重要特征。买卖合同中，出卖人可能会按照买受人的要求交付货物，但是这一货物并未经过买受人自身的加工或制作。定作人基于对承揽人所具有的资质能力、技术水平等因素的考量而订立合同是承揽合同中人身性的体现。买卖合同中买受人获取标的物的所有权是买受人关注的核心问题,这是买卖合同与承揽合同之间的重要差异。

上述案例中,双方当事人订立了买卖合同。虽然合同中买方对于标的物提出了要求,但是这些要求仅涉及标的物的型号,并不涉及卖方是否需要完成特定工作的事项。因此,从合同的根本义务来看双方订立的合同依然是买卖合同,而非承揽合同。

【法律依据】

《民法典》第七百七十条　承揽合同是承揽人按照定作人的要求完成工作,交付工作成果,定作人支付报酬的合同。

承揽包括加工、定作、修理、复制、测试、检验等工作。

十三、建设工程合同

1. 建设工程施工合同主要内容

案例 306

某重工公司与山东某新能源公司、刘某建设工程施工合同纠纷案

Q: 新能源风电项目 EPC 总承包合同性质应属于承揽合同还是建设工程施工合同?

A: 应从承包范围和合同标的物的属性、承包方式、合同价款的约定综合考量,问题中涉及的合同表现出建设工程合同特有的特征,建设工程合同的特殊性明显胜于承揽合同的一般性,应属于建设工程施工合同。

裁判案例: (2017)晋民初 45 号之二

【裁判观点】

本案中,山东某新能源公司作为业主与某重工公司作为承包商签订《某某风电场项目一期工程合同》,合同中对工程建设规模、承包商的工作范围、合同价格及付款方式、工程进度、技术规范及采用标准、工程要求及验收标准等内容进行了约定。

从承包范围和合同标的物的属性来看,承包商某重工公司的工作范围为合同规定范围内的工程监理、工程勘测、设计、设备制造、设备及材料采购、运输、土建工程、设备安装、设备调试、设备监造、质量检测等内容。合同目的是完成某某风电场一期工程建设并通过竣工验收和投产运行,确保按期并网发电,即合同约定的项目范围及于电力工程基础建设项目整体,属于电力基础设施建设,该电力基础设施直接建设于土地上,系土地上的建筑物及其他附着物,建设成果具有不动产的属性。

从承包方式和合同价款的约定来看，承包商负责某某风电场项目一期工程的建设，工程合同采取设计、采购、施工一体化的 EPC 模式，承包方式超出一般的设备承揽，更符合建设工程的总承包模式。合同中约定工程暂定总价为 39525 万元，风电场建成投产后根据实际情况进行工程决算，作为最终合同价款。工程价款的约定符合建设工程合同中工程价款预决算的基本特征，而不符合加工、定作等普通承揽合同的一般特征。从工程的质量管理和验收标准及程序来看，合同中明确约定诉争工程的设计、施工、验收等必须遵循国家关于电力、土建、安装等领域的强制性规范，验收程序也必须遵守国家的强制性规定，并实行强制监理制度，而非仅依据定作人的要求即可完成工作成果的验收和交付。

从涉案 33 台风力发电机组的履行情况来看，山东某新能源公司提供了 33 台风力发电机组的技术规范要求，某重工公司作为工程总承包人认为使用 TZ 87—1500 型风力发电机组符合山东某新能源公司的项目要求，选择该机型使用于本案工程建设，TZ 87—1500 型风力发电机系按国标参数制造的通用产品，且某重工公司使用和安装的部分风力发电机组的出厂日期早于合同签订日期，不符合承揽合同履行的基本特征。某重工公司认为风力发电机组及配套设备的价值占整个项目价值的 60% 以上，用于证明该事实的证据为其单方出具的决算书，起诉前并未向山东某新能源公司提交，听证中山东某新能源公司认为某重工公司尚未完全履行合同，对该决算书确定的工程价款不予确认，故工程价款的确定需对本案审理后予以认定。原《合同法》第二百九十六条规定，建设工程合同是承包人进行工程建设，发包人支付价款的合同，建设工程合同包括工程勘察、设计、施工合同。涉案合同表现出建设工程合同特有的特征，相比而言，建设工程合同的特殊性明显胜于承揽合同的一般性。因此，本案当事人诉争的法律关系应认定为建设工程合同纠纷而非承揽合同纠纷，本案案由应变更为建设工程合同纠纷。

【实务指引】

《民法典》第七百八十八条规定了建设工程合同的定义。根据本条规定，可以明确建设工程合同是发包人为完成工程建设任务与承包人订立的关于承包人进行工程建设、发包人接受工程并支付价款的合同。建设工程合同是一种特殊的承揽合同，它除具有承揽合同的一般法律特征之外，还具有以下特征：

（1）合同主体须具有特殊资质。承揽合同中，法律对合同主体没有限制，定作人和承揽人既可以是自然人，也可以是法人或非法人组织。但是，由于建设工程合同的标的为建设工程项目，与国家利益及社会公共利益直接相关，作为从事工程建设的承包人需要掌握相关的专业技术，因此，法律对建设工程合同的主体提出了更严格的要求，必须是具有一定资质的法人。《建筑法》规定，从事建筑活动的建筑施工企业、勘察单位、设计单位，在取得相应等级的资质后，方可在其资质等级许可的范围内从事建筑活动。因此，承包人只有具备从事工程建设的相应资质等级,才能承包相应的工程建设,订立相关的建设工程合同。自然人个人不具有承包人的资格,不能签订建设工程合同。

(2)合同具有计划性和程序性要求。建设工程投资数额巨大,与国民经济许多部门和行业联系紧密,与国家的产业政策、投资政策、金融政策也存在密切关系。

(3)合同的签订及履行受到国家的监督管理。建设工程合同涉及国家和社会公共利益,事关人民群众的生命财产安全,国家对其从签订到履行制定了一系列的监督和管理制度。例如,《招标投标法》规定,对于大型基础设施、公用事业等关系社会公共利益、公众安全的项目,包括项目的勘察、设计、施工、监理以及与工程建设有关的重要设备、材料等的采购,必须通过招标投标的方式选定承包人,订立建设工程合同。

(4)建设工程合同的最后一个特征即为要式合同。[1]

【法律依据】

《民法典》第七百八十八条　建设工程合同是承包人进行工程建设,发包人支付价款的合同。

建设工程合同包括工程勘察、设计、施工合同。

《民法典》第七百九十五条　施工合同的内容一般包括工程范围、建设工期、中间交工工程的开工和竣工时间、工程质量、工程造价、技术资料交付时间、材料和设备供应责任、拨款和结算、竣工验收、质量保修范围和质量保证期、相互协作等条款。

2. 工程招标投标

案例307

某风力发电公司、某工程公司建设工程施工合同纠纷案

Q:什么类型的电力工程,必须进行招标?

A:根据《招标投标法》及《招标投标法实施条例》的规定,大型基础设施、公用事业等关系社会公共利益、公众安全的项目,必须进行招标。

裁判案例:(2017)黑民终567号

【裁判观点】

一审法院:一审法院认为,《中华人民共和国招标投标法》第三条第一款规定,在中华人民共和国境内进行的大型基础设施、公用事业等关系社会公共利益、公众安全的项目。

---

[1] 最高人民法院民法典贯彻实施工作领导小组主编:《中华人民共和国民法典合同编理解与适用(三)》,人民法院出版社2020年版,第1902-1904页。

包括项目的勘察、设计、施工、监理以及与工程建设有关的重要设备、材料等的采购,必须进行招标。本案中,某县花园风电场项目、某县东明园风电场项目属于大型基础设施、公用事业等关系社会公共利益、公众安全的项目,依法属于强制招投标工程的范围。黑龙江省发展和改革委员会亦只是核准某县花园风电场项目、某东明园风电场项目的招标范围为全部招标,招标组织形式为委托招标,招标方式为公开招标。并未核准涉案项目可进行邀请招标。现某风力发电公司就涉案两个项目并未采用公开招标的方式进行招标,依据《中华人民共和国合同法》第五十二条第一款第五项、《最高人民法院关于审理建设工程施工合同纠纷案件适用法律问题的解释》(以下简称《建设工程施工合同解释》)第一条第三款规定,某风力发电公司与某工程公司签订的编号为 GGB - 2013 - LDDM - SXJC - 001 的《电力建设工程施工合同》、编号为 GGB - 2014 - LDDM - CCJS - 001 的《电力建设工程施工合同》虽系双方当事人的真实意思表示,但因违反法律、法规的强制性规定,应为无效合同。

二审法院:关于案涉建设工程施工合同是否有效问题。案涉风电场工程属于大型基础设施、公用事业等关系社会公众利益,公众安全的项目,系《中华人民共和国招标投标法》第三条规定的必须进行招投标的项目。黑龙江省发展和改革委员会核准案涉工程的招标方式为公开招标。双方未经公开招标,仅以邀请招标的方式签订的施工合同,符合《最高人民法院关于审理建设工程施工合同纠纷案件适用法律问题的解释》第三款规定的情形,原审法院确认案涉电力建设工程施工合同无效正确。

【实务指引】

根据《招标投标法》第三条的规定,该条第一款规定范围内的项目均属于必须招标的项目,即有关的工程建设项目,包括项目的勘察、设计、施工、监理以及与工程建设项目有关的重要设备、材料等的采购,必须进行招标。这里讲的"工程建设项目",是指各类土木工程的建设项目,既包括各类房屋建筑工程项目,也包括铁路、公路、机场、港口、矿井、水库、通信线路等专业工程建设项目;既包括土建工程项目,也包括有关的设备、线路、管道的安装工程项目。这里讲的与工程建设项目有关的重要设备、材料等货物的采购,包括用于工程建设项目本身的各种建筑材料、设备的采购;项目所需的电梯、空调、消防等设施、设备的采购;工业建设项目的生产设备的采购等。

【法律依据】

《招标投标法》第三条第一款 在中华人民共和国境内进行下列工程建设项目包括项目的勘察、设计、施工、监理以及与工程建设有关的重要设备、材料等的采购,必须进行招标:

(一)大型基础设施、公用事业等关系社会公共利益、公众安全的项目;

(二)全部或者部分使用国有资金投资或者国家融资的项目;

(三)使用国际组织或者外国政府贷款、援助资金的项目。

3. 总包与分包

> **案例308**
>
> **某风电公司、某电力公司建设工程施工合同纠纷案**
>
> Q:风电项目施工总承包中,实际施工人以发包人、转包人、违法分包人为被告起诉的,发包人、转包人,是否应承担连带责任?
>
> A:根据建设工程施工合同纠纷最新司法解释的规定,在转包、违法分包情形下,实际施工人可以将发包人、转包人或分包人列为共同被告,要求发包人在欠付工程款的范围内承担连带责任。
>
> **裁判案例:**(2019)皖08民终2627号

【裁判观点】

涉案工程总承包人为某电力公司,某电力公司将该工程支解后以分包的名义转包给某建设工程公司,某建设工程公司又将其中风电机组及箱变吊装及风电机组之间的电缆敷设工程转包给扬州某吊装公司,明显属于法律禁止的工程转包行为。

本案争议的部分主要在于窝工损失,经鉴定,该部分损失共计3427520.00元,某建设工程公司作为合同的相对方理应支付。某风电公司、某电力公司在案涉工程中,均对工程的非法转包存在过错,故扬州某吊装公司要求某风电公司、某电力公司承担连带责任的诉求有事实和法律依据,应予支持。

二审过程中,扬州某吊装公司向法院递交书面申请书表示放弃要求某风电公司、某电力公司承担连带责任,符合法律规定,二审法院予以采纳。

【实务指引】

发包人可以总承包人、分包人、实际施工人为共同被告提起工程质量诉讼。最高人民法院《关于审理建设工程施工合同纠纷案件适用法律问题的解释(一)》第十五条规定:"因建设工程质量发生争议的,发包人可以以总承包人、分包人和实际施工人为共同被告提起诉讼。"这里的"实际施工人"是指转包和违法分包的承包人,是为了区别总承包人、承包人、分包人等作为合法合同主体的施工人而设的特定概念。该条司法解释虽然是从程序法的角度规定发包人因工程质量提起诉讼可以总承包人、分包人、实际施工人为共同被告,但其实质还是由发包人与总承包人、分包人、实际施工人之间的实体法律关系所决定,即总承包人、分包人、实际施工人应就其施工部分工程质量对发包人承担连带责任。总承包人、分包人对发包人就其施工的工程质量承担连带责任是法律明确规定的,除了《民法典》第七百九十一条规定(《民法典》实施前为原《合同法》第二百七十二条规定)外,《建筑法》《招标投标法》《建设工程质量管理条例》也有相同的规定。实际施工人就其施工的工程与总承包人、分包人就其施工的部分工程质量对发包人承担连带责任的法理基础是转包、违法分包合同无效,双方应当根据过错对合同无效导致的损失承担赔偿责任。原《合同法》第五十八条规定:"合同无效或者被撤销后,因该合同取得的财产,应当予以返还;不能返还或者没有必要返还的,应当折价补偿。有过错的一方应当赔偿对方因此所受到的损失,双方都有过错的,应当各自承担相应的责任。"《民法典》吸收了原《合同法》第五十八条规定的内容。《民法典》第一百五十七条规定,民事法律行为无效、被撤销或者确定不发生效力后,行为人因该行为取得的财产,应当予以返还;不能返还或者没有必要返还的,应当折价补偿。有过错的一方应当赔偿对方由此所受到的损失;各方都有过错的,应当各自承担相应的责任。法律另有规定的,依照其规定。

【法律依据】

《民法典》第七百九十一条　发包人可以与总承包人订立建设工程合同,也可以分别与勘察人、设计人、施工人订立勘察、设计、施工承包合同。发包人不得将应当由一个承包人完成的建设工程支解成若干部分发包给数个承包人。

总承包人或者勘察、设计、施工承包人经发包人同意,可以将自己承包的部分工作交由第三人完成。第三人就其完成的工作成果与总承包人或者勘察、设计、施工承包人向发包人承担连带责任。承包人不得将其承包的全部建设工程转包给第三人或者将其承包的全部建设工程支解以后以分包的名义分别转包给第三人。

禁止承包人将工程分包给不具备相应资质条件的单位。禁止分包单位将其承包的工程再分包。建设工程主体结构的施工必须由承包人自行完成。

案例309

某电气化公司、某重工公司建设工程施工合同纠纷案

Q: 某电气化公司与某重工公司签订承包合同,约定某电气化公司承包某风电场线路工程,并明确了某电气化公司的承包范围。后经查证,某重工公司实际上是作为总承包方,将其所承揽工程的一部分分包给某电气化公司。若某重工公司分包的内容属于其总承包范围中的主要部分,则某重工公司与某电气化公司之间的合同是否有效?

A:若该 220KV 线路工程为工程主体部分且必须为承包人完成的,则该工程不能分包或转包,分包合同依照法律、法规的规定应属无效合同。

裁判案例:(2018)鲁 10 民终 1794 号

【裁判观点】

本院认为,关于诉争合同效力问题。首先,关于涉案 220KV 线路工程的性质问题,即其是否系某重工公司承包工程的主体工程或关键性工程。电力是一种基础能源产业,与人民生活、经济发展等息息相关。220KV 输电线路是我国输变电工程的重要组成部分,其施工安全性及施工质量均会影响到线路运行的安全与效率,进而影响人民生活、生产等各个方面,故我国对电力工程实行相应较为严格的管理。《国家电网公司电力建设工程分包、劳务分包及临时用工管理规定》第十一条规定,严禁将电力建设项目主体工程分包;送电线路工程项目的主体工程是指送电线路工程的杆塔组立、架线和附件安装……诉讼中,某重工公司亦自认诉争 220KV 输电线路属于涉案风电厂项目的主体工程,故诉争合同约定的分包内容应属于某重工公司承包工程中的主体工程或关键性工程;其次,关于诉争合同效力问题,《中华人民共和国建筑法》第二十九条规定,建筑工程总承包单位可以将承包工程中的部分工程发包给具有相应资质条件的分包单位……施工总承包的,建筑工程主体结构的施工必须由总承包单位自行完成;《中华人民共和国合同法》第二百七十二条规定,承包人不得将其承包的全部建设工程转包给第三人或者将其承包的全部建设工程肢解以后以分包的名义分别转包给第三人。禁止承包人将工程分包给不具备相应资质条件的单位。禁止分包单位将其承包的工程再分包。建设工程主体结构的施工必须由承包人自行完成;《中华人民共和国招标投标法》第五十八条规定,中标人将中标项目转让给他人的,将中标项目肢解后分别转让给他人的,违反本法规定将中标项目的部分主体、关键性工作分包给他人的,或者分包人再次分包的,转让、分包无效;《国家电网公司电力建设工程分包、劳务分包及临时用工管理规定》第五条规定,公司系统电力建设工程禁止转包或违规分包。施工承包商必须自行完成主体工程的施工,不得采取除劳务分包以外的其他形式对主体工程进行施工分包。本案中,承前所述,某重工公司将其总承包的涉案风电场工程分别分包给某电气化公司等单位施工,其仅提供风电主机设备和升压站设备,而未参与该项目的施工,尤其是主体工程的施工,违背法律法规的强制性规定,且诉争 220KV 线路工程属于某重工公司总承包工程中的主体工程或关键性工程,故其与中铁电化公司签订的分包合同应属无效。某重工公司以《中华人民共和国建筑法》第二十九条规定主张其有权将其总承包的工程分包,但该条同时还规定施工总承包的,建筑工程主体结构的施工必须由总承包单位自行完成,故其该主张,系对该条规定的片面错误理解,不予支持。

【实务指引】

总承包合同是发包人将建设工程的勘察、设计、施工等工程建设的全部任务一起发包给一个具有总承包资质条件的承包人而签订的合同。分包合同是指总承包人、设计承包人、勘察承包人、施工承包人将其承包的一部分工程或几部分工程再发包给其他承包人而签订的合同。分包单位承包的工程一般是专业技术较强的某一方面的工作任务,分包使利润进行了分割,可能会使分包人为了降低施工成本而偷工减料,导致工程质量无法保证。

因此,《民法典》第七百九十一条规定建设工程的主体结构必须由承包人完成,不得分包。建设工程主体结构是整个工程的关键,是保证整个工程质量的基础,也是投入最大、技术难度最高的部分。本案中,220KV 输电线路属于涉案风电厂项目的主体工程,应由某股份公司自行建设,其将该线路工程分包给其他公司,并签订《分包合同》,严重违反法律规定,《分包合同》应当认定为无效合同。

【法律依据】

《民法典》第七百九十一条 发包人可以与总承包人订立建设工程合同,也可以分别与勘察人、设计人、施工人订立勘察、设计、施工承包合同。发包人不得将应当由一个承包人完成的建设工程支解成若干部分发包给数个承包人。

总承包人或者勘察、设计、施工承包人经发包人同意,可以将自己承包的部分工作交由第三人完成。第三人就其完成的工作成果与总承包人或者勘察、设计、施工承包人向发包人承担连带责任。承包人不得将其承包的全部建设工程转包给第三人或者将其承包的全部建设工程支解以后以分包的名义分别转包给第三人。

禁止承包人将工程分包给不具备相应资质条件的单位。禁止分包单位将其承包的工程再分包。建设工程主体结构的施工必须由承包人自行完成。

《建筑法》第二十九条 建筑工程总承包单位可以将承包工程中的部分工程发包给具有相应资质条件的分包单位;但是,除总承包合同中约定的分包外,必须经建设单位认可。施工总承包的,建筑工程主体结构的施工必须由总承包单位自行完成。

建筑工程总承包单位按照总承包合同的约定对建设单位负责;分包单位按照分包合同的约定对总承包单位负责。总承包单位和分包单位就分包工程对建设单位承担连带责任。

禁止总承包单位将工程分包给不具备相应资质条件的单位。禁止分包单位将其承包的工程再分包。

《招标投标法》第五十八条 中标人将中标项目转让给他人的,将中标项目肢解后分别转让给他人的,违反本法规定将中标项目的部分主体、关键性工作分包给他人的,或者分包人再次分包的,转让、分包无效,处转让、分包项目金额千分之五以上千分之十以下的罚款;有违法所得的,并处没收违法所得;可以责令停业整顿;情节严重的,由工商行政管理机关吊销其营业执照。

案例310

某电气设备安装公司、某工程公司建设工程施工合同纠纷案

Q: 某工程公司承建某风电项目后,就工程分包事项与聚力公司法定代表人朱某达成合意,朱某进场施工。由于聚力公司不具备风机安装资质,朱某提供了有资质的某电气设备安装公司作为工程分包主体,并作为某电气设备安装的代理人与某工程公司签订《专业分包合同》。某工程公司与某电气设备安装公司之间的分包合同是否有效?

A: 由于分包未经发包人同意,分包行为违法。但是分包合同不具有法定的无效条件,所以有效。

裁判案例:(2018)桂 09 民终 917 号

【裁判观点】

法院认为,承包人不得将其承包的全部建设工程转包给第三人或者将其承包的全部建设工程支解以后以分包的名义分别转包给第三人。又根据《建设工程质量管理条例》(国务院令第 279 号)可知,建设工程总承包合同中未有约定,又未经建设单位认可,承包单位将其承包的部分建设工程交由其他单位完成的,属于违法分包。故某电气设备安装公司与某工程公司之间签订的分包合同、工程施工单项协议及补充协议,属于某工程公司违法分包签订的合同。但是,某电气设备安装公司具有风力发电设备的安装工程施工资质,不属于原《关于审理建设工程施工合同纠纷案件适用法律问题的解释》第一条规定的合同无效之情形,所以某电气设备安装公司、某工程公司之间签订的合同及协议合法有效。

【实务指引】

在建设工程总承包中,如果未经发包人同意,且建设工程总承包合同中没有约定,总承包人与分包人签订《分包合同》,将不是主体结构工程的其他部分专业工程分包给分包人,则该《分包合同》是否有效?

该《分包合同》的效力需要根据相关法律、法规综合判定,如果分包人具有相应资质条件,虽然根据《建设工程质量管理条例》关于违法分包认定的相关规定,建设工程总承包合同中未有约定,又未经建设单位认可,承包单位将其承包的部分建设工程交由其他单位完成的,属于违法分包。但根据最高人民法院《关于审理建设工程施工合同纠纷案件适用法律问题的解释(一)》第一条的规定,该违法分包行为既未违反公序良俗和强制性法律规定,又未违反相关资质条件要求,且不是支解分包和将全部工程分包,不符合无效认定情形。因此,该《分包合同》有效。

【法律依据】

最高人民法院《关于审理建设工程施工合同纠纷案件适用法律问题的解释(一)》第一条 建设工程施工合同具有下列情形之一的,应当依据《民法典》第一百五十三条第一款的规定,认定无效:

(一)承包人未取得建筑业企业资质或者超越资质等级的;

(二)没有资质的实际施工人借用有资质的建筑施工企业名义的;

(三)建设工程必须进行招标而未招标或者中标无效的。

承包人因转包、违法分包建设工程与他人签订的建设工程施工合同,应当依据《民法典》第一百五十三条第一款及第七百九十一条第二款、第三款的规定,认定无效。

《建设工程质量管理条例》第七十八条 本条例所称肢解发包,是指建设单位将应当由一个承包单位完成的建设工程分解成若干部分发包给不同的承包单位的行为。

本条例所称违法分包,是指下列行为:

(一)总承包单位将建设工程分包给不具备相应资质条件的单位的;

(二)建设工程总承包合同中未有约定,又未经建设单位认可,承包单位将其承包的部分建设工程交由其他单位完成的;

(三)施工总承包单位将建设工程主体结构的施工分包给其他单位的;

(四)分包单位将其承包的建设工程再分包的。

本条例所称转包,是指承包单位承包建设工程后,不履行合同约定的责任和义务,将其承包的全部建设工程转给他人或者将其承包的全部建设工程肢解以后以分包的名义分别转给其他单位承包的行为。

案例311

某建设公司、某建设公司青海分公司与某装饰公司、某工程公司施工合同纠纷案

Q: 某建设公司青海分公司与某装饰公司签订《外墙装饰合同》,约定某青海分公司将其从某工程公司处承建的工程中的装饰项目交由某装饰公司施工。案涉工程整体完工后未经竣工验收时发包人某工程公司已经开始投入使用。某装饰公司要求某建设公司青海分公司支付欠付的工程款,某建设公司青海分公司以工程存在质量问题、工程尚未经过竣工验收为由拒绝支付欠付工程款,该主张能否得到支持?

A:根据最高人民法院《关于审理建设工程施工合同纠纷案件适用法律问题的解释（一）》第十四条之规定，建设工程未经竣工验收，发包人擅自使用后，又以使用部分质量不符合约定为由主张权利的，法院对其主张不予支持。

裁判案例：（2017）青02民终117号

【裁判观点】

关于上诉人某建设公司、某建设公司青海分公司应否向被上诉人某装饰公司支付剩余工程款的问题。本院认为，上诉人某建设公司、某建设公司青海分公司称，案涉工程未完工，没有竣工验收，工程质量严重不合格，且某装饰公司又不进行修复，被上诉人某装饰公司无权主张支付工程款。虽然上诉人某建设公司青海分公司与被上诉人某装饰公司签订的《外墙装饰工程施工合同》及《补充协议》属无效合同，且本案各方当事人均认可该案涉工程至今未进行竣工验收，但第三人送变电公司出具的《证明》证实，本案案涉工程于2014年12月初完工投入使用至今。故，根据《最高人民法院关于审理建设工程施工合同纠纷案件适用法律问题的解释》第十三条的规定，本案的发包方即业主擅自使用未经竣工验收的案涉工程，应视为对案涉工程质量的认可。故，根据《最高人民法院关于审理建设工程施工合同纠纷案件适用法律问题的解释》第二条的规定，上诉人某建设公司、某建设公司青海分公司应向被上诉人某装饰公司支付剩余的工程款。

【实务指引】

向发包人交付质量合格的工程是承包人的义务，一般情况下，如果工程质量出现问题，除了因发包人导致的，则由承包人承担责任。但是，如果在特殊情况中，即发包人未经验收就擅自使用建设工程，则由发包人承担责任。

工程竣工验收是建设工程的全部建成后为检验工程质量的一项程序，是建设工程中最后的一个环节，是考核基本工程质量、保证工程质量不出问题的重要标志。法律规定，不管是新建，还是改、扩建，都需要经过工程竣工验收后，才能交付使用。如果验收不合格，则不得交付。同时，法律规定发包人在工程验收合格之前，不得提前使用。如发包人违反法律规定，在未经过竣工验收或者竣工验收不合格的情况下擅自或强行使用，则可视为发包人认可工程质量，且愿意承担相应后果。本案中，业主在未经竣工验收的情况下就擅自使用工程，之后又以工程质量有问题而拒不向某工程公司支付工程欠款，根据最高人民法院《关于审理建设工程施工合同纠纷案件适用法律问题的解释（一）》第十四条之规定，业主的理由得不到法院支持。

【法律依据】

最高人民法院《关于审理建设工程施工合同纠纷案件适用法律问题的解释（一）》第十四条 建设工程未经竣工验收，发包人擅自使用后，又以使用部分质量不符合约定为由主张权利的，人民法院不予支持；但是承包人应当在建设工程的合理使用寿命内对地基基础工程和主体结构质量承担民事责任。

案例 312

某电力公司等与褚某建设工程施工合同纠纷案

Q: 若总承包合同中约定不接受分包，电力公司将工程分包给第三人，该工程分包合同是否有效？

A: 无效，除总承包合同中约定可以分包的工程外，其余经法律、法规规定允许分包的工程需要分包的，必须经建设单位同意后，合同方为有效。

裁判案例：（2021）黑06民终47号

【裁判观点】

法院认为，本案中，某新能源公司与某电力公司签订的总承包合同中已经约定不接受分包，而该分包工程又未经某新能源公司的认可，加之某电力公司是将承包的主体工程分包给某建工公司，综上，某电力公司与某建工公司签订的《工程分包合同》无效。

【实务指引】

分包意味着承包人把合同的部分权利义务转让给第三人，但是承包人不能因此而不承担对分包部分的合同义务。建设工程施工合同在性质上属于承揽合同，履行合同过程中需要大量资金和不同专业技术，承包人往往难以完全具备独立施工完成的条件，因此，工程分包难以避免，而合法的分包是受到法律保护的。《建设工程质量管理条例》关于违法分包认定的相关规定，建设工程总承包合同中未有约定，又未经建设单位认可，承包单位将其承包的部分建设工程交由其他单位完成的，属于违法分包。本案中，某新能源公司与某电力公司签订的总承包合同中已经约定不接受分包，而该分包工程又未经某新能源公司的认可，违反《建筑法》相关规定，属于违法分包，且根据最高人民法院《关于审理建设工程施工合同纠纷案件适用法律问题的解释（一）》第一条规定，分包合同属于无效合同。

【法律依据】

《建筑法》第二十九条 建筑工程总承包单位可以将承包工程中的部分工程发包给具有相应资质条件的分包单位;但是,除总承包合同中约定的分包外,必须经建设单位认可。施工总承包的,建筑工程主体结构的施工必须由总承包单位自行完成。

建筑工程总承包单位按照总承包合同的约定对建设单位负责;分包单位按照分包合同的约定对总承包单位负责。总承包单位和分包单位就分包工程对建设单位承担连带责任。

禁止总承包单位将工程分包给不具备相应资质条件的单位。禁止分包单位将其承包的工程再分包。

案例313

某能源公司与陈某、某建设公司承揽合同纠纷案

Q: 某建设工程公司承揽某风电场吊装工程后,与某能源工期签订《吊装施工合同》,将其承揽的工程由某能源公司施工。之后某能源公司又与陈某签订施工合同,将案涉工程交由陈某施工。陈某是否有权要求某能源公司和某建设公司支付欠付的工程款?

A: 因承包人不具有建设电力设施的资质,则承包人与发包人签订的施工合同属于无效合同,但若该工程经验收合格的,承包人可要求发包人参照合同约定的结算依据向其折价补偿工程款。

裁判案例: (2020)陕08民终4416号

【裁判观点】

一审法院认为,建设工程合同是指承包人进行工程建设,发包人支付价款的合同。承包人未取得建筑施工企业资质或者超资质等级的,应认定合同无效;但建设工程经竣工验收合格,承包人请求参照合同约定支付工程价款的,应予支持。本案中,因原告陈某不具有建设电力设施的资质,则原告陈某与被告某能源公司签订的《华能定边风电场三期(马圈梁)、四期(学庄)2×50兆瓦工程集电线路、升压站建安施工合同》属于无效合同,但因该工程经发包方验收合格,原告陈某可要求被告某能源公司向其支付工程款。根据原、被告均认可的华能公司出具的《工程汇总对比表》确定工程最终结算金额为2194.4186万元,原告陈某实际收到工程款20340942元,自认未承担税额80.8481万元即被告某能源公司欠原告陈某794736元未付,被告某能源公司应该向原告陈某支付该笔费用。被告某能源公司抗辩原告陈某须向其支付工程税款,其自行提供的税款决算,税金损失为

4403712.37元,但被告某能源公司未提供证据佐证,无法确定相关事实,故对其辩解理由不予采信。又因被告某能源公司另外收取了原告陈某保证金12万元,虽然未约定返还期限,但根据《建设工程质量管理条例》第40条规定,保修范围及其在正常使用条件下各自对应的最低保修期限为2年。但因工程已经于2017年1月26日验收合格,并且已经过2年多,被告某能源公司未举证证明需要扣除质保金的情形,应该向原告陈某返还12万元的质保金。

【实务指引】

建设工程施工合同与其他合同的履行相比,有明显的特殊性,工程的施工过程是将劳务及建筑材料转化为建设工程的过程,建设工程施工合同无效,发包人取得的财产是承包人建设的工程,实际上也是承包人投入的劳务和建筑材料,没办法适用无效恢复原状的返还原则,只能采用折价补偿的方式处理。关于工程验收合格后,合同是否有效的问题,有正反两种观点:正方观点认为,工程质量是建设工程的生命,保证工程质量是《建筑法》等法律、法规出台的目的,质量标准应高于合同效力标准,故建设工程验收合格的,建设工程施工合同不应认定无效;反方观点认为,虽然工程质量处于核心地位,但是法律、法规没有明确规定,在建设工程施工合同当中,应当将工程质量是否合格作为判断合同是否有效的唯一必备条件。

工程竣工验收合格,但合同无效的折价补偿需参照合同约定支付工程款,这样可以平衡承包人和发包人之间的利益关系,有利于规范建筑市场秩序,保护工人合法权益,维护社会稳定。本案中,在工程验收合格后,虽然建设工程施工合同无效,但某能源公司应参照合同约定支付承包人剩余工程款。

【法律依据】

《民法典》第七百九十三条 建设工程施工合同无效,但是建设工程经验收合格的,可以参照合同关于工程价款的约定折价补偿承包人。

建设工程施工合同无效,且建设工程经验收不合格的,按照以下情形处理:

(一)修复后的建设工程经验收合格的,发包人可以请求承包人承担修复费用;

(二)修复后的建设工程经验收不合格的,承包人无权请求参照合同关于工程价款的约定折价补偿。

发包人对因建设工程不合格造成的损失有过错的,应当承担相应的责任。

4. 建设工程合同无效的处理

案例 314

乔某、某电力公司建设工程分包合同纠纷案

Q：风电场工程 110KV 送出线路工程土建施工劳务分包合同被认定无效后，发包人能否要求承包人承担因承包人原因导致工程延期的违约责任？

A：建设工程施工合同无效的，对于承包人原因导致的工程延期，发包人可以请求法院参照合同约定的建设工期作出裁判。

裁判案例：(2021) 鲁 03 民终 244 号

【裁判观点】

上诉人乔某主张合同履行过程中建设方对涉案工程改线设计变更，存在工程延期的事由，但是作为承包方的上诉人乔某未能够举证证明因改线设计变更其向发包人某电力公司提出过工期顺延申请，并且亦未提供充分证据证明符合法律规定的延期事由，应承担举证不能的责任，故，原审法院认定乔某构成违约，并无不当。

涉案分包合同虽因违反法律强制性规定属于无效合同，依照最高人民法院《关于审理建设工程施工合同纠纷案件适用法律问题的解释（二）》（已失效）第三条规定，建设工程施工合同无效，一方当事人请求对方赔偿损失的，应当就对方过错、损失大小、过错与损失之间的因果关系承担举证责任。损失大小无法确定，一方当事人请求参照合同约定的质量标准、建设工期、工程价款支付时间等内容确定损失大小的，人民法院可以结合双方过错程度、过错与损失之间的因果关系等因素作出裁判。故，某电力公司请求参照合同约定，要求乔某承担逾期竣工违约责任支付违约金符合法律规定。

【实务指引】

对于无效的建设工程合同来说，因一方过错导致合同无效的，过错一方应当赔偿合同无效造成的实际损失；如两方都有过错的，要依据过错的大小各自承担相应的责任。但是，在有些情况下对于实际损失难以举证，如果严格按照举证不能来处理，容易造成利益失衡，对遭受损失的一方来说不公平。因此，从平衡合同双方利益的角度出发，司法实践中原则上参照合同约定赔偿损失，允许参照合同约定的质量标准、建设工期、工程价款支付时间等内容确定损失大小。本案中，某电力公司请求参照合同约定，要求乔某承担逾期竣工违约责任支付违约金符合法律规定。

【法律依据】

最高人民法院《关于审理建设工程施工合同纠纷案件适用法律问题的解释（一）》第六条 建设工程施工合同无效，一方当事人请求对方赔偿损失的，应当就对方过错、损失大小、过错与损失之间的因果关系承担举证责任。

损失大小无法确定，一方当事人请求参照合同约定的质量标准、建设工期、工程价款支付时间等内容确定损失大小的，人民法院可以结合双方过错程度、过错与损失之间的因果关系等因素作出裁判。

案例 315

张某、某建筑工程公司建设工程施工合同纠纷案

Q： 风电项目承包商违反法律强制性规定将所承包项目再分包的，其与再分包公司所签订的《合同项目竣工结算书》能否作为结算依据？

A： 在不违反我国法律强制性规定的情况下，当事人可以依照法律规定明示选择案涉民事法律关系适用的法律，虽然风电项目承包商与再分包公司所签订的建设工程合同因违反法律强制性规定而无效，但是如果工程经竣工验收合格，《合同项目竣工结算书》系双方自愿签署，且不违反法律规定，那么《合同项目竣工结算书》就可以作为工程价款的结算依据。

裁判案例： (2018) 最高法民申 1359 号

【裁判观点】

李某挂靠某建筑工程公司与某水电公司西安分公司所签订的建设工程再分包协议虽因违反法律强制性规定而归于无效，但该工程业已竣工并经验收合格，上述《合同项目竣工结算书》系某水电公司西安分公司、某建筑工程公司及李某在自愿情形下对该工程所做的最终结算，该结算并不违反法律规定，且各方都予以认可，故一审、二审法院以此作为认定案件事实的依据并认定本案不需要对工程造价进行司法鉴定并无不当。

张某虽提交了按月计量的 11 份结算单，并主张案涉工程应以该 11 次结算为准，但该 11 次结算均为施工过程中的阶段性结算，最终结算应以完工结算即《合同项目竣工结算书》为准。张某主张上述《合同项目竣工结算书》系李某与他人之间形成，对张某没有约束力，但在对涉案工程的 11 次阶段性结算中，李某参与 6 次，张某参与 5 次，张某并未否认李某参与阶段性结算的行为效力，现其对李某参与《合同项目竣工结算书》的效力不予认可，法院不予支持。且根据张某与李某所签订《协议书》第四条"甲方（李某）负责协调与业主的关系，并向业主催要工程款"的约定，李某有权代表张某与他人进行结算，故李某与某建筑工程公司之间的结算效力当然及于张某。

【实务指引】

违法分包是建设工程领域中最常见的现象,如果违法分包的出现导致分包合同无效,那么对于分包合同无效情形下的工程价款处理如何解决?

分包合同无效的情形下,要看工程质量是否合格,如果工程质量合格,经过竣工验收,则分包人应当依照与再分包人的合同价款约定进行支付。如果工程质量不合格,则根据《民法典》第七百九十三条第二款、第三款的规定,"……(一)修复后的建设工程经验收合格的,发包人可以请求承包人承担修复费用;(二)修复后的建设工程经验收不合格的,承包人无权请求参照合同关于工程价款的约定折价补偿。发包人对因建设工程不合格造成的损失有过错的,应当承担相应的责任"。分包人可以要求再分包人对建设工程进行修复,并要求其承担修复费用。本案中,李某挂靠某建筑工程公司与某水电公司西安分公司所签订的建设工程再分包协议虽因违反法律强制性规定而归于无效,但该工程业已竣工并经验收合格,《合同项目竣工结算书》系某水电公司西安分公司、某建筑工程公司及李某在自愿情况下对该工程所做的最终结算,该结算并不违反法律规定,且各方都予以认可,应当作为结算依据。

【法律依据】

《民法典》第七百九十一条第三款　禁止承包人将工程分包给不具备相应资质条件的单位。禁止分包单位将其承包的工程再分包。建设工程主体结构的施工必须由承包人自行完成。

《民法典》第八百零六条　承包人将建设工程转包、违法分包的,发包人可以解除合同。

发包人提供的主要建筑材料、建筑构配件和设备不符合强制性标准或者不履行协助义务,致使承包人无法施工,经催告后在合理期限内仍未履行相应义务的,承包人可以解除合同。

合同解除后,已经完成的建设工程质量合格的,发包人应当按照约定支付相应的工程价款;已经完成的建设工程质量不合格的,参照本法第七百九十三条的规定处理。

案例 316

杨某与王某、某建设工程公司等建设工程施工合同纠纷案

Q: 风电项目承揽人不具备施工资质,所签的建设施工合同是否无效?

A: 无效,承包人未取得建筑企业资质的建设施工合同无效,但不影响参照合同要求支付工程价款。

裁判案例:(2017)内02民终168号

【裁判观点】

法院认为,杨某挂靠某水电公司名义承包某风电项目送出线路工程的铁塔基础施工工程,违反了法律的强制性规定,承包合同系无效合同。杨某无工程施工资质,其又将该工程的某风电场220KV线路送出工程西河段××号－××号基础工程分包给王某施工,亦违反法律的强制性规定,其与王某签订的《工程承包协议书》亦无效。

【实务指引】

关于"承包人"的问题,依据2019年修正的《建筑法》及现行《建筑施工企业安全生产许可证管理规定》的相关规定,是指具体从事土木工程、建筑工程、线路管道和设备安装工程及装修工程的新建、扩建、改建和拆除等有关活动的建筑施工企业。在住房和城乡建设部颁布的《建筑业企业资质管理规定》中,上述建筑施工企业被称为建筑业企业。因《建筑业企业资质管理规定》是关于建筑业企业资质的专门性规定,最高人民法院《关于审理建设工程施工合同纠纷案件适用法律问题的解释(一)》第一条在规定"建筑业企业资质"概念时,根据有关部门的意见,采取了《建筑业企业资质管理规定》的表述方式。

依据《建筑业企业资质管理规定》的相关规定,建筑业企业资质分为施工总承包资质、专业承包资质、施工劳务资质三个序列。施工总承包资质按照工程性质和技术特点分别划分为若干资质类别,各资质类别按照规定的条件划分为若干资质等级。建筑施工企业应当参照其行业从业标准,按照其拥有的资产、主要人员、已完成的工程业绩和技术装备等条件申请建筑业企业资质,经审查合格,取得建筑业企业资质证书后,方可在资质许可的范围内从事建筑施工活动。工程施工总承包和专业承包的资质实行分级审批制度,企业首次申请或增项申请资质,应当申请最低等级资质。

值得注意的是,实践中一直有观点认为,对于承包人并非没有取得任何资质,而只是超越资质等级订立的建设工程施工合同不应被认定为无效。其理由主要是,建筑施工企业为了争取提高资质等级,提升自己的建筑施工能力,经常要承揽超越其资质等级的工程,以充实其业绩,提升其提高资质等级申请获得审批的可能性。我们认为,因《建筑法》规定建筑业企业资质管理制度,目的在于严格建筑施工市场的准入条件,以保证建筑工程质量,任何对建筑施工企业承揽工程必须与其资质等级相一致要求的放宽,都会给建筑工程质量带来隐患,与《建筑法》的立法目的相抵触。况且,依据《建筑法》及《建筑业企业资质管理规定》的相关规定,在建筑施工企业的资质等级审批中,建筑施工企业是否承揽并完成超越资质等级的工程,并非提升其资质等级的条件,即便实践中超越资质承揽工程的做法普遍存在,也不能成为司法机关认定合同效力的依据。

【法律依据】

最高人民法院《关于审理建设工程施工合同纠纷案件适用法律问题的解释(一)》第一条第一款

建设工程施工合同具有下列情形之一的,应当依据民法典第一百五十三条第一款的规定,认定无效:

(一)承包人未取得建筑业企业资质或者超越资质等级的;

(二)没有资质的实际施工人借用有资质的建筑施工企业名义的;

(三)建设工程必须进行招标而未招标或者中标无效的。

案例 317

某建设公司、某新能源投资公司建设工程施工合同纠纷案

Q: 某新能源投资公司与某建设公司签订《风电项目建设工程施工合同》以建设风电场。但是该工程并未经过招投标。某新能源投资公司以发承包双方均具有法定资质为由主张双方签订的合同有效。该主张能否得到支持?

A: 不能,若案涉电力、新能源等能源项目是关系社会公共利益、公众安全的基础设施项目,则根据《招标投标法》的规定,属于必须进行招投标的项目,未经招投标的建设工程施工合同无效。

裁判案例:(2017)青民终35号

【裁判观点】

本院认为,案涉工程施工内容为格尔木小炉火49.5MW风电一期工程全部的土建工程、道路、管网工程及电机基础。合同预估价为4800万元。根据《中华人民共和国招投标法》第三条第一款第一项及第二款规定和国家发展计划委员会发布的《工程建设项目招标范围和规模标准规定》第二条第一项以及第七条第一项规定,案涉工程显然属于关系社会公共利益、公共安全必须进行招投标的工程项目。经查,某建设公司承包的案涉工程,并非是经过合法的招投标程序后中标取得。故双方签订的《建设工程施工合同》因违反法律强制性规定,属无效合同。某新能源投资公司二审中关于案涉合同无效的理由本院予以采信。一审法院认为案涉《建设工程施工合同》合法有效,属认定错误,本院依法纠正。

基于本院对案涉《建设工程施工合同》无效的认定,合同无效则自始无效,不存在合同单方解除或协议解除问题,故本院在此节对双方争议的合同解除问题不再作分析评判。

【实务指引】

(1)关于必须进行招标的工程范围问题

依据《招标投标法》第三条之规定,在中华人民共和国境内进行的大型基础设施、公用事业等关系社会公共利益、公共安全的项目,全部或者部分使用国有资金投资或者国家融资的项目,以及使用国家组织或者外国政府贷款、援助资金的项目,属于必须进行招标的工程范围。国家发展和改革委员会印发的《必须招标的工程项目规定》对上述必须进行招标的"全部或者部分使用国有资金投资或者国家融资的项目"和"使用国家组织或者外国政府贷款、援助资金的项目"进行了明确。同时,上述规定项目范围内的勘察、设计、施工、监理以及工程建设有关的重要设备、材料的采购达到一定标准的,也必须履行招标程序。据此,发包人未履行招标手续,直接与承包人订立施工合同的;或者是招标人隐瞒工程建设规模、建设条件、投资、建筑材料来源等真实情况,降低标准不进行招投标的,均属于最高人民法院《关于审理建设工程施工合同纠纷案件适用法律问题的解释(一)》第一条中规定的"必须进行招标而未招标"的情形,双方订立的建设工程施工合同应当认定为无效。

(2)关于招标无效的问题

招投标程序遵循"公开招标、择优选取"的原则,依据《招标投标法》第四十五条第二款的规定,中标通知书对招标人和投标人具有法律约束力。中标是发包人与承包人签订施工合同的前提条件,只有符合法律规定的中标,才能形成合法的建设工程施工合同,中标无效必然导致建设工程施工合同无效。实践中,招标主体实施以下违反《招标投标法》行为的,应当认定为中标无效:①发包人违法泄露招投标资料,或者与投标人就投标价格和投标方案等实质性内容进行谈判,影响中标结果,或者在所有投标被评标委员会否决后自行确定中标人,以及在评标委员会依法推荐的中标候选人以外确定中标的;②承包人与其他投标人或者与发包人串通进行投标,或者以向发包人或者评标委员会成员行贿的手段谋取中标,或者以他人名义投标,骗取中标的。此外,招标代理人或者评标委员会违反《招标投标法》,可能影响中标结果的,也应认定中标无效。

【法律依据】

《招标投标法》第三条 在中华人民共和国境内进行下列工程建设项目包括项目的勘察、设计、施工、监理以及与工程建设有关的重要设备、材料等的采购,必须进行招标:

(一)大型基础设施、公用事业等关系社会公共利益、公众安全的项目;

(二)全部或者部分使用国有资金投资或者国家融资的项目;

(三)使用国际组织或者外国政府贷款、援助资金的项目。

前款所列项目的具体范围和规模标准,由国务院发展计划部门会同国务院有关部门制订,报国务院批准。

法律或者国务院对必须进行招标的其他项目的范围有规定的,依照其规定。

最高人民法院《关于审理建设工程施工合同纠纷案件适用法律问题的解释(一)》第一条第一款

建设工程施工合同具有下列情形之一的,应当依据《民法典》第一百五十三条第一款的规定,认定无效:

(一)承包人未取得建筑业企业资质或者超越资质等级的;

(二)没有资质的实际施工人借用有资质的建筑施工企业名义的;

(三)建设工程必须进行招标而未招标或者中标无效的。

案例318

某建筑公司、刘某建设工程施工合同纠纷案

Q:某风电项目承包方将工程分包给某工程公司,某工程公司将工程再次分包给借用资质的自然人王某,王某又将工程分包给自然人刘某。案涉工程经验收合格,刘某是否有权主张工程价款?

A:建设施工合同无效,但建设工程经竣工验收合格,承包人有权请求参照合同约定向其支付工程价款。

裁判案例:(2020)鄂06民终165号

【**裁判观点**】

本院认为:王某将案涉工程发包给没有建设工程施工资质的刘某施工,双方之间签订的《白鹭风电场35KV架空线路工程施工合同》因违反法律禁止性规定应认定无效。由于工程竣工后已经验收合格,王某与刘某结算后也已向刘某出具了欠条,双方之间已形成明确的债权债务关系。刘某持欠条要求王某支付工程欠款,本院予以支持。二审中,双方当事人争议的焦点问题是某工程公司是否应当对该债务承担连带清偿责任。由于刘某要求某工程公司对该债务承担连带清偿责任的依据是王某祥在王某2016年7月18日出具的保证书上以担保人的身份签字,本院从以下两个方面对某工程公司是否应当对王某的债务承担连带清偿责任进行评判。第一,从王某祥的身份及授权范围分析,根据王某祥在枣阳市公安局熊集派出所的陈述,虽可认定其为某工程公司在案涉工地的现场施工负责人,但在某工程公司无明确授权的情况下,现场施工负责人仅有权对现场施工的相关手续签署意见,无权对施工之外的事项发表意见。刘某与某工程公司之间没有建设工程施工合同关系,王某祥在刘某出具的履约保证书上以担保人的身份签名,系与工程施工无关事项,在某工程公司不认可的情况下,王某祥的承诺对某工程公司不具约束力。第二,从保证书内容分析,王某祥在王某出具的履约保证书上承诺"若(王某)支付不利项目部有权扣除王某工程款项用于支付刘某工程款项",而非承诺若王某不按约定付款由某工程公司向其付款。该承诺属于协助扣款担保,而非典型意义上的债务清偿担保。因此,即便王某祥的承诺对某工程公司具有约束力,刘某要求某工程公司承担责任亦应同时具备以下条件:一是王某不按与刘某之间的约定付款;二是某工程公司知道王某不按约定付款时尚欠王某工程款但却不向刘某支付,或者不将应付王某工程款扣除却向王某支付。从已查明的事实看,王某在2016年7月18日出具保证书后向刘某支付了49万元工程款,剩余26.5万元工程款在2017年1月17日向刘某出具欠条并承诺在2017年3月25日付款。刘某若想某工程公司按王某祥的承诺履行,应在欠条约定的付款期限届满后向某工程公司告知王某不按约定付款的事实,并与某工程公司就下欠王某工程款数额进行确认,以确定某工程公司协助扣款的数额,但刘某未实施上述行为。现刘某要求某工程公司对王某欠款承担连带清偿责任,亦未提供上述责任承担条件已成就的证据,故其要求某工程公司对王某欠款承担连带清偿责任,没有事实和法律依据,本院不予支持。

【实务指引】

《民法典》第一百五十七条规定,"民事法律行为无效、被撤销或者确定不发生效力后,行为人因该行为取得的财产,应当予以返还;不能返还或者没有必要返还的,应当折价补偿。有过错的一方应当赔偿对方由此所受到的损失;各方都有过错的,应当各自承担相应的责任"。但是建设工程施工合同则具有一定的特殊性。建设工程合同履行的过程中大量的建筑材料、劳动力被投入到项目中,并且可能形成较大规模的建筑结构。已完成的建筑结构无法再拆分为建筑材料和劳动力并加以返还,因此只能适用折价赔偿的规则。《民法典》第七百九十三条的规定从内容上来看属于第一百五十七条的延伸。建设工程经验收合格的,可以参照合同关于工程价款的约定折价补偿承包人。如果建设工程经验收不合格,需要分情况处理:

(1)建设工程质量虽然不合格,但是经过修复,可以使缺陷得到弥补,符合国家或者行业强制性质量标准,发包人可以要求承包人承担修复费用,同时承包人也可以请求参照合同约定折价补偿。

(2)建设工程的质量缺陷无法通过修复予以弥补的,建设工程丧失利用价值,这种情况下,只能将建设工程毁掉重新进行建设,承包人自然没有请求折价补偿的权利,而且需要对因工程不合格而造成的损失,依法按照过错原则承担责任。

【法律依据】

《民法典》第七百九十三条 建设工程施工合同无效,但是建设工程经验收合格的,可以参照合同关于工程价款的约定折价补偿承包人。

建设工程施工合同无效,且建设工程经验收不合格的,按照以下情形处理:

(一)修复后的建设工程经验收合格的,发包人可以请求承包人承担修复费用;

(二)修复后的建设工程经验收不合格的,承包人无权请求参照合同关于工程价款的约定折价补偿。

发包人对因建设工程不合格造成的损失有过错的,应当承担相应的责任。

案例319

郑某与某新能源公司、某建筑公司建设工程施工合同纠纷案

Q:郑某以某建筑工程公司名义与某新能源公司就风电场施工达成协议。郑某实际进场开始施工。之后双方协商一致终止合同履行。郑某与某新能源公司之间是否成立建设工程发承包法律关系?

A:成立,形成事实上的承包关系。

裁判案例:(2016)青28民终267号

【裁判观点】

上诉人某新能源公司认为,郑某系实际施工人,某新能源公司是工程发包人,第三人某建筑工程公司作为工程转包人,依照最高人民法院《关于审理建设工程施工合同纠纷案件适用法律问题的解释》第二十六条"实际施工人以转包人、违法分包人为被告起诉的,人民法院应当依法受理。实际施工人以发包人为被告主张权利的,人民法院可以追加转包人或者违法分包人为本案当事人。发包人只在欠付工程价款范围内对实际施工人承担责任"的规定,郑某应向某建筑工程公司主张工程款,无权向某新能源公司主张工程款,某新能源公司只在欠付工程价款范围内承担责任。上诉人郑某认为,上诉人作为实际施工人参与工程施工,工程款也直接由某新能源公司支付给上诉人,上诉人有权向某新能源公司主张工程款。经查,2010年10月19日《建设工程施工合同》虽由原审第三人某建筑工程公司与上诉人某新能源公司签订,但工程由上诉人郑某施工,并与某新能源公司进行结算,工程款由某新能源公司直接支付郑某,某建筑工程公司既未进行工程施工,也未参与结算和工程款分配。郑某借用某建筑工程公司资质实际履行合同,与某新能源公司之间形成建设工程施工合同关系,该合同关系虽无效,但郑某作为实际施工人,有权向某新能源公司主张工程款。上诉人某新能源公司关于郑某作为原审原告主体不适格,没有诉权的抗辩理由,本院不予采纳。

【实务指引】

本案中,发包人主张不存在事实上的承包关系,其目的在于否定其承担的支付工程款的义务,并要求实际施工人返还工程款。现实中,常常会出现实际施工人借用施工资质进行施工的现象,对于其借用资质与发包人签订的合同属于无效合同,但是实际施工人事实上参与了工程的建设,发包人对实际施工人完成的工程进行了验收。在事实上双方存在"承包关系"。笔者认为,此处的"承包关系"是指建设工程发承包关系。具言之,在合同无效的情况下,双方当事人均依照先前订立的合同履行了相应的合同义务,因此属于事实上的"承包关系"。

即便双方当事人订立的合同无效,在工程经过验收合格的情况下,承包人依然可以主张依据合同约定折价补偿。本案中,实际施工人完成的工程已经过验收合格,发包人应当依据合同约定支付工程价款。

【法律依据】

最高人民法院《关于审理建设工程施工合同纠纷案件适用法律问题的解释(一)》第一条第一款
建设工程施工合同具有下列情形之一的,应当根据《民法典》第一百五十三条第一款的规定,认定无效:

(一)承包人未取得建筑施工企业资质或者超越资质等级的;

(二)没有资质的实际施工人借用有资质的建筑施工企业名义的;

(三)建设工程必须进行招标而未招标或者中标无效的。

5. 竣工验收

案例320

某工程公司、某建设公司建设工程施工合同纠纷案

Q: 风电工程项目承包商与发包方未约定付款利息的,应如何认定付款时间?

A: 当事人对付款时间没有约定或者约定不明的,建设工程已实际交付的,为交付之日;若建设工程没有交付的,为提交竣工结算文件之日;若建设工程未实际交付也未提交竣工结算文件,则从当事人起诉之日起算。

裁判案例: (2020)鄂01民终2627号

【裁判观点】

关于某工程公司诉请利息损失问题。一审法院认为,双方未约定工程款利息,但根据

最高人民法院《关于审理建设工程施工合同纠纷案件适用法律问题的解释》(已失效)第十八条第一项、第二项的规定,当事人对付款时间没有约定或者约定不明的,建设工程已实际交付的,为交付之日;建设工程没有交付的,为提交竣工结算文件之日。根据该规定,一审法院确认某工程公司诉请利息的起算之日为 2018 年 9 月 10 日,利率应按中国人民银行发布的同期同类贷款利率计息。

【实务指引】

支付工程价款及欠付工程价款的利息是发包人的法定或合同义务,但是欠付工程价款的本金数额应当是明确的,本金确定了,才能计算利息支付,本金不确定,利息也就无法计算。如果当事人对欠付工程款利息计算标准有约定,按照约定处理,对利息的利率和起算时间等有约定,从其约定。如果对利息没有约定,则按照同期同类贷款利率或者同期贷款市场报价利率计算。如果对利息的起算时间没有约定,按照最高人民法院《关于审理建设工程施工合同纠纷案件适用法律问题的解释(一)》第二十七条之规定,进行起算。本案中,当事人没有约定利息利率和起算时间,则在结算之日确定欠款本金之日起,按照中国人民银行同期贷款利率计算。

【法律依据】

最高人民法院《关于审理建设工程施工合同纠纷案件适用法律问题的解释(一)》第二十七条 利息从应付工程价款之日开始计付。当事人对付款时间没有约定或者约定不明的,下列时间视为应付款时间:

(一)建设工程已实际交付的,为交付之日;

(二)建设工程没有交付的,为提交竣工结算文件之日;

(三)建设工程未交付,工程价款也未结算的,为当事人起诉之日。

案例 321

某风力发电公司与某公司建设工程施工合同纠纷案

Q: 如何判断风电工程,已经达到使用条件的验收标准?

A: 应根据施工图纸及说明书、国家颁发的施工验收规范和质量检验标准及时进行验收,经过验收并确定验收合格之后,可以认定达到使用条件的验收标准。

裁判案例: (2015)内民申字第 01254 号

【裁判观点】

本院认为,某风力发电公司与某公司于 2009 年 10 月 10 日签订的《某风电场 20 万 KW 项目工程升压站土建工程合同》、2011 年 4 月签订的《某风电场 20 万 KW 项目工程升压站土建工程室内接地、室内外接地检测、门厅玻璃幕墙及围墙瓷砖补充协议》、《某风电场 20 万 KW 项目工程升压站土建工程室外接地工程补充协议》及 2012 年 1 月签订的《某风电场 20 万 KW 项目工程升压站土建工程补充协议》是双方当事人的真实意思表示,且不违反法律、行政法规的强制性规定,合法有效。2011 年 7 月 21 日,某公司完工后,由建设单位、监理单位、施工单位对工程进行了验收,综合评价为"综合楼工程满足入住条件,汽车库及仓库满足使用条件"。2011 年 11 月 1 日,由三方召开的初步验收例会纪要中亦载明"升压站主体工程符合图纸及相关规范要求、装修装饰工程符合规范要求,整体观感效果良好,综合楼基本可以满足日常生活使用要求"。2012 年 1 月 19 日,三方按合同和协议签署了《巴音杭盖三号风电场升压站土建工程结算汇总表》,合计工程金额为 11550466.78 元。某风力发电公司剩余未支付的 140 万元工程款,双方约定作为工程质量保证金,待缺陷责任期(竣工验收后一年)满后 15 日内支付。所涉工程在 2011 年 11 月 1 日已经验收,某风力发电公司应在 2012 年 11 月 15 日支付质量保证金,原审判令某风力发电公司支付某公司工程款 1400040.29 元并承担利息,并无不当。

【实务指引】

建设工程施工合同属于较为特殊的承揽合同。根据《民法典》第八百零八条的规定,"本章没有规定的,适用承揽合同的有关规定"。从《民法典》第七百九十九条的规定来看,建设工程合同中承包人承担的合同义务是"进行工程建设";发包人承担的合同义务是"支付价款"。从承揽合同的角度来看,承包人承担的合同义务中还应当包括"按照定作人要求完成工作"。综合而言,承包人应当按照发包人的要求完成建设工程并交付给发包人。本案案涉工程经过建设单位、施工单位和监理单位初步验收,已证明其满足入住条件。验收的结论可以证明承包人已经妥善履行其承担的合同义务,那么发包人应当履行其付款义务。本案中,发包人未能举证证明其付款条件未能成就的主张,应当承担对其不利的后果。

【法律依据】

《民法典》第七百九十九条 建设工程竣工后,发包人应当根据施工图纸及说明书、国家颁发的施工验收规范和质量检验标准及时进行验收。验收合格的,发包人应当按照约定支付价款,并接收该建设工程。

建设工程竣工经验收合格后,方可交付使用;未经验收或者验收不合格的,不得交付使用。

> **案例 322**
>
> **某物资公司、某电气股份公司债权人代位权纠纷案**
>
> **Q:** 在《设备采购及服务合同》约定了机组进入质量保证期的情况下，当事人未提交初步验收证书，能否以国家能源局提供的行政监管备案用的启动验收交接书认定风电项目合同项下风电机组通过初步验收？
>
> **A:** 可以，经过国家能源局的认定，并不会侵犯了合同当事人的合法权益，且不会与意思自治原则相悖。
>
> **裁判案例：** (2019) 鲁民终 2485 号

【裁判观点】

各方争议的焦点是某物资公司与沈阳某风能公司签订的 14 份《设备采购及服务合同》中剩余 4 个项目(4 个地名)是否通过初步验收。根据某物资公司出具的《沈阳某风能公司 14 份合同履行情况一览表》的记载，该 4 个项目并未通过初步验收，故不具备初步验收付款的条件。但根据国家能源局西北监管局提供的启动验收交接书，4 个项目均已完成整套调试工作，具备转入商业运营条件。故虽然某电气股份公司未提交初步验收证书，但不影响对 4 个项目已通过初步验收的事实认定。某物资公司以未提交初步验收证书为由主张不具备付款条件的抗辩主张不能成立。

【实务指引】

本案中，法院根据国家能源局西北监管局提供的启动验收交接书认定 4 个项目已经经过初步验收。此处法院是按照如下思路展开认定的：根据最高人民法院《关于适用〈中华人民共和国民事诉讼法〉的解释》(2020 年修正)第一百一十四条的规定，国家机关或者其他依法具有社会管理职能的组织，在其职权范围内制作的文书所记载的事项推定为真实，但有相反证据足以推翻的除外。必要时，人民法院可以要求制作文书的机关或者组织对文书的真实性予以说明。因此，监管局提供的启动验收交接书的内容在当事人没有提出相反的证据时应当认定为真。根据验收交接书的内容来看，案涉工程已经能够投入商业生产。从当事人订立合同的目的来看，案涉工程已经能够实现当事人订立合同的目的。因此，验收交接书能够认定工程达到了当事人约定的标准与国家规定的标准。

【法律依据】

《民法典》第五百零九条第一款　当事人应当按照约定全面履行自己的义务。

案例 323

某建设公司、某风电公司建设工程施工合同纠纷案

Q： 风电公司转移建设工程使用的，是否视为电力工程已竣工？

A： 是。未经竣工验收，发包人擅自使用的，以转移占有建设工程之日为竣工日期。

裁判案例： （2019）桂03民终3542号

【裁判观点】

法院认为，建设工程未经验收或者经竣工验收不合格的，不得交付使用。本案讼争工程未经验收即发生标的物转移占有，由被告某风电公司管理使用，双方对违法擅自使用讼争工程行为均有过错。最高人民法院《关于审理建设工程施工合同纠纷案件适用法律问题的解释》（已失效）第十四条第三项规定：建设工程未经竣工验收，发包人擅自使用的，以转移占有建设工程之日为竣工日期。依此规定，不论讼争工程是否办理竣工验收手续，标的物转移占有由发包人管理使用的，工程价款结算条件均已成就。

【实务指引】

从承揽合同的角度理解建设工程合同，承包人在建设工程合同中承担的义务为按照发包人的要求完成工程建设并交付。发包人在建设工程合同中承担的义务是支付相应的价款。从履行合同的角度来看，承包人在工程完工并完成向发包人的交付后，其合同义务已经履行完毕。此时发包人应当履行相应的义务，向其支付工程价款。发包人未经竣工验收便擅自使用建设工程的，发包人此时实际上已经接收了该工程，承包人也完成了交付。对于发包人而言，其订立合同的目的已经实现，那么发包人应当支付相应的价款。

【法律依据】

最高人民法院《关于审理建设工程施工合同纠纷案件适用法律问题的解释（一）》第九条　当事人对建设工程实际竣工日期有争议的，人民法院应当分别按照以下情形予以认定：

（一）建设工程经竣工验收合格的，以竣工验收合格之日为竣工日期；

（二）承包人已经提交竣工验收报告，发包人拖延验收的，以承包人提交验收报告之日为竣工

（三）建设工程未经竣工验收，发包人擅自使用的，以转移占有建设工程之日为竣工日期。

案例 324

某重工公司、某新能源公司、刘某建设工程合同纠纷案

Q：风电公司已经取得电力业务许可证是否意味着风电场竣工验收合格？

A：已经取得电力业务许可证不意味竣工验收合格，未组织竣工验收的发电项目提供发电机组通过启动验收的证明材料或者有关主管部门认可的质量监督机构同意整套启动的质量监督检查报告也可以申请电力业务许可证。

裁判案例：(2018)鲁民初16号

【裁判观点】

某新能源公司获得电力业务许可证，亦不等同于涉案工程经竣工验收合格。根据《电力业务许可证管理规定》第十八条第二项的规定，申请发电类电力业务许可证的，还应当提供"发电项目通过竣工验收的证明材料；尚未组织竣工验收的，提供发电机组通过启动验收的证明材料或者有关主管部门认可的质量监督机构同意整套启动的质量监督检查报告"。由此可知，尚未组织竣工验收的工程可以办理电力业务许可证。同时，双方于2016年12月24日签署备忘录，载明"项目已经于2016年6月并网，但未按照合同规范进行验收"，"各项工程验收合格证明仅用于办理发电业务许可证等相关手续流程所用"，因此电力业务许可证的取得，亦不意味着涉案工程已经竣工验收合格。

【实务指引】

《电力业务许可证管理规定》第十八条规定："申请发电类电力业务许可证的，除提供本规定第十七条所列材料外，还应当提供下列材料：（一）发电项目建设经有关主管部门审批或者核准的证明材料；（二）发电项目通过竣工验收的证明材料；尚未组织竣工验收的，提供发电机组通过启动验收的证明材料或者有关主管部门认可的质量监督机构同意整套启动的质量监督检查报告；（三）发电项目符合环境保护有关规定和要求的证明材料。"由该条规定可知，电力业务许可证不以工程是否竣工验收为条件，如果工程未验收，也可以提供发电机组通过启动验收的证明材料或者有关主管部门认可的质量监督机构同意整套启动的质量监督检查报告，通过这些证明材料及检查报告，即可颁发电力业务许可证。

【法律依据】

《电力业务许可证管理规定》第十八条 申请发电类电力业务许可证的,除提供本规定第十七条所列材料外,还应当提供下列材料:

(一)发电项目建设经有关主管部门审批或者核准的证明材料;

(二)发电项目通过竣工验收的证明材料;尚未组织竣工验收的,提供发电机组通过启动验收的证明材料或者有关主管部门认可的质量监督机构同意整套启动的质量监督检查报告;

(三)发电项目符合环境保护有关规定和要求的证明材料。

案例 325

某风力发电公司、某风电技术公司买卖合同纠纷案

Q: 建设单位与施工单位约定工程竣工后 6 个月内筹措资金用于支付工程款。现风电场未竣工验收,升压站已经验收,项目已经并网发电,此时付款条款是否成就?

A: 应视付款条件已经成就。工程虽未竣工验收,升压站已经验收,项目已经并网发电,即建设单位已经实际使用该工程,根据司法解释的规定,建设工程未经竣工验收,发包人擅自使用的,以转移占有建设工程之日为竣工日期。

裁判案例:(2020)最高法民终 713 号

【裁判观点】

关于建设单位给付施工单位案涉款项的付款条件成就的认定是否存在错误。案涉《垫资协议》第 3.1 条约定:某风力发电公司承诺在工程竣工验收后 6 个月内筹措资金用于支付施工单位垫付款项、利息。最高人民法院《关于审理建设工程施工合同纠纷案件适用法律问题的解释》(已失效)第十四条规定:"当事人对建设工程实际竣工日期有争议的,按照以下情形分别处理:……(三)建设工程未经竣工验收,发包人擅自使用的,以转移占有建设工程之日为竣工日期。"本案中,案涉工程虽未竣工验收,但某风力发电公司已于 2014 年 12 月 24 日签字同意接管案涉工程的升压站,该工程项目已于 2014 年 12 月 24 日并网,即某风力发电公司已经实际使用该工程。根据上述规定,可以认定案涉该工程于 2014 年 12 月 24 日竣工。虽然原审判决以《销售合同》约定的付款条件为依据,认定付款条件已经满足与上述约定不符,但原审判决据此认定的给付款项时间迟于根据《垫资协议》约定的付款条件成就时间,该认定对某风力发电公司有利,原审判决对付款时间的认定存在错误并不损害某风力发电公司的实体权利。

【实务指引】

本案中,关于建设单位是否应当支付工程款的争议焦点在于如何认定案涉工程是否完成竣工验收。本案中,建设单位未经竣工验收擅自使用建设工程。根据现行法律规定,其行为将对发承包双方的法律关系产生影响。这一行为直接影响的是工程质量的认定以及竣工时间的认定问题。根据最高人民法院《关于审理建设工程施工合同纠纷案件适用法律问题的解释(一)》第十四条的规定,建设工程未经竣工验收,发包人擅自使用后,又以使用部分质量不符合约定为由主张权利的,人民法院不予支持。这一规定相当于推定发包人未经竣工验收擅自使用的建设工程为质量合格。另根据最高人民法院《关于审理建设工程施工合同纠纷案件适用法律问题的解释(一)》第九条的规定,建设工程未经竣工验收,发包人擅自使用的,以转移占有建设工程之日为竣工日期。本案中最高人民法院的观点则在上述规定之上更进了一步。最高人民法院认为建设单位未经竣工验收擅自使用建设工程的,视为工程已经完成了竣工验收。因此本案中建设单位应当支付工程款。当前并无法律或司法解释直接对这一问题作出规定,但是最高人民法院的其他判决中也采纳了此种裁判思路。例如,(2019)最高法民终108号判决。研读最高人民法院的相关案例之后,笔者发现,最高人民法院大致的认定思路如下:根据现有的法律、司法解释的规定,建设单位未经竣工验收擅自使用建设工程的,推定建设工程质量合格。既然依据司法解释的规定,被擅自使用的建设工程的工程质量已经合格,那么建设单位以未经竣工验收为由拒绝支付工程款显然不合理。建设单位未经竣工验收擅自使用建设工程后又以建设工程未经竣工验收为由拒付工程款的,施工单位可以在诉讼中援引上述案例作为支撑自己主张的依据。

【法律依据】

最高人民法院《关于审理建设工程施工合同纠纷案件适用法律问题的解释(一)》第九条 当事人对建设工程实际竣工日期有争议的,人民法院应当分别按照以下情形予以认定:

(一)建设工程经竣工验收合格的,以竣工验收合格之日为竣工日期;

(二)承包人已经提交竣工验收报告,发包人拖延验收的,以承包人提交验收报告之日为竣工日期;

(三)建设工程未经竣工验收,发包人擅自使用的,以转移占有建设工程之日为竣工日期。

6. 发包人违约

> **案例 326**
>
> **某风力发电公司与某公司建设工程施工合同纠纷案**
>
> Q：风电场工程发包人未按照约定时间提供设计图纸，承包人是否可以要求损失？
>
> A：可以，图纸未在施工过程中的合理期限内提供，承包人有权要求赔偿停工等损失。
>
> 裁判案例：(2015)巴民二终字第44号

【裁判观点】

三、关于违约责任的确定及损失赔偿承担的问题。被上诉人某风力发电公司某公司认为上诉人某风力发电公司未按期提供图纸给其造成损失而请求赔偿。该赔偿请求的成立应建立在上诉人某风力发电公司是否存在违约行为基础之上。根据合同的约定，上诉人某风力发电公司应在合同规定的期限内向被上诉人某风力发电公司某公司负责提供图纸，虽然双方未约定提供图纸的具体日期，但按照施工惯例，图纸应当在具备开工条件时到位或在施工过程中的合理期限内提供，现根据被上诉人某风力发电公司某公司提供的出图时间的证据表明，上诉人某风力发电公司是在施工期间陆续将图纸交付给被上诉人某风力发电公司某公司，部分图纸交付时间已经接近或超出合同约定的完工期限，故上诉人某风力发电公司的违约情形客观存在，应根据《中华人民共和国合同法》第二百八十三条"发包人未按照约定的时间和要求提供原材料、设备、场地、资金、技术资料的，承包人可以顺延工程日期，并有权要求赔偿停工、窝工等损失"和第二百八十四条"因发包人的原因致使工程中途停建、缓建的，发包人应当采取措施弥补或者减少损失，赔偿承包人因此造成的停工、窝工、倒运、机械设备调迁、材料和构件积压等损失和实际费用"的规定，对被上诉人某风力发电公司某公司的损失予以赔偿。且上诉人某风力发电公司也在2013年10月21日出具"关于巴音杭盖三号风电场升压站土建工程补偿事宜的函"，同意对上诉人某风力发电公司所受到的原材料价格上涨、人工工资上涨、周转材料租赁费用等项目予以补偿，故原审判决在认定上诉人某风力发电公司存在违约事实的基础上，结合被上诉人某风力发电公司某公司提供的损失证据，判令上诉人某风力发电公司承担相应的赔偿数额并无不当。对上诉人某风力发电公司提出的其在开工初期即将图纸发放给被上诉人某风力发电公司某公司的主张，因其提供的"下发文件登记表"记载的只是部分图纸的领取时间，而被上诉人某风力发电公司某公司提供的图纸首页中记载的施工项目的出图时间，可以证实图纸是在被上诉人某风力发电公司某公司施工期间陆续领取，故上诉人某风力发电公司提供的该登记表并不能代表其在施工的合理期限内已将图纸交付被上诉人某风力发电公司某公司,不能免除因其违约而应承担的赔偿责任。

【实务指引】

《民法典》第八百零三条规定,发包人未按照约定的时间和要求提供原材料、设备、场地、资金、技术资料的,承包人可以顺延工程日期,并有权请求赔偿停工、窝工等损失。根据本条的规定,发包人提供技术资料的义务由双方在合同中约定。这一规定同样体现在《建设工程施工合同(示范文本)》(GF-2017-0201)中。《建设工程施工合同(示范文本)》(GF-2017-0201)第1.6.1条规定,发包人应按照专用合同条款约定的期限、数量和内容向承包人免费提供图纸,并组织承包人、监理人和设计人进行图纸会审和设计交底。发包人至迟不得晚于第7.3.2项〔开工通知〕载明的开工日期前14天向承包人提供图纸。因发包人未按合同约定提供图纸导致承包人费用增加和(或)工期延误的,按照第7.5.1项〔因发包人原因导致工期延误〕约定办理。综上,发包人违反合同约定的提供图纸等技术材料的义务,导致工程延误或者造成其他损失的,由发包人承担相应的责任。

【法律依据】

《民法典》第八百零三条　发包人未按照约定的时间和要求提供原材料、设备、场地、资金、技术资料的,承包人可以顺延工程日期,并有权请求赔偿停工、窝工等损失。

案例 327

某风力发电公司、某建筑公司建设工程施工合同纠纷案

Q: 某建筑公司与某风力发电公司签订建设工程施工合同,约定由某建筑公司承建某风电场项目。由于发包人某风力发电公司未能完成项目前期审批,导致工程未能按照合同约定的时间开工。实际开工时,水泥价格大幅度上涨。某建筑公司要求发包人某风力发电公司承担额外增加的水泥价款,该主张能否获得支持?

A: 能,前期审批手续是业主应履行的义务,业主未能及时办理手续,导致未能如期开工,水泥价格大幅上涨,造成风电公司施工成本增加,业主应承担违约责任,赔偿额外的水泥价款。

裁判案例: (2019)最高法民申 3386 号

【裁判观点】

（一）某风力发电公司违约造成某建筑公司额外增加支付购买水泥价款。在固定总价施工合同履行中，因发包人违约导致工程延期，造成承包人施工成本的增加，承包人请求发包人赔偿由此遭受的违约损失，人民法院应依法予以支持。某建筑公司华能通榆新华项目部于 2011 年 4 月 24 日与吉林省石岭水泥有限责任公司签订《水泥产品购销合同》，约定的水泥单价及运费为每吨 430 元，结算方式为先付款后供货。双方于 2011 年 8 月 1 日再次签订《水泥产品购销合同》，约定的水泥单价及运费为每吨 600 元，结算方式为先付款后供货。本案中因某风力发电公司原因导致工程开工日期延迟，某建筑公司无法履行与水泥供应商的第一份购销合同。在延期开工期间内，水泥价格大幅上涨，某建筑公司在与水泥供应商签订的第二份购销合同中，水泥价格已由每吨 430 元上涨至每吨 600 元，导致某建筑公司施工成本增加，超出了某建筑公司在签订 1B、1C 合同时能够产生的风险预期。某风力发电公司违约导致工程延期开工，是某建筑公司施工成本增加的原因，某建筑公司主张的水泥调差款在性质上属于某风力发电公司上述违约行为所造成的损失，某风力发电公司应予以赔偿。

【实务指引】

违约责任属于民事责任，具有民事责任的一般属性，包括财产责任制、补偿性和惩罚性。违约责任之所以表现为一种财产责任，与合同的基本属性是分不开的。合同债务几乎均能用货币来衡量计算。违约责任的补偿性原则体现在：一是因违约造成财产损失的情况下，应当以实际损失作为确定赔偿范围的标准，无损失则无赔偿；二是损失赔偿不能超过实际损失。违约责任的惩罚性的目的是促使当事人严格履行合同和适当履行合同义务。这种法律属性可以通过高于实际损失数额的赔偿金或违约金来体现，也可以通过低于实际损失数额的赔偿金或违约金来体现。违约责任的形态通常表现为拒绝履行、不能履行、迟延履行或者不完全履行等违约形态。违约责任的承担方式有继续履行、采取补救措施和赔偿损失。上述案例中，双方施工合同履行中，因发包人违约导致工程延期，造成承包人施工成本的增加，承包人可以请求发包人赔偿由此遭受的违约损失。

【法律依据】

《民法典》第五百七十七条　当事人一方不履行合同义务或者履行合同义务不符合约定的，应当承担继续履行、采取补救措施或者赔偿损失等违约责任。

7. 中标合同实质性变更的认定及效力

> **案例 328**
>
> **某新能源公司与某机车公司等招标投标买卖合同纠纷案**
>
> Q：某新能源公司委托某咨询公司公开招标风电场塔筒设备。某机车公司中标后，某新能源公司将招标塔筒的技术规范书中记载的塔筒附件焊接方式变更为射钉方式。某新能源公司对焊接方式的调整是否背离了招投标文件的实质性内容？
>
> A：背离了招投标文件的实质性内容，因为更改连接方式增加了成本。
>
> 裁判案例：(2020)鲁01民终10号

【裁判观点】

本院认为，本案所涉项目投标截止日期为2018年8月23日，某机车公司风电事业部于2018年9月3日向某新能源公司发送的报价单仅具有协商的性质，并未明确表示对投标文件进行变更，在上述报价单的有效期内，某新能源公司并未明确认可该报价单中的修改建议。因此，该报价单并不能构成某机车公司投标文件的一部分。2018年9月29日，某新能源公司将招标塔筒技术规范书第6.2.6条内容塔架附件焊接方式变更为射钉方式，在本案所涉投标报价为闭口价的情况下，涉案工程焊接方式的变更明显增加了某机车公司的工程成本，背离了招投标文件的实质性内容。因此，某新能源公司主张某机车公司违反合同约定并扣留其投标保证金无事实和法律依据，本院不予支持。综上所述，某新能源公司的上诉理由不能成立，应予驳回；一审判决认定事实清楚，适用法律正确，应予维持。

【实务指引】

招投标过程可以视为招标人与投标人发出要约与作出承诺的过程。本案中，2018年9月3日某公司发出的报价单可以被视为某公司向某新能源公司发出的要约，该要约有效期为7个工作日。某新能源公司向某公司发出中标通知书的时间为2018年9月19日，说明其未接受某公司发出的报价单，双方未能就报价单的内容达成协议，因此报价单不能作为中标合同的内容，也就无须考虑报价单是否违背招投标文件实质性内容。招标人在确定了中标人之后又修改招标文件中施工要求的做法相当于要求某公司按照双方先前达成的约定履行新的合同。招标人单方变更招标项目实质性内容相当于发出了新的要约，而某公司并未作出承诺。既然双方最终并未订立合同，那么就应当返还保证金。

【法律依据】

最高人民法院《关于审理建设工程施工合同纠纷案件适用法律问题的解释(一)》第二条第一款 招标人和中标人另行签订的建设工程施工合同约定的工程范围、建设工期、工程质量、工程价款等实质性内容,与中标合同不一致,一方当事人请求按照中标合同确定权利义务的,人民法院应予支持。

《招标投标法》第四十六条第一款 招标人和中标人应当自中标通知书发出之日起三十日内,按照招标文件和中标人的投标文件订立书面合同。招标人和中标人不得再行订立背离合同实质性内容的其他协议。

8. 合同无效后的损失赔偿的认定

案例329

某电力安装公司、某新能源公司建设工程施工合同纠纷案

Q: 风电场项目工程施工合同无效后,总承包方能否依据该合同关于违约金的约定向分包人主张工期延误违约金?

A: 不能,合同无效,违约金条款也无效。

裁判案例:(2020)鲁02民终4554号

【裁判观点】

某电力安装公司与某新能源公司签订的4份合同均为无效合同,合同无效,违约金条款也无效,某新能源公司要求某电力安装公司按合同约定每日5000元支付工期延误的违约金,于法无据,一审法院不予支持。

【实务指引】

合同被解除或终止意味着合同效力面向将来的终结。当合同约定的解除条件成就和当事人协商一致决定终止合同效力时,合同实体法意义上的权利义务安排不再对当事人产生效力。但是,主合同被认定为无效或者被撤销时,争议解决条款的效力具有独立性。本案中,违约金条款不是争议解决条款,不具有独立性,当合同无效时,违约金条款也无效。

【法律依据】

《民法典》第五百零七条 合同不生效、无效、被撤销或者终止的,不影响合同中有关解决争议方法的条款的效力。

9. 竣工日期的认定

> **案例330**
>
> **某公司与某风电公司建设工程合同纠纷案**
>
> **Q:** 风电场升压站土建及安装工程中途,发包人将承包人未施工完的工程承包给他人,未施工完工程的工程缺陷责任期从何时起算?
>
> **A:** 应当从发包人接受未施工完工程之日起算,而不是从全部工程竣工验收之日起算。
>
> **裁判案例:**(2019)冀0725民初47号

【裁判观点】

本案的争议焦点是涉案工程缺陷责任期(质保期)从何时起算。双方合同第44.1款约定:缺陷责任期在本款中,"缺陷责任期"一词的意思应为投标文件附录中所指的缺陷责任期,时间从完工移交证书中写明的完工日期算起24个月。从上述合同条款可以看出,缺陷责任期是以双方认可的完工日期为起算点,而并不是以竣工验收日期为起算点。某公司、某风电公司双方均未提供完工移交证书,只能依据其他证据确认移交时间。某公司、某风电公司建设工程造价编审确认表表明,某公司2010年12月31日已不再施工,某风电公司将某公司尚未完工的工程发包给他人。从此,视为某风电公司接收了某公司的工程,且《三峡新能源尚义石井风电场一期工程竣工验收鉴定书》中载明,2013年5月25日首台风机并网。某公司所施工的工程全部是并网的基础,说明某公司在2013年5月前已将所施的工程全部移交给某风电公司,故某公司主张2015年5月12日发生的升压站屋顶掀翻事故,已过缺陷责任期的意见,予以采纳。某风电公司主张缺陷责任期从竣工验收之日起算,不满足支付质量保证金条件,无事实依据,不予采信。某公司、某风电公司应按照合同约定全面履行各自义务,某风电公司未按合同约定支付工程款属于违约,应承担相应的违约责任。某公司主张质保金,某公司所施工的工程在质量保证期限内未出现质量问题,根据合同约定,某风电公司应当支付。某公司主张欠付工程款利息,依法有据,应予支持。利息起算时间从2014年11月2日形成决算报告次日开始计算。

【实务指引】

缺陷责任期,是指承包人按照合同约定承担缺陷修复义务,且发包人预留质量保证金的期限,自工程通过竣工验收之日起计算。缺陷责任期一般为1年,最长不超过2年,具体由发承包双方在管理合同中约定。建设工程在缺陷责任期内出现质量缺陷时,承包商应当负责维修。根据《建设工程质量保证金管理办法》第八条的规定,"缺陷责任期从工程通过竣工验收之日起计。由于承包人原因导致工程无法按规定期限进行竣工验收的,缺陷责任期从实际通过竣工验收之日起计。由于发包人原因导致工程无法按规定期限进行竣工验收的,在承包人提交竣工验收报告90日后,工程自动进入缺陷责任期"。但是在上述案例中,双方当事人另行约定了缺陷责任期的计算标准,因此需要以双方当事人订立的合同作为判定依据。双方约定以双方认可的完工时间作为起算时间点,而某公司已于2010年12月31日不再施工,并且某风电公司之后将未完成工程发包给他人。某风电公司的行为相当于接收了某公司完成的工程。这部分工程的占有已经转移至三峡公司。因此,某公司完成工程的缺陷保证期应当从2010年起算。

【法律依据】

《建设工程质量保证金管理办法》第八条　缺陷责任期从工程通过竣工验收之日起计。由于承包人原因导致工程无法按规定期限进行竣工验收的,缺陷责任期从实际通过竣工验收之日起计。由于发包人原因导致工程无法按规定期限进行竣工验收的,在承包人提交竣工验收报告90日后,工程自动进入缺陷责任期。

最高人民法院《关于审理建设工程施工合同纠纷案件适用法律问题的解释(一)》第九条　当事人对建设工程实际竣工日期有争议的,人民法院应当分别按照以下情形予以认定:

(一)建设工程经竣工验收合格的,以竣工验收合格之日为竣工日期;

(二)承包人已经提交竣工验收报告,发包人拖延验收的,以承包人提交验收报告之日为竣工日期;

(三)建设工程未经竣工验收,发包人擅自使用的,以转移占有建设工程之日为竣工日期。

10. 未竣工验收发包人擅自使用的责任

案例331

某风力发电公司、某风电公司建设工程施工合同纠纷案

Q: 风电场未进行整体工程的竣工验收,对升压站进行了验收,质监部门进行了质量监督检查,且已经并网发电时间较长,建设单位以工程质量存在问题主张权利的,是否应予支持?

A: 不予支持。因为风电场已经并网发电,即使未进行竣工验收,建设单位也不得以工程质量存在问题主张权利。

裁判案例: (2020)最高法民终982号

【裁判观点】

原《最高人民法院关于审理建设工程施工合同纠纷案件适用法律问题的解释》第十三条规定："建设工程未经竣工验收，发包人擅自使用后，又以使用部分质量不符合约定为由主张权利的，不予支持；但是承包人应当在建设工程的合理使用寿命内对地基基础工程和主体结构质量承担民事责任。"经查，案涉工程未进行整体工程的竣工验收，但2014年11月14日，某风力发电公司组织某风电公司及设计单位、监理单位对案涉工程的升压站进行验收，建设单位在《某风电场工程升压站工程移交业主书》中签字，载明"同意接管，整改项尽快完成落实"。又经查明，电力公司于2018年12月19日作出的《关于解列未取得电力业务许可证发电企业的通知》中载明，案涉工程并网发电时间为2014年12月24日，解网时间为2018年12月30日。据此可知，案涉工程虽未进行竣工验收，但建设单位已经对升压站进行了验收，并于2014年12月24日实际占有使用案涉工程并网发电，直至2018年12月30日解网。因此，在案涉工程未经竣工验收建设单位即已使用的情况下，对于案涉工程的地基基础工程和主体结构的质量问题，在合理使用寿命内由施工单位承担民事责任。建设单位上诉主张，案涉工程存在地基基础工程和主体结构的质量问题。对此，法院不予支持，理由有以下三个方面：

第一，质量监督部门已经对案涉工程进行了质量监督检查，且出具质量符合设计和验收规范的意见。质监站先后两次分别对案涉工程的土建工程和升压站受电前及首批风机并网前的工程质量进行监督检查，并于2014年4月9日和同年10月12日出具质量监督检查报告。其中同年4月9日的质量监督检查报告中载明，"工程实体质量经施工现场抽查检查，实测实量，施工质量基本符合设计和验收规范要求"；同年10月12日出具的质量监督检查报告中载明，"综合质量行为、机务、电气、控制、土建工程与试运行环境五个专业小组的监督检查结果，工程建设各责任主体的质量行为基本符合监检大纲要求，反映工程内在质量的技术文件、资料基本齐全，施工质量经施工现场抽查检查，施工质量基本符合设计和验收规范要求"。

第二，建设单位已实际使用案涉工程进行并网发电近4年。2014年11月14日，建设单位组织施工单位及设计单位、监理单位对案涉工程的升压站进行验收。电力公司于2018年12月19日作出的《关于解列未取得电力业务许可证发电企业的通知》中载明，案涉工程并网发电时间为2014年12月24日，解网时间为2018年12月30日。在近4年的并网发电过程中，均说明案涉工程质量符合施工要求，能够实现建设单位缔约目的，故不存在主体结构和地基基础工程问题。

第三，法院对案涉工程进行了现场勘察。在现场勘察过程中，双方当事人均认可，支撑1号主变机和2号主变机的三个基础支柱，肉眼可见处于同一水平面，外观良好，但四周围挡存在略有下沉、部分地方有裂缝的情形。故从勘察情况上看，建设单位主张案涉工程的地基基础工程和主体结构存在质量问题,缺乏充分的事实依据。

综上,建设单位主张案涉工程的地基基础工程和主体结构存在质量问题的上诉理由,缺乏充分的事实和法律依据。

【实务指引】

《民法典》第八百零一条、《建筑法》第五十八条、《建设工程质量管理条例》第二十六条均规定施工单位对建设工程的施工质量负责。建设单位在具备竣工验收条件时应当及时组织参加验收,没有经过竣工验收或者验收未通过的,发包人不得提前使用。发包人擅自或强行使用的,出现质量问题的,根据最高人民法院《关于审理建设工程施工合同纠纷案件适用法律问题的解释(一)》第十四条的规定,由发包人自行承担责任。该规定实质是关于工程质量责任风险的转移。根据《建筑法》的有关规定,施工单位对建筑工程质量承担责任。但是,在建设工程未经过竣工验收或者验收未通过的情况下,发包人违反法律规定,擅自或强行使用,即可视为发包人对建筑工程质量是认可的,或者虽然工程质量不合格其自愿承担该后果。因为发包人使用未经验收的工程,其应当预见工程可能会存在质量问题,而且使用验收不合格的建筑工程就更直接说明发包人对不合格工程予以认可。随着发包人的提前使用,其工程质量责任风险也由施工单位随之转移给发包人,而且工程交付的时间,亦可认定为发包人提前使用的时间。本案中,某风力发电公司未经竣工验收,已经并网发电多年,属于擅自使用,出现工程质量问题由其自行承担。

【法律依据】

最高人民法院《关于审理建设工程施工合同纠纷案件适用法律问题的解释(一)》第十四条 建设工程未经竣工验收,发包人擅自使用后,又以使用部分质量不符合约定为由主张权利的,人民法院不予支持;但是承包人应当在建设工程的合理使用寿命内对地基基础工程和主体结构质量承担民事责任。

11. 质保金返还期限的认定

案例 332

某设计公司与某建设公司建设工程分包合同纠纷案

Q: 电力工程的保修期,应如何认定?

A: 一般情况下,电气管线、给排水管道、设备安装和装修工程的保修期为 2 年。

裁判案例: (2020)甘 03 民终 168 号

【裁判观点】

关于涉案工程的保修期及质保金退还期限应如何认定的问题。双方签订的施工协议中,对保修责任约定为:执行《建设工程质量管理条例》。同时在施工协议中关于付款方式约定为:"……留存10%质保金,待质保期满一年无质量问题一次性付清,质保金不计利息。"《建设工程质量管理条例》第四十条规定:"在正常使用条件下,建设工程的最低保修期限为:(一)基础设施工程、房屋建筑的地基基础工程和主体结构工程,为设计文件规定的该工程的合理使用年限;……(四)电气管线、给排水管道、设备安装和装修工程,为期2年。"根据上述规定及双方当事人的约定,可以认定,涉案工程质保期为2年,质保金的返还期限为质保期满后1年。应以工程竣工验收合格或交付使用时间作为质保期的起算时间。本案中,某建设公司已于2013年12月底完成涉案工程,并交付发包方使用。故可以认定涉案工程的质保期从2014年1月1日起算,质保金的返还期限于2016年12月31日届满。某设计公司主张按照其与中国三峡新能源公司西北分公司的约定,从2014年11月1日进入质保期,依据不足,本院不予支持。

【实务指引】

根据《建设工程质量管理条例》第四十条的规定,"在正常使用条件下,建设工程的最低保修期限为:(一)基础设施工程、房屋建筑的地基基础工程和主体结构工程,为设计文件规定的该工程的合理使用年限;(二)屋面防水工程、有防水要求的卫生间、房间和外墙面的防渗漏,为5年;(三)供热与供冷系统,为2个采暖期、供冷期;(四)电气管线、给排水管道、设备安装和装修工程,为2年。其他项目的保修期限由发包方与承包方约定。建设工程的保修期,自竣工验收合格之日起计算"。一般情况下,工程质保期在工程竣工之日起算,承包方与发包方根据设计文件规定进行工期及质保期约定,还可以约定质保金的收取及返还时间。本案中,根据双方当事人的约定,涉案工程质保期为2年,质保金的返还期限为质保期满后1年,应以工程竣工验收合格或交付使用时间作为质保期的起算时间。

【法律依据】

《建设工程质量管理条例》第三十九条 建设工程实行质量保修制度。

建设工程承包单位在向建设单位提交工程竣工验收报告时,应当向建设单位出具质量保修书。质量保修书中应当明确建设工程的保修范围、保修期限和保修责任等。

《建设工程质量管理条例》第四十条 在正常使用条件下,建设工程的最低保修期限为:

(一)基础设施工程、房屋建筑的地基基础工程和主体结构工程,为设计文件规定的该工程的合理使用年限;

(二)屋面防水工程、有防水要求的卫生间、房间和外墙面的防渗漏,为5年;

(三)供热与供冷系统,为2个采暖期、供冷期;

(四)电气管线、给排水管道、设备安装和装修工程,为2年。

其他项目的保修期限由发包方与承包方约定。

建设工程的保修期,自竣工验收合格之日起计算。

12. 合同有效时工程价款结算

案例333

某房地产开发公司与某建筑动力安装公司承揽合同纠纷案

Q: 风电施工合同中关于合同价款约定"合同总价款4550000元。结算时扣管理费5%,税金3.36%,并由财务代扣个人所得税及印花税2.53%,最终价款以工程管理部审核的价款为准",对该计价约定,应如何理解?

A: 应理解为固定总价。

裁判案例:(2012)甘民二终字第181号

【裁判观点】

从双方合同内容的文字含义来看,本案双方签订的《承揽合同》明确约定:"合同总价款4550000元。结算时扣管理费5%,税金3.36%,并由财务代扣个人所得税及印花税2.53%,最终价款以工程管理部审核的价款为准。"此处的"最终价款以工程管理部审核的价款为准",显然只是以"扣管理费5%,税金3.36%,并由财务代扣个人所得税及印花税2.53%"为前提的,并非无条件地"最终"再审核全部工程价款。同时,合同第八条也约定,"本项目施工所用的材料、施工机具等均由施工单位承担,费用一次性包死"。故原判认定合同价款是一次性包死是正确的。

【实务指引】

《建设工程工程量清单计价规范》(GB 50500—2013)第2.0.12条规定了总价合同的定义,即发承包双方约定以施工图及其预算和有关条件进行合同价款计算、调整和确认的建设工程施工合同。总价合同根据"总价"产生的依据可以进一步分为施工图总价(以发包人提供的施工图计算合同总价)、清单总价(发包人依据图纸提供项目清单,承包人根据清单报价,合同总价对应清单内容)等形式。固定总价则意味着合同价格确定之后除了特定情况之外不予调整。分析本案中合同的具体价格形式需要综合分析合同条款。根据双方约定,合同总价为4550000元,但这部分费用最终要扣除管理费、税费等费用。这部分需要扣除的费用是确定的,而合同约定的总价也是确定的。因此,扣除费用之后的合同总价款必然也确定。另外,双方约定"本项目施工所用的材料、施工机具等均由施工单位承担,费用一次性包死",这意味着合同中各项目的费用是固定的。结合各项目费用固定以及扣除各项费用后合同总价是确定的这两个因素,可以判定本案中双方当事人订立的合同为总价合同。由于材料等费用价格固定,因此该合同为固定总价合同。

【法律依据】

最高人民法院《关于审理建设工程施工合同纠纷案件适用法律问题的解释(一)》第十九条第一款 当事人对建设工程的计价标准或者计价方法有约定的,按照约定结算工程价款。

案例334

某安装建设公司、某风电公司建设工程施工合同纠纷案

Q: 某安装建设公司与某风电公司经过招投标程序签订建设工程施工合同,约定总价暂定为1366000元。某安装建设公司采用不平衡报价方式,对项目中圆管涵工程的报价高于实际造价10倍。合同约定的圆管涵长度为67米,某安装公司实际完成的长度为500米。该项目应当如何计价?

A: 对超出部分工程量的计价方式,可以参照签订建设工程施工合同当地建设行政主管部门发布的计价方法或者计价标准结算工程价款。

裁判案例:(2019)桂03民终3542号

【裁判观点】

关于圆管涵工程价款问题。根据某工程造价咨询有限公司出具的鉴定结论,涉案圆管涵工程的实际造价为每米1900.12元。该鉴定结论符合实际情况,该院予以确认。由于原告某安装建设公司的投标报价为每米16332.78元,该价格明显偏高。因涉案工程为不平衡报价,故在对圆管涵工程计价时应当对双方利益予以衡平考量。因此,对合同约定的67米工程量应以每米16332.78元的投标报价计付价款;对超出部分工程量的计价方式,应当参照《最高人民法院关于审理建设工程施工合同纠纷案件适用法律问题的解释》第十六条第二款"因设计变更导致建设工程的工程量或者质量标准发生变化,当事人对该部分工程价款不能协商一致的,可以参照签订建设工程施工合同当地建设行政主管部门发布的计价方法或者计价标准结算工程价款"的规定,按工程实际造价每米 1900.12 元计付价款。因此,涉案圆管涵的工程价款为 1917048.22(67×16332.78+433×1900.12)元,双方已结算 741508 元,被告某风电公司应支付涉案圆管涵工程款 1175540.22 元。

【实务指引】

本案中,承包人在投标时采用了不平衡报价的方式。所谓不平衡报价,是承包人的一种盈利手段。在已确定投标总价时,投标人根据招标文件的具体要求,对某些项目报出较高的价格而有些项目报出较低的价格。之后在施工中承包人可以通过变更等方法取消价格较低的项目,以此盈利。根据《民法典》第一百一十九条的规定,依法成立的合同,对当事人具有法律约束力。既然招标人经过评标之后对于投标人以不平衡报价方式提供的投标文件予以认可并与投标人订立合同,就意味着发包人与承包人已经对不平衡报价达成了合意。这类合同合法有效。本案的争议点在于,原定直径 1.5 米圆管涵工程量为 67 米,单价为每米 16332.78 元。但是承包人实际完成工程量 500 米。超出合同约定部分的工程量和对应的合同价格便形成了合同漏洞。根据《民法典》第五百一十条的规定,双方当事人可以对超出合同范围的价格进行协商。本案中双方当事人未能达成一致意见,故可以适用《民法典》第五百一十一条的规定,按照当地的政府定价或指导价处理。

【法律依据】

最高人民法院《关于审理建设工程施工合同纠纷案件适用法律问题的解释(一)》第十九条 当事人对建设工程的计价标准或者计价方法有约定的,按照约定结算工程价款。

因设计变更导致建设工程的工程量或者质量标准发生变化,当事人对该部分工程价款不能协商一致的,可以参照签订建设工程施工合同时当地建设行政主管部门发布的计价方法或者计价标准结算工程价款。

建设工程施工合同有效,但建设工程经竣工验收不合格的,依照《民法典》第五百七十七条规定处理。

13. 工程价款利息的计算标准

案例 335

某风电公司、某建筑基础公司建设工程施工合同纠纷案

Q:业主与风电公司签订《风电场工程风机与箱变基础固定总价施工合同》,由于前期审批手续办不下来,导致工程未能如期开工。到了实际开工日的时候,水泥价格大幅上涨,双方产生争议。风电公司主张拖欠水泥调差款的利息,能否得到支持?

> **A**：能，因为水泥的价款是施工成本，属于工程款，水泥调差款也应属于工程款。承包人主张工程欠款的利息，应予支持。
> **裁判案例**：(2019)最高法民申 3386 号

【裁判观点】

某建筑基础公司为进行案涉工程施工采购水泥所支出的款项属于施工成本，可计入工程款中。因水泥价格上涨而产生的水泥调差款，其性质亦属于工程款。某风电公司应向某建筑基础公司支付水泥调差款而未予支付，二审法院判决某风电公司支付水泥调差款的利息，并无不当。

【实务指引】

支付工程价款及欠付工程价款的利息是发包人的法定或合同义务。在建设工程制式合同中对于预付工程款、进度款、工程竣工结算款分别作出了约定，并设定了相应的利息计算方法。当事人还可以将工程欠款的利息加入建设工程施工合同的索赔条款中。通过《民法典》第七百八十一条、《建筑法》第十八条以及各类制式合同文本的规定，当前可以明确的是发包人足额支付工程价款以及支付工程价款利息均属于发包人应承担的义务。本案中，当事人没有约定利息利率和起算时间，则在水泥调差款确定之日起，按照中国人民银行同期贷款利率计算利息，并无不当。

需要注意的是，由于中国人民银行的相关规定，自 2019 年 8 月 20 日起，中国人民银行授权全国银行间同业拆借中心于每月 20 日发布贷款市场报价利率(LPR)。2019 年 8 月 20 日之后欠付的工程价款，应当按照全国银行间同业拆借中心发布的同期贷款市场报价利率计算。

【法律依据】

最高人民法院《关于审理建设工程施工合同纠纷案件适用法律问题的解释(一)》第二十六条 当事人对欠付工程价款利息计付标准有约定的，按照约定处理。没有约定的，按照同期同类贷款利率或者同期贷款市场报价利率计息。

14. 固定总价合同项下的造价鉴定

> **案例336**
>
> ### 某房地产开发公司与某建筑动力安装公司
> ### 建设工程施工合同纠纷案
>
> **Q:** 风电项目合同中,双方约定费用一次性包死,施工方还能请求法院对工程价款进行鉴定吗?
>
> **A:** 不能。当事人约定按照固定价结算工程款时,一方当事人请求对建设工程造价进行鉴定的,法院不予支持。
>
> **裁判案例:**(2013)民申字第998号

【裁判观点】

本案中,合同双方在《承揽合同》第八条中约定,"本项目施工所用的材料、施工机具等均由施工单位承担,费用一次性包死。"一审、二审法院认定涉案工程是按固定价结算工程款,遂对鉴定申请不予支持,并不存在违法情形。

【实务指引】

建设工程施工合同中双方当事人约定按照固定价结算工程款的,"一般是指按施工图预算包干,即以审查后的施工图概算或者综合预算为准,有的是以固定总价格包干或者以平方米包干等方式结算工程款"。这类合同在《建设工程工程量清单计价规范》(GB 50500—2013)中体现为总价合同。第2.0.12条规定:"发承包双方约定以施工图及其预算和有关条件进行合同价款计算、调整和确认的建设工程施工合同"为总价合同。《建设工程工程量清单计价规范》总价合同有两种形式,即采用工程量清单方式招标形成的总价合同和采用经审定批准的施工图纸及其预算方式发包形成的总价合同。采用工程量清单方式招标形成的总价合同在计量时遵循"必须以承包人完成合同工程应予计量的工程量确定"的规则(第8.2.1条);经审定批准的施工图纸及其预算方式发包形成的总价合同在计量时遵循"除按照工程变更规定的工程量增减外,总价合同各项目的工程量应为承包人用于结算的工程量"(第8.3.2条)。上述规定反映出总价合同的一个特点是具有特定的工程量计算规则。例如在采用经审定批准的施工图纸及其预算方式发包形成的总价合同中,在工程不存在因变更导致的工程量增减时,审定批准的施工图纸中记录的工程量便是最终结算的工程量。而承包人在投标时的报价也是基于审定的施工图纸提出的。由此,在发承包双方对于工程量的计算以及工程量对应的合同价格作出明确约定的情况下该合同的结算价款便"固定"下来。因此,这类合同的总价款并不需要通过专门委托造价鉴定机构鉴定或者评估即可确定。如果没有其他证据能够推翻发承包双方对合同价款的约定时,同意任何一方当事人对固定价合同开展鉴定的申请都意味着背离双方当事人达成的真实合意。因此,《最高人民法院建设工程施工合同司法解释(一)理解与适用》第二十八条规定:"当事人约定按照固定价结算工程价款,一方当事人请求对建设工程造价进行鉴定的,人民法院不予支持。"

【法律依据】

最高人民法院《关于审理建设工程施工合同纠纷案件适用法律问题的解释(一)》第二十八条
当事人约定按照固定价结算工程价款,一方当事人请求对建设工程造价进行鉴定的,人民法院不予支持。

案例 337

某风电公司与某工程公司建设工程施工合同纠纷案

Q:风电公司按固定价结算工程款,对方请求鉴定,是否准许?
A:不予支持,应按固定价结算工程款。
裁判案例:(2017)内 05 民终 1070 号

【裁判观点】

某风电公司主张应当按照固定单价计算工程量及工程款,且在二审期间向法院提出了实际工程量的鉴定申请,对此,二审法院认为,双方签订的合同明确约定工程款为1845万元,根据最高人民法院《关于审理建设工程施工合同纠纷案件适用法律问题的解释》(已失效)第二十二条的规定,当事人约定固定价结算工程价款,一方当事人请求对工程造价进行鉴定的,不予支持。

【实务指引】

在我国实践中,因建设工程涉及的种类不同,双方当事人约定工程款结算方式也有多种不同。当事人在建设工程施工合同中约定不同的结算方式,会导致不同的法律后果。合同中约定按照固定价结算工程款的,一般是指按施工图预算包干,即以经审查后的施工图总概算或者综合预算为准,有的是以固定总价格包干或者以平方米包干等方式结算工程款。所有这些方式结算工程款,都可以不通过中介机构的鉴定或者评估就可以确定出工程的总价款。承包人和发包人在履行建设工程施工合同过程中,如果没有发生合同修改或者变更等情况导致工程量发生变化时,就应该按照合同约定的包干总价格结算工程款。

【法律依据】

最高人民法院《关于审理建设工程施工合同纠纷案件适用法律问题的解释(一)》第二十八条当事人约定按照固定价结算工程价款,一方当事人请求对建设工程造价进行鉴定的,人民法院不予支持。

15. 实际施工人的诉权及诉讼地位

案例338

某电力工程公司、刘某建设工程施工合同纠纷案

Q:存在多层转包和分包的情况下,实际施工人能否向承包人主张工程款?
A:需要结合实际情况判断。
裁判案例:(2020)桂09民终1751号

【裁判观点】

本院认为,《最高人民法院关于适用〈中华人民共和国民事诉讼法〉的解释》第三百二十三条第一款规定,"第二审人民法院应当围绕当事人的上诉请求进行审理",故本院二审围绕上诉人某电力工程公司的上诉请求进行审理。合同具有相对性,刘某作为债权人,应向合同相对方张某主张权利。但由于建设工程施工合同纠纷具有其特殊性,不仅涉及双方当事人的利益,还涉及其他主体利益和社会公共利益,且保护实际施工人利益的实质是保护农民工的合法权益不受损害,农民工的劳动成果大多物化在建设工程之中,因此,《最高人民法院关于审理建设工程施工合同纠纷案件适用法律问题的解释》第二十六条规定"实际施工人以转包人、违法分包人为被告起诉的,人民法院应当依法受理。实际施工人以发包人为被告主张权利的,人民法院可以追加转包人或者违法分包人为本案当事人",最高人民法院《关于审理建设工程施工合同纠纷案件适用法律问题的解释(二)》第二十四条又进一步规定,"实际施工人以发包人为被告主张权利的,人民法院应当追加转包人或者违法分包人为本案第三人,在查明发包人欠付转包人或者违法分包人建设工程价款的数额后,判决发包人在欠付建设工程价款范围内对实际施工人承担责任",即建设工程施工合同纠纷突破债的相对性,规定实际施工人可以以发包人为被告主张权利。但在建设工程施工领域，往往存在多层转包、分包的情形，本案即是如此。在前述规定中并未对多层转包和分包情况下实际施工人的权利救济做出明确规定，但该条并未排除对多层转包和分包情形的适用，即存在多层转包和分包情况下，实际施工人仍然可以向发包人主张权利，该条不仅对承担责任的主体进行了限定，而且亦对承担责任的范围进行了限定。除此之外，在多层转包和分包情况下，原则上实际施工人不能向既不是发包人又与其无合同关系的转包人主张权利，允许实际施工人向总承包人或者承包人主张权利的前提是发包人足额向总承包人或者承包人支付了全部工程款。综上，从主张权利的主体而言，实际施工人可以向合同相对方以及发包人主张权利，例外情形下还可以向总承包人或者承包人主张权利。本案中，实际施工人刘某与张某之间存在合同关系，故其要求张某给付工程款有事实和法律依据。刘某与某电力工程公司之间并没有直接的合同关系，只有某电力工程公司未足额向张某支付工程款的情况下，某电力工程公司才在欠付张某工程款范围内向刘某承担责任。某电力工程公司与张某之间尚未结清工程款，刘某在本案中主张某电力工程公司与张某共同支付工程款，并互负连带责任，没有事实和法律依据。一审法院判决某电力工程公司在欠付工程款范围内对张某尚欠刘某工程款债务承担连带清偿责任，适用法律不当，本院予以纠正。

【实务指引】

参见第一编第三章案例249的实务指引。

【法律依据】

最高人民法院《关于审理建设工程施工合同纠纷案件适用法律问题的解释（一）》第四十三条 实际施工人以转包人、违法分包人为被告起诉的，人民法院应当依法受理。实际施工人以发包人为被告主张权利的，人民法院应当追加转包人或者违法分包人为本案第三人，在查明发包人欠付转包人或者违法分包人建设工程价款的数额后，判决发包人在欠付建设工程价款范围内对实际施工人承担责任。

案例339

某能源公司与陈某、某建设公司承揽合同纠纷案

Q： 某建设公司与某电力公司签订《吊装施工合同》，约定某建设公司承建吊装施工项目。之后，某建设公司与某能源公司签订合同，将工程转包给某能源公司。某能源公司又将该工程转包给从陈某。案涉工程验收合格后，陈某能否要求某建设公司支付欠付工程款？

> A：不可以，根据合同相对性原则，个人只能要求能源公司承担付款义务。
>
> 裁判案例：(2020)陕08民终4416号

【裁判观点】

2016年6月，某建设集团公司与某电力公司签订《某风电场三期(马圈梁)、四期(学庄)2×50兆瓦工程集电线路、升压站建安、风机及塔筒吊装施工合同》，由某建设集团公司承担工程建设施工，合同价款为35802349元。2016年6月10日，某建设集团公司与某能源公司签订《某风电场三期(马圈梁)、四期(学庄)2×50兆瓦工程集电线路、升压站建安、风机及塔筒吊装施工合同》约定由某能源公司承担工程建设施工，合同价款为34728000元，工期自2016年6月15日至2016年10月30日竣工。2016年10月5日，某能源公司与陈某签订《某风电场三期(马圈梁)、四期(学庄)2×50兆瓦工程集电线路、升压站建安施工合同》，约定由陈某承担工程建设施工，合同价款为2260万元，从2016年6月15日开工，2016年10月15日竣工。该工程于2017年1月26日被验收合格。陈某向某能源公司索要工程款未果。

最高人民法院《关于审理建设工程施工合同纠纷案件适用法律问题的解释(一)》第四十三条规定，实际施工人以转包人、违法分包人为起诉的，人民法院应当依法受理。实际施工人以发包人为主张权利的，人民法院应当追加转包人或者违法分包人为本案第三人，在查明发包人欠付转包人或者违法分包人建设工程价款的数额后，判决发包人在欠付建设工程价款范围内对实际施工人承担责任。该法条突破了合同的相对性，但本案中某建设集团公司是涉案工程的总承包人，发包人是某电力公司，不应适用该司法解释，陈某与某能源公司之间具有合同关系，与某建设集团公司之间没有合同关系，根据合同相对性原则，陈某只能要求某能源公司承担付款义务，陈某要求某建设集团公司承担付款义务没有法律依据。

【实务指引】

实际施工人以转包人、违法分包人为被告起诉的，人民法院应予受理。实际施工人主要是指转承包和违法分包的承包人。实际施工人与转包人、违法分包人是建设工程施工合同的承、发包当事人，是建设工程施工合同的两方，是合同的相对人。由于转包、违法分包合同违反法律的强制性规定而无效，作为无效合同的当事人，一方向另外一方起诉主张权利的，人民法院应当受理。但是，各级人民法院在审理实际施工人起诉索要工程款的，首先应当向其发包人主张权利，这是实际施工人主张权利的主渠道、主导方向，实际施工人应当首先向合同相对方主张权利，而不是径行向发包人(业主)主张权利。本案中，陈某与某能源公司之间具有合同关系,与某建设集团公司之间没有合同关系,根据合同相对性原则,陈某只能要求某能源公司承担付款义务,陈某要求某建设集团公司承担付款义务没有法律依据。

【法律依据】

最高人民法院《关于审理建设工程施工合同纠纷案件适用法律问题的解释(一)》第四十三条 实际施工人以转包人、违法分包人为被告起诉的,人民法院应当依法受理。实际施工人以发包人为被告主张权利的,人民法院应当追加转包人或者违法分包人为本案第三人,在查明发包人欠付转包人或者违法分包人建设工程价款的数额后,判决发包人在欠付建设工程价款范围内对实际施工人承担责任。

十四、中介合同

案例340

叶某与某建设公司居间合同纠纷案

Q: 叶某与某建设公司签订《工程合作协议》,约定叶某与某建设公司共同承揽某集电线路工程。某建设公司直接参与项目招投标工作,投标价由双方统一商定。叶某负责该项目前期对外联络。若竞标成功,某建设公司与业主签订合同,某建设公司向叶某支付合同价款4%的工程咨询服务费用。该合同属于何种性质?

A: 中介合同。

裁判案例:(2019)陕01民终7400号

【裁判观点】

一审法院认为,居间合同是居间人向委托人报告订立合同的机会或者提供订立合同的媒介服务,委托人支付报酬的合同。根据叶某与某建设公司签订的《工程合作协议》,叶某负责项目前期对外联系等所有工作,若竞标成功,某建设公司按合同价款的4%支付叶某工程咨询服务费用,符合居间合同的法律特征。因某建设公司系某公司分公司,不具有法人资格,其民事责任依法应由某公司承担。本案中,叶某诉请要求某公司支付劳务报酬、利息及税金,其依据为《工程合作协议》,某公司对此不予认可。因在涉案的《工程合作协议》签订之前,某公司已经在文山及定边的两个工程项目中中标,中标行为已经完成,涉及该《工程合作协议》的合同内容并未履行。叶某称双方事先已有口头约定,于中标后再补签书面协议,但未提交证据佐证,且庭审中叶某也未就其提供促成某公司中标的中介服务的具体内容予以举证,叶某对此应承担举证不能的法律后果。

【实务指引】

《民法典》第九百六十一条规定,中介合同是中介人向委托人报告订立合同的机会或者提供订立合同的媒介服务,委托人支付报酬的合同。这一规定调整了原《合同法》中居间合同的说法,改用更通俗的中介合同。根据本条规定,中介人报告订约机会或者作为订约媒介是中介合同中中介人的主要合同义务。本案中,虽然叶某与某建设公司之间订立的合同中约定双方共同承揽工程。但是最终与建设单位订立建设工程合同的主体依然是某建设公司。结合合同约定的内容以及叶某具体的工作来看,其与某建设公司之间订立的合同应当是中介合同。

【法律依据】

《民法典》第九百六十一条　中介合同是中介人向委托人报告订立合同的机会或者提供订立合同的媒介服务,委托人支付报酬的合同。

十五、合伙合同

1. 个人合伙关系的解除

案例341

詹某与朱某合伙协议纠纷案

Q:詹某与朱某双方达成口头合伙协议,约定二人合伙承包风电土建项目,该项目现已完工。詹某在一审法院的诉讼请求是否可以解除双方之间的合伙关系?

A:个人合伙具有人合性特征,合伙基础丧失或合伙目的达成时,合伙关系即可解除。

裁判案例:(2020)青25民终146号

【裁判观点】

一审法院认为,詹某、朱某自愿达成合伙协议,系双方当事人意思表示,合伙协议合法有效,双方应当按照协议约定履行各自义务。个人合伙具有人合性特征,合伙基础丧失或合伙目的达成时,合伙关系即可解除。本案中,双方合伙的目的是承包某建设公司

200MW 风电土建项目,现该项目已完工且双方之间产生了无法调和的矛盾,双方均同意解除合伙关系,故对詹某要求解除与朱某之间合伙关系的诉求,一审法院予以支持。

【实务指引】

个人合伙具有人合性特征,合伙基础丧失或合伙目的达成时,合伙关系即可而解除。个人合伙限制条件比较少,解除合伙也不存在较多的限制,当合伙人共同决定解除合伙的时候,合伙关系就能解除。本案中,双方合伙的目的是承包某建设公司 200MW 风电土建项目,现该项目已完工且双方之间产生了无法调和的矛盾,双方均同意解除合伙关系,便可以解除合伙关系。

【法律依据】

《合伙企业法》第八十五条　合伙企业有下列情形之一的,应当解散:

(一)合伙期限届满,合伙人决定不再经营;
(二)合伙协议约定的解散事由出现;
(三)全体合伙人决定解散;
(四)合伙人已不具备法定人数满三十天;
(五)合伙协议约定的合伙目的已经实现或者无法实现;
(六)依法被吊销营业执照、责令关闭或者被撤销;
(七)法律、行政法规规定的其他原因。

2. 合同的利润分配和亏损分担

案例342

张某军、张某玉与王某、某建筑工程公司合伙协议纠纷案

Q: 双方口头约定合伙做工程业务,一方负责承揽风电场项目,另一方负责具体施工事宜。则合伙关系中利润分配比例应如何计算?

A: 因个人合伙是两个以上公民按协议各自提供资金、实物、技术等,合伙经营、共同劳动的行为。原、被告因未签订书面合伙协议,无法确定出资比例的,应按1∶1分配利润。

裁判案例: (2020)陕08民终1819号

【裁判观点】

2010年5月,原告张某军、张某玉与王某口头约定双方合伙做工程业务,后被告王某承揽到靖边县王渠则草山梁风电场项目及吉山梁风电场项目,由原告张某军负责具体施工事宜。该工程经相关部门验收合格后,工程款于2016年初结算至被告王某处。原告张某军、张某玉主张三人按照各自三分之一的标准对合作事项承担责任、分享利润。本案的争议焦点为:原告张某军、张某玉与被告王某在工程项目合伙关系中利润分配比例是按2∶1计算还是1∶1计算。

因个人合伙是两个以上公民按协议各自提供资金、实物、技术等,合伙经营、共同劳动的行为。本案中,原、被告因未签订书面合伙协议,被告对其与二原告按1∶1分配利润的事实无异议,而二原告无足以证明其与被告应按2∶1分配利润的证据,故二原告与被告在合伙项目工程中的利润分配比例为1∶1。

【实务指引】

合伙利润分配和亏损分担属于合伙内部关系的核心事项,与合伙人利害相关。所谓合伙的利润,是指合伙财产多于合伙债务及出资总额的部分;所谓合伙的亏损,是指合伙财产少于合伙债务及出资总额的部分。《民法典》第九百七十二条规定严格贯彻合同自由原则,对于利润分配和亏损分担事项,交由合伙人自行约定;合伙合同没有约定或者约定不明的,仍先由合伙人自行协商;如果协商不成的,再由合伙人按照实缴出资比例分配、分担;如果无法确定出资比例,由合伙人平均分配、分担。本案中,二原告无足以证明其与被告应按2∶1分配利润的证据,故二原告与被告在合伙项目工程中的利润分配比例为1∶1。

【法律依据】

《民法典》第一百七十六条　民事主体依照法律规定或者按照当事人约定,履行民事义务,承担民事责任。

《民法典》第四百六十九条　当事人订立合同,可以采用书面形式、口头形式或者其他形式。

书面形式是合同书、信件、电报、电传、传真等可以有形地表现所载内容的形式。

以电子数据交换、电子邮件等方式能够有形地表现所载内容,并可以随时调取查用的数据电文,视为书面形式。

《民法典》第九百七十二条　合伙的利润分配和亏损分担,按照合伙合同的约定办理;合伙合同没有约定或者约定不明确的,由合伙人协商决定;协商不成的,由合伙人按照实缴出资比例分配、分担;无法确定出资比例的,由合伙人平均分配、分担。

十六、保险合同

保险理赔

> **案例 343**
>
> **某风电公司、某保险公司保险合同纠纷案**
>
> **Q**：某风电公司与某保险公司订立的合同中，关于保险人是否承担赔偿责任的问题，合同格式条款中存在冲突。此时相关条款应当如何理解？
>
> **A**：应当作出不利于保险人的解释。
>
> **裁判案例**：(2021)冀08民终482号

【裁判观点】

本院认为，本案争议的焦点是被上诉人某保险公司是否应当承担上诉人某风电公司因涉案十台风机机组损坏导致其营业受到中断而产生的毛利润损失，即营业中断险赔偿责任。一、关于保险事故认定问题。在保险合同中，保险人对约定的承保危险所致的损害承担赔偿或给付保险金义务的前提是保险事故在承保范围内，而保险合同中保险责任和责任免除条款的约定则是对保险事故的界定及除外情形。根据涉案的机器损坏和附加利润损失险（即营业中断险）相关保险条款之约定，并结合十台风机机组拆解维修报告中的损坏原因，涉案十台风电机组中37#、39#、45#、48#、63#、67#、72#、75#八组致损原因符合机器损坏保险条款保险责任中第三条（一）"设计、制造或安装错误、铸造和原材料缺陷"情形，而46#、62#二组致损原因符合机器损坏保险条款责任免除中第五条（六）"机器运行必然引起的后果，如自然磨损、氧化、腐蚀、锈蚀、孔蚀、锅垢等物理性变化或化学反应"情形。机器损坏保险条款责任免除中第六条（三）又约定"根据法律或契约应由供货方、制造人、安装人或维修人负责的损失或费用"，保险人不负责赔偿，明显与机器损坏保险条款保险责任中第三条（一）"设计、制造或安装错误、铸造和原材料缺陷"相冲突。首先，当保险条款相冲突时，对于保险合同条款解释应当考虑适用合同解释的一般原则，即合同解释应当探求缔约当事人共同的真实意图，合同解释的结果，应当有助于当事人缔约目的的实现，而保险合同是最大诚信合同，投保人投保的目的是最大限度地保障自己的财产损失得到救济，我国《中华人民共和国合同法》第一百二十五条亦规定，应当根据合同目的确定合同的真实意思。其次，根据我国《中华人民共和国保险法》第三十条的规定，确认了保险合同的解释适用不利解释原则，即"采用保险人提供的格式条款订立的保险合同，保险人与投保人、被保险人或者受益人对合同条款有争议的，应当按照通常理解予以解释。对合同条款有两种以上解释的,人民法院或者仲裁机构应当作出有利于被保险人和受益人的解释。"采用不利解释原则,即对保险合同作不利于保险人的解释,其原因在于:一是保险合同是格式合同,其条款是由保险人事先拟订的,充分考虑了保险人的自身利益,而较少反映投保人、被保险人或受益人的意思,在订立保险合同时,投保人要么全部接受,要么不接受。对于格式合同的适用的解释原则,我国《中华人民共和国合同法》第四十一条规定:"对格式条款的理解发生争议的,应当按照通常理解予以解释。对格式条款有两种以上解释的,应当作出不利于提供格式条款一方的解释。格式条款和非格式条款不一致的,应当采用非格式条款。"二是保险合同内容复杂,并且其中有很多普通人不易理解的专业术语。投保人受专业知识和时间的限制,往往不可能对保险条款予以细致研究。三是保险人因其对保险具有的专业优势,使其对保险的熟悉程度远远超过被保险人和受益人。综上原因,保险合同中的投保人、被保险人,因风险承受能力较低、信息量占有不对称、合同地位不平等,属于商事交易中的弱势群体,人民法院应重视并尊重被保险人以及受益人对保险合同条款的客观合理的期待。本案中,上诉人某风电公司为其运营的大型风机机组设备在被上诉人某保险公司处投保并交纳大额保险费,其对保险利益的合理期待即是在因风机机组损坏而产生的高额损失能得到赔偿,如果因被上诉人某保险公司制作的相冲突的格式条款而免除保险公司的保险责任,那么不仅与投保人某风电公司交纳巨保险费时的合理期待不符,且会导致上诉人某风电公司因保险条款冲突而利益受损,故本案对于争议的保险条款应作不利于保险人的解释原则,以便维护投保人某风电公司合法权益。

【实务指引】

对格式条款进行解释,应注意通常解释规则和不利解释规则的适用顺序。首先应适用通常解释规则,在通常解释规则的基础上再适用不利解释规则,即对争议格式条款先按照通常理解予以解释,如果按照通常理解只有唯一的解释,那么这就是格式条款的解释结果,没有必要也不应再适用不利解释规则进行解释。《民法典》第四百九十八条规定,对格式条款"有两种以上解释的",应当作出不利于提供格式条款一方法解释,即不利解释规则的适用条件是对格式条款有两种以上解释。《保险法》第三十条的规定再次明确了适用条件。上述案例中,如果因某保险公司制作的相冲突的格式条款而免除保险公司的保险责任,那么不仅与投保人某风电公司交纳巨额保险费时的合理期待不符,且会导致某风电公司因保险条款冲突而利益受损,故上述案例对于争议的保险条款应作不利于保险人的解释原则。

【法律依据】

《民法典》第四百六十六条 当事人对合同条款的理解有争议的,应当依据本法第一百四十二条第一款的规定,确定争议条款的含义。

合同文本采用两种以上文字订立并约定具有同等效力的,对各文本使用的词句推定具有相同含义。各文本使用的词句不一致的,应当根据合同的相关条款、性质、目的以及诚信原则等予以解释。

《民法典》第四百九十八条　对格式条款的理解发生争议的,应当按照通常理解予以解释。对格式条款有两种以上解释的,应当作出不利于提供格式条款一方的解释。格式条款和非格式条款不一致的,应当采用非格式条款。

《保险法》第三十条　采用保险人提供的格式条款订立的保险合同,保险人与投保人、被保险人或者受益人对合同条款有争议的,应当按照通常理解予以解释。对合同条款有两种以上解释的,人民法院或者仲裁机构应当作出有利于被保险人和受益人的解释。

案例344

某保险公司与某能源公司保险合同纠纷案

Q:某能源公司与案外人某运输公司签订《风机设备运输合同》。某运输公司在某保险公司处投保国内公路货物运输保险。货物运输过程中发生实务,某运输公司先行处理事故现场,产生施救费28000元,由某运输公司垫付。该费用是否应当由保险公司赔付？

A:由保险人承担。保险事故发生后,被保险人为防止或者减少保险标的的损失所支付的必要的、合理的费用,由保险人承担。

裁判案例:(2018)陕03民终108号

【裁判观点】

焦点三:施救费是否属于赔偿范围。《中华人民共和国保险法》第五十七条"保险事故发生时,被保险人应当尽力采取必要的措施,防止或者减少损失。保险事故发生后,被保险人为防止或者减少保险标的的损失所支付的必要的、合理的费用,由保险人承担;……"的规定,由于发生事故的地点地形复杂,涉案损毁的设备属于较大物体,一般的救援设备无法完成,因此,采用大型吊装设备进行施救,故该施救费属于必要的合理支出,本院予以支持。

【实务指引】

合同的履行是指债务人依据合同约定和法律规定作出给付的行为。合同的全面履行要求当事人按合同约定的标的及其质量、数量,合同约定的履行期限、履行地点、适当的履行方式等,全面完成合同义务的履行。依法成立的合同,在订立合同的当事人间具有相当于法律的效力,因此,合同当事人受合同的约束,履行合同约定的义务应是自明之理。

根据《保险法》第五十七条"保险事故发生时,被保险人应当尽力采取必要的措施,防止或者减少损失。保险事故发生后,被保险人为防止或者减少保险标的的损失所支付的必要的、合理的费用,由保险人承担"的规定,本案中,双方签订的保险合同系当事人真实意思表示,内容合法有效,双方均应该按照合同约定履行义务,投保人应该按照合同约定及时缴纳保险费,在保险事故发生时,保险人应当赔偿投保人的合理支出,以维护投保人的合法权益。

【法律依据】

《保险法》第五十七条　保险事故发生时,被保险人应当尽力采取必要的措施,防止或者减少损失。

保险事故发生后,被保险人为防止或者减少保险标的的损失所支付的必要的、合理的费用,由保险人承担;保险人所承担的费用数额在保险标的损失赔偿金额以外另行计算,最高不超过保险金额的数额。

第四章 风电项目侵权法律纠纷

一、过错责任原则

案例345

某风电公司与某能源建设公司、某路桥工程公司、某工程公司、某电力工程公司、某电力建设公司赔偿纠纷案

Q： 风电公司在建设风电场过程中与某资源局签订了国有土地建设用地使用权出让合同书，是否还应对临时占地进行赔偿？

A： 应当，风电公司虽与某资源局签订了国有土地建设用地使用权出让合同书，但此合同系风电公司占用土地应履行的法定程序，该合同只能确认风电公司取得了土地使用权，对相对方要求风电公司占用土地的赔偿无约束力。

裁判案例： (2015)白民一终字第362号

【裁判观点】

被告某风电公司临时占用原告人工草地，施工后未对占用地的植被进行恢复，侵害了原告的合法权益，应承担赔偿责任。而被告某风电公司虽已与某市国土资源局签订了国有土地建设用地使用权出让合同书，但此合同系被告某风电公司占用土地应履行的法定程序，该合同只能确认被告某风电公司取得了土地使用权，对原告要求被告某风电公司占用土地的赔偿无约束力。被告某风电公司与施工方签订的合同，只能对合同双方产生约束力，对原告没有约束力，况且施工方与原告没有任何约定，双方不存在权利义务关系，因此，对被告某风电公司的主张不予支持。

【实务指引】

本案中需要区分不同的法律关系产生的法律后果。首先，某风电公司与某市资源局订立的建设用地使用权出让合同达成的法律后果为某风电公司取得合同约定地块的建设用地使用权。基于这一权利,某风电公司可以利用这一土地展开建设。需要注意的是,某风电公司行使建设用地使用权的范畴仅限于合同约定的范围。某风电公司临时占用的他人草地并不在建设用地使用权合同范围内,因此不能以该合同的存在主张占用行为合理合法。其次,临时占用他人土地并损坏草地的行为属于侵权行为,某风电公司依法应当承担赔偿责任。这一责任的产生是法律规定,在学理上属于法定之债,与设立建设用地使用权的合同之债属于不同的类型,且两者并无关联。综上,某风电公司的主张并无法律依据。

【法律依据】

《民法典》第一千一百六十五条　行为人因过错侵害他人民事权益造成损害的,应当承担侵权责任。

依照法律规定推定行为人有过错,其不能证明自己没有过错的,应当承担侵权责任。

案例 346

某工程公司、某电力建设公司财产损害赔偿纠纷案

Q:施工方在发包方承揽范围施工,造成第三方发电站处于停止发电状态,发电量损失应由谁承担?电量损失如何确定?

A:如发包方发包行为无过错,施工方应在其过错范围内承担责任,发电量损失可参考发电站往年发电量计算。

裁判案例:(2018)赣08民终1127号

【裁判观点】

本院认为,本案二审当事人争议的焦点为某工程公司、某电力建设公司是否应当承担本案的赔偿责任。对此,本院评析如下:(1)关于某工程公司是否应当承担支墩改造造成的损失。《中华人民共和国物权法》第三十六条、第三十七条规定,造成不动产或者动产毁损的,权利人可以请求修理、重作、更换或恢复原状;侵害物权,造成权利人损害的,权利人可以请求损害赔偿,也可以请求承担其他民事责任。本案中,某新能源公司、某工程公司未经清秀电站同意,擅自改建清秀电站压力管道的两个支墩,侵害了清秀电站的合法物权。因此,作为侵权人之一的某工程公司应当承担重建支墩并赔偿损失的责任。一审法院参照往年发电量酌定支墩改建期间发电损失并判决某工程公司承担并不违反法律规定,某工程公司要求不承担责任的上诉理由缺乏事实和法律依据,不予采纳。(2)关于某电力建设公司是否应当承担施工废土淤堵清秀电站水渠造成的损失。《中华人民共和国侵权责任法》第六十五条规定,因污染环境造成损害的,污染者应当承担侵权责任。本案中,某电力建设公司在施工中产生的废土污染水体,造成清秀电站水渠淤堵,应当承担由此发生的损失。一审法院根据清秀电站清淤的实际支出以及参照往年发电量酌定水渠淤堵产生的损失并判决某电力建设公司承担符合侵权责任法的前述规定,某电力建设公司的上诉理由与本案事实不符,不予采信。此外,一审判决对某新能源公司的责任认定和本案法律适用以及损失计算虽然存在瑕疵,但根据《中华人民共和国民事诉讼法》第一百六十八条"第二审人民法院应当对上诉请求的有关事实和适用法律进行审查"的规定,因当事人未对此提出上诉,故不予变更。

【实务指引】

本案中某工程公司未经同意,擅自改建某电站所有的支墩,法院认为某工程公司侵害了某电站的合法物权,之后援引原《侵权责任法》的规定对案件作出了处理。

《民法典》第二百三十五条规定,无权占有不动产或者动产的,权利人可以请求返还原物。第二百三十六条规定,妨害物权或者可能妨害物权的,权利人可以请求排除妨害或者消除危险。这两条规定是物权法体系下对物权的保护手段,学理上称为物上请求权。所谓物上请求权,是指物权人于其物被侵害或有被侵害之危险时,可以请求恢复物权圆满状态或防止侵害的权利。[①] 根据上述法律规定的内容,权利人所有的物被他人无权占有时,权利人可以援引《民法典》第二百三十五条,请求无权占有返还原物以恢复权利人对物的占有的完满状态。当权利人的物受到占有以外的方法影响,使权利人对物的支配受到阻碍时,权利人可以援引《民法典》第二百三十六条的规定排除外界的妨害,以维护对物的支配。上述规定是物权法体系下对物权的保护措施。原《侵权责任法》的规定则让物权法体系下的权利保护措施与债权法体系下的权利保护措施产生了冲突。《民法典》第一千一百六十七条规定,侵权行为危及他人人身、财产安全的,被侵权人有权请求侵权人承担停止侵害、排除妨碍、消除危险等侵权责任。从内容上看,两种权利中均包括排除妨碍、消除危险等责任。为了使民法体系中的规范能够妥善适用,应当将侵权责任下的责任效果限定在"损害赔偿之债"的范畴,而不是恢复物的支配状态。

某工程公司擅自改建的行为直接导致电站的渠道和隧道入水口被泥沙堵塞,某电站被迫停止发电并出资清淤。某电站的财产受到了损害。我们可以认为某电站对其财产的所有权受到的损害。但如果沿着物权受损的路径进一步分析,那么某电站提出的主张应当是要求某工程公司恢复其对支墩的支配。

[①] 刘家安:《物权法论》(第2版),中国政法大学出版社2015年版,第46页。

【法律依据】

《民法典》第二百三十八条　侵害物权,造成权利人损害的,权利人可以依法请求损害赔偿,也可以依法请求承担其他民事责任。

二、特殊侵权

1. 劳务用工侵权

案例 347

某建筑工程劳务公司与某建筑工程公司合同纠纷案

Q: 风电项目工程施工过程中,雇佣人员在工作期间因交通事故受伤入院,该费用应如何承担?

A: 因雇佣人员系在工作期间因交通事故受伤入院,该费用应由雇佣单位承包方来承担。

裁判案例: (2019)陕 06 民终 1825 号

【裁判观点】

某建筑工程公司与某建筑工程劳务公司经协商一致,签订合同约定某建筑工程公司将吴起县周湾二期(50.6MW)风电项目基础工程以包工包料工程承包方式承包给某建筑工程劳务公司。本案争议的焦点是某建筑工程劳务公司是否应当支付某建筑工程公司垫付的蒋某某医疗费、误工费等及杨某的吊车租赁费、误工费共计161200元,以及柳某荣、柳某甲等4人的场地租赁费、材料运输费、看护费、陪护费共计54650元。

因蒋某某、杨某系上诉人某建筑工程劳务公司雇佣人员,在工作期间因交通事故受伤入院,上诉人垫付了部分医疗费后拒不支付,导致蒋某某、杨某阻挡被上诉人施工,故被上诉人垫付的蒋某某、杨某的医疗费、误工费等费用共计161200元应由上诉人承担。关于垫付的柳某荣、柳某甲等4人的场地租赁费、材料运输费、看护费、陪护费共计54650元,因上诉人某建筑工程劳务公司在施工期间使用场地未支付相关费用,且蒋某某、杨某住院期间张某进行了陪护,故此部分费用也应由上诉人承担。

【实务指引】

劳动者在工作中发生了交通事故,如果该交通事故又属于工伤,劳动者既可以选择交通事故索赔,也可以选择工伤事故索赔。但是,如果劳动者已获得交通事故责任方的民事赔偿,用人单位不再支付工伤保险待遇。如果交通事故得到的赔偿少于工伤赔偿,用人单位则应赔偿差额部分。

《民法典》第一千一百七十九条规定,侵害他人造成人身损害的,应当赔偿医疗费、护理费、交通费、营养费、住院伙食补助费等为治疗和康复支出的合理费用,以及因误工减少的收入。造成残疾的,还应当赔偿辅助器具费和残疾赔偿金;造成死亡的,还应当赔偿丧葬费和死亡赔偿金。最高人民法院《关于审理人身损害赔偿案件适用法律若干问题的解释》第三条规定,依法应当参加工伤保险统筹的用人单位的劳动者,因工伤事故遭受人身损害,劳动者或者其近亲属向人民法院起诉请求用人单位承担民事赔偿责任的,告知其按《工伤保险条例》的规定处理。因用人单位以外的第三人侵权造成劳动者人身损害,赔偿权利人请求第三人承担民事赔偿责任的,人民法院应予支持。雇员在从事雇佣活动时因安全生产事故遭受人身损害,发包人、分包人知道或者应当知道接受发包或者分包业务的雇主没有相应资质或者安全生产条件的,应当与雇主承担连带赔偿责任。

【法律依据】

《民事诉讼法》第六十七条　当事人对自己提出的主张,有责任提供证据。

当事人及其诉讼代理人因客观原因不能自行收集的证据,或者人民法院认为审理案件需要的证据,人民法院应当调查收集。

人民法院应当按照法定程序,全面地、客观地审查核实证据。

《民法典》第七条　民事主体从事民事活动,应当遵循诚信原则,秉持诚实,恪守承诺。

《民法典》第五百五十七条　有下列情形之一的,债权债务终止:

(一)债务已经履行;

(二)债务相互抵销;

(三)债务人依法将标的物提存;

(四)债权人免除债务;

(五)债权债务同归于一人;

(六)法律规定或者当事人约定终止的其他情形。

合同解除的,该合同的权利义务关系终止。

《民法典》第五百五十八条　债权债务终止后,当事人应当遵循诚信等原则,根据交易习惯履行通知、协助、保密、旧物回收等义务。

2. 高度危险作业侵权

案例348

某风电有限公司诉斯某触电人身损害责任纠纷案

Q：电力公司高压变电器造成人触电受伤，应该承担什么责任？
A：侵权责任，若被侵权人对损害的发生是故意的，则不承担责任。

裁判案例：(2016)内04民终320号

【裁判观点】

法院认为，从事高空、高压、地下挖掘活动或者使用高速轨道运输工具造成他人损害的，经营者应当承担侵权责任，但能够证明损害是因受害人故意或者不可抗力造成的，不承担责任。被侵权人对损害的发生有过失的，可以减轻经营者的责任。上诉人某风电有限公司作为高压设施的管理者及所有人，应当尽到高度注意义务，采取安全保障措施，防止损害的发生。被上诉人斯某在该高压设施上触电受伤属实，上诉人某风电有限公司虽主张被上诉人斯某系在故意破坏电力设施过程中触电受伤，其公司不应承担赔偿，但因证据不足，二审法院不支持，故原审判决由上诉人某风电有限公司承担赔偿责任并无不当。

【实务指引】

高度危险作业致人损害责任规定在《民法典》第一千二百四十条。该条中规定，"从事高空、高压、地下挖掘活动或者使用高速轨道运输工具造成他人损害的，经营者应当承担侵权责任"。根据本条的规定，高度危险作业不要求侵权人有过错，因此属于无过错责任。无过错责任的认定中，被侵权人需要举证证明损害事实、损害行为以及损害行为与损害事实之间的因果关系，无须证明侵权人存在过错。侵权人如果能够证明事故因被侵权人的故意或者因不可抗力发生的，不承担侵权责任。本案中，某风电有限公司未能举证证明事故由被侵权人的故意而发生，因此依据法律规定承担无过错责任。

【法律依据】

《民法典》第一千一百七十九条　侵害他人造成人身损害的，应当赔偿医疗费、护理费、交通费、营养费、住院伙食补助费等为治疗和康复支出的合理费用，以及因误工减少的收入。造成残疾的，还应当赔偿辅助器具费和残疾赔偿金；造成死亡的，还应当赔偿丧葬费和死亡赔偿金。

《民法典》第一千一百八十三条　侵害自然人人身权益造成严重精神损害的，被侵权人有权请求精神损害赔偿。

因故意或者重大过失侵害自然人具有人身意义的特定物造成严重精神损害的,被侵权人可以有权请求精神损害赔偿。

《民法典》第一千二百四十条 从事高空、高压、地下挖掘活动或者使用高速轨道运输工具造成他人损害的,经营者应当承担侵权责任;但是,能够证明损害是因受害人故意或者不可抗力造成的,不承担责任。被侵权人对损害的发生有重大过失的,可以减轻经营者的责任。

案例 349

某风电公司、刘某高度危险活动损害责任纠纷案

Q: 刘某因不慎碰触到通信光缆线上方的高压线而死亡。某风电公司作为电力设施的所有人在案涉电击事故中是否担责? 以及承担责任的比例?

A: 根据国务院发布的《电力设施保护条例》第十条关于电力线路保护区有关导向边线向外侧水平延伸并垂直于地面所形成的在一般地区各级电压导线的边线延伸距离1~10千伏为5米的规定,案涉高压线没有达到该条例规定的标准,故风电公司承担比例较小的责任。

裁判案例: (2019)黑81民终712号

【裁判观点】

法院认为,本案中,涉案高压线没有达到《电力设施保护条例》的要求,虽某风电公司庭审中对勘验检查笔录提出异议,辩称地面突出点系死者李某挖鱼池形成,但未提供证据证明其主张,故某风电公司作为涉案电力设施的所有人和管理人应承担相应的过错责任。鉴于李某的过错责任,确认刘某等4人自行承担80%的民事责任,某风电公司承担20%的民事责任。

【实务指引】

本案中,行为人作为完全民事行为能力人,对于其手持铁管在高压线下方的光缆支顶行为的危险性,应当作出预判。由于行为人疏忽大意,无视在高压线下方手持铁器的危险,最终导致被电击致死的损害后果,行为人存在重大过失。侵权人未能按照国家规定设置保护区域,该行为也具有过错。但因为死者自身存在重大过失,根据《民法典》第一千一百七十三条的规定,被侵权人对同一损害的发生或者扩大有过错的,可以减轻侵权人的责任。因此,应减轻侵权人的责任。

【法律依据】

《民法典》第一千二百三十六条　从事高度危险作业造成他人损害的,应当承担侵权责任。

《民法典》第一千二百四十条　从事高空、高压、地下挖掘活动或者使用高速轨道运输工具造成他人损害的,经营者应当承担侵权责任;但是,能够证明损害是因受害人故意或者不可抗力造成的,不承担责任。被侵权人对损害的发生有重大过失的,可以减轻经营者的责任。

3. 道路施工侵权

案例350

某新能源公司与王某财产损害赔偿纠纷案

Q:某新能源公司在建设风电项目时,导致附近房屋产生裂痕,如何承担责任?

A:若房屋的受损与风电项目建设之间存在因果关系,即负有相应的赔偿责任。

裁判案例:(2016)内04民终1350号

【裁判观点】

法院认为,2014年8月被告某新能源公司在克什克腾旗土城子镇书声建设风电项目,部分大翻车、轧道机、罐车从距离原告房屋1.5米处乡村道路通行,直至2014年11月施工结束。上述大型车辆在通行过程中产生强烈震感,导致原告王某位于克什克腾旗土城子镇天义号村倪其营子组的房屋产生裂痕。2015年某建筑公司鉴定原告房屋受损情况与房屋邻近道路上的动荷载有一定因果关系。因此,被告对原告的房屋受损应当承担相应的责任。

【实务指引】

侵权责任中最主要的归责原则是过错责任原则,即行为人对自己行为造成的损害是否承担责任,以过错作为判断标准的一种归责原则。在过错责任原则下,违法行为、损害事实、因果关系和主观过错构成了侵权责任成立的四个要件。直接原因和相当因果关系为判断是否有因果关系的主要规则,直接原因是指违法行为直接导致了损害后果的发生,即可认定二者之间具有因果关系;相当因果关系是指依据行为当时的社会经验判断行为引起损害后果的可能性。本案中,某新能源公司的部分大翻车、轧道机、罐车从距离原告房屋1.5米处乡村道路通行过程中产生强烈震感导致房屋产生裂痕;并且有司法鉴定意见认为房屋受损情况与房屋邻近道路上的动荷载有一定因果关系,其动荷载系被告施工过程中的大型车辆,某新能源公司应当承担相应的赔偿责任。

【法律依据】

《民法典》第一千一百六十五条 行为人因过错侵害他人民事权益造成损害的,应当承担侵权责任。

依照法律规定推定行为人有过错,其不能证明自己没有过错的,应当承担侵权责任。

4. 环境污染侵权

案例351

某光伏公司、某风电公司与何某环境污染责任纠纷案

Q: 风电公司和光伏公司在施工过程中造成环境污染时,应承担何种责任?适用何种归责原则?

A: 因污染环境造成损害,污染者应当承担侵权责任;适用无过错责任,被侵权人应就生态破坏行为与损害结果之间是否存在因果关系承担举证责任,在被侵权人尽到该举证责任后,则应由侵权者对生态破坏行为与损害结果之间不存在因果关系承担举证责任。

裁判案例:(2021)陕民申666号

【裁判观点】

本案的争议焦点为造成了环境污染的主体。《侵权责任法》第七条规定,"行为人损害他人民事权益,不论行为人有无过错,法律规定应当承担侵权责任的,依照其规定";第六十五条规定,"因污染环境造成损害的,污染者应当承担侵权责任"。某风电公司作为工程承包人,某光伏公司作为工程具体实施人,在施工过程未采取合理措施,造成环境污染,导致何某承包的养殖场羊只死亡,该两公司均是环境污染的主体,依照前述规定,应当承担责任。

原《侵权责任法》第六十六条及最高人民法院《关于审理环境侵权责任纠纷案件适用法律若干问题的解释》第六条规定,因环境污染、破坏生态行为造成损害适用无过错责任,被侵权人应就生态破坏行为与损害结果之间是否存在因果关系承担举证责任,在被侵权人尽到该举证责任后,则应由侵权者对生态破坏行为与损害结果之间不存在因果关系承担举证责任。

何某提供了某县环境保护局现场检查(勘察笔录)、行政处罚事先(听证)告知书、证人证言、照片等,证明二申请人污染环境,羊只摄入污染饲草,引起病变、死亡的事实。则二申请人应当就法律规定的不承担责任或者减轻责任的情形及其行为与损害之间不存在因果关系负举证责任。二申请人提供总承包合同书、工程施工合同协议书、竣工验收鉴定书、审批土地件、洒水协议等证明,不能否定其在施工过程中造成的环境污染,故应承担环境污染造成何某羊只死亡经济损失的赔偿责任。

【实务指引】

环境侵权责任适用无过错责任原则。在被侵权人遭受损害、行为人有污染环境或者破坏生态行为且其行为与损害之间有因果关系的情况下,不论侵权人主观上有无过错,都对损害后果承担侵权责任。对于环境侵权责任的构成要件,在诉讼过程中,被侵权人须举证证明损害的事实、损害行为以及二者的因果关系。本案中,侵权行为人提供的总承包合同书、工程施工合同协议书、竣工验收鉴定书、审批土地件、洒水协议等证据无法证明存在减轻责任的事由或者不存在因果关系。因此,侵权行为人应当承担侵权责任。

【法律依据】

《民法典》第一千一百六十六条　行为人造成他人民事权益损害,不论行为人有无过错,法律规定应当承担侵权责任的,依照其规定。

《民法典法》第一千二百二十九条　因污染环境、破坏生态造成他人损害的,侵权人应当承担侵权责任。

《民法典》第一千二百三十条　因污染环境、破坏生态发生纠纷,行为人应当就法律规定的不承担责任或者减轻责任的情形及其行为与损害之间不存在因果关系承担举证责任。

案例 352

蒋某与某风力发电公司环境污染责任纠纷案

Q: 风电项目侵权责任构成要件中的因果关系应如何认定?

A: 因某源项目风电环境污染引起的责任纠纷诉讼,采用"举证责任倒置"规则,由污染者就法律规定的免责事由及行为与损害之间不存在因果关系承担举证责任。

裁判案例:(2017)苏民申789号、(2015)通中环民终字第00002号

【裁判观点】

原审法院认为,《侵权责任法》第六十五条规定,因污染环境造成损害的,污染者应当承担侵权责任。该案环境侵权行为成立须满足三个要件:一是某风力发电公司存在环境污染侵权行为;二是蒋某权益遭遇侵害;三是蒋某权益侵害与环境污染侵权行为间存在因

果关系。

本案为侵权之诉,上诉人蒋某对本案所涉的噪声污染负有相应的举证责任。案涉区域的噪声经监测并未超过 2 类声环境标准,故就目前证据而言,上诉人并没有充分证据来佐证其所主张的事实,故应由其承担举证不能的不利法律后果。

案涉区域的噪声经监测并未超过 2 类声环境标准,蒋某称案涉区域应适用 1 类声环境标准,某风力发电公司构成侵权,但蒋某所举证据不能证明其主张。本案系环境污染侵权纠纷,蒋某就侵权事实也即某风力发电公司的风机运行产生的环境噪声超过国家规定的环境噪声排放标准构成环境噪声污染负有举证责任,因蒋某所举证据不足以证明其主张,一审、二审判决驳回蒋某要求某风力发电公司停止风机运行并对其进行环保搬迁的诉讼请求,并无不当。

【实务指引】

环境污染侵权类型主要包括水污染侵权行为、大气污染侵权行为、固体废弃物污染侵权行为、海洋污染侵权行为、有毒有害物质污染侵权行为和环境噪声污染侵权行为。环境噪声,是指在工业生产、建筑施工、交通运输和社会生活中所产生的干扰周围生活环境的声音。本案中,蒋某应当举证噪声污染不符合国家标准,但是蒋某并没有提交足够的证据来证明噪声污染,应该承担举证不能的后果。

【法律依据】

《民法典》第一千二百二十九条　因污染环境、破坏生态造成他人损害的,侵权人应当承担侵权责任。

《民法典》第一千二百三十条　因污染环境、破坏生态发生纠纷,行为人应当就法律规定的不承担责任或者减轻责任的情形及其行为与损害之间不存在因果关系承担举证责任。

案例353

倪某与某风力发电公司噪声污染侵权纠纷案

Q:风电项目公司不能证明损害后果与其实施的风力发电行为之间不具有因果关系,是否应当承担相应民事责任?

A:应当承担,环境污染损害赔偿诉讼实行举证责任倒置。

裁判案例:(2013)辽审三民提字第 45 号

【裁判观点】

本案的争议焦点是中华鳖死亡与某风力发电公司实施的风力发电行为之间是否存在因果关系。

根据最高人民法院《关于民事诉讼证据的若干规定》(2001 年)第四条的规定,因环境污染引起的损害赔偿诉讼,由加害人就法律规定的免责事由及行为与损害结果之间不存在因果关系承担举证责任。本案存在发生损害的事实,且某风力发电公司客观上实施风力发电所产生的噪声、光影及电磁可能会形成环境污染,因此本案某风力发电公司应当就倪某饲养的中华鳖死亡与其实施的风力发电行为之间不存在因果关系承担举证责任。如果举证不能,应当承担相应的民事责任。

此外,根据《渔业水域污染事故调查处理程序规定》的定义,渔业水域污染事故是指由于单位和个人将某种物质和能量引入渔业水域,损坏渔业水体使用功能,影响渔业水域内的生物繁殖、生长或造成该生物死亡、数量减少,以及造成该生物有毒有害物质积累、质量下降等,对渔业资源和渔业生产造成损害的事实。因此,渔业水域污染一般是指水体受到物质污染的影响,继而影响水体内生物的生存所造成的污染。案涉环境污染损害,根据本案基本事实和证据,是基于风力发电产生的噪声、光影及电磁造成的新类型环境污染。噪声、光影及电磁对中华鳖生长和生存可能造成的影响,并非一定通过污染其生存的水域产生,可能会直接作用于生物体本身,本案不属于一般意义上的渔业水域污染。

《辽宁省风力发电场生态建设管理暂行办法》(已失效)第十条第三项规定:"1500 千瓦及以下机组应与噪声及光影敏感目标保持 500 米以上防护距离,并根据风力发电机组型号和地形地貌等实际情况核定防护距离。"本案依据相关资料记载和证明,中华鳖属于对噪声及光影敏感生物,而本案中风力发电机最近一组机组距离养殖场仅 100 米,不符合规范要求。上述暂行办法虽然发布在后,但无疑确定了风力发电机对环境具有的影响,并作出强制性的规定予以规范。该证据可以印证中华鳖死亡与风力发电机所产生的噪声、转动阴影、电磁辐射等因素具有一定因果关系。再审期间,某风力发电公司经法院询问,坚持渔业生态监测中心的鉴定结论,不要求本案对因果关系问题再次鉴定,而本案也已不具备重新鉴定的条件。综上,本案某风力发电公司未完成中华鳖死亡与其实施的风力发电行为之间不存在因果关系证明责任,其应承担相应的民事责任。

【实务指引】

环境侵权责任为一种特殊的侵权责任,因此规定了因污染环境、破坏生态发生纠纷,行为人应当就法律规定的不承担责任或者减轻责任的情形及其行为与损害之间不存在因果关系承担举证责任。这一立法的背后,主要考量的是环境侵权行为的特殊性。环境侵权造成损害后果,并非线性和单一的过程,而是动态的、需要整体考虑的复杂系统,且通常呈现出多源头排放、多介质污染、多途径暴露、多受体损害的复杂面貌。正是由于环境侵权复杂的因果关系链条,才应运产生了举证责任倒置。本案中,存在发生损害的事实,且某风力发电公司客观上实施风力发电所产生的噪声、光影及电磁可能会形成环境污染,会影响到海洋生物的生活环境,因此本案某风力发电公司应当就倪某饲养的中华鳖死亡与其实施的风力发电行为之间不存在因果关系承担举证责任。如果举证不能,应当承担相应的民事责任。

【法律依据】

《民法典》第一千二百三十条　因污染环境、破坏生态发生纠纷,行为人应当就法律规定的不承担责任或者减轻责任的情形及其行为与损害之间不存在因果关系承担举证责任。

《渔业水域污染事故调查处理程序规定》第四条　本规定所称的渔业水域污染事故是指由于单位和个人将某种物质和能量引入渔业水域,损坏渔业水体使用功能,影响渔业水域内的生物繁殖、生长或造成该生物死亡、数量减少,以及造成该生物有毒有害物质积累、质量下降等,对渔业资源和渔业生产造成损害的事实。

第五章　风电项目知识产权法律纠纷

一、专利权的保护

> **案例 354**
>
> **某电气公司、某照明公司侵害外观设计专利权纠纷案**
>
> **Q:** 风电公司委托的设计侵权,如何辨别是否与专利设计相同或相似?
>
> **A:** 应当以外观设计专利产品的一般消费者的知识水平和认知能力,判断外观设计是否相同或者近似。被诉侵权设计与授权外观设计在整体视觉效果上无差异的,人民法院应当认定两者相同;在整体视觉效果上无实质性差异的,应当认定两者近似。
>
> **裁判案例:**(2018)粤民终1441号

【裁判观点】

法院认为,被诉侵权产品与涉案专利灯的区别在整体设计中所占比例较小,不容易被一般消费者所关注,对视觉效果不具有显著影响,两者整体轮廓及发光区的位置和形状较为接近,以一般消费者的认知水平按照"整体观察、综合判断"的原则进行判断,两者整体视觉效果并无实质性差异,为近似的外观设计。某电气公司、某照明公司上诉提出被诉侵权产品未落入本案专利保护范围的理由不成立,法院不予支持。

【实务指引】

根据《专利法》第二条的规定,专利权的客体包括发明、实用新型、外观设计。其中,外观设计是指对产品的整体或者局部的形状、图案或者其结合以及色彩与形状、图案的结合所作出的富有美感并适于工业应用的新设计。《专利法》第十一条明文规定,"外观设计专利被授予后,任何单位或者个人未经专利权人许可,都不得实施其专利,即不得为生产经营目的制造、许诺销售、销售、进口其外观设计专利产品"。因此,外观设计经过申请可以受到《专利法》的保护。

【法律依据】

《专利法》第六十四条 发明或者实用新型专利权的保护范围以其权利要求的内容为准,说明书及附图可以用于解释权利要求的内容。

外观设计专利权的保护范围以表示在图片或者照片中的该产品的外观设计为准,简要说明可以用于解释图片或者照片所表示的该产品的外观设计。

最高人民法院《关于审理侵犯专利权纠纷案件应用法律若干问题的解释》第十条 人民法院应当以外观设计专利产品的一般消费者的知识水平和认知能力,判断外观设计是否相同或者近似。

二、商标权的保护

1. 商标侵权赔偿数额的确定

案例 355

某电子电器公司、麦某侵害发明专利权纠纷案

Q: 风电公司侵犯他人专利权的,如何确定赔偿数额更加合理?

A: 按照权利人因被侵权所受到的实际损失或者侵权人因侵权所获得的利益确定;权利人的损失或者侵权人获得的利益难以确定的,参照该专利许可使用费的倍数合理确定。

裁判案例: (2017)粤民终 1370 号

【裁判观点】

本案中,某电子电器公司实施了制造、销售侵权产品等多项侵权行为,且侵权产品销售范围较广;某电子电器公司注册资本为 238 万元,可见其生产经营规模较大;麦某确有聘请律师出庭参加诉讼,且确为本案支出了公证费确实花费了购买被诉侵权产品费用等。据此综合考虑,一审法院酌情判定某电子电器公司赔偿麦某经济损失 150000 元。酌定某电子电器公司应赔偿麦某经济损失(含合理维权费用)150000 元,该数额在法定赔偿限额之内,亦无证据证明该数额存在不合理之处,故法院予以维持。

【实务指引】

侵犯专利权的赔偿数额按照权利人因被侵权所受到的实际损失或者侵权人因侵权所获得的利益确定。权利人的损失或者侵权人获得的利益难以确定的,参照该专利许可使用费的倍数合理确定。对故意侵犯专利权,情节严重的,可以在按照上述方法确定数额的

1倍以上5倍以下确定赔偿数额。

权利人的损失、侵权人获得的利益和专利许可使用费均难以确定的,人民法院可以根据专利权的类型、侵权行为的性质和情节等因素,确定给予权利人3万元以上500万元以下的赔偿。赔偿数额还应当包括权利人为制止侵权行为所支付的合理开支。实务中,权利人对于举证损失数额具有较高的举证责任,侵权损害赔偿额计算方法以及侵犯专利权损害赔偿计算方法的选择,关乎侵害专利权的赔偿范围,包括制止侵权行为的合理开支和侵犯专利权的法定赔偿。本案中,某电子电器公司赔偿麦某经济损失(含合理维权费用)150000元,该数额在法定赔偿限额之内。

【法律依据】

《专利法》第七十一条　侵犯专利权的赔偿数额按照权利人因被侵权所受到的实际损失或者侵权人因侵权所获得的利益确定;权利人的损失或者侵权人获得的利益难以确定的,参照该专利许可使用费的倍数合理确定。对故意侵犯专利权,情节严重的,可以在按照上述方法确定数额的一倍以上五倍以下确定赔偿数额。

权利人的损失、侵权人获得的利益和专利许可使用费均难以确定的,人民法院可以根据专利权的类型、侵权行为的性质和情节等因素,确定给予三万元以上五百万元以下的赔偿。

赔偿数额还应当包括权利人为制止侵权行为所支付的合理开支。

人民法院为确定赔偿数额,在权利人已经尽力举证,而与侵权行为相关的账簿、资料主要由侵权人掌握的情况下,可以责令侵权人提供与侵权行为相关的账簿、资料;侵权人不提供或者提供虚假的账簿、资料的,人民法院可以参考权利人的主张和提供的证据判定赔偿数额。

2. 本单位工作人员发明创造的专利权归属

案例356

某工业设备公司、某设备公司专利权权属纠纷案

Q: 本单位工作人员发明的风电专利,是否属于执行本单位的任务所完成的职务发明创造而归属于本单位?

A: 综合考虑发明人工作岗位、工作职责、工作内容及与涉案专利技术方案的关系来判断。

裁判案例: (2020)最高法知民终1335号

【裁判观点】

本案中,何某、高某在某工业设备公司的工作岗位为行政、采购人员,在实际工作中也从事行政、采购工作,且某工业设备公司在原审庭审中亦认可何某和高某不从事技术工作,涉案专利的作出与何某、高某在某工业设备公司承担的本职工作及分配的任务无关。赵某的劳动合同记载属于销售岗位,赵某《2015年总结报告》《2017年年终总结》均体现市场销售的相关内容,并体现将客户对风机故障和备品问题,转告某工业设备公司技术部,希望技术部能全力配合市场做出方案等内容,均不属于技术研发工作任务。某工业设备公司提供赵某工作内容的证据不能确定其本职工作或分配工作任务包括涉案专利技术研发。李某虽然属于工程师,但某工业设备公司并未提交李某在其公司的工作职责及实际从事技术研发工作的书面证据,双方无保密协议,也没有关于李某参与技术研发的立项报告、研发记录、结题报告,某工业设备公司在先专利的发明人也不包括李某。

【实务指引】

《专利法》第六条规定,执行本单位的任务或者主要是利用本单位的物质技术条件所完成的发明创造为职务发明创造。职务发明创造申请专利的权利属于该单位,申请被批准后,该单位为专利权人。非职务发明创造,申请专利的权利属于发明人或者设计人。本条是关于职务发明创造和非职务发明创造申请专利的权利及其专利权归属的规定。在本职工作中作出的发明创造、履行本单位交付的本职工作以外的任务所完成的发明创造都属于职务发明创造。这一条还规定了非职务发明创造专利发明人的归属,这样规定有利于鼓励个人发明创造的积极性,也有利于充分发挥单位物质技术条件的作用,避免闲置。本案中,要认定专利的发明人是否拥有专利权应该综合考虑发明人工作岗位、工作职责、工作内容及与涉案专利技术方案的关系来判断。

【法律依据】

《专利法》第六条 执行本单位的任务或者主要是利用本单位的物质技术条件所完成的发明创造为职务发明创造。职务发明创造申请专利的权利属于该单位,申请被批准后,该单位为专利权人。该单位可以依法处置其职务发明创造申请专利的权利和专利权,促进相关发明创造的实施和运用。

非职务发明创造,申请专利的权利属于发明人或者设计人;申请被批准后,该发明人或者设计人为专利权人。

利用本单位的物质技术条件所完成的发明创造,单位与发明人或者设计人订有合同,对申请专利的权利和专利权的归属作出约定的,从其约定。

第六章　风电项目经济法律纠纷

一、劳动关系的认定

案例 357

某电力工程公司与张某劳务合同纠纷案

Q：个人与某电力工程有限公司发生劳务纠纷，该电力工程有限公司辩称该个人与劳务分包方存在劳务关系，应如何认定？

A：某电力工程有限公司并无充分证据证明个人与劳务分包方存在劳务合同关系，其主张不应得到支持。

裁判案例：（2020）陕01民终7336号

【裁判观点】

本案争议的焦点问题是涉案劳务费是否应当由某电力工程公司向张某支付。

张某提交的两份证明上均加盖有某电力工程公司涉案工程项目部的印章及其工作人员张某某的签字，某电力工程公司对于该印章和签字的真实性并未提出异议，据此可以认定某电力工程公司对于两份证明内容的认可，该两份证明的内容能够体现张某的劳务费均系某电力工程公司支付，亦能证明某电力工程公司认可至2016年12月4日尚欠张某劳务费103820元的事实，故张某主张某电力工程公司支付下余劳务费53820元，二审法院依法予以支持。

某电力工程公司并无充分证据证明张某与宝鸡某电力工程有限公司存在劳务合同关系，其上诉主张不应由其承担付款责任依据不足，二审法院不予认可。一审审理程序并无不当。

【实务指引】

当事人应当按照约定全面履行自己的义务。这一规定确立了全面履行原则。全面履行原则,又称适当履行原则或正确履行原则。它要求当事人按合同约定的标的及其质量、数量,合同约定的履行期限、履行地点、适当的履行方式,全面完成合同义务。依法成立的合同,在订立合同的当事人间具有相当于法律的效力,因此,合同当事人受合同的约束,履行合同约定的义务应是自明之理。本案中,某电力工程公司与张某虽然没有签订劳务合同,但是张某提交的两份证明上均加盖有某电力工程公司涉案工程项目部的印章及其工作人员张某某的签字,张某某的签字是代表公司所签,是职务行为,如若某电力工程公司没有提交相反证据来证明自己的主张,那么双方都应该全面履行自己的合同义务。张某提供劳务,某电力工程公司就应该全面履行自己的义务。

【法律依据】

《民法典》第六条 民事主体从事民事活动,应当遵循公平原则,合理确定各方的权利和义务。

《民法典》第四百六十五条 依法成立的合同,受法律保护。

依法成立的合同,仅对当事人具有法律约束力,但是法律另有规定的除外。

《民法典》第五百零九条 当事人应当按照约定全面履行自己的义务。

当事人应当遵循诚信原则,根据合同的性质、目的和交易习惯履行通知、协助、保密等义务。

当事人在履行合同过程中,应当避免浪费资源、污染环境和破坏生态。

《民事诉讼法》第二百六十条 被执行人未按判决、裁定和其他法律文书指定的期间履行给付金钱义务的,应当加倍支付迟延履行期间的债务利息。被执行人未按判决、裁定和其他法律文书指定的期间履行其他义务的,应当支付迟延履行金。

案例358

李某与某能源建设集团劳动争议案

Q: 风电总承包合同中劳务分包方与案外人的劳动关系应如何认定?

A: 由具备用工主体资格的发包方承担用工主体责任,不能据此认定双方之间就存在劳动关系。劳动关系的认定仍然应当依据劳动关系本身的特征予以认定。

裁判案例: (2018)苏03民终6904号

【裁判观点】

一审法院认定李某与案外人蒋某建立个人劳务关系,理由如下:(1)李某虽主张其与某能源建设集团存在劳动关系,但其系经由蒋某介绍进入工地工作,而蒋某与某能源建设集团并无直接工程发承包关系,其仅与某防腐工程公司建立合同关系,李某陈述系蒋某告知其向某能源建设集团提供劳动无事实依据。(2)李某自述其仅在项目工地工作,其并未在某能源建设集团本部工作,因工程发承包因素,工程项目部人员并不能直接认定为某能源建设集团员工。从李某的工作内容看,李某从事的系某能源建设集团分包、某防腐工程公司转包给蒋某的工程内容,某能源建设集团对其分包工程实无自行招用劳动者的必要。(3)从劳动关系的常见特征来看,李某未举证与某能源建设集团签订有劳动合同、缴纳社会保险证明,且其工资支付凭证由案外人蒋某处持有。

因此,可以认定李某系经由蒋某介绍进入工地并跟随蒋某个人提供劳务。参照2010年《江苏省高级人民法院劳动争议案件审理指南》第三章第二节第二条规定,建筑施工、矿山企业等用人单位将工程或经营权发包给不具备用工主体资格的组织或自然人,对该组织或自然人招用的劳动者,由具备用工主体资格的发包方承担用工主体责任,但如果劳动者要求确认劳动关系不予支持,因此双方之间不存在劳动关系。

【实务指引】

劳动关系是指劳动者与用人单位依法签订劳动合同而在劳动者与用人单位之间产生的法律关系。劳动者接受用人单位的管理,从事用人单位安排的工作,成为用人单位的成员,从用人单位领取劳动报酬和受劳动保护。根据《关于确立劳动关系有关事项的通知》(劳社部发〔2005〕12号)的规定,用人单位招用劳动者未订立书面劳动合同,但同时具备下列情形的,劳动关系成立:(1)用人单位和劳动者符合法律、法规规定的主体资格;(2)用人单位依法制定的各项劳动规章制度适用于劳动者,劳动者受用人单位的劳动管理,从事用人单位安排的有报酬的劳动;(3)劳动者提供的劳动是用人单位业务的组成部分。用人单位未与劳动者签订劳动合同,认定双方存在劳动关系时可参照下列凭证:(1)工资支付凭证或记录(职工工资发放花名册)、缴纳各项社会保险费的记录;(2)用人单位向劳动者发放的"工作证""服务证"等能够证明身份的证件;(3)劳动者填写的用人单位招工招聘"登记表""报名表"等招用记录;(4)考勤记录;(5)其他劳动者的证言等。本案中,李某系经由蒋某介绍进入工地并跟随蒋某个人提供劳务。建筑施工、矿山企业等用人单位将工程或经营权发包给不具备用工主体资格的组织或自然人,对该组织或自然人招用的劳动者,由具备用工主体资格的发包方承担用工主体责任。作出这一规定是为了更好地保障劳动者的合法权益。

【法律依据】

《关于确立劳动关系有关事项的通知》第四条 建筑施工、矿山企业等用人单位将工程(业务)或经营权发包给不具备用工主体资格的组织或自然人,对该组织或自然人招用的劳动者,由具备用工主体资格的发包方承担用工主体责任。

案例 359

贺某与某公司确认劳动关系纠纷案

Q：自然人经人介绍在风电项目工程做工，且工资不由风电项目承包公司发放，该自然人与公司之间是否具备劳动关系？

A：劳动关系应该依据劳动者是否实际接受用人单位的管理、指挥或者监督，劳动者提供的劳动是否是用人单位业务的组成部分，用人单位是否向劳动者提供基本劳动条件，以及向劳动者支付报酬等因素综合认定。证明方法上可以参照工资支付凭证或记录，缴纳各项社会保险费的记录，工作证、服务证等能够证明身份的证件，考勤记录，其他劳动者的证言等凭证来认定。

裁判案例：(2017) 青 28 民终 126 号

【裁判观点】

本案中，贺某与某公司未签订书面劳动合同，贺某没有提交任何证据证明其系接受某公司的管理、指挥或者监督，亦未证明其报酬系某公司支付等，并不具备认定劳动关系的实质要件，故贺某与某公司之间不存在劳动关系。

法院认为，本案的争议焦点是贺某与某公司是否具有劳动关系。所谓劳动关系，从法律意义上讲是指用人单位招用劳动者为其成员，劳动者在用人单位的管理下提供有报酬的劳动而产生的权利义务关系。本案中，贺某是经人介绍到工地做工，而不是某公司招用的劳动者，贺某的工资也不由某公司发放，贺某没有提交任何证据证明其系接受某公司的管理、指挥或者监督，因此，贺某与某公司不存在劳动法规定的权利义务关系。贺某要求确认其与某公司之间存在劳动关系的上诉请求无事实与法律依据，法院不予支持。

【实务指引】

根据《关于确立劳动关系有关事项的通知》（劳社部发〔2005〕12 号）的规定，用人单位招用劳动者未订立书面劳动合同，但同时具备下列情形的，劳动关系成立：(1) 用人单位和劳动者符合法律、法规规定的主体资格；(2) 用人单位依法制定的各项劳动规章制度适用于劳动者，劳动者受用人单位的劳动管理，从事用人单位安排的有报酬的劳动；(3) 劳动者提供的劳动是用人单位业务的组成部分。用人单位未与劳动者签订劳动合同，认定双方存在劳动关系时可参照下列凭证：(1) 工资支付凭证或记录（职工工资发放花名册）、缴纳各项社会保险费的记录；(2) 用人单位向劳动者发放的"工作证""服务证"等能够证明身份的证件；(3) 劳动者填写的用人单位招工招聘"登记表""报名表"等招用记录;(4)考勤记录;(5)其他劳动者的证言等。本案中,贺某是经人介绍到工地做工,而不是某公司招用的劳动者,贺某的工资也不由某公司发放,贺某没有提交任何证据证明其系接受某公司的管理、指挥或者监督,因此不符合双方之间劳动关系的认定。

【法律依据】

《劳动合同法》第十条 建立劳动关系,应当订立书面劳动合同。

已建立劳动关系,未同时订立书面劳动合同的,应当自用工之日起一个月内订立书面劳动合同。

用人单位与劳动者在用工前订立劳动合同的,劳动关系自用工之日起建立。

二、社会保险

案例 360

某建设公司与某热力公司建设工程施工合同纠纷案

Q: 风电工程施工过程中劳保统筹费应该如何承担?

A: 作为案涉工程的建设方,依法足额缴纳劳保统筹费是其法定义务,该费用实际上属于工程价款的组成部分。

裁判案例:(2021)陕01民终5146号

【裁判观点】

某建设公司、某热力公司之间签订多份《建设工程施工合同》,各合同交叉混合履行。某热力公司向法庭提交了其公司缴纳劳保统筹费的情况说明及项目的土地证和规划证,拟证明某热力公司缴纳劳保统筹费。经某建设公司去某市住建局申请办理该项目的退费手续,被告知该项目的建设方某热力公司并未缴纳劳保统筹费用无法退费。至二审某热力公司仍未提供涉案项目的施工许可证,而施工许可证是办理劳保统筹费退费的必要手续,导致某建设公司无法获取该部分收益。

作为案涉工程的建设方,依法足额缴纳劳保统筹费是其法定义务,该费用实际上属于工程价款的组成部分;某热力公司提交的缴纳劳保统筹费凭证的主体并非某热力公司,不能证明其实际履行了缴纳劳保统筹费的义务;即使案外人以自己名义代某热力公司缴纳了部分劳保统筹费用,但该费用某建设公司未能实际取得,而造成此结果的原因仍在某热力公司,故一审法院判令某热力公司向某建设公司支付劳保统筹费,既有合同依据,亦符合客观实际,二审法院依法予以确认。

【实务指引】

凡在市、县行政区划内的新建、扩建、维修、技术改造、安装、装饰工程,无论资金来源渠道,建设单位均应在领取工程建设施工许可证前,向建筑行业劳保费管理机构缴纳劳保费。建筑安装施工企业不再直接向建设单位结算收取工程劳保费。建设单位向劳保费管理机构缴纳的劳保费在竣工决算时抵扣。劳保费管理机构在收取劳保费时,应向建设单位出具财政收款收据。建设单位不得要求施工企业代缴劳保费。凡本地区所属施工企业到外地承揽工程所收取的劳保费,应定期如实列表报送劳保费管理机构。作为案涉工程的建设方,依法足额缴纳劳保统筹费是其法定义务,该费用实际上属于工程价款的组成部分。

劳保统筹费应是建筑工程中乙方交的费用,政府工作主管部门在甲方办理相关手续时已要求甲方将这部分费用提前代缴。计入取费后又扣除,这是工程费用计算程序(完整反映工程造价情况)。

【法律依据】

延安市住房和城乡建设局《关于印发〈延安市建筑业劳保费用缴纳承诺制的实施意见〉的通知》

第一条 凡在本市行政区域内新建、改建、扩建的建筑工程项目,建设单位应当缴纳劳保费用并做出缴费承诺。本通知所称的建筑工程,是指房屋建筑及其附属设施的建造、装修装饰和与其配套的线路、管道、设备安装工程等,以及城镇市政基础设施工程。存在拖欠劳保统筹费用的建设单位,不在适用承诺制范围之内。

三、汇票的提示付款

案例361

某公司与青岛某风能公司、沈阳某风能公司票据追索权纠纷案

Q: 风电公司未在商业承兑汇票规定期限内提示付款的,承兑人或者付款人能否拒绝向风电公司付款?

A: 汇票到期被拒绝付款的,持票人可以对背书人、出票人以及汇票的其他债务人行使追索权。但对于定日付款、出票后定期付款或者见票后定期付款的汇票,持票人应当自到期日起十日内向承兑人提示付款,持票人未按照前款规定期限提示付款的,在作出说明后,承兑人或者付款人仍应当继续对持票人承担付款责任。通过委托收款银行或者通过票据交换系统向付款人提示付款的,视同持票人提示付款。

裁判案例:(2019)浙01民初1435号

【裁判观点】

根据《票据法》的相关规定,汇票到期被拒绝付款的,持票人可以对背书人、出票人以及汇票的其他债务人行使追索权。但对于定日付款、出票后定期付款或者见票后定期付款的汇票,持票人应当自到期日起10日内向承兑人提示付款,持票人未按照前款规定期限提示付款的,在作出说明后,承兑人或者付款人仍应当继续对持票人承担付款责任。通过委托收款银行或者通过票据交换系统向付款人提示付款的,视同持票人提示付款。本案中5份商业承兑汇票的到期日均为2018年8月14日,某风电公司于2018年8月29日提示付款,已超过10日的提示付款期限,但在作出说明后,案涉5份商业承兑汇票的承兑人、付款人即沈阳某风能公司仍应当继续对持票人承担付款责任,故对某公司要求沈阳某风能公司支付案涉被拒绝付款的5份商业承兑汇票金额15443500元,及汇票金额自2018年8月15日起至清偿日止按照中国人民银行同期贷款利率计算的利息之诉请,法院予以支持。

【实务指引】

票据追索权,是指持票人在汇票到期不获付款或期前不获承兑或者有其他法定原因时,对于其前手(背书人、出票人以及其他债务人)可以请求偿还汇票金额、利息及费用的权利。票据追索权分为期前追索权和到期追索权。期前追索权是指持票人在票据到期前依法行使的追索权;到期追索权是指持票人在票据到期时依法行使的追索权。构成追索权的拒绝应符合:(1)持票人所提示的票据,必须在形式上为有效的票据;(2)持票人必须依法进行提示;(3)经持票人依法提示,未获得承兑或未获得付款。

持票人对票据的出票人和承兑人的权利,自票据到期日起2年;见票即付的汇票、本票,自出票日起2年;持票人对支票出票人的权利,自出票日起6个月;持票人对前手的追索权,自被拒绝承兑或者被拒绝付款之日起6个月;持票人对前手的再追索权,自清偿或者被提起诉讼之日起3个月。本案中,某风电公司在汇票到期被拒绝付款后,某风电公司对背书人、出票人以及汇票的其他债务人行使追索权。

【法律依据】

《票据法》第五十三条 持票人应当按照下列期限提示付款:

(一)见票即付的汇票,自出票日起一个月内向付款人提示付款;

(二)定日付款、出票后定期付款或者见票后定期付款的汇票,自到期日起十日内向承兑人提示付款。

持票人未按照前款规定期限提示付款的,在作出说明后,承兑人或者付款人仍应当继续对持票人承担付款责任。

通过委托收款银行或者通过票据交换系统向付款人提示付款的,视同持票人提示付款。

第七章　风电项目行政行为法律纠纷

一、行政许可

1. 特种设备生产许可

> **案例 362**
>
> **某能源设备公司诉某风电设备公司买卖合同纠纷案**
>
> **Q**：生产风电叶片模具是否需要特种设备生产许可证？
>
> **A**：不需要，风电叶片模具不属于特种设备。
>
> **裁判案例**：（2013）鲁商终字第 194 号

【裁判观点】

某能源设备公司的经营范围中包括风力发电设备的生产、安装、销售及服务，本案涉及的风电模具的生产在某能源设备公司经营范围内，某风电设备公司认为某能源设备公司超范围经营的请求原审法院不予支持。国务院《特种设备安全监察条例》第二条明确规定了特种设备的范围，风电模具不在该范围内，不属于特种设备，某风电设备公司要求某能源设备公司提供特种设备生产许可证的请求原审法院不予支持。

【实务指引】

《特种设备安全监察条例》所称特种设备是指涉及生命安全、危险性较大的锅炉、压力容器（含气瓶，下同）、压力管道、电梯、起重机械、客运索道、大型游乐设施和场（厂）内专用机动车辆。锅炉、压力容器、电梯、起重机械、客运索道、大型游乐设施及其安全附件、安全保护装置的制造、安装、改造单位，以及压力管道用管子、管件、阀门、法兰、补偿器、安全保护装置等（以下简称压力管道元件）的制造单位和场（厂）内专用机动车辆的制造、改造单位，应当经国务院负责特种设备安全监督管理的部门许可，方可从事相应的活动。特种设备，因为其具备特殊性，并具有一定的危险性，因此国家对特种经营设备采取许可方式经营,产品是否属于特种设备,法律进行了严格的规定。本案中,国务院《特种设备安全监察条例》第二条明确规定了特种设备的范围,风电模具不在该范围内,不属于特种设备。

【法律依据】

《特种设备安全监察条例》第二条 本条例所称特种设备是指涉及生命安全、危险性较大的锅炉、压力容器(含气瓶,下同)、压力管道、电梯、起重机械、客运索道、大型游乐设施和场(厂)内专用机动车辆。

前款特种设备的目录由国务院负责特种设备安全监督管理的部门制订,报国务院批准后执行。

2. 建设工程规划许可

案例363

某电气公司、某市综合行政执法局城乡建设行政管理:
房屋拆迁管理纠纷案

Q: 风电项目已经取得前期建审手续办理了用地预审、林地预审、项目立项,取得环保、水土保持设施等部门验收批复,但是未取得建设工程规划许可证,建设单位认为因涉案项目涉及自然保护区的因素,有关部门尚未取得统一意见才造成建设工程规划许可证未办理,该建设单位未办理建设工程规划许可的理由是否合理、合法?

A: 不合理也不合法。

裁判案例:(2020)鲁06行终87号

【裁判观点】

法院认为,根据《中华人民共和国城乡规划法》第四十条的规定,"在城市、镇规划区内进行建筑物、构筑物、道路、管线和其他工程建设的,建设单位或者个人应当向城市、县级人民政府城乡规划主管部门或者省、自治区、直辖市人民政府确定的镇人民镇府申请办理建设工程规划许可证"。第六十四条规定,"未取得建设工程规划许可证或者未按照建设工程规划许可证的规定进行建设的,由县级以上地方人民政府城乡规划主管部门责令停止建设;无法采取改正措施消除影响的,限期拆除,不能拆除的,没收实物或者违法收入,可以并处建设工程造价百分之十以下的罚款"。本案中,上诉人某电气公司在2009年已经取得跑马岭项目选址意见书,虽然办理了用地预审、林地预审、项目立项,取得环保、水土保持设施等部门验收批复,但仍在未取得城市规划行政主管部门核发的建设工程规划许可证或临时建设工程规划许可证的情况下,擅自建设风电项目,相关建筑就属于违法建筑,相应法律后果应由其自行承担。

【实务指引】

在城市、镇规划区内进行建筑物、构筑物、道路、管线和其他工程建设的,建设单位或者个人应当向城市、县人民政府城乡规划主管部门或者省、自治区、直辖市人民政府确定的镇人民政府申请办理建设工程规划许可证。申请建设工程规划许可证的一般程序:(1)凡在城市规划区内新建、扩建和改建建筑物、构筑物、道路、管线和其他工程设施的单位与个人,必须持有关批准文件向城市规划行政主管部门提出建设申请;(2)城市规划行政主管部门根据城市规划提出建设工程规划设计要求;(3)城市规划行政主管部门征求并综合协调有关行政主管部门对建设工程设计方案的意见,审定建设工程初步设计方案;(4)城市规划行政主管部门审核建设单位或个人提供的工程施工图后,核发建设工程规划许可证。建设工程规划许可证在建设工程中处于极其重要的地位,这关系着在建工程的合法性。

【法律依据】

《城乡规划法》第四十条　在城市、镇规划区内进行建筑物、构筑物、道路、管线和其他工程建设的,建设单位或者个人应当向城市、县人民政府城乡规划主管部门或者省、自治区、直辖市人民政府确定的镇人民政府申请办理建设工程规划许可证。

申请办理建设工程规划许可证,应当提交使用土地的有关证明文件、建设工程设计方案等材料。需要建设单位编制修建性详细规划的建设项目,还应当提交修建性详细规划。对符合控制性详细规划和规划条件的,由城市、县人民政府城乡规划主管部门或者省、自治区、直辖市人民政府确定的镇人民政府核发建设工程规划许可证。

城市、县人民政府城乡规划主管部门或者省、自治区、直辖市人民政府确定的镇人民政府应当依法将经审定的修建性详细规划、建设工程设计方案的总平面图予以公布。

3. 建设用地使用许可

案例364

某自然资源局与某风力发电公司行政纠纷案

Q:某风力发电公司与县政府签署《风电场开发协议》,该项目经过省国土资源厅建设用地预审批准,取得了预审函,但项目建设用地未经批准。该风力发电公司是否存在违法占地的事实?

A:存在违法占地,风电项目建设用地必须取得相关批准手续。

裁判案例:(2021)晋08行终2号

【裁判观点】

关于本案原告（某风力发电公司）是否存在违法占地的事实。本案中，原告主张其经过某省国土资源厅建设用地预审批准，取得了某国土资函〔2016〕142号《某省国土资源厅关于某县某镇10万千瓦风电项目建设用地预审的函》，不存在违法占地建设行为。根据该预审函第五项"按照《土地管理法》和国务院的有关规定，依据土地利用年度计划，办理建设用地报批手续。项目建设用地未经批准，不得占地开工建设"的规定，说明该预审函并未对原告利用案涉土地作出正式批准，并且根据被告提交的对原告公司项目经理王某的询问笔录及原告当庭陈述能证明原告在尚未取得建设用地批准手续的情况下，违法占地建设风电基座的事实。

【实务指引】

根据《行政许可法》第二条的规定，行政许可是指行政机关根据公民、法人或者其他组织的申请，经依法审查，准予其从事特定活动的行为。换言之，未经行政机关许可，上述主体不能从事特定的活动。《土地管理法》第五十六条则要求，"建设单位使用国有土地的，应当按照土地使用权出让等有偿使用合同的约定或者土地使用权划拨批准文件的规定使用土地"。因此，建设单位获得各类批准文件属于行政许可。《行政许可法》第三十八条规定，申请人的申请符合法定条件、标准的，行政机关应当依法作出准予行政许可的书面决定。第三十九条规定，行政机关作出准予行政许可的决定，需要颁发行政许可证件的，应当向申请人颁发加盖本行政机关印章的下列行政许可证件：(1)许可证、执照或者其他许可证书；(2)资格证、资质证或者其他合格证书；(3)行政机关的批准文件或者证明文件；(4)法律、法规规定的其他行政许可证件。基于上述规定可知，行政机关作出行政许可时，依法应当向申请人颁发许可证件。本案中行政机关的回函明显不属于法定的许可证件。当事人将回函作为行政许可凭证的行为不能获得法律支持。

【法律依据】

《土地管理法》第五十六条　建设单位使用国有土地的，应当按照土地使用权出让等有偿使用合同的约定或者土地使用权划拨批准文件的规定使用土地；确需改变该幅土地建设用途的，应当经有关人民政府自然资源主管部门同意，报原批准用地的人民政府批准。其中，在城市规划区内改变土地用途的，在报批前，应当先经有关城市规划行政主管部门同意。

二、行政确权

1. 林地权属

案例365

某垦殖场资源行政管理纠纷案

Q：某垦殖场主张自己所有山林的合法权益被风电建设单位侵犯，应当如何维权？

A：应当先行由县级以上政府进行处理，对政府处理决定不服的一个月内，可向人民法院起诉。

裁判案例：(2019) 赣04行终132号

【裁判观点】

涉案山林存在权属纠纷，本案诉讼的实质还是山林权属的归属问题。按照《森林法》第十七条以及《林木林地权属争议处理办法》等有关规定，上诉人应先行向有关政府部门提请处理权属争议申请，待处理决定作出后，如不服时，再提起行政诉讼。据此，上诉人的上诉理由不能成立，二审法院不予采纳。

【实务指引】

一般而言，行政纠纷中的当事人可以自由选择采取行政复议或行政诉讼的方式实施救济。但是法律还规定了一些例外情况。例如，因行政机关作出的禁止经营者集中决定而产生纠纷的，当事人必须先申请复议，对复议结果不服的才可以提起诉讼。对于国务院或者省级政府对行政区划的勘定、调整或征用土地的决定，当事人只能申请行政复议，复议结果为最终决定。本案属于邻地归属争议，依据《森林法》的规定当事人在解决争议时必须先申请行政复议。本案中当事人未能按照法定程序行使权利，故承担了不利后果。

《森林法》(2009年修正)规定，单位之间发生的林木、林地所有权和使用权争议，由县级以上人民政府依法处理。个人之间、个人与单位之间发生的林木所有权和林地使用权争议，由当地县级或者乡级人民政府依法处理。当事人对人民政府的处理决定不服的，可以在接到通知之日起一个月内，向人民法院起诉。本案中，涉案山林存在权属纠纷，遇到此种纠纷时，应该按照相关法律规定，先由当地县级或者乡级人民政府依法处理，待处理决定作出后，不服人民政府作出决定的，再提起行政诉讼。

【法律依据】

《森林法》第二十二条　单位之间发生的林木、林地所有权和使用权争议,由县级以上人民政府依法处理。

个人之间、个人与单位之间发生的林木所有权和林地使用权争议,由乡镇人民政府或者县级以上人民政府依法处理。

当事人对有关人民政府的处理决定不服的,可以自接到处理决定通知之日起三十日内,向人民法院起诉。

在林木、林地权属争议解决前,除因森林防火、林业有害生物防治、国家重大基础设施建设等需要外,当事人任何一方不得砍伐有争议的林木或者改变林地现状。

《林木林地权属争议处理办法》第四条　林权争议由各级人民政府依法作出处理决定。

林业部、地方各级人民政府林业行政主管部门或者人民政府设立的林权争议处理机构按照管理权限分别负责办理林权争议处理的具体工作。

《林木林地权属争议处理办法》第二十二条　当事人对人民政府作出的林权争议处理决定不服的,可以依法提出申诉或者向人民法院提起诉讼。

案例 366

某县甲村、某县乙村林业行政管理纠纷案

Q:某风电项目需要占用某县涉及甲乙两村的林地。领地的利害关系人是否有权以政府未能公示林地占用情况为由要求政府撤销行政行为?

A:根据《林木和林地权属登记管理办法》的规定,林地登记需要满足:(1)申请登记的森林、林木和林地位置、四至界限、林种、面积或者株数等数据准确;(2)林权证明材料合法有效;(3)无权属争议;(4)附图中标明的界桩、明显地物标志与实地相符合。政府未履行告知义务即登记违反了"无权属争议"的条件,属于林权证颁发程序违法,利害关系人有权请求法院撤销。

裁判案例:(2019)鄂行终987号

【裁判观点】

二审法院认为,根据《林木和林地权属登记管理办法》第十条规定,登记机关对已经受理的登记申请,应当自受理之日起10个工作日内,在森林、林木和林地所在地进行公告。公告期为30天。该《办法》第十一条规定,对经审查符合下列全部条件的登记申请,登记机关应当自受理申请之日起3个月内予以登记:(1)申请登记的森林、林木和林地位置、四至界限、林种、面积或者株数等数据准确;(2)林权证明材料合法有效;(3)无权属争议;(4)附图中标明的界桩、明显地物标志与实地相符合。本案中,某县政府虽然辩称其为甲村颁发阳证林证字(2007)第005626号林权证书时进行了公告,但未提交相应证据证明,且《非国有林林权登记申请审批表》在毗邻村村委会单位意见一栏中也没有乙村的意见。原审法院认为涉案的林权证颁发程序违法应予撤销,符合《中华人民共和国行政诉讼法》的规定。乙村提交的1981年的山林所有制存根及乙村村委会的证明可以证明其与本案有利害关系,甲村认为乙村没有原告主体资格的理由不能成立。甲村认为乙村的山林权证颁证时间与其颁证时间接近因此乙村应在2007年就知晓被诉的林权证属于推测,没有证据予以证明,不能据此认定乙村的起诉超过了法定的起诉期限。综上,原审判决认定事实清楚,适用法律正确,程序合法。甲村的上诉理由不能成立,其上诉请求二审不予支持。

【实务指引】

根据《林木和林地权属登记管理办法》的规定,林地登记需要满足:(1)申请登记的森林、林木和林地位置、四至界限、林种、面积或者株数等数据准确;(2)林权证明材料合法有效;(3)无权属争议;(4)附图中标明的界桩、明显地物标志与实地相符合。按照这一规定,林木和林地申请登记,必须符合登记的要件。林权在属性上属于用益物权,但是这类物权具有较强的行政许可属性。权利人须取得相应的登记证明方可行使权利。而行政许可无论是设立还是撤销,行政机关均需要遵守法律、行政法规的规定。本案中涉案林地权证颁发程序违法,符合《行政诉讼法》中应予撤销的行政行为的规定。最高人民法院对村民小组的诉讼主体资格也予以了认可。最高人民法院《关于村民小组诉讼权利如何行使的复函》中答复:遵化市小厂乡头道城村第三村民小组可以作为民事诉讼当事人。以第三村民小组为当事人的诉讼应以小组长作为主要负责人提起。

综上,村民小组具有诉讼主体资格。

【法律依据】

《林木和林地权属登记管理办法》第十条 登记机关对已经受理的登记申请,应当自受理之日起10个工作日内,在森林、林木和林地所在地进行公告。公告期为30天。

《林木和林地权属登记管理办法》第十一条 对经审查符合下列全部条件的登记申请,登记机关应当自受理申请之日起3个月内予以登记:

(一)申请登记的森林、林木和林地位置、四至界限、林种、面积或者株数等数据准确;

(二)林权证明材料合法有效;

(三)无权属争议;

(四)附图中标明的界桩、明显地物标志与实地相符合。

2. 集体土地确权

> **案例367**
>
> **某村民小组与某市政府、某县政府等行政纠纷案**
>
> **Q**:某村民小组对县政府确认的风电输电线路占用土地权属有争议,将县政府起诉至人民法院,县政府是否有对涉案土地作出权属争议处理决定的法定职权?
>
> **A**:有,县政府具有对涉案土地作出权属争议处理决定的法定职权。
>
> **裁判案例**:(2019)陕行终166号

【裁判观点】

根据《土地管理法》(2004年修正)第十六条第一款的规定,被上诉人某县政府具有对涉案土地作出权属争议处理决定的法定职权。本案中,被上诉人某县政府在××村××小组与××村××小组的涉案土地争议纠纷时,召集争议双方现场确认争议地名称、位置、四至,形成现场勘测图及现场勘测笔录,并由参加人签字确认。后被上诉人某县政府依据1979年分队会议记录,2000年4月某梁村、某则村与郭某某签订的《土地承包治理合同书》,包某等7人的询问笔录等证据材料,经调查询问,了解争议地管理、使用的历史及现状,作出被诉《处理决定》,将涉案争议地确权给某梁村村民小组,并送达各方当事人,基本事实清楚,程序合法,符合《土地权属争议调查处理办法》的规定。

被上诉人某市政府在收到上诉人某村民小组的行政复议申请后,在查明事实的基础上,按照法定程序作出被诉《复议决定》,程序合法。

综上,上诉人某则村村民小组的上诉请求及理由不能成立,二审法院不予支持。原审判决驳回某则村村民小组的诉讼请求认定事实清楚,适用法律正确,依法应予维持。

【实务指引】

土地所有权和使用权争议一般是指与土地所有权和使用权相关的争议,如土地权属争议、侵犯土地所有权和使用权的争议、相邻关系争议等。关于土地所有权和使用权,从法律上来讲应当非常明确,但是由于地界不清、土地权属紊乱和因政策、体制的变更造成的历史遗留问题,便产生纠纷,使得争议各方各持己见,在这种情况下就需要有法律处理的原则和程序。关于土地权属争议,《土地管理法》规定了三种解决的办法:(1)争议发生后先由当事人之间协商解决。(2)当事人协商不成时由人民政府处理。(3)当事人对有关人民政府的处理决定不服的,可以自接到处理决定通知之日起30日内,向人民法院起诉。在土地所有权和使用权争议过程中,当事人必须遵守《土地管理法》第十四条第四款的规定,即"在土地所有权和使用权争议解决以前,任何一方不得改变土地利用现状"。同时,有关人民政府也应注意,对存在土地争议的土地,在争议没有解决前,不应进行土地登记。本案中,某县政府具有对涉案土地作出权属争议处理决定的法定职权。

【法律依据】

《土地管理法》第十四条　土地所有权和使用权争议,由当事人协商解决;协商不成的,由人民政府处理。

单位之间的争议,由县级以上人民政府处理;个人之间、个人与单位之间的争议,由乡级人民政府或者县级以上人民政府处理。

当事人对有关人民政府的处理决定不服的,可以自接到处理决定通知之日起三十日内,向人民法院起诉。

在土地所有权和使用权争议解决前,任何一方不得改变土地利用现状。

《确定土地所有权和使用权的若干规定》第二十条　村农民集体所有的土地,按目前该村农民集体实际使用的本集体土地所有权界线确定所有权。

根据《六十条》确定的农民集体土地所有权,由于下列原因发生变更的,按变更后的现状确定集体土地所有权。

（一）由于村、队、社、场合并或分割等管理体制的变化引起土地所有权变更的;

（二）由于土地开发、国家征地、集体兴办企事业或者自然灾害等原因进行过土地调整的;

（三）由于农田基本建设和行政区划变动等原因重新划定土地所有权界线的。行政区划变动未涉及土地权属变更的,原土地权属不变。

三、行政征收

1. 补偿标准纠纷

案例368

黄某、某市人民政府行政纠纷案

Q： 被征收人对风电建设项目征收补偿标准不满意时,应如何维权？

A： 应当由县级以上人民政府协调,协调不成的由批准征用土地的人民政府裁决。对裁决结果不满意的,被征收人应当首先申请行政复议,未经行政复议直接向人民法院起诉的,人民法院不予受理。

裁判案例：（2020）鄂行终935号

【裁判观点】

黄某提起本案诉讼系要求确认某市人民政府授权某市风电场建设项目工作领导小组办公室作出的〔2014〕2号通知违法,并要求撤销其中的征地安置补偿方案予以重作。首先,征地安置补偿方案是针对所有被征收人作出的征收补偿标准和方法,而非针对特定的行政相对人就特定事项作出的具体行政行为,依法不属于人民法院行政诉讼的受案范围。其次,本案被诉〔2014〕2号通知自2014年6月12日作出,至黄某提起本案诉讼已经超过《行政诉讼法》第四十六条第二款规定的5年最长保护期限,对其起诉依法应当予以驳回。最后,从黄某诉请的理由来看,其实质系对〔2014〕2号通知中制定的土地补偿标准有异议。按照《土地管理法实施条例》(2014年修订)第二十五条第三款"……征地补偿、安置方案报市、县人民政府批准后,由市、县人民政府土地行政主管部门组织实施。对补偿标准有争议的,由县级以上地方人民政府协调;协调不成的,由批准征收土地的人民政府裁决……"以及最高人民法院《关于审理涉及农村集体土地行政案件若干问题的规定》第十条关于"土地权利人对土地管理部门组织实施过程中确定的土地补偿有异议,直接向人民法院提起诉讼的,人民法院不予受理,但应当告知土地权利人先申请行政机关裁决"之规定,土地权利人对征地补偿标准有异议的,在协调不成的情况下,应当先行向批准征用土地的人民政府申请裁决。

【实务指引】

征地安置补偿方案是针对所有被征收人作出的征收补偿标准和方法,而非针对特定的行政相对人就特定事项作出的具体行政行为,依法不属于人民法院行政诉讼的受案范围。依据《土地管理法实施条例》的相关规定,土地权利人对征收补偿标准有异议的,应当先行向批准征用土地的人民政府申请裁决,对裁决结果不满意的,被征收人应当首先申请行政复议,未经行政复议直接向人民法院起诉的,人民法院不予受理。该条例规定了对征收补偿标准有异议处理的法定程序。本案中,黄某直接起诉系要求确认某市人民政府授权某市风电场建设项目工作领导小组办公室作出的〔2014〕2号通知违法,并要求撤销其中的征地安置补偿方案予以重作,违反了处理征收补偿标准的法定程序。

【法律依据】

《土地管理法实施条例》第二十七条 县级以上地方人民政府应当依据社会稳定风险评估结果,结合土地现状调查情况,组织自然资源、财政、农业农村、人力资源和社会保障等有关部门拟定征地补偿安置方案。

征地补偿安置方案应当包括征收范围、土地现状、征收目的、补偿方式和标准、安置对象、安置方式、社会保障等内容。

《土地管理法实施条例》第二十八条　征地补偿安置方案拟定后,县级以上地方人民政府应当在拟征收土地所在的乡(镇)和村、村民小组范围内公告,公告时间不少于三十日。

征地补偿安置公告应当同时载明办理补偿登记的方式和期限、异议反馈渠道等内容。

多数被征地的农村集体经济组织成员认为拟定的征地补偿安置方案不符合法律、法规规定的,县级以上地方人民政府应当组织听证。

《土地管理法实施条例》第二十九条　县级以上地方人民政府根据法律、法规规定和听证会等情况确定征地补偿安置方案后,应当组织有关部门与拟征收土地的所有权人、使用权人签订征地补偿安置协议。征地补偿安置协议示范文本由省、自治区、直辖市人民政府制定。

对个别确实难以达成征地补偿安置协议的,县级以上地方人民政府应当在申请征收土地时如实说明。

2. 补偿主体确定

案例369

陈某、某能源集团合同纠纷案

Q：土地所有权人的土地因风电项目建设需要被征收的,是否可以向风电公司或者村民委员会请求补偿款?

A：风电公司和村民委员会都不是征地的实施主体,土地所有权人不能向风电公司或者村民委员会请求补偿款,应当向县级以上人民政府请求。

裁判案例：(2021)鄂28民终283号

【裁判观点】

法院认为,《民事诉讼法》(2017年修正)第一百一十九条规定,起诉必须符合下列条件:(1)原告是与本案有直接利害关系的公民、法人和其他组织;(2)有明确的被告;(3)有具体的诉讼请求和事实、理由;(4)属于人民法院受理民事诉讼的范围和受诉人民法院管辖。本案中,陈某主张某能源集团征用其承包地未足额支付补偿款。根据相关法律规定,征地实施主体应当为被征收土地所在地的市、县人民政府,无论是某能源集团,还是某村村民委员会均不是征地实施主体。同时,民法调整平等的自然人、法人和非法人组织之间的人身关系和财产关系,而陈某所诉请求及相关证据均显示,该案系行政征收行为,并非平等民事主体之间的民事行为,故不属于民事案件受案范围,一审驳回陈某的起诉并无不当。

【实务指引】

《土地管理法》第四十七条规定,国家征收土地的,依照法定程序批准后,由县级以上地方人民政府予以公告并组织实施。

县级以上地方人民政府拟申请征收土地的,应当开展拟征收土地现状调查和社会稳定风险评估,并将征收范围、土地现状、征收目的、补偿标准、安置方式和社会保障等在拟征收土地所在的乡(镇)和村、村民小组范围内公告至少 30 日,听取被征地的农村集体经济组织及其成员、村民委员会和其他利害关系人的意见。

多数被征地的农村集体经济组织成员认为征地补偿安置方案不符合法律、法规规定的,县级以上地方人民政府应当组织召开听证会,并根据法律、法规的规定和听证会情况修改方案。

拟征收土地的所有权人、使用权人应当在公告规定期限内,持不动产权属证明材料办理补偿登记。县级以上地方人民政府应当组织有关部门测算并落实有关费用,保证足额到位,与拟征收土地的所有权人、使用权人就补偿、安置等签订协议;个别确实难以达成协议的,应当在申请征收土地时如实说明。

相关前期工作完成后,县级以上地方人民政府方可申请征收土地。

本条规定了征收土地的主体是国家,现在只有国家机关才有权征收,国家征收土地的,依照法定程序批准后,由县级以上地方人民政府予以公告并组织实施。土地所有权人应当向人民政府请求补偿款。本案中,陈某起诉某能源集团征用其承包地未足额支付补偿款。根据相关法律规定,征地实施主体应当为被征收土地所在地的市、县人民政府,无论是某能源集团,还是某村村民委员会均不是征地实施主体。陈某起诉被告主体不适格,因此人民法院裁定驳回起诉。

【法律依据】

《土地管理法》第四十七条　国家征收土地的,依照法定程序批准后,由县级以上地方人民政府予以公告并组织实施。

县级以上地方人民政府拟申请征收土地的,应当开展拟征收土地现状调查和社会稳定风险评估,并将征收范围、土地现状、征收目的、补偿标准、安置方式和社会保障等在拟征收土地所在的乡(镇)和村、村民小组范围内公告至少三十日,听取被征地的农村集体经济组织及其成员、村民委员会和其他利害关系人的意见。

多数被征地的农村集体经济组织成员认为征地补偿安置方案不符合法律、法规规定的,县级以上地方人民政府应当组织召开听证会,并根据法律、法规的规定和听证会情况修改方案。

拟征收土地的所有权人、使用权人应当在公告规定期限内,持不动产权属证明材料办理补偿登记。县级以上地方人民政府应当组织有关部门测算并落实有关费用,保证足额到位,与拟征收土地的所有权人、使用权人就补偿、安置等签订协议；个别确实难以达成协议的，应当在申请征收土地时如实说明。

相关前期工作完成后，县级以上地方人民政府方可申请征收土地。

3. 土地征收引发的诉讼

> **案例 370**
>
> **武某、某风电公司财产损害赔偿纠纷案**
>
> **Q**：某风电公司因风电项目建设需要征收武某承包的农用地。武某承包的农业集体用地转为国有建设用地后，武某再次要求某风电公司赔偿其损失。该主张能否获得支持？
>
> **A**：征地手续完成后，案涉土地已转变为国有，原土地的权利人已经不是土地的合法使用权人，无诉讼主体资格。
>
> **裁判案例：**（2019）鄂 13 民终 928 号

【裁判观点】

一审法院认为，《民事诉讼法》（2017 年修正）第一百一十九条规定："起诉必须符合下列条件：（一）原告是与本案有直接利害关系的公民、法人和其他组织……"第一百二十四条规定："人民法院对下列起诉，分别情形，予以处理：（一）依照《行政诉讼法》的规定，属于行政诉讼受案范围的，告知原告提起行政诉讼……"该院查明，案涉土地系政府征收用于某市风电场工程项目建设，已按相关法定程序完成了集体农用地转为国有建设用地的征地手续及相关的安置补偿工作。征地手续完成后，案涉土地已转变为国有，武某已非案涉土地的合法使用权人，故其与本案无直接利害关系，其作为本案原告的诉讼主体不适格。

【实务指引】

《土地管理法》体系下的征收，是指将集体土地转为国有土地的过程。在这个过程中，土地的所有权由集体转让给国家。基于土地集体所有而设立的土地承包经营权也将消灭。在土地征收的过程中，土地使用权人可以获得相应的补偿。待土地征收完毕后，原土地使用权人便丧失了对土地的使用权。

《行政诉讼法》第二十五条规定，与具体行政行为有法律上利害关系的公民、法人或者其他组织对该行为不服的，可以依法提起行政诉讼。换言之，与被诉行政行为有法律上利害关系的公民、法人或者其他组织，才具有提起行政诉讼的原告资格。国务院或省级政府依法作出征地批复后，土地使用权人领取房屋、其他地上附着物、土地补偿后已丧失对土地、地上房屋及其他地上附着物的权利，即土地使用权人已不具有被征收土地的使用权，此后，市县级人民政府将已征收的土地出让给他人的行为与土地使用权人之间不具有法律上的利害关系，土地使用权人对土地出让行为提起行政诉讼不具有行政诉讼主体资格。本案中，案涉土地系政府征收用于某市风电场工程项目建设，已按相关法定程序完成了集体农用地转为国有建设用地的征地手续及相关的安置补偿工作。征地手续完成后，案涉土地已转变为国有，武某已非案涉土地的合法使用权人，故其与本案无直接利害关系，其作为本案原告的诉讼主体不适格。

【法律依据】

《民事诉讼法》第一百二十二条　起诉必须符合下列条件：

（一）原告是与本案有直接利害关系的公民、法人和其他组织；

（二）有明确的被告；

（三）有具体的诉讼请求和事实、理由；

（四）属于人民法院受理民事诉讼的范围和受诉人民法院管辖。

第八章　风电项目公司法律纠纷

一、分公司与子公司

案例371

孙某、某公司不当得利纠纷案

Q: 风电公司设立的全资子公司是否能够作为签订合同的主体？

A: 风电公司设立的全资子公司具有独立的法人人格和公司财产，可以独立对外签订合同。

裁判案例: (2018)最高法民申2790号

【裁判观点】

孙某上诉主张某公司由某太阳能科技公司设立，某公司的行为均是某太阳能科技公司的意志体现，故2016年3月5日某公司出具的证明系某太阳能科技公司处分自有财产的行为。对此法院认为，某公司虽系某太阳能科技公司全资子公司，但仍具有独立的公司法人人格和独立的公司财产，不影响其作为涉案某能源项目合作协议的合同主体的认定。

【实务指引】

《公司法》第十四条规定，"公司可以设立子公司，子公司具有法人资格，依法独立承担民事责任"。有限责任公司根据生产经营的需要可以设立子公司。子公司是相对于母公司而言的，它是独立于向它投资的母公司而存在的主体。子公司具有如下特征：一是其一定比例以上的股份被另一公司持有或通过协议方式受到另一公司实际控制。对子公司有控制权的公司是母公司。二是子公司是独立的法人。子公司在经济上受母公司的支配与控制，但在法律上，它具有独立法人资格，其独立性主要表现为：拥有独立的公司名称和公司章程；具有独立的组织机构；拥有独立的财产，能够自负盈亏，独立核算；以自己的名义进行各类民事活动；独立承担公司行为所带来的一切后果和责任。根据子公司的特征，

《公司法》第十四条明确规定了子公司的法律地位：子公司具有独立的法人资格，依法独立承担民事责任。

【法律依据】

《公司法》第十四条　公司可以设立分公司。设立分公司，应当向公司登记机关申请登记，领取营业执照。分公司不具有法人资格，其民事责任由公司承担。

公司可以设立子公司，子公司具有法人资格，依法独立承担民事责任。

二、利润分配

案例 372

某风电公司、某投资公司公司盈余分配纠纷案

Q：风电公司股东请求分配利润，分配利润的依据是什么？
A：按照公司决议载明的具体分配方案。
裁判案例：(2019)黑民终391号

【裁判观点】

某风电公司第三次、第五次股东会决议，已经将2009年度、2010年度、2011年度股东可分配利润予以确定，并且已经按照某能源公司的股权比例分配了利润。剩余利润按照股权比例，可以计算出某风电公司和某投资公司的应分配利润。虽然某投资公司同意暂不分配利润，但其没有放弃分配利润的权利，可以请求某风电公司分配利润。

【实务指引】

《公司法》第四条规定：公司股东依法享有资产收益、参与重大决策和选择管理者等权利。本条是关于股东权利的规定。股东依法享有的资产收益权利具体表现为股利分配请求权。股东基于其公司股东的地位和资格享有股利分配的权利。需要注意的是，股东想要实现股利分配的权利的前提是公司存在盈利。

关于股东如何分配红利的问题，《公司法》第三十四条规定，股东按照实缴的出资比例分取红利；公司新增资本时，股东有权优先按照实缴的出资比例认缴出资。但是，全体股东约定不按照出资比例分取红利或者不按照出资比例优先认缴出资的除外。因此，有限责任公司股东可以自行约定分配方案。例如，直接在公司章程内规定。

【法律依据】

《公司法》第四条　公司股东依法享有资产收益,参与重大决策和选择管理者等权利。

最高人民法院《关于适用〈中华人民共和国公司法〉若干问题的规定(四)》第十四条　股东提交载明具体分配方案的股东会或者股东大会的有效决议,请求公司分配利润,公司拒绝分配利润且其关于无法执行决议的抗辩理由不成立的,人民法院应当判决公司按照决议载明的具体分配方案向股东分配利润。

三、债务承担

案例 373

曾某与某电力建设公司、某新能源公司、某新能源股份公司建设工程施工合同纠纷案

Q: 风力发电公司被吸收合并,并已申请注销登记,所负债务应当由谁承担?

A: 应由合并后存续的某新能源公司或者新设的能源公司承继。

裁判案例: (2018)甘 04 民初 74 号

【裁判观点】

法院认为,某市发展和改革委员会文件载明某县米家山风电场项目的业主为某风力发电有限公司。因某风力发电有限公司被某新能源公司吸收合并,并已申请注销登记,某风力发电有限公司与某新能源公司出具《债权债务承接证明》,载明"某风力发电有限公司的债权、债务已经清查完毕,该公司的债权债务由某新能源公司承担"。依据《公司法》第一百七十四条的规定:"公司合并时,合并各方的债权、债务,应当由合并后存续的公司或者新设的公司承继。"某新能源公司作为某风力发电有限公司的吸收方,应当就某风力发电有限公司的工程欠款承担支付责任。

【实务指引】

法人合并,是指两个或两个以上法人合并为一个法人;法人分立,是指一个法人分成两个或者两个以上的法人。法人合并与分立,是法人组织变更的主要形式,也是法人自我调整组织结构最主要的法律手段。公司通过法人合并或者分立的方式,可以有效开展现代公司资产重组,调整公司组织结构,降低投资风险和成本,提升公司盈利能力。法人合并、分立过程中,涉及一系列法人组织结构变化、债权债务关系调整、法人财产转移等问题,特别是对原法人债权人保护问题。法人合并、分立时,在法人财产方面,原有的财产所有权、经营权、知识产权等都一并转移给合并分立后的企业;在债权债务方面,债权债务关系转让均由法律直接规定,是法定的债权债务概括转移。本案中,某风力发电有限公司被某新能源公司吸收合并,并已申请注销登记,某风力发电有限公司与某新能源公司出具《债权债务承接证明》,载明"某风力发电有限公司的债权、债务已经清查完毕,该公司的债权债务由某新能源公司承担"。

【法律依据】

《民法典》第六十七条　法人合并的,其权利和义务由合并后的法人享有和承担。

法人分立的,其权利和义务由分立后的法人享有连带债权,承担连带债务,但是债权人和债务人另有约定的除外。

《公司法》第一百七十四条　公司合并时,合并各方的债权、债务,应当由合并后存续的公司或者新设的公司承继。

第九章　风电项目诉讼程序性法律纠纷

一、管辖

1. 法定管辖

案例374

某风能公司与某装备公司债权转让合同纠纷案

Q：风电公司的主要办事机构，应如何认定？
A：具有生产职能和经营职能的场所为其主要办事机构。
裁判案例：(2018)内05民辖终35号

【裁判观点】

法院经审查认为，根据上诉人(某风能公司)营业执照显示，上诉人主要经营范围为"风力发电机组生产、销售；安装及运行维护；风力发电机组零部件制造、销售；进出货口业务(依法须经批准的项目，经相关部门批准后方可开展经营活动)"，因此应当认定上诉人具有生产职能和经营职能的场所为其主要办事机构。上诉人与被上诉人均认可上诉人某风能公司在内蒙古自治区设有生产场地。上诉人在二审期间提交12张照片，拟证明上诉人的主要办事机构位于青岛市×××号。但该组照片不足以证明上诉人主要办事机构所在地位于青岛。

【实务指引】

公司住所确认的大原则是"主要办事机构所在地"。《公司法》第十条规定，"公司以其主要办事机构所在地为住所"。审判实践中，可以结合以下几方面对主要办事机构所在地进行判断和认定：一是公司的主要办事机构所在地的认定可以结合其对外公布的地址信息等情况综合判断。二是要根据当事人提供的其主要办事机构所在地的证明材料，并结合法院的实地调查进行综合判断。主要办事机构所在地的证明材料包括：办公房屋所有权登记证书或者房屋租赁合同,租金交纳凭证或者物业公司开具的办公证明,公司高管和财务、人事主管人员当地缴纳社保的证明等。在证明必要的情况下,还要进行实地调查。在调查过程中,应核实该公司公章、财务章、营业执照等是否存放于该地址;该公司人事、财务、办公室等机构或核心业务机构是否在此地址办公等。如果上述核心部门均在此地址,则该地址可以认定为主要办事机构所在地。三是法人的实际情况与登记的事项不一致的,不得对抗善意相对人。本案中,通过认定公司的经营范围确定了公司具有生产职能和经营职能的场所为其主要办事机构。

【法律依据】

最高人民法院《关于适用〈中华人民共和国民事诉讼法〉的解释》第三条　公民的住所地是指公民的户籍所在地,法人或者其他组织的住所地是指法人或者其他组织的主要办事机构所在地。

法人或者其他组织的主要办事机构所在地不能确定的,法人或者其他组织的注册地或者登记地为住所地。

案例 375

某风电科技公司、某机器设备公司合同纠纷案

Q: 风电公司与风电设备公司签订《设备产品加工合同》,约定合同纠纷提起诉讼由合同履行地人民法院管辖。后发生合同纠纷,风电设备公司向自己住所地提起诉讼,风电公司以合同履行地有很多个为由提出管辖权异议,能否得到支持?

A: 不能,当合同履行地没有约定或者约定不明确,其他标的,履行义务一方所在地为合同履行地,风电设备公司履行产品加工义务,可以向自己住所地法院起诉。

裁判案例:(2018)最高法民辖终 118 号

【裁判观点】

法院经审查认为,双方签订的多份《机电产品外部协作合同》中,对交货地点即"需方厂内"或"需方各基地"的约定有大连、江苏、内蒙古、甘肃等不同地点,并且某风电科技公司在天津市第二中级人民法院 2017 年 5 月 5 日的询问笔录第 3 页中明确陈述"我们认为合同履行地有很多,不能确定具体的合同履行地",属于对履行地点约定不明确的情形。《民事诉讼法》(2017 年修正)第二十三条规定,因合同纠纷提起的诉讼,由被告住所地或者合同履行地人民法院管辖。因此,合同履行地人民法院对本案具有管辖权。最高人民法院《关于适用〈中华人民共和国民事诉讼法〉的解释》(2015 年)第十八条第二款规定,合同对履行地点没有约定或者约定不明确,争议标的为给付货币的,接收货币一方所在地为合同履行地;交付不动产的,不动产所在地为合同履行地;其他标的,履行义务一方所在地为合同履行地。本案中,某机器设备公司作为合同中履行加工义务的一方,其住所地在天津市,同时,本案诉讼标的额超过1亿元,某风电科技公司的住所地在北京市,根据最高人民法院《关于调整高级人民法院和中级人民法院管辖第一审民商事案件标准的通知》第二条的规定,天津市高级人民法院作为某机器设备公司住所地法院,对本案具有管辖权。

【实务指引】

《民事诉讼法》及相关司法解释对民事诉讼管辖作出了详细的规定,其中合同纠纷管辖因充分结合当事人的意思自治,管辖地选择范围较大。合同纠纷管辖的原则性规定系《民事诉讼法》第二十四条的规定,由被告住所地或合同履行地人民法院管辖。同时,法律赋予合同当事人协议约定管辖的权利。最高人民法院《关于适用〈中华人民共和国民事诉讼法〉的解释》第十八条规定,合同对履行地点没有约定或者约定不明确,争议标的为给付货币的,接收货币一方所在地为合同履行地;交付不动产的,不动产所在地为合同履行地,其他标的,履行义务一方所在地为合同履行地,即时结清的合同,交易行为地为合同履行地。本案中,双方签订的多份《机电产品外部协作合同》中,对交货地点即"需方厂内"或"需方各基地"的约定有辽宁、江苏、内蒙古、甘肃等不同地点,属于合同履行地点约定不明,因此法院认定案件由被告住所地人民法院管辖符合法律规定,属于直接依照法律规定确定的管辖权。

【法律依据】

《民事诉讼法》第二十四条 因合同纠纷提起的诉讼,由被告住所地或者合同履行地人民法院管辖。

最高人民法院《关于适用〈中华人民共和国民事诉讼法〉的解释》第十八条 合同约定履行地点的,以约定的履行地点为合同履行地。

合同对履行地点没有约定或者约定不明确,争议标的为给付货币的,接收货币一方所在地为合同履行地;交付不动产的,不动产所在地为合同履行地;其他标的,履行义务一方所在地为合同履行地。即时结清的合同,交易行为地为合同履行地。

合同没有实际履行,当事人双方住所地都不在合同约定的履行地的,由被告住所地人民法院管辖。

案例 376

某物流公司与某风电科技公司运输合同纠纷案

Q：某物流公司与某风电科技公司签订《运输合同》。某风电科技公司在支付运费时由于失误多支付了运输费，于是起诉某物流公司要求返还。某物流公司以此纠纷为不当得利纠纷为由提出管辖权异议，该主张能否得到支持？

A：不能得到支持，该争议焦点是基于《运输合同》产生，应属运输合同纠纷。

裁判案例：（2016）京04民辖终11号

【裁判观点】

本案系原告某风电科技公司以某物流公司为被告提出的、基于运输关系而产生的、合作协议书项下引发的权利义务纠纷。该合作协议书约定"因本协议签署、执行所产生的争议应由双方友好协商解决，协商解决不成的，任何一方可向甲方住所地法院提起诉讼"。《民事诉讼法》（2014年修正）第三十四条明确将协议管辖的范围由合同纠纷扩展至其他财产权益纠纷，原告基于该协议产生的财产权益纠纷应当适用双方的协议管辖约定。双方约定的"甲方住所地"，即本案被上诉人某风电科技公司住所地在海淀区，属于最高人民法院批准的《北京市高级人民法院关于指定北京铁路运输中级法院和北京铁路运输法院受理案件范围的通知》（京高法发〔2013〕444号）指定的北京铁路运输法院管辖案件的范围，故一审法院对本案具有管辖权，上诉人某物流公司的主张不当得利纠纷理由不能成立。

【实务指引】

协议管辖规定在《民事诉讼法》第三十五条。本条赋予合同或者其他财产权益纠纷的当事人通过书面协议确定管辖法院的权利。在合同中合理设计争议解决管辖法院，便于当事人维权、减少诉累，排除不当干扰等。需要注意的是，协议管辖需要符合一定的条件。第一，协议管辖仅适用于合同纠纷或其他财产纠纷，婚姻、继承等人身关系的纠纷则不能适用。第二，双方当事人必须以书面形式达成管辖约定。第三，通过协议选择管辖法院的范围受到一定的限制。当事人仅能够选择被告住所地、合同履行地、合同签订地、原告住所地、标的物所在地等与争议有实际联系的地点的人民法院管辖。第四，协议管辖不得违反专属管辖和级别管辖。本案系原告某风电科技公司以某物流公司为被告提出的、基于铁路运输关系而产生的、合作协议书项下引发的权利义务纠纷。由于北京市高级人民法院已经对铁路运输关系纠纷的管辖法院作出了认定，因此双方对管辖法院的约定无效。

【法律依据】

《民事诉讼法》第三十五条 合同或者其他财产权益纠纷的当事人可以书面协议选择被告住所地、合同履行地、合同签订地、原告住所地、标的物所在地等与争议有实际联系的地点的人民法院管辖,但不得违反本法对级别管辖和专属管辖的规定。

北京市高级人民法院《关于指定北京铁路运输中级法院和北京铁路运输法院受理案件范围的通知》 一、指定北京铁路运输法院受理北京市东城区、西城区、朝阳区、海淀区内发生的下列民事一审案件:1.运输合同纠纷案件;2.保险纠纷案件。

2. 专属管辖

案例 377

某风电公司、某电气公司建设工程施工合同纠纷案

Q: 实际施工人直接向发包人主张工程价款偿付时,是否受发包人与承包人、承包人与分包人之间合同仲裁条款的约束?

A: 司法实践中对此问题尚无定论。

裁判案例: (2019)鲁07民辖终262号

【裁判观点】

在本案所涉三份合同中,被告某风电公司(发包人)与某建设公司(承包人)签订的《建设工程施工合同》第20.3条约定,如发生争议提交山东省潍坊市仲裁委员会进行仲裁;某建设公司(承包人)与某市电力工程有限公司(分包人)签订的《建设工程施工分包合同》第十九条约定,如发生争议提交济南仲裁委员会进行仲裁;某市电力工程有限公司(分包人)与原告某电气公司(实际施工人)签订的《劳务分包合同》第十九条约定,如执行合同过程中发生争议向某市人民法院提起诉讼。

本案被上诉人某电气公司(实际施工人)基于最高人民法院《关于审理建设工程施工合同纠纷案件适用法律问题的解释》(已失效)第二十六条的规定直接向上诉人某风电公司(发包人)主张工程价款偿付,虽涉及某风电公司与某建设公司、某市电力工程有限公司之间的工程款结算问题,但是,根据《仲裁法》的相关规定,当事人采用仲裁方式解决纠纷,应当自愿达成仲裁协议,没有仲裁协议,一方申请仲裁的,仲裁委员会不予受理。由此可见,当事人约定仲裁管辖必须有明确的意思表示并签订有仲裁协议,仲裁条款也仅在达成仲裁协议的当事人之间产生法律效力,不能约束合同之外的人。实际施工人向发包人主张权利,不能简单地理解为是对分包人权利的承继,也不应受承包人与分包人之间仲裁条款的约束。事实上,某电气公司也无权依据某风电公司与某建设公司之间的仲裁条款向潍坊市仲裁委员会对某风电公司提起仲裁申请,故本案应当由人民法院主管。本案为建设工程施工合同纠纷,根据最高人民法院《关于适用〈中华人民共和国民事诉讼法〉的解释》(2015年)第二十八条第二款的规定,建设工程施工合同纠纷按照不动产纠纷确定管辖。本案所涉工程的地点为山东省某市某镇,山东省某市人民法院对本案享有专属管辖权。

【实务指引】

关于实际施工人向承包人、发包人主张工程价款的权利是否受到发包人、承包人之间约定的仲裁条款约束的问题,参见本书第一编第三章中"十二、建设工程合同"第12.11节的分析。

【法律依据】

最高人民法院《关于审理建设工程施工合同纠纷案件适用法律问题的解释(一)》第四十三条 实际施工人以转包人、违法分包人为被告起诉的,人民法院应当依法受理。

实际施工人以发包人为被告主张权利的,人民法院应当追加转包人或者违法分包人为本案第三人,在查明发包人欠付转包人或者违法分包人建设工程价款的数额后,判决发包人在欠付建设工程价款范围内对实际施工人承担责任。

案例378

某科技公司、某防雷科技公司建设工程合同纠纷案

Q:因风电建设工程工程款结算、违约金支付发生纠纷的,如何确定管辖法院?

A:风电建设工程项目纠纷按照不动产纠纷确定管辖,由不动产所在地人民法院管辖。

裁判案例:(2020)鄂12民辖终6号

【裁判观点】

法院经审查认为,本案系因某风电场(74MW)风机基础接地设计及施工项目工程款结算、违约金支付而产生纠纷,属建设工程施工合同纠纷。最高人民法院《关于适用〈中华人民共和国民事诉讼法〉的解释》(2015年)第二十八条第二款规定,建设工程施工合同纠纷按照不动产纠纷确定管辖。《民事诉讼法》(2017年修正)第三十三条第一项规定,因不动产纠纷提起的诉讼,由不动产所在地人民法院管辖。

【实务指引】

最高人民法院《关于适用〈中华人民共和国民事诉讼法〉的解释》第二十八条第二款的规定,"农村土地承包经营合同纠纷、房屋租赁合同纠纷、建设工程施工合同纠纷、政策性房屋买卖合同纠纷,按照不动产纠纷确定管辖"。建设工程合同案件与一般案件相比,具有很大的特殊性。首先,合同双方需要密切配合,双方都有较多项权利和义务,承包方具有依合同施工、依标准施工、请求监理方验收、按合同工期完工的义务,同时这些也是发包方权利;发包方则有及时提供图纸和场地等必要条件、及时组织验收、按时支付工程款等义务,同时这些也是承包方的权利。双方的权利和义务在合同执行过程中相互交替产生进行,很容易引起合同争议。其次,建设工程除了发包方和承包方,还涉及政府、设计单位、监理单位、产品供货厂家、保险方等众多参与者,配合环节较多,易产生矛盾争端。正是因为建设工程施工的复杂性和特殊性,所以规定建设工程施工合同纠纷由不动产所在地人民法院管辖。

【法律依据】

最高人民法院《关于适用〈中华人民共和国民事诉讼法〉的解释》第二十八条 民事诉讼法第三十四条第一项规定的不动产纠纷是指因不动产的权利确认、分割、相邻关系等引起的物权纠纷。

农村土地承包经营合同纠纷、房屋租赁合同纠纷、建设工程施工合同纠纷、政策性房屋买卖合同纠纷,按照不动产纠纷确定管辖。

不动产已登记的,以不动产登记簿记载的所在地为不动产所在地;不动产未登记的,以不动产实际所在地为不动产所在地。

案例379

丁某与王某、某电力工程公司建设工程施工合同纠纷案

Q:因风电项目工程款支付产生的纠纷,应当如何确定管辖法院?

A:当事人以风电项目"工程款借条"和"集电线路工程费用结算表"等材料将纠纷诉至人民法院,法院将该案件定性为建设工程施工合同纠纷的,应当以不动产纠纷确定管辖。

裁判案例:(2019)陕0621民辖终45号

【裁判观点】

王某持"工程款借条"和"集电线路工程费用结算表"等诉至人民法院,请求判令原审被告支付"某风电项目二期 B 线 24 基铁塔基础工程"工程款,原审以此将案件定性为建设工程施工合同纠纷并无不当,故本案应当按照不动产纠纷确定管辖。因本案争议的工程项目地处某县,故某县人民法院对本案有管辖权。

【实务指引】

所谓专属管辖,是指法律强制规定某类案件只能由特定法院管辖,其他法院无权管辖,也不允许当事人协议变更管辖。《民事诉讼法》第三十四条规定:"下列案件,由本条规定的人民法院专属管辖:(一)因不动产纠纷提起的诉讼,由不动产所在地人民法院管辖;(二)因港口作业中发生纠纷提起的诉讼,由港口所在地人民法院管辖;(三)因继承遗产纠纷提起的诉讼,由被继承人死亡时住所地或者主要遗产所在地人民法院管辖。"

建设工程施工合同纠纷按照不动产纠纷确定管辖,而不动产纠纷属于专属管辖的范畴,故建设工程施工合同也应当适用专属管辖。本案中,因涉案工程实际所在地为陕西省某县,故本案应由某县人民法院管辖。

【法律依据】

《民事诉讼法》第三十四条 下列案件,由本条规定的人民法院专属管辖:

(一)因不动产纠纷提起的诉讼,由不动产所在地人民法院管辖;

(二)因港口作业中发生纠纷提起的诉讼,由港口所在地人民法院管辖;

(三)因继承遗产纠纷提起的诉讼,由被继承人死亡时住所地或者主要遗产所在地人民法院管辖。

最高人民法院《关于适用〈中华人民共和国民事诉讼法〉的解释》第二十八条 民事诉讼法第三十四条第一项规定的不动产纠纷是指因不动产的权利确认、分割、相邻关系等引起的物权纠纷。

农村土地承包经营合同纠纷、房屋租赁合同纠纷、建设工程施工合同纠纷、政策性房屋买卖合同纠纷,按照不动产纠纷确定管辖。

不动产已登记的,以不动产登记簿记载的所在地为不动产所在地;不动产未登记的,以不动产实际所在地为不动产所在地。

3. 协议管辖

案例 380

某风电科技公司与某风电设备公司等承揽合同纠纷案

Q：某风电科技公司与某风电设备公司签订承揽加工合同，约定某风电设备公司按照某风电科技公司的要求加工风电设备。双方约定"如从协商开始二十八（28）天内仍不能解决，双方应将争端提交买方所在地法院"。之后双方发生争议后，能否按照法律规定的管辖法院解决纠纷？

A：不能，对于法院管辖，买卖双方可以依法约定，实际争议发生时，应依法向约定的法院提起诉讼。

裁判案例：(2016)京01民辖终91号

【裁判观点】

本案中，某风电科技公司与某风电设备公司于2010年12月14日签订的华锐风电科技(集团)股份有限公司外部协作合同第18.1条约定：买卖双方应通过友好协商，解决在执行本合同中所发生的或与本合同有关的一切争端，如从协商开始二十八（28）天内仍不能解决，双方应将争端提交买方所在地法院，通过司法程序解决。该约定是双方当事人的真实意思表示，应当认定有效。因某风电科技公司的住所地为北京市海淀区×××大街××号，故北京市海淀区人民法院对本案依法享有管辖权。

【实务指引】

《民事诉讼法》第三十五条规定，合同或者其他财产权益纠纷的当事人可以书面协议选择被告住所地、合同履行地、合同签订地、原告住所地、标的物所在地等与争议有实际联系的地点的人民法院管辖。

协议管辖必须符合以下几个条件：(1)协议管辖的案件只适用于合同和其他财产权益纠纷案件，并且只适用于一审案件确定管辖法院。(2)当事人协议选择管辖法院的范围，只限于被告住所地、合同履行地、合同签订地、原告住所地、标的物所在地等与争议有实际联系的地点的人民法院。如果当事人选择了与争议没有实际联系的地点的人民法院，该协议无效。(3)必须以书面协议的形式选择管辖法院，包括书面合同中的协议管辖条款或者是诉讼前双方当事人达成的书面管辖协议。(4)协议管辖不得违反《民事诉讼法》关于级别管辖和属地管辖的规定。《民事诉讼法》关于级别管辖和专属管辖的规定属于强制性法律规定，违反级别管辖和专属管辖规定的管辖权异议无效。

【法律依据】

《民事诉讼法》第三十五条　合同或者其他财产权益纠纷的当事人可以书面协议选择被告住所地、合同履行地、合同签订地、原告住所地、标的物所在地等与争议有实际联系的地点的人民法院管辖,但不得违反本法对级别管辖和专属管辖的规定。

案例 381

某水电工程公司、某公司买卖合同纠纷案

Q: 风电公司起诉时,风电合同中关于诉讼管辖的约定是否应当确定唯一,否则即为无效?

A: 法律明确尊重当事人的处分权,当事人有权就管辖进行约定,只要在诉讼时能够确定管辖法院即可,不必唯一。如果诉讼时有多个管辖法院,可以向其中一个法院起诉。向多个法院起诉的,由最先立案的人民法院管辖。

裁判案例:(2018)最高法民辖终 389 号

【裁判观点】

本案的焦点问题为,案涉管辖约定是否明确、有效。上诉人认为,诉讼管辖的约定不仅需要确定,而且需要唯一,否则为无效。对此,最高人民法院《关于适用〈中华人民共和国民事诉讼法〉的解释》(2015 年)第三十条对这一问题已经作出了明确。为充分尊重双方当事人的真实意思表示,尊重当事人的处分权,管辖的约定在诉讼时能够确定即可,且不限于唯一。

本案中,某水电工程公司与某公司签订的《新疆哈密东豪卓成二期49.5MW 风电场工程风机塔筒及附属设备采购合同》第 17.2 款约定:"若争议经协商仍无法解决,双方同意任何一方可以向原告方住所地有管辖权的人民法院提起诉讼。"从约定的内容来看,尽管约定时,哪一方为原告尚不确定,但一方因纠纷而提起诉讼时,"原告方住所地"则是明确确定的。某公司提起本案诉讼,其所在地即为原告方所在地。当然,不排除类似约定情形下,出现双方分别向各自所在地起诉的情况,但这种冲突可以根据《民事诉讼法》(2017 年修正)第三十五条之规定予以处理,并不会导致约定无效。由上,案涉管辖约定不存在无效之情形。

【实务指引】

本案涉及协议管辖的理解问题。理解协议管辖应注意以下两点:第一,即使当事人约

定管辖法院不够明确,但只要根据管辖协议约定的地域能够确定具体管辖法院的,管辖协议按照有效处理。在实践中应当注意,违反专门管辖的约定也是无效的。2012年《民事诉讼法》没有规定管辖违反专门管辖是否无效,但最高人民法院的司法解释和相关政策性文件均认为属无效。如当事人约定普通民商事纠纷由海事法院管辖就是无效的。第二,必须充分尊重当事人意思表示确定管辖法院。当事人仅仅约定某一地域的法院,协议内容没有将具体的连接点与管辖法院联系起来,能否依据某个实际连接点确定管辖法院,这在法律修订过程中争议较大。我们认为,不能无限扩大当事人协议管辖的自由。因此,只要当事人协议选择了与争议有实际联系地点的管辖法院,可以是一处,也可以是多处,一旦当事人发生纠纷,就可以按协议之约定,选择向其中一个法院起诉。如果双方基于同一法律关系或同一法律事实分别向不同的法院起诉,同样先受理的法院取得管辖权。

【法律依据】

最高人民法院《关于适用〈中华人民共和国民事诉讼法〉的解释》第三十条 根据管辖协议,起诉时能够确定管辖法院的,从其约定;不能确定的,依照民事诉讼法的相关规定确定管辖。

管辖协议约定两个以上与争议有实际联系的地点的人民法院管辖,原告可以向其中一个人民法院起诉。

4. 刑民交叉案件的处理

案例382

某银行、某实业公司金融借款合同纠纷案

Q: 风电公司起诉的案件,法院经审理认为其有犯罪嫌疑的,法院应当如何处理?

A: 法院认为其正在审理的案件有犯罪嫌疑的,应当裁定驳回起诉,将有关材料移送公安机关或者检察机关。

裁判案例: (2018)最高法民终254号

【裁判观点】

某实业公司在与某银行签订、履行某银行2015年综字12001号《某农村商业银行综合授信合同》、2015年银承字12006号《银行承兑汇票承兑协议》等合同的过程中,涉嫌骗取贷款,某银行向某市公安局经济犯罪侦查支队报案。2017年7月1日,某市公安局经济犯罪侦查支队予以立案并出具《立案告知书》。由于某实业公司对本案所涉纠纷有经济

犯罪嫌疑,公安机关已经立案,根据最高人民法院《关于在审理经济纠纷案件中涉及经济犯罪嫌疑若干问题的规定》第十一条"人民法院作为经济纠纷受理的案件,经审理认为不属经济纠纷案件而有经济犯罪嫌疑的,应当裁定驳回起诉,将有关材料移送公安机关或检察机关"的规定,本案应驳回某银行的起诉,有关材料移送公安机关。

【实务指引】

由于民事案件与刑事案件需要按照不同的法定程序处理,因此需要区分作为民事案由的经济纠纷与经济犯罪的处理方式。如果法院民事审判庭在审理案件时发现可能涉及经济犯罪的,依据《刑事诉讼法》等法律的规定,刑事案件应当经过侦查、起诉等程序后由检察院向法院提起诉讼,而法院民事审判庭没有相关的权限,因此驳回案件起诉,将案件移交给公安机关或者检察机关是对不同程序法规定的遵守。需要注意的是,法院在将案件移交给公安机关或检察机关之前作出的裁定是驳回起诉。因此,如果公安机关或者检察机关侦查后发现案件属于经济纠纷的,当事人依然有权提起诉讼。

【法律依据】

最高人民法院《关于在审理经济纠纷案件中涉及经济犯罪嫌疑若干问题的规定》第十一条　人民法院作为经济纠纷受理的案件,经审理认为不属经济纠纷案件而有经济犯罪嫌疑的,应当裁定驳回起诉,将有关材料移送公安机关或检察机关。

最高人民法院《关于适用〈中华人民共和国民事诉讼法〉的解释》第二百一十二条　裁定不予受理、驳回起诉的案件,原告再次起诉,符合起诉条件且不属于民事诉讼法第一百二十七条规定情形的,人民法院应予受理。

二、证据

1. 证明责任

案例383

甲电气公司与乙电气公司买卖合同纠纷案

Q:甲电气公司(买方)与乙电气公司(卖方)签订买卖合同,后买方称产品质量不符合要求要求退还货款。但是买方主张存在质量问题的项目属于买卖双方订立的合同范围外的项目。买方要求退还合同范围外项目货款的请求能否得到支持?

A:买卖合同系双方当事人真实意思表示,不违反法律、行政法规的强制性规定,为有效合同。双方当事人应按照约定履行各自义务。双方合同约定之外安装部分存在质量问题,至案件二审并未进行检测无法判断不能正常使用的原因,买方提交的证据不足以证明其主张,应承担不利后果。

裁判案例:(2019)陕03民终1818号

【裁判观点】

甲电气公司与乙电气公司签订的买卖合同系双方当事人真实意思表示,不违反法律、行政法规的强制性规定,为有效合同。双方当事人应按照约定履行各自义务。双方对案涉买卖合同已经履行完毕均无异议,法院予以确认。

本案争议的焦点是案涉产品是否存在质量问题。经查,乙电气公司向甲电气公司出售的产品是按照甲电气公司提供的图纸生产并已交付甲电气公司,案涉产品的商标系乙电气公司按照甲电气公司指示使用,在使用过程中因部分产品存在质量问题返回乙电气公司处进行维修,根据维修发票记载该部分产品并非乙电气公司自己生产的部分,而是双方合同约定之外安装部分,甲电气公司也已向乙电气公司支付了该部分维修费用。对剩余两台设备返回乙电气公司处进行检测,对此双方均无异议。至案件二审并未进行检测无法判断不能正常使用的原因。

依据最高人民法院《关于民事诉讼证据的若干规定》(2008年)第二条的规定:"当事人对自己提出的诉讼请求所依据的事实或者反驳对方诉讼请求所依据的事实有责任提供证据加以证明。没有证据或者证据不足以证明当事人的事实主张的,由负有举证责任的当事人承担不利后果。"甲电气公司对案涉产品存在质量问题应提供相应的证据予以证明,其提交的证据不足以证明其主张,应承担不利后果。

【实务指引】

最高人民法院《关于适用〈中华人民共和国民事诉讼法〉的解释》第九十条从行为责任和结果责任两个方面规定了证明责任。该解释第九十条规定,当事人对自己提出的诉讼请求所依据的事实或者反驳对方诉讼请求所依据的事实,应当提供证据加以证明,但法律另有规定的除外。在作出判决前,当事人未能提供证据或者证据不足以证明其事实主张的,由负有举证证明责任的当事人承担不利的后果。根据该条的规定,对自己提出的事实应当提供证据加以证明,属于举证责任中的行为责任,未能提供证据或者证据不足以证明其主张的承担的不利后果,属于结果责任。本案中,原告主张被告基于合同提供的产品存在质量问题,则其需要举证证明双方存在合同关系、被告依据合同提供了产品、被告提供的产品存在质量问题等事实。作为双方争议焦点的质量问题需要由原告提出证据,原告未能提出相应的证据必然要承担对其不利的后果。

【法律依据】

《民事诉讼法》第六十七条　当事人对自己提出的主张,有责任提供证据。

当事人及其诉讼代理人因客观原因不能自行收集的证据,或者人民法院认为审理案件需要的证据,人民法院应当调查收集。

人民法院应当按照法定程序,全面地、客观地审查核实证据。

最高人民法院《关于适用〈中华人民共和国民事诉讼法〉的解释》第九十条　当事人对自己提出的诉讼请求所依据的事实或者反驳对方诉讼请求所依据的事实,应当提供证据加以证明,但法律另有规定的除外。

在作出判决前,当事人未能提供证据或者证据不足以证明其事实主张的,由负有举证证明责任的当事人承担不利的后果。

案例 384

某风电设备公司与某叶片制品公司、原审第三人某发电公司买卖合同纠纷案

Q:风电公司将风机叶片卖给第三人,叶片发生折断事故,该责任由谁承担?

A:不能证明应归责于导致事故发生的责任方的,由合同相对方承担事故责任。

裁判案例:(2015)津高民二终字第 0021 号

【裁判观点】

法院认为,本案系某风电设备公司与某叶片制品公司的买卖合同纠纷。某风电设备公司从某叶片制品公司处购买叶片后,自行安装制造成风力发电机的整机销售给某发电公司。在某发电公司使用过程中,因发生了风机叶片折断事件,某叶片制品公司作为叶片买卖合同的出卖人基于合同责任垫付了更换叶片的部分费用,因追偿该部分费用提起本案之诉。某风电设备公司主张本案应定性为安全生产事故,但其并未提供充分的证据证明本案属于安全生产事故的范畴且事故的相关方已就此次事故向有关部门进行申报处理。而事实上是各方在风机叶片折断事件发生后自行就该事件的调查和处理达成了一致意见,即委托 GL(第三方公司)对发生在尚义石人风电场叶片折断事故进行分析和事故鉴定,确定叶片折断的原因,鉴定结果确定的事故责任方承担叶片断裂事故引起的直接费用,并由此形成了一系列的会议纪要。因 GL 的调查报告不能得出叶片断裂是叶片原因或由某叶片制品公司的责任引起,故某风电设备公司作为买受人拒绝履行付款义务就应进一步举证证明事故的发生是叶片原因或某叶片制品公司的责任造成的。但二审中某风

电设备公司并没有提交新的证据,故负有举证责任的某风电设备公司对此应承担不利的法律后果。

【实务指引】

调查收集证据,是指诉讼主体对进行诉讼所需的各种证据,依照法定程序收集和调查的活动和程序。人民法院调查收集证据即为人民法院作为诉讼主体所进行的证据调查收集的行为。《民事诉讼法》第六十七条第一款规定了当事人"谁主张,谁举证"的原则,第二款又对人民法院调查收集证据作出原则性规定。如何理解当事人举证与人民法院调查收集证据的关系,我国民事诉讼法理论界曾经存在三种观点:第一,结合说,即将人民法院调查收集证据与当事人举证并重;第二,职责说,认为应当强调当事人举证责任,但又要防止以当事人举证责任代替法院调查收集证据;第三,补充说,认为当事人是举证责任主体,人民法院不负举证责任,而只进行补充性收集。在实践中,应当注意的是:其一,对于当事人及其诉讼代理人提出调查收集证据的申请,人民法院应当审查是否具有《民事诉讼法》第六十七条规定的因客观原因不能自行收集证据的情形,避免出现只要当事人申请人民法院就进行调查收集、损害法院中立地位的情形;其二,对于当事人书面申请有困难,或者简易程序中无书面申请必要的,人民法院应当将当事人口头申请的内容予以明确记录,由当事人签字或捺印,以此替代书面申请。

【法律依据】

《民事诉讼法》第六十七条 当事人对自己提出的主张,有责任提供证据。

当事人及其诉讼代理人因客观原因不能自行收集的证据,或者人民法院认为审理案件需要的证据,人民法院应当调查收集。

人民法院应当按照法定程序,全面地、客观地审查核实证据。

案例385

某工程公司与某风电技术公司买卖合同纠纷案

Q: 某工程公司、某风电技术公司签订了《产品购销合同》,某工程公司向某风电技术公司购买风力发电机和塔杆。因某风电技术公司未上门调试,故某工程公司已自行组装完成。但关于调试费用问题,因为在"新冠肺炎"疫情期间外出调试有很多不确定因素,最终在费用方面存在分歧,且某工程公司对《产品销售合同》也未盖章确认,故对某风电技术公司上门调试事宜未能达成协议。本案的《产品购销合同》中某风电技术公司是否有调试的合同义务?某工程公司可否要求某风电技术公司支付违约金?

A：虽某工程公司、某风电技术公司间签订的《产品购销合同》当属合法有效，但原、某风电技术公司之间对调试未达成过合意，某工程公司也未支付过调试费用，本案的《产品购销合同》中某风电技术公司不负有调试的合同义务，故对于某工程公司要求某风电技术公司支付违约金的主张无事实和法律依据。

裁判案例：(2020)沪02民终6891号

【裁判观点】

首先，《产品购销合同》中涉及调试的内容均用了"如果""若"等字眼，且双方未就调试的内容约定详细全面的条款，关于调试的内容尚处于要约报价阶段；其次，该合同的总价款为11600元，只包含了风力发电机8800元、塔杆2500元、运费300元三项。某工程公司在支付了合同对价11600元以外未就调试费支付过任何费用；最后，双方事后就"指导安装调试费用"的问题，经过邮件、微信等多次磋商后，某风电技术公司于2020年4月27日向某工程公司发出了要约，但某工程公司未就该《销售合同》盖章承诺，故原、某风电技术公司之间对调试未达成过合意，某工程公司也未支付过调试费用，本案的《产品购销合同》中某风电技术公司不负有调试的合同义务，故对于某工程公司要求某风电技术公司支付违约金的主张，无事实和法律依据，法院难以支持。

【实务指引】

理论上通常认为，举证责任具有双重含义，即行为意义的举证责任和结果意义的举证责任。行为意义的举证责任也称主观上的举证责任，是指当事人在具体的民事诉讼中，为避免败诉的风险而向法院提出证据证明其主张的一种行为责任。结果意义的举证责任又称客观上的证明责任，是指待证事实的存在与否不能确定、真伪不明时，由哪一方当事人对不利后果进行负担的责任和风险。在实践中，应注意的是：其一，凡当事人提出的于己有利的事实主张，均有提供证据进行证明的义务和责任，主张于己不利的事实的，属于自认规则的范畴，并不涉及举证责任问题；其二，结果意义的举证责任在待证事实真伪不明时发生作用，此处的待证事实系指当事人主张的诉讼标的之权利义务或法律关系的要件事实，间接事实或者辅助事实真伪不明只有反射到要件事实之上，致使要件事实发生真伪不明时，才发生结果意义的举证责任，也才有证明责任判决适用的余地。

【法律依据】

《民事诉讼法》第六十七条　当事人对自己提出的主张，有责任提供证据。

当事人及其诉讼代理人因客观原因不能自行收集的证据,或者人民法院认为审理案件需要的证据,人民法院应当调查收集。

人民法院应当按照法定程序,全面地、客观地审查核实证据。

案例386

某风电技术公司与某风力发电公司买卖合同纠纷案

Q: 风电设备卖方与买方签订《买卖合同》,设备投入运营后,卖方主张履约过程中多交付设备的增加款,能否得到支持?

A: 应有相应证据证明实际多交付了相关设备,否则不能得到法院支持。

裁判案例:(2018)京民初149号

【裁判观点】

某风电技术公司主张设备已经实际交付并安装,但某风电技术公司对此提供的相关证据并不能与《销售合同》项下的其他设备区分开,即法院无法确认某风电技术公司主张增加的设备是否交付或安装。某风电技术公司主张升压站设备款系在《销售合同》之外增加的费用,该部分设备的支出并未得到某风力发电公司的确认。故法院对某风电技术公司的设备增加款诉讼请求不予支持。

【实务指引】

当事人谁提出主张就应提供证据规则,体现了行为意义层面上的举证责任。当事实处于真伪不明时,当事人在诉讼中提出的对己方有利的事实必须提供相应的证据进行印证,且提供的证据应当能够证明待证事实,否则承担不利后果,这体现了结果意义层面上的举证责任。合同当事人应依据在合同中关于标的数量、质量、规格、价款、地点、期限、履行方式等的约定来完整、完备地履行全部合同义务,否则将构成对合同义务的违反,即应承担相应的违约责任。本案中,双方签订《销售合同》,合同签订后双方均应当全面履行自己的合同义务,买方履行按照合同付款的义务,卖方履行按照合同供货的义务。卖方主张多交付设备,应当承当相应的举证责任,实践中,可以收集多交付设备发货单、运输单、签收单以及支付货款来证明自己的主张。

【法律依据】

《民事诉讼法》第六十七条 当事人对自己提出的主张,有责任提供证据。

当事人及其诉讼代理人因客观原因不能自行收集的证据,或者人民法院认为审理案件需要的证据,人民法院应当调查收集。

人民法院应当按照法定程序,全面地、客观地审查核实证据。

案例387

某资源局、某电力工程公司建设工程施工合同纠纷案

Q: 某电力工程公司(承包人)与某资源局签订《建设工程施工合同》。承包人实际施工过程中完成了约定的施工范围以外的部分工程。超出约定施工范围完成的工程价款由谁承担?

A: 发包方在没有证据证明风电公司实际施工的工程存在质量问题的情况下,应承担该部分的工程款。

裁判案例: (2017)云民终6号

【裁判观点】

双方签订的《建设工程施工合同》及《补充协议》约定范围内的工程款,采用固定中标价,但因某电力工程公司并未完工,故某资源局应按鉴定实际完成的工程造价向某电力工程公司支付工程款。针对双方签订的《建设工程施工合同》及《补充协议》约定范围外由某电力工程公司施工完成的0.4KV～10KV某部队供电工程,某资源局辩称该工程是在双方合同约定范围外,某电力工程公司应部队的要求而进行,该工程的发包方均应当为部队,工程款不应由某资源局支付。双方签订合同建设的线路迁改工程本就是为给部队使用,在双方签订的合同范围内的工程因村民阻挠停工的情况下,才增加施工0.4KV～10KV某部队供电工程以满足部队需要,故该工程应属涉案整体工程的组成部分,相应工程款也应由某资源局向某电力工程公司予以支付。

【实务指引】

《民法典》第五百一十条规定:"合同生效后,当事人就质量、价款或者报酬、履行地点等内容没有约定或者约定不明确的,可以协议补充;不能达成补充协议的,按照合同相关条款或者交易习惯确定。"这里的补充,是指合同生效后发现上述合同内容漏洞,当事人重新进行协商,对没有约定的内容重新进行约定,对约定不明的继续协商予以明确,使合同能够尽快得到履行。本案中,发包人和承包人签订《建设工程施工合同》,承包人对约定范围内的工程进行了施工,法院通过工程的实际情况来判定范围外的工程属于涉案整体工程的组成部分,因此发包人应当承担范围外工程的工程款。

【法律依据】

《民事诉讼法》第六十七条　当事人对自己提出的主张,有责任提供证据。

当事人及其诉讼代理人因客观原因不能自行收集的证据,或者人民法院认为审理案件需要的证据,人民法院应当调查收集。

人民法院应当按照法定程序,全面地、客观地审查核实证据。

2. 司法鉴定

案例388

某建设工程有限公司、某能源建设集团建设工程合同纠纷案

Q:《建设工程分包施工合同》约定,发生结算争议的,双方同意由甲方认可的工程造价咨询事务所进行鉴定。如何理解此条款?

A:此条款可以理解为鉴定机构应经甲方认可,但是也必须经由乙方认可,而非只经过甲方认可。

裁判案例:(2019)鄂12民终1410号

【裁判观点】

《建设工程分包施工合同》第7.8条约定,发生结算争议的,双方同意由甲方认可的工程造价咨询事务所进行鉴定。对该条款的理解应为,鉴定机构应经某能源建设集团认可,但并非无须经某建设工程有限公司认可。因此,对工程造价的鉴定应根据《民事诉讼法》、最高人民法院《关于适用〈中华人民共和国民事诉讼法〉的解释》和最高人民法院《关于民事诉讼证据的若干规定》的相关规定确定鉴定机构。

【实务指引】

鉴定是鉴定人运用专门的知识和技能,辅之以必要的技术手段,对案件中发生争议的专门性问题进行检测、分析、鉴别的活动。鉴定的成果为鉴定意见,属于专家证据的一种形式。在司法程序中,人民法院委托鉴定人进行鉴定的行为,属于其调查收集证据的职权行为。鉴定程序可以因当事人申请,也可以因人民法院依职权启动,对于待证事实负有举证责任的当事人,在待证事实涉及专门性问题需要鉴定的,该当事人负有申请的义务。如果其未申请鉴定导致待证事实无法借助鉴定意见进行判断而真伪不明的,由该当事人承担不利后果。当事人申请的行为,应当遵守举证期限的限制,于举证期限届满前提出。由于人民法院委托鉴定在性质上为法院调查收集证据,因此当事人申请鉴定应当遵守当事人申请人民调查收集证据的要求。如果需要鉴定的事项与待证事实无关,或者对于证明待证事实无意义,人民法院不予准许。关于鉴定人的确定,在当事人申请鉴定时,鉴定人的确定有当事人协商和人民法院指定两种方式,即可以先由当事人协商后经人民法院认可,协商不成的由人民法院指定。

【法律依据】

最高人民法院《关于适用〈中华人民共和国民事诉讼法〉的解释》第一百二十一条 当事人申请鉴定,可以在举证期限届满前提出。申请鉴定的事项与待证事实无关联,或者对证明待证事实无意义的,人民法院不予准许。

人民法院准许当事人鉴定申请的,应当组织双方当事人协商确定具备相应资格的鉴定人。当事人协商不成的,由人民法院指定。

符合依职权调查收集证据条件的,人民法院应当依职权委托鉴定,在询问当事人的意见后,指定具备相应资格的鉴定人。

三、诉讼参加人

1. 诉讼代理人

案例389

周某等与某商贸公司等股权转让纠纷案

Q: 风电公司与一外国公民签订《股权转让协议》,之后发生纠纷,外国公民委托国内二人代为起诉风电公司,则是否能够代理?

A: 要看委托代理手续是否合规合法,如果没有效力,则不能代理。

裁判案例:(2020)京民终388号

【裁判观点】

周某并未亲自到中华人民共和国北京市房山区人民法院(以下简称房山法院)提交起诉书,而是由王某以周某"委托诉讼代理人"的身份代为进行,王某向房山法院提交了由"周某"签字的起诉书(落款时间为2019年8月5日)以及"周某"签字的对王某、龙某的授权委托书,并向房山法院出具盖章单位为北京某技术公司的推荐函。但是,法院审查期间发现,周某系加拿大籍且因在中华人民共和国境内刑事犯罪被驱逐出境,为核实"周某"签字的真实性,法院要求王某予以说明,在王某不能合理解释周某身在中华人民共和国境外,其如何获取周某签字法律文件的情况下,根据现有材料法院无法认定王某提交的起诉书以及授权委托书中"周某"签名系由周某本人签署,亦无法认定提起本案诉讼是周某的真实意思表示。另,王某向房山法院提交其与北京某技术公司签订的劳动合同,却不能向法院提交相应社保证明,其自称社保由本案被告某商贸公司缴纳。据此,法院认定王某、龙某以周某名义提起的诉讼不具备案件受理条件,应驳回本案起诉。

【实务指引】

《民事诉讼法》第二百七十一条规定:"在中华人民共和国领域内没有住所的外国人、无国籍人、外国企业和组织委托中华人民共和国律师或者其他人代理诉讼,从中华人民共和国领域外寄交或者托交的授权委托书,应当经所在国公证机关证明,并经中华人民共和国驻该国使领馆认证,或者履行中华人民共和国与该所在国订立的有关条约中规定的证明手续后,才具有效力。"本条结合审判实践,明确规定作为一方当事人的外国自然人参加诉讼时,应当向人民法院提交护照等用以证明自己身份的证件。上述案例中,原告提交的现有材料只有周某签字对王某、龙某的授权委托书,该授权委托书没有经过所在国公证机关证明,也没有经过中华人民共和国驻该国使馆认证,因此法院认定原告以周某名义提起的诉讼不具备起诉案件受理条件。

【法律依据】

《民事诉讼法》第二百七十一条 在中华人民共和国领域内没有住所的外国人、无国籍人、外国企业和组织委托中华人民共和国律师或者其他人代理诉讼,从中华人民共和国领域外寄交或者托交的授权委托书,应当经所在国公证机关证明,并经中华人民共和国驻该国使领馆认证,或者履行中华人民共和国与该所在国订立的有关条约中规定的证明手续后,才具有效力。

最高人民法院《关于适用〈中华人民共和国民事诉讼法〉的解释》第五百二十一条 外国人参加诉讼,应当向人民法院提交护照等用以证明自己身份的证件。

外国企业或者组织参加诉讼,向人民法院提交的身份证明文件,应当经所在国公证机关公证,并经中华人民共和国驻该国使领馆认证,或者履行中华人民共和国与该所在国订立的有关条约中规定的证明手续。

代表外国企业或者组织参加诉讼的人,应当向人民法院提交其有权作为代表人参加诉讼的证明,该证明应当经所在国公证机关公证,并经中华人民共和国驻该国使领馆认证,或者履行中华人民共和国与该所在国订立的有关条约中规定的证明手续。

本条所称的"所在国",是指外国企业或者组织的设立登记地国,也可以是办理了营业登记手续的第三国。

2. 第三人撤销之诉的当事人

案例 390

某风电公司、某新能源科技投资开发公司第三人撤销之诉案

Q：风电场建设单位与银行签订设备抵押、电费质押合同用于担保风电场建设借款费用，之后，风电公司将风电机组出售给建设单位，风电公司能否以第三人的身份撤销建设单位与银行签订的担保合同？

A：不能，风电公司既不是有独立请求权的第三人，也不是无独立请求权的第三人。

裁判案例：(2020)最高法民终463号

【裁判观点】

第三人撤销之诉系事后救济程序，对于第三人撤销之诉的原告主体资格和范围，在"有法律上的利害关系"的判断上，要比第三人参加诉讼的标准更高。对于普通金钱债权，原则上不适用第三人撤销之诉，除非有证据证明原审当事人存在虚假诉讼的情形。

关于某风电公司是否属于有独立请求权的第三人的问题。本案中，某风电公司不是(2018)甘民初30号工行汇通支行与某新能源科技投资开发公司、某电力设备制造公司、刘某、张某金融借款合同纠纷案的当事人，某风电公司与某新能源科技投资开发公司之间的买卖合同纠纷和工行汇通支行与某新能源科技投资开发公司之间的金融借款合同纠纷分属不同的法律关系，某风电公司对(2018)甘民初30号案件的诉讼标的并不存在独立的实体权利。原《合同法》第一百三十三条规定："标的物的所有权自标的物交付时起转移，但法律另有规定或者当事人另有约定的除外。"本案案涉争议抵押物为动产，2017年1月22日某新能源科技投资开发公司与工行汇通支行签订抵押合同之前，某风电公司出售给某新能源科技投资开发公司的25台风电机组已经交付，一审庭审中某风电公司自认最初的采购合同并未约定价款付清之前，某风电公司保留标的物的所有权。虽然某风电公司与某新能源科技投资开发公司签订的《补充协议》第三条约定若某新能源科技投资开发公司未按照本《补充协议》约定支付款项，某风电公司有权选择松山滩风电场项目所属范围的风电机组所有权归某风电公司所有并进行处置，但《补充协议》签订的时间不仅晚于某新能源科技投资开发公司与工行汇通支行签订案涉抵押合同、质押合同的时间，而且晚于对案涉抵押物、质物办理抵押、质押登记的时间。《补充协议》第三条并未约定某风电公司享有松山滩风电场项目所属范围的风电机组所有权为某新能源科技投资开发公司未按约定支付款项的唯一后果，在某新能源科技投资开发公司未依约支付款项后，某风电公司并未选择主张所有权，而是选择主张金钱债权，并在四川省德阳市中级人民法院主持下,与某新能源科技投资开发公司达成按付款计划支付货款的调解书。本案一审庭审中,某风电公司亦认可其在本案中的普通债权人身份。故某风电公司对案涉抵押合同中的抵押物无独立的请求权。案涉质押合同的质押物为武威市天祝松山滩49.5兆瓦风电场项目售电形成的应收账款,某风电公司对该质押物亦无独立的请求权。因此,某风电公司不属于有独立请求权的第三人。

关于某风电公司是否属于无独立请求权的第三人的问题。无独立请求权第三人的判断标准应予严格限制,要求其与案件处理结果要有权利义务关系或法律上的牵连关系。无独立请求权的第三人通常分为辅助性第三人、被告型第三人和原告型第三人三类。本案中,某风电公司在工行汇通支行与某新能源科技投资开发公司等的金融借款合同纠纷中不依附于任何一方主体存在,不是金融借款合同纠纷诉讼标的的权利义务主体,对查明案件事实也没有起到任何辅助作用,不属于辅助性第三人。某风电公司在(2018)甘民初30号案中没有被判令承担民事责任,不属于被告型第三人。工行汇通支行在与某新能源科技投资开发公司等金融借款合同纠纷中,作为债权人对案涉抵押物、质押物享有优先受偿权,与某风电公司对某新能源科技投资开发公司的债权没有法律上的牵连关系,某风电公司不属于原告型第三人。因此,某风电公司也不属于无独立请求权的第三人。一审法院认定某风电公司不具有提起本案第三人撤销之诉主体资格,该认定并无不当。

普通债权原则上不适用第三人撤销之诉进行保护,但第三人以金钱债权受到侵害为由提起撤销之诉,如有证据证明原审当事人存在虚假诉讼的,可以受理。本案中,某风电公司提供的证据不能证明工行汇通支行与某新能源科技投资开发公司间存在虚构债务、伪造抵押、质押合同进行虚假诉讼的情形。

【实务指引】

在实践中,部分当事人会采取虚假诉讼的方式实现其个人目的,常见的有以下两类情形:一类是当事人通过生效裁判处分案外第三人的物权,如夫妻一方与他人恶意串通提起虚假诉讼,达成调解协议使用夫妻共同财产折抵债务;另一类是通过恶意诉讼逃避债务,造成债权人的债权难以实现,如虚构债务取得法院生效裁判,参与执行,借此影响真实债权人的债权实现,这时就产生了第三人撤销之诉。第三人撤销之诉制度的设立,为减少和预防虚假诉讼,消解当事人恶意串通侵害案外第三人利益,促进民事诉讼的诚信机制建设提供了明确的法律依据,也为案外第三人提供了更为有力、便捷的权利救济途径。从法律上讲,提起撤销之诉的主体应符合第三人的条件,即有独立请求权或者案件处理结果与其有利害关系,若案外人对诉讼标的不享有独立请求权,且案件处理结果与其没有法律上的利害关系,那么其就不具备提起撤销之诉的主体资格。本案中,某风电公司在工行汇通支行与某新能源科技投资开发公司等的金融借款合同纠纷中不依附于任何一方主体存在，不是金融借款合同纠纷诉讼标的的权利义务主体，因此一审法院认定某风电公司不是有独立请求权的第三人，没有提起第三人撤销之诉的主体资格。

【法律依据】

《民事诉讼法》第五十九条 对当事人双方的诉讼标的，第三人认为有独立请求权的，有权提起诉讼。

对当事人双方的诉讼标的，第三人虽然没有独立请求权，但案件处理结果同他有法律上的利害关系的，可以申请参加诉讼，或者由人民法院通知他参加诉讼。人民法院判决承担民事责任的第三人，有当事人的诉讼权利义务。

前两款规定的第三人，因不能归责于本人的事由未参加诉讼，但有证据证明发生法律效力的判决、裁定、调解书的部分或者全部内容错误，损害其民事权益的，可以自知道或者应当知道其民事权益受到损害之日起六个月内，向作出该判决、裁定、调解书的人民法院提起诉讼。人民法院经审理，诉讼请求成立的，应当改变或者撤销原判决、裁定、调解书；诉讼请求不成立的，驳回诉讼请求。

最高人民法院《关于适用〈中华人民共和国民事诉讼法〉的解释》第二百九十条 第三人对已经发生法律效力的判决、裁定、调解书提起撤销之诉的，应当自知道或者应当知道其民事权益受到损害之日起六个月内，向作出生效判决、裁定、调解书的人民法院提出，并应当提供存在下列情形的证据材料：

（一）因不能归责于本人的事由未参加诉讼；

（二）发生法律效力的判决、裁定、调解书的全部或者部分内容错误；

（三）发生法律效力的判决、裁定、调解书内容错误损害其民事权益。

四、诉讼时效

案例391

某风电公司与某风能公司合同纠纷案

Q：诉讼时效期间届满后，何种情况下当事人以诉讼时效抗辩的可以被认定为无效？

A：诉讼时效期间届满，当事人一方向对方当事人作出同意履行义务的意思表示或者自愿履行义务后，当事人一方不得以诉讼时效期间届满为由进行抗辩，但是如果根据双方当事人的文件无法推断出对方当事人有作出同意履行的意思表示或者自愿履行义务的，则以诉讼时效抗辩的，法院不予支持。

裁判案例：(2018)浙01民初4491号

【裁判观点】

本案中某风电公司与某风能公司在2014年8月1日的大唐云南大坪子及恩兆山风电场主机设备问题设计联络会暨协调会中,对供货时间协商一致进行了调整:第一批主机及附属设备交货时间为2014年8月7日,最后一批交货时间为9月15日,第一批叶片交货时间为8月5日,最后一批叶片交货时间为9月30日。某风电公司主张某风能公司实际交货时间为第一批主机于2014年10月2日开始交货,最后一批主机于2015年5月24日交货,该主张的依据是编号为"大唐永善函[2018]5号"的函及所附到货统计表,某风能公司虽对该份函件的真实性无异议,但表示对是否收到函件无法核实,并仅对某风电公司提交的发货清单中体现的交货时间予以认可,而某风电公司亦未能提供证据证明某风能公司已收到该份函件,故某风电公司主张的交货时间依据不足。

某风电公司仅在编号为"大唐永善函[2018]5号"落款日期为2018年5月24日的函件中,提出大坪子风机延迟供货造成误期赔偿费1718.57万元,但某风电公司并未提交证据证明已向某风能公司发送该函件,更未提交证据证明某风能公司已收到该函件,故无法适用《采购合同》第18.2条的约定认定某风能公司在某风电公司发出索赔通知14天内未作答复即视为接受索赔;某风电公司亦未能提交证据证明自2014年10月1日起2年内曾向某风能公司提出逾期交货的索赔要求。因此,某风电公司于2018年11月22日起诉要求某风能公司支付逾期交货的误期赔偿费,已过诉讼时效。

【实务指引】

诉讼时效期间分为三类:第一类是普通诉讼时效期间,它是《民法典》规定的普遍适用于应当适用时效的各种法律关系的时效期间,根据规定,普通诉讼时效期间为3年。第二类是特别诉讼时效期间,它是《民法典》及其他民事特别法规定的适用于某些民事法律关系,根据特别法优于普通法的原理,特别时效优先于普通时效适用。第三类是最长诉讼时效,根据规定,最长诉讼时效为20年。诉讼时效的起算时间,一是主观标准,自权利人知道受到侵害的时间起算;二是客观标准,自权利受到侵害或请求权发生之时起算。诉讼时效的起算需满足以下条件:一是权利客观上受到侵害;二是权利人知道或者应当知道权利受到侵害;三是权利人知道或者应当知道具体侵害人。本案中,某风电公司亦未能提交证据证明自2014年10月1日起3年内曾向某风能公司提出逾期交货的索赔要求,因此被认定已过诉讼时效。

义务人同意履行义务,通常是指义务人承认并同意履行义务的情形。义务人向权利人同意履行义务,可以使权利人无须再通过其他方式明确和维持权利,这时该权利人没有行使权利,不应理解为其怠于行使权利,故诉讼时效期间应当中断。依据最高人民法院《关于审理民事案件适用诉讼时效制度若干问题的规定》第十四条的规定,义务人作出分期履行、部分履行、提供担保、请求延期履行、制订清偿债务计划等承诺或者行为的,应当认定为《民法典》第一百九十五条规定的"义务人同意履行义务"。这里的义务人同意履行债务也包括其代理人、监护人、财产保管人等履行债务的情形。

【法律依据】

《民法典》第一百八十八条　向人民法院请求保护民事权利的诉讼时效期间为三年。法律另有规定的,依照其规定。

诉讼时效期间自权利人知道或者应当知道权利受到损害以及义务人之日起计算。法律另有规定的,依照其规定。但是,自权利受到损害之日起超过二十年的,人民法院不予保护,有特殊情况的,人民法院可以根据权利人的申请决定延长。

最高人民法院《关于审理民事案件适用诉讼时效制度若干问题的规定》第十九条　诉讼时效期间届满,当事人一方向对方当事人作出同意履行义务的意思表示或者自愿履行义务后,又以诉讼时效期间届满为由进行抗辩的,人民法院不予支持。

当事人双方就原债务达成新的协议,债权人主张义务人放弃诉讼时效抗辩权的,人民法院应予支持。

超过诉讼时效期间,贷款人向借款人发出催收到期贷款通知单,债务人在通知单上签字或者盖章,能够认定借款人同意履行诉讼时效期间已经届满的义务的,对于贷款人关于借款人放弃诉讼时效抗辩权的主张,人民法院应予支持。

五、管辖权异议

案例392

某风电公司与某超导公司等侵害商业秘密纠纷案

Q:风电公司与技术服务商签订《采购合同》,约定技术提供商要协助解决设备故障,并保障软件质量和正常使用。之后,风电公司擅自修改电控软件进行安装,产生侵权责任纠纷,则是否受《采购合同》约定的仲裁条款约束而排斥法院主管?

A:不受采购合同的仲裁条款约束,法院可以管辖。侵权行为属于一种独立的民事争议,不是在执行《采购合同》过程中发生的争议,因此,《采购合同》约定的仲裁条款并不产生约束,人民法院可以管辖。

裁判案例:(2014)高民终字第2344号

【裁判观点】

从本案某风电公司与某超导公司签订《采购合同》的约定来看,合同中的相关条款如

"伴随服务"条款,规定的权利义务主要为:卖方应及时提供技术支持,并协助解决安装中出现的设备故障,对需要维修的核心部件予以维修。这些均是为保证涉案软件的质量和正常使用、促使采购合同正常履行的常规条款,并未超出合同法律关系的一般范畴。而M超导公司、W超导公司、某超导公司向法院提起的系侵权之诉,其事实依据为某风电公司非法窃取相关设备电控软件的全部源程序,擅自修改电控软件、破坏软件的技术保护措施后安装使用的侵犯其商业秘密的侵权行为。本案所诉侵权行为属于一种独立的民事争议,不是在执行《采购合同》过程中发生的争议,因此,《采购合同》约定的仲裁条款并不适用于本案,本案属于人民法院的主管范围。

【实务指引】

本案中,仲裁条款不能适用于侵权纠纷的原因是实际上存在两种不同的法律事实。双方当事人达成采购合同并约定了相应的附款和交付标的物的义务。双方达成的民事法律行为属于本案中的第一个法律事实。当事人约定仲裁条款是为了解决《采购合同》,即第一个法律事实中可能出现的纠纷。本案中的侵权行为属于一方当事人另行实施的新的法律事实。两个法律事实之间分别适用不同的归责方式。由于本案中的侵权行为本身与合同履行并无因果关系,并不是因为双方订立了合同就能使侵权行为发生。因此,双方关于合同履行的争议解决约定自然无法适用于合同以外发生的侵权行为归责中。

【法律依据】

《民法典》第一百七十六条　民事主体依照法律规定或者按照当事人约定,履行民事义务,承担民事责任。

案例393

某风电科技公司、某机器设备公司合同纠纷案

Q: 风电公司与风电设备公司签订《设备产品加工合同》,约定合同纠纷提起诉讼由合同履行地人民法院管辖。后发生合同纠纷,风电设备公司向自己住所地提起诉讼,风电公司以合同履行地有很多个为由提出管辖权异议,能否得到支持?

A: 不能,当合同履行地没有约定或者约定不明确,其他标的,履行义务一方所在地为合同履行地,风电设备公司履行产品加工义务,可以向自己住所地法院起诉。

裁判案例: (2018)最高法民辖终118号

【裁判观点】

法院经审查认为,双方签订的多份《机电产品外部协作合同》中,对交货地点即"需方厂内"或"需方各基地"的约定有大连、江苏、内蒙古、甘肃等不同地点,并且某风电科技公司在天津市第二中级人民法院2017年5月5日的询问笔录第3页中明确陈述"我们认为合同履行地有很多,不能确定具体的合同履行地",属于对履行地点约定不明确的情形。《民事诉讼法》(2017年修正)第二十三条规定,因合同纠纷提起的诉讼,由被告住所地或者合同履行地人民法院管辖。因此,合同履行地人民法院对本案具有管辖权。最高人民法院《关于适用〈中华人民共和国民事诉讼法〉的解释》(2015年)第十八条第二款规定,合同对履行地点没有约定或者约定不明确,争议标的为给付货币的,接收货币一方所在地为合同履行地;交付不动产的,不动产所在地为合同履行地;其他标的,履行义务一方所在地为合同履行地。本案中,某机器设备公司作为合同中履行加工义务的一方,其住所地在天津市,同时,本案诉讼标的额超过1亿元,某风电科技公司的住所地在北京市,根据最高人民法院《关于调整高级人民法院和中级人民法院管辖第一审民商事案件标准的通知》第二条的规定,天津市高级人民法院作为某机器设备公司住所地法院,对本案具有管辖权。

【实务指引】

在审判实践中,有两种较为常见的约定不明确的管辖协议。一是约定由守约方所在地法院管辖。要判断何方当事人守约,需要经过实体审理方能确定,在确定管辖权的阶段无法判明,这类约定不明确的管辖协议无法执行,应当认定为无效。最高人民法院《关于金利公司与金海公司经济纠纷案件管辖问题的复函》(法函〔1995〕89号)认为,"如甲、乙双方发生争议,由守约方所在地人民法院管辖"的约定无效。最高人民法院(2010)民二终字第39号民事裁定中也认为,约定由守约方所在地法院管辖的协议无效。二是约定由当地法院管辖。由于何为当地指代不明,常常产生争议。有的理解为当事人住所地,有的理解为合同履行地,有的根据合同类型理解为工程所在地。我们认为,应当综合考量当事人的意思、合同类型及其他因素,能够确定何为当地的,应当认定为有效;不能确定的,应当认定为约定不明确。最高人民法院在(2010)民申字第809号裁定书中认为,在施工合同中约定"在合同执行中发生争议,双方应协商解决;协商不成向当地人民法院起诉"所称的当地,系指工程所在地(合同履行地)。

【法律依据】

《民事诉讼法》第二十四条　因合同纠纷提起的诉讼,由被告住所地或者合同履行地人民法院管辖。

最高人民法院《关于适用〈中华人民共和国民事诉讼法〉的解释》第十八条 合同约定履行地点的,以约定的履行地点为合同履行地。

合同对履行地点没有约定或者约定不明确,争议标的为给付货币的,接收货币一方所在地为合同履行地;交付不动产的,不动产所在地为合同履行地;其他标的,履行义务一方所在地为合同履行地。即时结清的合同,交易行为地为合同履行地。

合同没有实际履行,当事人双方住所地都不在合同约定的履行地的,由被告住所地人民法院管辖。

案例394

某保险公司与某吊具生产公司保险人代位求偿权纠纷案

Q: 风电工程被投保一切险,由于吊具坠落,砸坏了许多设备,保险公司赔付之后,向销售吊具的公司所在地法院起诉,主张代位求偿权。销售吊具的公司主张应按销售合同约定的买方所在地法院管辖,提出管辖权异议,则该主张能否得到支持?

A: 不能,因为保险公司向销售吊具公司主张侵权法律关系,不应依据合同的约定管辖,法律规定因侵权行为提起的诉讼,由侵权行为地或者被告住所地人民法院管辖。

裁判案例: (2015)四中民(商)终字第335号

【裁判观点】

本案系原告某保险公司以某吊具生产公司为被告提起保险人代位求偿权纠纷。保险人代位求偿权案件的管辖权应基于原告代位行使的被保险人对第三者请求赔偿的基础法律关系确定。本案系原告依据《产品质量法》第四十三条,代位某风电公司向吊具生产者某吊具生产公司提出的侵权责任之诉。依据《民事诉讼法》(2012年修正)第二十八条,原告选择被告某吊具生产公司住所地的法院起诉并无不当,上诉人上诉理由成立,应予支持。一审法院裁定某吊具生产公司对本案管辖权提出的异议成立,将本案移送至乌鲁木齐经济技术开发区(头屯河区)人民法院审理的处理错误,二审法院对一审裁定予以撤销。

【实务指引】

本案中实际上存在两个法律关系。第一个是某风电公司与某吊具生产公司之间的买卖合同关系。第二个是保险人基于保险合同而对某吊具生产公司追偿的法律关系。两个法律关系中,当事人主张权利依据的法律规定并不相同,并且两个法律关系之间并无直接关联。基于合同相对性原则,某风电公司与某吊具生产公司之间约定的管辖协议并不能约束作为第三人的保险公司。因此某吊具生产公司的主张并无法律依据。

【法律依据】

《民法典》第四百六十五条　依法成立的合同,受法律保护。

依法成立的合同,仅对当事人具有法律约束力,但是法律另有规定的除外。

《保险法》第六十条　因第三者对保险标的的损害而造成保险事故的,保险人自向被保险人赔偿保险金之日起,在赔偿金额范围内代位行使被保险人对第三者请求赔偿的权利。

前款规定的保险事故发生后,被保险人已经从第三者取得损害赔偿的,保险人赔偿保险金时,可以相应扣减被保险人从第三者已取得的赔偿金额。

保险人依照本条第一款规定行使代位请求赔偿的权利,不影响被保险人就未取得赔偿的部分向第三者请求赔偿的权利。

六、诉讼中止

案例 395

某风电设备股份公司、某风电股份公司买卖合同纠纷案

Q: 风电设备公司与业主签订《采购合同》,在业主以设备存在质量问题提起诉讼期间,风电设备公司主张自己进入破产程序,法院应中止审理,则风电设备公司的主张是否可以得到支持吗?

A: 看管理人是否接管了风电设备公司的财产,如果没有接管,应当中止审理;如果已经接管,诉讼应继续进行。

裁判案例: (2018)浙民终275号

【裁判观点】

本案在河北省保定高新技术产业开发区人民法院受理某工贸公司对某风电设备股份公司的破产清算申请前已予以立案受理。2017年11月17日,河北省保定高新技术产业开发区人民法院致函一审法院,函请一审法院裁定中止本案诉讼程序。为此,一审法院于2017年11月23日作出(2016)浙01民初594号之一民事裁定书,裁定本案中止审理。2018年1月5日,河北省保定高新技术产业开发区人民法院又致函一审法院,函请一审法院恢复对本案的诉讼程序。一审法院依法恢复诉讼程序。一审法院在某风电设备股份公司管理人接管企业的财产后,根据《企业破产法》第二十条的规定,本案诉讼程序继续进行并无不当。某风电设备股份公司上诉要求本案中止审理或驳回诉讼请求缺乏事实和法律依据,不予支持。

【实务指引】

《企业破产法》第二十一条规定:"人民法院受理破产申请后,有关债务人的民事诉讼,只能向受理破产申请的人民法院提起。"第二十条规定:"人民法院受理破产申请后,已经开始而尚未终结的有关债务人的民事诉讼或者仲裁应当中止;在管理人接管债务人的财产后,该诉讼或者仲裁继续进行。"这里需注意:第一,诉讼或者仲裁应当是与债务人有关的,债务人在该诉讼或者仲裁程序中具有独立的请求权。例如,债务人与另一方当事人因合同纠纷向法院提起诉讼或者向仲裁机构提出仲裁申请,人民法院或者仲裁机构受理了该申请,且正在审理过程中,该诉讼或者仲裁即属于本条规定的与债务人有关的民事诉讼或者仲裁。第二,本条所规定的应当中止的行为仅限于民事诉讼与仲裁,有关债务人财产的行政诉讼或者刑事诉讼的效力不受破产程序的影响。第三,人民法院受理破产申请只是导致诉讼或者仲裁的中止而非终结。依据本条的规定,在管理人接管债务人的财产后,该诉讼或者仲裁继续进行。本案中,河北省保定高新技术产业开发区人民法院受理某工贸公司对某风电设备股份公司的破产申请前已予以立案受理,某风电设备股份公司管理人已经接管企业的财产,因此诉讼应继续进行。

【法律依据】

《企业破产法》第二十条　人民法院受理破产申请后,已经开始而尚未终结的有关债务人的民事诉讼或者仲裁应当中止;在管理人接管债务人的财产后,该诉讼或者仲裁继续进行。

七、执行异议

案例396

马某与某建筑工程公司、梁某执行复议纠纷执行案

Q:某建筑工程公司被执行裁定冻结账户,该公司辩称此账户为某风力发电公司增加安全防护措施项目中的劳务工程款,其辩称是否符合执行异议的规定?

A:不符合,冻结被执行人某建筑工程公司的银行账户符合法律规定,该执行行为并未侵犯其合法权益,其异议请求不能成立。至于被执行人认为账户存款属于案外人所有,应由案外人另案对该执行标的主张实体权利。

裁判案例:(2019)陕08执复36号

【裁判观点】

本案的争议焦点为执行裁定冻结涉案账户是否违法并侵犯了被执行人某建筑公司的合法权益。

《民事诉讼法》(2017年修正)第二百二十五条规定:"当事人、利害关系人认为执行行为违反法律规定的,可以向负责执行的人民法院提出书面异议……"某建筑公司作为本案的被执行人只能就执行行为提出异议。最高人民法院《关于人民法院民事执行中查封、扣押、冻结财产的规定》(2008年)第二条第一款规定:"人民法院可以查封、扣押、冻结被执行人占有的动产、登记在被执行人名下的不动产、特定动产及其他财产权。"横山区人民法院冻结被执行人某建筑公司的银行账户符合法律规定,该执行行为并未侵犯其合法权益,其异议请求不能成立。至于被执行人某建筑公司认为对账户存款属于案外人所有,应由案外人另案对该执行标的主张实体权利,案外人的权利能否排除执行,并非本案审查范畴。原裁定法院在被执行人所提行为异议审查程序中,对案外人是否系执行标的之权利人进行审查,不符合执行异议、复议审查规定,应予纠正。

【实务指引】

我国《民事诉讼法》第二百三十二条规定:"当事人、利害关系人认为执行行为违反法律规定的,可以向负责执行的人民法院提出书面异议。当事人、利害关系人提出书面异议的,人民法院应当自收到书面异议之日起十五日内审查,理由成立的,裁定撤销或者改正;理由不成立的,裁定驳回。当事人、利害关系人对裁定不服的,可以自裁定送达之日起十日内向上一级人民法院申请复议。"本条是关于对违法的执行行为提出异议的规定。《民事诉讼法》在执行程序中确立这一制度,并赋予了当事人和利害关系人申请复议的权利。执行法院对当事人、利害关系人提出的异议,经过审查,发现执行行为确实违反相关法律规定的,应当分别作出"撤销"或者"改正"的处理,即撤销已采取的执行措施、已进行的执行程序,或者将错误或者不当的执行行为改为合法的执行行为,依法实施应当实施而未实施的执行行为。本案中,被执行人某建筑工程公司认为账户存款属于案外人所有,应由案外人另案对该执行标的主张实体权利。

【法律依据】

《民事诉讼法》第二百三十二条 当事人、利害关系人认为执行行为违反法律规定的,可以向负责执行的人民法院提出书面异议。当事人、利害关系人提出书面异议的,人民法院应当自收到书面异议之日起十五日内审查,理由成立的,裁定撤销或者改正;理由不成立的,裁定驳回。当事人、利害关系人对裁定不服的,可以自裁定送达之日起十日内向上一级人民法院申请复议。

最高人民法院《关于人民法院民事执行中查封、扣押、冻结财产的规定》第二条 人民法院可以查封、扣押、冻结被执行人占有的动产、登记在被执行人名下的不动产、特定动产及其他财产权。

未登记的建筑物和土地使用权,依据土地使用权的审批文件和其他相关证据确定权属。

对于第三人占有的动产或者登记在第三人名下的不动产、特定动产及其他财产权,第三人书面确认该财产属于被执行人的,人民法院可以查封、扣押、冻结。

八、仲裁

1. 仲裁条款

> **案例397**
>
> **某风电公司与某超导公司等侵害商业秘密纠纷案**
>
> **Q:** 风电公司与技术服务商签订《采购合同》,约定技术服务商要协助解决设备故障,并保障软件质量和正常使用。之后,风电公司擅自修改电控软件进行安装,产生侵权责任纠纷,则是否受《采购合同》约定的仲裁条款约束而排斥法院主管?
>
> **A:** 不受采购合同的仲裁条款约束,法院可以管辖。侵权行为属于一种独立的民事争议,不是在执行《采购合同》过程中发生的争议,因此,《采购合同》约定的仲裁条款并不产生约束,人民法院可以管辖。
>
> **裁判案例:** (2014)高民终字第2344号

【裁判观点】

从本案某风电公司与某超导公司签订《采购合同》的约定来看,合同中的相关条款如"伴随服务"条款,规定的权利义务主要为:卖方应及时提供技术支持,并协助解决安装中出现的设备故障,对需要维修的核心部件予以维修。这些均是为保证涉案软件的质量和正常使用、促使采购合同正常履行的常规条款,并未超出合同法律关系的一般范畴。而M超导公司、W超导公司、某超导公司向法院提起的系侵权之诉,其事实依据为某风电公司非法窃取相关设备电控软件的全部源程序,擅自修改电控软件、破坏软件的技术保护措施后安装使用的侵犯其商业秘密的侵权行为。本案所诉侵权行为属于一种独立的民事争议,不是在执行《采购合同》过程中发生的争议,因此,《采购合同》约定的仲裁条款并不适用于本案,本案属于人民法院的主管范围。

【实务指引】

需要注意的是,当事人在合同中约定仲裁条款的目的在于解决可能发生的合同纠纷,如合同履行、违约等纠纷。本案中双方当事人发生纠纷的原因是一方当事人的侵权行为。该侵权行为与合同履行本身并无关联。当事人并不是违反了合同义务而实施了侵权行为,而是径行实施了侵害对方当事人权益的行为。因此,这一行为应当单独处理,并且与双方当事人订立的合同无关。因此,双方当事人在合同中约定的仲裁条款自然没有适用的空间。

【法律依据】

《民法典》第一百七十六条　民事主体依照法律规定或者按照当事人约定,履行民事义务,承担民事责任。

案例 398

某资产管理公司浙江分公司、
某风力发电公司债权人代位权纠纷案

Q: 风电公司签订的《风力发电机组及附属设备采购合同》约定"合同争议解决方式为仲裁,仲裁地为青岛"是否为有效的仲裁协议?

A: 有效,根据该约定可知当事人已经明确约定争议解决方式为仲裁,且能够指向确定的仲裁机构。

裁判案例:(2019)鲁民终597号

【裁判观点】

某风力发电公司与某设备供应公司在2016年7月签订的《大唐青岛海西(250MW)风电场(100MW)风力发电机组及附属设备采购合同》(以下简称《采购合同》)第三部分专用条款第十条明确约定:"合同争议解决方式为仲裁,仲裁地为青岛。"一审法院认为,《仲裁法》第二十六条规定,当事人达成仲裁协议,一方向人民法院起诉未声明有仲裁协议,人民法院受理后,另一方在首次开庭前提交仲裁协议的,人民法院应当驳回起诉,但仲裁协议无效的除外;另一方在首次开庭前未对人民法院受理该案提出异议的,视为放弃仲裁协议,人民法院应当继续审理。本案中,某风力发电公司与某设备供应公司签订《采购合同》约定,合同争议解决方式为仲裁,仲裁地为青岛。该约定合法、有效,某资产管理公司浙江分公司代某设备供应公司提起权利主张应受某风力发电公司与某设备供应公司签订的《采购合同》条款的约束,某资产管理公司浙江分公司应就本案纠纷仲裁。

【实务指引】

仲裁,作为解决纠纷的重要手段之一,也是我国多元化纠纷解决机制和社会治理体系的重要组成部分。仲裁协议包括合同中订立的仲裁条款和以其他书面方式在纠纷发生前或者纠纷发生后达成的请求仲裁的协议。仲裁协议应当具有下列内容:(1)请求仲裁的意思表示;(2)仲裁事项;(3)选定的仲裁委员会。仲裁机构约定不明且未能达成补充协议的,仲裁协议无效。本案中,某风力发电公司与某设备供应公司在2016年7月签订的《采购合同》第三部分专用条款第十条明确约定:"合同争议解决方式为仲裁,仲裁地为青岛。"该条款约定了仲裁地,但是没有约定仲裁委员会。依据最高人民法院《关于适用〈中华人民共和国仲裁法〉若干问题的解释》第六条,"仲裁协议约定由某地的仲裁机构仲裁且该地仅有一个仲裁机构的,该仲裁机构视为约定的仲裁机构"。青岛只有一个仲裁委员会,因此可以认定双方约定的仲裁条款有效。

【法律依据】

《仲裁法》第十八条 仲裁协议对仲裁事项或者仲裁委员会没有约定或者约定不明确的,当事人可以补充协议;达不成补充协议的,仲裁协议无效。

最高人民法院《关于适用〈中华人民共和国仲裁法〉若干问题的解释》第六条 仲裁协议约定由某地的仲裁机构仲裁且该地仅有一个仲裁机构的,该仲裁机构视为约定的仲裁机构。该地有两个以上仲裁机构的,当事人可以协议选择其中的一个仲裁机构申请仲裁;当事人不能就仲裁机构选择达成一致的,仲裁协议无效。

案例399

某风电公司、某新能源公司合同纠纷案

Q:某风电公司与某新能源公司签订《出资协议》,协议约定双方发生争议时向当地仲裁委员会申请仲裁。后双方发生争议,一方向人民法院提起诉讼,法院应如何处理?

A:人民法院应当告知原告向仲裁机构申请仲裁,其坚持起诉的,裁定不予受理。

裁判案例:(2020)云民终913号

【裁判观点】

某风电公司与某新能源公司签订《出资协议》,对即将成立的新公司股东如何出资及经营管理等具体事项进行了约定,其中第十二条第二项约定,"凡因执行本协议发生的逾

期争议,协议双方应首先本着友好互利的原则进行协商解决,如在协商开始后 30 天内仍不能解决争议的,则任何一方有权向湘潭仲裁委员会申请仲裁"。某风电公司诉讼请求是要求确认其与某新能源公司签订的《合作协议》中投资入股条款无效,由某风电公司向某新能源公司归还借款本息。

一审法院认定《出资协议》是《合作协议》的组成部分正确。根据最高人民法院《关于适用〈中华人民共和国民事诉讼法〉的解释》(2015 年)第二百一十五条的规定:当事人在书面合同中订有仲裁条款或者在发生纠纷后达成书面仲裁协议,一方向人民法院起诉的,人民法院应当告知原告向仲裁机构申请仲裁,其坚持起诉的,裁定不予受理。因本案双方当事人协议约定的争议解决方式为向湘潭仲裁委员会申请仲裁,故一审法院裁定驳回某风电公司的起诉并无不当。

【实务指引】

最高人民法院《关于适用〈中华人民共和国民事诉讼法〉的解释》第二百一十五条是关于受理案件时对当事人之间已经有仲裁条款、仲裁协议问题的规定。对于当事人已经约定了仲裁解决纠纷方式而不属于人民法院管辖的,人民法院应当告知原告向仲裁机构申请冲裁,原告坚持起诉的,裁定不予受理。此外,本条还增加仲裁协议不成立时,人民法院应当受理的规定。主要理由在于仲裁条款、仲裁协议作为当事人之间对于纠纷解决方式的约定,系当事人双方的意思表示。对于当事人的意思表示,按照民事法律行为的基础理论,在无效、失效、内容不明确无法执行之外,尚有意思表示不成立的法律制度。之前仅仅规定了仲裁协议、仲裁条款无效、失效、内容不明确无法执行的情况,而未涉及仲裁条款、仲裁协议不成立的情况,并不周延,本次规定对于仲裁协议不发生法律效力的情况进行了增加规定,使该问题的处理更加全面,逻辑性更强。

【法律依据】

最高人民法院《关于适用〈中华人民共和国民事诉讼法〉的解释》第二百一十五条 依照民事诉讼法第一百二十七条第二项的规定,当事人在书面合同中订有仲裁条款,或者在发生纠纷后达成书面仲裁协议,一方向人民法院起诉的,人民法院应当告知原告向仲裁机构申请仲裁,其坚持起诉的,裁定不予受理,但仲裁条款或者仲裁协议不成立、无效、失效、内容不明确无法执行的除外。

案例 400

**某超导公司与某风电公司、某电气公司
侵害计算机软件著作权纠纷案**

Q：风电公司与他人之间存在仲裁条款的,一方向人民法院起诉的,应如何处理？

A：当事人达成仲裁协议,且仲裁条款未违反法律、法规的禁止性规定,应为有效仲裁条款。一方向人民法院起诉的,人民法院不予受理。

裁判案例：(2013)民提字第54号

【裁判观点】

法院认为,依据《采购合同》第十九条"因执行本合同所发生的或者与执行本合同有关的一切争议将由双方通过友好协商解决。如果不能协商一致,则应对争议进行正式仲裁,并提交北京仲裁委员会并按照其仲裁规则通过仲裁加以解决"的约定,某超导公司与某风电公司之间存在仲裁条款,该仲裁条款未违反法律、法规的禁止性规定,应为有效仲裁条款。该仲裁条款明确约定了某超导公司与某风电公司在执行《采购合同》中的争议以及与执行合同有关的一切争议应提交仲裁,而某超导公司在本案中对某风电公司的起诉属于与执行合同有关的争议,依双方的仲裁条款,苏州某超导公司应向北京仲裁委员会申请仲裁。据此,某风电公司的管辖权异议有理,应予采纳。

【实务指引】

《仲裁法》第二十六条规定的"首次开庭"是指答辩期满后人民法院组织的第一次开庭审理,不包括审前程序中的各项活动。该条确定的时间界线是"法院首次开庭",在这个时间界限之前另一方当事人向法院提交仲裁协议的,则排除法院的管辖权；在此之后,则视为双方当事人放弃了以仲裁解决纠纷的意愿,因而不影响法院的审理。我国《仲裁法》以"法院首次开庭"为时间标准来认定当事人是否放弃原有的仲裁协议,从而解决实践中仲裁管辖与法院管辖间的冲突。对于《仲裁法》第二十六条还有一点需要进一步明确,就是对该条"但书"的理解,这里的"但书"尽管是一种例外规定,但实际上涉及的是另一个司法程序,即对仲裁协议效力的司法审查程序。如何启动这一程序有两种不同的方法：一种方法是,在此种情形下,人民法院应主动对当事人提交的仲裁协议开始司法审查；另一种方法是,人民法院不能依职权主动对当事人提交的仲裁协议进行司法审查,只有在当事人请求法院审查时,法院才能予以审查。笔者认为后一种方法较为合理可行。

【法律依据】

《仲裁法》第二条　平等主体的公民、法人和其他组织之间发生的合同纠纷和其他财产权益纠纷,可以仲裁。

《仲裁法》第五条　当事人达成仲裁协议,一方向人民法院起诉的,人民法院不予受理,但仲裁协议无效的除外。

《仲裁法》第二十六条　当事人达成仲裁协议,一方向人民法院起诉未声明有仲裁协议,人民法院受理后,另一方在首次开庭前提交仲裁协议的,人民法院应当驳回起诉,但仲裁协议无效的除外;另一方在首次开庭前未对人民法院受理该案提出异议的,视为放弃仲裁协议,人民法院应当继续审理。

2. 撤销仲裁裁决

案例401

某风电技术公司与某科技公司申请撤销仲裁裁决案

Q:某风电技术公司与某科技公司签订《设备购买合同》,发生争议后,仲裁委员会作出了仲裁裁决。某风电技术公司向法院申请撤销仲裁裁决,主张某科技公司拒绝提供员工信息表、设备出仓记录等足以影响公正裁决的证据,则其申请能否得到支持?

A:不能,因为某科技公司自行编制的员工信息表还不足以证明货物签收人是该公司员工,设备出仓记录也并不是只有设备公司有,都不足以影响公正裁决。

裁判案例:(2018)京02民特63号

【裁判观点】

某风电技术公司主张某科技公司隐瞒了其员工信息表,该员工信息表能够证明货物的签收人为某科技公司的员工,进而影响公正裁决,但某科技公司否认货物的签收人为其员工,要求某科技公司提供自行编制的员工信息表已无意义。至于签收货物是否为某科技公司的员工属于仲裁庭依据证据综合判断的事实,故某风电技术公司该项主张,法院不予采信。某风电技术公司主张某科技公司隐瞒了货物出仓记录,但其未提供证据证明某科技公司只有该证据,故对其该项主张,法院不予采信。

【实务指引】

撤销仲裁裁决是人民法院对仲裁进行监督的方式之一,根据《仲裁法》第五十八条的规定,当事人能够提出证据证明裁决有下列情形之一的,可以向法院申请撤销裁决:

(1)没有仲裁协议的。仲裁协议是当事人申请仲裁的前提条件,没有仲裁协议,仲裁委员会对当事人的争议没有仲裁管辖权,仲裁庭对当事人争议所作的裁决就失去了存在根据。

(2)裁决的事项不属于仲裁协议的范围或者仲裁委员会无权仲裁的。将某一争议交由仲裁庭仲裁是当事人的权利,若当事人未将争议列入仲裁协议表示当事人不愿将其争议提交仲裁,仲裁庭即不得对未在仲裁协议中列明的争议进行仲裁;仲裁委员会对不属仲裁管辖范围的争议不得进行仲裁,否则,因其管辖缺乏法律上的权利而无效。

(3)仲裁庭的组成或者仲裁的程序违反法定程序的。仲裁庭的组成是否合法,仲裁活动的程序是否合法,直接关系到当事人的合法权益是否能够得到法律的保障,为保障当事人的利益,《仲裁法》十分重视当事人上述程序上的权利。仲裁中如果存在程序上的违法行为,均可申请撤销仲裁裁决。

(4)裁决所根据的证据是伪造的。尽管裁决所依据的证据都要经过当事人质证和仲裁庭查证,但并不能完全排除伪造证据的可能性。如果伪造证据被用于裁决,很可能导致裁决的不公正。因此,为保证仲裁裁决的公正性,凡是根据伪造证据所作的裁决,无论是否影响到了裁决的公正性,当事人均可申请撤销。

(5)对方当事人隐瞒了足以影响公正裁决的证据的。对于当事人隐瞒证据情况下所作的裁决,并不必然导致裁决可被申请撤销。只有当被隐瞒的证据足以影响到裁决的公正性时,当事人才可申请撤销裁决。

(6)仲裁员在仲裁该案时有索贿受贿,徇私舞弊,枉法裁决行为的。仲裁员索贿受贿,徇私舞弊,枉法裁决,是指仲裁人员利用仲裁案件职务上的便利,索取当事人财物或非法接受当事人财物,从而偏向一方当事人,明知案情是与非,而故意颠倒黑白,作枉法裁判的行为。有权作出撤销裁决裁定的,只能是作出该裁决的仲裁委员会所在地的中级人民法院。选择中级人民法院是为了与仲裁的一裁终局制相称。法院收到当事人撤销裁决的申请后,应当组成合议庭审查核实裁决是否有前述情形。经审查核实裁决有前面所述情形之一的,应当裁定撤销。此外,法院如认定该裁决违背社会公共利益的,也应当裁定撤销。

需要说明的是,申请撤销裁决程序与我国仲裁制度原有的"一裁两审"不同,与一裁终局也不矛盾。撤销裁决的程序并不是必经程序和必然发生的。原因是:(1)申请撤销裁决的情形有严格的法律限制,其内容以程序性问题为主,对事实只是极有限度的涉及;(2)当事人必须对撤销裁决的申请提出符合法律规定的有效的证据证明,否则申请不能成立;(3)法院只对裁决是否有效作出裁定,而不对裁决所涉及的纠纷进行审理和判决。

【法律依据】

《仲裁法》第五十八条 当事人提出证据证明裁决有下列情形之一的,可以向仲裁委员会所在地的中级人民法院申请撤销裁决:

（一）没有仲裁协议的；

（二）裁决的事项不属于仲裁协议的范围或者仲裁委员会无权仲裁的；

（三）仲裁庭的组成或者仲裁的程序违反法定程序的；

（四）裁决所根据的证据是伪造的；

（五）对方当事人隐瞒了足以影响公正裁决的证据的；

（六）仲裁员在仲裁该案时有索贿受贿，徇私舞弊，枉法裁决行为的。

人民法院经组成合议庭审查核实裁决有前款规定情形之一的，应当裁定撤销。

人民法院认定该裁决违背社会公共利益的，应当裁定撤销。

案例 402

某风能公司与某风电设备公司申请撤销仲裁裁决案

Q：某风电设备公司与某风能公司签订《风机设备采购合同》，约定解决纠纷方式是向北京市经济仲裁委员会申请裁决。发生纠纷后，某风能公司主张北京市有两个仲裁委员会与这个名称相关联，不能确定约定的仲裁机构，应属没有仲裁协议，则其主张能否得到支持？

A：不能，因为各地仲裁委员会分劳动人事仲裁委员会和管理经济纠纷的仲裁委员会，合同约定的北京市经济仲裁委员会也就是特指北京仲裁委员会。

裁判案例：(2015)三中民(商)特字第 16144 号

【裁判观点】

某风能公司认为双方于《风机塔架采购合同》约定的"如经协商后仍不能达成协议时，双方同意任何一方可以提交北京市经济仲裁委员会裁决"中所指北京市经济仲裁委员会属于仲裁协议无效的情形，因此双方之间没有仲裁协议。某风能公司的该项申请理由缺乏事实及法律依据，法院不予支持。

【实务指引】

《仲裁法》规定，仲裁协议因下列情形之一无效：

（1）约定的仲裁事项超出法律规定的仲裁范围。当事人提交仲裁的事项是受法律限制的。

（2）无民事行为能力人或限制民事行为能力人订立的仲裁协议。将争议提交仲裁是当事人对自己仲裁程序权利和实体权利的一种处置，而仲裁协议本身也是一种合同，因此，当事人必须具有完全民事行为能力。无民事行为能力人或限制民事行为能力人必须由其法定代理人代为签订或有其明确授权，否则，仲裁协议将因当事人在法律上的不合格而无效。

（3）一方采取胁迫手段，迫使对方订立仲裁协议。仲裁协议必须是当事人真实意思的表示，任何一方用暴力或其他手段胁迫对方签订仲裁协议的，仲裁协议无效。此外，任何一方采用欺诈手段致使对方签订仲裁协议，仲裁协议也是无效的。

在国外仲裁法律中，还规定有仲裁协议失效的情形。如《德国民事诉讼法》第一千零三十三条和《日本民事诉讼法》第七百九十三条都规定了仲裁协议因当事人未对下列情形预作约定而失效：（1）在仲裁协议中选任一定的人担任仲裁员，而仲裁员死亡，或因其他原因出缺，或拒绝担任仲裁人，或解除其订立的协议，或无正当理由而拖延履行其职务；（2）仲裁人以仲裁员之间表决时双方票数相等通知当事人。瑞典则规定，除上述两种原因外，还有如下原因：（1）双方当事人达成谅解，不将争议提交仲裁；（2）仲裁程序中发生特定事件，法律规定了一系列能导致仲裁协议失效的程序条件，如仲裁员辞职或丧失资格；（3）法院已作出判决，当事人未对另一方当事人的起诉提出异议，判决生效后，仲裁协议即失效；（4）仲裁裁决的期限届满；（5）仲裁员已经作出裁决。

当事人所订仲裁协议因《仲裁法》第十七条所列情形之一而无效，但在发生《仲裁法》第十八条所列情形时，并不导致仲裁协议的必然无效，而是允许当事人采取补救措施，即当仲裁协议对仲裁事项或仲裁委员会没有约定或者约定不明确时，当事人可以对此签订补充协议，达成协议后，仲裁协议即成为有效协议，达不成协议的，仲裁协议即无效，当事人只能通过诉讼途径解决争议。

【法律依据】

《仲裁法》第十八条　仲裁协议对仲裁事项或者仲裁委员会没有约定或者约定不明确的，当事人可以补充协议；达不成补充协议的，仲裁协议无效。

案例 403

某风电设备公司与某风能公司申请撤销仲裁裁决案

Q：某风电设备公司与某风能公司签订《风机设备采购合同》，发生纠纷后，双方申请仲裁。对于仲裁裁决，某风能公司主张鉴定结论错误，仲裁审理3年严重超过审限，违反法定程序，申请撤销仲裁裁决，则其申请能否得到支持？

A：不能，因为仲裁委员会有权对专门问题进行鉴定，并按法律规定延长审限。

裁判案例：(2020)京04民特83号

【裁判观点】

对专门性问题进行鉴定系仲裁法赋予仲裁庭的权利,仲裁庭启动质量问题鉴定及采纳鉴定结论,属于仲裁庭裁量权范围,未违反任何法定程序。仲裁该案期间曾启动了鉴定程序,且因案情复杂,已经按照规定程序延长了审限,因此,仲裁该案的审理期限亦不构成违反仲裁法定程序的情形。

【实务指引】

鉴定是鉴定人运用专门的知识和技能,辅之以必要的技术手段,对案件中发生争议的专门性问题进行检测、分析、鉴别的活动。鉴定的成果为鉴定意见,属于专家证据的一种形式。鉴定是人民法院委托鉴定人对专门性问题进行检验、出具鉴定意见的活动,人民法院委托鉴定机构进行鉴定的行为,属于其调查收集证据的职权行为。依据最高人民法院《关于民事诉讼证据的若干规定》以来民事审判实践的基本思路,人民法院的职权行为适用人民法院调查收集证据的规则,当事人的申请比照当事人的举证的行为处理,适用举证时限规则和举证责任规则,具体到鉴定领域也是如此。对于待证事实负有举证责任的当事人,在待证事实涉及专门性问题需要鉴定的,该当事人负有申请的义务,如果其未申请鉴定导致待证事实无法借助鉴定意见进行判断而真伪不明的,由该当事人承担不利后果。当事人申请的行为,应当遵守举证期限的限制,于举证期限届满前提出。由于人民法院委托鉴定在性质上为法院调查收集证据,因此当事人申请鉴定应当遵守当事人申请人民法院调查收集证据的要求。

【法律依据】

《仲裁法》第五十八条　当事人提出证据证明裁决有下列情形之一的,可以向仲裁委员会所在地的中级人民法院申请撤销裁决:

(一)没有仲裁协议的;

(二)裁决的事项不属于仲裁协议的范围或者仲裁委员会无权仲裁的;

(三)仲裁庭的组成或者仲裁的程序违反法定程序的;

(四)裁决所根据的证据是伪造的;

(五)对方当事人隐瞒了足以影响公正裁决的证据的;

(六)仲裁员在仲裁该案时有索贿受贿,徇私舞弊,枉法裁决行为的。

人民法院经组成合议庭审查核实裁决有前款规定情形之一的,应当裁定撤销。

人民法院认定该裁决违背社会公共利益的,应当裁定撤销。

案例 404

某风电公司与某复合材料公司申请撤销仲裁裁决案

Q：某风电公司与某风电设备公司签订《风电设备采购合同》，某风电设备公司未按时交货，某风电公司申请仲裁。仲裁裁决之后，某风电设备公司主张仲裁庭将"解除合同的请求"调整为"不再交付风机设备而通过金钱赔偿的方式寻求法律救济的请求"超越了某风电公司的仲裁请求范围，应撤销仲裁裁决，则其主张是否能够得到支持？

A：不能，因为某风电公司的"解除合同的请求"并不影响其要求损害赔偿的权利。

裁判案例：(2021) 京 04 民特 258 号

【裁判观点】

某风电公司所称的仲裁庭非法将"解除合同的请求"调整为"不再交付 7 套风机叶片而通过金钱赔偿的方式寻求法律救济的请求"、将"某复合材料公司主张的合同款"调整成了"赔偿款"、将"某复合材料公司主张的已完工机片 2410017 元货款"调整成了"其他欠款"的主张不能成立，"不再交付 7 套风机叶片而通过金钱赔偿的方式寻求法律救济的请求"是仲裁庭结合某复合材料公司的仲裁请求及法律关于合同解除的法律后果规定，就当事人基于法律概念认识不当对仲裁请求表述不妥或容易混淆，作出法律术语上准确表述的调整，对当事人的仲裁请求、案件本身的性质及处理并不构成任何影响。某风电公司称仲裁裁决超出仲裁协议范围及仲裁机构无权仲裁，缺乏依据，法院不予支持。

【实务指引】

当违约方继续履约不能实现合同目的时，可以允许违约方解除合同，用赔偿损失来代替继续履行。有违约行为的一方当事人请求解除合同，没有违约行为的另一方当事人要求继续履行合同的，当违约方继续履约所需的财力、物力超过合同双方基于合同履行所能获得的利益，合同已不具备继续履行的条件时，为衡平双方当事人利益，可以允许违约方解除合同，但必须由违约方向对方赔偿其损失，以保证对方当事人的现实既得利益不因合同解除而减少。但在合同履行过程中，由于国家相关法规、政策文件的出台，使履行合同受到相关行政规章、政策的制约，且双方当事人未能就合同约定的权利义务进行修正达成合意，导致合同不能继续履行，合同应予解除。在解除后果的处理上，如果合同没有对解除后当事人的权利义务进行约定，应根据双方当事人在合同关系中的地位和作用、合同实际履行情况及合同协商处理过程的情况，分析除政策因素外，合同不能继续履行的原因。合同不能履行，无论是出于不可抗力还是情势变更，对最终合同不能履行以及损失的形成,还是要看是否属于政策变化的必然结果。

【法律依据】

《民法典》第五百六十六条 合同解除后,尚未履行的,终止履行;已经履行的,根据履行情况和合同性质,当事人可以请求恢复原状或者采取其他补救措施,并有权请求赔偿损失。

合同因违约解除的,解除权人可以请求违约方承担违约责任,但是当事人另有约定的除外。

主合同解除后,担保人对债务人应当承担的民事责任仍应当承担担保责任,但是担保合同另有约定的除外。

《仲裁法》第五十八条 当事人提出证据证明裁决有下列情形之一的,可以向仲裁委员会所在地的中级人民法院申请撤销裁决:

(一)没有仲裁协议的;

(二)裁决的事项不属于仲裁协议的范围或者仲裁委员会无权仲裁的;

(三)仲裁庭的组成或者仲裁的程序违反法定程序的;

(四)裁决所根据的证据是伪造的;

(五)对方当事人隐瞒了足以影响公正裁决的证据的;

(六)仲裁员在仲裁该案时有索贿受贿,徇私舞弊,枉法裁决行为的。

人民法院经组成合议庭审查核实裁决有前款规定情形之一的,应当裁定撤销。

人民法院认定该裁决违背社会公共利益的,应当裁定撤销。

九、行政诉讼受案范围

案例 405

崔某某与某县国土资源局、某市国土资源局
要求确认未履行法定职责违法案

Q: 某风电公司项目工程非法占用村集体土地事项,是否属于行政诉讼受案范围?

A: 违法占地行为的查处属于国土资源局的职责范围,国土资源局履行的职务行为属于内部层级监督行为,不属于行政诉讼受案范围。

裁判案例:(2016)晋 06 行终 44 号

【裁判观点】

本案中,原告崔某某举报某风电分公司项目二期工程非法占用某镇某村的集体土地事项,该违法占地行为的查处属于某县国土资源局的职责范围,原告崔某某要求被告市国

土资源局履行的职责属于内部层级监督行为。即原告起诉请求确认被告市国土资源局未履行法定职责行为违法的事实和理由均为对市国土资源局及其工作人员职务行为,即不履行内部监督职责等职务行为提出的诉求,复议请求亦是对被告市国土资源局及其工作人员职务行为提出的信访事项,属于信访范畴,不属于行政诉讼受案范围。故原告崔某某对其信访举报行为提起行政诉讼无法律依据。

【实务指引】

信访办理行为不是行政机关行使"首次判断权"的行为,根据原《信访条例》的规定,信访工作机构是各级人民政府或者政府工作部门授权负责信访工作的专门机构,其依据原《信访条例》作出的登记、受理、交办、转送、承办、协调办理、督促检查、指导信访事项等行为,对信访人不具有强制力,对信访人的实体权利义务不产生实质性影响,因此不具有可诉性。最高人民法院《关于不服信访工作机构依据〈信访条例〉处理信访事项的行为提起行政诉讼人民法院是否受理的复函》(〔2005〕行立他字第4号)对此予以明确,即"一、信访工作机构是各级人民政府或政府工作部门授权负责信访工作的专门机构,其依据《信访条例》作出的登记、受理、交办、转送、承办、协调处理、督促检查、指导信访事项等行为,对信访人不具有强制力,对信访人的实体权利义务不产生实质影响。信访人对信访工作机构依据《信访条例》处理信访事项的行为或者不履行《信访条例》规定的职责不服提起行政诉讼的,人民法院不予受理。二、对信访事项有权处理的行政机关依据《信访条例》作出的处理意见、复查意见、复核意见和不再受理决定,信访人不服提起行政诉讼的,人民法院不予受理"。

【法律依据】

最高人民法院《关于不服信访工作机构依据〈信访条例〉处理信访事项的行为提起行政诉讼人民法院是否受理的复函》

一、信访工作机构是各级人民政府或政府工作部门授权负责信访工作的专门机构,其依据《信访条例》作出的登记、受理、交办、转送、承办、协调处理、监督检查、指导信访事项等行为,对信访人不具有强制力,对信访人的实体权利不产生实质影响。信访人对信访工作机构依据《信访条例》处理信访事项的行为或者不履行《信访条例》规定的职责不服提起行政诉讼的,人民法院不予受理。

二、对信访事项有权处理的行政机关根据《信访条例》作出的处理意见、复查意见、复核意见和不再受理决定,信访人不服提起行政诉讼的,人民法院不予受理。